LUCIEN REBATET

LES DÉCOMBRES

"La sottise est sans honneur"
CHARLES MAURRAS (26 août 1939*)*

Lucien Rebatet
(1903-1972)

Première publication en 1942 par :
LES ÉDITIONS DENOËL
19, rue Amélie, PARIS-VII°

Publié par
Omnia Veritas Ltd

www.omnia-veritas.com

AVANT–PROPOS 9

I - ENTRE MAURRAS ET HITLER 11

CHAPITRE PREMIER 11
DE MAYENCE AU PONT DE LA CONCORDE 11

CHAPITRE II 27
LÉON BLUM ET LA PROVIDENCE 27

CHAPITRE III 49
POUR L'AMOUR DES TCHÈQUES 49

CHAPITRE IV 63
AU SECOURS DE LA PAIX 63

CHAPITRE V 74
LES VAINCUS DE MUNICH 74

CHAPITRE VI 86
AU SEIN DE ''L'INACTION FRANÇAISE'' 86

CHAPITRE VII 103
DUELS DE COCUS 103

II - LE CAMP DES PITRES 114

CHAPITRE VIII 114
LE TONNERRE D'AOÛT 114

CHAPITRE IX 129
LE POCKER 129

CHAPITRE X 140
L'ESCALIER DE SERVICE 140

CHAPITRE XI 155
''POURQUOI TE BATS–TU ?'' 155

CHAPITRE XII 172
UN JOURNAL QUI N'ABDIQUE PAS 172

CHAPITRE XIII 180
À LA RECHERCHE DE LA GUERRE 180

III - L'ALPIN 192

CHAPITRE XIV 192
COMPAGNIE DE PASSAGE 192

CHAPITRE XV 209
L'ARMÉE DE BOUBAKI 209

CHAPITRE XVI 219
L'ÉCOLE DES GUERRIERS 219

CHAPITRE XVII 235
5/440 PIONNIERS 235

IV - CEUX DU S.R. 252

CHAPITRE XVIII 252

LES TAMPONS DU CAPITAINE	252
CHAPITRE XIX	262
VOILÀ LE BEAU TEMPS	262
CHAPITRE XX	286
"L'INTELLIGENCE VAINCRA"	286

V - JUSQU'AU BOUT ... 316

CHAPITRE XXI	316
LES TRINGLOTS DU C.OR.A2	316
CHAPITRE XXII	341
SÉRÉNADE SANS ESPOIR	341
CHAPITRE XXIII	362
LES ARMÉES DE LA DORDOGNE	362

VI - LA FRANCE VICHYSSOISE ... 380

CHAPITRE XXIV	380
AUX ÉCOUTES DE LA "RÉVOLUTION NATIONALE"	380
CHAPITRE XXV	399
LES VAINQUEURS DE L'HÔTEL DU PARC	399
CHAPITRE XXVI	412
GAULOISERIES D'AUTOMNE	412
PETITE MÉDITATION SUR QUELQUES GRANDS THÈMES	432
LA RELIGION CHRÉTIENNE	435
LE GHETTO	451
L'ARMÉE FRANÇAISE	455
LE MONDE ET NOUS	475
UNE PARODIE D'ÉTAT	495
POUR LE GOUVERNEMENT DE LA FRANCE	511

DÉJÀ PARUS ... **531**

À MA MÈRE

AUX AMIS QUI ME RESTENT

AVANT-PROPOS

*L*a France est couverte de ruines, ruines des choses, ruines des dogmes, ruines des institutions. Elles ne sont point l'œuvre d'un cataclysme unique et fortuit. Ce livre est la chronique du long glissement, des écroulements successifs qui ont accumulé ces énormes tas de décombres.

D'autres mémorialistes viendront, qui auront connu davantage d'hommes célèbres, joué dans les événements un rôle plus considérable. On lira ici les souvenirs d'un révolutionnaire qui a cherché la révolution, d'un militariste qui a cherché l'armée, et qui n'a trouvé ni l'une ni l'autre. Pour des témoignages de cette sorte, la première condition de l'absolue sincérité est que l'auteur y parle souvent de lui. Je ne pense donc point avoir à m'en excuser. Je n'aurais pas multiplié tant de sensations, de réflexions personnelles, si je n'avais su que maints lecteurs s'y reconnaîtraient.

Il m'aurait été facile de faire un livre de définitions aussi épais que celui-ci sur les concepts de démocratie et de national-socialisme. J'aurais pu provoquer une fort belle bataille de mots autour d'eux. Mais ces jeux élégants n'ont que trop duré. La démocratie, le national-socialisme sont des phénomènes suffisamment concrets pour qu'il soit superflu d'en faire encore une glose. J'ai préféré peindre de mon mieux la vie et la lutte de ce qu'ils représentent. Les dernières pages de ce volume pourront paraître sans doute sommaires. Mais il n'a point été dans mes intentions d'en faire un manifeste qui ne saurait être qu'une œuvre collective. Je souhaite qu'on y entende plutôt un cri de ralliement, celui qui doit sortir de toutes les bouches vraiment françaises.

J'ai parlé sans ménagements de plusieurs hommes qui ont eu naguère mon estime ou mon affection. Mais ce n'est point moi le renégat, ce sont eux. Je suis resté dans la logique de mes principes, fidèle à mes convictions qui étaient ou semblaient être les leurs. Pour eux, ils ont dévié, tourné casaque, vilipendé les premiers leurs amis, créé à mon pays par leurs folles humeurs une quantité de périls supplémentaires. Je n'allais pas, au nom de liens anciens qu'ils ont brisés de leurs mains, étendre un silence équivoque sur leurs palinodies et leurs trahisons.

Je tiens à dire encore que je n'ai à recevoir de personne des leçons de patriotisme, et que je puis prétendre au contraire à en donner. Je suis un de ceux qui, s'ils avaient été écoutés et suivis avant-guerre, voire depuis l'armistice, auraient évité à notre patrie tous ses malheurs, les auraient en tous cas largement réparés déjà. J'ai acquis le droit d'entendre mon devoir à ma façon, et d'estimer que c'est la meilleure.

Des personnages dont toute l'ardeur nationale consiste à se claquemurer, depuis deux ans, dans de séniles, impossibles ou répugnantes espérances, vont hennir d'horreur en considérant le tableau que je fais de notre pays. Mais l'inertie, la pudibonderie de ces gens-là nous ont déjà coûté assez cher. On ne choisit pas son heure pour débrider des plaies infectées, pour arrêter une gangrène.

La France est gravement malade, de lésions profondes et purulentes. Ceux qui cherchent à les dissimuler, pour quelque raison que ce soit, sont des criminels.

On connaît ce drame lamentable encore trop fréquent dans notre absurde bourgeoisie. La jeune fille d'une bonne maison s'étiole. Le médecin consulté décèle une tuberculose pulmonaire. La famille rassemblée se récrie aussitôt : "Non, ce n'est pas possible, il n'y a jamais eu de phtisiques chez nous. Le sanatorium ? Quelle abomination ! Que diraient les voisins ?" On met la main sans peine sur un charlatan qui rassure, qui offre ses drogues. On soigne l'enfant pour une bronchite dans un entresol distingué et ténébreux. On vante sa bonne mine. Au printemps prochain, elle sera debout. Et au printemps, la petite Colette, la petite Marie-Louise, qui pouvaient guérir, meurent à dix-huit ans.

Je ne veux pas voir déposer la France entre quatre planches. Si elle était condamnée, ce serait alors que l'on pourrait la bercer, lui parler de mirages, lui cueillir des couronnes. Je me refuse, quant à moi, à croire qu'elle soit incurable. Mais pour la traiter et pour la sauver, il faut d'abord connaître les maux dont elle souffre. Ce livre est comme une contribution à ce diagnostic.

J'aurais voulu être requis par des besognes plus positives. Ces pages auront trompé un peu mon impatience. Mais que vienne donc enfin le temps de l'action !

I - ENTRE MAURRAS ET HITLER

CHAPITRE PREMIER

DE MAYENCE AU PONT DE LA CONCORDE

Au début de septembre 1938, je revenais d'un assez beau voyage en Europe Centrale. C'était la sixième fois, en moins de quatre ans que j'avais franchi les frontières du Reich. J'avais vu les villages, les auberges et les sommets de la Forêt Noire tout rouges des drapeaux à la Croix gammée, dans la semaine où Hitler se faisait élire à la Présidence. J'étais à Sarrebruck pour le plébiscite, sous deux pieds de neige, d'assez méchante humeur parmi cinq cents journalistes français, ignares, feignants, bourdonnants, des Helsey, des Andrée Viollis, des Sauerwein, des Louis Lévy, qui se disputaient sans répit au poker dice leurs frais de route, ramassaient chez les barmen des mégots de nouvelles et attendaient d'heure en heure le putsch antinazi de Max Braun, l'homme des démocraties dans ce lieu.

On disait Max Braun enfermé avec ses troupes dans une énorme maison du peuple, aux murailles mystérieuses et massives. Je ne sais trop quel juif m'avait fait ouvrir cette citadelle du marxisme. J'y avais trouvé trois bambins jouant sur le carreau à la marelle, et cinq ou six petites gouapes à cravates rouges tapies au fond d'une cour, dans un réduit poussiéreux : "Ne croyez-vous pas que Max Braun est en train de flancher ?" demandais-je le soir même à l'honorable Louis Lévy du *Populaire :* "Max Braun est solide et ardent à son poste", me répondit Louis Lévy avec la hauteur de l'homme introduit, renseigné et écouté pour un débutant marmiteux. Deux jours plus tard, le quarteron des partisans de Braun franchissait nuitamment la frontière à toutes jambes. On les comptait le lendemain dans les bistrots de Forbach, pauvres diables livides, avec leurs hardes nouées dans un linge. Quant aux Juifs, leurs précautions étaient depuis beau temps prises. Dans le wagon qui me ramenait à Paris, deux retardataires de la race élue, chargés de ballots, jouaient sereinement aux cartes, en attendant de retrouver les cousins de la rue du Sentier et toutes les consolations de la République.

J'étais arrivé à Mayence et à Coblence, pour l'entrée de la Reichswehr en Rhénanie, mais en bien moins brillante et nombreuse compagnie. Beaucoup de mes confrères avaient sans doute supputé les dangers de ce vaste déploiement d'armes. Les journalistes juifs ne passaient plus volontiers ni même aisément les frontières de l'Allemagne. Ils supportaient mal que, sur leur ancienne terre d'élection, une espèce de privilège pût échoir ainsi aux chrétiens. La France ne devait pas avoir le droit de connaître sur l'Allemagne d'autre vérité que la leur. Ils distribuaient la plupart des commandes, ils donnaient le ton à Paris. Dans la liste des grands reportages, on avait donc biffé l'Allemagne. Elle proposait désormais trop de sujets d'affliction aux amateurs de mirages. La randonnée en Allemagne avait fait fureur quand il s'agissait de célébrer le libéralisme, la bonhomie, la culture, l'opulence de la démocratie fleurissant sur le sol natal de Karl Marx. Mais comme nos Juifs se voyaient refuser le cachet à croix gammée, ils avaient persuadé sans peine aux aryens que ce serait sur leurs passeports une dégoûtante souillure. Il fallait bien cependant que la grosse presse entretînt à Berlin quelques envoyés spéciaux. On les avait choisis parmi les judaïsants notoires, à peine tolérés par la Wilhelmstrasse, récoltant leurs documents dans les poubelles du ghetto berlinois. On ne niait plus les canons de l'Allemagne, et ses avions, et ses chars, mais on se refusait toujours à les compter sérieusement. Tant d'acier eût pesé trop lourd sur les rêves bibliques. La grande tâche était désormais de comploter à l'abri de quelque bonne frontière, en attendant avec la même fièvre la chute du monstre d'Hitlérie et l'an prochain à Jérusalem.

Deux jours après le passage du Rhin par la Reichswehr, je buvais du vin blanc à Coblence devant l'ancienne caserne du 23e d'infanterie française. Sur le mur d'un pansage, on voyait encore, rayés à la craie, les noms des chevaux et des mulets de notre biffe : Friquette, Hanneton, Roussin. Et juste au-dessous, ceux des nouveaux locataires : Gustav, Wotan, Trommel. Dans la grande cour, des hommes jouaient au football. Un clairon marquait les coups en sonnant nos airs réglementaires, au milieu de grands éclats de rire.

Je ruminais mon amertume.

Quelques jeunes troupiers s'étaient installés à la même table que moi, après des politesses, selon la coutume allemande.

- J'ai été moi aussi dans cette caserne, dis-je, mais avec un autre uniforme. Les soldats riaient ''Il fallait donc y rester'', me répondit l'un d'eux.
- Nous pourrions peut-être bien y revenir.
- Ça, c'est une autre affaire, répliqua un des garçons en français.

* * * * *

Mais je vois qu'il me faut reprendre ces choses dans leur ordre.

Les décombres

Neuf années plus tôt, presque jour pour jour, je sortais pour la première fois de France, dans un train emmenant mille recrues dauphinoises garder au nord de Coblence la tête de pont du Rhin.

Nous étions arrivés tard dans l'après-midi à Diez-sur-la Lahn, un trou perdu du Hesse-Nassau, où notre régiment, le 150e d'Infanterie, tenait sa garnison. Les sergents et les caporaux des contingents précédents, presque tous basques ou tourangeaux, la fourragère jaune à l'épaule, avaient la plus martiale tournure. Mais au-dessus des casques bleus de Verdun et de la Champagne, au beau milieu du ''perron'' de la gare, une gigantesque et arrogante affiche nous accueillait : l'effigie du vieux seigneur de la guerre, du maréchal-président Hindenburg.

Les ''rempilés'' qui avaient fait la Ruhr nous racontaient les fastes de l'inflation, les musettes bourrées de billets de cent mille marks, les oies de Noël à vingt-cinq sous la pièce. Mais pour nous, le mark était à six francs. L'intendance française vidait dans nos belles casernes ses plus antiques et crasseuses collections. Nous étions chastes comme des Vestales, affublés de capotes effilochées et verdies. Lorsque quelques curieux entêtés de mon espèce battaient le pavé des villes, Coblence, Mayence ou Worms, les schupos étincelants auxquels ils demandaient leur chemin écrasaient de leur superbe l'humble poilu couleur de brouillard.

Les deux mille Anglais, superbes, cossus, considérés, s'étaient arrogé Wiesbaden, et il allait de soi, quand on nous voyait, que ce coin chic fût le domaine de tels ''gentlemen''.

Nos musiques ne jouaient pas dans les rues. Quand le régiment se déplaçait, nous attendions de longues heures, dans les gares de marchandises, que la nuit tombante voulût bien envelopper notre discret retour. La plupart des citadins toisaient avec mépris ces vainqueurs loqueteux et rasant les murs, exhalaient avec morgue l'humiliation d'avoir été battus par ces occupants honteux.

Tandis que l'armée de Verdun servait ainsi à déshonorer la France sur le Rhin, l'Allemagne venait d'être accueillie à la Société des Nations.

Un mois après mon arrivée à Diez, je m'abonnais à l'*Action Française*.

Comme beaucoup d'autres garçons de mon âge, j'avais, dès la sortie du collège, trouvé chez Maurras, chez Léon Daudet et leurs disciples une explication et une confirmation à maintes de mes répugnances instinctives. J'étais en politique du côté de Baudelaire et de Balzac contre Hugo et Zola, pour ''le grand bon sens à la Machiavel'' voyant l'humanité telle qu'elle est, contre les divagations du progrès continu et les quatre vents de l'esprit.

Je n'ai jamais eu dans les veines un seul globule de sang démocratique. J'ai retrouvé une note que j'écrivais à vingt ans, en 1924, pour un de mes amis, et où il était dit : "Nous souffrons depuis la Révolution d'un grave déséquilibre parce que nous avons perdu la notion du *chef...* J'aspire à la dictature, à un régime sévère et aristocratique." À cette époque-là, pourtant, j'y pensais une fois tous les deux mois. Plongé dans la musique, la littérature et les grandes disputes sur nos fins dernières, je tenais pour dégradante la lecture de quelque journal que ce fût. Mais j'étais maintenant en Allemagne un figurant dans la démission de mon pays. J'éprouvais le besoin de faire un acte civique.

Mon travail de journaliste politique, dans la suite, n'a jamais eu d'autre sens, n'a jamais été inspiré que par l'urgente nécessité de faire triompher quelques idées et surtout quelques méthodes saines. Mon plaisir personnel et ma plus vive ambition seraient uniquement d'écrire des livres de critique et des récits qu'on pût encore relire dans une trentaine d'années.

* * * * *

La germanophobie systématique du méridional Maurras m'avait toujours fait hausser les épaules. Si l'occasion s'en était offerte, j'aurais sans doute débuté dans les lettres, vers 1923, quand je venais d'arriver en Sorbonne, par un essai qui fut aux trois quart écrit sur le ridicule du pseudo-classicisme maurrassien, avec Papadiamantopoulos, les tambourinaires du félibrige et les alexandrins à faux cols empesés de l'école romane, en face des œuvres immortelles du génie nordique auxquelles il prétendait s'opposer. J'aurais été assez en peine de dire si Wagner, Jean-Sébastien Bach et Nietzsche comptaient plus ou moins dans mon éducation, dans ma petite vue du monde que Racine ou Poussin. Quelques mois dans les forêts du Nassau, aux bords de la Moselle et du Rhin, parmi les vignes, les petits bourgs gris fleuris de géraniums, m'avaient familiarisé avec des images de l'Allemagne où j'aurais eu bien du mal à faire pénétrer quelque haine.

Mais pour un garçon qui avait quinze ans à la victoire, la suprématie et l'hégémonie de la France ne pouvaient être mises en question. Le journal de Maurras représentait justement le parti du prestige français. Il proclamait que son instrument était la contrainte, sa vocation la vigilance devant le redoutable adversaire enfin hors de combat, et qu'il importait avant tout de maintenir courbé sous les crosses de nos fusils.

Nous n'avions guère à nous demander, moi et bien d'autres, si ces desseins étaient encore compatibles avec notre temps, si l'on pouvait, sans danger pour soi-même et pour le monde entier, maintenir au cœur de l'Europe une grande nation dans un pareil état d'appauvrissement et de servitude, dont le terme fatal serait une décomposition qui risquait de rendre le continent tout entier fort malade. Nous n'avions pas le choix, entre ces extrémités de l'égoïsme français et les ridicules fumées de la fraternité universelle.

Aristide Briand était ainsi le premier homme politique que j'eusse sérieusement détesté, dont j'eusse réclamé l'assassinat comme une mesure de salut public. Il figurait pour nous la démocratie dans son débraillé le plus sordide, dans ses chimères les plus niaises, dans sa plus vulgaire ignorance de l'histoire et des réalités humaines. Retors, doué d'une méprisable habileté pour se maintenir et évoluer dans le bourbier du Parlement, il était cornard dès qu'il s'attablait avec l'étranger pour défendre devant lui les intérêts de la France. Il mettait à l'encan les fruits les plus légitimes de nos terribles sacrifices et de notre victoire, pour nous offrir en échange de risibles parchemins. Il traînait avec lui les plus grotesques et haïssables bonshommes d'un régime manifestement putride, les Herriot, les Sarraut, les Steeg, les Paul-Boncour.

J'avais donc serré les poings de fureur en voyant, au printemps de 1930, dans un cinéma des boulevards, le dernier défilé de nos capotes bleues sous les tilleuls de Mayence. Les clairons vibraient, les hommes marquaient le pas comme devant un généralissime. Chacun voulait laisser derrière soi, malgré tout, une image fière et encore menaçante. Cette ingénuité militaire me touchait aux larmes. Elle accroissait encore ma révolte devant le tableau de notre force allègrement saccagée. *Sambre et Meuse* ne changeait rien à notre fuite.

L'année précédente, par le plus pur hasard, mais avec une vive joie, j'avais fait mes débuts de journaliste à l'*Action Française* dans une petite rubrique musicale, à quoi s'était ajoutée bientôt la chronique cinématographique, que je signais François Vinneuil, et le secrétariat des pages littéraires. J'avais estimé superflu de m'inscrire parmi les ligueurs, mais j'épousais avec ardeur la plupart des querelles et des raisons politiques du journal.

Dans les jours qui suivirent notre fuite de Mayence, nous aurions tous voulu qu'un coup de théâtre contraignît l'armée française à retraverser le Rhin au son du canon. Mais notre abandon définitif était dans la nature de la démocratie croulante comme l'étaient dans celle de l'Allemagne ces légions de chemises brunes que nous voyions se dresser sur les pas mêmes de nos soldats.

Surgissant au milieu des sombres images du cinéma expressionniste, des émeutes, des rues sans joie, des gigantesques déploiements identiques mais ennemis du Front Rouge, du Stalhelm et du nazisme, des remous financiers, sexuels, sociaux, judaïques, dont les vagues ballottaient l'Allemagne en tous sens, Hitler grandissait à l'horizon.

La Germanie avait vu passer depuis douze ans bien des personnages étranges. Celui-ci ne serait-il à son tour qu'un météore ? Huit ou dix Français peut-être étaient instruits sur ce chapitre dès 1931. Pour moi, j'avais d'abord jugé cet Autrichien à peu près comme ma concierge, c'est-à-dire comme tout le monde. Sa figure plébéienne n'émergeait peu à peu de la première légende et des reportages à dix sous la ligne que pour offrir des traits fort déconcertants : Le peuple pense par chromos, et sur ce point, nous sommes tous très peuple. Les Français eussent considéré aussitôt beaucoup plus sérieusement une incarnation classique du militarisme prussien, par un personnage massif, titré et glabre. Hitler eût conservé sa moustache pour tromper la légèreté française, qu'il aurait pu se féliciter d'une parfaite réussite.

Ces variations sur la moustache du Führer ne sont pas une pirouette au milieu d'un grave sujet. Les ressorts de la psychologie populaire, honnêtement reconnus, expliquent souvent mieux d'immenses événements que de brillantes considérations sur les lois de l'histoire et de la société. Le pinceau de poils de Hitler a favorisé bien des malentendus, entretenus à loisir par tous les ramasse-crottes de la presse judaïque. Il ne nous aida même pas à comprendre la popularité du Führer, homme du peuple en qui le peuple allemand s'était très vite reconnu.

Les mois et les semestres passaient. Au fur et à mesure que l'hitlérisme prenait corps, les démocrates affectaient de n'y voir qu'un vulgaire accident, un phénomène ridiculement archaïque. Quant à son chef, c'était un aventurier échappé du cabanon et que les républicains allemands ramèneraient bientôt sous la douche par l'oreille.

L'*Action Française*, accoutumée depuis trente années à épier les forces de l'Allemagne, avait su dès les premiers jours discerner dans le futur chancelier le symbole de la volonté germanique en train de renaître. Elle pouvait se vanter d'avoir été la première en Europe, en même temps que Claude Jeantet, son élève dissident du reste, qui eût su prédire l'ascension de l'agitateur, gravissant régulièrement et rapidement tous les degrés du pouvoir. A sa clairvoyance se mêlait un singulier mépris pour l'homme dont elle découvrait si bien certains aspects et annonçait infailliblement le succès. Il apparaissait clairement que cet inconnu pauvre, sortant seul de l'obscurité pour tirer son pays du chaos, possédait l'énergie, le courage, l'adresse politique et qu'il avait déjà parcouru l'une des carrières les plus étonnantes de l'histoire. Mais ces qualités, ces talents, dès lors qu'ils appartenaient à un Allemand, se trouvaient ravalés au rang le plus bas. Hitler était un Fichte pour cours du soir, un mystagogue de brasserie, Wotan caporal. On n'en démontrait pas moins, à grand renfort de vues sur la barbarie germanique, que dans cet Ostrogoth barbouillé d'une idéologie primaire, s'incarnait parfaitement le pays de Goethe et de Mozart.

Les prophéties sans cesse confirmées de l'*Action Française* ne lui valaient du reste qu'un très faible surcroît de crédit. Les champions de la démocratie protestaient que Maurras créait le monstre Hitler en le dépeignant. Ces magnifiques raisons, dignes des linottes de Courteline, déterminaient dans le fameux pays cartésien les plus sérieuses décisions politiques et gouvernaient les trois quarts des esprits. La bourgeoisie rassise, entre autres, s'emparait avec ensemble d'un argument si adéquat à sa nature. Ce gêneur de Hitler s'évanouirait assurément si on cessait de nous corner son nom.

* * * * *

Pour ma part, les premières mesures anti-juives du Führer devenu chancelier, au printemps 1933, allaient commencer à mettre quelques ombres sur mon orthodoxie maurrassienne.

Je n'avais pas vingt ans que j'étais déjà très curieux, sans plus, du pittoresque d'Israël, de sa singularité, passionnément et indéfiniment scrutée rue des Rosiers ou parmi les rapins du Montparnasse, ce qui n'est pas un moyen plus mauvais qu'un autre pour découvrir ensuite ses entreprises et ses méfaits. J'avais peu à peu reconnu les traces du judaïsme dans les œuvres, les systèmes, les logomachies, les snobismes, les symptômes d'anarchie et de décomposition qui me répugnaient le plus, ou qui m'avaient inutilement troublé quand je débarquais sans malice de mes provinces aryennes. L'*Action Française,* encore que l'antisémitisme y fût fort en veilleuse depuis 1918, m'avait fourni quelques lumières. En 1933, je commençais à embrasser suffisamment le champ des déprédations judaïques pour apprendre avec une certaine allégresse les bâtonnades des sections d'assaut.

J'habitais une espèce d'atelier, rue Jean Dolent, juste à côté de la Ligue des Droits de l'Homme. Les exclus du Reich y accouraient par trains entiers, comme à un vrai consulat, pour recevoir, par la grâce de Victor Basch et d'Emile Kahn, tous les sacrements et passe-partout républicains, toutes les libertés de proliférer et de nuire. J'avais eu tout loisir pour contempler durant des mois ce défilé de cauchemar, la gueule crochue et verdâtre du socialisme international.

Pourtant, nous avions encore la candeur, cette année-là, de chicaner l'antisémitisme systématique des Hitlériens. Je regrettais la condamnation du cinéma de Neubabelsberg. Il était entendu que nous aurions su distinguer, quant à nous, entre les artistes originaux et les mercantis ou les agitateurs.

J'essayais d'expliquer dans des chroniques assez emberlificotées comment l'Allemagne allait se priver d'un levain précieux par l'outrance de son germanisme. Bref, nous entr'ouvrions notre porte à tous les virtuoses du pilpoul. Ces arguties allaient être balayées promptement par mon premier voyage, l'été de la même année, dans la Palestine d'Autriche, de Hongrie et de Roumanie, où je m'étais enfoncé des jours entiers dans les sentines des ghettos comme on plongerait dans un égout pestilentiel pour découvrir un secret, par le scandale Stavisky, et surtout l'afflux de ces émigrés dont les ambitions et le cynisme ne cessaient de croître avec le nombre. Mes meilleurs amis du journalisme, et moi-même, nous avons été traités en ennemis mortels par les Juifs, qui avaient raison. Nous avions pu pratiquer à l'endroit des Juifs une méfiance traditionnelle dans notre bord : rien ne nous destinait à un antisémitisme agressif. Les juifs, par leurs œuvres et par leur pullulement, en furent les artisans essentiels.

J'avais vu pour la première fois le drapeau rouge à croix gammée porté dans un faubourg de Bucarest par quelques garçons dont l'ignorais l'étiquette. Je les regardais avec une cordialité si visible, au milieu de l'affreux ghetto où se déroulait la petite cérémonie, qu'ils me tendirent tout un paquet de brochures anti-juives. Mais un retour à Paris par Munich, que j'avais projeté un instant, me semblait encore une aventure assez épineuse.

*****

Dix mois plus tard, les exécutions du 30 juin soulevaient dans la presse les clameurs horrifiées de la conscience universelle. Je crois bien que c'est à cette occasion qu'on ressortit du placard aux poncifs les ténèbres du Moyen Age. Hitler était un monstre féodal, coupant les têtes de ses leudes. La boursouflure de ces morceaux d'éloquence était décidément insoutenable. Par contre, je ne me défendais pas d'un vif mouvement d'admiration pour le chef qui venait de fondre lui-même du ciel, l'arme à la main, sur les lieutenants félons -- je n'ai jamais pu relire cette "nuit du long couteau" dans un bon récit (celui de Benoist-Méchin est superbe) sans entendre les roulements de timbales et les sombres accords de cuivres qui annoncent dans la Tétralogie les vengeances épiques des dieux. -- Je comparais cette foudroyante justice, ce farouche nettoyage, à notre piteuse foirade des journées de février. Je me demandais par quels miracles de procédure ou de casuistique Hitler descendait au rang de Jack l'éventreur, tandis que M. Daladier recevait l'auréole du martyr pour avoir fait fusiller vingt Parisiens, et que nous devenions nous-mêmes des "fascistes assassins" pour avoir essuyé les balles de sa garde.

Quelques semaines après, cependant, à la mort de Dollfuss, -- dont je devais comprendre par la suite à quel point il pouvait dégoûter les Autrichiens antisémites, - j'aurais été le plus ardent belliciste d'une croisade anti-allemande, comme à chacun des coups de tonnerre qui avaient salué les triomphes du Furher et que les mannequins figés du droit genevois voulaient prendre pour l'annonce de sa chute imminente. Si Adolf Hitler était vraiment le fauve de l'Europe, on avait une belle occasion d'organiser la battue. En me précipitant sur l'*Intransigeant* qui venait d'annoncer le meurtre, j'aurais voulu qu'une immense tempête suivît aussitôt : ''Ce coup-là, ça pourrait bien barder''. - Comme si quoi que ce fût eût pu barder sous un ministère Doumergue.

Au 15 août suivant, j'arpentais sac au dos les sentiers de la forêt Noire, avec un de mes amis, marcheur endurci, l'architecte Maurice Crevel. Nous étions là tout simplement pour connaître de nouveaux paysages, et parce que nous les savions favorables aux piétons. Nous ne poursuivions pas le moindre dessein de nous documenter sur la politique allemande. C'était déjà une assez grosse affaire, surtout pour moi, que d'abattre proprement nos quarante kilomètres par jour. Nous avions craint au départ, en braves bougres de Français, les brimades des autorités. Il avait fallu une côte prodigieusement rude, gravie en plein midi, pour que nous nous décidions le premier jour à entrer dans un "Gasthaus" pavoisé d'un gigantesque drapeau hitlérien. Nous savions le lendemain que toutes les "Wirtschafte" et tous les "Gasthauser" arboraient la même oriflamme, ce qui n'empêchait point qu'on y fût hospitalier et souriant pour les deux vagabonds à bérets basques. Au bout de deux jours nous nous amusions à lancer aux nonnes et aux curés un impeccable "Heil Hitler", pour les voir lever leurs grandes manches et les entendre répondre par un "Heil Hitler" plein d'onction.

Nous n'avions aucun besoin de chercher l'hitlérisme. Il foisonnait partout. Hitler allait se faire élire à la présidence du Reich. Nous étions obsédés par l'immense chef-d'œuvre de publicité qui préparait l'événement. A notre troisième étape, nous avions été surpris à la fin de notre dîner, dans un restaurant comble, par un grand discours de Hitler que déversait la radio. Nous étions très las, nous ne saisissions pas un mot sur quatre, et cela durerait certainement plus d'une heure. Mais j'avais fait signe à mon compagnon que nous resterions assis jusqu'au bout, qu'il serait trop inconvenant de quitter la salle dans un moment dont la ferveur des assistants disait assez la solennité. Dans un autre village, notre hôtesse, une brave ménagère, en nous versant le café du "Frühstuck", me demandait avec des yeux candides et brillants : "Que pensez-vous de notre Führer ?" J'avais répondu : "C'est un homme merveilleux", et je crois bien que je commençais à être sincère.

Quelques jours dans le Reich me prouvaient en tout cas qu'il était absolument superflu d'invoquer les mystères de la nébuleuse germanique, retranchée selon Maurras du reste de l'humanité, le tellurisme romantique, le paganisme d'Odin et la sauvagerie de la forêt hercynienne, pour expliquer le retour le plus naturel à la santé et à l'équilibre d'une nation qui, tout entière, catholiques compris, célébrait dans la joie sa guérison politique. Il fallait bien admettre que l'antisémitisme hitlérien était autrement agissant et cohérent que celui de l'*Action Française*, tâtonnant, mal défini et bien dépassé par les événements.

Il faut ajouter encore que toutes les apparences de l'hitlérisme exerçaient sur moi un puissant attrait. J'étais pris d'enthousiasme en voyant sur l'écran les funérailles familières et grandioses du vieux guerrier Hindenburg, le long cortège aux flambeaux dans la lande prussienne et les fanfares jouant doucement "J'avais un camarade" devant le tombeau ouvert, au milieu de l'enceinte fabuleuse de Tannenberg.

* * * * *

Hitler était décidément un maître de la mise en scène. Mais Mussolini venait de marquer le coup d'arrêt du Brenner. Nous y avions vu l'acte politique le plus important et le plus hardi de l'après-guerre. On avait admis une fois pour toutes, après mûres réflexions, que Hitler n'était, avec certains dons wagnériens, qu'un élève du grand initiateur de Rome dont le génie créait la politique de notre siècle.

C'était le temps où, dans une revue de M. Rip, l'excellent Dorville, une mèche collée au front, la moustache fameuse sous le nez, figurait l'apache Hitler brandissant un coutelas au fond d'un bouge. Mais la porte s'ouvrait sur le gardien de l'ordre, le sévère et majestueux flic du coin, qui s'était fort bien fait le masque du Duce.

Il était entendu que le nazisme aux talons de fer, beaucoup trop systématique, n'avait aucune chance de pouvoir s'implanter chez nous. Mais nous ne doutions pas de nos affinités avec le fascisme romain, souple, "respectueux des libertés humaines", et catégorique sur l'essentiel : le contrôle du grand capitalisme, la suppression du régime électif, la prospérité du peuple, l'anéantissement des pouvoirs secrets. Le Duce faisait bonne et sommaire justice des fariboles de la paix indéfinie. Enfin, il avait sacrifié à temps les appendices pileux de sa jeunesse socialiste, son profil parlait des consuls et des Césars...

Nous étions plusieurs, aux alentours de l'Action Française, parmi les plus jeunes et les plus libres, qui depuis quelques années nous disions volontiers fascistes. La monarchie, dont nous admirions les images et les vertus passées, appartenait depuis beau temps à la métaphysique. Mais Rome nous offrait son exemple. Maurras expliquait lui-même souvent la belle étymologie du "fascisme", de toutes les forces de la nation réunies. Nous n'ignorions pas que Mussolini, de son côté, saluait notre vieux maître comme un de ses précurseurs. Aux mécaniques genevoises des protêts, des pactes et d'une espèce de Dalloz international confectionné par des robins démocrates, nous opposions très sainement le retour aux alliances, seules humaines et pondérables. Nous voulions celle de l'Italie. La parenté des deux peuples, leur fraternité d'armes, leur communauté d'intérêt la rendaient aisée. Sans elle, nos obligés de l'Europe centrale et des Balkans ne nous servaient à rien. Avec elle, nous dressions une barrière continue contre l'Allemagne, de la mer du Nord à la Vistule.

Un semblable dessein était étriqué ? Il avait du moins pour lui sa cohérence. Le rapport des forces sur le continent l'autorisait. Nous vitupérions les sectaires maçonniques, les mythomanes du pacifisme qui l'entravaient obstinément. Cela n'était pas mal vu. Mais personne chez nous, ne semblait se rappeler qu'il existât une certaine Angleterre, maîtresse absolue de la Méditerranée, et que toute la politique de Versailles lui obéissait. Ce surprenant oubli donne à toutes les batailles et toutes les querelles françaises de cette aimable époque l'apparence d'une pantomime d'ombres chinoises.

Si l'instauration d'un ordre latin avait été possible, toutes ses chances s'étaient bien trouvées réunies au cours de cette année 1934.

Mais les nationaux français, dont la victoire représentait la première condition de cet ordre, avaient été surpris sans cadres, sans armes, sans même une esquisse de plan, par le scandale de février qui découvrait les plaies les plus sales d'un régime déjà moribond. Derrière l'immense vague de l'indignation populaire, il n'y avait que de louches et vaseux personnages, comme La Rocque, ou des écrivains, des théoriciens lucides mais trop vieux, qu'on eût désarmés parfaitement en leur ôtant leur encrier, prônant la supériorité de l'action en soi, mais incapables de lui assigner dans le concret le plus modeste objectif, de lui donner une ébauche de forme, écartant ombrageusement enfin les disciples ardents suspects de vouloir, ''agir'' leurs idées. Leur mission naturelle eût été de canaliser et de conduire le flux de cette colère publique qu'ils avaient si bien excitée. Ils s'étaient vu emporter par elle ils ne savaient où.

Le 7 février, dans l'après-midi, un fidèle de l'*Action Française*, Pierre Lecœur, entrait fort animé dans la grande salle de notre rédaction et allait droit à Maurras, qui était en train d'écouter trop galamment le caquetage d'une pécore du monde :

- Maître, Paris est en fièvre. Il n'y a plus de gouvernement, tout le monde attend quelque chose. Que faisons-nous ?

Maurras se cambra, très froid et sec, en frappant du pied :

- Je n'aime pas qu'on perde son sang-froid.

Puis, incontinent, il se retourna vers la perruche, pour lui faire à n'en plus finir l'honneur bien immérité de son esprit.

Faute d'une parcelle de volonté pratique, Maurras freinait à grands coups l'élan de sa propre troupe. Il la freinait déjà depuis la nuit précédente. J'étais présent, cet après-midi là, échiné, aphone, le crâne encore saignant d'un caillou reçu la veille sur la Concorde, indigné par cette reculade du maître qui osait affecter la présence d'esprit pour dissimuler un haïssable désarroi. Je me sentais encore trop timide pour braver le courroux de Maurras et surtout ses syllogismes. Mais je voulais quitter la maison sur l'heure et sans retour. On m'arrêta, on me parla d'obéissance. Je m'inclinai ; j'eus tort. Ce n'était point de la discipline, mais de la faiblesse. Je l'ai compris plus tard.

Cinq cent mille Parisiens avaient tourbillonné comme des moucherons autour de la vieille ruine démocratique qu'une chiquenaude, c'est-à-dire la révolution de mille hommes vraiment conduite par dix autres hommes, eût suffi à jeter bas. Le radicalisme n'avait pas su davantage prendre prétexte de l'échauffourée pour se rajeunir et faire, à son compte, cette révolution de l'autorité que les trois quarts du pays appelaient, dont certains de ses affiliés, tel Eugène Frot, avaient caressé l'espoir, dans un chassé-croisé de complots d'opérette se recoupant comiquement avec ceux des "factieux" de droite.

La capitale, pendant tout le jour qui suivit l'émeute, avait été à qui voudrait la prendre. Mais les vainqueurs malgré eux étaient restés interdits et inertes, comme des châtrés devant une Vénus offerte. La démocratie avait reconquis ses vieilles positions, compromises un instant, par les voies tortueuses qui lui étaient habituelles, en couvrant ses manœuvres avec des simulacres de justice et d'enquêtes. Elle entraînait sans la moindre peine, sur ce terrain bourbeux à souhait, les nationaux toujours aussi incorrigibles dans leur jobardise qu'au temps de Dreyfus, et de suite définitivement enlisés.

Ainsi s'était évanouie, parmi les avocasseries de la droite et de la gauche, les procédures truquées et les crapuleries policières une occasion inespérée pour notre pays de recouvrer sa santé et sa fortune au dedans, son indépendance au dehors.

On avait pu reconnaître la fragilité de la carcasse parlementaire, mais elle s'était révélée encore plus ferme que tous ses ennemis. Les Parisiens, des camelots du roi aux communistes, avaient prouvé qu'ils étaient encore capables d'un beau sursaut de colère et même de courage. Mais leur élan inutile était brisé pour longtemps.

* * * * *

En dépêchant ses divisions sur le Brenner, le Duce, l'été suivant, réparait la brèche ouverte par nous à Mayence. Il faisait clairement son choix contre le germanisme, pour la défense d'une ligne occidentale qui ne serait plus enfin de papier ou de vent. Il nous tendait une perche solide. Mais on pouvait déjà prédire sans grands risques que nous étions trop débiles pour la saisir, trop abrutis pour savoir joindre nos atouts à ceux de ce partenaire qui se proposait.

Les sujets d'amertume ne manquaient pas pour un néophyte de mon genre. Pendant mes premières années de journalisme, j'avais écouté révérencieusement beaucoup de personnages considérés, spécialistes de l'économie politique et de la finance, familiers des chancelleries ou des couloirs parlementaires. Ils condescendaient à m'éduquer, en exposant de savantes certitudes, d'infaillibles calculs, de subtiles combinaisons et de précieuses confidences qui réduisaient mes humbles hypothèses à néant. L'événement les contredisait presque à coup sûr, ce qui ne m'empêchait pas de les retrouver bientôt aussi diserts et assurés. Je me décidais de plus en plus à envoyer par-dessus bord toute considération, à juger des choses par mes faibles moyens et à le dire haut et fort.

Un an de politique dans des milieux effervescents me flanquait la courbature. Toutes les cartes étaient truquées. Dès lors, à quoi bon suivre le jeu ? L'assassinat de Prince, les scandales, les réformes, les manœuvres diplomatiques étaient autant de scénarios sans intérêt, puisque nous ne connaîtrions jamais le dénouement ou le mot de l'énigme. La maçonnerie, patiemment, sournoisement, embrouillait tous les fils, intervenait toujours au moment décisif, pour arrêter le coup de théâtre. Vivions-nous une accalmie, rien n'était peut-être plus alarmant. C'était le signe que les maîtres occultes avaient étouffé les colères, égaré l'opinion dans le dédale des palabres vaseuses à dessein. Dans les journaux où les discours, le vague du style démocratique qui m'avait toujours tellement répugné était en somme une habileté supérieure, comme l'imprécision des mythes religieux. Nous ne manquerions pas d'en récolter les beaux résultats, avec une démagogie hypocrite, de plus en plus étouffante, avec la guerre que nous aurions cent fois pu éviter.

Parce que c'était désormais son unique raison d'exister, l'Action Française comptait encore sur la force d'expansion de ses idées, comme sur une loi nécessaire de physique. En principe, elle n'avait pas tort. Mais quelles étaient ses idées ? Derrière le paravent du royalisme, derrière l'échafaudage de traités, de thèses, de compilations, d'historiques, de polémiques et de philosophies dressé en l'honneur d'un mythe de monarchie, on découvrait le néant : pas un embryon d'espoir, de manœuvre, pas même l'ombre d'un but.

Mon siège était fait. J'étais convaincu qu'au point où nous nous trouvions, une seule forme de politique eût été capable de nous tirer d'affaire : enrôler deux cent mille gaillards, chômeurs, communistes, gamins casse-cou, leur coller un uniforme, des caporaux, des pistolets-mitrailleurs, avoir l'appui d'un certain nombre d'officiers, fusiller quelques milliers de Juifs et de maçons, en déporter autant. À quinze ans, je préconisai, l'exécution sommaire comme seul moyen de purger le monde des plus grosses insanités et des pires bandits. Je revenais très sérieusement à ce système. Pour une besogne de cet ordre, j'aurais encore marché. Quant à aller me faire casser la gueule, la canne à la main, par des pelotons de gardes mobiles hérissés de mitrailleuses, pour être statufié ensuite par Maxime Real del Sarte, servir de thème pieux à Léon Bailby, cependant qu'au bout de trois semaines, vénérables et princes du Royal Secret auraient repris doucement leur place, il me suffisait d'avoir entrevu une fois ce glorieux destin. L'exaltation publicitaire, avec goupillons et couronnes tricolores, des vingt-trois malheureux trépassés le 6 février pour un aussi brillant résultat, me portait sur les nerfs au plus haut degré. Les chefs nationaux, Maurras en tête, qui les avaient lancés sous les balles, étaient, tout autant que Daladier, éclaboussés de leur sang.

Il eût fallu dans le pays une faction résolue à violer les règles du jeu parlementaire, journalistique, policier et républicain. À moins d'énormes imprévus, je n'espérais plus que cette faction pût se constituer avant les événements extérieurs qui eux, se produiraient tôt ou tard.

C'était te moment où Hitler rétablissait cavalièrement le service obligatoire. Je supportais de moins en moins les gobe-mouches, les braves croyants du nationalisme maurrassien, qui s'accrochaient encore à l'irrésistible vertu des principes. Je me soulageais volontiers en leur tenant des propos accablants et traduisant du reste exactement ce que je pensais : ''Nous avons raté le coche en février 34. Maintenant, tout est cuit. Une pareille occasion s'offrirait-elle encore, il nous faudrait, nous autres nationaux, lui tourner le dos, parce que l'ambition allemande ne va plus arrêter de grandir et que ce sera devant elle l'union sacrée. Une jolie union sacrée ! Mais de gré ou de force, il faudra bien en passer par là''.

L'avenir devait, hélas ! confirmer mon pessimisme. Mais je ne m'y serais jamais abandonné un instant si j'avais pu entrevoir les chances qui, contre tout espoir, allaient encore être données à mon pays.

Les décombres

* * * * *

L'événement capital de 1935, la campagne d'Abyssinie, au lieu de nous paralyser sur la frontière de l'Est, nous offrait encore un grand rôle européen et nous permettait d'envenimer chez nous les plus salutaires discordes.

En refusant de suivre l'abject et imbécile système des sanctions voulues par l'Angleterre, nous renversions à notre profit la politique continentale, nous scellions avec l'Italie les liens les plus solennels. Nous ne nous aliénions pas pour autant la Grande Bretagne, qui eût vite mis les pouces devant une entreprise italienne appuyée sur la volonté de Paris.

Nous possédions à la tête de nos affaires, par surcroît de fortune, l'homme le mieux en cour à Rome, le plus admirablement désigné pour réussir l'opération. Il se laissa fourvoyer dans les mécanismes juridiques et succomba devant le prestige anglais. Un journaliste racontait que dans la salle de la Société des Nations, pendant que M. Pierre Laval répondait ''oui'' de la tête à la condamnation genevoise, il tournait vers le délégué italien un regard qui disait amicalement ''non''. Mais ce ''non'' ne comptait pas.

Pour l'usage intérieur, la tragi-comédie des sanctions fournissait le plus magnifique thème de campagne qui fût : dénoncer la volonté de guerre d'un clan qui s'était lui-même désigné. Prétexte d'autant plus beau que, si dans l'apparence tous les risques étaient accumulés, ils n'étaient pas si sérieux dans la réalité. En effet, l'acte générateur de guerre dépendait du corps constitué le plus impuissant du monde, celui qui gîtait dans le palais genevois. Or, les plus furieux bellicistes étaient aussi les mages de la Société des Nations.

Il était facile encore de ridiculiser les champions d'un roitelet négroïde, trafiquant d'esclaves, et ses ras et ses généraux, sauvages entortillés dans des cotonnades, à qui les démocrates prêtaient une stratégie napoléonienne.

Certes, nous menâmes un beau tapage. Maurras, incomparable pourfendeur de nuées, fut rarement à pareille fête. Il risqua crânement la prison où Blum allait bientôt l'enfermer. Mais cela se termina en histoire marseillaise où chacun se retient et retient l'autre pour ne pas faire un malheur, Maurras n'ayant pas dégainé le couteau de cuisine dont il menaçait les 140 parlementaires bellicistes désignés par lui dans une liste fameuse, la S.D.N. ayant voté des sanctions à peu près inapplicables, l'Angleterre ayant usé ses bateaux sans rien empêcher des desseins italiens.

Pierre Laval tombait, grand vaincu de cette passe, ayant épuisé des trésors d'adresse pour aboutir à cette défaite, ayant conçu un plan de large politique, mais rien osé pour ce qui était sa condition essentielle, une prorogation des Chambres.

Pour nous, les "factieux" français, le Duce sortait encore grandi de l'affaire qu'il avait si énergiquement menée à la barbe de ses insulteurs. Nous avions rafraîchi nos souvenirs sur le jeu anglais qui reparaissait dans toute sa sordidité et son hypocrisie. Les divisions s'accusaient plus brutalement, comme il le faut pour une vraie lutte, entre les deux camps politiques de la France. Nous avions vu se rassembler sous nos yeux cette croisade de l'antifascisme international, que nous dénoncions depuis des années, mais dont la réalité était demeurée si longtemps occulte. Tout cela enrichissait l'arsenal de notre combat verbal et écrit. Mais en fin de compte, nous n'avions guère fait de nouvelles recrues. L'antifascisme s'était au contraire cimenté dans la bagarre. Sa propagande avait battu la nôtre sur tous les terrains.

Quant à notre italophilie, comme par hasard, elle atteignait son comble au moment où elle devenait sans espoir.

CHAPITRE II

LÉON BLUM ET LA PROVIDENCE

Lorsque M. Paul Reynaud, au mois de mai 1940, flanqué de ministres radicaux et d'évêques, s'en alla implorer le Seigneur à Notre-Dame pour le salut de la France envahie, je doutai fort du succès de sa pieuse effusion : non seulement parce que M. Paul Reynaud était un personnage éminemment indigne, mais parce que la France devait avoir fatigué Dieu.

Aucune nation ne s'est vu prodiguer avec une pareille persévérance les avertissements et les faveurs du destin, n'y a été sourde, ne les a repoussés avec une aussi folle opiniâtreté.

Le triomphe du Front Populaire, en 1936, était un événement providentiel. Il avait fallu cette grande éruption marxiste pour que l'Italie et l'Allemagne fissent leur renaissance, comme si cette maladie purgeait le sang des nations. La fièvre rouge nous frappait les derniers, sans doute parce que nous étions les plus bourgeois et du plus petit tempérament. Mais elle s'annonçait carabinée. Après une pareille crise, on verrait bien s'il subsisterait encore des doutes sur la malfaisance du régime.

Le soir du deuxième tour des élections, j'étais dans le hall de notre confrère *Le Jour*. Je souhaitais violemment une catastrophe aussi complète qu'il se pût. Chaque dépêche comblait mes vœux. Les succès communistes, surtout, dépassaient du double les plus sombres pronostics. Il n'était plus question, cette fois, de dosages et de faux-fuyants. On ne pouvait rien imaginer de plus écrasant et de plus net. J'aspirais allègrement le fumet de révolution qui flottait dans l'air.

* * * * *

Une dizaine de jours plus tard, je rentrais d'un court voyage, qui avait suffi pour que je retrouvasse un Paris métamorphosé, encanaillé et morne à souhait. Une faune d'émeute, montée d'on ne savait où, tenait le pavé. Des voyous patibulaires, doublés de petites femelles pires encore, rançonnaient jusque sur les boulevards les passants au profit des joyeux grévistes installés dans les banlieues ''sur le tas''. Pas d'autobus, pas de métro. Les mobiles montaient la garde devant les restaurants et les cafés fermés. Les trottoirs se couvraient d'immondices. Les revendications de quatre balayeurs suffisaient pour arrêter une usine de mille ouvriers. Cela commençait très bien, par un de ces accès de paralysie qui sont le plus magnifique symptôme d'une infection marxiste.

Jules Renard, dont j'aime à croire qu'il n'eût jamais été un socialiste à la mode du Front Populaire, disait trente ans plus tôt aux Buttes-Chaumont : "Oui, le peuple. Mais il ne faudrait pas voir sa gueule". Les dieux savent si on la voyait ! Ça défilait à tout bout de champ, pendant des dimanches entiers, sur le tracé rituel de la République à la Nation. Il y avait les gueules de la haine crapuleuse et crasseuse, surtout chez les garces en cheveux. Il y avait encore à profusion le prolétaire bien nourri, rouge, frais et dodu, dans une chemisette de soie, un pantalon de flanelle, d'étincelants souliers jaunes, qui célébrait avec une vanité rigolarde l'ère des vacances à la plage, de la bagnole neuve, de la salle à manger en noyer Lévitan, de la langouste, du gigot et du triple apéritif. Le peuple, dans ces revues, était entrelardé de cohortes maçonniques, arborant d'incroyables barbes toulousaines, et des bannières, des ceintures, des scapulaires bleus et roses de congréganistes, sur des ventres de Tartarins ; ou encore d'escouades d'intellectuels, les penseurs de mai 36, dont l'aspect me mettait un voile rouge devant les yeux, les vieux pions de Sorbonne, les suppôts à lorgnons et barbiches de toute la suffisance primaire, bras dessus bras dessous avec tel homme qui avait eu du talent et qu'on reconnaissait avec un étrange dégoût dans ces chienlits. N'y manquait jamais, avec sa figure de maniaque sexuel dévorée de tics, le sieur André Malraux, espèce de sous-Barrès bolcheviste, rigoureusement illisible, et qui soulevait pourtant l'admiration à Saint-Germain-des-Prés, même chez les jeunes gogos de droite, grâce à un certain éréthisme du vocabulaire et une façon hermétique de raconter des faits-divers chinois effilochés dans un bouillon d'adjectifs.

La moitié de ce peuple français si fier de sa malice chantait sans sourciller : ''La raison tonne en son cratère''.

On élevait à la hauteur d'un sacerdoce le métier de creuser des trous.

* * * * *

Ce que les dernières têtes raisonnables n'arrivaient pas à penser de sang-froid, c'était : la France, chef Léon Blum. Il ne se passait guère de jour sans que j'en ressentisse une insupportable humiliation. Il avait fallu cette honte et cette imbécillité judaïque pour secouer le pays. Soit. Mais cela n'avait déjà que trop duré.

Le colonel de La Rocque, cependant, inculquait à ses troupes les principes de la discipline militaire : interdiction de lever le petit doigt de la couture du pantalon avant l'heure H de l'assaut dont le chef seul déciderait, magnifique alibi pour masquer une inertie honteuse et peut-être complice, les talons en équerre, le béret à la diable bleu, le regard digne et résolu à quinze pas, mais sans bouger d'une ligne, ah ! surtout sans bouger. Les citoyens de la France moyenne adhéraient en foules toujours plus denses à ce programme si bien fait pour eux.

Les nationaux à biceps qu'indignait ce remisage de la révolution, qui se répandaient en calembours sur Casimir de La Locque et les Froides queues, montaient leur contre-attaque. Mais c'était la contre-attaque à la cocarde. La mienne, digne d'un sans-culotte, était large comme une soucoupe. On allait promener ces insignes vers six heures du soir, l'heure de la Flamme, autour de l'Arc de Triomphe. Les porteurs d'églantines rouges venaient aussi. Mais les deux bandes se rencontraient rarement. Flics et gardes mobiles, fidèles protecteurs des marxistes, matraquaient congrûment les tricolores et les refoulaient jusqu'à la hauteur du Fouquet's où l'on entonnait une Marseillaise prohibée.

On achetait aussi des drapeaux aux rayons des grands magasins qui n'arrivaient plus à tenir l'article. La grande journée des trois couleurs avait été le 14 Juillet. Deux ans avant, sous le ministère Doumergue, lorsqu'une modeste compagnie d'infanterie avait le malheur de se risquer dans une avenue pas trop déserte, les daladiéristes hérissés criaient à la provocation. Le Front Populaire organisait maintenant une revue monstre, et les communistes bien stylés étaient au premier rang pour acclamer l'armée de la révolution mondiale. Les officiers à particules défilaient cérémonieusement entre les haies de cette crapule qu'un seul canon de 37 braqué sur elle eût mis à genoux. Les derniers chars venaient à peine de passer que de monstrueuses familles de youtres berlinois remontaient les Champs-Élysées au cri de ''Fife lé Vront Bobulaire''. J'en pourchassais quelques-uns en hurlant : "Maul zu ! Juden ! Maul zu !", ce qui ne laissait pas de les effaroucher un peu. C'était un bien mince dérivatif pour un excité de mon espèce, possédé par l'idée de la guerre civile. J'exultais en découvrant que Stendhal pensait déjà que par elle seule ''les Français redeviendraient les hommes énergiques du temps de Henri IV, qu'elle dissiperait notre légèreté et ranimerait notre imagination''.

Malgré le plus décevant prélude, je ne voulais pas encore désespérer qu'elle éclatât, non par la volonté des nouilles à cocardes, mais à force de gabegie. Révolutionnaire en quête d'emploi, livré aux rêves comme un chômeur, pendant mes longues promenades à travers Paris souillé et morne, je me racontais un livre d'anticipation, avec mes dernières expériences et une morale de ces occasions perdues que je commençais à connaître trop bien. Mais une foule de besognes quotidiennes, infiniment plus pressantes, sinon plus utiles, allaient me solliciter.

Mon ami Robert Brasillach a déjà écrit dans ses grandes lignes l'histoire de *Je*

Suis Partout pendant son hivernage sur la feue ligne Maginot. Je ne vais donc pas la refaire. J'y ajouterai seulement quelques traits.

Je Suis Partout avait été créé, il y a une dizaine d'années par Arthème Fayard, qui fut un marchand de papier très ingénieux et très habile. Dans son esprit, ce devait être le pendant de droite du journal bolchevisant *Lu* qui faisait chaque semaine une abondante revue de la presse étrangère, une sorte de frère cadet, mais plus grave et plus disert, de *Candide*. Il est amusant de penser que la rédaction en chef avait failli en être confiée d'abord à un Juif russe, André Levinson, d'une culture à peu près infinie, d'une intelligence admirablement aiguisée, rompue à toutes les pensées d'occident, - ce qui ne l'empêchait pas d'être d'un caractère foncièrement judaïque - le seul Juif avec qui j'eusse été fâché de rompre violemment. Mais il eut l'esprit de mourir à temps. S'il est exact que chaque antisémite a son juif, le mien est mort... Pierre Gaxotte, le brillant historien antirépublicain lorrain de Revigny, un des principaux créateurs de *Candide,* lui avait été finalement préféré.

À l'avènement de Léon Blum, *Je Suis Partout* avait déjà cessé depuis de longs mois d'être une sorte de *Temps* hebdomadaire, érudit et rassis, s'adressant aux messieurs d'âge, gros actionnaires, honorables industriels, qui avaient pu d'abord trouver dans ce journal un respectueux défenseur de leurs portefeuilles. Les études sur la production du nickel ou les dernières doctrines financières des États-Unis y avaient fait place peu à peu à des rubriques de politique intérieure dont le ton ne cessait de monter. Au 6 Février déjà, le fascisme de *Je Suis Partout* sentait le roussi pour la droite comme pour la gauche et manquait de lui attirer l'excommunication majeure de *l'Action Française*. Les leaders de Pierre Gaxotte étincelaient d'esprit et de toutes les flammes des plus raisonnables passions. Qu'il s'agît d'expliquer le mécanisme d'un impôt, d'une méthode économique, ou d'un pacte d'alliance, de fustiger un imbécile ou de trouver dans l'histoire les leçons de notre dernière crise politique, rien n'était plus clair, plus vif et d'une langue plus ferme. On ne pouvait guère, pour cette période-là, lui reprocher qu'un souci excessif d'orthodoxie économique, d'équilibre financier, l'inquiétude devant les fluctuations du 3%, toutes choses héritées de son maître, le très capitaliste Jacques Bainville.

Un rédacteur du *Journal de Rouen,* Pierre Villette, rompu à toutes les combinaisons de couloirs, signait Dorsay dans nos colonnes une chronique parlementaire pleine de talent, de bon sens et de vigueur, dans laquelle l'avait précédé pour un temps très court le vendu Edile Buré : car Buré fut aussi un collaborateur de *Je Suis Partout.* Quelques jeunes diables se faisaient les griffes dans les coins, tous introduits par Gaxotte que l'académisme ennuyait. Je devais à son amitié de compter parmi les collaborateurs du début. Le premier gros morceau de ma contribution avait été une copieuse et consciencieuse étude sur les étrangers en France, nullement xénophobe, mais pour les conclusions d'un racisme qui ne savait pas encore très bien son nom. Gaxotte, il est vrai, avait porté un ciseau prudent clans le chapitre nègre et le chapitre juif. Mais cela se passait dans les temps timides de 1935.

Au printemps de 1936, nous possédions entre les mains, avec *Je Suis Partout*, un instrument de polémique fort remarquable, qui nous rapportait environ cinq sous de la ligne, mais que nous venions d'employer avec une énergie croissante pour l'affaire des sanctions, pour toute la sale cuisine préalable au Front Populaire. Tant et si bien que les riches mercantis de la maison Fayard, pris d'une intense venette en voyant au pouvoir les hommes qu'un de leurs journaux venait de couvrir d'opprobres pendant tout l'hiver, avait décidé de supprimer purement et simplement *Je Suis Partout,* et placardé dans ses colonnes l'annonce de sa disparition. Le même jour, *Je Suis Partout* renaissait de ses cendres, autour d'un guéridon de la place Denfert-Rochereau. Nous étions là, avec notre aîné Dorsay, quatre des plus jeunes de l'équipe, P.-A. Cousteau, Georges Blond, Max Favalelli et moi, ayant tous en poche un pneumatique reçu du matin, où un gendre de M. Fayard nous apprenait ''que *Je Suis Partout* n'était pas, comme nous le savions, une affaire, que l'insuccès des nationalistes le rendait désormais inutile'', bref qu'il ne restait plus qu'à l'enterrer. Nous exhalions furieusement notre colère et notre dégoût. Nous conjurions de ne point céder Gaxotte hésitant, objectant qu'un journal ne pouvait reparaître après avoir annoncé son trépas. Nous abandonnions pour six mois, s'il le fallait, nos modestes salaires. Nous envoyions au diable tous les us et coutumes. Nous ne voulions rien savoir, hormis qu'il nous était impossible d'accepter une aussi humiliante et ridicule défaite, de disparaître devant un Blum, par le décret de deux ou trois bourgeois verts de peur qui n'avaient même pas consulté les artisans, les vrais possesseurs de leur journal. Notre ténacité, qui était belle, l'emporta. Le vendredi suivant, nous imprimions un numéro délivré de toute contrainte, plus énergique que jamais.

* * * * *

Quelques mois après, *Je Suis Partout* marchait gaillardement d'un pied neuf, avec une petite troupe de nouveaux venus : Charles Lesca, notre administrateur, majestueux, souriant, d'un courage politique que rien ne devait ébranler, Alain Laubreaux, arrivant des journaux et des milieux du radicalisme toulousain, d'abord accueilli avec quelques réticences, mais qui allait compter bientôt parmi les plus convaincus et les plus entraînants de notre bord. En quelques semaines, par son mordant et sa verve, il donna la célébrité à notre chronique dramatique où il succédait au Juif à barbe assyrienne Benjamin Crémieux. Robert Brasillach, que je connaissais depuis longtemps, puisqu'il était déjà critique littéraire de l'*Action Française* à vingt-trois ans, avait accepté d'être notre rédacteur en chef, mettant aussitôt à notre service cent idées par jour et toutes les formes d'un inépuisable talent. Pour ne pas être trop incomplet, le portrait que j'aimerais tracer de ce garçon si divers, de cet esprit si fin et séduisant dépasserait par trop le cadre de ce livre. Réservons-le pour mes souvenirs de vieillesse... Comme il ne sera question ici que de politique, je dirai que Brasillach était venu au fascisme par la poésie, ce qui n'était pas, il allait bientôt le prouver, la moins bonne façon de le comprendre.

L'équipe de "base" de *Je Suis Partout* travaillait dans une atmosphère d'indépendance et d'amitié dont Robert Brasillach a parlé mieux que personne dans *Notre avant guerre*. Toutes les décisions se prenaient au milieu de conciliabules joviaux et féroces que nous appelions le Soviet. Gaxotte intervenait quand il le fallait de sa voix tranquille, avec un léger défaut au bout de la langue, pour éclaircir une définition, redresser l'interprétation un peu aventurée d'un événement ou d'un propos. Il était plus âgé que nous de huit ou dix ans, mais la chance voulait qu'il parût presque aussi jeune. Nous entourions, nous aimions et nous écoutions comme un frère aîné plein de sagesse, investi de notre confiance aveugle, ce petit homme de santé fragile, mais à la pensée si ferme, ayant, avec ses yeux noirs brillants d'ironie et son nez retroussé, une physionomie de ce XVIIIe siècle où il semblait être né, mettant de la vie et de l'esprit dans les plus austères sujets -- je me souviens d'une conférence de lui sur l'administration au temps de Louis XV qui fut aussi délicieuse que savante -- plus docte que trois Facultés réunies, et avec cela d'une espièglerie de collégien, ayant une prédilection pour le cirque, les ballets et les farces du cinéma américain, Gaxotte si cher et qui devait être si décevant, le plus amèrement regretté des compagnons perdus.

P.-A. Cousteau, Bordelais brun et viril, bouillant d'enthousiasme sous une enveloppe flegmatique, ancien citadin de New-York où il avait même été prolétaire, travaillait jusqu'à quatre heures du matin chaque nuit dans la géhenne du grisâtre *Journal*. Il se délivrait joyeusement chez nous de ses contraintes et se vengeait sur l'U.R.S.S. et Roosevelt que personne en France n'a mieux dépiauté. Cousteau se moque de la littérature. C'est cependant, de nous tous, un de ceux dont la phrase retombe le plus solidement sur ses pattes. Georges Blond, dont les premiers romans avaient révélé le sobre et pénétrant talent, nous donnait avec infiniment d'humour une galerie de l'antifascisme, bourgeois de préférence, qui a préfiguré le *Travelingue* de Marcel Aymé. Nous avions aussi Camille Fégy, bouillonnant, journaliste de premier ordre, qui s'appelait chez nous Jean Meillonnas. Il faisait notre liaison avec Jacques Doriot. C'était un ancien communiste, phénomène absolument neuf dans un groupe de nationaux. Henri Lebre, l'un des principaux militants doriotistes lui aussi, mais venu de la doctrine maurrassienne, débarquait chaque semaine de la Ferté-Milon pour décrire, sous le nom de François Dauture, dans des articles obstinés et posés, l'absurde composition des États Versaillais, Yougo-Slavie, Tchéco-Slovaquie surtout, sa bête noire, annoncer leur démembrement fatal.

Nous avions encore Ralph Soupault, polémiste du dessin, ancien caporal de tirailleurs marocains, répertoire vivant de tout le folklore de l'infanterie et de la marine françaises, le grand militariste de notre bande avec moi ; le fidèle et charmant Robert Andriveau, fasciste endurci et ténor sentimental de nos banquets ; et encore le docteur Paul Guérin, personnage universel, cagoulard magnifiquement barbu, révolutionnaire de la meilleure trempe, homme d'action autant que de savoir, l'un des plus remarquables phtisiologues de Paris, excellent journaliste, orateur vigoureux, l'un des chefs désignés pour une refonte vraiment nationale et sociale de sa corporation, comme par hasard l'un de ces anciens militants royalistes, trop doués et ardents pour n'avoir pas encouru l'ostracisme de Maurras.

Je Suis Partout devait sa seconde naissance à un sursaut vraiment fasciste : volonté de s'affranchir du capital peureux et dégoûtant, volonté d'une collaboration étroite dans des idées absolument communes et le même esprit d'enthousiasme et de jeunesse. C'était certainement le seul journal de France qui fût sans directeurs, sans fonds appréciables, sans la moindre servitude, conduit et possédé par la petite bande qui l'écrivait.

Je n'ai pas besoin d'insister sur les ennemis mortels que nous nous étions faits à gauche. Il était naturel encore qu'une entreprise aussi révolutionnaire nous valût l'hostilité moins ouverte mais plus pernicieuse des bourgeois nantis, qui détestaient notre ordre à l'égal des pires subversions. Ils affectaient de nous tenir pour des fantaisistes ou des chahuteurs. À nos condamnations catégoriques de toute espèce de libéralisme, ils opposaient, avec une ironie doctorale, la complexité des affaires. Notre irrévérence pour l'argent les scandalisait jusqu'au fond de leurs fibres. Jalousies de jeunes gueux ! On verrait bien, ricanaient-ils, comment nos principes résisteraient à quelques jolis mariages et quelques succès de librairie.

Pour l'immédiat, on nous annonçait avec des sourires apitoyés notre inévitable faillite. Ce qui n'empêchait pas qu'avec un titre qui ne valait et ne signifiait plus rien, des ressources inexistantes, en dépit d'une conspiration hermétique de silence autour de nous, notre journal, après douze mois de vie libre, avait atteint toute une clientèle nouvelle, doublé son tirage, quadruplé ses abonnements.

Mais au bout d'un an du ministère Blum, il fallait bien notre vocation de ferrailleurs et l'orgueil de notre indépendance pour ne pas être envahis d'un immense scepticisme devant l'horizon politique de notre pays.

Le Front Populaire, à l'usage, s'était révélé fort décevant pour les amateurs de batailles rangées. Du fond des loges, ces sacristies de la République, il lui venait évidemment de prudents conseils. Léon Blum, à force d'ergotages et de prophéties talmudiques, cherchait bien à maintenir un mythe de l'ère socialiste. Mais on le sentait bridé par sa propre pleutrerie, par la grosse bourgeoisie des Juifs français qui craignait un regain d'antisémitisme, par la grosse bourgeoisie chrétienne qui s'était empressé de composer avec lui, par la petite bourgeoisie laïque des fonctionnaires et des instituteurs, haineuse mais bien trop étriquée pour réaliser une véritable subversion.

On assistait toujours à la vieille pitrerie des partis gesticulant des rôles. Les défroques étaient simplement de couleurs plus agressives. Les méfaits du Front Populaire tenaient beaucoup moins à la volonté qu'à la piteuse incapacité de ses pantins. Quelle que fût la cause, cependant, ces méfaits étaient assez graves pour réveiller le pays.

Les finances étaient pillées, l'économie saccagée, la plus grossière démagogie substituée à toutes les règles du gouvernement des hommes. La politique extérieure, où la gabegie avait des conséquences encore plus sinistres mais moins immédiates, était le fort de ces messieurs, le terrain où ils ne faiblissaient jamais, où ils pouvaient se livrer à toutes leurs lubies et tout leur sectarisme, où leur vénalité devenait la plus profitable, où ils cueillaient à foison les arguments jetés aux prolétaires impatients et qui commençaient à soupçonner la comédie. On conduisait la diplomatie française comme les élections municipales d'un canton radical-socialiste où il s'agit d'expulser trois nonnains. La France exécutait devant l'Europe entière une grotesque pantomime, présentant un derrière fuyard et foireux quand elle devait montrer les dents, clamant qu'elle ne permettrait ni ceci ni cela, et dégringolant dans une trappe à guignol quand ceci ou cela s'était produit. Elle se gargarisait avec des décoctions d'entités genevoises, elle pelotait amoureusement des foetus de peuples lointains, et refusait aigrement, sous des prétextes insanes, l'alliance qu'une grande nation lui offrait à sa porte.

Il nous manquait peut-être l'incendie des usines, le viol des filles des patrons. Mais le tableau était déjà d'une suffisante éloquence. Accouru du fond des ghettos d'Orient à l'annonce de la victoire raciale, le juif pullulait, dans son état originel de crasse et d'outrecuidance le plus propre à écœurer un Français de vrai sang. Les origines métèques du fléau qui nous frappait étaient éclatantes sous nos yeux. La faucille et le marteau ne se cachaient pas d'être l'insigne de la révolution mondiale. Les trois flèches socialistes venaient en droite ligne du "Rote Front" d'Allemagne, apportées dans la pacotille des youtres émigrés, avec la fameuse formule "Pain, paix, liberté" qu'il n'y avait eu qu'à traduire, avec le hideux poing fermé enfin. Les cortèges de la Bastille défilaient selon les mêmes rites que ceux de la place Rouge à Moscou, avec les mêmes accessoires, banderoles, ballonnets, pancartes barbouillées de symboles prolétaires, photos de chefs bolcheviks dans un format gigantesque, trimballées comme des icônes. Quand le gouvernement de la France tenait ses assises devant le peuple, à Luna Park ou ailleurs, c'était sous les portraits de Karl Marx et de Liebknecht. Quelques zozos avaient fait l'honneur à nos misérables laquais communistes de leur propagande électorale, en effet saisissante. Mais tout était fourni par le Kremlin, depuis les photos-montage jusqu'au slogan génial des Deux Cents Familles, les juifs servant de colporteurs.

Comme si l'apologue n'avait pas encore été assez complet l'Espagne étalait le tragique spectacle d'un pays qui avait trop longtemps, lui aussi, toléré ces barbaries étrangères, et montrait la voie militaire et sanglante du salut. Nos ministres en avaient aussitôt profité pour achever de se dépeindre, prenant passionnément le parti d'une lie d'assassins voués à une perte inévitable, aggravant et prolongeant le carnage, eux les pacifistes, les antimilitaristes, les humanitaires, par leur trafic ignoble de mercenaires et de canons.

*****

Cependant, ce n'était point encore assez pour arracher la bourgeoisie française à son sommeil de marmotte. Au premier jour du ministère Blum, on avait pu voir la quasi totalité de sa presse acceptant, avec un soupir sans doute, mais si timide ! "l'expérience" qui venait. Même chez de plus hardis, toute allusion à la juiverie de Blum demeurait proscrite, inconvenante. L'armée considérait que l'action politique n'était toujours pas prévue au règlement. Elle se déclarait d'ailleurs fort satisfaite, puisqu'on lui laissait M. Daladier et qu'on lui votait sans sourciller de somptueux fantômes de crédits. La catholicité, admirant que Jean Zay n'eût pas encore fait brûler les écoles libres et organiser l'éducation sexuelle des petites filles par des exhibitionnistes du ghetto, exécutait devant les pitres et les gredins du pouvoir ces exercices de plate échine auxquels elle était rompue depuis si longtemps. L'*Aube* pouvait écrire, au mois d'avril 1937, en pleine déliquescence de la blumerie : "Ce gouvernement que l'on hait est pourtant le représentant de l'autorité consacrée par Dieu." Ce n'était point le paradoxe d'un méprisable petit torchon, mais la pensée fidèlement exprimée du plus haut prélat français, le cardinal Verdier, ce vieux maquignon d'Auvergne, qui dès le printemps 36 avait reconnu aux Homais et aux Judas du ministère tous les apanages du droit divin.

La farce énorme de la main tendue des communistes avait trouvé chez les catholiques militants et chez les ministres de l'Église non seulement des complices, mais des crédules fervents. Jacques Maritain, coupant des poils de rabbin en quatre au nom du Sacré Cœur, mobilisait toute la théologie et toute la métaphysique pour innocenter Israël, voire pour nous le proposer en modèle. Ce thomisme de synagogue avait, comme tant d'autres choses qui semblent planer dans une noble spiritualité, la plus triviale des explications : le partage du lit et du bidet, le conjungo de notre philosophe avec la juive Raïssa. J'avais rappelé ce petit détail dans un de mes articles, et qualifié Maritain, comme il convenait, de souilleur de la race, *Rassenschander*. Quelques jours plus tard, dans une feuille soi-disant nationale, un dévot tricolore me répondait en s'étranglant d'horreur et en stigmatisant mon paganisme hitlérien.

Les bien-pensants, qui sont en règle avec leur conscience quand ils ont donné pour Noël une vieille culotte au plus minable de leurs esclaves, s'étaient laissé choper par la bande Blum la seule réforme vraiment humaine et logique, celle des congés payés, inconcevable évidemment à leur routine et leur sordidité. C'était à qui maintenant singerait le plus platement les démagogues et ferait le plus solennellement savoir l'intérêt passionné qu'il portait, à la "classe prolétarienne". Rien sans doute ne m'a davantage irrité que cette avalanche d'études "sociales", de systèmes, de professions de foi qui toutes arrivaient après la bataille, ces combinaisons livresques de syndicalisme, de corporatisme, ces salmigondis de Marx et de La Tour du Pin, ces solutions décisives professées par des littérateurs ou des cléricaux qui n'avaient pas seulement bu une fois dans leur vie un verre avec un authentique ouvrier.

On eût juré qu'une gigantesque conjuration travaillait à neutraliser par d'obliques moyens les résistances sur lesquelles les Français pouvaient le plus naturellement compter. Aucun cas ne semblait être d'une plus dramatique clarté, pour un esprit chrétien, que celui de l'Espagne. Pourtant, nous avions vu des catholiques illustres et même intolérants comme Mauriac et Bernanos devenir les détracteurs les plus acharnés et les plus fielleux de Franco. Ces défenseurs bénits des fusilleurs de Christs et des dynamiteurs de moines étaient habiles à travestir leurs humeurs et leurs perversités intellectuelles en algèbres casuistiques. Leur clientèle était rompue elle aussi à ces exercices. Ajoutez que ces effroyables docteurs, comme pour la condamnation de l'Action Française, parlaient au nom de Dieu, de la foi, des sacrements, de l'Église, et brandissaient tous les tonnerres du dogme sur la tête de leurs contradicteurs. Leur religion ne leur fournissait ainsi que des armes déloyales. L'orgueil morbide de ces étranges disciples de Jésus n'admettait pas la moindre retouche à leurs plaidoyers et leurs réquisitoires. On peut invoquer la demi-folie de Bernanos qui dans les pires circonstances demeure du reste digne du nom d'écrivain, avec ses livres embrouillés par les fumées de l'alcool, mais que trouent soudain des pages puissantes, furieuses ou noires. L'autre, l'homme à l'habit vert, le Bourgeois riche, avec sa torve gueule de faux Gréco, ses décoctions de Paul Bourget macérées dans le foutre rance et l'eau bénite, ces oscillations entre l'eucharistie et le bordel à pédérastes qui forment l'unique trame de sa prose aussi bien que de sa conscience, est l'un des plus obscènes coquins qui aient poussé dans les fumiers chrétiens de notre époque. Il est étonnant que l'on n'ait même pas encore su lui intimer le silence.

C'était bien le moindre des châtiments pour un pareil salaud. Lui et ses semblables ont pourri une foule d'esprits, si médiocres et mous que je me demande à vrai dire ce qu'on aurait jamais pu en attendre. Ils insinuèrent chez d'autres le doute. Ils contraignirent leurs adversaires à dépenser une vigueur, un temps et un talent précieux dans des querelles sans issue. Avec leurs paraboles, leurs signes de croix, leurs encres saintes et leur morgue littéraire, ils n'étaient tout vulgairement et bassement que les agents d'une diversion politicienne.

* * * * *

Les partis nationaux, par leur morcellement et leur passion de la chamaille, formaient un objectif de choix pour de semblables manœuvres.

À la dissolution des ligues, ils avaient subi sans un geste la loi de l'ennemi et de quel ennemi ! le chimpanzé Albert Sarraut, le personnage le plus déshonoré et le plus inconsistant de la République.

La démocratie venait de leur donner par sa victoire une leçon qui n'était pas la première du genre, mais certainement la plus sévère. Elle avait consenti au coude à coude de ses factions les plus diverses. On s'étonnait à droite d'une pareille promiscuité des moscoutaires et des vieux conservateurs du radicalisme. On n'avait donc pas encore compris que le secret de tous ces gens-là était de s'entendre sur un seul sentiment, un seul principe. La démocratie, bon gré mal gré, suivant le mouvement irrésistible de l'époque, avait décidé et établi sa dictature. L'objet de cette dictature était vil ou vain, ses chefs imbéciles ou incapables. Mais le système existait, il avait force de loi, emportant les derniers débris de ces fameuses libertés dont les plus tièdes défenseurs de la Troisième République avaient toujours reconnu qu'elles étaient un de ses plus enviables avantages. Les maîtres du jour s'étaient empressés de les mettre l'une après l'autre sous clef. Seule subsistait encore pour quelque temps la liberté de la presse, trop gros morceau pour être escamoté d'un coup. Mais ce n'était point la faute de Léon Blum.

À droite, on discourait toujours sur l'opportunité ou les périls d'un gouvernement autoritaire. Comme on s'entendait traiter de fasciste à longueur de journée dans l'autre camp, on s'épuisait à énumérer pour quelles raisons et pour quelles nuances on ne l'était pas. Ce qui ne faisait du reste pas baisser d'un ton les clameurs des meetings officiels.

La gauche tout entière avait reçu la même éducation de parti, qui faisait selon les tempéraments des communistes, des socialistes durs, des mous ou des radicaux plus ou mens marxifiés, mais leur créant à tous le même idéal avoué peu ou prou : le marxisme justement, avec cette tendresse ou cette indulgence, si souvent observée chez des radicaux d'aspect très rassis, pour la Russie communiste, qui avait sans doute beaucoup péché, mais restait la terre du grand espoir, égalitaire et "progressiste" (ainsi jargonnaient-ils), le soleil levant de leur religion. La droite, hormis quelques maurrassiens complets et les indépendants de notre sorte, respirait l'éducation libérale, qui vous constituait un petit capital de catholicisme et de patriotisme à n'entamer que dans les grandes occasions, préparait admirablement des lignées de modérés pétris d'un individualisme mesquin, tandis que les cervelles des plus intelligents se liquéfiaient dans d'interminables, stériles et anarchiques débats.

La droite comptait quelques hommes d'action – pas beaucoup – dépourvus de toute doctrine, quelques excellents doctrinaires incapables d'imaginer une ombre d'action, des dilettantes que la canaille ennuyait, des hommes lucides mais sans argent, des riches assez effrayés mais qui lâchaient avec regret une infime aumône à leurs défenseurs, enfin une foule de bourgeois moutonniers, incultes, froussards et cupides, où le sieur de La Rocque n'avait pas eu grand-peine à recruter sa fameuse armée de Peuseufeux. On y voyait s'agiter, frelonner, des petits personnages encombrants, insignifiants ou louches, conduisant des ''partis'' de cinq cents membres, dont deux cents policiers. Il fallait une candeur intrépide pour donner à cela le nom d'opposition.

Un garçon jeune et quelque peu courageux, s'ennuyant dans l'une ou l'autre de ces chapelles, poussait-il une pointe étourdie, faisait-il une maladresse, les vieillards gardiens des théories, au lieu de le guider, l'écartaient en toute hâte. Les hommes d'*Action Française* par exemple, qui se moquaient si bien du tribunal genevois sans gendarmes, n'avaient jamais pu ou voulu concevoir la nécessité d'une Sainte Vehme pour sanctionner leur politique. L'épisode de la Cagoule a montré que les nationaux pouvaient trouver dans leurs rangs mêmes tous les hommes de main qui leur firent si stupidement défaut. Ils avaient préféré les exclure, les abandonner à tous les pièges de police où leur ingénuité et leur isolement devaient fatalement les conduire. Le lâche empressement de la droite, des Maurrassiens tout les premiers, à renier et accabler les cagoulards lorsqu'ils furent découverts, en apprenait davantage que cinquante années d'études politiques sur les espoirs de réaction qui subsistaient pour notre pays.

Certains esprits ingénieux et férus d'histoire répétaient volontiers au début de 1936 : ''On attend que la révolution éclate. On ne sait donc pas qu'elle est commencée depuis deux ans ? En 89, on faisait l'erreur inverse. Tout le monde croyait la révolution terminée, alors qu'elle commençait à peine.''

Soit. Mais personne ne disait que la France avait aussi la révolution qu'elle méritait, à son image. C'était une de ces maladies qui n'ont plus leur virulence habituelle lorsqu'elles frappent un organisme débilité et qui réagit à peine. Les symptômes sont moins visibles, les choses traînent en longueur. Ce qui n'empêche pas le patient d'être promis au trépas. Dans l'état moral et physique de la France, la gabegie blumesque équivalait pour elle à deux années de vraie terreur bolcheviste.

* * * * *

La petite bande de *Je Suis Partout* était dans la nation une des rares cellules saines et vigoureuses, et capables de lutter contre le bacille. Ces mois de 1936 et de 1937 auront été pour nous l'âge d'or de l'invective.

Nous avions compris. Le grand danger n'était plus hors de nos frontières, mais chez nous. La France était en train de se détruire par le dedans. Ses absurdes maîtres mettaient le comble à leur malfaisance en invectivant tous ses voisins.

Mon vieil ami le colonel Alerme, ancien chef du cabinet militaire de Clemenceau, marsouin pendant vingt ans de sa vie, l'un des plus infaillibles prophètes que j'aie connus, disait très souvent : "je me demande ce que les Allemands attendent pour entrer chez nous comme chez eux, pour venir foutre cul par-dessus tête toute cette saloperie.." Je me récriais : "Tout de même, mon colonel ! L'armée française ! la ligne Maginot !"

- "Je vous dis : cul par-dessus tête, et comme ils voudront."

Mais pour notre bonheur, les Fritz ne paraissaient pas autrement décidés à vouloir. Nous fondions sur ce fait des espoirs assez solides, du moins pour un certain terme.

Plus la France bêtifiait, s'avachissait, et plus nous nous sentions lucides. L'arithmétique de Maurras, "Hitler ennemi No 1", nous portait sur les nerfs. Dans son dernier livre, *Les Dictateurs*, composé aux trois quarts par des nègres (j'y fis les Soviets et le Portugal, Brasillach, je crois, l'Italie et l'Espagne), Jacques Bainville, l'homme le plus averti de l'Allemagne dans l'*Action Française*, avait couvert de son nom des phrases comme celles-ci : "Hitler parle toujours des Juifs avec une haine profonde et une absence complète d'esprit critique... Les idées que semble se faire l'auteur de *Mein Kempf* sur le développement de la "nation juive" à travers le monde sont si grossières qu'on se demande s'il ne s'agit pas d'images frappantes destinées à la foule, aux troupes, aux sections d'assaut, de mythes créateurs d'énergie beaucoup plus que de raisonnements sincères". Le remâchage des querelles avec les mânes de Gabriel Monod, les disputes autour des textes du Bas-Empire sur la romanité ou la germanité des Gaulois, les diatribes sur la goinfrerie allemande, recueillies avec soin dans le Dictionnaire des idées de Maurras, sentaient vraiment le vieux grimoire. L'assimilation de l'Allemand au juif était d'une fantaisie par trop énorme. Dans la préface de son Allemagne éternelle, où il venait de reproduire un gros paquet de ces paperasses, Maurras n'hésitait pas à nous donner comme signe de la férocité teutonne les nouveaux procédés de stérilisation, et à nous menacer d'un écouillage méthodique au cas où les Hitlériens deviendraient nos vainqueurs.

On n'édifiait pas davantage une politique étrangère sur ces exégèses poussiéreuses et sur d'aussi grosses naïvetés que sur les humeurs du ghetto et les rancunes des loges. La balance militaire était désormais renversée ; du jour où la Wehrmacht avait pénétré en Rhénanie, nous avions pu nous déclarer d'autant plus pacifistes que l'anarchie ne cessait de croître dans notre pays. Jamais un seul jour, depuis la fin de la guerre, on n'avait fait chez nous une politique française, mais celle de l'Internationale démocratique et des Anglais. Le nationalisme ne consistait-il pas d'abord à se dégager d'une aussi scandaleuse et funeste tutelle ? Nous ne pouvions plus rien contre l'Allemagne sans de haïssables complicités. N'étions-nous pas en droit de proposer au moins une expérience nouvelle ? Une entente bien motivée d'une France réellement libre avec l'Allemagne nationale-socialiste ne devenait-elle pas pour nous la seule issue logique et favorable, le système où les intérêts de la patrie seraient le mieux garantis ?

Nous relisions parfois, pour nous ébaudir, un mirifique reportage de *Candide* à Venise, où M. jean Fayard, du haut de son altière perspicacité, avait dépeint le Führer, en veston, son chapeau sur le ventre, tel un humble commis qui sollicite une place, devant les superbes et condescendants Italiens. Aujourd'hui, par les soins avisés de nos religionnaires, Italiens et Allemands faisaient route ensemble, et le petit homme au chapeau tenait d'une main d'acier les rênes de l'attelage.

Il se pouvait que selon Platon, Aristote et les Pères de l'Église, l'Allemagne ne fût pas digne de commander l'ordre en Europe. Mais dans l'immédiat qui nous importait beaucoup plus, il nous fallait bien reconnaître que sans Hitler et les sections d'assaut, avec les millions de communistes qui avaient grouillé dans le Reich, avec Léon Blum et Thorez chez nous, la République marxiste en Espagne, Maurras aurait perdu depuis un certain temps déjà le goût du grec, et l'hôtel de l'*Action Française,* rue du Boccador, abrité un triomphant commissariat du peuple.

Nous découvrions chaque semaine un peu plus le robuste et tenace réalisme de Hitler, tranchant si éloquemment sur les logomachies et les conciles de chez nous :

"Il ne faut pas s'attarder aux froissements passés lorsqu'on veut faire une politique d'alliances ; celle-ci n'est féconde que si l'on sait profiter des leçons de l'histoire... On ne trouve pas d'homme d'État, qu'il soit anglais, américain ou italien, qui ait jamais déclaré être anglophile. Tout homme d'État anglais est naturellement d'abord *Anglais*, tout Américain est avant tout *Américain*, et il n'y pas d'Italien qui soit prêt à faire une autre politique qu'une politique italianophile. Quiconque prétend bâtir des alliances sur les dispositions *germanophiles* des hommes d'État importants de telle ou telle nation étrangère, est un âne ou un menteur. La condition nécessaire pour que les destinées de deux peuples soient liées, ce n'est pas l'estime ou la sympathie réciproques, c'est la perspective des avantages que chacun d'eux retirera de l'association.''

Quel vigoureux écho à mon cher Machiavel.

Était-il nécessaire que la fameuse philippique de Mein Kempf contre la France, écrite en plein jurisme poincariste par un soldat vaincu, nous cachât éternellement tant d'autres pages où cet homme proclamait la stérilité de la lutte entre la France et l'Allemagne, et fixait au peuple germain son vrai terrain de conquête, l'Est, la Russie, voie des Chevaliers teutoniques ?

Le destin le plus profondément souhaitable, pour nous et l'Europe entière, n'y était-il pas inscrit ? Puisque les démocraties, contre nos plus puissantes objurgations, avaient tout fait pour que l'Allemagne retrouvât sa force, il faudrait bien maintenant admettre que cette force s'employât quelque part. Si les Germains, étouffant sur un sol trop étroit, reprenaient leurs chariots d'invasion et fondaient sur l'Orient slave, ne serait-ce point pour eux et pour nous le meilleur exutoire, un but autrement accessible que la prussianisation de la Touraine ou de la Bretagne, et au surplus, l'écrasement du bolchevisme ? Qui défendait de concevoir une diplomatie française détournant par de solides assurances leur masse de ce côté-là ?

Nos rendez-vous du vendredi soir, dans une triste brasserie de Denfert-Rochereau apparaîtraient aujourd'hui encore, si nous avions été assez fats pour en tenir registre, comme une école de la sagesse politique. Nous savions qu'entre les fameuses condamnations morales des États-Unis et leur aide effective, il y aurait toujours les interminables palabres d'une république parlementaire, les répugnances de cent millions d'Américains, les dizaines d'années encore de pacifisme wilsonien, qui laissaient sans armes cet immense peuple. Nous connaissions toutes les faiblesses, qui tôt ou tard seraient mortelles, des nations fabriquées ou gonflées par le traité de Versailles. Nous savions que la France avait pu grandir et prospérer pendant plus d'un siècle, malgré un régime dont toutes les têtes solides du pays avaient dénoncé dès 1830 les tares, parce que ce régime possédait alors la vitalité de la jeunesse, que son idéologie faisait son tour du monde après être née chez nous. Notre patrie était dans ce temps-là en avant, remorquée par de très sottes chimères, mais à l'avant malgré tout. Aujourd'hui, la démocratie était vermoulue, et les Français demeuraient à peu près seuls, fort attardés, sur son vieux bateau poussif. Ils n'arrivaient pas à l'abandonner par la faute des écumeurs qui s'en étaient emparés, s'y étaient installés confortablement et soudoyaient les capitaines.

On pouvait bien tendre les voiles : le vent soufflait d'un autre bord. L'Europe, cervelle de la terre, retrouvait le besoin d'une hiérarchie plus naturelle. Les principes autoritaires gagnaient irrésistiblement du terrain et les nations qui les avaient mises en œuvre ouvraient maintenant la marche. Le XXe siècle serait celui des dictatures et du national-socialisme. Il ne servait à rien, sinon à nous perdre, de nous mettre en travers d'un courant que nous n'aurions pas la force de remonter. La sagesse était de le suivre, à notre façon : ce que nous voulions, par amour de notre patrie décevante mais dont nous chérissions l'admirable passé, pour notre repos et notre orgueil de Français fatigués de vivre dans un pays chancelant, livré aux Juifs et à des bonimenteurs forains, où tout, de la monnaie à la paix, était devenu précaire, et qui faisait rire l'étranger.

Nous appelions tout cela *notre ligne,* à la manière de Lénine dont j'ai toujours admiré la méthode révolutionnaire. Les plus soucieux d'une rigoureuse orthodoxie étaient sans doute Brasillach et moi-même.

Telle que l'avaient formée l'amitié, le hasard, les affinités et la haine de ses adversaires, l'équipe de *Je Suis Partout* dépensait une somme de talent, d'intelligence et de courage qui auront, surtout de 1936 à 1938, sauvé l'honneur de la presse française pendant les infernales années de la nouvelle avant-guerre, hantées par tous les spectres du mensonge, de la calomnie, de la bêtise et de la peur. Mais à mesure, que les jours passaient, nous sentions davantage l'énorme disproportion de notre tumulte intérieur et de nos moyens. Les seuls objets raisonnables que la politique française pût, selon nous, se fixer, surtout hors des frontières, exigeaient un renversement complet du régime. Qu'était-ce, pour un pareil but, que notre malheureux hebdomadaire, n'ayant pas même en caisse les fonds d'un modeste affichage ?

Nous avions commencé de donner à quatre ou cinq quelques conférences, qui étaient plutôt des harangues, et où notre Jeunesse, notre entrain, notre verdeur remportaient le plus grand succès. J'avais un goût très vif pour cet apprentissage de la parole. Mais la déception était venue aussitôt. Je dévisageais avec ennui ces auditoires de ''nationaux'' toujours les mêmes, bons et placides bourgeois, dames aux chapeaux convenables de la rue du Bac, demoiselles légèrement prolongées éprises de belles-lettres, et rêvant de pétillantes correspondances avec les auteurs, deux gentilshommes de la rue des Saussaies qui feraient un compte rendu rassurant aux pouvoirs, jamais un seul adversaire à ébranler, si peu de néophytes même, et tant de crânes, de crânes.... les éternels ''genoux'' de la droite, tant de nobles débris de tous les cocuages illustres, du boulangisme, de la Patrie Française, de l'Affaire, de la Chambre bleu horizon. Quand il ne s'agissait pas des militants d'élite, dont l'activité consistait à s'embêter ponctuellement et doucement dans les cinquante et quelques cérémonies de ce genre égrenées sur la saison parisienne, ces braves gens étaient venus pour mettre des figures sur nos proses, juger de notre sex-appeal ou du choix de nos cravates. Certains, de mœurs plutôt confites à l'ordinaire, devaient chercher parmi nous le ragoût de quelques vocables un peu crus. Comme chez les chansonniers, auxquels ils nous assimilaient sans doute, leur joie était complète et notre triomphe assuré quand nous leur faisions l'honneur de les engueuler un peu.

Il eût suffi d'entraîner avec nous quelque part quatre ou cinq douzaines d'étudiants, de garçons, pour se dire que notre temps et notre verve n'avaient pas été perdus. Mais quand nous étions parvenus à bien allumer notre auditoire et à mouiller nos chemises, quand nous avions suffisamment insulté quelques ministres il ne nous restait plus qu'à nous remettre de ces prouesses et de la soif consécutive, en nous entre-félicitant autour d'un guéridon de Lipp ou des Deux-Magots.

À quelque point que nous eussions déchaîné l'enthousiasme, nous n'avions aucune bannière à déployer pour enrôler nos fidèles, aucun mot d'ordre à leur lancer, pas le moindre geste à leur enjoindre. Nous exécutions un numéro, le fascisme à vide, rien dans les mains, rien dans les poches.

Ce n'était guère notre faute. Nous faisions ce que nous pouvions. Nous valions mieux. Mais nos qualités mêmes étaient de celles qui, dans l'état du pays, nous garantissaient l'obscurité. Notre antisémitisme sans réserves aurait du reste suffi à nous marquer du sceau des intouchables, de la rouelle que les Juifs retournaient maintenant à ceux qui n'avaient pas pactisé, et dont les bons chrétiens se détournaient offusqués. Durant les vingt mois de Front Populaire, il s'était dépensé en fonds politiques parmi la droite assez de millions pour financer plusieurs révolutions. Mais cette manne se répandait d'abord sur des torchons illisibles, des groupuscules de conspirateurs funambulesques. Les prédilections des nantis, des personnages de poids allaient sans hésiter aux falots, aux farceurs, aux maîtres chanteurs, aux trembleurs, aux mollusques de la modération, des distinctions nécessaires, des nuances, béant dans la vase tiède de leur juste milieu, et par dessus tout à l'innombrable armée de la révolution selon les pantoufles et les fesses de Joseph Prud'homme, levée par le colonel Casimir, comte de La Rocque.

Pourtant, nous avions un tort sérieux. Nous n'allions pas jusqu'au bout de nous-mêmes. Au point où nous en étions, et où les choses iraient désormais, nous n'aurions plus rien perdu à casser franchement les vitres. Nous paraissions déjà incroyablement aventureux. Mais la part la plus sérieuse, et de loin, de notre programme, ne sortait point du petit cercle de notre intimité. Pour le problème franco-allemand, nous restions publiquement d'une discrétion embarrassée. Gaxotte avait une fois, fort avant que la question devînt brûlante, suggéré dans un article que l'on pourrait bien laisser à l'Allemagne le champ libre vers l'Est, que le secret de la paix était sans doute là. Cela n'avait pas laissé plus de traces qu'un paradoxe de dilettante, et Gaxotte lui-même n'y attachait peut-être pas plus de prix. D'une pareille proposition à un renversement des alliances, il n'y avait cependant plus qu'un pas. Sur ce sol enfin ferme et bien réel, des compagnons fort imprévus ne se fussent-ils pas joints à nous ? N'était-ce pas là une de ces violentes nouveautés, sans lesquelles il n'est point de révolution ?

Qui pourra dire que ce n'est là qu'une hypothèse creuse, puisque nous ne l'avons pas tentée ? Nous tenions dans nos mains cette cartouche de dynamite, capable de nous ouvrir une si vaste brèche. Mais nous n'osions pas l'allumer, par peur de son fracas. L'*Action Française,* depuis le premier jour de sa fondation, qualifiait de trahison toute tentative de rapports avec l'Allemagne par d'autres moyens que le canon. Elle nous reprochait déjà dans le privé un de ses transfuges, dont je parlais plus haut, notre ami Claude Jeantet, le mieux informé de tous les journalistes français sur le national-socialisme, qui avait l'incroyable témérité d'écrire de Hitler comme d'un homme politique d'un rang assez remarquable, d'étudier ses actes comme ceux d'un être humain, voire même de race blanche... Presque tous venus de l'*Action Française,* nous étions trop mal armés pour affronter le monstrueux entassement, décuplé depuis l'hitlérisme de préjugés, de sornettes, de bévues, d'ignorance, de haines naïves ou trop bien calculées, qui obstruaient, de ce côté-ci du Rhin, les routes de France en Allemagne. Maurras avait beau nous déconcerter souvent, son autorité nous troublait toujours. Nous n'avions pas l'audace de transgresser ensemble et publiquement son catéchisme.

Nous demeurions donc dans un rôle véhément, mais réduit à notre métier de pousse-prose. Nous faisions ce métier avec assez d'énergie et de pénétration pour acquérir plus tard le droit de parler haut. Mais nous en restions là, sans rien arrêter ni même débattre pour le prochain avenir. C'était peu pour qui avait entrevu l'espoir d'une lutte à outrance. Nous pensions, plus ou moins ouvertement, avoir encore beaucoup de temps devant nous. La démocratie nous avait habitués à son pesant et interminable manège. Nous étions peut-être bien démocratisés malgré nous.

* * * * *

Nous avions vu avec un assez vif dépit s'esquiver le ministère Blum, au moment où le pays sentait enfin qu'il fallait écarter à tout prix ce fléau ridicule. Le régime, qui ne manquait jamais de flair ni d'adresse pour cela, était encore parvenu à reculer l'événement décisif.

Exténuante balançoire ! Était-il donc dit que nous aurions perdu tout ce temps à de fausses batailles, qui seraient dans trente ans aussi obscures que des chutes ministérielles sous Sadi-Carnot ?

Le repoussoir de Blum avait été nécessaire pour que Chautemps apparût moins souillé et funeste à quelques incurables niais. Après huit mois de vaseux barbotages, Blum réapparaissait, trois jours après que Hitler eût accompli l'Anschluss. Cela frisait la provocation. L'antisémitisme gagnait du terrain à vue d'œil. Trop tard. Nous savions bien que les loges ne tarderaient pas à renverser la vapeur. Cette fois, Chautemps ne suffisait plus. On nous ramenait un Daladier repentant, annoncé à grand son de trompettes jacobines, salué par les orphéons des bourgeois enfin rassurés sur le sort de leurs titres et de leurs lingots d'or, regrettant déjà les secours qu'ils avaient consentis aux caisses de la droite.

Nous connaissions cette musique. Nous n'allions pas pour autant nous laisser distraire dans nos besognes. Nous pratiquions peu à *Je Suis Partout* la division du travail. Dans ''l'équipe de base'', chacun aurait été capable de faire tout seul à tour de rôle le journal entier, depuis l'éditorial jusqu'à la chronique cinématographique. Mais je m'étais plus spécialement attribué la rubrique de l'antijudaïsme. J'avais ainsi rédigé et composé au début du printemps 1938 un numéro spécial sur les juifs dans le monde, d'une très grande modération de ton. Je jugeais plutôt malfaisants les petits professionnels de l'antisémitisme, ignares et étourdis, hurlant des insultes mononotes ou découvrant le sang juif du roi d'Angleterre. Je me souciais fort peu de l'authenticité ou de la fausseté des *Protocoles de Sion*. Il était plus que largement suffisant de s'en tenir aux faits et aux écrits irréfutables pour instruire le procès des juifs. Sous leur dictée, la presse des deux mondes pleurait leurs malheurs. Je me contentais de dresser l'autre bilan, celui de leurs escroqueries, de leur corruption, de leurs sabotages, de leurs destructions, de leurs assassinats. De fait, mon numéro fut entouré de ce silence absolu qui prouvait alors que l'on avait visé juste, que les Juifs n'osaient pas s'engager dans un écrasant débat. Sans une ligne de publicité, sans un seul écho de nos bons confrères nationaux, hormis l'*Action Française,* ce numéro s'était fort bien vendu. J'enrageais que nous ne pussions pas, faute d'un ou deux de ces chèques gaspillés dans tant d'entreprises imbéciles de la droite, le tirer à un million d'exemplaires. Que nous étions donc dépourvus devant les formidables moyens qui permettaient aux Juifs d'enterrer dans des sépulcres de silence et de cacher à des peuples entiers la vérité de leur histoire !

Grâce à mon cher et vieil ami René Gontier qui préparait sur le sujet un livre nourri et attrayant, promis bien entendu à un boycottage impitoyable, je m'étais initié honnêtement au racisme selon Günther et Rosenberg. J'y démêlais sans peine l'excès des démonstrations scientifiques et la rigidité systématique d'une défense fort naturelle du sang blanc. Pour le reste, la raciologie proposait un classement très plausible des hommes en espèces zoologiques. Comme de toutes les sciences, il fallait en retenir les observations contrôlables et en rejeter les constructions hasardeuses

Les bonnes langues commençaient à parler sous le manteau de notre hitlérisme, ce qui était entre nous une superbe matière à canulars. Wagnérien, nietzschéen, antisémite, anticlérical, connaissant par le menu le folklore national-socialiste, j'étais naturellement désigné pour jouer dans notre bande le rôle de S. A. d'élite. Je m'en acquittais avec des *Horst Wessel Lied* et des "Heil" retentissants. Plus sérieusement, j'étais toujours à boucler ma valise pour ce Reich à qui les mensonges et l'exclusive d'Israël rendaient les attraits de l'inconnu. J'allai vivre quelques jours, un peu au hasard, à Cologne ou à Munich. J'en rapportais des provisions d'images que nous seuls pouvions publier parce qu'elles étaient vraies. J'osais dire que je m'étais beaucoup amusé pendant une semaine de carnaval à Munich que j'y avais, à la bavaroise naturellement, beaucoup bu et mangé, et qu'on y respirait une atmosphère de grosse Kermesse, de solide et tranquille équilibre bien plutôt que de misère et de conspiration ourdie dans la servitude. La première étape de mon voyage en Europe Centrale, au mois de juillet 1938, avait été pour Vienne, rattachée depuis Pâques au Reich. J'avais connu fort auparavant une capitale déchue, râpée et dolente. Elle portait tout entière les traces de cette souillure juive que nous avons connue à de vastes quartiers de Paris : laideur des personnages qui grouillent à vos côtés, immense étalage des camelotes et des friperies, appauvrissement et angoisse du chrétien que le marxisme installé avec l'envahisseur dépouille un peu plus chaque jour. Des hardes séchaient aux fenêtres de Schönbrunn transformé en phalanstère ouvrier. Les mendiants vous harcelaient, et les étudiants, quand je les interrogeais sur ces choses, ne répondaient pas, mais dessinaient une croix gammée sur mon Baedeker.

Je retrouvais une Vienne allégée et nettoyée. Cela sautait aux yeux dans ces rues reconquises par des jeunes filles en petites jupes à fleurs et gorgerettes de Gretchens, des garçons frais et athlétiques fiers de leurs uniformes neufs. J'aurais cru assez facilement, moi aussi, à des heurts de mœurs et de caractère entre Allemands et Autrichiens. Mais rien n'avait plus compté devant la joie de piétiner le traité qui avait férocement et stupidement coupé de tout, voué à une décrépitude fatale une ville de deux millions d'habitants, de se mettre entre les mains du chef prestigieux qui chassait l'ennemi et liait votre destinée à un empire fier et vigoureux.

J'avais voulu revoir le ghetto de Leopoldstadt. Ses longues rues, à leur tour, étaient frappées de désolation. Les rideaux de fer aveuglaient maintenant d'innombrables devantures portant encore des noms baroques, forgés au fond des Karpathes ou de la steppe pour tous les nomades qui avaient campé là. Quelques escouades de ''Hitlerjungen'' venaient de terminer une petite expédition punitive. Les murs portaient de tous côtés d'énormes barbouillages : ''Porc juif'' - ''Maison juive - Désinfection urgente - Chrétien ! attention !''. Des juifs s'efforçaient de gratter ces stigmates. D'autres dissimulaient peureusement leurs profils derrière des fenêtres. Je nageais dans une joie vengeresse. Je humais la revanche de ma race. Cette heure-là me payait de deux années d'humiliation.

Le lendemain, j'étais dans le rapide de Bucarest à la frontière hongroise. Je contemplais derrière moi la magnifique plaine du Danube, étalant à perte de vue ses moissons et ses vergers sous la chaude lumière du couchant. Je songeais à la force redoutable de cet empire qui s'étendait maintenant des brumes de Koenigsberg jusqu'à ces beaux greniers ensoleillés et ouverts sur l'Orient. L'homme, parti avec six compagnons d'une brasserie obscure, qui l'avait réuni dans sa main par sa seule volonté, était un de ces mortels dont le souvenir ne s'effacerait jamais. Quelle grandiose destinée il forgeait à son peuple, tandis que nous accumulions nos lamentables avatars !

J'allais maintenant vers la Pologne et la Roumanie où je retrouverais des Juifs encore libres. J'irais voir aussi leurs ennemis de la Garde de Fer, comme j'étais allé deux ans auparavant en Belgique, accompagner Léon Degrelle pendant trois journées tumultueuses et bien amusantes de sa propagande politique. Cette seconde visite me vaudrait certainement autant d'avanies que la première. Mais nous ne pouvions reprocher à Degrelle et à Codreanu de se refuser à entraîner la Belgique et la Roumanie dans la guerre des démocraties, puisque nous-mêmes nous faisions tout pour en éloigner notre pays. Les Juifs de Roumanie ne devaient leur sursis qu'à la scélératesse d'un gangster couronné, qui leur avait abandonné contre grasses commissions la moitié de son pays, pendant qu'il livrait le reste à leurs congénères de Wall Street ou du Stock Echange. Les frères et les cousins de ces gens-là étaient sur notre sol nos plus effroyables ennemis. Par quel miracle auraient-ils pu devenir hors de nos frontières, là où ils étaient plus pervers et plus nombreux encore que chez nous, des gardiens de nos intérêts ?

La tyrannie judéo-monarchique de Bucarest, cet immonde carnaval du putanat, du vol et du meurtre, avait ses chantres attitrés à Paris. Ces personnages, attachés par une saucisse d'or à la maison Prouvost, étaient les Tharaud, Jean et Jérôme, auteurs jadis d'un des plus écrasants réquisitoires contre la race des Hébreux, *Quand Israël est roi*, deux des hommes de France les plus profondément instruits de l'ignominie et de la férocité juives, les plus conscients de la sinistre besogne qu'ils accomplissaient.

Les décombres

CHAPITRE III

POUR L'AMOUR DES TCHÈQUES

Quelques semaines plus tard je rentrais donc en France par l'Allemagne durant les premiers jours de septembre 1938. Partout, à Budapest, à Bucarest, à Cracovie, dans un couloir de wagon ou dans la maison d'un grand personnage politique, comme le séduisant et intelligent Manoïlesco alors en disgrâce et gardé à vue pour crime de fascisme sur une plage de la mer Noire, on m'avait entretenu de la fâcheuse mine de l'Europe et des risques de guerre. Le général Antonesco était le plus soucieux. En résidence forcée lui aussi, il m'avait accueilli sur la route devant sa villa de Predeal, le seul endroit où ses domestiques ne pussent l'espionner. Il avait le visage tanné et coloré et le veston de tweed d'un colonial britannique. Certains de ses compatriotes, vraiment mal renseignés, le trouvaient même un peu trop anglophile ! Il m'avait parlé de mon pays avec une amitié intelligente et attristée, et de son cher Codreanu, captif du bandit Carol, dont le sort l'alarmait, hélas ! à juste titre. La discussion s'égarait un peu avec certains autres Roumains, grands experts en jongleries de droit international et intrépides pour condamner juridiquement la plus petite égratignure à leurs frontières. Mais ils n'étaient pas moins farouchement décidés à laisser la Tchécoslovaquie, puisque Tchécoslovaquie il y avait, se débrouiller toute seule entre ses Sudètes et Hitler. Nous avions encore vu juste dans nos propres campagnes de Paris sur la fiction de la Petite-Entente et l'horreur des Balkans pour le candidat-dictateur de cette Petite-Entente, l'ambitieux maçon Edouard Bénès.

J'affirmais à qui voulait l'entendre que la France fulminerait encore sa plus belle et solennelle protestation, mais qu'elle ne tirerait pas un coup de fusil pour les Tchèques. J'avais très rarement besoin d'insister. La France ne comptait plus depuis qu'elle avait par deux fois, sans une réaction, toléré Blum pour maître. Si par hasard on m'alléguait l'honnêteté possible de Daladier, je dépeignais l'homme qui après avoir fait vingt-trois morts par son impuissance, avait passé la nuit du 6 février, la nuit de sa vie, à compulser les Dalloz pour y trouver un précédent lui permettant de décréter l'état de siège à Paris.

À quoi bon remuer du reste des attendus et des considérants ? L'entorse tant redoutée aux clauses territoriales de Versailles était depuis l'Anschluss une chose accomplie. Le ravisseur lui avait donné tout l'éclat possible pendant que les gardiens se terraient pétrifiés. La face et la partie étaient bel et bien perdues pour nous dans ce morceau de l'Europe, sur lequel la Reichswehr pesait de son énorme masse. Nous ne lui avions jamais opposé notre concurrence que par des abstractions desséchées ou des crapuleries de petits pirates. La Roumanie était amoureuse, peut-être point de la France, mais sûrement et follement de Paris. À six cents lieues de nos frontières, par pure inclination, elle parlait notre langue, elle lisait nos livres plus et mieux que nous. Pour répondre aux soupirs de cette joie orientale, nous lui avions expédié de vieux satyres barbichus, à voix de roquets, fringués comme des sous-économes de collège et qui étaient les plus hauts seigneurs de notre diplomatie. Faute de quelques bribes de crédit, nous avions verrouillé le paradis du Quartier Latin à la foule de ses étudiants chrétiens et nous y recevions par milliers les jeunes youtres vomis par ses universités. Nos voyageurs bourgeois et nos journalistes, après s'être empiffrés à ses tables hospitalières, jugeaient opportun d'affecter pour elle un souverain dédain, et, dans les cas les plus aimables, la traitaient de sauvagesse balkanique quelque peu frottée de Giraudoux et de Paul Morand. Nous lui avions ouvert pompeusement des crédits qui ne servaient en fait qu'à soudoyer quelques Titulescos. Nous lui avions promis notre lointaine garantie, mais nous n'armions ses troupes qu'avec nos rebuts d'arsenaux. Après dix-huit ans de ces gentillesses, la Roumanie rêvait toujours des Champs-Élysées, mais elle achetait tout à l'Allemagne et elle envoyait ses garçons faire des cures de national-socialisme à Berlin et à Heidelberg. Le royal fripon Carol lui-même assurait bien les démocraties de son indéfectible amitié en palpant leurs chèques, mais il se ménageait l'avenir en faisant mille courbettes à l'Italie de l'Axe, et j'avais trouvé des ribambelles de Chemises noires en uniforme dans les rues de Bucarest.

* * * * *

J'aimais beaucoup les troupiers polonais, corrects, solides et bien vêtus. Mais toutes les usines de guerre polonaises collées à la frontière silésienne, étaient d'anciennes industries allemandes. J'emportais un souvenir féerique de Cracovie, mais c'était une ville autrichienne.

À la dernière gare avant l'Allemagne, le garde polonais était blond, jeune, carré, botté, sanglé dans un uniforme noir, à la schapska près identique au S. S. que je verrais trois kilomètres plus loin. Il parlait l'allemand comme un pur Teuton. Le S. S. parlait le polonais comme Poniatowski.

Le rapide de Dresde filait maintenant à travers le Reich.

Depuis le franc Daladier, je ne voyageais plus qu'en troisième sur les Deutsche Reisebahne. Quatre Allemands étaient venus s'installer dans mon compartiment, trois vieux et un jeune. Je lisais des journaux antisémites roumains, dont les caricatures cauchemardesques les avaient aussitôt intrigués. Il fallut les leur montrer dans le détail. Le jeune, bien tondu, bien briqué, luisant de santé, en veston civil et culotte noire, était sergent de S. S. Il s'étirait les biceps, lâchait d'énormes bouffées de tabac blond, faisait craquer avec amour de splendides bottes toutes neuves, s'épanouissait tout entier dans le bonheur d'être hitlérien d'élite et gars du "Hochschlesien" dont il célébrait la force et le courage en se claquant les cuisses à grand bruit.

Il n'avait jamais vu de Français et m'examinait sur toutes les coutures avec un cordial et naïf étonnement. Il m'exhibait fièrement sa carte du Parti, une vieille et glorieuse carte, celle des vrais costauds de la Haute-Silésie qui avaient marché les premiers derrière le Führer.

Deux des vieux portaient des rubans à leurs vestons et s'étaient battus en France : "Ach ! Touaumont ! Chemin tes Tamen, die Somme !" Il n'y avait que deux soldats au monde, l'Allemand et le Français. C'était bien sûr et bien connu. Et moi aussi, J'avais été soldat ? En Rhénanie, dans l'infanterie ? Je me voyais investi de tout le prestige de l'armée française. Mais maintenant, "nie mehr Krieg". On se valait, ce serait idiot. Nieder mit den Juden ! Judas verrecke.

Je baragouinais avec crânerie un infâme allemand. Je goûtais le schnaps à la bouteille du S. S., les Allemands fumaient mes cigarettes roumaines, nous fredonnions en choeur les lieder nationaux-socialistes, et le Haut-Silésien m'assénait sur les épaules de furieuses bourrades d'admiration parce que je savais presque tous les couplets.

Toutes les gares saxonnes grouillaient de cohortes nocturnes, en marche pour le prochain congrès de Nuremberg : des tambours de douze ans aux épaulettes rouges, sérieux comme les grenadiers du vieux Frédéric, des bataillons de fillettes en tenue de campagne, la guitare en bandoulière entre leurs longues tresses, les gaillards de l'Arbeitsdienst, étudiants, paysans et ouvriers confondus, aux épaules herculéennes et aux joues d'enfants.

Derrière cette armée d'écoliers en uniforme, pas une seule de ces blafardes ou hargneuses figures des gens qui chez nous "s'occupaient de la jeunesse", pions, curés-clairons, célibataires rancis, âcres et antiques vierges. Leurs chefs de file étaient pris au milieu d'eux. Rien n'était vivifiant, rien n'appelait l'amitié comme cette levée de toute une jeunesse qui se créait elle-même son ordre, et quel ordre ! sans avoir abdiqué quoi que ce fût de "sa vieille part de gaîté divine". Rien du scoutisme qui se souvient toujours d'avoir été créé par des Anglais sermonneurs et antimilitaires. Il n'était point besoin de prédicants d'académies ou d'église pour inspirer l'unanimité et la ferveur à l'adolescence allemande. En chantant, en croquant des saucisses, chargée fièrement du vrai havresac de guerre comme d'un insigne de sa vigueur, elle partait pour les grandes vacances de l'enthousiasme. Que n'avait-on pas dit sur son asservissement ! Je me rappelais dans nos quartiers bourgeois les effrayantes promenades de familles, les filles blafardes et sournoises, chapeautées comme de vieilles institutrices, les grands garçons nigauds dans les jupes de leurs mères. Où se trouvait la liberté ?

J'avais rendez-vous à Dresde avec des amis illustres : la *Liseuse* et la *Courtisane* de Vermeer ; les Rembrandt des années de bonheur et de prodigalité qui sont des poèmes du faste et de l'épanouissement des sens à peine moins sublimes que les tragédies et les méditations de sa vieillesse solitaire ; les cortèges de Véronèse dont aucun vernis Louis-Philippe n'a terni les velours et les brocarts ; *l'Annonciation* de Francesco Cossa qui semble ciselée dans les pierreries de l'Eldorado ; la *Chasse* de Rubens, lyrique comme Wagner et truculente comme Breughel.

Les gardiens me chassaient toujours trop tôt à mon gré de cet univers serein et somptueux. La pluie s'égouttait interminablement sur les longues rues d'une uniformité toute germanique, sur les passants ponctuels et silencieux dans de bien maussades imperméables. J'allais m'exhorter au bord de l'Elbe à goûter le rococo saxon, et je déplorais qu'il me laissât fort tiède, par la faute sans doute de ce ciel si chagrin.

C'était bien du dilettantisme pour un journaliste de profession, à quelques lieues d'une frontière dont le sort tenait le monde en haleine. Mais je n'en éprouvais que de médiocres remords. Le sourire de Saskia et sa robe rose étalée sur les genoux de Rembrandt amoureux me paraissaient autrement importants que le problème des Sudètes.

Dans le dernier après-midi de mon séjour, des schupos débonnaires et précis étaient venus barrer les avenues pour laisser le passage à des colonnes de chars et d'autos-mitrailleuses. Dans les intervalles, des pelotons de fusiliers motocyclistes, splendidement équipés, défilaient à toute allure sur les pavés. Je regardais avec sérénité ces spectacles militaires. La saison en Saxe était évidemment peu propice au tourisme. Mais il en eût fallu beaucoup plus pour corser mon voyage.

J'avais lu cependant avec un léger pincement dans les côtes les manchettes énormes des journaux du soir : ''Grosse Spannung in Europa, grande tension en Europe''. A la nuit, un exercice d'alerte avait plongé la ville dans des ténèbres absolues et malgré tout un peu angoissantes. Mais à la brasserie de la gare, à la lueur des bougies, les bourgeois vidaient placidement avec un chalumeau les énormes pots de bière. Je pris le train parfaitement rassuré.

Les décombres

* * * * *

Deux jours plus tard, à Paris, j'étais tout étonné de retrouver mes amis penchés sur des cartes et des dépêches avec des visages d'une aune. Le seul tranquille, c'était moi qui débarquais sur l'heure du fond de l'Allemagne. Je les blaguai assez cavalièrement. J'opinais pour un phénomène de suggestion journalistique. On est plongé dans la bouilloire parisienne, on est tympanisé par les agités et les sots, on ne parvient plus à rien débrouiller. Je trouvais presque, en lisant les derniers numéros de *Je Suis Partout*, notre campagne pacifiste trop bruyante et poussée au drame. Je m'enfonçais avec volupté dans le classement de mes photographies et de mes notes sur la peinture de Dresde.

Une semaine après, mon beau calme était loin. Les choses ne s'arrangeaient pas. Nous avions cent fois dénoncé les dangers de tous ces engrenages de garanties et de pactes qui constituaient le chef-d'œuvre de notre politique étrangère. La France avait les doigts bel et bien pris dans cette mécanique. Cette fois, il ne s'agissait plus de palabres genevoises et d'imbroglios franco-italiens, agaçants mais peu périlleux. Nous nous trouvions en face de la plus farouche volonté.

Le voyage aérien de Neville Chamberlain à Berchtesgaden avait soulevé l'enthousiasme et l'espoir. C'était enfin un geste humain, d'une portée intelligible pour tous. Il bousculait en coup de théâtre les louches spécialistes des arguties juridiques, dont le travail resserrerait peu à peu le filet de la guerre autour de nous. Dans l'image populaire brusquement substituée aux rapports d'experts, aux consultations de procédure, aux finasseries d'ambassades, tout paraissait merveilleux : ce vieux monsieur montant en avion pour la première fois de sa vie avec son parapluie, son pardessus noir et ses bottines à boutons, son arrivée dans la retraite wagnérienne au milieu des géants immobiles de la garde nazie, son entrevue avec le Führer sur un fond de glaciers et de nuées, cela vous parlait autrement aux peuples que les déjeuners de Thoiry et de Locarno, les pactes filandreux scellés entre la poire et le fromage, sur un coin de table d'un palace quelconque. J'en rendais grâce au génie du Führer, renversant usages et poncifs et qui créait de l'histoire comme au temps du Camp du Drap d'or et du radeau de Tilsit. Il était admirable que le premier personnage étranger qui se mit au train de ces mœurs nouvelles et superbes fût un vieux gentleman à la Dickens, épris de pêche à la ligne et pétri de respectabilité.

J'augurais bien de ce voyage. L'honnête M. Chamberlain pouvait crever la ridicule légende d'un Hitler démentiel en acceptant de le voir face à face. J'aurais aimé savoir que le Führer s'était mis en frais de compréhension et de courtoisie pour son britannique visiteur. Nous respirions. Les optimistes, parmi lesquels je me comptais résolument, marquaient des points. C'était l'essentiel.

Mais la fameuse entrevue n'avait rien résolu. On retombait dans les colloques ministériels, les navettes Paris-Londres, les discours ambigus, les manœuvres obliques. J'assurais toujours que des négociations traînant ainsi en longueur ne pourraient pas s'achever tragiquement. Mais il apparaissait de plus en plus que chaque nouveau délai était employé par des hommes fort exercés à brouiller les cartes. Le 23 septembre au soir, un jeudi, je compulsais fiévreusement le monceau des dernières dépêches auprès de la table de Maurras, dans la petite imprimerie crasseuse de l'*Action Française*. Chamberlain était à Godesberg. Mais son avion avait déjà trop servi, il n'avait plus de prestige. Nous apprenions, consternés, que le vieux monsieur de Londres et Hitler restaient chacun sur une rive du Rhin, retranchés dans leurs positions, et qu'ils ne communiquaient que par des billets laborieux.

Nous attendions de quart d'heure en quart d'heure, penchés sur la "printing" d'Havas, le télégramme annonçant enfin que le père Chamberlain traversait le fleuve. Le télégramme ne venait pas. Nous savions du reste que la rencontre ne nous apporterait plus un vrai soulagement. La Tchécoslovaquie annonçait sa mobilisation générale.

* * * * *

Nous parlions depuis deux ans à *Je Suis Partout* de la guerre juive et démocratique. Nous en connaissions à merveille la doctrine, les agents et les préparatifs. Nous avions accueilli avec une joie et une admiration sans limites les *Bagatelles pour un massacre* de Céline. Nous en savions des pages et cent aphorismes par cœur.

Certains de nous s'étonnaient quelquefois que la véhémence de notre pacifisme, remplissant la moitié de notre journal et de l'*Action Française*, ne valût pas à notre bord les vastes suffrages qu'avaient recueillis autrefois le briandisme, le socialisme anti-militariste et genevois. Je n'en étais pas autrement surpris. L'abrutissement des cerveaux français, la confusion des idées et des sentiments les plus simples étaient tels qu'il existait une paix "pour la gauche" et une paix "pour la droite". La paix à l'usage des démagogues et du prolétariat se prêchait par d'énormes insanités. On la garantissait perpétuelle et universelle. Ses apôtres, qui connaissaient leur métier, ne s'embarrassaient pas de scrupules logiques. Ils préconisaient froidement la plus sauvage guerre civile comme remède à la guerre bourgeoise. Ils avaient su confondre la paix avec l'abolition de la caserne et la fin des galonnards. Ils avaient l'immense avantage de flatter l'animal populaire dans sa candide sottise et dans ses instincts, Pour nous, nous avions le tort d'être des pacifistes intelligents. Nos écrits réclamaient une certaine paix, dans le temps et dans l'espace, parce que notre pays n'avait plus les moyens de conduire victorieusement une guerre, et que nous répugnions à souhaiter une révolution nationale issue d'une défaite.

Sans doute avions-nous eu aussi le tort de batailler trop tôt et trop à fond pour la paix alors qu'elle ne courait pas de risques vraiment graves, pendant les sanctions et pendant les affaires d'Espagne. Nos arguments s'étaient émoussés à l'usage. Pour ma part, et je n'étais pas le seul, je ne croyais pas très sérieusement à la réalité d'une guerre sous un régime aussi déconfit que le nôtre. Je l'imaginais mal accouchant d'un tel événement.

Mais la guerre cessait de n'être que le plus beau thème de propagande et de littérature vengeresse. Elle était suspendue bel et bien sur nos têtes.

Tout se conjuguait pour nous la rendre intolérable.

Quoi ! la France avait assisté avec une résignation de petite vieille au relèvement et au réarmement de l'Allemagne au temps où elle était trois et quatre fois plus forte qu'elle, au passage du Rhin par les troupes de Hitler, à l'édification de la ligne Siegfried, à l'annexion de l'Autriche. En démolissant un peu de ses propres armes à chaque nouvelle conquête du voisin, elle l'avait laissé s'emparer de toutes les positions dont la défense était facile. Elle avait toléré sans un geste de riposte, en dépêchant au plus quelque huissier à ses ''Panzerdivisionen'', qu'il vînt border notre frontière avec des milliers de canons et de chars. Et voilà qu'elle jetait feu et flammes et faisait sonner avec fureur un glaive ébréché. Cet accès belliqueux était encore plus imbécile que toutes ses lâchetés d'hier.

Nous entendions autour de nous des nigauds, des bravaches, des mathématiciens, des juristes ou des traîtres insinuer que c'en était assez, que Hitler passait les bornes et qu'il était nécessaire de lui signifier un impérieux ''halte-là''.

Nous avions beau jeu pour répliquer : "La belle ligne de résistance que vous nous désignez ! Ne voyez-vous donc pas que votre Tchécoslovaquie est un bric-à-brac de peuples qui se haïssent et qui s'entre-rosseront au premier coup de fusil ? Ignoreriez-vous par hasard que les Slovaques sont les esclaves de vos Tchèques, et qu'ils n'attendent que votre guerre pour lever les drapeaux de la rébellion ? Et même si les Slovaques consentaient à se faire casser la tête, parce que cela déplaît aux Tchèques que huit cent mille Allemands des Sudètes redeviennent des Allemands tout court, votre Tchécoslovaquie est si grotesquement fabriquée qu'en deux jours les Panzerdivisionen l'auront traversée de part en part. Si un miracle voulait que cette espèce de boudin n'éclatât pas, il serait aussitôt découpé en tronçons. Et nous ne pourrions même pas former à son propos une coalition qui aurait au moins des chances d'embarrasser l'Allemagne. M. Beneš prétendait jouer les dictateurs dans la Petite-Entente. C'est un marxiste avéré, un ami des Soviets. Il a eu l'art de faire détester la Tchéquie par toutes ses voisines. La Roumanie, la Yougoslavie ne feront pas tuer un seul conscrit pour elle. La Pologne et la Hongrie guettent l'heure d'en saisir un lambeau. Quant à l'U.R.S.S., entre elle et les Tchèques, il y a la Pologne. Et les Polonais ne toléreraient jamais un seul soldat rouge chez eux."

Depuis six mois, l'Allemagne avait la forme d'une tête de loup, le Rügen et le Schleswig sur les oreilles, Berlin à la place exacte de l'œil, la Silésie et l'Autriche pour les mâchoires ouvertes. Le gros et bête boyau tchécoslovaque était enfoncé entre ses dents. Aux devantures des librairies, les plus niais rêvaient longtemps devant cet étonnant intersigne géographique.

Mais nous avions offert nous-mêmes la mandibule autrichienne au carnassier. C'était sur le Brenner, à Rome, à Vienne que se défendait la Tchécoslovaquie.

Des effrénés nous abasourdissaient tout à coup avec les exigences de notre honneur et de notre sécurité. Mais c'était dans la plaine rhénane, dans les champs du Palatinat, quand les divisions allemandes y poussaient précautionneusement leurs éclaireurs que notre honneur et notre sécurité avaient été en jeu, et que nous, couards et brenneux, nous les avions sacrifiés à la face du monde.

La logique était plus que jamais, après avoir livré bénévolement à l'adversaire des avantages inouïs, d'en retirer enfin quelque bénéfice tangible en mettant le sceau à notre réconciliation. Mais la déraison de notre politique tournait à une folie de roquet enragé. Après avoir rendu toutes les armes de l'invincibilité au géant germanique, voilà que nous lui mordions les bottes.

* * * * *

À une volonté de guerre aussi extravagante et frénétique, il fallait certainement des ressorts considérables. Nous les connaissions bien. À *Je Suis Partout* et à l'*Action Française*, on les avait décrits sans répit depuis des mois. Le clan de la guerre tchèque était le même qui avait livré Mayence, remis Strasbourg sous le feu des canons allemands, vomi l'insulte contre Dollfuss, reçu Schussnigg à Paris dans une gare de marchandises, traité en hors la loi Mussolini, le garde du Brenner. La sécurité territoriale, la suprématie et la prospérité de la France lui importaient fort peu. Encore moins l'Autriche. Il l'avait condamnée en 1919. Il avait sournoisement précipité sa fin en lâchant et vilipendant ses défenseurs.

Mais la Tchécoslovaquie était sa chose, sa création de choix. J'hésitais souvent devant les explications un peu grosses et populaires d'un événement politique. Mais cette fois, l'erreur eût été de subtiliser. Hitler eût pu exiger sans courir le moindre risque le retour de plusieurs millions d'autres Allemands dans le giron nazi. Il réclamait ses Sudètes, Allemands de la tête aux pieds, en vertu d'un droit des peuples codifié et contresigné par les démocrates eux-mêmes. Mais le droit genevois variait selon les hommes et l'heure autant que la liberté et la justice des républicains. Il n'y avait pas plus de droit des peuples pour les Sudètes que de droits de l'homme pour Maurras en prison.

Nos boutefeux eussent peut-être bien livré sans coup férir deux millions d'Alsaciens authentiques. Mais le dessein de Hitler portait atteinte à un fief élu de la grande maçonnerie. Il menaçait de forcer la porte d'une Loge illustre entre toutes les loges.

La construction tchécoslovaque était manifestement ridicule et branlante. Mais c'était justement la meilleure raison pour que les hommes de toutes les expériences idiotes, des faillites socialistes, des pactes lunaires, des finances de cirque, des avions contre Franco, des sanctions contre le Duce, des tendresses à Staline, des ambassades de Guignol, l'adoptassent comme leur rejeton amoureusement couvé. Il avait fallu un collage laborieux et des spoliations indignes pour donner consistance à cet État chimérique. Mais nos hommes le caressaient comme le chef-d'œuvre de leur traité. Sur leurs cartes, les Allemands le coloriaient du vermillon dévolu aux pays contaminés par le bolchevisme. C'était bien en effet sa nature et sa fonction : au cœur de l'Europe, un instrument choisi du despotisme marxiste, des intrigues, des capitaux, des vetos et des haines du Triangle et d'Israël. Hitler menaçait là quelque chose d'infiniment plus essentiel aux yeux de bien des gens que la plaine d'Alsace ou la vie d'un million de nos fantassins. M. Benès avait fait le grand signe de détresse. Il ne s'agissait plus d'une de ces mésaventures ministérielles qu'on résout avec quelques pelotons de gardes mobiles et deux ou trois assassinats. Le grand branle-bas de combat répondait à l'appel du Frère.

Pierre Gaxotte, jusque-là, parlait peu des Juifs, nous avait laissés seuls tâter de l'antisémitisme, par prudence et parce qu'il ne croyait pas trop aux causes simplifiées, à la Kabbale et aux Convents. Il disait pourtant : "J'en suis maintenant sûr : s'il y a la guerre, les Juifs en seront pour 80 % les auteurs".

Les Juifs étaient prêts à la guerre dans l'orbite de leur fidèle sœur la maçonnerie. Ils la voulaient plus expressément encore pour leur propre compte, célinesquement, pour que nous reprissions nous-mêmes "leurs crosses avec Hitler", que nous leur fissions la reconquête de leur Judée d'outre-Rhin où ils avaient si bien cru posséder enfin un de leurs plus beaux royaumes, et qu'ils étaient si parfaitement incapables de réintégrer par leurs seuls moyens.

Les communistes poussaient à la roue avec ensemble, toujours d'un excellent secours pour hâter n'importe quelle catastrophe.

Ce puissant trio avait en mains tout le personnel nécessaire : agents provocateurs, stipendiés de l'écrit et de la parole, créatures dans les Parlements, les Bourses, les Chancelleries. Il disposait d'un cortège de complices nullement négligeables, inconscients ou conscients, chrétiens judaïsants ou démocratisants, glossateurs, chats-fourrés, barbouilleurs de pactes, crétins, quakers, clergymen agrippés à la lettre du droit par myopie juridique, par imbécillité algébrique ou par imbécillité tout court, par soif enfin de la morale pure, ces derniers étant de loin les plus indécrottables et les plus venimeux.

Nous connaissions cette jolie bande par le menu. Nous pouvions affirmer qu'elle comptait au moins six ministres français : Reynaud, Campinchi, Mandel, Champetier de Ribes, Jean Zay et de Chappedelaine : un affairiste international, un avocaillon, un démocrate populaire, un gros bourgeois et comme de juste les deux Juifs du cabinet. Nous luttions pied à pied sur notre propre terrain contre un épouvantable complot de presse : l'*Ordre*, l'*Epoque*, l'*Aube*, *Aux Ecoutes*, *La Lumière*, l'*Europe Nouvelle*, *Ce Soir*, l'*Humanité*, cafards, binoclards de loges, vendus professionnels, porte-plumes de Moscou. Le communiqué le plus anodin devenait lourd de présages. On s'assombrissait en apprenant que M. Comert et M. Jacques Kayser avaient pris l'avion de Londrès en compagnie de M. Bonnet et de M. Daladier ; on savait que ces deux lieutenants devaient être là pour surveiller leurs ministres, au nom du Quai d'Orsay où le complot de la guerre comptait ses plus zélés serviteurs.

* * * * *

Tous les détails des événements prouvaient l'existence de la conjuration. Au regard du parti de la guerre, toutes les démarches de conciliation devenaient un forfait à l'honneur. Trente spadassins de l'encrier rappelaient chaque matin vertement M. Neville Chamberlain aux principes de la fierté britannique. À son envol pour Berchtesgaden, ils avaient tranché par leur mauvaise humeur sur la joie de la foule. Le canotage et le jeu des petits papiers de Godesberg nous irritaient parce que nous sentions Chamberlain indécis, souhaitant la paix, semblait-il bien, mais reculant devant le geste catégorique qui assurerait son salut. Le parti de la guerre, lui, ne se gênait plus pour vitupérer la patience du vieil Anglais. Il criait à l'humiliation insupportable. Chamberlain devenait pour lui le domestique du Barbare et l'opprobre de l'Union Yack. Le bellicisme ne dissimulait même plus sa hâte à couper les ponts, son aversion pour tout répit, toute rencontre nouvelle qui risquait de résoudre cette crise trop longue par un vulgaire compromis.

Le parti de la paix, de son côté, se trouvait devant un danger imprévu : être au bord de la guerre par le plus absurde des paradoxes. Entre les bases de négociations acceptées par chacun, y compris les Tchèques, et l'état présent de la discussion, les différences étaient absolument négligeables. Toutes les grandes lignes d'un accord étaient admises. Godesberg le confirmait. On ergotait sur des questions de délais et de formes. Se pouvait-il qu'on déchaînât un conflit effroyable pour d'aussi infimes détails ? Mais plus la guerre devenait diplomatiquement inconcevable, plus la machine de guerre se montait, gagnait du terrain, obstruait de sa masse l'horizon. Au moment où l'objet du malentendu apparaissait dérisoire, nos négociateurs s'avouaient à bout d'arguments, ou mieux on se liguait pour les en persuader. Cela s'imposait à nos amis et, à moi avec une évidence éclatante. Notre sang en brûlait de fureur. Mais le parti de la guerre défigurait et brouillait tout systématiquement. Il poussait toujours plus avant son offensive, au milieu d'un écran de fumées qui devenait d'heure en heure plus impénétrable pour les naïfs.

Gesticulant, vociférant des cris d'assaut, Henri de Kerillis caracolait en tête de la troupe des incendiaires. Tout le désignait pour ce rôle : sa vénalité éhontée, sa frénésie pathologique, le dévergondage de sa cervelle. Mais le drapeau tricolore qu'il brandissait si haut menaçait d'entraîner une foule d'honnêtes imbéciles.

La droite avait pu parvenir à une espèce de mol unisson pour geindre contre Blum, rogneur de dividendes. Il ne fallait point compter qu'elle se regroupât, même aussi falotement, contre la plus inepte des guerres. Chaque jour nous révélait quelque défaillance nouvelle du côté des nationaux. On leur criait : la République vous appelle. Il ne leur venait même pas à la tête de savoir si vraiment une armée d'invasion pressait notre frontière, ou si la France n'était pas plutôt précipitée par les épaules sur une pente épouvantable où nous pouvions encore la retenir. Le vieux coup de clairon jacobin secouait leurs ventres de bourgeois et cela leur tenait lieu de raison. Au nom des convenances, les bien-pensants s'indignaient que l'on pût pactiser avec cet énergumène de Hitler, comme ils avaient réprouvé nos pointes irrévérencieuses pour des personnages d'aussi vaste surface que ces messieurs Rothschild et Louis Dreyfus. Le sort de la France allait se jouer sur des enfantillages sentimentaux, que dis-je ! sur des phénomènes gastriques.

Quand elle ne soutenait pas sans vergogne le parti de la guerre, tel l'illustre *Paris-Soir*, à grand renfort de titres terrifiants et de télégrammes insidieusement tronqués, la grosse presse traduisait les choses en une bouillie pâteuse ou en tartines académiques qui n'offraient aucun repère à la jugeote du bon lecteur. Les journaux modérés s'inquiétaient avant tout de tâter les émotions de leur clientèle, de savoir si M. de Kerillis n'allait pas leur en chiper de beaux morceaux, et passaient à un chauvinisme résolument commercial. À *Candide* par exemple, Jean Fayard, zozo tournoyant et suffisant, optait pour l'intransigeance tricolore et démocratique et censurait Gaxotte à grands coups de crayon. Il n'y avait plus à compter sur aucune résistance raisonnable et utile de ce côté-là.

Nous enragions de posséder la vérité et d'être si seuls et si pauvres contre cette gigantesque marée de la trahison, de la trouille et de l'argent idiot. Nous nous désespérions, quand la valeur de chaque minute était incalculable, d'attendre toute une semaine pour crier dans notre journal ce qui nous étouffait. Il nous restait Charles Maurras. Nous nous étions passablement irrités de le savoir, aux environs du 15 septembre encore du côté de Maillane et de Martigues où il se croyait obligé par je ne sais plus quelle cérémonie mistralienne. Nous avions pris sur nous, Brasillach et moi, d'affronter son courroux en lui dépêchant une lettre qui le pressait respectueusement de sacrifier un peu le félibrige au pacifisme. J'ignore si notre supplique y fut pour quelque chose, mais le surlendemain il débarquait, la barbe en avant, dans l'imprimerie de la rue Montmartre, et s'y escrimait sur l'heure magnifiquement. En deux ou trois articles, il dressait une défense magistrale de la paix.

Maurras revenu, c'était aussitôt un phare de raison rallumé au milieu d'un mascaret d'insanités. Contre le flot des turlupinades juridiques ou héroïques, il reprenait imperturbablement et toujours avec plus de verve, définitions et démonstrations. Nous lui vouions une gratitude immense pour l'exemple qu'il donnait en refoulant ses instincts les plus vifs et les plus tenaces, en étant de tous les Français celui qui détestait le plus profondément l'Allemagne et qui administrait cependant les plus roides leçons aux petits claironneurs impatients de découdre du Boche. Maurras avait su faire triompher dans son esprit l'amour de la France et de la paix.

J'aurais voulu que l'on pût le promener partout, comme un apôtre ferme et lumineux, pour redresser les hésitants, pour fournir d'idées toutes les cervelles vides comme un tambour qui battaient le rantanplan de la guerre. Dans *Le Jour*, Léon Bailby, vieille tante mondaine, considéré selon de bien futiles et fragiles apparences comme un de nos plus proches voisins politiques, donnait depuis Berchtesgaden les signes d'un visible désarroi. J'avais imaginé de lui montrer Maurras et j'organisai la rencontre dans une maison amie, l'agence Inter-France que venait de créer Dominique Sordet. Maurras, vieux renard, avait tout de suite placé la conversation sur le vrai terrain, et démontré à Bailby avec une logique enveloppante que le public du *Jour* était fatalement un ami de la paix, que pour la vente non moins que pour le bien de la France, il importait d'aller sans retard au-devant de ses désirs. Nous pûmes avoir ainsi pendant au moins cinq jours des Bailby d'une fort convenable solidité.

Au sortir de ce rendez-vous, j'interrogeais Maurras sur les dernières nouvelles.

- Qu'en pensez-vous ? Êtes-vous optimiste ou pessimiste ?

Maurras se redressant, le chapeau en bataille, et faisant sonner le plancher de sa canne :

- Il ne s'agit pas d'être optimiste ou pessimiste. Il y a des choses que nous voulons et d'autres que nous ne voulons pas.

La vigueur du vieux maître m'inspirait un grand réconfort. On vivait des heures extravagantes. On voyait des millions de Français, les ouvriers et les paysans, les gamins et les bonnes femmes suspendus devant leurs radios à un discours de Hitler dont ils ne comprenaient pas une syllabe, cherchant à deviner aux accents de cette voix farouche si elle rassurait ou menaçait, subissant malgré eux sa fascination. On voyait des journaux supputer agréablement les risques de paix et les risques de guerre et les juger égaux comme si cela eût été en somme naturel, comme ils eussent pesé les chances des champions avant un grand combat de boxe. On rencontrait des hommes qui n'étaient ni les plus sots ni les plus méchants envisager sans sourciller l'imminence pour nous des pires hécatombes.

Mais l'imbécillité d'une telle catastrophe demeurait à mon sens l'argument de poids. Dans la, nuit du 23 au 24, nous avions appris le rappel de "certains spécialistes", les fascicules 2 et 3. Cela pouvait n'être encore qu'une mesure de détail, un moyen de chantage supplémentaire pouvant ressembler à une précaution.

Robert Brasillach était notre premier mobilisé. Il rejoignait un état-major dans un patelin mal défini, peut-être du côté de Lille, peut-être du côté de Nancy. Je passai presque toute la journée suivante avec lui à voguer de café en café, à battre en rond le pavé du Quartier Latin. Nous ne pouvions pas tuer autrement ces heures fatidiques. Pour moi, depuis une semaine, j'étais à la dérive, incapable d'ouvrir un livre, de m'enfermer une heure chez moi.

Cependant, Brasillach prenait la chose avec toute la bonne humeur possible. Nous étions tous les deux désorbités plutôt qu'accablés par ce départ. Nous avions la tête trop lasse pour dire un seul mot neuf, mais il nous fallait encore démonter et redémonter le mécanisme des événements, nous ressasser encore nos raisons d'espérer.

À Saint-Germain-des-Prés, des paysans du parti de Dorgères sortaient d'un congrès voisin. Je les entrepris aussitôt. Ils ne voulaient pas la guerre, mais si on avait besoin d'eux, ils feraient leur devoir comme ceux de 14, et leurs orateurs venaient de le déclarer. Impossible d'en tirer quoi que ce fût d'autre.

Nous buvions encore un verre à la terrasse des "Deux Magots". Le soir commençait à tomber sur le clocher de l'église. Nous nous sentions envahis d'une amère lassitude de tant de connerie humaine. Tout cela était à hausser mille fois les épaules. Je quittais Brasillach comme un ami qui doit partir pour une corvée morose et stupide. Mais Je lui dis un énergique et joyeux au revoir. Je l'assurais que nous nous retrouverions avant peu de jours pour rigoler de cette farce. Ce n'étaient pas des mots de circonstance. J'en avais la conviction.

Pourtant, à chaque coin de rue, on croisait des gars, musette au dos et godillots aux pieds. Cela faisait vraiment beaucoup de ''spécialistes''.

CHAPITRE IV

AU SECOURS DE LA PAIX

Le même soir, à la gare de l'Est, c'était bel et bien une mobilisation. Une tourbe compacte obstruait la place. Quelques amoureux s'étreignaient lamentablement dans des angles de portes. Beaucoup d'autres piétinaient, plutôt abasourdis que douloureux.

Dans la gare, c'était une cohue immonde. Pas un ordre, pas un planton. A peine davantage quelque regard d'inintelligence ou de colère sur le gigantesque chromo du départ de 1914, qui racontait au-dessus de cette foule vingt ans d'histoire démentielle.

Inutile de chercher encore une illusion. Tous ces gens-là partaient bien à la guerre. En tout cas, ils en étaient sûrs. Nous avions souvent imaginé un tel soir, soulevé de révolte, celle que nous redoutions ou celle que nous attendions. La réalité nous montrait ce bétail.

On heurtait à chaque pas des corps d'ivrognes affalés au milieu des quais dans leurs dégueulasseries. Il y en avait jusqu'en travers des voies. Les officiers chargés de valises et de cantines enjambaient ça furtivement. Un gavroche s'amusait à les tutoyer au passage : "Tu comprends, demain matin, c'est eux qui me feront ch... Alors, pendant qu'on a le temps, hein ?" Mais la blague parisienne était trop pauvre et forcée pour me soulager un peu.

L'énormité du désastre m'accablait de tristesse. Je tournais de groupe en groupe au hasard. Tous les âges étaient incroyablement confondus. Les hommes ne comprenaient rien à ce mystère. Un grand bougre blond et osseux exhibait à la ronde son livret militaire :

- Tu te rends compte ! Quarante-deux ans ! Et ousque je vais ? Rohrbach ! Cent cinquante-troisième de biffe.
- Mais tu es peut-être frontalier ?
- Moi ? Je suis de La Varenne-Saint-Hilaire.
- Tu as peut-être une spécialité.
- Ben quoi ? J'étais à la mitraille, dans l'active, aide chargeur. C'est une spécialité rare ? Ah ! tu parles ! Cent cinquante-troisième de biffe. Quarante-deux ans ! à Rohrbach.

Il était évidemment superflu de chercher à sonder les arcanes de la mobilisation en "étoile". J'essayais de parler des chances que nous avions encore. "Tout n'est pas fichu. Dans huit jours tu reverras peut-être tes petites filles. Il y a encore de l'espoir. On négocie. On ne déclare pas une guerre comme ça". Mais tous secouaient la tête. Non, c'était bien fini. Ils s'indignaient même à l'idée qu'ils pussent partir pour rien. Non, on ne baisserait pas son froc devant Hitler. On allait tâcher de lui flanquer une correction. Après tout, ce n'était pas trop tôt. Je tentais bien de demander comment on s'y prendrait pour franchir la ligne Siegfried : cette difficulté n'effleurait aucune caboche. L'antifascisme se décidait enfin à prendre les armes. On allait bien voir ce qui lui résisterait. Quelques grandes gueules criaient même qu'on allait délivrer de Hitler les ouvriers allemands.

Il n'y avait aucun risque que le prolétariat s'insurgeât contre la guerre. Ses maîtres, décidément beaucoup plus forts que nous, étaient parvenus à lui faire confondre le grand soir avec l'abattoir.

Un train allait partir pour Metz. Les wagons puaient à dix mètres le vin vomi. Ils s'ébranlèrent lentement, hérissés de poings fermés. À chaque portière s'entassaient des douzaines de faces barbouillées et chavirées par l'alcool, et qui hurlaient l'*Internationale*.

Je pensais à Brasillach, perdu maintenant dans cette chiennerie. Je pensais à moi. J'aurais pu être jeté à la même heure dans une de ces poubelles roulantes. Dégoûtation ! Quant à la canaille empilée et saoulée, avant d'être promise au massacre, non, elle ne m'inspirait pas le plus petit frisson de pitié. Je voyais fondre sur tout ce peuple l'énorme châtiment de sa bêtise. Le hasard était juste avec moi. Je n'avais que trente-quatre ans, mais mon nouveau fascicule, de couleur bleue, m'enjoignait, je ne savais trop pourquoi, d'attendre une convocation spéciale. Avant des jours sans doute, je ne serais pas mêlé à cette vilenie. Je m'en félicitais sans l'ombre de remords.

Au coin du boulevard de Strasbourg, une bande de mères, de vieux, de femmes et de gamins excités par les apéritifs du départ, s'acharnait sur un quidam. Quelques cris vigoureux retentissaient : "À bas les étrangers ! À la porte cette cochonnerie !" Houspillerait-on enfin quelque youtre ? Le coupable se dégageait avec peine. Je le vis s'esquiver en sacrant. Mais c'était un Flamand ou un Alsacien...

* * * * *

Le lendemain, on croisait à travers tout Paris des centaines de vieillards fringués en officiers subalternes ou supérieurs. Des généraux octogénaires croulaient dans leurs bottes. D'antiques lieutenants traînaient à petits pas des prostates et des artérioscléroses. Devant la gare Saint-Lazare, en grand harnais de guerre, un commandant de chasseurs à pied, complètement ataxique, s'efforçait de lancer ses jambes à l'assaut d'un trottoir.

Il y avait aussi de poignantes silhouettes, des hommes à moustaches grises, avec des képis fanés et de vieilles capotes d'un bleu horizon verdi qui parlaient tragiquement aux yeux de 1916 et de 1917.

Les nouvelles empiraient d'heure en heure. On nous dépeignait Daladier lâchant pied, oscillant d'une morne angoisse à la jactance, se mettant à brailler devant les Anglais que pour faire la guerre, il aurait tous les Français derrière lui. Cela ne répondait que trop bien à ce que nous savions de cet homme avachi et au mépris que je lui vouais. On apprenait d'ailleurs que le parti belliciste, après avoir encouragé Prague à la résistance en lui promettant la chute du cabinet français, soutenait maintenant en coulisses Daladier.

Les Tchèques passaient à la provocation pure et simple. Leurs autos-mitrailleuses revenaient occuper les bourgades sudètes évacuées moins d'une semaine avant. Au mémoire de Godesberg, Prague répondait par un refus hautain.

Daladier faisait savoir à cor et à cris que si la Tchécoslovaquie était attaquée, la France tiendrait ses engagements. Mais s'agissait-il de la Tchécoslovaquie avec ou sans les territoires que nous avions déjà accordés au Reich ? Si Hitler, qui avait montré en somme une certaine patience, s'emparait des gages que nous lui avions consentis, serait-ce cependant une agression ? Tout portait à le croire. On se battrait donc pour un contresens, pour un jeu de mots.

La meute des assassins de la paix menait à plein gosier un concert furibond. Elle sentait trop bien l'inespéré du cas en même temps que son énormité. Il lui fallait sa guerre sur l'heure, sur le chaud, au beau milieu de l'équivoque qu'elle avait diaboliquement entretenue, avant que l'on eût pu, comme cela ne tarderait pas, dénouer l'épouvantable imbroglio.

Le lundi, vers quatre heures du soir, dans son bureau de chez Fayard, Gaxotte disait : "Cette fois, c'est fini. C'est le casse-pipes." Nous avions des figures de condamnés à mort.

J'emmenai dîner mon ami Cousteau près de l'École Militaire. Ce beau et mâle garçon, toujours si joyeux et crâne, était à bout de nerfs. Avec une femme enceinte et une petite fille de trois ans, il attendait d'une heure à l'autre son ordre de rappel. J'avais essayé sans succès de lui faire boire un pernod. Il étouffait, il passait d'un sursaut de révolte à la plus sombre prostration. Face à face, nous mastiquions lugubrement les mêmes bouchées rebelles. Je me retrouvai seul, avec une angoisse insurmontable, dans les rues endeuillées par le "black out" où les veilleuses bleues clignotaient comme les lampes des morts.

Près de la rue La Boétie, sur les trottoirs désertés, un père, une mère et un fils descendaient vers le métro. Le vieux était menu et petit, avec un melon, un pardessus noir, un parapluie, la vieille effacée dans l'ombre, le fils portait des musettes et un képi de sous-officier. Ils marchaient tous les trois en silence.

Ceux-là étaient bien d'innocentes victimes, de ces humbles petits bourgeois sur qui la guerre frappe avec prédilection, sans doute parce qu'ils sont aussi timides et empruntés devant la mort que devant la vie. Le sergent était-il le fils unique ? Quelles minutes ils vivaient ! Quels jours devant eux ! Quelle pitié et quelle solitude !

*****

Dans les salles de rédaction, les journalistes éperdus se débattaient sous une avalanche de fausses nouvelles. L'infernale entreprise de trucages et de mensonges qui sévissait depuis plus de quinze jours réalisait ses chefs-d'œuvre. On attendait, dans quelle anxiété, le dernier discours de Hitler. Les Juifs maîtres des agences de presse en retranchaient froidement toutes les offres de conciliation.

À l'*Action Française*, nous retournions dans nos doigts avec effarement et consternation un communiqué du Foreign Office :

"Si en dépit de tous les efforts du premier ministre de Grande-Bretagne, une attaque allemande se produisait contre la Tchécoslovaquie, le résultat immédiat en serait que la France serait tenue de venir à son aide et que la Grande Bretagne et la Russie seront certainement aux côtés de la France". Qu'était-ce que cette investiture officielle des Anglais donnée à la thèse la plus insane des bellicistes, la burlesque espérance d'avoir l'U.R.S.S. à nos côtés ? Depuis quand appelait-on l'U.R.S.S. "Russie" chez les diplomates ? Mais Maurras arrivait et parla carrément de faux.

Vers le milieu de la nuit, je regagnais à pied la Place Saint Augustin où j'habitais. Paris était noir et muet comme une tombe. La guerre pouvait donc naître ainsi. Au bout d'un enchevêtrement d'intrigues, d'illusions, de gloses, l'irréparable tenait à une chicane de textes, à l'heure d'une dépêche, à l'humeur, à la tête de deux ou trois ministres. Je me répétais, comme je l'avais dit à tous mes amis qu'avec un Blum, bien trop déliquescent et se sachant bien trop méprisé pour risquer un tel geste, nous n'aurions pas eu la guerre. Tout venait de ce Daladier de malheur, vacillant mais obtus, empêtré dans des pandectes et qui pouvait montrer une figure de Français.

La guerre six mois après Blum, et après vingt-deux mois d'anarchie marxiste ! C'était de la démence furieuse. Mes dernières images d'Allemagne s'abattaient sur moi. De Breslau à Bâle, dans une grisaille de pluie, je n'avais vu défiler que des villes immenses, puissantes et monotones, des gares de cinq cents voies, des fabriques gigantesques trouant la nuit de leurs feux, des Babylones d'usines. Encore ne connaissais-je pas la Ruhr. Je revoyais cette magnifique armée de jeunes athlètes impeccables et fiers. Je songeais à la ferveur et à l'unanimité de tout ce peuple. Quelles flammes cette forge ne cracherait-elle pas sur les décervelés qui allaient se jeter dessus !

L'aide des Anglais - ils ne nous le cachaient pas - serait de pure forme. Nous serions réduits à nos seuls moyens, un contre deux, trois peut-être bientôt, si l'Italie s'en mêlait. On parlait d'une quantité de divisions françaises massées devant la trouée de la Sarre et prêtes à l'assaut. Mais ce ne serait qu'une odieuse et vaine boucherie. Pierre Cot et les constructeurs juifs avaient anéanti notre aviation. Nous n'avions pas de canons antiaériens, pas de masques à gaz. Paris était livré à la mort sans autre défense que ces affreuses ténèbres répandues sur lui. Nous allions être pulvérisés. Une frousse invincible me saisissait. Il serait trop intolérable de se voir mourant dans cette insanité. Je quitterais Paris. Je me sauverais dans mon village du Dauphiné. J'y attendrais qu'on m'appelât dans quelque dépôt. Mais serait-il temps encore de se sauver dans deux jours ? Mon amour-propre seul pourrait me retenir de courir au premier train du matin. Mais il faudrait étouffer ça au plus vite. Le point d'honneur ne comptait plus quand il s'agissait de tirer sa peau d'un cataclysme imbécile. N'avais-je pas déjà trop hésité ?

Ma femme était encore en vacances. J'habitais seul place Saint-Augustin. Une petite bonne bretonne, gaie et vive, venait faire mon ménage. Elle avait bien dix-neuf ans et elle était mariée de trois mois. La guerre était à peu près aussi présente à sa tête d'oiseau que *La Critique de la raison pure.*

- Madeleine, lui dis-je le mardi matin, votre mari est mobilisable ?
- Bien sûr, monsieur, et il est exposé. Il porte le canon chez les cuirassiers. Elle continuait à sourire avec de grands yeux amusés et étonnés.
- Madeleine, je vais probablement partir aussi. Ça va de plus en plus mal. Il faudra qu'aujourd'hui vous rouliez les tapis, vous mettiez tout en ordre.
- Ah ! non alors, monsieur. Ça porterait malheur. On aura bien toujours le temps.

Le jour dispersait les cauchemars du "black out". On songeait moins aux risques de sa chétive personne. Mais l'angoisse de la patrie ne s'était pas enfuie. Elle paraissait encore plus lourde d'être retrouvée au réveil, sous un ciel plombé de fin d'été, dans un Paris trop calme et aux bruits assourdis, comme une maison où un grand malade somnole après une nuit de fièvre.

Je saurais désormais ce qu'était la douleur civique. Mais au lieu de nous fouetter héroïquement, elle nous écrasait. Nous avions le cœur déchiré, mais aussi la nausée aux lèvres et les bras sans courage. Il fallait que la guerre si souvent imaginée fût là, et que moi-même et tant d'autres, qui avions été les petits garçons nourris des exploits de Verdun, qui aurions saisi les armes si résolument pour couvrir le corps de la France assaillie, nous fussions les témoins de cette dérision : notre pays saoulé par un infâme éther, signant de sa propre main sa condamnation à mort, et marchant en zigzaguant et en hoquetant vers le couperet.

Hitler et Goering laissaient prévoir aux diplomates anglais des mesures militaires pour le lendemain mercredi dans le début de l'après-midi.

Il ne restait que bien peu d'heures aux défenseurs de la paix pour leurs suprêmes manœuvres de sauvetage. Nous imprimions *Je Suis Partout* le mercredi soir. Aurions-nous encore le temps d'y tenir notre rôle avant la mobilisation générale et la censure ? Si la guerre nous surprenait avec un pamphlet pacifique sous nos presses, nous serions sans doute saisis et emprisonnés.

Plusieurs journaux bourgeois avaient déjà résolu la question avec une lâcheté superbement camouflée de tricolore. À *Candide,* M. Jean Fayard, avant de rejoindre un joli poste d'officier interprète près d'un état-major britannique, se donnait l'avantage de jouer les chasseurs à pied. Toute cette journée tragique fut une vraie partie de cache-cache entre ses collaborateurs et lui. Gaxotte avait écrit pour les 300.000 lecteurs de *Candide* un article d'un pacifisme viril et clairvoyant, et fait préparer pour l'accompagner une vigoureuse page d'échos sur la fourberie des Tchèques, sur la duplicité des Russes et de leurs valets communistes, sur la teneur exacte des dernières négociations, sur l'ignoble frénésie des amateurs de catastrophes. Fayard, d'une fainéantise incomparable à l'ordinaire, s'était levé à six heures du matin pour corriger et caviarder le tout. Gaxotte arrivant à la rescousse, après une orageuse explication, était parvenu à lui faire rétablir l'essentiel. Mon ami Georges Blond, secrétaire de rédaction de la maison, veillait jalousement à l'imprimerie sur ces précieuses proses. Il déjeunait d'un sandwich sur le "marbre", ne lâchant pas d'un pied sa faction. Je devais apprendre le lendemain qu'à dix heures du soir, Jean Fayard était revenu dans l'imprimerie où il ne restait plus qu'un ou deux ouvriers, avait tout saccagé et coupé et fait partir à travers la France un journal à la Déroulède, plein de trompettes et de ''sursum corda''.

Les grandes feuilles commerciales, d'heure en heure, affichaient des titres plus sombres et plus dramatiques. L'imminence du danger, cependant, semblait susciter ici et là des réactions inopinées. Nous nous sentions moins seuls. Mais il était tard pour nous rejoindre !

Je fatiguais mon angoisse dans des courses véhémentes. J'étais le messager entre vingt groupes d'amis ou de confrères. Je surgissais dans la même heure à Montmartre et à Montrouge. J'exhortais un chancelant ou un découragé. Je vitupérais à en perdre le souffle le panurgisme tricolore des bourgeois.

Dans notre volonté de nous raccrocher à tous les expédients, nous en arrivions même à dire que puisqu'il y avait pacte, après tout, la S.D.N. garantissait ce pacte, que puisque nous nous préparions à une guerre du droit, le canon devait lui aussi satisfaire à la procédure, et ne point se permettre de tonner avant que l'on eût solennellement et rituellement défini l'agresseur. Pour un fameux délai, c'eût été un fameux délai. Mais nous savions trop bien que les plus tenaces apôtres de Genève avaient perdu la foi, et que pour nous, nous nous serions simplement ridiculisés en prétendant ressusciter la maison du lac Léman.

Depuis une semaine, les plus mauvaises nouvelles arrivaient avec la nuit. Le mardi soir, ce fut le dernier discours de Chamberlain. Il était à peine prononcé qu'on en colportait à travers Paris des échos sinistres. Texte en main, les hommes de la paix y trouvaient encore des arguments. Mais il n'était pas besoin de l'avoir entendu à la radio pour comprendre qu'il rendait un son découragé. Un vieil homme à bout de forces et de diplomatie y disait sa lassitude et sa tristesse, bien proche du désespoir. Au tournant décisif de la crise, Chamberlain se résignait à la guerre, s'avouait pour le moins incapable de rien opposer au jurisme et aux invectives de ses frénétiques avocats.

La paix mourait, et l'on ne tentait toujours rien pour rassembler tous ceux qui, comme moi, se mordaient les lèvres en refoulant des larmes d'impatience, pour que nous pussions jeter dans la balance faussée par les comploteurs bellicistes le poids de notre patriotisme et de notre indignation.

Les dépêches tombaient toujours plus consternantes. Il ne restait à attendre que l'annonce de la mobilisation générale. Il était une heure passée quand un coup de téléphone m'apprit que Flandin avec une centaine de députés venait sans doute de prendre une assez grosse décision. Je saurais des détails au *Journal*. J'y bondis. Une dizaine de journalistes palabraient avec une extrême animation sur le trottoir. Il me fallut un quart d'heure pour leur arracher par bribes la démarche auprès de Daladier de Flandin et de la minorité parlementaire, dont chacun voulait naturellement garder l'exclusivité. Ils étaient du reste à ce point ivres de leurs ragots qu'ils ne voyaient même plus l'importance de cette nouvelle.

Je courus rapporter à Maurras les quelques notes que j'avais griffonnées sous un réverbère camouflé. C'était enfin le premier symptôme d'une résistance officielle. Je me sentais écœuré par mes deux journées de vagabondages, d'humeurs femelles, de vains remâchages, d'imaginations navigantes. Nous avions tous notre tâche à remplir. La mienne était simple. Fussé-je seul, je ferais *Je Suis Partout*.

Un peu plus tard, vers sept heures et demie du matin, je sortais de chez moi, redoutant d'apprendre à l'autre bout de la place que la mobilisation générale avait été décrétée pendant mon court sommeil. Tout était calme, Quelques instants après, j'arrivais à l'imprimerie fort résolu. Notre secrétaire de rédaction, André Page, lieutenant de réserve, m'y rejoignait bientôt, à peu près convaincu qu'il venait passer là ses dernières heures de vie civile, mais ne se départant point pour si peu de son habituelle placidité. Notre chef d'atelier, Louis Mora, sûr ami politique, et vrai collaborateur du journal, n'avait pas non plus froid aux yeux, et se multipliait avec ardeur autour des "formes".

Nous confectionnâmes à nous trois un étrange *Je Suis Partout*, hurlant et claquant comme un manifeste, une affiche plutôt qu'un journal, tout en titres et en placards, que je fabriquais posément, en pesant bien chaque mot pour être sûr de choisir le plus percutant. Je me trouvais enfin maître de tout dire avec une brutale simplicité. Rien ne me paraissait plus utile. Je ne m'en privais pas !

Le titre de la "une" criait sur six colonnes : "Le vrai patriotisme, c'est de s'opposer au suicide de la France". À la "deux", on lisait ce petit raccourci de la situation, assez éloquent pour avoir encore retenu dix-huit mois plus tard l'attention de la police française :

- Qui tirera le premier coup de canon sur la frontière franco-allemande ?

Ce ne sera pas Hitler. Nous alors ?

Pouvons-nous nous charger de ce crime ?

Dans un pays sain et honnêtement enseigné, le dernier balayeur n'aurait pas dit autrement. C'est - malheureusement - un insigne honneur pour un journaliste que d'avoir osé écrire ces lapalissades à Paris dans la matinée du

28 septembre 1938.

Je dressais aussi un vaste tableau d'honneur du parti de la paix. Nous n'avions certainement jamais imprimé encore quelque chose de plus singulier. Que la droite française n'eût pas mieux su dire "non" à la guerre qu'aux Juifs ou qu'à la faillite marxiste, qu'elle eût encore flanché en prétextant un grave cas de conscience, cela ne pouvait plus nous surprendre. Mais c'était bien la première fois que nous voyions réunis pour la défense de la même cause des réactionnaires de l'Académie et la fédération rouge des postiers, les factieux de *Je Suis Partout* et d'anciens ministres du 6 février ou du Front Populaire, Maurras faisant cortège avec le marxiste Paul Faure, le fusilleur Mistler, le briandiste Déat, et Gaston Jèze, l'enragé des sanctions, démontrant du plus haut de sa chaire doctorale que nous étions, en droit, quittes avec la Tchéquie.

Nous n'avions reçu aucun secours des conservateurs confits dans leurs poncifs et leur peur des mots nets. Encore bien beau lorsqu'ils ne venaient pas se mettre en travers de notre campagne, tel ce vieux cheval de trompette Louis Marin, qu'on essayait de rattraper, galopant sur le sentier de la guerre au cul du dragon Kerillis. Pour le sieur de La Rocque, il fallait se féliciter qu'il s'en fût tenu à des vasouillages qui ne pouvaient être ni pour ni contre, puisqu'ils ne signifiaient exactement rien, genre où le Colonel était du reste imbattable. La gauche aryenne en somme, se tenait beaucoup mieux. Nous avions trouvé chez elle plus de nerfs, de bon sens, d'esprit politique et de franchise. Son vieux fonds pacifiste et antimilitariste offrait dans ce danger des ressources autrement solides que le conformisme des familles où l'on fait les jésuites et les Saint-Cyriens.

Gaxotte, dans un article émouvant en même temps qu'impitoyable, où il se soulageait de l'imbécile contrainte de Fayard, jurait que plus rien n'existerait des querelles de clans ou de doctrines, que plus rien ne compterait pour nous, hormis le parti de la guerre et le parti de la paix. Si grave que fût l'heure, je trouvais que c'était là un bien gros chèque tiré sur l'avenir, à tout le moins un de ces mouvements de cœur dont on ne manque jamais de sourire un peu plus tard. J'avais retrouvé toute ma tête, et je n'en étais pas peu fier.

L'*Œuvre*, de son côté, dans un mouvement semblable, écrivait en manchette : "L'ouvrier de la onzième heure, quel qu'il soit, quelle reconnaissance éternelle on lui devra ! "

Pour tout dire, nous n'aurions pas été très loin d'absoudre un peu Blum lui-même, si nous n'avions trop bien su la male peur qui l'assagissait. Nous avions cependant retenu son témoignage. Blum venait à l'appui de *Je Suis Partout*.

Un de nos dessinateurs, le fidèle et brave Phil, un pur fasciste, était depuis l'avant-veille margis de D. C. A. Comment le remplacer ? Rien ne nous parut plus digne qu'un beau carré blanc, avec cette inscription : "Ici devait paraître le dessin de Phil mobilisé".

L'annonce de la mobilisation anglaise nous arrivait sur cette trouvaille. Mais nous n'avions plus le temps de nous désespérer. J'exhortais nos ouvriers, criant pour la dixième fois depuis le matin : "Tant que le canon n'aura pas pété, je ne croirai pas à cette guerre". Nous sentions autour de nous la rue qui commençait à remuer. Nous dressions nos pages comme les pavés d'une barricade, dans un enthousiasme et une chaleur d'émeute.

À midi, voici la seconde note de Roosevelt. Bon : un pipi de clergyman sur un incendie. Quel intolérable battage des journaux autour de cette inanité ! Et ces titres : "Suprême démarche ! Dernière chance ! Ultime espoir !" Comme si la France n'était pas la maîtresse absolue de son sort !

Ne surgira-t-il donc pas enfin un personnage réel, faisant quelque geste positif, pour nous tirer de cet extravagant cauchemar ?

Vers deux heures, on nous apporte au pas de course le message des députés de la minorité, "mettant en garde la population contre la campagne systématique de fausses nouvelles" en même temps que l'affiche catégorique de Flandin : "je ne vois plus à cette heure qu'un seul moyen légal de maintenir la paix : que tous ceux qui veulent la sauver adressent au Chef de l'État leur pétition contre la guerre".

Quelques instants plus tard, un nouveau messager : "Daladier fait lacérer les affiches de Flandin par la police". La *Liberté* de Doriot qui l'avait reproduite, vient d'être saisie. Défense de vouloir la paix. Canailles ! Monstrueux salauds ! L'affiche de Flandin est déjà dans nos colonnes. Tant pis, ce sera encore un blanc, un moyen comme un autre de faire savoir quel bâillon on nous met : "Ici devait paraître l'appel de M. Flandin interdit par la police française". La fièvre de la colère et du travail continue à monter. Hachant de crayon bleu les épreuves fraîches, je hausse encore tout de plusieurs octaves. Notre cher Cousteau surgit, soldat depuis dix minutes, brandissant quinze lignes d'injures, son "pour prendre congé" aux porcs juifs et autres. Arrive que plante. Nous aurons dit du moins ce que nous pensions, nom de Dieu !

Un peu avant quatre heures, le téléphone m'appelle. La voix de Georges Blond. Médiation de Mussolini. Elle est acceptée. Conférence à quatre à Munich.

Les décombres

Est-ce possible ? Oui. Le Quai d'Orsay confirme. Daladier part demain. C'est fini. Nous sommes saufs. Comble de joie : c'est la paix fasciste, la paix qui nous vient de Mussolini. Et pas un mot d'invitation à l'affreuse Russie. On l'ignore, on la rejette dans les ténèbres extérieures. Et l'infect *Candide* du jeune homme Fayard court les routes de France, avec ses oriflammes, ses taratata et ses adieux vibrants aux petits soldats. Sieg ! Heil ! Arriba ! Viva il Duce ! Il y a tout de même quelques bons moments dans cette garce de vie.

"C'est dommage. Mussolini aurait bien pu attendre vingt-quatre heures. Notre *Je Suis Partout* arrive après la bataille. Quel sacré métier ! Un si beau numéro !"

Mais à la nuit tombée, dans la rue, nous vîmes que les Parisiens n'avaient encore rien compris. L'angoisse restait collée à tous les visages. Avec ses blancs énormes de journal de guerre, ses pancartes flamboyantes et ses titres furieux, notre numéro fit un assez beau bruit.

Le soir même, tout fier, je le montrais à Maurras. Pour je ne sais plus quelles raisons de mise en page, son nom, suivi d'une colonne d'un texte superbe, ne figurait pas en première place dans notre tableau d'honneur. Il ne vit plus rien d'autre, tança vertement notre inconséquence politique et me battit froid huit jours.

CHAPITRE V

LES VAINCUS DE MUNICH

Les témoins assurent que le 30 septembre, à son arrivée de Munich, Daladier chancelait en descendant de l'avion, terrifié à l'idée des huées qui allaient l'accueillir, à moitié saoul du champagne dont il venait d'abreuver largement son angoisse. Il fallut un moment avant qu'il comprît que la foule qui courait à sa rencontre ne l'insultait pas, mais l'applaudissait.

Je n'étais pas là. Mais rien ne parait plus vraisemblable, plus conforme à ce qu'on sait de l'homme. Dans l'effroyable équipe des fossoyeurs de la France, il faudra distinguer, non pour la justice, qui n'a à juger que des actes en telle matière, mais pour la clarté de l'histoire, les froides canailles, acoquinées à un régime condamné parce qu'elles avaient installé sur lui toutes leurs ambitions et toutes leurs richesses, et les crédules, les faibles, les redondants, non moins répugnants du reste.

Daladier parait bien avoir été de ceux-là. Les professeurs de son genre, nés dans la plèbe, nourris parmi les dévots du sectarisme sorbonnard, avaient la religiosité de 89 au fond du ventre. Quand Daladier proférait : "La France, fermement attachée à l'idéal démocratique...", c'était à la fois phraséologie et croyance. Daladier, modeste président de la majorité incertaine, venait de savourer à Munich les mêmes honneurs que deux fameux chefs de peuple, mais qui étaient aussi les deux grands épouvantails de toutes les démocraties. Et il avait traité avec eux, dépecé avec eux une démocratie sœur, celle de Benès, cet autre professeur républicain. Il pouvait bien se sentir flatté de tant de pompe et horriblement inquiet de la rumeur publique, tel un Homais qui vient d'être reçu par l'évêque. Comme tous les ministres de la démocratie française, il vivait en vase clos, beaucoup plus isolé du peuple que n'importe quel monarque absolu de jadis, parmi des politiciens enfermés dans les abstractions et les calculs de leur bizarre métier, tous en sécurité derrière leurs privilèges, et pour qui un déplacement de voix représentait un dommage bien plus grand qu'une guerre. Daladier ne savait pas jusqu'où pouvait aller le goût de la paix chez de simples citoyens.

Je le vis le soir même, montant vers le Soldat Inconnu à la tête du cortège des Anciens Combattants. Tout le long des Champs-Élysées, une foule immense criait : "Vive Daladier !" Le soleil couchant resplendissait devant ses yeux. Derrière sa tête frissonnaient des milliers de drapeaux. Sur sa trogne épaisse et triste, maintenant rassurée, apparaissait un vulgaire soulagement. Mais l'échine basse, les épaules de biais, le dos rond, le pas veule, portaient encore tous les stigmates de sa peur.

La foule chantait la *Marseillaise*. Elle ne savait pas d'autre hymne :

Aux Armes, citoyens…

Refrain assez cocasse pour ce jour où l'on rengainait le sabre ! Mais six mois plus tôt, sur cette même avenue, la *Marseillaise* était séditieuse : on célébrait aussi son retour.

Quand Daladier, après la minute de silence, quitta le tombeau du Soldat, de l'*Etoile* à la Concorde, une ovation gigantesque monta jusqu'à lui.

Je ne chantais pas, je n'applaudissais pas. Je me raidissais contre le frémissement contagieux de cette vaste chanson, de ces houles de ferveur et d'allégresse courant dans une glorieuse lumière. La fête était trop belle pour son héros.

Porté par une telle apothéose, n'importe quel homme d'un peu de mérite se fût senti capable de tout. Daladier n'était capable de rien. Ce triomphe ne pouvait le grandir. Il ne le comprenait pas plus qu'il ne le méritait. On se réjouissait, en acclamant son nom, d'avoir évité l'abîme. Mais c'était Daladier qui nous avait fait rouler sur la pente, et qui fût descendu avec nous jusqu'au fond si une vigoureuse main ne l'avait pas retenu par ses grègues. Si une pareille foule avait tout pu connaître et raisonner, elle n'eût pas célébré avec moins d'ardeur la fin de sa mortelle angoisse, mais en huant celui à qui elle la devait.

Un pays ne sort pas indemne d'aussi terribles ébranlements. De telles secousses réclament un traitement énergique et sage. Il eût fallu à la France un autre médecin qu'un des auteurs de l'attentat où elle venait de frôler la mort. L'homme qui, par sa faiblesse avait rendu Munich nécessaire, aurait dû en bonne justice et bonne logique disparaître du pouvoir dans l'heure de son retour. Ce maître dérisoire restait en place. Les lézardes profondes, creusées par ce mois de septembre dans l'esprit de la nation ne seraient pas réparées. La poussée d'enthousiasme du 30 septembre serait sans lendemain.

*****

Munich, vu de 1942, apparaît comme la répétition générale de septembre 1939. Le parti de la guerre venait de faire de ses forces et des faiblesses de l'adversaire une expérience un peu improvisée sans doute, mais qui demeurerait. Il connaissait désormais les erreurs à éviter, les hommes à abattre, ceux qu'il suffirait de neutraliser, ceux qui se laisseraient gagner. Il pourrait maintenant fignoler ses manœuvres sur un terrain bien repéré. Il semblait peut-être en échec. Mais c'était pour lui une grande victoire que d'avoir pu déterminer pendant trois semaines une crise de cette ampleur, qui nous avait obligés à démasquer toutes nos batteries, à user nos meilleurs arguments, qui avait dangereusement secoué les nerfs et les esprits du pays. C'était pour lui un triomphe que d'avoir été libre de jouer ainsi avec ses effroyables torches, que d'avoir pu habituer à l'idée de la guerre des millions de cœurs et de têtes.

Nous étions ainsi, après déjà tant de défaites, les vrais vaincus de Munich. Nous, c'est-à-dire tous les nationaux, jusques et y compris les fascistes de *Je Suis Partout*. Les journaux grossoyaient encore les louanges de Daladier que nous apercevions dans nos rangs les plus fâcheux tiraillements. Chez notre ami Doriot, dont l'énergie et les progrès nous avaient tant séduits depuis une année et que nous épaulions de notre mieux, la campagne de septembre se soldait par une dissidence. Plusieurs des meilleurs lieutenants du Chef réprouvaient la franchise de son pacifisme. Leur démission décapitait le parti et le stoppait en plein essor. Dans de vieux clans ridicules, mais qui pouvaient encore servir au Parlement, celui de la Fédération républicaine, par exemple, l'anarchie était à son comble. Dans le clergé, l'armée, la bourgeoisie, les affaires, Kerillis avait certainement gagné des indécis.

Durant les premiers jours d'octobre, je rencontrais sur les boulevards le caricaturiste Sennep, véritable historien de toutes les bouffonneries éphémères ou permanentes du régime. J'aimais non seulement son esprit et sa fantaisie, mais le sens politique qu'il savait toujours mettre dans son jeu de massacre. Je fus stupéfait et exaspéré de l'algarade qu'il me fit : nous étions les traîtres de *Je Suis Partout*, traîtres peut-être encore inconscients, mais éminemment dangereux. La colère de Sennep signifiait la défection de tout un grand pan de la droite. L'alliance des nationaux contre les blumeries de 1937 avait été, je l'ai dit, bien précaire. Mais c'était l'union sacrée auprès des discordes qui nous attendaient.

* * * * *

Nous aurions pu facilement remplacer les déserteurs par tous les compagnons de lutte que nous venions de trouver à gauche. Mais l'*Action Française*, cerveau du parti de la paix, était bien trop confinée dans ses habitudes et ses rigueurs pour devenir capable de rassembler les forces pacifiques. À *Je Suis Partout*, les plus bouillants d'entre nous, tels Brasillach ou moi-même, ne parvenaient toujours pas à élargir les ambitions de notre petite troupe.

C'eût été cependant le moment ou jamais de tenter nos chances. Nous avions connu pendant plus de deux années la volupté aigre-douce de faire un journal sans rival en France par son accent, son énergie, sa sagesse, la véracité de ses nouvelles et de ses prévisions, et dont la presse entière, si prodigue de salamalecs confraternels pour les plus ignobles torchons, feignait d'ignorer même le nom. Mais pendant la bataille de septembre, nos ennemis avaient pu reconnaître que nous devenions vraiment redoutables, et que le silence n'était plus une méthode suffisante contre nous. Voilà qu'ils nous décernaient la vedette de l'infamie. Le procédé était d'ailleurs charmant : vous n'êtes, comme des assassins, tirés de l'obscurité que pour répondre de vos crimes. Mais de toute façon, nous touchions à la célébrité.

Nous ne sûmes certainement pas en tirer le profit que nous méritions, et notre cas fut celui de tous les pacifistes français. Durant ces semaines d'octobre 1938, par leurs hésitations et leurs scrupules, ils perdirent des armes qui leur manquèrent cruellement quand la partie décisive se joua onze mois plus tard.

Au lendemain de Munich, encore tout étourdis et éreintés, nous avions commencé par dresser une superbe liste des canailles du bellicisme, avec les châtiments que nous exigions. C'était de l'énergie à bon compte et un extravagant crédit accordé à Daladier, qui se garderait bien d'inquiéter cette clique. Puisqu'elle resterait sûrement impunie, c'était aussi avouer notre faiblesse. Nous eussions mieux fait de garder notre fermeté pour les prochains assauts de ces gredins.

Une des pires ignominies de l'histoire de France aura été certainement l'abominable chantage au patriotisme exercé par les désarmeurs, les juifs errants, les socialistes internationaux, les stipendiés de toutes les caisses étrangères. Seuls des Juifs avaient pu concevoir une aussi cynique et subtile perfidie. Les juifs jugeaient encore d'après leurs propres instincts en voyant dans les "Munichois" des agents de l'étranger. Inaccessibles à tout sentiment du sol, comment fussent-ils parvenus à se représenter notre francophilie ? On a qualifié depuis avec beaucoup de véhémence leur spéculation. On a trop peu admiré son habileté. On n'a pas voulu voir surtout ni condamner la jobardise de ceux, innombrables, qui y ont cédé. Car sans ces nigauds, la manœuvre eût été vaine, et notre pays serait encore entier et fort.

Le parti de la guerre restait après Munich intact, bien uni, aiguillonné par ses mécomptes, redoublant de virulence devant des nationaux divisés et indécis, comme le propre de leur nature semblait l'ordonner. Les bellicistes avaient aussitôt trouvé leur nouveau thème : la capitulation de Munich, opprobre de l'honneur français. Nous aurions dû traiter du plus haut de notre mépris ces crapules qui un an avant rentraient à coups de poing la *Marseillaise* dans la bouche des patriotes, et piétinaient les trois couleurs devant la tombe du Soldat

Inconnu. Nous nous crûmes tenus de leur donner la réplique, de nous user dans une interminable dispute. Nous étions, hélas ! de bons Français chatouilleux. Nos lecteurs l'étaient aussi.

Maurras, chaque nuit, tirait en l'honneur d'un Kérillis ou d'un Buré d'éblouissantes fusées de dialectique. Mais son art servait moins la paix qu'une placide, pratique et grosse affirmation. Maurras distinguait à longueur de colonnes entre la capitulation et la négociation. Mais il ajoutait vite qu'il n'y avait point lieu d'être fiers de Munich.

Imprudent corollaire : il eût bien plutôt fallu crier à tue-tête notre joie que Munich eût sauvé la paix et la patrie, étouffer sous nos clameurs d'allégresse la voix de nos ennemis.

On pouvait prévoir sans peine que la campagne belliciste allait instrumenter dans tous les tons ce thème : l'hitlérisme des défenseurs de la paix, mués indistinctement en serviteurs de l'Allemagne. C'était la formule la plus grossière, la plus stupide, la plus effrontée, c'est-à-dire la meilleure pour un pareil usage. Les manieurs de populace qui l'avaient inventée le savaient bien. L'énormité de la calomnie ne les embarrassait pas. Peu importait que nous eussions été les prophètes infaillibles et anxieux d'une restauration de l'Allemagne militaire, que nous eussions prêché durant des années la résistance au germanisme. La plèbe et les imbéciles l'ignoraient. Ils se rappelaient seulement qu'au temps du briandisme, on nous désignait à eux comme les agents des marchands de canon. L'agent des marchands de canon devient tout naturellement l'homme de M. Hitler, qui fabrique les plus gros canons du monde. Le tour est joué. Cela fait même une superbe image d'Épinal.

Je voulais qu'à *Je Suis Partout*, nous prissions carrément les devants. Rien n'était plus facile que de faire avorter en le démasquant un plan de l'ennemi dont nous connaissions tous les détails. J'y avais consacré à Lyon une de nos conférences où nous chauffâmes au rouge notre public. Je ne pus obtenir que cette petite guerre préventive fût poussée plus loin. Mes amis trouvaient peut-être la manœuvre trop périlleuse. Tous aussi, nous étions beaucoup trop des *amateurs de politique*, admirant chez les autres la force des gros moyens, mais reculant devant leur vulgarité et leur monotonie lorsqu'il s'agissait pour nous de les mettre en œuvre. Or, dans le cas en question, il eût fallu gueuler sans relâche jusqu'à rompre les oreilles de l'adversaire, et couvrir ses calomnies de nos clameurs.

* * * * *

La campagne de l'hitlérisme des nationaux mordait sur nous parce que nous étions purs et patriotes. Je dois cependant cette justice à deux ou trois de mes amis et je la dois à moi-même : nous ne nous sentions nullement embarrassés pour dire à tout venant qu'un patriotisme confondu avec le point d'honneur nous paraissait détestable et niais, que nous aimions fort les héros militaires ou plus simplement les bons soldats, mais que quant à nous, nous avions pour devoir de nous faire un patriotisme aussi lucide et prévoyant que possible, et que ce patriotisme-là commandait pour la France la paix *à n'importe quel prix.* Nous étions les "fascistes munichois" ? Mais parfaitement, messieurs ! Et à Dieu ne plût que nous le fussions toujours et jusqu'au bout. On s'était bien entendu pour un jour avec M. Hitler. Puisque ce premier pas était fait, ne pourrait-on donc pas s'entendre pour dix ans ? Si les antifascistes s'agitaient avec tant de fièvre n'était-ce point parce que ce premier pas les épouvantait, qu'ils imaginaient déjà une France leur échappant enfin, prenant la seule voie bonne pour elle, c'est-à-dire fatale pour eux, pour leurs prébendes, leurs sectes, leur religion ? On s'indignait de la défaite de Munich ? Nous, nous pensions comme le soldat des *Croix de bois* que c'était une victoire, parce que notre pays en était sorti vivant. On étalait en gémissant les pertes de cette journée fameuse. Nous, nous comptions les bénéfices. Le pays avait gagné le temps de se refaire. Il venait de donner un superbe croc en jambe à cette Tchéquie de malheur par la faute de qui, depuis des mois, on ne respirait plus. Il s'était dégagé, vaille que vaille, mais dégagé tout de même, du plus compromettant de ses engagements. Ce n'était pas une politique fort reluisante ? Mais qui nous avait ôté les moyens d'en faire une autre ? Nous tirions une extrême fierté d'être pour cette politique, parce qu'il est plus méritoire de vouloir le bien de sa patrie en dépit du scandale, des injures, de la bêtise publique, qu'avec l'assentiment de tout un peuple pâmé.

Mais nous ne pouvions pas exiger de tous nos compagnons une pareille anesthésie de leur amour-propre. Nous ne pouvions pas leur interdire de se disculper, de plaider en belle et due forme contre le réquisitoire de leurs insulteurs. C'était la faiblesse classique d'une foule d'honnêtes gens de chez nous, acharnés à démontrer leur bonne foi et leur logique devant des escrocs fieffés ou des déments. On voyait donc s'instituer une controverse de Munich où les chances de la loyauté étaient aussi dérisoires que devant les enquêteurs maçonniques du 6 février.

Tous les nationaux venaient aussi de l'anti-germanisme. Il était par trop tentant pour eux de fournir dans un tel débat cet alibi. Leurs ennemis se gardaient bien d'en tenir le moindre compte et redoublaient au contraire leurs coups. La crapule manœuvrait ainsi à sa volonté l'élite du bon sens français.

Il faut dire que l'Italie, en se mettant à réclamer Nice, la Corse et la Savoie quelques semaines après Munich, ne facilitait guère la besogne aux partisans irréductibles du fascisme français et de la paix fasciste. Notre petite bande de *Je Suis Partout* avait supporté jusque-là unie au coude à coude la grande contre-attaque judéo-belliciste. Mais, pour la première fois depuis trois années, notre étonnante harmonie était entamée. Les manifestations italiennes m'affligeaient comme l'injure d'un ami intime et que l'on a partout vanté. Il ne me semblait pas indispensable d'en faire part aux foules. Robert Brasillach, d'une fermeté admirable en ces jours-là, et moi-même, nous nous évertuions à répéter : la "ligne" plus que jamais la "ligne", accrochons-nous à la "ligne fasciste". Mais il devenait manifeste que certains de nos meilleurs amis commençaient à juger notre obstination outrée. L'événement nous révélait qu'il y avait parmi nous des croyants ingénus dont la foi ne souffrait aucune déception, ou bien des dilettantes nerveux, d'intelligents inconstants qui lâchaient au premier accroc une doctrine neuve. Gaxotte, désenchanté de Rome, se soulageait en tête de notre journal par un article railleur et méchant. Je me démenais de mon mieux, je battais le ralliement des vérités premières égaillées : "Fallait-il renier une doctrine que nous avions faite nôtre dans toutes ses conséquences ? Notre pays gardait-il, oui ou non, un intérêt capital à ménager l'Italie ?" J'aurais voulu dans cette querelle un mâle raisonnable et calme. Mais nous ne découvrions que des femmelettes offensées, se dépensant en coups de griffes et cris pointus.

On voyait ainsi chez nous, dans le seul journal "fasciste" de France, des garçons de trente ans qui en venaient à dire : "Après tout, il n'y a qu'une seule politique habile et tolérable : c'est le radical-socialisme. C'est la politique naturelle des Français."

* * * * *

Pendant ce temps, Ribbentrop et Bonnet essayaient d'amorcer des pourparlers franco-allemands et échouaient bientôt sous les hurlements des religionnaires de la guerre.

Nous n'étions plus en mesure de prendre sérieusement parti. Le bellicisme avait désormais sur nous l'avantage de l'initiative et de la liberté stratégique. Nous nous bornions à étaler ses coups. Nous arrivions au bout de notre audace. Il ne nous paraissait plus possible de nous compromettre davantage.

Maurras, de son côté, tirait de ses amoncellements de paperasses poudreuses ses dossiers de la "duplicité boche". Il administrait au malheureux Bonnet de hautaines semonces, il ne s'était passé outre-Rhin depuis Locarno que de négligeables faits-divers.

Il ne voulait pas se battre avec l'Allemagne, mais il ne tolérait pas qu'un de ses ministres vînt fouler notre sol. Étonnante conception de la diplomatie ! Et quand vous êtes ministre français, allez donc gouverner avec une presse livrée sans frein à de telles humeurs !

Un petit youtre errant du nom de Grynzpan venait d'assassiner un jeune attaché d'ambassade allemand. Notre ami Darquier de Pellepoix, conseiller du XVIIe arrondissement, fort sympathique risque-tout, fondateur d'un *Rassemblement Juif* et d'un brûlot de presse, *La France enchaînée*, avait jugé élégant d'apporter sa couronne sur le cercueil. L'*Action Française* poussa les hauts cris et faillit clouer Darquier au pilori. Les gens de la maison déclaraient volontiers : ''Que ça soit un Juif ou non qui l'ait tué, ça fait toujours un Fritz de moins.''

Nous étions presque tous à *Je Suis Partout* des collaborateurs anciens ou en exercice de l'*Action Française.* Bon gré mal gré, nous restions attelés à sa carriole. Nous ne connaissions que trop bien l'histoire de ses innombrables exclus, l'impitoyable hargne dont elle les poursuivait, les dégaines de défroqués qu'ils traînaient lamentablement.

Il ne s'était pas trouvé une plume à droite, qui eût soutenu d'un mot le dernier et le seul espoir de paix viable, assise sur un accord de la France et de l'Allemagne, la paix qui, hélas ! n'osait plus dire son nom.

* * * * *

Je m'échappais de ces misères en m'enfermant chez moi, nuit et jour avec mes documents juifs. J'en faisais un nouveau numéro spécial, *Les Juifs et la France.* Je plongeais voluptueusement dans l'histoire immémoriale de leurs tribulations. Je voyais mieux encore combien leur puissance chez nous était insolite et neuve. Ces soixante ou quatre-vingt années laisseraient dans le long cours des siècles de la vie française la trace d'une surprenante erreur. Pour l'expliquer un peu plus tard, pour la rendre croyable, il faudrait remonter longuement et difficilement aux causes enchevêtrées qui déterminèrent une pareille obnubilation de nos esprits, l'assoupissement d'un instinct aussi vif de notre sang.

Je quittais mes papiers et mes livres. Je repartais à travers Paris. J'y retrouvais, étalés partout, les signes les plus impudents de la souveraineté juive. Les Juifs savouraient toutes les délices, chair, vengeance, orgueil, pouvoir. Ils couchaient avec nos plus belles filles. Ils accrochaient chez eux les plus beaux tableaux de nos plus grands peintres. Ils se prélassaient dans nos plus beaux châteaux. Ils étaient mignotés, encensés, caressés. Le moindre petit seigneur de leur tribu avait dix plumitifs dans sa cour pour faire chanter ses louanges. Ils tenaient dans leurs mains nos banques, les titres de nos bourgeois, les terres et les bêtes de nos paysans. Ils agitaient à leur gré, par leur presse et leurs films, les cervelles de notre peuple. Leurs journaux étaient toujours les plus lus, il n'y avait plus un cinéma qui ne leur appartînt pas. Ils possédaient leurs ministres au faîte de l'État. Du haut en bas du régime, dans toutes les entreprises, à tous les carrefours de la vie française, dans l'économique, dans le politique, dans le spirituel, ils avaient un émissaire de leur race posté, prêt à retenir la dîme, à intimer les vetos et les ordres d'Israël. L'Église elle-même leur offrait son alliance et leur prêtait ses armes. Ils avaient toute liberté de couvrir leurs ennemis de boue et d'ordures, d'accumuler sur eux les plus mortels soupçons. Bientôt, ils auraient le pouvoir de les bâillonner. Pour un mot qui écorcherait leurs oreilles, ils feraient pourchasser, juger, emprisonner, ruiner le téméraire chrétien qui l'aurait prononcé.

Mais devant les feux et l'or clinquant du Paris juif, je pensais avec une tranquille certitude à l'exode éternel et inévitable. En remontant les Champs-Élysées où ils se vautraient dans les beaux bras de leurs esclaves chrétiennes, je repassais dans ma tête toute la suite des édits implacables qui jalonnaient pour les Juifs l'histoire de la France. Je voyais, de Philippe le Bel à Louis XVI, se dérouler ce long cours de siècles féconds où mon pays ne cessait de grandir, où il était le plus puissant du monde et où il vivait sans Juifs, où le juif loqueteux, égaré d'aventure sur les terres du royaume, versait à l'entrée des ponts de péage la même obole que pour un cochon.

Les Juifs venaient d'atteindre la plus grande puissance qu'ils eussent jamais rêvée, au bout de cent cinquante années ensanglantées par les guerres et les révolutions les plus obscures et les plus meurtrières, déshonorées par les chimères les plus folles et les plus funestes, les formes de tyrannie les plus féroces, que le monde eût connues sans doute depuis toujours. Le Juif, antique pillard de morts, ne pouvait conquérir sa plus grande fortune que dans le temps où s'amoncelaient de tels charniers humains. Il ne pouvait prétendre au rang de prince et de chef que dans une époque où les têtes perdues d'illusion oubliaient toute réalité. Il avait fallu le dogme insane de l'égalité des hommes pour qu'il pût à nouveau se faufiler parmi nous en déchirant ses passeports d'infamie, pour que ce parasite, ce vagabond fraudeur pût s'arroger tous les droits de notre peuple laborieux, attaché depuis des millénaires à notre sol. Le Juif était l'universel profiteur de la démocratie. Mais elle apparaissait semblable à lui-même, comme lui verbeuse, retorse, crasseuse, sournoise, se berçant de mirages, affectionnant l'artifice, inégalable dans le faux et l'escroquerie, incapable dans la construction, nourrie des mêmes livres et des mêmes mythes que lui, révérant de Marx à Blum tous les maîtres de la nouvelle Cabbale, poursuivant comme lui le vieil espoir de l'anarchie qui referait le genre humain. Le seul régime qui eût pu porter le Juif si haut était bâti sur le sable et le mensonge, comme toutes les œuvres d'Israël. En s'identifiant à lui chaque jour davantage, le Juif hâtait sa pourriture. Ensemble ils s'effondreraient. La vermine n'est jamais plus prospère que sur l'arbre qu'elle a sucé jusqu'aux racines et qui va mourir. Mais quand l'arbre meurt, la vermine crève avec lui.

La démocratie agonisait. Le temps ne tarderait plus où les Rothschild reprendraient la besace.

Je ne voulais plus connaître de question juive. Elle n'existait pas. Ou bien, telle qu'on nous la posait, c'était la plus belle ruse des Juifs, le débat installé avec sa chicane morale à la place de la loi qui eût si vite tranché. Il n'y avait qu'un problème chrétien. Cinq cent mille Juifs poltrons, perdus parmi quarante millions de Français ne pouvaient être forts que de la bêtise ou de la vénalité des chrétiens. Le statut juif ne relevait pas de l'éthique, mais de la simple police.

Il n'était ni normal ni salubre pour un chrétien de se confiner dans l'étude d'une race inférieure et exotique, de vivre indéfiniment dans son intimité. La plupart des antisémites finissaient par tomber dans l'hyperbole juive. Il n'y avait plus d'entreprise, si démesurée fût-elle, dont ils ne jugeassent la juiverie capable. L'antisémitisme fourmillait de maniaques, d'hallucinés, qui voyaient mille Juifs pour un seul. Ils annonçaient avec des yeux hagards l'invincibilité de ce minuscule peuple de pleutres et de déjetés, tremblant de tous leurs membres au seul aspect d'un fusil, vingt millions à peine d'Hébreux disséminés sur quatre continents, dont plus de la moitié croupissant dans leurs ghettos.

Quelle farce plaisante que cet empire des Juifs au regard des grandes époques de la France ! J'imaginais le rire de Rabelais et de Louis XIV sur de tels propos. Ce qui était burlesque alors n'avait pu devenir concevable que par notre ramollissement. Nous retombions en enfance. Nous avions devant le hibou juif des épouvantes et des superstitions de vieilles femmes.

Sous le Juif le plus policé, le plus francisé d'aspect, je reconnaissais l'Hébreu vaticinant. À se voir vêtu de si beaux draps anglais, écrasant les indigènes de son faste, crachant conjugalement son sperme juif dans les plus nobles ventres du blason français, académicien comme Racine et La Fontaine, ministre à Paris et à Londres, baron ici et lord là-bas, protégé par les polices et les lois des trois plus grands empires du monde, choyé par les Loges, les Parlements et les Églises, arbitre souverain de la Bourse, de Stock Exchange et de Wall Street, le fils des tribus entrait en délire. Tout le fiel amassé dans les vieux ghettos lui remontait à la tête. Il ne voulait plus tolérer de limites à sa revanche et à son pouvoir. Il lui fallait tout asservir. Mais il suffisait d'un bâton brandi par un chrétien pour que le César de Jérusalem déguerpit à toutes jambes.

Les Juifs n'avaient rien acquis que par le vol et la corruption. Plus ils étendaient leur pouvoir et plus la pourriture gagnait avec eux. Il leur fallait démolir toutes nos vieilles fondations et mettre leur boue et leurs déchets à la place pour élever leur édifice. L'effondrement d'un pareil monument était certain. Leur impuissance à quelque gouvernement que ce fût le disait assez. Les Juifs parviendraient-ils à acheter le monde entier - c'était là leur unique moyen de conquête - il serait le lendemain plongé dans un chaos où glapiraient ces sous-hommes, bientôt emportés et déchiquetés par d'indicibles tempêtes. Je ne pouvais croire à cette apocalypse. Israël, sur notre continent même, avait été déjà trop bien mis en échec.

Pour nous, Français, hélas ! la question restait entière. Saurions-nous chasser à temps ces architectes et ces maçons de catastrophe, où dégringolerions-nous en même temps que leur Babel ?

Quel thème métaphysique pour un chrétien ayant la foi que cette éternelle défaite châtiant à travers tous les âges la race qui avait tué Dieu ! Mais en l'an 39, de telles idées ne venaient plus qu'à des mécréants. Les catholiques pieux étaient en plein pilpoul. Nos théologiens s'affublaient du taleth par-dessus la chasuble. Si les Juifs cherchaient à tout démolir, c'était pour obéir à leur vocation providentielle. Israël était un *corpus mysticum*, une Église infidèle, répudiée comme Église, mais toujours attendue de l'Epoux. Israël avait pour tâche ''l'activation terrestre de la masse du monde''. Il l'empêchait de dormir tant qu'il n'avait pas Dieu, il stimulait le mouvement de l'histoire. ''Ecce vere Israelita, in quo dolus non est''. Le Seigneur Jésus lui-même a rendu témoignage au véritable Israël. Les Juifs avaient l'amour de la vérité à en mourir, la volonté de la vérité pure, absolue, inaccessible, car elle est Celui même dont le nom est ineffable. La diaspora, était la correspondance terrestre et meurtrie de la catholicité de l'Église.

Les judéolâtres, allaient chercher leurs références, chez cet être de boue et de bave, Léon Bloy, fameuse plume, certes, l'un des plus prodigieux pamphlétaires au poivre rouge de nos lettres, mais véritable juif d'adoption par la geinte, l'impudeur, l'effronterie, la distillation de la haine et de la crasse : ''L'histoire des Juifs barre l'histoire du genre humain comme une digue barre un fleuve pour en élever le niveau.''

"L'antisémitisme, disaient-ils, n'était qu'une sorte d'acte manqué collectif, ou de succédané d'une obscure et inconsciente passion d'anticléricalisme. Car on aurait beau faire, le peuple d'Israël restait le peuple prêtre. Le mauvais juif était une sorte de mauvais prêtre, Dieu ne voulait pas qu'on y touchât, à lui non plus". Le véritable israélite portait, en vertu d une promesse indestructible, la livrée du Messie. Si le monde haïssait les Juifs, c'est qu'il sentait bien qu'ils lui seraient toujours surnaturellement étrangers."

Ces gens dégoisaient inlassablement leur patois de séminaire et de cuistrerie. Ils faisaient entrer les juifs baptisés dans le plein convivium de la cité chrétienne. Ils "temporalisaient le problème judaïque constitutionnellement", et par "des enchevêtrements juridictionnels".

Langue de chiens bâtards, hideuse défécation d'une bouillie philospharde ! Ces barbares et fétides cagots n'étaient plus justiciables que d'arguments frappants.

La seule besogne utile était de rendre notre peuple à cette délectable certitude : il suffirait toujours d'un caporal et de quatre hommes pour mener aux galères quand il nous plairait nos cinq cent mille juifs gémissants et tremblants.

Nous verrions de nos yeux une nouvelle démolition du Temple, et il ne se relèverait pas de sitôt de ses décombres. Le grave était que les Juifs avaient décidé de commettre à sa garde tous les hommes et tous les caporaux de France, de les faire étriper pour sauver ses trésors, et qu'il se trouvait dans notre pays même des chrétiens de vieille race pour applaudir à ce dessein.

CHAPITRE VI

AU SEIN DE "L'INACTION FRANÇAISE"

Kerillis, Buré, Elie Bois avaient chauffeurs et châteaux. Après dix années de labeur incessant et trois mille articles derrière moi, j'attendais encore de pouvoir m'offrir un habit, une petite voiture, le complément de mon mobilier. Je redoutais encore un déménagement ou l'arriéré d'une note de gaz comme une catastrophe financière. Je pataugeais sous les pluies parisiennes avec un pardessus et des souliers fourbus.

C'était moi le vendu, comme de juste.

Les portes de la presse se fermaient une à une autour des pestiférés de mon espèce.

Au début de 1939, il m'avait fallu prendre, sans enthousiasme, la place de chef des informations à l'*Action Française*. Son pacifisme intermittent, son antisémitisme de principe, en faisaient toujours et malgré tout le seul quotidien de Paris où un garçon dans mes sentiments pût travailler sans trop se renier, en ayant l'espoir de se rendre plus ou moins utile. Mais j'étais depuis trop longtemps son collaborateur pour garder beaucoup d'illusions sur son rôle politique, Le spectacle de sa vie quotidienne allait m'enlever bientôt celles que j'avais essayé de conserver jusque-là.

* * * * *

Il faudrait autant de livres, de patience et de pénétration pour l'histoire complète de l'*Action Française* que pour celle de Port Royal. Je veux simplement ici en esquisser quelques aspects qui entrent dans le cadre de ce récit. Certains s'indigneront sans doute de ce chapitre. J'ai pesé scrupuleusement ce que je dois à l'*Action Française* dans la vérité et dans l'erreur, ce qu'elle m'a montré et ce qu'elle m'a caché, ce qu'elle m'a donné et ce qu'elle m'a interdit. Le compte fait, je n'estime pas que je doive être obligé au silence par gratitude. L'*Action Française* est une de ces entreprises d'hier qui ont vécu d'équivoques soigneusement entretenues et sont arrivées ainsi à maintenir aujourd'hui encore une partie de leur influence. Si l'on veut aller de l'avant, on doit purger ces vieilles hypothèques. Maintes faiblesses du nationalisme français sont inexplicables sans quelques lumières sur l'*Action Française*. Ce que je vais en dire objectivement sera d'ailleurs fort anodin auprès des propos qui se tiennent sur les mêmes sujets depuis vingt ans, parmi les intimes de Maurras, et à la barbe même du maître, lequel, on le sait, est sourd.

J'avais souvent passé de longues heures plongé dans les collections de l'*A. F.* d'avant 1914. C'était un incomparable journal, le plus beau sans doute qui se fût jamais imprimé à Paris. Tout y était neuf : la doctrine de la corporation, la revue de la presse imaginée par Maurras, la fermeté du style dans un quotidien, son extraordinaire variété de registre, les chahuts inventifs de ses étudiants. La violence de la langue y faisait un merveilleux ménage avec la violence de la pensée. Un air irrésistible de jeunesse et de joyeuse audace traversait chaque numéro, animait la théorie aussi bien que les blagues des Camelots du Roi. L'*Action Française* avait rendu aux idées nationales le charme de la verdeur et de la subversion.

Le massacre à la guerre de tant de ses meilleurs militants lui fournissait une glorieuse excuse. Cependant, ces pertes avaient été comblées en 1924 quand elle pouvait faire défiler dix mille garçons sur le Boul' Mich pour réclamer la tête d'un maçon sorbonnard, quand dans les villages d'Alsace le tambour municipal lui-même annonçait les réunions de ses sections.

Elle effrayait la République. Mais elle avait commencé à la rassurer en la laissant tuer ses hommes sans riposter. Beaucoup de ses anciens fidèles désabusés faisaient avec raison dater sa décadence du jour où la fille Berthon avait pu assassiner dans la maison même Plateau, un de ses meilleurs chefs, sans être pendue cinq minutes plus tard à un balcon. Lucien Dubech, disait l'histoire, détourna, le revolver d'un camelot qui allait abattre la meurtrière, en criant : ''Il faut que l'on sache, il faut qu'elle soit jugée.'' Toujours la peur du sang chez ceux qui ne pouvaient vaincre que par le sang, toujours cette absurde religion du droit. Les nationaux, incapables de faire occire convenablement un vulgaire espion à trois galons n'avaient pas eu assez d'une affaire Dreyfus. Il leur en fallait à la douzaine. Ils ne semblaient pouvoir vivre, tels de vieux Bridoye, que de ces juridiques et interminables duperies. Le régime devait les leur fournir généreusement : après l'affaire de la Berthon, l'affaire Philippe Daudet. Après Philippe Daudet, la rue Damrémont, après la rue Damrémont, Jean Guiraud. Puis le Six Février, puis le procès La Rocque. Aux coups de pistolet, aux mitraillades, jamais d'autre riposte que les papiers bleus et les plaintes contre inconnu. Des exploits d'huissiers pour venger quarante cadavres !

L'*Action Française,* avec ses doctrines hardies et inédites, son royalisme, ses menaces, ses prophéties, jouissait presque du mystère d'une société occulte. Elle avait eu l'étrange fantaisie de vouloir faire élire des parlementaires à elle sur un programme qui réclamait la fin des Parlements, la folle légèreté d'attaquer ainsi la démocratie sur le terrain où celle-ci était vraiment imbattable, qu'elle minait, sapait, où elle manœuvrait à son gré.

L'équipée électorale de 1924 n'avait pas seulement coûté à l'*Action Française* un piteux échec, mais surtout son secret. Elle pouvait bien organiser maintenant des défilés et des rassemblements, en multipliant généreusement ces foules pour son compte rendu du lendemain matin : la République avait fait dans les urnes le recensement précis de ses fidèles. Bien peu de monde, en somme, pour tant de bruit et d'ambitions. On réduirait ces agités sans peine. Il ne restait plus qu'à choisir le bon moyen.

Deux ans plus tard, sur la requête de Briand, le démagogue à tiare Ratti, dit Pie XI, jetait, sur l'*Action Française* son interdit, lui arrachant la moitié de ses ressources et de ses lecteurs.

Le siège de ses bureaux en 1927, pour l'arrestation de Léon Daudet, les encriers jetés à la tête des flics, les comités directeurs palabrant avec le préfet de police du haut du troisième étage, n'avaient été qu'une cacade, selon le vocabulaire même du héros de l'aventure, l'investissement de Tarascon et le brave capitaine Bravida chef de la ''résistengce'' .

L'évasion de Daudet, quelques mois plus tard, était sans doute une excellente farce, mais qui ne compensait point une telle ignominie, un père jeté en prison pour avoir voulu démasquer les assassins de son fils.

* * * * *

Au début de 1939, Jacques Bainville, que toute son intelligence avait conduit à écrire une Histoire de la Troisième République sans un seul mot de la question juive, était mort depuis déjà trois ans. Le cher Léon Daudet avait eu encore bien du talent pour peindre Victor Hugo retroussant ses jolies bonnes et, faute de mieux, tromper ses vieilles envies en pelotant amoureusement ses mots. Mais Daudet affaissé et désabusé ne comptait plus. Jacques Delebecque, esprit très fin et très libre, le savoureux et si raisonnable colonel Larpent, tous deux hommes d'un vaste savoir, mais revenus de tout, avaient résigné depuis longtemps leur rôle actif. L'*Action Française* tout entière reposait sur Maurras. Ce qu'elle était devenue, ce qui s'y faisait chaque jour n'était plus intelligible que par lui.

La survie du journal, le crédit qu'il pouvait encore posséder tenaient uniquement au génie du vieux lutteur, à son ardeur intacte, à l'intrépidité de sa pensée, à son infatigable dialectique.

Mais chaque jour aussi il détruisait de ses mains cette création de toute son existence, et voici comment il s'y prenait. Sur ce cas singulier, quelques détails précis sont nécessaires.

Chaque soir, Maurras arrivait vers sept heures à son bureau de la rue du Boccador, vaste et orné à profusion de moulages et de photographies de sculptures grecques, de portraits dédicacés, Barrès, la famille royale, Mussolini en place d'honneur, d'une foule de sous-verres saugrenus et naïfs d'on ne savait quels admirateurs, bibelots de foire, poupées-fétiches, images de première communion, petits lapins de porcelaine.

Haut, massif, plein de barbe, trottinant sur de grandes jambes molles, Maurice Pujo, le rédacteur en chef, qui rythmait sa vie sur celle de Maurras l'avait précédé de quelques minutes au plus. Pujo, qui sortait de son lit, ne tardait du reste pas à s'offrir, dans la quiétude de son cabinet, un petit acompte de sommeil.

Maurras s'enfermait avec des visiteurs variés. C'étaient avant tout, comme on l'affirmait dans les journaux à échos de la gauche, des escouades de douairières qui possédaient un véritable abonnement à ces séances, des marquises de répertoire comme on n'imaginait plus qu'il pût en exister encore, ou de ces vieilles timbrées, emplumées et peintes comme des aras, qui rôderont toujours autour des littérateurs académisables. L'une des plus notoires des ''jeunes filles'' royalistes, pucelle de cinquante-cinq ans au cuir boucané et moustachu, qui se nommait Mlle de Montdragon ou quelque chose de ce genre, était venue dire au Maître dans les débuts du Front populaire : ''Les communistes préparent un grand coup. Ils ont des dépôts d'armes dans beaucoup de maisons. Ils les ont désignés en dessinant sur les portes des pistolets. Voyez, j'en ai pris le modèle.'' Et elle exhiba, soigneusement relevé par sa vertueuse main, un superbe et classique braquemart de murailles, assorti de ses pendentifs. Je peux faire certifier l'anecdote par dix témoins à qui la demoiselle avait d'abord confié sa terrible découverte.

Maurras, harcelé par les besognes d'un parti et d'un quotidien, commençant ses journées avec un retard invraisemblable, perdait ainsi deux heures et parfois plus à recueillir gravement les ragots de salons du Faubourg Saint-Germain qui sentaient déjà le moisi sous Louis-Philippe, des caquets d'antiques folles d'une indiscrétion éhontée, quêtant l'avis du prince de la raison sur les opinions politiques du nouveau vicaire de Saint-François-Xavier, révélant la fâcheuse pente libérale que prenait telle comtesse, et dont les voix perçantes de cacatoès parlant à un sourd retentissaient jusqu'à l'autre bout de la maison.

Pendant ce temps, l'infortuné rédacteur chargé de soumettre à Maurras copies ou suggestions pour le numéro du jour, droguait devant sa porte en songeant aux imprécations du metteur en page qui l'accueilleraient à l'imprimerie. Il n'était pas rare qu'une sommité de l'industrie ou de la presse, un étranger éminent poireautât à ses côtés, dans l'attente d'une audience qu'il sollicitait depuis huit jours.

De quart d'heure en quart d'heure, le secrétaire de Maurras téléphonait à quelque maîtresse de maison des Invalides ou d'Auteuil qui avait eu la témérité de promettre un dîner avec le Maître à une douzaine de dames, d'officiers supérieurs et de financiers catholiques. À partir de neuf heures et demie, M. Maurras faisait prier que l'on se mît à table sans lui. Sur le coup de dix heures, il partait vers le lieu de son dîner.

Toujours précédé à dix minutes de distance par son fourrier Pujo, Maurras surgissait à l'imprimerie de la rue Montmartre aux alentours de minuit. A l'heure où tous les journaux de Paris et de France étaient sous presse, les deux maîtres de l'*Action Française* commençaient leur tâche de directeur et de rédacteur en chef. Chacun de son côté se plongeait dans un jeu des épreuves du jour. Cette lecture avait sur Pujo un effet infaillible. Avant la cinquième colonne, il dodelinait de la tête et s'endormait le nez sur la sixième. Maurras tenait le coup jusqu'au bout du pensum. Mais c'était pour s'octroyer aussitôt un petit somme qu'il faisait incontinent, à la renverse dans son fauteuil.

Vers une heure du matin, son chauffeur, l'un des correcteurs ou moi-même avions la charge de le secouer vigoureusement. De ses beaux yeux graves et perçants, couleur d'eau de mer, il regardait la pendule. A ce moment, tout le papier imprimé de Paris roulait vers les gares ou vers les portes dans les camions d'Hachette. Maurras daignait s'atteler enfin à son article quotidien.

J'admirais chaque fois, avec la même surprise, cet instant-là. Comme des servantes fidèles veillant sur le repos de leur maître, guettant son premier geste, toutes les pensées du vieillard prodigieux étaient rassemblées, alertes et innombrables, dans la seconde où il sortait du sommeil le plus accablé.

Sa main nouée sur un porte-plume de deux sous galopait et volait, mais si rapide fût-elle, elle était aussitôt devancée par le flot des arguments. Dès le deuxième feuillet, elle ne traçait plus que des arabesques hautaines et mystérieuses. Et il y avait ainsi, zébrées d'éclairs, sabrées de paraphes qui voulaient dire ou bien France ou bien tartine, des soixante-dix et des quatre-vingts pages arrachées une à une à un cahier d'écolier.

Un cryptologue attitré, sexagénaire se prévalant d'un titre de "chevalier", se faisant la tête d'Henri IV sur une blouse grise, suprêmement vain de son talent d'expert en hiéroglyphes maurrassiens, le seul qui eût jamais logé dans sa cervelle, se penchait longuement sur ce majestueux rébus et le dictait mot à mot au meilleur de nos linotypistes.

Vers les trois heures du matin, cette opération infernale aboutissait à une douzaine de colonnes de plomb.

Alors commençait le grand drame des corrections. Selon un immuable rite, on alignait sur le ''marbre'' une lampe, un encrier, une rame de papier blanc.

Maurras se plantait debout devant cette écritoire improvisée, entouré de ses épreuves, et bouleversait à la Balzac son premier jet, renversant les paragraphes, rajoutant, biffant, jurant et trépignant à chaque coquille. Cette seconde version, à peine remise au net, subissait incontinent le même sort. Trois, quatre séries d'épreuves n'épuisaient pas toujours son génie de la rature.

Depuis longtemps, les clicheurs, les rotativistes, les chauffeurs des messageries ronflaient dans tous les coins d'un sommeil d'autant plus serein qu'on le leur payait au double tarif nocturne.

Vers cinq heures enfin, Maurras abandonnait à regret sa prose, qu'il venait le plus souvent de ramener à sa première version. Il remontait, d'un pas à peine un peu plus lourd, son escalier aux murs étoilés d'encre, salis de graffiti. Il regagnait son bureau, antre méphitique qu'obstruait aux trois quarts le sommeil affalé de Pujo. Il se mettait alors à paperasser indéfiniment dans les sept ou huit mètres cubes de brochures écornées, de revues noires de poussière, de journaux jaunis, de gigantesques enveloppes surtout, bourrées de notes, de vieilles lettres, de coupures, qui faisaient sur sa table un énorme rempart, lui laissant à peine un étroit créneau pour poser son cahier et sa main, qui assiégeaient les tables voisines, grimpaient en piles branlantes vers le plafond. Une de ces montagnes s'effondrait, l'avalanche frôlait Pujo qui grognait sourdement dans sa barbe. Maurras sacrait, hurlait à l'aide, retrouvait enfin dans la poche de son vieux veston noir le bout de papier convoité. Il se calmait, cisaillait les franges de ses manches élimées, repartait à la recherche d'une strophe de Raymond de La Tailhède ou de Moréas, bâillait un peu, puis s'attaquait à sa correspondance : vingt, trente, quarante lettres, le plus souvent de vrais plis, d'un formidable volume, et dont les destinataires médusés ou affolés battraient Paris pendant des jours, à la recherche d'un traducteur, déchiffrant deux lignes avec le secours d'un initié, trois adjectifs avec l'aide d'un autre et quelquefois rien du tout.

Pujo commençait enfin à s'ébrouer sur son siège, se frottait les yeux, repiquait un somme, se réveillait pour de bon, entreprenait à son tour quelque lettre, griffonnait dix mots, en biffait cinq, entrait devant les cinq autres dans une inextricable méditation, puis, de guerre lasse, hélait le chauffeur et s'allait fourrer dans ses draps jusqu'au soir.

Aux environs de sept heures, dans ses jours d'avance, le plus souvent à huit, quelquefois à dix ou onze, Maurras levait à son tour le camp et partait se coucher, le pied vif et l'œil net, après cette nuit de veille dans une immonde canfouine empoisonnée par les vapeurs de plomb.

Maurras avait habité pendant de nombreuses années rue de Verneuil, jusqu'à ce que le déluge des livres et des papiers eût envahi même son lit. Il avait mis ce capharnaüm sous verrous et émigré rue de Bourgogne. Sa porte y était consignée à tout visiteur. Quelques messagers, pour qui il fallait cependant qu'elle s'entr'ouvrit, rapportaient des descriptions effarantes. On se frayait accès jusqu'au Maître entre des tranchées de bouquins et de dossiers entassés du parquet au plafond, on piétinait une litière de papiers. La découverte d'un document parmi ces stratifications relevait de la géologie.

On ne s'étonnait plus depuis longtemps, dans les restaurants du VIIe arrondissement, de voir vers les quatre heures de l'après-midi, Maurras arriver en coup de vent, la canne agressive et chargé de journaux comme un camelot. Il s'installait pour déjeuner au milieu de la salle déserte et s'étonnait violemment de voir biffés sur la carte les meilleurs plats de midi. Puis il plongeait de nouveau dans de mystérieuses besognes. À sept ou huit heures, rue du Boccador, il reprenait enfin le cycle de ses singulières journées.

Que de fois, pendant onze ans, ai-je entendu rabâcher le compte de ce que les fameux retards de Maurras coûtaient au journal ! Sans parler du manque à gagner, l'addition, en plomb, en heures d'ouvriers, en pénalités de messageries Hachette, se chiffrait au bas mot à trois mille francs par nuit. Maurras n'acceptait qu'un salaire de petit reporter. Mais il coûtait, bon an mal an un million, ce fameux million de l'*Action Française*, éternellement quémandé, toujours obtenu, tout de suite fondu. Maurras, depuis longtemps déjà se réservait le soin exclusif de quêter ces oboles, froidement élevées à la hauteur du premier des devoirs nationaux.

S'il ne se fût agi que du million ! Mais l'*Action Française*, ratant une fois sur deux les courtiers de province, parvenant souvent à midi aux kiosques des boulevards, et le soir, quand ce n'était pas le lendemain à ses abonnés d'Auteuil ou de Montparnasse, était devenue un journal fantôme. A dix reprises, pour l'affaire Philippe Daudet, pour le Six février, pour les sanctions italiennes, pour les grèves de Blum, elle avait connu d'extraordinaires coups de fortune, quintuplant, sextuplant son tirage sur la lancée d'une vigoureuse campagne, débitant brusquement cinq cent mille numéros. Chaque fois, l'incorrigible manie de Maurras avait rompu son élan, l'avait fait retomber à ses fatidiques soixante mille exemplaires. J'ajoute que dans un journal de deux où de trois feuilles, l'énorme superficie accaparée par Maurras ne laissait à peu près aucune place pour une pâture plus accessible, pour des projets capables de nous gagner des lecteurs hors de notre cercle de férus et d'habitués. C'était la condamnation de tout effort et du parti lui-même.

Les familiers de Maurras se sont interrogés bien souvent sur les causes possibles d'un pareil errement. Ceux qui l'ont le mieux connu ont toujours conclu pour son orgueil. Maurras était très vivement pénétré de son génie, et d'un non moins juste mépris pour l'ensemble du troupeau humain. Il n'a jamais eu de foi que dans la puissance de ses idées. Il a tout soumis autour de lui aux singulières conditions de leur épanouissement. Il fallait à tel grand créateur des robes de chambre en soie, un décor de satin pour écrire à son aise, à celui-ci, des flots de café, à celui-là le lit, des volets clos, une chambre tapissée de liège. Maurras, lui, avait gardé comme maints écrivains de vieux plis d'étudiant, renforcés par les mœurs du journalisme, par les horaires imprévus que l'on adopte si volontiers dans ce métier. Il éprouvait cette répugnance devant la page blanche que connaissent la plupart des esclaves de la plume, qui vous fait remettre le labeur inévitable jusqu'à l'instant où l'on est pressuré par la nécessité. Il affectionnait la nuit qui favorise et accélère chez tant de complexions le travail de l'esprit. Il n'avait jamais consenti le moindre sacrifice à ces commodités de sa pensée.

Pour l'élaboration d'une œuvre purement personnelle, cette intransigeance eût été magnifique. Nous étions nombreux, sachant tout ce qu'elle entraînait, à ne pouvoir nous empêcher d'admirer cette vie de bohème septuagénaire, tout entière dévorée par la pensée. Je la comparais, avec son pittoresque, sa noble pauvreté, aux rites, aux pourchas d'argent, aux beaux complets d'administrateurs, aux emplois du temps de capitaines d'industrie qui remplissaient les semaines et les ans de tant d'illustres gens de lettres. Au milieu de ces bourgeois, les mœurs insolites de notre maître désignaient un grand homme. Avec sa lampe brûlant jusqu'au-delà de l'aube, le capharnaüm de son bureau, ses épreuves inlassablement surchargées, Maurras, s'il eût travaillé seul, nous eût proposé l'exemple tonique d'une existence à la Balzac, à la Wagner, à la Rembrandt, et par plus d'un côté il en laissera en effet l'image. Mais ce superbe égoïsme devenait une calamité dans une entreprise collective.

Le vieux lion de Martigues, comme celui de Bayreuth, aurait pu répéter fièrement : ''Le monde me doit ce dont j'ai besoin''. Le fâcheux fut qu'il eût si grand besoin, pour édifier son château intérieur, d'un journal, d'un rassemblement d'hommes, de tous les espoirs qu'il souleva et broya. Quand on porte le combat dans le cours quotidien de la vie civique, c'est pour enlever le succès. Ce succès exigeait la conversion du plus grand nombre à la doctrine de Maurras. Mais Maurras n'hésitait pas à perdre cent mille adhérents possibles, à décourager dix mille convaincus pour mener une pensée à son point de perfection.

Personne n'aura davantage célébré l'action et eu devant elle une attitude plus floue, faite à la fois de dédain et d'embarras. L'action était une figure indispensable de sa rhétorique, à son gré très suffisamment prolongée dans le réel par un remue-ménage plus ou moins factice de prosélytes.

Son ancien disciple, l'historien d'art Louis Dimier a mieux analysé cela qu'on ne le fera jamais dans une espèce de chef-d'œuvre ignoré : "Vingt ans d'*Action Française*" :

"La démonstration, dit-il de Maurras, l'enchantait. Elle avait pour effet de servir une passion de domination intellectuelle, la plus forte chez lui, et qui faisait le grand ressort de son existence. En même temps, elle comblait le besoin d'activité d'un esprit que toute autre application trouvait insuffisant...

"Il avait un pouvoir d'évocation si fort et un sens politique si juste qu'il nous rendait ses inventions présentes et que nous croyions toucher l'objet. Pour lui ce n'était qu'une peinture, dont il repaissait son imagination et charmait sa mélancolie. Il n'avait nul souci véritable, nul besoin organique de la faire passer en fait. Le philosophe Hume a nommé inquiétude, *uneasiness*, l'aiguillon ressenti par l'homme dans sa machine, qui, tandis que la raison propose, le fait agir effectivement. Maurras manquait de cette inquiétude, ou, si l'on veut, la sienne n'allait qu'à démontrer. Il avait contentement, sa démonstration faite. Son plan de restauration tracé, il suffisait que sa pensée s'y logeât, et, de là, commandât à d'autres.

"Faire la monarchie, pour lui, c'était cela. Sa doctrine prêchait davantage, mais son instinct, n'allait pas plus loin".

Ces lignes et toutes les pages qui les accompagnent étaient sans doute trop pénétrantes, trop pesantes de vérités pour servir dans les à peu près, dans les joutes rapides de la polémique. Aucun adversaire n'en a fait, que je sache, l'emploi qu'on en pouvait attendre.

Il est encore un trait de Maurras que Dimier n'a pas aussi nettement relevé : le refus obstiné, ressemblant fort à une dérobade, de considérer en face les réalités les moins inéluctables. Par là, Maurras aura rejoint souvent ces chevaucheurs de chimères qu'il pourchassa si âprement. Mais j'y reviendrai plus loin, avec d'étonnants exemples à l'appui.

* * * * *

J'avais une fois pour toutes reconnu que l'*Action Française* n'était que le support d'un esprit éminent et par bien des points admirable, dont le rôle positif ne justifiait en rien cependant une telle mise en scène. Ce sentiment avait gagné toute la maison. Tout y respirait le dénigrement et la lassitude.

L'exemple de Maurras entraînait une gabegie, une incurie générales. À son million, s'ajoutaient plusieurs autres millions précipités dans les tonneaux percés de la plus vaine propagande, d'une douzaine d'entreprises aussi stériles qu'insatiables, engraissant un bataillon de fonctionnaires recuits. L'*Action Française* traînait derrière elle, comme un piller de tripot, un faix de dettes toujours grossissant, elle se faisait escroquer avec une naïveté de vieille rentière bigote. Son extravagant budget alimentait à longueur d'année la verve furibonde et superbement soldatesque de deux ou trois lucides et truculents vétérans de ce bobinard, selon leur mot favori, tous du reste d'une fidélité que rien ne pouvait ébranler. L'un d'eux disait de Pujo : ''Il dort vingt heures sur vingt-quatre, et il lui faut quatre heures pour se réveiller''. Il démontrait dans un monologue célinien et intarissable que lorsqu'on n'est pas fichu de mettre de l'ordre dans un journal, on est assez mal venu de prétendre à l'administration de la France.

On remâchait indéfiniment les fautes commises, les occasions manquées, les truismes familiers en ce lieu : l'*Action Française* microcosme de toutes les démocraties, en portant chaque tare décalquée à l'envers, - pagaïe financière, jactance, inertie, bureaucratie, - comme ces médecins sombrant à la fin dans les perversités qu'ils traitent, sa prise du pouvoir imaginée comme l'avènement de la plus bouffonne anarchie que la France aurait pu connaître, l'impossibilité pour un pareil journal de survivre à Maurras. Le vieux doctrinaire avait mis en effet un singulier acharnement à faire le vide autour de lui. Que de fois ai-je entendu récapituler la longue liste des exclus, des talents que l'*Action Française* découragea, compter l'incomparable rédaction qu'elle eût fourni ! Maurras, apologiste passionné de la continuité, s'était refusé tout successeur, avait systématiquement écarté de lui tout candidat à son héritage. Sa confiance par contre allait infailliblement aux personnages les plus falots ou les plus nuisibles, une bande de ratés, de plats flatteurs, voire de vrais gredins à scapulaires. Georges Calzant, odieux butor, s'était vu quinze ans auparavant confier le Quartier Latin alors qu'on y comptait quinze mille monarchistes. Ses grossièretés, ses bourdes, ses mouchardages avaient si bien fait qu'à la veille de la guerre on ne connaissait pas cent étudiants qui restassent vraiment dévoués à notre pavillon. Calzant n'en demeurait pas moins inamovible, couvert en toutes circonstances par Maurras, consulté, approuvé, entretenu grassement par cinq ou six caisses de la maison.

J'avais aimé et admiré l'*Action Française* réprouvée, excommuniée, engueulant les légats, les cardinaux, le pape, renouant après tant d'autres traditions salubres celle de l'éternel anticléricalisme gaulois, l'*A. F.* des inénarrables et délicieuses campagnes du "nonce-espion", ou des "partouzes de Monseigneur Ceretti", objet d'abomination pour les pères de familles pieuses et les conférenciers de Saint-Vincent de Paul. Pour tout dire, mon adhésion définitive à sa politique datait d'un soir lyonnais de 1927, après la Rhénanie, où l'un de mes plus chers compagnons de jeunesse entrant quelques semaines plus tard au noviciat des jésuites, et qui m'avait durant des années ennuyé par son maurrassisme littéraire et fédéraliste, m'annonça sa rupture avec cette maison que Rome venait de condamner. Nous fûmes ainsi toute une troupe de parpaillots, qui compensions assez bien la dissidence des porteurs de chapelets.

Ces temps de subversion s'achevaient. Le jour où nous apprîmes le trépas de notre ennemi Pie XI, à la fin de l'hiver 1939, j'examinais avec Maurice Pujo l'importance du titre qu'il convenait de faire sur cette nouvelle. Pujo me dit tout guilleret : "Croyez-vous qu'il faut que nous lui foutions six colonnes, à ce pape ? Enfin, si vous y tenez..." Ce fut le dernier mot de l'*Action Française* schismatique. Depuis de longs mois déjà, devenue vieille dame, elle tournait ses pensées vers le salut de son âme. On voyait de plus en plus à ses visiteurs des tournures bondieusardes. Avec la mort du pape Ratti, une vive animation s'était emparée des cénacles de dévote bourgeoisie qui avaient toujours formé le fonds de la clientèle royaliste. On devinait chez eux la hâte d'apaiser leurs consciences, si longtemps mises à l'épreuve. Maurras portait à leurs propos et à leurs entremises une extrême attention. Durant toute sa vie, ce vieux bohème mécréant et salace, d'une verdeur et d'une roideur de propos inouïes dans le privé, menant dans des rumeurs de sédition une perpétuelle politique de fronde, avait eu le plus étroit souci des convenances sociales et religieuses. On l'avait toujours vu plein de soupçon et de réticences devant une certaine liberté d'esprit et d'allure, qu'elle se manifestât par la couleur d'un costume, par la curiosité des formes littéraires imprévues, par une franche sensualité, une verve épicée ou une appréciation non fardée des théologies. Il écartait finalement ceux qui s'en rendaient coupables pour leur préférer en toute occasion des personnages armés de faux-cols austères, de lauriers d'Institut et de paroissiens romains.

Je me suis souvent interrogé sur cette contradiction. Pour bien s'expliquer sur elle, il faudrait pousser le portrait de Maurras beaucoup plus loin qu'il n'est dans mon dessein de le faire. Maurras se sentait-il obligé par les origines cléricales de l'*Action Française*, par un système appuyé sur tout l'ordre établi et qui le fit louvoyer si curieusement et habilement entre le refus d'un rôle politique à l'Église et l'affirmation qu'il était vain de construire un édifice politique hors du catholicisme universel ? Sans doute ces scrupules sont-ils entrés pour une forte part dans son cas. Mais Maurras y était porté par sa nature autant que par ses calculs. Je l'ai vu dix ans durant, chaque semaine, exercer sur les rubriques littéraires de son journal une censure aussi comique et vétilleuse que celle de l'abbé Bethléem. Il avait devant Baudelaire, Rimbaud, André Gide ou Proust des répulsions non point seulement esthétiques, mais de vieille demoiselle qu'effarouche une peinture un peu crue du vrai.

Cette disposition n'a pas peu contribué à faire de l'*Action Française* un rassemblement d'abbesses, d'antiques vierges, de dames et de puceaux d'œuvres, de gentilshommes bretons à bottines et sacrés-cœurs, de vieillards qui ont perpétué jusqu'à notre âge la race des ultras et des zouaves pontificaux. Il resterait à savoir de quelle utilité pouvaient bien être ces curieux fossiles de notre paléontologie sociale dans un parti qui se réclamait si volontiers de la subversion.

J'ai souvent pensé aussi à ces années de la guerre où André Gide écrivait à Maurras et se rapprochait chaque jour un peu plus de lui. La rencontre n'a jamais eu lieu. Pour qui sait la pitoyable versatilité du grand Gide en matière politique, il est peu vraisemblable que cette rencontre eût été féconde. En 1917, personne ne pouvait prévoir cependant les ridicules avatars de Gide. Mais l'*Action Française* était faite pour repousser un Gide, et pour attirer et choyer un Le Goffic. La littérature d'*Action Française* a compté, Dieu merci, quelques autres auteurs, à commencer par le Daudet des grandes années. Mais ce fut toujours en dépit de Maurras, admirable écrivain dans le jet quotidien, laborieux, contourné dès qu'il a voulu viser plus haut, et qui pour les lettres en est resté toute sa vie aux goûts d'un bon professeur de seconde frotté d'un peu de symbolisme.

En 1938, au sortir de la prison qu'il avait supportée avec un incomparable stoïcisme, Maurras avait bien le droit de souhaiter une réparation éclatante et cinglante pour ses ennemis. Il n'en restait pas moins consternant et fort typique qu'il eût quêté pour cela les suffrages de l'Académie, le dérisoire honneur d'y être accueilli par un Henry Bordeaux, que cette consécration eût tenu dans ses soucis une place immense. Cette soif de respectabilité fut la petitesse de cet homme grand par bien d'autres traits. C'est en justifiant ses préjugés au lieu de les secouer qu'il a été le plus infidèle à sa destinée, s'inclinant devant tant d'hommes qui ne lui arrivaient pas à la cheville, devant tant de poncifs, lui qui fut si souvent l'incarnation de l'audace.

L'*Action Française* ne devait pas tarder à obtenir son absolution de Sa nouvelle Sainteté romaine, le prudent et melliflu Pacelli. Le Vatican, pour accomplir ce geste réparateur de la plus abjecte avanie, exigea des comités directeurs de la maison une lettre de plat repentir. L'outrance que mit Maurras à proclamer sa gratitude souligna encore cette humiliation.

On hissa rue du Boccador le pavois des grandes victoires. C'était pourtant un bien piètre renfort que celui des cagots qui avaient été assez couards ou assez imbéciles pour obéir au chantage théologal d'un vieux sapajou de politicien en soutane blanche.

Il est vrai que ces *alleluias* avaient surtout une cause pondérable : on comptait beaucoup, pour franchir quelques échéances pénibles, sur les prochains abonnements des papistes reconquis.

*****

Durant ces derniers jours de l'entre-deux guerres, pleins des décombres de tant d'entreprises manquées, ne conduisant qu'aux lendemains les plus glacés et les plus noirs, je dressais le bilan de cette vieille *Action Française*, qui s'en allait par morceaux avec la dislocation d'un monde.

S'il y avait eu pour la France des espoirs de révolution autoritaire, l'*Action Française* les avait tous tenus dans ses mains. Mussolini, Hitler auraient pu lui envier, à leurs débuts, ses troupes de l'après-guerre, les trois quarts des étudiants du pays, ces milliers d'hommes du peuple, d'officiers, d'anciens combattants. Elle avait le prestige de ses campagnes, de ses prophéties réalisées, de ses écrivains, de ses orateurs, de ses doctrines originales et vibrantes que confirmait avec éclat la mise à l'encan de notre victoire. J'ai dit comment, selon les meilleurs juges, elle s'était sottement égarée dans le bourbier électoral. Mais que cette explication fût la clef de tout le reste ou simplement accessoire, qu'elle fût superficielle ou profonde, qu'il y en eût peu ou beaucoup d'autres ensuite, en tout cas l'*Action Française* avait échoué sur toute la ligne.

Elle nous avait offert la critique la mieux construite, la plus pertinente, la plus habilement articulée de la démocratie tout entière, hommes, lois, société, éducation, justice. Elle avait surtout, par la pensée de Maurras, relié cette critique à des constantes éternelles de l'humanité et de l'histoire, de la condition véritable des mortels si l'on préfère, dissimulées longtemps sous le fatras du XVIIIe siècle et des romantiques. Ainsi, la tâche antirépublicaine était terminée, les principes égalitaires et libertaires brisés en menus morceaux, leurs racines les plus profondes déterrées jusque dans la pensée de cent illustres bonzes.

C'était un imposant travail. Mais quoi ! Tous les matériaux en existaient épars, bien avant l'*Action Française*. *Nous* étions des milliers de garçons, antidémocrates de naissance. Sans l'*Action Française*, n'aurions-nous pas fait cette critique nous-mêmes, plus sommairement, mais beaucoup plus pratiquement ?

Cet étrange parti, à la façade longtemps menaçante, n'avait jamais eu le sens, politiquement décisif, des alliances fécondes et nécessaires. Ses chefs s'étaient toujours signalés, au contraire, par un formalisme pointilleux, une intransigeance sur les doctrines et les disciplines qui rappelaient singulièrement les plus mesquines querelles de leurs adversaires, radicaux et sociaux-démocrates, sans l'emploi roué que ces derniers savaient en faire. Son histoire était semée ainsi d'un chapelet continu de dissidences, et l'addition de ces forces perdues stupéfiait.

Maurras, catholique sans foi, sans sacrements et sans pape, terroriste sans tueurs, royaliste renié par son prétendant[1] n'avait été en fin de compte que l'illusionniste brillant de l'aboulie. Il avait rendu son antisémitisme même inopérant par les distinctions dangereuses, la porte ouverte au ''Juif bien né'', tant de nuances que lui suggérait uniquement son horreur du racisme, seul principe complet, seul critère définitif, mais marqué d'une estampille germanique. À l'action, cette figure de sa rhétorique dont je parlais tout à l'heure, il avait assigné un but, inaccessible, avec défense formelle d'en concevoir un autre, même intermédiaire. Il possédait ainsi la meilleure certitude de n'être jamais importuné par elle et par ses mécanismes, pour qui n'existait aucune place dans sa pensée d'abstracteur phocéen.

Qu'il se fût reposé, pour tout ce qui concernait l'action sur une borne, un bœuf mérovingien tel que l'excellent Pujo, n'était-ce point d'ailleurs une solide assurance prise contre tout risque même accidentel d'action ?

Maurras volontiers platonicien, aura été le révolutionnaire platonique au sens le plus inutilement cérébral du mot.

J'écrivais plus haut que l'histoire de l'*Action Française* ne serait pas moins complexe et copieuse que celle de Port Royal. Je doute à la vérité qu'il se trouve un bénédictin laïc, un nouveau Sainte-Beuve pour s'atteler à pareille œuvre, dont l'intérêt ira s'amincissant. Ceux qui ont vécu dans cette maison se sont considérablement exagéré son rôle. Après beaucoup de pittoresque,

---

[1] Le comte de Paris, héritier de la couronne de France, avait rompu avec l'*Action Française* et publia à cet effet une lettre définitive. L'*Action Française* ne s'en cramponna pas moins à un royalisme absolument bouffon, dont le principal intéressé ne voulait plus rien connaître.

d'injustices subies, de querelles intestines dont le débrouillage ne mène à rien, et si l'on met à part les vues les plus larges de Maurras sur l'État et sur l'homme, pages nombreuses d'un penseur de grand talent et qui illustreront durablement sa mémoire, ce rôle se ramène à un vaste tintamarre autour d'un système fictif, d'une chapelle d'hommes de lettres abouchés avec les derniers spécimens connus du cléricalisme monarchique et qui se retrouveront finalement seuls en face de ces débris, moins les morts. C'est un bien faible appoint à l'édification réelle d'un nouvel ordre. Ce n'est qu'une ride dans les convulsions gigantesques de la planète.

Le passif de l'entreprise est beaucoup plus considérable. Cette élite d'une révolution nationale que l'*Action Française* avait indiscutablement groupée, n'était venue à elle que grâce à un quiproquo complet, mais exploité avec virtuosité. Les bacheliers turbulents de 1924 devenus les "fascistes" de 1934, les paysans vendéens, bretons, tourangeaux, alsaciens, provençaux qui vénéraient si naïvement Maurras, les jeunes artisans, les petits ouvriers de Paris qui vendaient gourdin au poing son journal, et montaient la garde de ses maisons, avaient mis à son service une somme admirable de fidélité, de sang. Entre les plus résolus de ses adeptes, il n'en était pas un sur mille qui ne fût convaincu que avant l'idéal si lointain de la monarchie, l'*Action Française* ne visât d'abord à la pendaison de la Gueuse, la substitution de l'autoritaire au parlementaire ; que si elle ne pouvait point réaliser ce programme par ses seules forces, elle serait une des pièces maîtresses de cette révolution. À cet espoir, ils consacraient la générosité de leur cœur, la vigueur du plus raisonnable dégoût, la droiture de leur jugement, leur impatience d'être armés pour la bataille. Mais l'*Action Française* en avait fait les employés de sa publicité. Les camelots du roi, avec leur cran célèbre, autorisaient son commerce de pseudo conspiratrice. Ils étaient les arguments marchants et combattants soutenant à merveille les volutes de la pensée maurassienne, les figurants en parade sur le parvis d'une cathédrale d'étincelants sophismes. On ne pouvait être victime d'une pire duperie. L'art des chefs royalistes avait été de la draper beaucoup plus intelligemment que celle des autres sectes.

Il faut avoir connu de près ces garçons des faubourgs et du Quartier Latin, défendant leurs fleurs de lys à deux contre quinze rouges, risquant joyeusement la prison, l'hôpital, le cimetière, leur enthousiasme à la veille du 6 février, ces gamins qui, dans la nuit de la Concorde, sous les sifflements des balles, à trente pas des mousquetons, lançaient posément des cailloux sur les casques des gardes mobiles. Et je ne parle pas de ces foules d'humbles gens, de minuscules rentiers, de pauvres veuves, si fiers de participer eux aussi à la grande lutte, d'apporter leur obole au trésor de la France future, et rognant inlassablement leurs derniers écus, sacrifiant leur café, leur tabac, leur sucre, leurs livres pour combler en fait l'éternel gouffre à millions creusé par Maurras, offrir au Maître les aises de son désordre et de ses caprices. Ces pensées, lorsqu'elles étaient particulièrement vivaces, me faisaient rougir de honte, comme si j'eusse été moi-même complice de cette escroquerie en n'ayant pas le courage de la dénoncer.

L'*Action Française* avait gaspillé frivolement, laissé tomber ce magnifique levain. Les adolescents de deux générations étaient accourus à elle, débordants de la confiance la plus ingénue, ne demandant qu'à être commandés. À la place de la décision, ils avaient trouvé bientôt l'inertie bavarde et brouillonne, à la place de la discipline, les catégories entre bons et mauvais esprits qui régnaient dans les collèges des Pères dont ils venaient de sortir, - les mauvaises notes désignant immanquablement le talent et la hardiesse - avec toutes les mœurs mouchardes que cela comportait.

Le journal de Maurras accusait sans répit et non sans d'excellentes raisons les modérés de toute espèce d'endormir les nationaux, de les faire moisir sous cloche, pour le grand bénéfice de la Troisième Putain. Mais ce n'était qu'une jalousie de boutique, une dispute de clientèle. Dans la réalité, l'*Action Française* n'a pas moins paralysé ou garé ses militants que toutes les autres ligues de pieds-gelés et de pisse-froid. Ses torts ont été plus graves car les hommes qu'elle chambrait ainsi étaient les meilleurs.

De leur patriotisme ardent, elle a fait trop souvent un chauvinisme étriqué et archaïque. Elle a professé *ex cathedra* sur l'Allemagne des notions très souvent erronées et quelquefois purement conventionnelles. La politique franco-allemande qu'elle inculquait à ses disciples avait été très tôt après la guerre vaticinante, parfaitement chimérique dans l'état de nos forces, à courte vue, considérant toujours le monde d'après un gabarit suranné, voulant ignorer les bouleversements irrémédiables entraînés par le massacre de quatre ans. Elle enferma ainsi durant des années maints esprits dans des compartiments étouffants, dont ils ont eu le plus grand mal à sortir, quand ils en sont sortis.

Beaucoup d'hommes jeunes de ce temps, pour avoir passé par les mains de l'*Action Française,* sont demeurés désabusés, désorientés, ayant traversé trop de rives. Nombre de ses exclus, de ses évadés, qu'elle a poursuivis de son talent le plus aiguisé, ont traîné après eux des casseroles d'épithètes poivrées qui les discréditaient le plus souvent sans la moindre justice. D'autres encore, à qui plus d'un de mes amis et moi-même ressemblons comme des frères, elle a fait les spectateurs clairvoyants d'une tragédie, mais des spectateurs impuissants, à qui elle barrait l'entrée de la scène.

Était-ce là une saine école de politique ?

Certains de ses plus justes principes ont pu connaître une grande fortune dans le monde. La belle jambe que cela nous fait ! jusqu'ici, ils sont restés lettre morte pour le gouvernement de la France, qui seul nous importait.

CHAPITRE VII

DUELS DE COCUS

Il m'avait suffi de quelques semaines de travail quotidien à l'*Action Française* pour me faire comprendre à quel point l'anarchie et la routine y étaient irrémédiables.

J'en découvrais des détails qui jusque-là m'avaient échappé. Maurras consacrait chaque nuit deux énormes et illisibles colonnes de son article à une certaine rubrique "De nos amis à nos amis". Il s'y affirmait tenu par ses obligations de quêteur, par la nécessité de rappeler aux militants leurs devoirs financiers, de congratuler les souscripteurs et de provoquer ainsi leur généreuse récidive. Mais en plomb, en ratures, en paie d'ouvriers, en frais de retard, chacune de ces chroniques alimentaires dévorait deux fois les subsides qu'elle pouvait rapporter. Cela touchait au délire.

Tout allait à l'avenant. Les rédacteurs dont j'avais à diriger l'équipe croupissaient dans une paresse sereine. Pourquoi eussent-ils cherché à la secouer ? Ils étaient appointés ridiculement, la politique des salaires, dans la maison de "l'Avenir de l'Intelligence", consistant à payer 150 francs par semaine la critique littéraire et à engraisser fastueusement les chauffeurs, les clicheurs et les balayeurs. Ils étaient mieux placés que personne pour connaître la vanité de tout effort dans l'orbe de Maurras. Le plus cossard de tous, le plus fantomatique était, certainement Talagrand, dit Thierry Maulnier, traînant son long corps d'escogriffe à lunettes avec une mine indicible d'ennui. Assez bon connaisseur en matière de lettres, il venait de terminer une *Introduction à la Poésie française*, trop abstraite, mais ingénieuse. Il était chargé à l'*Action Française* de tout un service de dépêches sans y consacrer plus d'un quart d'heure par jour. A l'instar de Maurras, les secrétaires de rédaction ayant à leur tête un charmant funambule, Bernard Denisane, se gardaient d'apparaître au "marbre" avant minuit. Le successeur de Bainville à la politique étrangère, un aimable fantaisiste du nom de Le Boucher, entreprenait à deux heures du matin, à coups de citations piochées dans les manuels de l'École des Sciences Politiques, un commentaire à des événements de l'avant-veille. Tout le reste allait à l'avenant. La confection entière du numéro était en fait abandonnée à un ou deux ouvriers, d'ailleurs plus entendus dans leur besogne que les soi-disant journalistes, et surtout au chef d'atelier, mon ami Louis Blin, dont on voit la barbe en pointe, face à celle de Maurras, dans une photographie célèbre, superbe cabochard, d'une humeur aussi intraitable qu'était infini son dévouement. Il se prévalait de celui-ci, non sans raison, pour renvoyer vertement Pujo à ses songes de loir s'il se permettait de risquer sur sa besogne un timide coup d'œil.

Les deux poings au menton, durant des heures mortellement vides, je me demandais ce que je foutais encore parmi les extravagants vieillards du Boccador.

* * * * *

Mais tandis que l'*Action Française* somnolait, le destin courait au pas de charge.

Les Allemands, indulgents pour les malheureux défenseurs de la paix française, ont convenu qu'en s'emparant de la Tchécoslovaquie, Hitler nous mettait dans une bien épineuse position. Il est vrai.

J'ai cependant une petite preuve qui me revient à la tête de ce que l'on aurait pu encore si on l'avait sérieusement pensé et voulu. Le lendemain de l'entrée des troupes du Reich à Prague, je faisais une causerie devant la section d'*Action Française* du Vésinet. J'étais très agité, en proie à cette fièvre du possible et du probable qui s'empare si vite des journalistes dans les gros événements. J'avais mes poches remplies de dépêches encore inédites. Je devais parler des Juifs. Je crus bon, honnête cornard d'Aryen, pourtant averti, mais dix fois pris, dix fois refait, d'annoncer que je ne le pouvais plus, que le cas juif passait au second plan devant les nouvelles dont j'étais porteur. Je vis la déception allonger tous les visages. Je battis l'alarme de mon mieux, je m'évertuai à brosser un orageux tableau du pangermanisme en marche, de la guerre qu'il allait peut-être déclencher demain. Mais mon auditoire ne se dégelait pas. Ces honnêtes bourgeois, tous nos solides disciples, dûment catéchisés, se contrefichaient de Prague comme d'une coquille de cacahouète, dans la conviction où nous les avions mis que la Tchéquie était vouée à une déconfiture fatale et qu'elle ne valait pas l'oreille d'un tirailleur sénégalais. Quant aux pétroles roumains, puisque nous n'en avions que faire, pourquoi empêcherait-on les Allemands d'y puiser ?

Les patriotes du Vésinet ne se sentaient aucun goût pour affronter les divisions hitlériennes. La chasse à l'ennemi juif leur paraissait bien autrement commode et fructueuse. L'arrivée des S.S. à Munkatchevo les dérangeait beaucoup moins que celle d'un nouveau dentiste hébreu à leur porte. Ils étaient d'une impeccable logique, tandis que leurs informateurs déraillaient.

De Dunkerque à Perpignan, nous aurions encore pu réunir beaucoup de leurs semblables. Mais les cadres du nationalisme pacifique s'effritaient. Notre combat durait trop, et sur nos adversaires de plus en plus nombreux et frénétiques, nous ne marquions toujours aucun avantage qui pût nous réconforter.

C'eût été cependant, ou jamais, le moment d'affirmer une froide et lucide politique, de démasquer la grande pensée : l'orient slave à l'Allemagne, elle y a droit, nous nous en lavons les mains, et ce sera tant mieux pour l'Europe. Mais l'heure venue d'en faire ouvertement la doctrine de la France, nos nerfs ébranlés vibraient sous l'empire d'un sentiment, d'une image. Moi-même, j'avais été obsédé plus de deux jours par la photographie d'un convoi d'artillerie allemande en Slovaquie, sous un ciel de neige, s'enfonçant au trot de ses grands chevaux on ne savait plus où vers l'Est.

Maurras, tout occupé à montrer que la disparition de la Tchéquie n'aidait aucunement une entreprise militaire, nous donnait bien chaque matin son exemple de sang-froid. Mais sa vieille leçon d'anti-germanisme nous remontait à la tête par bouffées. Quel sens cet anti-germanisme conservait-il si dans de telles journées il baissait pavillon ? On nous rabâchait : "Si vous laissez les Allemands se tailler un empire jusqu'en Russie, ils vous retomberont ensuite sur le dos avec un poids double, et ce sera l'écrasement. Non, on ne peut leur laisser faire un pas de plus." Nous scrutions notre conscience, en braves hommes de Français, élevés dans la légende de Napoléon, de Soixante Dix, de la Marne et de Verdun, de naïves idées de coalition se levaient en nous. Si l'on s'y décidait, n'arriverait-on pas à être les plus forts ?

Nous n'avons point à renier ces réflexes de notre race. Mais la France n'était pas davantage en état de se les permettre qu'un grand malade arraché de son lit par un sursaut d'énergie ou de colère, et qui risque d'y succomber.

* * * * *

Pour moi, ma flambée belliqueuse dura bien une semaine. Puis le feu tomba. Rien de neuf n'avait surgi dans le scénario habituel : l'Allemagne remportant brusquement, méthodiquement, un colossal avantage, la conscience universelle jetant sa clameur morale et juridique, puis retournant à son bafouillement, à ses manœuvres tortueuses et toujours avortées. Je haussai les épaules, me jurant bien de ne plus jamais me laisser reprendre à mes vieux mouvements gaulois.

L'Italie, le Vendredi Saint, entrait en Albanie avec un énorme déploiement d'hommes, d'avions et de cuirassés. L'exploit était mince. Mais les brocards indignés de presque tous mes meilleurs camarades m'agaçaient. Après tout, les Italiens s'étaient emparés de quelque chose. Nous n'aurions pas été fichus d'en faire autant.

Le nouveau pape, décidément inoffensif, se révélait en répandant par les ondes un flux de bondieuseries dignes d'un nonnain chlorotique. La France manifestait son union sacrée en réélisant le mannequin à gibus Lebrun. J'en avais, pour mon compte, plein le dos. Je n'éprouvais plus le besoin de signer une seule ligne politique. Je reprenais des livres qui parlaient d'un autre temps, d'autres hommes, du vagabond Rimbaud à la poursuite de ses visions, de Stendhal baguenaudier et se palpant l'âme, de Flaubert sacrant et gémissant sur la prose de sa Bovary. Je rouvrais des manuscrits inachevés, j'avais envie de flâner des jours entiers au Louvre devant Corot et Cézanne, d'écrire une longue histoire sur l'amour et sur Dieu.

Voilà bien un beau révolutionnaire ! J'en conviens volontiers. Je n'étais sûrement pas le seul dans cette humeur. Je ne cherche pas à nous excuser, mais à nous expliquer. Nous étions jeunes, passionnés, nous avions eu de bouillants désirs et de furieuses répugnances. L'état de notre pays nous contraignait à vivre au milieu de vieillards méchants, jaloux de notre flamme, radoteurs, affaissés, ou bien encore de blasés, de déçus. Ils s'étaient tous employés à détruire nos espoirs, casser nos élans. Nous ne pouvions échapper à leur cercle. Nous n'éprouvions plus qu'un écrasant ennui.

Mon sentiment le plus net était une admiration grandissante pour Hitler. On me reprochera en 1942 comme une flagornerie ce mot, qui paraîtra si naturel dans dix ans. Peu importe. Je préfère être insulté que de commettre une impropriété de langage ou de me donner le ridicule d'une circonlocution. Du nouveau hourvari le Führer seul sortait encore vainqueur, assis sur une conquête positive et solide, affirmant devant un monde de larves la vigueur de ses muscles et de sa volonté. Je me faisais clairement ma religion sur son dernier coup. Les démocraties judaïques et ploutocratiques assiégeaient l'Allemagne, elles étranglaient son commerce, elles avaient coupé sa banque du monde entier. Elles nous la baillaient belle avec leurs cris de vertu violentée, lorsque leur ennemie écartait l'étau et trompait le blocus en s'annexant sans dommage des biens forts réels. Tel était en effet le fin mot de cette colossale et inextricable querelle. Mais en l'écrivant, un Français eût signé son bannissement moral. Les plus intrépides osaient à peine se le confier entre eux.

* * * * *

La clarté se faisait complètement pour quelques Français sur le Troisième Reich et sur la vérité de ses plus énergiques thèses, sur les moyens d'une fructueuse entente avec lui. Mais il était trop tard.

Je viens de remuer longuement une montagne de journaux de ce printemps et de cet été qui ont engendré la guerre. Le bellicisme triomphant a tout envahi. De l'extrême-droite à l'extrême-gauche, c'est la même répétition de caricatures haineuses et stupides, les mêmes leitmotives sur la gravité et l'urgence de l'heure, sur la barbarie à croix gammée, sur l'organisation de notre défense à tout prix. Les journaux nationaux cherchent toujours à se disculper en multipliant les charges les plus grossières sur le chef de l'Allemagne, sans que les journaux juifs fassent grâce d'une seule injure à ces suppôts de la croix gammée. On étale scientifiquement les faiblesses de la Germanie. Pour parler de Hitler et de Mussolini, le mot le plus courtois est celui de flibustiers. On mène un bruit énorme autour de la "résistance" tchèque. M. Heinrich Mann, honorable émigré, nous apprend que l'Allemagne entière est dressée contre le nazisme. M. André Tardieu, oubliant qu'il a fabriqué Versailles et lâché Mayence, donne les verges au dernier carré des Munichois. Les Français ont dix années d'avance sur les fortifications du Reich. La ligne Siegfried a fondu sous une crue du Rhin. C'est "le réseau du bluff". Elle a été construite "à la manière des pavillons pour exposition internationale". C'est une entreprise à grand spectacle, ordonnée par la mégalomanie de Hitler, mais dont l'état-major de Berlin sait bien qu'elle n'offre aucun intérêt militaire. On ne veut plus l'appeler "ligne Siegfried", un nom qui porte malheur depuis les offensives de 1918. Ce sera le Westwall, le barrage de l'Ouest : un barrage qui fait sourire les techniciens.

Au temple du dieu Mars anglo-juif, c'est à qui s'empressera d'apporter sa pierre : mensonges, insanités, insultes, lieux communs.

Notre brave *Je Suis Partout* lui-même lâche la rampe. Le crédit qu'on a ouvert à Daladier dure toujours. On s'interroge sérieusement sur son "expérience". On le félicite d'œuvrer avec ténacité au redressement français. Il est sobre, pondéré, réfléchi, il a un ton humain. On l'oppose aux dictateurs, ces maniaques gesticulants, prolixes, et que Pierre Gaxotte une fois pour toutes juge assommants. L'Allemagne est énervée, inquiète, la France calme et résolue.

Céline, notre grand Céline, vient d'écrire un livre qui apparaîtra deux ans après d'un sublime bon sens, *L'École des Cadavres*, sa plus magnifique prophétie, plus vaste encore que ses fameuses *Bagatelles*. Tout y est dit et prédit. Ferdinand envoie au bain Maurras, "lycéen enragé", "Maurras, vous êtes avec les Juifs, en dépit de vos apparences". Il vitupère l'Union Nationale, "astuce admirable, apothéose fossoyante", la féroce Angleterre : "L'ennemi est au Nord ! Ce n'est pas Berlin ! C'est Londres ! La Cité ! Les Casemates tout en or ! La Banque d'Angleterre avec ses laquais framboise, voilà l'ennemi héréditaire."

"Moi, s'écrie-t-il, je veux qu'on fasse une alliance avec l'Allemagne et tout de suite, et pas un petite alliance, précaire, pour rire, fragile, palliative ! quelque pis-aller !... Une vraie alliance, solide, colossale, à chaux et à sable... Je trouve que sans cette alliance, on est rétamés, on est morts, que c'est la seule solution. "On est tous les deux des peuples pauvres, mal dotés en matière premières, riches qu'en courage batailleur. Séparés, hostiles, on ne fait que s'assassiner. Séparés, hostiles, côte à côte, on sera toujours misérables, toujours les esclaves des bourriques, des provocateurs maçons, les soldats des juifs, les bestiaux des Juifs. Ensemble, on commandera l'Europe. Ça vaut bien la peine qu'on essaye."

Nous admirons fort la magnifique épigraphe : "Dieu est en réparation". Mais devant tout le reste, les céliniens fervents de *Je Suis Partout* se voilent la face ou haussent les épaules. Ferdinand exagère. Il devient le monomane de l'injure. C'est décidément un anarcho.

Le seul article pensé et ferme de ces mois lamentables est signé chez nous par Robert Brasillach, écrivant en avril que si les fascismes étrangers menacent, c'est par le fascisme français qu'il faut leur répondre et non par la démocratie. Mais a-t-on jamais eu moins de chances d'abattre de l'intérieur la démocratie française ? Au reste, huit jours plus tard, Gaxotte rétablit bien vite l'équilibre : "Nous avons perdu la Tchécoslovaquie qui ne représentait pas grand' chose. Nous avons, en revanche gagné la Pologne... qui représente une force militaire, une cohésion et un patriotisme infiniment supérieurs". Qu'est-ce donc, que ce ''nous'', sinon la démocratie en croisade ? Gaxotte, dans le privé, ne le dissimule pas. Comme il est loin, l'ami vibrant, le pacifiste résolu de septembre ! Il vient de nous rabrouer, parce que nous nous obstinions, avec notre ami Cousteau, expert des affaires américaines, à traiter Roosevelt de faux frère et de vieille bête. Il estime que Roosevelt est désormais infiniment précieux, que lorsqu'il nous enverra ses avions et ses canons, nous lui tresserons des couronnes, que quiconque peut nous servir contre l'Allemand est tabou, que l'allié juif lui-même doit être ménagé. Et voilà le terme du Patriotisme lorrain.

Cette versatilité de Gaxotte est pour moi et plus d'un de nos amis une noire déception. Un vrai politique ne saurait être sujet à ces caprices lunaires, chanceler ainsi sur ses bases au plus fort du combat. Gaxotte était le meilleur, le plus écouté, le plus connu de nous tous. Il nous faut maintenant le renier dans notre cœur.

* * * * *

La grande querelle du moment est pour ou contre l'alliance russe. C'est le champ clos où l'on s'affronte le plus rageusement. On y appelle tout à la rescousse, le droit, la géographie, l'histoire, le pétrole, la morale, Raspoutine, les Baltes, l'Ukraine autonomiste, l'amiral Avellane et les Karamazoff.

Les arguments des nationaux ne manquent pas de poids. Ils jugent sur la réalité soviétique, faite de cautèle orientale, de haine pour nos vieilles sociétés. Ils n'ont pas de peine à demander sur quelle frontière l'U.R.S.S. pourrait bien attaquer l'Allemagne, puisqu'elle ne lui est contiguë nulle part. Ils savent la répugnance que le communisme inspire à ses proches voisins, et que la Roumanie comme la Pologne, redoutent une telle assistance à l'égal du pire fléau. Ils n'ont pas oublié les rapports réguliers que Moscou a toujours conservés avec Berlin, et, grâce aux documents de Reinach-Hirtzbach, ils pourront annoncer, trois mois à l'avance, la conclusion du pacte germano-stalinien.

Ils se trompent sur le potentiel de l'armée rouge avec une lourdeur digne d'un breveté du Deuxième Bureau. Ils écrivent et disent tous sur ce sujet - ce que j'ai moi-même écrit, dit et plus encore pensé - un certain nombre de sottises qui seront propres à leur inspirer quelques salutaires réflexions sur la faillibilité des meilleurs prophètes lorsqu'ils ne descendent pas des cieux. Leur erreur n'est pas aussi monumentale qu'on pourrait le prétendre. Ils ont raison sur l'incurie slave, aggravée par la gabegie du marxisme d'État. L'avenir montrera qu'avec la masse inouïe d'hommes et de matériel dont ils disposent, les Soviets auraient dû en bonne logique, écraser l'Occident, s'ils n'avaient été justement les Soviets, c'est-à-dire de grossiers barbares. Mais les anti-russes de chez nous demeurent d'une ignorance vraiment étrange sur l'énormité de cette masse. Avec tout ce qu'ils connaissent de la férocité stalinienne, ils ne soupçonnent pas ce fantastique asservissement de cent-soixante millions de misérables automates aux tours d'obus et aux chars du tyran. C'est cependant un phénomène dont la réalité pèse un peu plus dans la balance que les plaisanteries sur les parachutistes et les moustaches de Boudienny.

Les Moscovites de Paris obéissent avant tout à cet irrésistible penchant pour le marxisme que j'ai déjà décrit et qui émeut sans exception toutes les bedaines démocratiques. Les zozos tricolores suivent en grosse troupe, conquis par les raisons militaires du cavalier Kerillis, mêlant harmonieusement dans leurs espérances patriotiques le sabre, le goupillon, la faucille et le marteau.

Cette pente d'affection est le grand ridicule du clan russe. Il ne s'imagine point autrement que chéri et choyé de Moscou. Du ministre au métallo, il tient l'U.R.S.S. pour sa sœur de pensées. Sur la barricade de l'antifascisme, sa place est réservée, une place d'honneur.

Pourtant, dans l'absolu, il s'en faut de beaucoup que le plan des Moscoutaires soit aussi dérisoire que ses adversaires le prétendent. C'est par l'exécution qu'il pêchera grotesquement. En soi, il mériterait au moins une réfutation plus serrée. Mais il faudrait alors lâcher les mots prohibés. Les démocrates ourdissent contre Hitler une coalition monstre. Il est de bonne guerre d'y convier la Russie, en remettant à son poids énorme le soin d'entraîner ses voisins. Il n'est pas interdit de se vouer frénétiquement à un dessein aussi vaste, qui réunirait toutes les chances d'abattre le Reich, et de s'exaspérer des obstacles qu'on lui suscite à chaque instant.

Les nationaux protestent que l'alliance russe, c'est la guerre, et lancent inlassablement aux gribouilles à cocardes cette évidence : les Soviets ne s'engageront dans un pareil conflit que pour atteindre leur objectif suprême, si souvent défini, la révolution universelle. Mais ces nationaux s'arrêtent au milieu de leur argumentation. Ils n'osent pas dire que désormais toute guerre contre l'Allemagne ne peut plus être engagée avec l'espoir de vaincre sans l'ignoble partenaire asiate, et que notre triomphe serait bien davantage encore le sien, c'est-à-dire notre anéantissement. Ils ont perdu jusqu'à cette cohérence verbale qui est demeurée longtemps leur privilège. Au vrai, les nationaux complotent eux aussi la battue à l'hydre hitlérienne. Mais ils entendent y avoir des invités de leur choix. Maurras, au lendemain de l'incident albanais, a retourné contre le mur le grand portrait de Mussolini qui, depuis des années, veillait devant son bureau, entre une déesse grecque et un béret rouge de *requête*. Cependant, sous chaque feuille de ses articles, il tend encore la main au dictateur latin. Cette persévérance n'est-elle pas aussi chimérique que celle des pèlerins passionnés du Kremlin ? Avec Rome, on s'observe maintenant de créneau à créneau. La France officielle ne fait plus aucune distinction entre le Duce et Hitler. L'Italie riposte en affichant pour nous, un dédain monumental. Elle vient en grande pompe de mettre le dernier écrou à son alliance avec le Reich. De quel prix ne faudrait-il pas payer la rupture d'un pacte aussi étroit ! Loin de parler de prix, Maurras revendique. À son ordinaire, il reconstruit le monde du haut d'un empyrée. Ainsi le meilleur de la pensée française s'en va en fictions algébriques, en fumées de littérature, en peau de balle et variétés.

Nos quêteurs d'alliances sont pareils à de vieilles filles flétries qui se prennent au chignon sur les mérites des mâles de leur choix. Ces époux présumés leur éclateront au nez de rire, et la veille de la noce, le moujik adoré se déclarera, pour Germania. Les rivaux n'en seront pas pour cela réconciliés, et le dépit aigrira encore leur dispute.

Du bout de nos trente mois de guerre, de drames inimaginables et pour ne parler que des Français, quel tournoi de cocus aux yeux bandés, se mentant les uns aux autres à chaque mot !

Le plus grave est ceci : tandis que ces gentillesses se déroulent, l'Angleterre, souveraine maîtresse, mène en toute quiétude son jeu sournois. Incertaine en septembre, elle a maintenant opté sans retour pour la guerre, par la décision de ses banquiers, de ses affairistes, de ses juifs, de son clergé. Le vaudeville nous masque cette tragédie et le vrai criminel. Il est exact que tous nos russomanes sont bellicistes. Mais les féaux de Londres le seraient-ils donc moins ? Comment les départagerait-on les uns des autres ? Nous tirons sur l'épouvantail, mais nous laissons l'incendiaire se promener, torche au poing. Dans toutes les listes de vendus que nous brandissons, il a été décidé que c'était l'or de l'Oural qui réglait les chèques. Car les Bolchevicks sont lointains et aisés à honnir. Pourtant, c'est en sterlings que Kerillis est payé. Mais personne n'oserait démasquer une trahison que solde la monnaie de l'entente cordiale.

Les agents de Staline que nous traquons sans merci sont un menu fretin, une piètre valetaille. Sur les agents d'Albion, armés de toutes les puissances, les polémistes les plus déchaînés restent muets. On se bat pour aller ou ne pas aller à Moscou. Mais personne ne dit que c'est Londres qui nous y traîne. On s'acharne sur Buré, plumitif marron qui n'a pas cent lecteurs, limace de chancelleries qui n'enfle son rôle que de nos insultes. Mais on ne se permettrait pas de dénoncer Elie Bois, vassal de la City qui travaille sur plus d'un million de citoyens.

Les docteurs les plus fins ne subodorent rien dans le périple de Sa Majesté Britannique, qui va s'assurer avant le grand massacre de son dominion canadien, comme elle s'est assurée, un an plus tôt, de son dominion de France. L'amitié insulaire est passée au rang des thèmes sacrés. Le mariage indissoluble des deux empires est une matière de catéchisme. On nous invite à l'enthousiasme devant le pompeux prélude au casse-pipes, les conciliabules, les voyages des lords amiraux et des sirs maréchaux, les parades des Scotch Guards et de la Home Fleet, le juif Hore Belisha, ministre de la guerre londonien, passant à Paris le 14 juillet la suprême revue des troupiers de France, vérifiant s'ils sont bons pour le service de son gracieux Roi. Thierry Maulnier ébloui juge l'effort militaire de John Bull grandiose. À l'énoncé des tonnes de bateaux que l'Union Jack va couvrir, le cœur du Frenchman est palpitant d'orgueil. Les plus farouches réfractaires, ceux de *Je Suis Partout*, se couvrent de périphrases pour rappeler timidement aux magnifiques gentlemen que la guerre se fait aussi avec de la piétaille. Lorsque Londres condescend à un simulacre dérisoire de conscription, la France d'une seule voix entonne un péan de gratitude.

Maurras se garderait bien de reprendre ses admirables phrases d'autrefois sur l'Albion non moins "éternelle" cependant que l'Allemagne :

...Le rôle égoïste et rapace de l'aristocratie britannique (1903).

- *L'Angleterre si conservatrice pour elle-même, a semé la révolution et la guerre dans le monde entier. Il ne serait pas impossible qu'elle finît par voir lui revenir quelques-uns des fruits de cette semence (1909)*
- *L'Anglais comprend l'indépendance des autres ; mais dès qu'il a senti chez quelque animal le goût de l'asservissement, il excelle à le seller, à le brider, à le monter et à l'éperonner sans merci (1921).*

...Le vrai est que l'histoire de l'empire britannique n'honore ni la paix universelle, ni l'esprit de l'homme, ni la conscience morale (1923).

Tout ce qui a un nom dans l'*Action Française* défile régulièrement, avec une candeur parfaite, à la table du major écossais Ruxton, si grand et cher ami de la maison, agent supérieur de l'Intelligence Service, en mission permanente auprès des nationalistes parisiens.

La mobilisation de l'automne précédent a étalé à tous les regards une pagaïe inique, la nullité de l'intendance, des centaines de milliers d'hommes parqués pêle mêle et qui de huit jours n'ont fait que lire le journal, accroupis sur leurs talons dans un coin d'usine ou de garage, sans vivres, sans effets, sans même avoir soupçonné à quel régiment ils pourraient appartenir. Les Munichois ont crié à tous les vents que notre aviation était anéantie, notre D.C.A. inexistante, nos blindés embryonnaires. Personne n'en souffle plus un mot. Par une sorte de convention tacite, il est entendu que l'armée a miraculeusement bouché ses trous, refondu tous ses services, qu'il a suffi de neuf, dix mois pour que de marmiteuse et fourbue de vétusté, elle devînt étincelante et invincible comme le bouclier d'Ajax, que chars et bombardiers ont surgi au printemps, innombrables, comme des asperges. On ne peut pas dire, hein ! que M. Daladier n'a pas représenté dignement et sobrement la France dans son périple méditerranéen. En Tunisie, vous avez pu le voir, il a passé en revue au moins dix escadrons de spahis. Quelle héroïque poussière ils soulevaient sur l'écran ! Il n'y avait pas seulement des chevaux : des chars aussi, on en a peut-être compté cinquante. Et quel beau plan de ce vieux médaillé marocain ! Au 14 juillet, il a peut-être défilé dans Paris douze mille hommes, des zouaves en culotte rouge, des turcos jonquille et bleu d'azur, des alpins avec des skis, des nègres et des Tonkinois en culottes courtes. Et on en a fait un film en couleurs, avec toutes les couleurs. Ah ! les chemises brunes trouveront à qui parler.

Le général Weygand, au début de juillet, s'écrie à Lille en présidant un grand congrès hippique : "Je crois que l'armée française a une valeur plus grande qu'à aucun moment de son histoire. Elle possède un matériel de première qualité, des fortifications de premier ordre, un moral excellent et un Haut-Commandement remarquable. Personne chez nous ne désire la guerre, mais j'affirme que si on nous oblige à gagner une nouvelle victoire, nous la gagnerons". Qui se permettrait de glisser le plus modeste doute dans les assurances que nous verse l'illustre soldat ?

Jusque chez les plus francs, les plus violents, les plus lucides, tout n'est que faux-fuyants, fictions, battage, amusements du tapis dérobades devant l'essentiel.

Un seul homme, une seule fois, perce cette lourde vapeur, touche du doigt l'offensante réalité, pose la question interdite, c'est-à-dire la seule qui vaille une réponse. Marcel Déat demande : "Faut-il mourir pour Dantzig ?" Il soulève une pieuse indignation, comme si une obscénité venait de profaner bruyamment la chapelle où les croisés des prochaines batailles font dévotement leur veillée d'armes. On s'interdit de répéter, même pour l'abominer, un aussi épouvantable sacrilège. Les plus hardis munichois de septembre 38 se gardent de pénétrer dans un débat subversif à ce point.

II - LE CAMP DES PITRES

CHAPITRE VIII

LE TONNERRE D'AOÛT

J'étais allé passer mes vacances dans un petit village alsacien, à la crête des Vosges, juste au-dessus de Riquewihr, muni d'une valise pleine de littérature à lire et à écrire. Le journal d'André Gide qui venait d'apparaître dans son entier, si passionnant, si pénétrant, rempli d'un si profond souci de sincérité, avec d'année en année le retour d'une invincible séquelle de christianisme et les jobarderies puritaines en résultant, m'emmenait fort loin de lord Halifax et du couloir polonais.

Ma grande affaire avait été aussi d'aller à Genève, avec mon ami Georges Hilaire, pour rendre une enthousiaste visite aux tableaux du Prado, de suivre encore une fois un de ces pèlerinages cosmopolites aux grandes œuvres humaines, qui restent dans notre siècle un des signes les moins discutables de la civilisation.

À Paris, cependant, la campagne contre les "hitlériens français" redoublait de rage. Les postes de radio juifs, de mèche avec les journaux communistes, *Ce soir* et l'*Humanité*, annonçaient l'arrestation de Gaxotte et de Brasillach. Gaxotte, incontinent, se décidait à un voyage de six mois pour les Indes. Il partait, il était parti. Un misérable voyou de presse du nom d'Henri Jeanson, qui jouait les grands pamphlétaires dans les bandes d'intellectuels anarchisants, s'empressait de m'envoyer ce télégramme : "Ainsi, vous touchiez à *Je Suis Partout* de l'argent d'Hitler. Mes compliments. Mais avouez que chez vous l'argent n'a pas d'odeur". La postière, depuis, me vouait une muette horreur.

Le 15 août approchait sans que des périls plus sérieux qu'à l'ordinaire se dessinassent. La querelle de Dantzig s'aigrissait dans le lointain. Les revendications allemandes étaient si justifiées, si logique un correctif aux imbéciles fantaisies de Versailles dans ce coin-là, la Pologne militaire, catholique, antisémite et antirusse tellement hors du circuit des démocraties, que je ne pouvais croire à une menace tragique sortant de cet épais nuage. Je me fiais à la décrépitude des vieux régimes, qui glapissaient, tempêtaient du fond de leurs fauteuils de gâteux, mais paraissaient bien avoir les moelles trop gelées pour en sortir. Nous ne pouvions plus dire que nous fussions réellement en paix. Mais j'aurais bien parié que pour cet été encore nous éviterions la vraie guerre.

Au milieu des protestations des nationaux, une mission franco-anglaise était enfin partie pour Moscou, le général Doumenc en tête. La conférence promettait de s'éterniser, vaine et fastidieuse, dans le pur style genevois.

D'interminables pluies m'avaient décidé à brusquer mon retour pour Paris. J'étais revenu par Strasbourg dont jamais l'aspect de capitale vivante ne m'enchanta autant. J'avais accompli mon tour rituel au Rhin, rêvé sur ses berges dans la nuit tombante. Pas une voiture, pas un piéton sur l'énorme pont de Kehl. Rien que des soldats, des drapeaux, des armes. On entendait grincer les freins des automobiles badoises. Cependant la vie de cette autre rive était aussi lointaine pour le commun des Français que celle d'une autre planète, le fleuve qui la séparait de nous presque aussi infranchissable que les espaces sidéraux. Le touriste venu là de Nancy ou de Paris ne pouvait voir monter une tranquille fumée dans le ciel d'Allemagne sans songer à quelque diabolique fournaise de guerre.

La dernière avenue française se nommait "Aristide-Briand". Il était sinistrement logique que cette absurdité-là conduisit à cette absurdité pire, cette chimère d'une civilisation mal pensée, à cette muraille barbare de mitrailleuses et de béton armé. Cependant, il ne me venait pas à l'idée que ce rempart porté deux cents kilomètres plus haut, comme au temps où nous étions à Coblence, eût davantage résolu cette intolérable querelle de voisins. Mais je pensais à Maurras que mes amis strasbourgeois, après un banquet, avaient une fois fait passer à la dérobée en auto de l'autre côté du Rhin pour une heure ou deux : toute sa connaissance physique de cet énorme empire.

* * * * *

Le lundi 21 août, vers onze heures du soir, j'étais seul avec le correcteur, un très sympathique garçon du nom de Baur, à l'imprimerie de l'*Action Française,* dans les bureaux crasseux et étouffés de la rédaction. Nous bâillions, les pieds sur les tables, au milieu de quelques télégrammes insipides : les inondations de Tien-Tsin, les combats à la frontière mandchou mongole, le ministre américain des postes à Paris, le pèlerinage pour la paix à Lourdes. Le cliquetis des linotypes montant de l'atelier engourdissait notre ennui.

Baur, machinalement, s'était tourné vers la ''printing'' d'Havas, notre monotone débiteuse de nouvelles. Tout d'un coup : "Oh! Bon Dieu ! Ça alors ! Regardez". Sur le rouleau blanc achevaient de s'inscrire ces cinq lignes :

"Le gouvernement du Reich et le gouvernement soviétique ont décidé de conclure entre eux un pacte de non-agression.

"M. von Ribbentrop, ministre des Affaires étrangères du Reich, arrivera à Moscou le 23 août pour mener à bien les négociations".

Dans notre ébahissement, nous eûmes deux secondes de scepticisme. Nous en avions tant vu et tant entendu depuis un an ! Mais aucun doute n'était permis. La dépêche arrivait de Berlin. Elle portait l'estampille officielle du D. N. B.

Je bondis dans la rue pour être le premier à crier la nouvelle à Maurras qui arrivait. Il eut des deux bras un grand geste d'accablement, comme sous le poids de la pyramide d'idioties et de crimes que cet instant couronnait.

Son article de cette nuit-là est un de ces déconcertants arlequins où il viole superbement les règles les plus sommaires du journalisme, du haut des sacro-saintes préséances, érigées pour lui seul, de la latinité et de l'*Action Française*. On y trouve le long écho de la controverse entre Gaston Paris et Joseph Bédier sur les légendes épiques du XIIe siècle, des souvenirs fort actuels sur les libertés de la Provence pendant l'ancien Régime, enfin en une colonne compacte la rubrique de la propagande, où Il est dit que l'on fera la révolution des esprits par un système de bibliothèques circulantes. Au pacte prodigieux, Maurras n'abandonne pas plus de quarante-cinq lignes. Elles pèsent à vrai dire leur poids de diamant d'ironie, et il ne se prive pas d'y laisser entrevoir sa jubilation devant ce chef-d'œuvre des cocuages démocratiques.

Pour nous, les disciples plus ou moins jeunes et fidèles, nous nous tenions les côtes sans l'ombre de vergogne. Nous n'aurions jamais rêvé une confirmation aussi monumentale de nos prophéties, un coup de théâtre pareil pour clore le bec des ennemis et cette insupportable querelle de la russomanie autour de quoi l'on s'écharpait depuis tantôt trois ans. La gifle ne pouvait pas être plus formidable, s'abattant avec fracas sur notre pompeuse délégation, et envoyant rouler dans la crotte les étincelantes feuilles de chêne du général Doumenc. L'*Humanité*, le matin même du 21, écrivait : "La paix doit être sauvée par l'union ferme, énergique, intransigeante des grandes démocraties décidées à secourir les peuples menacés et qui veulent se défendre. Ce front de la paix doit être rapidement cimenté par le Pacte avec la puissante Union soviétique". Moscou n'avait même pas daigné adresser à cette basse valetaille un charitable avis de prudence. Elle la laissait s'enferrer avec le plus cynique mépris. Buré dans l'*Ordre*, voulait nier encore et croire à un suprême canard des "Hitlériens". L'héroïque dragon Kirillis ne trouvait même pas la force de prendre sa plume et laissait à une doublure le soin d'éponger le crachat.

La dégustation de notre magnifique vengeance passait tout autre souci. Aussi bien, j'avais eu, dans mon premier mouvement, la quasi certitude qu'un tel coup liquidait l'affaire de Dantzig. La diplomatie béquillante de la France et de l'Angleterre venait de se faire jouer burlesquement par les vieux renards du Kremlin. Sous ce camouflet, tous nos cloportes d'ambassades tombaient les pattes en l'air. Leur laborieuse machine de guerre s'effondrait en bois d'allumettes. Avant qu'ils se fussent remis dans un incertain aplomb, les Allemands auraient manœuvré et nous nous retrouverions encore, cocus et scandalisés, devant le fait accompli. Berlin ne calculait pas autrement.

J'avais trouvé Brasillach, fasciste impénitent, dans le même sentiment. Nous étions si bien familiarisés avec la politique nationale-socialiste que d'instinct nous raisonnions selon sa pente. Nous comprenions à merveille ce que Hitler disait, décrivait, refusait, proposait. Avec cet Allemand jugé si fumeux, nous remuions de claires et très pondérables réalités. C'étaient les vaticinations de la démocratie qui nous restaient inconcevables, ses sables mouvants qui paraissaient toujours plus étrangers à nos pieds.

Dans la journée du mardi, Maurras me dépêcha au quai d'Orsay, pour y représenter le journal à la conférence de la presse diplomatique. Cela, constituait pour moi toute une initiation, dans des circonstances aussi extraordinaires qu'il se pût. J'escomptais le pire ; l'imbécillité de cette cérémonie dont dépendait le lendemain l'opinion de toute la France me sidéra. J'attendais des faisans arrogants et pontifiants. Je trouvai des petits sous-chefs de bureaucratie effarés. Notez qu'il s'agissait de personnages considérables, ayant rang d'ambassadeurs et le crédit à l'avenant. Quelle aveuglante explication à la honteuse série de nos reculades, de nos dégringolades, des nasardes essuyées ! Comment avoir fait l'honneur à ces paltoquets de discuter historiquement ou politiquement leurs méfaits ? Des balles de son eussent suffi pour les démolir. J'en voulais aux plus avisés des confrères qui se trouvaient là de ne nous avoir jamais décrit ce misérable guignol dans ses vraies couleurs. Mais les meilleurs se gonflaient des fictions de leur importance, du sérieux supposé de ce lieu et du lustre qu'ils en recevaient. L'auréole du Quai était sacrée puisqu'elle les nimbait. Exceptons-en un, deux peut-être, au caractère bien tranché. Pour tous les autres, même les plus estimables, n'importe lequel eût sacrifié les devoirs de la vérité la plus élémentaire à l'orgueil de parler seul, quatre-vingt secondes, avec un ministre ou un sous-ministre entre deux portes d'antichambre, sur le marche-pied d'un wagon. Leur vie était de répandre une odeur de secrets d'État, de dégoiser sentencieusement des chapelets d'hypothèses divagantes, et de festonner aux alentours de minuit un papier digne d'un élève de cinquième avec des "On croit savoir en haut lieu" et des "Les cercles autorisés soulignent". Ce que l'on soulignait et ce qu'on croyait savoir portait toujours à travers le public les miasmes juridiques et belliqueux de la boutique au négroïde Léger, secrétaire général et maître tout-puissant de nos Affaires Étrangères.

Tout ce que je pus apprendre de positif, ce fut que l'inquiétude majeure du Quai était de dissimuler autant qu'il se pouvait l'énormité de l'affront russe. Les grands attachés et les puissants secrétaires n'avaient de bouche que pour une seule consigne, mais extrêmement pressante, minimiser, selon leur misérable jargon, la nouvelle incongrue. Vous venez chapeau bas tirer la sonnette d'un malotru. Il vous reçoit d'un gigantesque coup de bottes aux fesses. Ce n'est rien. Minimisez les bleus de votre cul. Excusez gracieusement cette vivacité ! Si dans l'instant d'après, vous vous posez en chevalier de l'honneur, redresseur de torts, défenseur de la veuve et de l'orphelin, la farce sera parfaite.

La France aura réussi ce tour de jouer à la fois Matamore et Lagardère.

Comment eût-on voulu qu'une telle pièce se terminât décemment ?

On nous annonça en grand appareil que vu l'exceptionnelle importance des événements, M. le ministre Georges Bonnet voulait bien nous recevoir. Le troupeau des plumitifs se précipita. Le ministre nous déclara joyeusement qu'il n'avait rien à nous dire. On quitta cependant le beau bureau doré avec des mines solennelles. Quelques traînards qui n'avaient pu entrer s'accrochaient aux manches des vestons. On leur faisait majestueusement savoir que dans un tel jour, les tuyaux ne se revendaient pas.

J'avais surtout remarqué le visage de Georges Bonnet sur lequel perçait une sorte de gaîté irrésistible. Pour lui comme pour nous sans doute, le fiasco de Moscou était d'abord une revanche personnelle sur les conjurés de ses propres services, sur l'infernale et imbécile bande de moscoutaires, dont Alexis Léger était l'âme, qui depuis quinze mois accablait de trahisons, de crocs-en-jambe, d'insultes l'unique ministre sensé que la France possédât. Nous n'avions pas dans notre bord à dissimuler l'épanouissement d'une telle satisfaction. Était-elle convenable à pareille heure chez un homme de gouvernement ? J'en ai fait pendant plus de trois jours des anecdotes probablement injustes. Ce qu'on sait aujourd'hui de ces semaines prouve que Georges Bonnet y a rempli son devoir. Mais de toute évidence, sa maison lui échappait. Un sous-chef de bureau y avait plus de poids que lui. Il pouvait comploter contre la politique du ministre, faire exécuter à sa barbe les ordres de ses ennemis. Il était infiniment plus redouté. Il demeurerait quand Son Excellence aurait chu.

Sur ce vil personnel, un ministre eût pu, j'en suis sûr, prendre barre par des méthodes d'une énergie brutale. Mais dans son isolement, Bonnet s'y fût vite brisé les reins. Qu'un homme parvînt à imposer dans une telle place cette révolution des mœurs, et le sort de la France tournait. La guerre nous était épargnée. Cet homme, sans doute, serait aujourd'hui le maître du pays. On ne peut reprocher très sérieusement à Georges Bonnet de ne pas avoir tenu ce rôle. Il avait ce caractère arrondi et amorti par la continuelle nécessité du détour qui aura distingué tous les grands personnages de notre démocratie. Fait autrement, il n'eût jamais atteint le rang où il se maintenait tant bien que mal. Bonnet aura été le témoin intelligent, dont l'impuissante lucidité rend le drame plus affreux.

* * * * *

Le lendemain mercredi, le diagnostic n'était plus douteux : au Quai, le pouls de la guerre battait dur et tendu. On vérifiait, on tâtait dans une grave agitation les fameux déclics des pactes automatiques. "Fonctionneraient-ils ? Ne fonctionneraient-ils pas ?"

Je ne voulais encore y voir qu'un rite, le branle-bas d'alerte pour rien des grands jours d'offense à la dignité humaine. Nous n'arrivions pas à comprendre comment la guerre pouvait devenir pour la France et la Grande-Bretagne une nécessité plus que jamais impérieuse, à l'instant où ces pays voyaient s'écrouler tout le système sur lequel ils comptaient pour mener cette guerre. L'opiniâtreté ahurissante de la soviétophilie continuait à faire notre émerveillement. Les attachés de presse insistaient plus que jamais pour "qu'on ne montât pas en épingle l'entrevue Ribbentrop-Molotov". Le Quai répétait à tous les étages : "Les négociations continuent à Moscou avec les délégués franco-anglais. Surtout, qu'on sache bien que rien n'est perdu de ce côté-là".

Encore ignorions-nous tout ce qui venait de se dérouler en conseil des ministres et dans la coulisse du gouvernement : la volte-face soviétique expliquée par la tiédeur et les hésitations de la France, causées elles-mêmes par les campagnes des nationaux qui n'en finissaient pas de crier casse-cou, en somme Staline se précipitant dans les bras de Hitler par la faute des "fascistes" ; Daladier prêt aux plus écœurantes humiliations, proposant qu'on obligeât, pour amadouer Moscou, les Polonais à accepter le passage des Russes sur leur sol.

Nous savions encore moins que les boutefeux refusaient tout projet de conversation avec l'Italie, qu'en revanche, ils réclamaient sans délai la mobilisation générale.

En vérité, notre instinct seul pouvait nous renseigner. J'eus pour mon compte le premier pressentiment de la catastrophe le mercredi soit 23 août. Vers huit heures, j'avais pris, pour gagner l'imprimerie, l'autobus qui, de Neuilly où j'habitais maintenant, descendait les Champs-Élysées et la rue de Rivoli. Il bruinait sur un Paris tout à coup désert, recroquevillé. Le receveur parla de 1.500 voitures de la T.C.R.P. qu'on venait de réquisitionner. En un clin d'œil, une sensation funèbre m'envahit. Il allait donc falloir revivre septembre 38.

Je n'eus aucune surprise quand une dépêche vint nous apprendre un peu après minuit le rappel des réservistes des échelons 2 et 3. Henri Massis, qui passait par là, était impatient de savoir si Brasillach, rentré d'Espagne de la veille, comptait encore cette fois dans le lot. On hésitait à lui téléphoner si tard. Je m'armai de férocité. La sonnette le réveilla, le pauvre vieux, en sursaut. Il avait le fascicule 3.

Rentré chez moi, je lus jusqu'à près de quatre heures du matin des bouquins militaires. Rien d'autre ne pouvait distraire ma tête... Au demeurant, toute espèce d'angoisse m'avait quitté.

* * * * *

Le jeudi, alors que l'accord Ribbentrop-Molotov était déjà paraphé depuis plusieurs heures, nos honorables ambassadeurs de Moscou et de Berlin, le dénommé Naggiar et le dénommé Coulondre, pour se racheter de n'avoir pas eu depuis des semaines le plus petit soupçon de ce qui se tramait, téléphonaient, le premier que le torchon brûlait entre la délégation russe et la délégation allemande, le second qu'il fallait surtout se garder de briser quoi que ce fût avec Moscou. Le compliment du papa Bienvenu-Martin à de Schœn lui apportant le 3 août 1914 la déclaration de guerre appartient peut-être à la légende. Nous aurions cette fois beaucoup mieux.

Les avis de ces observateurs si autorisés faisaient toujours prime à la conférence du Quai d'Orsay.

Nous revivions exactement les heures d'avant Munich, le dernier verre bu avec les amis mobilisés, la gare de l'Est grouillant d'uniformes fripés et dépareillés, mais cette fois avec des nerfs blasés, une résignation mécanique. Que ce siècle était donc ennuyeux !

Un de mes cadets préférés, Pierre Boutang, remplaçait depuis quelques jours à la Revue de la Presse de l'*Action Française* qui a été de tout temps une des rubriques importantes dans Paris, le titulaire, un garçon fin et discret du nom de Pierre Léger.

À vingt-deux ans, Boutang était père de deux bambins, sorti de Normale, agrégé de philosophie. Avec cela blond et imberbe comme un page, fort comme un champion d'olympiades, ayant franchi trop facilement les plus écrasantes épreuves pour ne pas être l'antithèse vivante d'une bête à concours. Ses triomphes universitaires au lieu de le désigner comme il se doit d'habitude à notre juste méfiance, n'étaient que la consécration naturelle de ses dons. Je l'aimais tendrement pour son feu, la roideur de ses haines, son orgueil encore ingénu et même sa confiance un peu irritante dans ses catégories de philosophe. Je le savais déjà presque trop bon dialecticien. L'événement le révélait au surcroît polémiste. Avec une vigueur superbe de colère et de raison, il démolissait les principes sacrés de la démocratie, déchirait les traités, traquait la meute des bellicistes millionnaires, fustigeait les ministres, rappelait les généraux à la réflexion, dépiautait Chamberlain, Churchill et Roosevelt, tout en haut d'un sixième du faubourg Saint-Jacques, dans une chambrette remplie de chaussettes trouées et de bouquins grecs épars. Les journaleux du Quai d'Orsay pilotaient des voitures étincelantes. Boutang, ce matin-là, avait emprunté vingt francs pour acheter sa collection de journaux. Jusqu'au soir, nous rabâchâmes ensemble jusqu'à l'écœurement nos arguments et nos dégoûts, l'obnubilation des juristes et des perroquets de presse, insensibles à la réalité, c'est-à-dire à l'insignifiance du cas Dantzig, le seul cependant qui jusque-là se posât. On ne s'était pas battu pour les vaches des Sudètes. Il n'était certainement pas plus urgent de se battre pour un port dont personne n'avait jamais contesté qu'il fût entièrement allemand et pour la concession d'une autostrade à travers le couloir, c'est-à-dire un territoire aux trois quarts germain.

Mais je n'éprouvais plus cette passion de l'année précédente, ce furieux désir de me jeter tout entier dans le combat pour la paix. L'annexion pure et simple de la Tchéquie après Munich nous enlevait nos meilleures armes, créait un trop écrasant précédent. Ou bien il eût fallu remonter trop haut, pulvériser trop de dogmes, abonder dans le sens de Hitler avec une liberté et une sérénité dont personne n'était plus capable. En eût-on eu le courage, trop de scrupules vous auraient imposé silence. Un Français de notre espèce n'osait plus s'accorder le droit de nourrir de telles pensées, de les répandre autour de lui sans craindre d'être grossièrement dupé et de faire duper sa patrie. Tel était l'état d'âme qu'avaient forgé aux moins crédules, aux moins ignorants, aux plus "nazis" d'entre nous trente mois de calomnies, de falsifications. C'était cela qu'on appelait un moral bien préparé. Fameux travail. Le parti de la guerre pouvait se féliciter et ne plus contenir sa hâte d'employer un aussi brave outil.

Mon espérance était devenue presque passive. Elle ne me quittait point encore pour cela. Je voulais toujours croire que nous allions vers un abandon hargneux de Dantzig.

* * * * *

La nuit du vendredi au samedi m'assombrit. La cérémonie de Tannenberg, qui devait avoir lieu le dimanche, nous laissant, pensait-on, un délai jusque-là, était supprimée. Comme un diagramme de clinique, les rouleaux interminables des "printings" nous révélaient la fièvre montant à travers l'Europe. De tous côtés, des bateaux rejoignaient à force de machines leurs ports d'attache. L'Allemagne était entourée d'un nuage de mystère d'où ne sortaient que des cris de plus en plus furibonds à l'endroit de la Pologne et semblait-il aussi, quelques coups de fusil. On n'osait plus prétendre que cet inquiétant brouillard était encore un artifice des bellicistes. Le cas de Dantzig paraissait déjà dépassé.

Le texte de l'accord germano-soviétique encore plus accablant et péremptoire qu'on ne le prévoyait, l'insupportable palinodie des communistes applaudissant ce pacte avec un enthousiasme éhonté achevaient de sceller, hélas ! l'union sacrée.

Le formidable imprévu de la manœuvre désarçonnait les esprits les mieux lestés de réalisme. À leur tour, ils devenaient les jouets de ces flatulences du cerveau, de ces chatouillements d'épiderme, de ces chaleurs des boyaux décorés du nom de sentiments et d'idéologies, qui avaient tant excité leur rire ou leur fureur. Ils avaient su juger sans faiblesse la tyrannie et l'infirmité du socialisme à la mode judéo-asiatique, le combattre avec de bonnes armes. Mais ils ne savaient pas se hisser par-dessus leurs plus justes répugnances, par-dessus la grosse imagerie antimarxiste, pour voir le rude et génial machiavélisme de Hitler. Le "Horst Wessel Lied", une brochure anticommuniste de la Maison brune retrouvée dans leur bibliothèque, leur masquaient l'énorme victoire que son audace gagnait au chancelier. Une amnésie foudroyante leur ravissait tout souvenir du degré insurpassable de discipline, d'abandon unanime et serein à ses volontés, à quoi le chef de l'Allemagne avait su amener une opinion publique par nature déjà si docile pour de telles affaires.

On a une grande peine à remettre dans leur vraie couleur d'aussi étranges errements alors que cette magistrale opération du Führer neutralisant le plus dangereux mais aussi le plus louvoyant de ses ennemis, put apparaître douze mois plus tard aux mêmes esprits, avec la même clarté et la même évidence, aussi naturelle, aussi nécessairement inscrite dans la logique des choses, que la faillite verticale de la démocratie.

Il faut croire que certains systèmes intellectuels et affectifs, forgés de longue date, atteignent dans les grands embrasements de l'histoire un point d'incandescence où ils aveuglent tous les yeux, où leur usage devient impossible ou fatal, avant qu'ils ne fondent, ne se volatilisent à jamais, ou n'aillent se couler dans les moules des vérités indestructibles et des nouvelles erreurs.

Ainsi, proclamait-on, Hitler, en traitant avec Staline, se retranchait de l'Europe et du monde habitable. Aucun doute n'était toléré sur cette évidence qui venait fermer une chaîne infinie de dogmes, de thèses et de convictions qui avaient fini par devenir feuilletonesques : pour les esprits les plus nourris, l'asiatisme de l'Allemagne fédérée par la descendance des Slaves de Prusse et menaçant l'Occident, l'orientalisme de Nietzsche, l'hindouisme de Wagner, la frontière de la pensée civilisée inexorablement fixée aux rives du Rhin, pour les naïfs, les "analogies", gravement révélées "du nazisme et du bolchevisme", le uhlan confondu avec le Hun, Hitler chef tartare. Les derniers défenseurs de la paix française rejoignaient donc hélas ! l'immense troupeau des niais et les pires bandes de la guerre d'Israël, de Londres, de l'or, de la maçonnerie, des Droits de l'Homme, de la démocratie catholique, pour le même combat contre la barbarie. Ils justifiaient l'égale épouvante de la médiocrité bourgeoise devant le drapeau rouge de Staline et le drapeau rouge de Hitler. Ils acquiesçaient aux postulats les plus insanes du bellicisme : Hitler reniant son destin, Hitler aux abois sapant toute son œuvre, démoralisant ses croyants, vouant son peuple aux plus mortelles divisions.

Je ne nie pas que dans un tel tourbillon, devant les gouffres d'hypothèses qui s'ouvraient tout à coup,

Spirale engloutissant les mondes et les jours...

il eût fallu une tête étrangement solide pour mâter le vertige. J'observe simplement qu'il ne s'en trouva guère ou qu'elles se cachaient bien.

Je me flatte que la mienne était une des moins détraquées. Elle ne valait pas le diable pourtant. Je cherchais un point pour fixer ma malheureuse boussole. Je ne voulais plus douter que Hitler ne poursuivit une gigantesque nazification du continent. C'était bien la lutte de deux conceptions du monde. Non, je haïssais trop l'Occident enjuivé, son christianisme putréfié pour être résolument partisan dans ce tournoi. Mais l'équivoque pouvait-elle s'éterniser ? Ne faudrait-il pas que l'épreuve des armes désignât le plus fort ? Après tout, la guerre était une des activités de l'homme.

Pourtant, dans la nuit du samedi, dont on redoutait beaucoup, malgré le redoublement quasi mécanique des mesures militaires, des symptômes certains de détente se manifestaient. La cadence des dépêches se ralentissait, le ton des journaux allemands baissait, les incidents de Pologne étaient moins nombreux. Des entretiens se nouaient aux quatre coins de l'Europe entre les vedettes diplomatiques. Bon : au moment où l'on se faisait une résignation, la foudre ce coup-là encore allait-elle foirer ? Je me sentais envahi par une immense rigolade. Je n'osais m'y abandonner, ni même l'exprimer. Sur mon journal de bord, que j'avais rouvert depuis le début de la crise, j'eus la superstition de n'écrire en finissant cette nuit-là qu'un mot : *pantagruélisme*. Si nous nous en tirions, que le feu de Dieu s'en mit, personne ne me délogerait plus du pantagruélisme : "Vous entendez que c'est certaine, gayeté d'esprit conficte en méspris des choses fortuites".

Il y eut un grand dimanche plat et ensoleillé. J'allai me promener aux alentours de l'École Militaire, par amour des soldats, parce que le cœur de Paris battait de ce côté-là. Sur l'esplanade du Champ-de-Mars, un antique colonel du train des équipages, tout chenu et déteint, mensurait, enregistrait interminablement, avec un inexplicable cérémonial d'allées et de venues, une douzaine de bourrins d'assez piètre apparence. Aux grilles des casernes, de longues files de femmes et de mioches guettaient la sortie de leurs mobilisés.

Une immense foule coulait à pas de badauds le long des avenues, s'étalait aux terrasses des cafés. Les réservistes étaient innombrables, pour la plupart corrects dans des kakis tout raides d'apprêt, les écussons cachés par une petite patte. Les gars de l'active tranchaient avec leurs képis et leurs numéros. Tout cela respirait une vaste placidité. Paris tout entier exhalait l'épatement des viandes et des digestions, des loisirs fades et niais, le ruminement doux et bête de ce gros animal au repos que forment quatre millions endimanchés de bipèdes présumés pensants.

Cependant, cette multitude militaire décourageait l'optimisme. L'enrégimentement des citoyens atteignait cette fois de colossales proportions. Se pourrait-il encore qu'un tel remue ménage ne servit à rien ? Cela ne devenait-il pas plus impensable encore que la guerre elle-même ?

La nuit venue, étouffant la rumeur du peuple, on n'entendit plus à nouveau que la sourde et confuse menace du volcan.

* * * * *

Le mardi 29 août, sous le titre "Clairvoyance de l'*Action Française*", Léon Daudet, qui avait déjà démontré une cinquantaine de fois, par les marches sur Vienne et sur Prague, le fiasco de la motorisation allemande, écrivait : "Si demain il y avait la guerre avec l'Allemagne, sur la question des colonies par exemple..." Le cher Daudet n'avait pas encore appris du fond de ses limbes, où il remâchait sereinement et sans fin les localisations de Broca, l'hystérie et la "branloire pérenne", qu'il existait un certain pays du nom de Pologne, une certaine ville du nom de Dantzig.

Mais en dépit de deux ou trois bouffonneries de cet ordre, l'*Action Française* avec la page de Maurras et celle de Boutang redevenait, comme à chaque fois où une grande vague la soulevait, un incomparable journal. La passion du vieux maître réveillait trente années d'anciennes ardeurs. Comme l'été d'avant, mes plus âpres griefs se fondaient à ce feu. Cette décevante et déclinante maison restait le seul lieu où l'on put vivre de telles heures honorablement et avec quelque utilité.

Maurras, pendant trois ou quatre jours, avait d'abord louvoyé, cherché des biais de discussion un peu spécieux. Puis, devant la montée du danger, il avait tranché dans le vif, plus hardiment, plus franchement qu'avant Munich, et cette fois dans une solitude de héros.

Il portait le fer de la raison et de la réalité dans les dilemmes imbéciles des obligations, des engagements, des garanties automatiques, dont les avoués de la guerre ne sortaient pas. Il reposait avec une inlassable opiniâtreté les termes sans cesse déplacés, travestis du problème. Chamberlain et Daladier parlaient de défendre la paix. De quelle paix s'agissait-il ? Dans la paix absolue, nous ne faisions la guerre que si en nous la faisait. Dans la paix conditionnelle, nous ferions peut-être la guerre même si on ne nous la faisait pas. Or, Hitler ne nous la ferait pas. On pouvait concevoir la nécessité d'une guerre préventive. Mais on entreprend de telles guerres pour les gagner. On les gagne quand on en choisit l'heure et le lieu. Or nous n'attaquerions Hitler que s'il faisait telle ou telle chose, dont on l'avertissait. On attaquerait donc Hitler quand il le voudrait, au point et au moment qu'il aurait lui-même choisis :

"Est-ce fort ? Je dis que c'est stupide. Je juge que c'est se jeter, exactement comme en 1870, dans le piège tendu par un autre Bismarck.

"Daladier, Daladier, enfant de Carpentras, n'oublie pas le précédent de ce fils de Marseille, ton quasi homonyme, Émile Ollivier.

"Plutôt que de se prêter au risque, il est indispensable que les chefs responsables (s'il y a des chefs responsables en République) se demandent s'ils sont dans la conjoncture de 1866 qui était bonne, ou dans la conjoncture de 1870, qui ne l'était pas. La première contenait toutes les promesses de la victoire. La seconde assurait de la défaite. On crut très honorable de mépriser l'une et d'adopter l'autre. Mais la sottise est sans honneur".

On fait les guerres offensives pour vaincre. On a la victoire quand on est le plus fort. Cette vérité est modeste. Elle méritait cependant à Maurras notre admiration, parce qu'il fut le seul, ces jours-là, à l'avoir fait entendre.

"En 1870, l'affaire mexicaine et les palabres parlementaires avaient beaucoup diminué l'armée de l'Empire. Il eût fallu la reconstituer avant de partir comme partit Émile Ollivier. Son successeur, Edouard Daladier, est-il sûr que les malheurs du Front Populaire ont été compensés en dix-huit mois ? Qu'il ne dise pas que nous tenons à en douter. Ce que je demande, j'ai le devoir de le demander. Quelle que soit la confiance des Français dans la force et dans la vertu de leur sang, ceux qui sont, comme moi, placés sur le rempart et qui assistent au départ des jeunes générations, seraient des criminels s'ils ne demandaient pas à M. Daladier s'il est sûr de son heure. Est-ce 1866 ? Est-ce 1870 ?... J'ai des raisons sérieuses de réserver ma réponse".

Nous ne pouvions plus ignorer maintenant que la question de Dantzig était déjà loin derrière nous. Le vieillard Chamberlain ne le fardait pas :

"Nous ne combattrons pas pour l'avenir d'une ville éloignée, dans une terre étrangère, nous combattrons pour la préservation de ces principes dont la destruction entraînerait celle de toutes possibilités de paix ou de sécurité pour les peuples du monde". Maurras bondissait : "La ville lointaine, c'est Dantzig. La terre étrangère, c'est la Pologne. Alors, quoi ? Et de quoi est-il question ?"

Daladier corrigeait qu'il s'agissait des principes, mais aussi de Dantzig et encore de la Pologne.

Maurras alors : "Que pouvons-nous pour la Pologne ? Je pense que nous ne pouvons rien". Il n'avait pas grand' peine à démontrer cette impossibilité stratégique. Et dans le plus audacieux article sans doute qui lui eût été inspiré par ses alarmes, il soutenait intrépidement que pour sauver la Pologne, il fallait d'abord sauver la France, "sauver la mère", comme disent les accoucheurs. La France, continuant à vivre, réenfanterait un jour la Pologne disparue en 1939.

J'y souscrivais avec un extrême enthousiasme. Dans les grandes époques, on se battait pour se partager les Pologues. Il ne fût jamais venu à l'idée de quiconque de mourir pour sauver la liberté des Polonais. J'avais beau croire, comme nous avions tous eu, *Je Suis Partout* en tête, la candeur de l'imprimer et de le réimprimer ces jours-là, que la Pologne était une nation et une armée, que les Polonais n'étaient pas des Tchèques, je les haïssais déjà de toutes mes forces puisqu'ils allaient sans doute provoquer le massacre que les Tchèques du moins nous avaient épargné. Parmi les horribles ténèbres de ce "black-out" redevenu réglementaire, et qui jetait un tel deuil dans le cœur des amants de Paris, je sacrais que le sort de toutes les nom de Dieu de Polognes du monde ne méritait, pas l'extinction d'un seul réverbère sur les Champs-Élysées. C'était un siècle absurde, un système du monde imbécile que ceux qui contraignaient des vignerons de la vallée du Rhône, des Basques, des Provençaux, après que leurs pères fussent morts pour des Serbes, à s'en aller mourir pour des conflits de Silésies et de Polognes, de ces pays lugubres, de ces landes mornes et vagues. "Nisi si patria sit..."

Mais Maurras faisait la diplomatie de 1890. La moins ambitieuse de ses propositions exigeait le renversement immédiat du régime français et de sa politique. Maurras demeurait le seul à concevoir, à appréhender le réel. Il ne l'enfermait pas moins avec lui dans le bastion d'une logique inexpugnable, mais inaccessible aussi. Son désir têtu de paix, chevillé en lui par l'intelligence, par l'amour de la vie et de la France, n'aboutissait qu'à un système de pure forme, aussi abstrait, aussi métaphysique, que ceux des procéduriers du massacre, des chevaucheurs d'idéaux, ses vieux ennemis. Mais des nébuleuses de ceux-ci l'éclair pouvait jaillir, leur jurisprudence pouvait devenir le levier de la guerre. La raison de Maurras, elle, n'était plus que d'une tragique inutilité.

J'avais de plus en plus conscience d'une fatalité de la guerre : non la fatalité grotesque du droit et de la morale, qui n'a servi que de prétexte à l'usage des ingénus et des algébristes, mais la fatalité de la maladie. La démocratie, au point où elle en était parvenue de judaïsation, d'asservissement aux ploutocraties, aux desseins de leur impérialisme financier, portait en elle la guerre comme un cancéreux porte la mort.

J'essayais donc, en désespoir de cause, de me forger quelques mobiles de faire cette guerre. Au point où l'on en était, le fameux argument de l'Allemagne décuplant chez les Scythes sa force pour nous écrabouiller ensuite sans recours, demeurait l'unique justification tolérable du prochain carnage. J'en voulais un peu à Maurras de me démolir mes pauvres raisons sans que cela me parût servir désormais à grand' chose.

Nous admirions Maurras de s'accrocher avec une aussi sublime ténacité à cet absolu indiscutable, la paix de toute façon préférable à la guerre, d'afficher avec cette franchise la révolte de son intelligence devant les motifs stupides qu'on invoquait pour déclencher le massacre. Nous nous émerveillions que Maurras, après toute une vie consacrée à la revanche ou à la défense contre le pangermanisme renaissant, sût s'imposer l'effort inouï de rester impassible et de prêcher l'abstention devant les entreprises les plus gigantesques des

Germains. Nous savions les nobles causes de ce pacifisme. Maurras était certainement peu accessible à la pitié. Mais il haïssait la mort en vieux Grec. Ses fibres restaient sans doute peu sensibles aux visions de sang et de deuil. Mais son esprit ressentait avec une extraordinaire violence l'absurdité de l'holocauste où allait de nouveau périr la jeunesse française, l'irréparable dommage qui en résulterait pour notre nation. Le patriote et le logicien s'insurgeaient à la fois contre l'idée d'une telle saignée.

Cependant, on distinguait bien vite dans son attitude cette ambiguïté qu'il était depuis des mois si facile d'apercevoir. Maurras ne voulait pas la guerre. Mais il ne voulait pas non plus réellement la paix. Il s'était toujours refusé au seul moyen positif de la sauvegarder : un accord de la France et de l'Allemagne. Il avait ainsi travaillé lui-même à savonner la pente que nous dévalions. Parvenu devant l'abîme, il se débattait furieusement, il essayait de reculer. Mais il n'eût jamais toléré de chercher le salut dans le seul chemin praticable, celui qui aurait conduit les ministres français à Berlin. À d'innombrables reprises, durant ces derniers jours, j'avais échangé avec lui d'amers propos sur l'absence indécente d'imagination chez nos diplomates, incapables de découvrir un biais hors de la sempiternelle alternative : faire la guerre ou capituler. Maurras protestait qu'à leur place, muni de toutes les cartes et de tous les arguments et documents qu'ils devaient posséder, il eût certainement conçu quelque manœuvre. Mais il se gardait de fournir la moindre suggestion. Il accusait les bellicistes de Londres, maffia très vague en somme sous sa plume. Il n'accusait pas le bellicisme de l'empire anglais. Il n'avait jamais cru à la vraie paix, la paix franco-allemande. Entre les deux peuples, il ne voyait d'autre issue que le choc en armes. Il l'avait encore répété à satiété durant les onze mois qui s'étaient écoulés depuis Munich. Il lui déplaisait seulement que cette guerre n'éclatât pas à son ordre. C'était, pour défendre la paix, une position bien précaire. Il allait encore en dévoiler lui-même la faiblesse. L'unique démarche véritablement pacifique de ces derniers jours était l'échange de missives entre Daladier et le Führer. Maurras la condamnait avec la dernière violence : "Monsieur Daladier, on n'écrit pas au chien enragé de l'Europe".

Dès lors, on pouvait bien louer son courage et son ardente rhétorique. Il attesterait pour l'histoire que quelques Français au moins n'auraient pas été dupes. Mais cela n'était plus d'aucun poids sur la barre du destin.

CHAPITRE IX

LE POCKER

La crise se prolongeait étrangement, contre tous les calculs, toutes les anticipations d'autrefois. Comme après une semaine d'une maladie très grave et qui aurait dû classiquement se dénouer en trois jours, on se reprenait à des espérances flottantes, mais qu'aucun symptôme cependant ne venait confirmer.

Nous nous évertuions en hypothèses et en pronostics sur les bribes de nouvelles qu'on nous abandonnait : les navettes d'Henderson portant les notes britanniques à Hitler, attendant la réponse, les chassés-croisés d'ambassadeurs à Berlin, à Ankara, à Varsovie, l'attitude pacifique prise par l'Italie, les dépêches annonçant que le Duce et le Führer se téléphonaient. Des gestes, c'était tout ce qu'on nous autorisait à connaître.

Cependant, la lenteur de l'évolution nous obligeait à nous ressaisir et à réfléchir. Puisque les choses traînaient ainsi, puisqu'on négociait toujours, de nouveaux compromis diplomatiques restaient possibles.

Le Quai tout entier ne parlait plus que du fameux poker dont il fut tant question ces jours-là. Chaque mesure militaire devenait une relance de la gigantesque partie. Le rappel de ces choses est d'un grotesque insurpassable. Mais il faut bien le dire : tout ce qui prétendait en France à être averti, à tenir sa place dans le jeu politique, était occupé à supputer le bluff hitlérien, à guetter la minute où Hitler mettrait les pouces. Les ministres français, les initiés aux arcanes des affaires étrangères, tout bouffis de leur gloire et de leurs secrets, s'imaginaient intimider l'adversaire, quand la France, avec ses huit bombardiers et ses deux bataillons de chars lourds, était semblable à un purotin qui aligne sur le tapis de jeu des pièces de quarante sous devant un boyard.

Je n'oubliais pas combien notre aide à la Pologne était problématique. J'allais interrogeant chacun à son sujet. Mais puisque j'en ai déjà tant dit, je peux bien avouer que la métaphore du poker me séduisait assez. Rien n'irritait au contraire davantage Maurras, trépignant et sacrant : "Les imbéciles ! Qui leur dit que Hitler n'ira pas jusqu'au bout ?"

L'importance accordée aux états d'âme supposés du Führer, les interminables discussions qu'on en faisait n'exaspéraient pas moins notre vieux maître. Il ne tolérait pas que l'on pût laisser ainsi cet Allemand maître de notre sort, que l'attente de tout l'univers en suspens lui conférât un tel prestige. Il ne me le cacha pas à propos de je ne sais plus quel article de *Je Suis Partout*, dont l'auteur faisait à son gré trop grand cas des oracles de Berchtesgaden. Il me renouvela le vieux reproche de l'*Action Française* à l'endroit de notre journal. Nous avions trop souvent traité, analysé, dépeint Hitler comme un personnage de taille, étudié ses faits et gestes comme s'ils méritaient déférence et objectivité. Je ne pus m'empêcher de lui dire que Hitler était certainement une des figures les plus extraordinaires du siècle, et qu'il me paraissait aussi dangereux que niais de vouloir l'oublier. Cela me valut cette réponse de Maurras, qu'il ne se fût pas, j'imagine, permise devant beaucoup d'autres, et qui a son prix : "Certes, l'homme est hors du commun". Le ton signifiait bien : "Vous ne voudriez tout de, même pas que cela m'eût échappé." Mais il était défendu de le dire. À deux ou trois jours de là, devant la dernière harangue du chancelier, Maurras s'écriait : "C'est un possédé." Son image de Hitler tenait certainement entre ces deux formules.

Pour le bon Pujo, au demeurant tout à fait assuré que la guerre n'éclaterait pas, il avait là-dessus une forte et lumineuse pensée qu'il me confiait à peu près chaque soir. On le faisait bien rire en se demandant ce que Hitler voulait et où il s'arrêterait. Hitler était l'ours du Jardin des Plantes, qui jette ses griffes sur tout ce qu'on lui tend et vous arrachera le bras si vous avez le malheur de le passer dans sa grille.

* * * * *

Mais que Hitler fût surhomme, bête ou démon, nous ne pouvions manquer d'observer que chacun de ses discours, était suivi d'une sorte de détente instinctive, partout ressentie, contredisant fort la thèse quasi officielle de la frénésie allemande. Maurras n'hésitait pas à s'emparer de cette évidence pour répéter encore le 28 août qu'il y avait des "accélérateurs de la guerre". Ce n'était point Hitler et les hommes de son conseil. C'était l'internationale de l'émigration juive, ses esclaves de Paris, ses banquiers londoniens.

"Ce sont les juifs, presque seuls, qui sont pressés dans cette affaire. Tout puissants en Angleterre, ils la poussent - lisez le dernier discours de M. Chamberlain - et c'est ce qui permet de tout redouter".

Les dieux savent si j'avais crié à la guerre anglo-juive. Puis, des scrupules m'avaient saisi devant une aussi sommaire explication. Je voulais qu'elle ne fût plus qu'accessoire. Mais il fallait y revenir. Si révoltant que ce fût pour l'esprit, c'était l'essentiel. J'essayais de penser encore que, puisque c'étaient là les ennemis de la paix, nous avions quelques chances de les voir fléchir. Nous saurions en tout cas à quoi nous en tenir. Minime satisfaction que nous ne pouvions même pas faire partager. Les objurgations de Maurras étaient aussi dérisoirement solitaires que celles d'un vieux saint au milieu d'une orgie. À ses côtés mêmes, toute l'*Action Française* pieuse et bourgeoise s'effarouchait, s'interrogeait à voix basse, ne suivait plus. Je fréquentais assez souvent chez un personnage fort typique de cette espèce, possédant sur Maurras un étrange ascendant, et dont le nom importe peu ici. Il logeait confortablement rue de Marignan. J'y vis entrer - ce devait être le 28 août - un familier de la maison, un monsieur catholique de la grosse banque, qui apportait des nouvelles catastrophiques pour la paix avec un visage rayonnant d'enthousiasme : "Ça y est, cette fois ! Ah ! ça vaut mieux. Il n'y a plus qu'à y aller, sans hésiter. Mais il faut dire à Maurras qu'il se taise. Ce n'est plus admissible à présent. C'est de la mauvaise besogne. Son article de ce matin passe les bornes." Mon bourgeois attira dans un coin discret l'héroïque financier. Il ne convenait sans doute point que la jeunesse, déjà si désagréable avec son fascisme, entendît de tels propos. Mais je n'eus pas de peine à comprendre que le banquier intrépide recevait tous apaisements. On l'assurait que les incartades du vieux maître n'avaient plus aucune importance, et que tout serait fait pour le remettre dans le droit chemin dès qu'il serait nécessaire.

Maurras du reste était en train de nouer lui-même le bâillon sur ses magnifiques clameurs. Quelques heures avant, pour être plus libre en face de son papier, pour laisser courir sans scrupules sa plume, il venait de réclamer la censure. Il se déchargeait ainsi de sa responsabilité sur l'État, en ruinant ce qui lui restait de pouvoir. Le soir même, son article lui revenait caviardé aux trois quarts. Nous étions bien désormais livrés, bouche cousue et membres ligotés, à notre sort.

La meute des confrères, les ignobles confrères que trois ans plus tard aucun châtiment n'a encore frappé, pouvait prêcher, sans qu'aucune voix ne vînt troubler son unisson, la résistance au bluffeur Hitler, piétiner toute velléité de négociation, et crier joyeusement que mieux valait en finir.

* * * * *

Jeudi 31 août 1939. Nous ne savions pas que depuis deux jours, Hitler avait accepté de converser avec un plénipotentiaire polonais, que malgré les démarches pressantes faites d'heure en heure par Bonnet, Berlin attendait toujours l'homme de Varsovie, que lorsqu'au soir enfin, Beck se déciderait à envoyer Lipsky à la Wilhelmstrasse, ce ne serait pas, malgré sa formelle promesse, avec les pleins pouvoirs, mais comme simple ambassadeur.

Nous ne pouvions pas savoir à quel point tout était perdu parce que l'Angleterre avait décidé la guerre, que depuis huit jours elle pressait la mobilisation de ses vassaux du continent pour qu'il ne fût plus possible de revenir en arrière, pour que le désarmement de ces énormes masses devînt une condition de pourparlers irréalisable et qu'elle allait donc poser. Nous ignorions que l'Angleterre attisait soigneusement le feu à Varsovie, excitait la vanité et le chauvinisme des Polonais par ses assurances, qu'elle laissait les jours s'ajouter aux jours non dans l'espoir de voir luire une éclaircie, mais pour que l'orage s'accumulât, que ces conciliabules, ces notes, ces discours n'étaient qu'un infâme scénario ourdi par le Foreign Office pour détruire une à une les chances de compromis, couper à l'un et l'autre parti toute retraite, refuser à Hitler toute autre solution que le coup de force, attendre l'irréparable en ménageant à l'impérialisme britannique d'hypocrites alibis.

On étalait devant nos yeux l'irascibilité de la presse allemande. Mais on nous cachait qu'à Londres tous les journaux étaient autant de brûlots, que Chamberlain était sommé de passer à la guerre par quarante millions d'insulaires déchaînés.

On ne nous dissimulait pas moins soigneusement que la paix était là si nous la voulions saisir, que Mussolini, conscient, lui, de tout ce qu'il allait perdre dans cette catastrophe, offrait, comme un an avant, son entremise à la France et à l'Angleterre ; que Bonnet avait déjà rédigé l'acceptation de la France, mais que Londres, lorsque son tour viendrait de décider, ferait savoir à onze heures du soir que ses ministres dormaient, que leur repos était auguste et qu'ils ne pourraient point répondre avant le lendemain. L'expérience de Munich avait sinistrement servi. Les bellicistes connaissaient le danger pour leurs fins de révéler aux peuples ces grands espoirs. Ils entendaient, cette fois, protéger l'abominable secret des complots où dix hommes jouent avec la vie et la mort de dix millions d'êtres, et conduisent librement leur affreuse manœuvre : tout hâter pour la guerre, tout ajourner pour la paix.

Penchés sur nos dépêches fumeuses et laconiques, nous ignorions tout de cela, et les glorieux baudets porteurs des confidences rares n'en savaient pas plus long, Vraiment, que savions-nous ! Les frontières du pays étaient verrouillées, l'armée, la population entière sur le grand pied d'alerte, la presse muselée, les journaux étrangers devenus introuvables. C'était cela que huit jours plus tard, on appellerait la claire résolution du peuple français.

Malgré tout, dans le vide de cette cloche pneumatique, il nous restait encore l'usage de nos pauvres entendements enfiévrés. Non, une politique de bonne foi ne s'entourait pas de tels nuages et d'un tel silence. La longueur même de la crise nous renseignait. On ne nous ferait jamais croire, alors que tant et tant d'heures nous étaient laissées, que l'Europe pouvait glisser ainsi lentement vers la mort sans qu'aucun remède ne surgît. Dans la soirée du 31, quelques lumières sur la proposition italienne avaient fini par percer. Deux ou trois âmes ingénues, encore pleines des souvenirs de Munich, se demandaient pourquoi on n'en claironnait pas à grand fracas la nouvelle. La nuit tombée, j'étais à la censure, dans le tohu-bohu assez déshonorant de l'Hôtel Continental. On caviardait à tour de bras dans toute la presse les moindres allusions à la démarche de Mussolini.

Je comprenais trop bien. Deux heures plus tard, je griffonnais dans mes notes : "Je croyais dépassées nos théories de septembre dernier sur la guerre juive et anglaise, l'avidité allemande première désormais en cause... Si demain soir nous étions en guerre, je ne pourrais jamais admettre que Hitler en portât seul la responsabilité."

Le sentiment de voir la France s'engager dans une telle aventure avec un gouvernement aussi piteux mettait le comble à notre angoisse. Maurras ne se cachait pas de professer pour Daladier le mépris et la méfiance que j'avais depuis toujours. Il me disait ce soir-là : "L'homme n'est pas méchant, mais médiocre (j'ajoutais : échauffé). Il n'a aucune idée. Il manœuvre, en parlementaire rompu à ces opérations, pour écarter ceux de ses ministres qui en ont ou pourraient en avoir. N'oubliez pas que Daladier et sa cour, c'est le café du Commerce : pas de Martigues, mais de Carpentras".

Nous persévérions depuis dix jours dans l'ahurissante fiction qui consistait à tenir pour un homme d'honneur cet écœurant poivrot, à le conjurer de liquider enfin la clique communiste, en butte à une indignation générale. Nous venions d'obtenir la saisie de l'*Humanité* et de *Ce Soir*. Mais nous ne savions pas que les fameux missionnaires de Moscou, Max Hymans, l'ambassadeur Naggiar, Doumenc, le malin à trois étoiles, venaient de débarquer apportant aux ministres la conviction que la Russie nous aurait rejoints avant trois mois.

* * * * *

Je m'étais couché le 1e septembre à cinq heures du matin, en ne doutant plus que nous parvenions à un dénouement, qu'il devenait impossible de l'éluder davantage. Je n'avais pas de radio. Vers midi et demie, je ne savais rien. J'étais descendu chercher de quoi déjeuner. Ce fut un garçon de chez Potin qui m'annonça l'entrée des Allemands en Pologne. Un instant plus tard, j'allais lire *Paris-Midi* que je n'avais pas trouvé au kiosque, au milieu d'un groupe de bougres en train de boire stupidement leur apéritif.

Les radios de la rue déversaient les nouvelles des premiers bombardements sur Lemberg et Varsovie, Les détails horrifiques pleuvaient déjà. Ma concierge était en larmes.

J'avais eu à peine quelques secondes d'émotion. Nous étions préparés de trop longue date à cet instant-là.

Faisons comme Stendhal, le bon Grenoblois, n'hésitons pas à braver le ridicule : j'eus presque aussitôt un mouvement de gaîté. Je saluai les inconnues de la guerre avec l'entrain d'un conscrit de l'an II. Je voulais oublier mon dégoût et mes plus fermes raisons, pour l'espoir d'on ne savait quelle configuration miraculeuse des événements surgissant dans l'orage des combats. Tout valait mieux que la vase et le perpétuel crachin dont nous sortions. Il allait enfin se passer quelque chose de décisif. Ce serait au prix de la guerre. Tant pis. J'aurais sincèrement voulu être enrôlé sur l'heure. J'ai noté dans ma feuille de température de ce jour-là : "Pas la moindre colère contre Hitler, beaucoup plus contre tous les politiciens français qui ont aidé à son triomphe."

Véronique, ma femme, venait de débarquer l'avant-veille d'Alsace, toute pimpante et fraîche. Le branle-bas du "Kriegsgefahrzustand" ne l'avait arrachée qu'à la dernière heure aux sapins qu'elle aimait tant. Roumaine d'origine, plus antisémite encore que moi, elle avait dans les souvenirs de sa petite enfance les images de la bataille, et montrait tout à coup devant la guerre judaïque une humeur très sombre. Je croyais bon de manifester une insouciance blagueuse. Cependant il me paraissait indispensable qu'elle partît se réfugier chez ma mère, dans mon village du Dauphiné. J'allai à la gare de Lyon, pour voir s'il était encore possible de voyager. Les trains étaient envahis par d'innombrables réservistes qui allaient rejoindre les dépôts de la Bourgogne ou des Alpes. J'aurais aimé avoir leurs impressions. Ils semblaient presque tous déconfits par la certitude que cette fois la guerre était bien là.

Les affiches de la mobilisation générale, toutes pareilles à celles de 1914, venaient d'être collées sur les murs. Il faisait un doux et joyeux soleil sur Paris, vidé d'un million et demi d'habitants, mais tranquille, allant placidement à ses affaires habituelles. Je me sentais singulièrement allégé. Plus de supputations épuisantes à faire : l'abandon tranquille à la destinée. Je crois que ce sentiment était presque général.

Vers deux heures du matin, cependant, pour peindre fidèlement cette journée, on était tenu à cette remarque : on ne pouvait pas encore dire qu'il ne restait absolument plus aucune chance pour la paix. Il nous semblait bien que les Allemands n'avaient forcé la frontière polonaise qu'avec des détachements prudents, comme s'Ils voulussent d'abord s'assurer des gages, puis amorcer des pourparlers, l'arme au pied, sur leur nouvelle possession.

La censure avait coupé fort bizarrement toutes les dépêches sur la proclamation de la neutralité italienne. Cela fâchait-il donc toujours les antifascistes qui n'avaient imaginé de bonne guerre que sur toutes nos frontières à la fois ?

Le matin même, l'*Ordre* avait paru avec ces lignes du vendu Buré : "A l'heure actuelle, la preuve est irréfutablement fournie par l'Allemagne elle-même que toute sa politique repose sur le bluff, et qu'il suffit de lui opposer une détermination résolue pour qu'elle hésite et recule."

* * * * *

Le lendemain matin, l'éclipse du bon sens était achevée. On se retrouvait devant une interminable journée d'ignorance et d'incertitude à vivre, sous ce ciel de chaleur lourde et voilée qui est celui des grandes mélancolies de Paris.

Ma jactance de la veille me faisait honte. Je songeais que les Juifs n'avaient sûrement pas oublié, dans le calcul de leur guerre, ces bouffées de chaleur du vieux sang aryen. Tant d'années passées à haïr les Juifs, à dépister leurs ruses ! Et les rabbins me faisaient encore marcher au clairon.

Mais le trou de ces heures vides avait bien cassé cet élan. De nouveau, le calme et le silence de la capitale m'apparaissaient sinistres.

Le jour sonnait enfin de cette grande levée contre l'hitlérisme si violemment attendue, si fanatiquement prêchée et exigée, annoncée par tant de fanfares frémissantes. Mais parvenus à l'accomplissement de leurs voeux, les chefs de la démocratie française faisaient flanelle. Devant le formidable saut à exécuter, leurs langues bavardes restaient collées de peur à leurs palais, leurs jarrets coupés se dérobaient.

On aurait voulu croire encore que cette morne et muette pause était remplie dans la coulisse par les négociations d'un gouvernement bien tardivement atteint d'un légitime effroi, qu'elle avait pour raison les suprêmes chances de paix. Mais nous nous penchions sur cette dépêche que le Temps avait publiée la veille avec ce blanc de la censure : "Le ministre des affaires étrangères a remis à l'ambassadeur d'Italie à Paris la réponse du gouvernement français à l'offre que lui avait adressée hier le gouvernement italien."

Fort avant dans la nuit, une autre dépêche nous était parvenue :

"Le gouvernement français a été saisi hier, ainsi que plusieurs gouvernements, d'une initiative italienne tendant à assurer le règlement des difficultés européennes. Après en avoir délibéré, le gouvernement français a donné une réponse positive".

On comprenait trop aisément que cette nouvelle n'était lâchée qu'à regret. Tout commentaire en était interdit. Qui l'eût osé d'ailleurs ? Les quelques têtes demeurées valides, revenues comme la mienne de leur étourdissement d'une heure, n'avaient pas beaucoup de peine à pressentir un sinistre mystère. Mais le percer était une autre affaire.

Je dois encore parler de toutes nos ignorances. Il ne peut en être autrement dans les souvenirs d'une aussi honteuse duperie.

Tandis que nous nous interrogions anxieusement sur l'étendue et le sens des mensonges officiels, que nous cherchions à distinguer ce qu'ils avaient de nécessaire et toutes les perfidies qu'ils nous dissimulaient, les deux défenseurs de la paix, Bonnet et Mussolini, jetaient leurs dernières bouées.

L'Angleterre, sournoisement, était parvenue à enrayer la manœuvre italienne jusqu'à ce que l'étincelle fût allumée sur la frontière de Pologne. Mais le ministre français et le chef des faisceaux ne s'avouaient pas encore battus. Devant le premier refus britannique d'examiner l'offre italienne de conférence, Bonnet avait obtenu la veille que Paris se séparât de Londres, il rompait pour quelques heures le contrat de servilité, il acceptait seul, au nom de la France, l'invitation de Mussolini. Il était parvenu à retenir les Anglais qui voulaient sur l'heure adresser un ultimatum à l'Allemagne et nous en demandaient autant.

Dans cette journée du 2 septembre, il faisait encore tête à Halifax, qui réclamait une déclaration de guerre immédiate. L'Italie confirmait sa proposition. La France et l'Allemagne restaient prêtes à négocier dans une conférence internationale. Mais la Pologne refusait, l'Angleterre prenait soin de poser une condition inacceptable : l'évacuation des territoires déjà occupés par les troupes allemandes. Halifax au téléphone ironisait avec un lugubre humour sur les efforts désespérés de Bonnet. Les ministres anglais unanimes signifiaient que le moment n'était plus à ces médiocres plaisanteries et qu'il fallait être en guerre à minuit sonné. Bonnet dès lors, au prix d'efforts désespérés, ne pourrait plus que reculer de quelques heures l'échéance. Dans le dernier conseil du cabinet français qui précéda la guerre, le 2 septembre, à huit heures du soir, l'épouvantable Reynaud dévoilait cyniquement la crainte des bellicistes : "Et si l'Italie cherchait simplement à gagner du temps pour l'Allemagne ? Si cette dernière, ayant atteint demain ses objectifs, propose la paix ? Ne serons-nous pas plus mal à l'aise pour lui déclarer la guerre ? "

Combien d'hommes en France pouvaient-ils soupçonner l'énormité du crime qui se consommait ainsi ? Combien d'esprits, parmi les meilleurs de chez nous, étaient-ils en état d'entrevoir seulement la grandeur du dessein que la guerre allait ruiner ? Ce que l'Anglais repoussait brutalement, ce qu'on nous enjoignait à Paris de considérer comme une formalité importune c'était l'espoir d'un siècle de paix. Le 5 septembre 1939, à la table où les conviait le Duce, cinq nations libres pouvaient réparer leurs torts, refaire selon la logique et la nature la carte imbécile de Versailles, chercher leurs intérêts communs, redonner les moyens de vivre à l'Italie et à l'Allemagne, rendre justice à ces deux peuples qui avaient multiplié à la face du monde les preuves de leur vaillance et de leur vitalité. C'était l'équilibre, la prospérité, les fondations d'une solidarité continentale. Mais l'île orgueilleuse, solitaire, obtuse et mercantile n'en voulait à aucun prix. Devant cette grande bourgeoise confite dans sa morgue, ses routines hautaines, son hypocrisie, ses rentes universelles, cette paix-là eût trop bien consacré les vertus de la pauvreté disciplinée et audacieuse. Les fictions monétaires qui faisaient toute la richesse de l'Empire britannique, ses privilèges insolents en eussent reçu trop de coups.

* * * * *

Tout, ou peu s'en fallait, nous était inconnu de cette tragédie diplomatique dont je viens de rappeler les grands traits. Mais on ne pouvait pas cacher dans les armoires du Quai d'Orsay le personnel de la République Française. Ses faits et gestes suffisaient déjà largement à nous édifier.

Nous apprenions que rien n'avait été plus morose que la séance de la Chambre dans l'après-midi du samedi. Le discours de Daladier était un terne et maussade devoir. On nous dépeignait l'homme effondré, après les rodomontades des jours précédents.

On avait expédié les régiments en catimini, nuitamment, presque honteusement. Tout était plat, contraint. Au milieu de cette funèbre torpeur, la presse, hormis l'*Action Française,* éjaculait de dégoûtante façon un patriotisme de septuagénaires et de cabotins. Les vieux routiers de la polygraphie alignaient les cent lignes de rigueur sur la guerre comme sur la Sainte Catherine ou la journée des Drags. Le colonel-comte de La Rocque venait de proclamer qu'il fallait désormais "choisir entre le barbarisme et la civilisation". On le voit, le colonel-comte n'avait pas pour sa part hésité un instant. Mais on n'avait point le cœur à en rire, en songeant avec quelle fourbe persévérance un La Rocque avait travaillé à creuser le gouffre dont l'insondable horreur excitait le lyrisme de tous ces pantins.

Je notai ce jour-là : "J'ai pensé quelques instants que l'aventure s'éclairait, que Hitler l'endossait tout entière. Non, il s'en faut que ce soit aussi simple. Cette guerre pouvait être éludée décemment.

"Avant même d'avoir commencé, elle est déjà morose et quotidienne. Je me battrais volontiers pour participer à une grande œuvre, pour démembrer l'Allemagne, pour faire profiter mon pays d'une éclatante victoire. Mais les auteurs français et anglais de cette guerre sont de bien piètres personnages pour d'aussi vastes desseins.

"L'Angleterre, du moins, s'engage pour arrêter un autre impérialisme que le sien. C'est sa politique traditionnelle. Elle a l'habileté de n'en pas assumer les premiers risques (la séance des Communes d'aujourd'hui, sur la conscription à petites doses est d'un égoïsme, d'un cynisme prodigieux).

"J'aimerais qu'on nous prêchât haut et ferme la guerre pour vivre dans une France plus riche, sûre de son avenir. Ce langage serait compris. Au lieu de cela, la bouillie du droit, des "libertés qui font tout le prix de la vie".

"J'en arrive à me demander s'il est bien nécessaire d'avoir la victoire, si elle doit être vraiment la première condition d'une renaissance française".

Fameuses méditations pour une veille d'armes !

Maurras, après dix jours d'une bataille héroïque, avait lâché pied depuis le matin. Je le retrouvai rue du Boccador avec un visage bouffi de fatigue, découragé, d'une tristesse infinie. Comme je lui proposais un titre un peu lénitif pour les premiers combats et bombardements de Pologne, il me dit avec un geste très las : "Non, il vaut mieux maintenant désespérer les gens que les faire espérer."

Il avait raison, il ne fallait plus jouer avec les nerfs français. Mais Maurras n'avait "sauvé la paix" que lorsqu'il ne s'agissait que des menaces verbales des fantoches parlementaires et genevois. Devant la volonté anglaise, il ne lui restait qu'à rengainer son couteau de cuisine, sa dialectique et sa liste des Cent quarante, dont il n'avait même pas soufflé mot.

Sous le fameux couteau pendu devant son bureau, que lui avaient offert une troupe d'étudiants, glaive pitoyablement symbolique, de deux mètres de long, mais en carton et papier argenté, Maurras venait hélas ! d'écrire son premier cocorico : "En avant ! Puisque voilà la guerre, en avant pour notre victoire !"

Résigné, le vieux lutteur se mobilisait. Il endossait un kaki moral. Je m'en doutais depuis des années. Je n'aurais pu m'imaginer que ce fût affligeant à ce point.

Il ne resterait donc de pacifistes inflexibles que quelques douzaines d'anarchistes et qu'un poète désespéré, Giono, qui avait dit "quand on n'a pas assez de courage pour être pacifiste, on est guerrier", et qui a eu celui de déchirer les affiches de mobilisation.

Je m'évertuais à répéter qu'aussi longtemps qu'une vraie bataille n'aurait pas été engagée entre Français et Allemands, je me refuserais à croire que la paix fût impossible. Ce n'était pas si mal vu et la suite allait le prouver. Mais pour l'instant, dans ma tête, cela ne valait guère plus que le "tant qu'il y a de la vie, il y a de l'espoir" au chevet d'un pauvre diable qui s'en va d'une méningite tuberculeuse.

CHAPITRE X

L'ESCALIER DE SERVICE

Carnet du fascicule bleu Lucien Rebatet, dimanche 3 septembre 1939, midi : "L'Angleterre a déclaré la guerre à l'Allemagne à 11 heures. Nous allons suivre sans retard, bien domestiqués. C'est l'Angleterre qui aura été pour nous l'instrument immédiat de ce grand malheur".

Voilà un citoyen qui devient décidément raisonnable et qui se fortifie dans quelques convictions dont on ne le délogera plus de sitôt.

Il fallait être bien sot, bien naïf, bien férocement bourgeois ou peint en tricolore d'une couche de poncifs diablement solides pour ne point se trouver du même avis que lui.

Depuis le début de la crise, toute l'initiative diplomatique appartenait à l'Angleterre. La France n'avait fait qu'obéir passivement. Dans notre minuscule cénacle, nous nous en étions constamment indignés. Depuis deux jours, en ne jugeant que d'après les démarches officielles et avouées, le contraste était devenu abominable entre cette Angleterre qui précipitait, déchaînait une bataille où elle n'avait ni les moyens et encore moins le désir de paraître, et cette malheureuse et lamentable France qui marchait comme un robot au-devant de la mort.

Nous entrions dans la guerre par l'escalier de service, traînés en laisse par le maître de Londres, poussés aux épaules par ses laquais de Paris.

Sur les Champs-Élysées, la foule citadine, animalement fidèle à ses habitudes, énorme troupeau inconscient de son grotesque, s'écoulait béatement à pleins trottoirs. C'était la guerre sans doute, mais c'était avant tout dimanche, un dimanche où il faisait beau. Les femmes en robes joyeuses s'arrêtaient aux vitrines, convoitaient longuement un sac ou un chapeau. Les hommes, à dix pas, attendaient en tirant leur montre : "Dans vingt minutes, nous serons en guerre". Aux terrasses des cafés, entre deux gorgées de pernod, on interrogeait d'un coup la pendule : "Cinq heures une. Ça y est. Depuis une minute, nous sommes en guerre".

C'était le chef-d'œuvre accompli de la guerre automatique et juridique, dans un peuple parvenu à l'état idéal d'aboulie et d'abêtissement.

Les plus sensibles et les plus audacieux se murmuraient à l'oreille : "Ah ! non. En 1914, c'était tout de même autre chose".

La nuit tombée me retrouva avec trois compagnons, Thierry Maulnier en uniforme de lieutenant d'infanterie, Pierre Boutang qui allait être sous-lieutenant dans un mois grâce aux privilèges normaliens, et le benjamin de *Je Suis Partout*, Claude Roy, premier "jus" blond et bouclé que pour mon extrême remords j'avais fait incorporer un an auparavant à Versailles dans les chars.

Ce joli quatuor d'intellectuels était fort préoccupé à se tâter, s'ausculter, contempler la tête qu'il pouvait bien faire pendant qu'il était en train de vivre l'histoire. Nous n'éprouvions rien de très notable, ou peut-être de reconnaissable. Nous confessions ce phénomène, nous en étions un peu vexés.

Nous nous arrêtâmes dans un petit bar américain du boulevard Saint-Germain. Maulnier avait posé son képi près de lui. Un joli chaton noir, étonné et grave, vint sans façon s'asseoir dedans et se faire cajoler. C'était un présage de chance, la première chose douce et charmante de ce jour, celle sans doute qui nous touchait le plus.

Maulnier faisait le serment solennel de ne rien écrire sur cette guerre idiote. Il emportait dans sa cantine un nouvel essai sur Racine que Gallimard venait de lui demander. Nous dressions la liste de nos paquetages littéraires. Boutang, qui ne distinguait pas un sergent d'un colonel, parlait d'emmener une bibliothèque de campagne qui aurait bien rempli trois caissons d'artillerie. Comme nous tous, va-nu-tête depuis toujours, il disait aussi : "C'est drôle, mon premier chapeau, ce sera un casque".

Dans les ténèbres de la rue, nous nous mîmes à chanter des chansons de route, parce qu'il était réjouissant que quatre garçons du pacifisme le plus désabusé fussent à peu près les seuls à chanter la belle guerre et qu'ainsi dans notre souvenir l'absurdité de l'événement serait irréprochable.

> *Il a la barbe rousse,*
> *Les poils du cul châtain.*
> *Ah !*
> *Les godillots sont lourds sur l'sac,*
> *Les godillots sont lourds !*

Pour que la blague fût parfaite, j'entonnais en allemand à plein gosier : "*Ich hatte ein Kamerade*" et le "*Horst Wessel Lied*". Les passants s'arrêtaient médusés. Une vieille grommela : "De quoi ? Ça n'est tout de même pas encore l'armistice !"

L'*Action Française* somnolait comme à l'accoutumée, incapable de s'arracher pour quoi que ce fût de son sénile engourdissement. J'avais à résoudre un petit problème. Nous bouclions depuis plusieurs mois pour la province, vers minuit, une première édition, où l'on devait insérer, bien entendu, le Maurras écrit et publié la veille. Cela pouvait aller en général tant bien que mal. Mais un jour comme celui-ci ? Je m'en ouvris à Pujo, en lui demandant si Maurras ne corrigerait point son article : "Mais voyons, quelle idée ! me dit-il. L'article est bon tel quel. Pourquoi cette question ?" Puis il fourragea dans sa barbe, médita deux bonnes minutes, et rassemblant ses souvenirs : "Ah ! oui, c'est vrai. Depuis, il y a eu la guerre''.

Maurras venait d'arriver. J'avais une excellente nouvelle à lui transmettre, l'annonce de la neutralité plus que bienveillante de la Turquie, les Dardanelles ouvertes, notre liberté de manœuvre en Orient, en somme le premier bel atout dans notre jeu. La dépêche était datée bien entendu d'Ankara. Maurras, avant d'avoir lu un seul autre mot, cogna sur sa table et de son air le plus froid : "Jeune homme, vous savez pourtant que je tiens à cela. Combien de fois faudra-t-il vous le répéter ? C'est une tradition dont il faut vous souvenir. Ici nous sommes en France, nous employons les vocables français". Et d'une plume appliquée, il corrigea : Angora.

Mais la soirée était aux bonnes nouvelles. Bientôt, nous apprendrions que l'Italie laissait toutes grandes ouvertes ses frontières avec la France et annonçait avec pompe cette décision. On brandissait la dépêche avec de grands gestes. Nos imaginations échauffées y voyaient déjà le présage d'une heureuse trahison. Allons ! les Anglais devaient être plus pratiques que nous. S'ils avaient hâté à ce point la guerre, c'était sans doute qu'ils possédaient quelques solides assurances du côté romain. Des émissaires accouraient, glorieux, certifiant que l'Italie, tout en proclamant sa neutralité, offrait libre passage à nos troupes sur son territoire. Un superbe mouvement tournant se dessinait devant nos yeux. Car on songeait encore à des mouvements tournants.

De toute façon, les épileptiques de l'antifascisme et de la guerre sur chaque frontière n'avaient plus qu'à rengainer leurs plans de nouveaux Rivolis.

L'espoir nous avait fort altérés. Tous les cafés, par ordre de police étaient fermés depuis onze heures. On décida, avec trois ou quatre camarades, d'aller boire dans un petit bordel de la rue Jean-Jacques Rousseau. La mère maquerelle, énorme rousse, majestueuse comme une douairière dont c'est le jour, nous reçut dans son petit salon fleurant, comme il se devait, la vieille poudre de riz et l'entre-cuisses. Une robuste boucanière, d'une trentaine d'années, d'un roux non moins somptueux, perchée sur un bras de fauteuil, composait tout le personnel de l'établissement. Ces dames étaient d'un patriotisme vibrant. Un jeune journaliste algérien, qui nous accompagnait, pensait rejoindre un régime de tirailleurs : "Mauvaise arme, dis-je, dangereux. – Bah ! répliqua un autre, il y a déjà tellement de sidis sur la ligne Maginot... - Oui, mais quand ceux-là vont être butés... - C'est vrai, gémit la vieille putain qui faisait tout à coup cette découverte. Il va y avoir des morts". Mais l'aspect de notre confrère Cazals, Falstaff de cent trente-cinq kilos, qui fourrageait nonchalamment le rude buisson de la plus jeune, tout en poursuivant un docte parallèle entre Mazarin et le Duce, nous inclinait peu à de funèbres pensers. On discourut longuement, d'un ton de grande cérémonie, sur les mentules respectives des gras et des maigres, sur le coup en glissette, sur le coup en chapeau. La digne maquerelle conduisait le débat du haut de sa vaste expérience. La jeune ayant entrepris en virtuose la braguette du cadet de la bande, nous estimâmes bienséant qu'il honorât sa couche, ce qui fut fait en bonne forme. Nous nous sentions la belle conscience, dans cette première nuit de guerre, de ceux qui viennent d'accomplir un rite immémorial.

L'*Action Française* s'imprimait avec cette manchette : "Cette fois-ci ne LA manquons pas".

* * * * *

Les Parisiens étaient gorgés depuis des années d'une littérature où on les promettait, pour le cas de guerre, à toutes les délicatesses d'une chimie et d'une balistique dantesques, où des torpilles de trente pieds faisaient pleuvoir le choléra morbus tout en pulvérisant d'un seul coup un arrondissement. On confrontait ces belles prophéties avec ce que l'on apprenait des bombardements en Pologne. Pour résultat, le lundi matin, Paris tout entier se promenait avec un masque à gaz au derrière. On laissait même entendre que le port en était obligatoire. Rue du Boccador, Maurras avait tenu à donner lui-même l'exemple en ne cachant point que c'était assez ridicule, mais qu'il fallait sans retard se créer les disciplines de l'heure.

Aucune alerte n'avait troublé la première nuit de guerre légale. Les Parisiens goguenards en concluaient déjà que Hitler se dégonflait. Les nouvelles de bonne source commençaient à circuler. On avait ramassé partout des bonbons empoisonnés. Des infirmières racontaient gravement qu'on venait de leur amener plusieurs douzaines de patients brûlés aux pieds par des ballonnets d'ypérite.

Il était évident que pour la majorité des habitants de la Seine, la seule guerre qui méritât leur attention serait celle qui se déroulerait dans leur ciel. La flotte aérienne de Hitler ne pouvait certainement avoir pour eux d'objectif plus urgent que la destruction des Galeries Lafayette et du pont des Arts. Le reste ne serait jamais que négligeables détails.

* * * * *

Pour ma part, cependant, je me plongeais dans l'étude des frontières de Pologne. J'y faisais sans peine l'aimable découverte que, depuis l'occupation de la Tchécoslovaquie, ce pays était voué, dès la première escarmouche, au plus rigoureux encerclement... Ma plus grande stupéfaction était qu'à ma connaissance il ne se fût pas rencontré un stratège, un journaliste, un homme politique, pacifiste ou belliqueux, pour s'en aviser depuis une année écoulée, que je n'eusse pas entendu durant tout ce dernier mois une seule allusion à cette aveuglante certitude. A notre insu sans doute, nous restions tous sur des images de l'autre guerre, avec des fronts aussi biscornus que possible et demeurés toutefois plus ou moins inviolés. Mais les premières dépêches polonaises, décrivant glorieusement des "offensives de cavalerie", révélaient une invraisemblance dans le bravache qui ouvrait la porte à toutes les catastrophes. Déjà, je me repentais d'une ou deux minutes cocardières où j'avais cru utile de renseigner gaillardement quelques troupiers qui du reste s'en tamponnaient l'œil : "Rappelez-vous que ça va barder un sacré coup en Pologne. Je connais les Polonais. Ça, c'est des soldats".

Quant aux premiers communiqués français, ils étaient d'un laconisme compassé, strictement administratif.

Nonobstant son masque à gaz, Maurras promenait toujours une mine de funérailles, qui jurait étrangement avec le martial clairon de ses papiers. Je le revois au second soir de la guerre, feuilletant d'une main lasse une montagne de dépêches, repoussant le paquet d'insanités des journaux et murmurant avec accablement : "Si tout cela avait seulement le sens commun !" Hélas ! pourquoi faut-il qu'un autre Maurras, entièrement guindé et falsifié, ait jugé nécessaire d'étouffer la cruelle lucidité de celui-là ?

J'étais allé faire connaissance avec la censure, gîtée rue Rouget-de-Lisle, à l'hôtel Continental. Des messieurs, costumés en capitaines de corvette, en commandants de chasseurs à pied ou de cuirassiers, trônaient et s'agitaient aux quatre coins de cet énorme garni, aux meubles fatigués et vulgaires, sentant le mégot, déjà souillé comme si cinq générations d'étudiants eussent ciré leurs chaussures aux rideaux.

Cette nuit-là, je venais de m'endormir, un peu avant quatre heures. Les sirènes de la première alerte retentirent. On avait eu tout le temps de s'y préparer. La surprise n'en était pas moins fort désagréable. Des quantités d'exercices de la paix nous avaient habitués à ce hululement. Mais à cette heure louche, trouant les ténèbres et le silence, il était à souhait apocalyptique. Dans son lugubre crescendo surgissaient soudain toutes les menaces de l'inconnu, toute l'horreur nocturne du tocsin sonnant à la catastrophe et décuplé par la machinerie du siècle. Je pris soin de noter candidement sur mon cahier cette minute qui pouvait être historique et je descendis à tâtons de mon sixième. Le vestibule de ma bourgeoise maison était rempli d'une bousculade confuse. Dans l'ombre, des flics vociféraient, brandissaient le poing : "Ceux qui ne descendent pas à la cave y seront pour moi des suspects". On avait la brusque révélation d'une race nouvelle, les chefs d'îlots, honorables sexagénaires chargés de manifester leur patriotisme en jouant aux caporaux en veston parmi leurs contemporains, et qui se ruaient avec un enivrement hagard à un aussi délicieux devoir.

Un troupeau humain s'empilait dans le corridor de la cave, le nez au mur. La concierge poussait des clameurs entrecoupées de sanglots. A la lueur d'une lampe électrique, j'aperçus un capitaine de coloniale, blanc comme un spectre et qui claquait des dents.

Je regrimpai bien vite, écœuré, à mon perchoir. Je m'accoudai au balcon. Au-dessous de moi, dans cette glauque fin de nuit, je devinais l'énorme ville muette, sans une lumière, et cependant tout entière éveillée, à croupetons dans les ténèbres et dans la peur. Avoir fait ça de Paris ! Une fureur impuissante m'étranglait. Je désespérais des hommes. Quel monstrueux et grotesque fléau était sur nous !

Diurnes, nocturnes, d'autres alertes suivirent presque aussitôt, mais tournant au vaudeville. On faisait tout à coup connaissance avec les mitrailleuses, crépitant à deux heures du matin, mais il se révélait un peu plus tard qu'elles avaient tiré sur l'avion de la Préfecture. On découvrait que l'autorité militaire faisait mugir les sirènes pour un avion isolé qui patrouillait à quelque trois cents kilomètres. La principale inquiétude devenait de savoir si à ce compte les Parisiens trouveraient encore deux heures de sommeil consécutif. Au soir, dans le joli ciel pale de cette fin d'été, on voyait s'élever solennellement, entre le Champ-de-Mars et les Champs-Élysées, une demi-douzaine de ballons captifs. J'apprenais, non sans surprise, que ces engins constituaient un "barrage" de saucisses, et que l'on attendait des six ficelles ainsi tendues qu'elles arrêtassent l'assaillant.

J'avais accompagné jusqu'à Senlis un bourgeois de l'*Action Française*, l'homme de la rue de Marignan, réformé, cossu et d'un bellicisme gaillard. Nous roulions dans une somptueuse vingt chevaux de grand sport. En traversant Saint Denis, nous croisâmes un bataillon d'infanterie coloniale qui allait s'embarquer. Les troupiers paraissaient déjà harassés, suant sous le barda de campagne et les cuirs battant neuf. Chacun portait une pivoine ou une rose. Mais les civils les regardaient passer d'un air morne. Il n'y avait aucun attroupement. On ne pouvait partir plus platement pour la guerre. Je songeais aux premiers tués, ceux qui font des cadavres en ceinturons jaunes et en capote aux plis tout neufs. Je me penchai, j'esquissai un signe amical vers les marsouins. Mon bourgeois m'arrêta précipitamment, en donnant un énergique coup d'accélérateur. Un mot dru aurait pu répondre à notre bel équipage et nos mines florissantes. Les gens convenables n'acclamaient pas de si près le prolétariat guerrier.

Nous refaisions la route où avaient galopé en septembre 1914 les avant-gardes allemandes. Une borne, à l'entrée d'un petit sous-bois, indiquait la pointe extrême de leur avance : vingt kilomètres de Paris, quinze minutes de rapide. De là, les cavaliers de von Kluck avaient pu voir les toits de la banlieue, d'un peu plus haut la Tour Eiffel. Je me saturais de ces pensées, j'avais un petit frisson rétrospectif. Mais mon compagnon, très désinvolte, souriait à ces souvenirs anachroniques.

À Senlis, nous allâmes rendre visite au Père Supérieur des Maristes, à qui mon patriote devait bientôt confier son fils. Le collège gardait glorieusement une balle de la bataille de la Marne, fichée dans la soie verte du Tableau d'Honneur. Devant ce trophée, on s'entretenait avec une sérénité enjouée de la nouvelle guerre :

- Hitler est acculé aux solutions de désespoir, disait l'honorable laïc.
- Certes ! répondait avec force le Père qui m'avait été annoncé comme un ecclésiastique maurrassien. Cette fois, la bête est traquée.

* * * * *

En attendant, ce fauve aux abois tenait assez bien la campagne. Le même soir, j'essayais de tracer une ligne des opérations de Pologne sur la carte. En vérifiant mes repères avec les noms du dernier communiqué de Varsovie, je vis que je m'étais trompé partout de quinze lieues au détriment des Fritz. Leur avance, en moins d'une semaine, atteignait deux cents kilomètres. À l'heure qu'il était, ils devaient se battre aux portes de Varsovie.

Je notais : "La Pologne apparaît fichue. De la Prusse orientale, de la Slovaquie, les Allemands peuvent la prendre de travers, de revers selon leur bon plaisir".

Une rouge colère me montait aux yeux : "L'incurie, l'anarchie slaves ont certainement joué un rôle capital dans ce désastre. Tous les généraux sont des politiciens. Conduire au feu plus d'un million d'hommes est certainement une tâche très au-dessus de ces orientaux romanesques, brouillons, bravaches d'une incommensurable vanité. Le nom de Weygand, qui les tira d'affaire en 1920, est exécré dans ce pays.

"Nous avions choisi cette Pologne pour ligne de résistance au germanisme à l'est. C'était une politique. Mais il fallait que la ligne existât, qu'on y travaillât. Il devait être naturel de dire aux Polonais : "Si vous n'acceptez pas secours et conseils, nous nous désintéresserons de votre sort"

Bonnes âmes, nous en étions encore à nous figurer qu'une mission militaire française bien conditionnée, avec brevetés de l'École de Guerre et techniciens des chars, aurait sauvé les polonais.

Les éminents stratèges qui depuis une semaine avaient occupé leurs emplacements de combat dans tous les journaux, conservaient devant cette déconfiture un magnifique sang-froid. La mémoire de Joffre et de Foch habitait leurs âmes, leur dictait le mot de la situation : "Pas d'affolement ! De quoi s'agit-il ?" Ces hommes étincelants de science se chargeaient de découvrir "le sens du recul". Car, bien entendu, seul le profane ignare pouvait conclure : "Les Polonais foutent le camp". M. Lucien Romier, prince des économistes, se révélait un imbattable virtuose dans cet élégant vocabulaire où toujours l'ennemi s'efforce, tente, esquisse. Il concluait, inaugurant le plus solide truisme de cette guerre, qu'en somme les Allemands avaient un sérieux retard sur leurs plans. Le général Duval, retroussant crânement ses manches devant les deux rubriques quotidiennes et les deux hebdomadaires qui l'accablaient du coup de presque autant de copies que M. Paul Reboux, décrivait la position d'arrêt prévue par les Polonais et où ils allaient "opposer une résistance définitive".

M. Henry Bidou comprenait tout sans peine : l'armée polonaise se retirait méthodiquement pour atteindre la ligne historique des quatre Rivières où les Russes jadis avaient tenu cinq mois.

M. de Givet, dans l'*Ordre* de l'estimable Buré, nous rappelait d'opportune façon que les Polonais n'avaient pas "porté leur principal effort d'armement sur le matériel lourd. Ils ont surtout recherché la mobilité, développant leur matériel léger et entraînant leurs troupes au maximum de souplesse. Cela suffit à indiquer que, de toutes façons, l'état-major polonais entendait faire une guerre exclusivement de mouvement".

On ne pouvait certes point y contredire en mesurant le chemin que venaient de parcourir ses troupes en moins de huit jours.

M. Jean Giraudoux, poète promu ministre de l'Information française, dédaignait cette arithmétique et cette géométrie vulgaires des batailles. Par la voix de la radio, il venait d'inspirer à quarante millions de Français des raisons élevées de contempler sans pessimisme la carte de notre alliée. Il énumérait honnêtement les conquêtes allemandes : le Couloir, Kattovice, Poznan, Cracovie. Mais il nous annonçait que ces succès étaient fort prévisibles et en somme négligeables, parce que les Polonais avaient résolu de défendre ces territoires mal situés, "d'offrir leur résistance dès le premier mètre carré de leur sol, pour ne pas abandonner le premier pouce de leur territoire, puisqu'il était le premier territoire attaqué de la liberté humaine".

Je n'en croyais pas mes oreilles. J'avais relu trois fois le texte. M. Giraudoux était bien formel. L'écrivain le plus délié des lettres contemporaines nous donnait comme réconfort la certitude que les Polonais venaient de commettre la plus lourde bêtise en se battant sur le pire terrain, dont par surcroît ils se faisaient déloger en un clin d'œil. Un goitreux de montagne en fût resté béant.

Mais M. Jean Giraudoux développait sa thèse, Jérôme Bardini en face des Panzerdivisionen, flanqué du diplomate confit dans la plus parfaite orthodoxie démocratique. Pourquoi l'état-major polonais avait-il accepté une bataille perdue d'avance ? "Les raisons en sont simples. C'est que les Polonais sont comme nous. Ils ne font pas la guerre allemande. Ils font ce que nous avons fait en 1914, ce que, nous allons faire, une guerre personnelle, ils font leur guerre, la guerre polonaise.

"Ils pensent que, dans la façon même de se battre, il y a une morale. Ils pensent... que la guerre elle-même a des devoirs de symbole et d'enseignement qui lui permettent d'être fructueuse et victorieuse au-delà de toute contingence *(le tiers du pays perdu, l'invasion, la retraite a toutes jambes : M. Giraudoux voit vraiment les choses de haut, du domaine des purs esprits).* Nous n'avons pas à adopter en matière stratégique, les principes de la guerre hitlérienne *(ah ! pour cela, nous l'avons supérieurement démontré !)* ; puisque la guerre nous est imposée, nous ne la réduirons pas à une équation de poudre, d'acier et d'ypérite".

M. Jean Giraudoux nous aura offert ce soir-là l'exemple accompli d'un intellectuel mis en face d'une besogne impossible et indécente, qui pense s'en tirer par des acrobaties, des entrechats littéraires, de subtils paradoxes, et termine son exercice la tête la première dans un bourbier d'absurdités. On aura beau dire : cela compte dans une carrière

Les grosses caisses des journaux tonnaient en l'honneur de Rydz-le-Victorieux, Rydz-Smigly, le grand général aquarelliste. À l'*Action Française,* Maurras s'évertuait à croire que les Polonais jouaient au plus fin, qu'ils se donnaient "le temps d'achever, de préparer leur ligne". Le bon M. Pujo, vieil enfant barbu, avait la foi pure des doux âges, que j'offusquais fort en lui annonçant que les Polonais étaient cuits, qu'ils n'avaient même pas été capables de livrer une bataille proprement dite. Pujo pensait bien au contraire que Rydz-Smigly emmenait les Allemands dans une nasse et qu'au reste la prochaine saison des pluies arrangerait tout.

Pour moi, si j'étais furibond du contraste entre la jactance homicide de ces maudits Slaves et leur piteuse déconfiture, celle-ci m'inspirait aussi une satisfaction secrète. Je n'arrivais pas à éprouver le moindre regret devant leur déroute manifeste, mais plutôt une sorte de bizarre et vengeur plaisir à voir le triomphe de la force habile et dirigée, de la seule cause qui me fût intelligible.

Quant au peuple, il suivait d'un œil très détaché cette aventure lointaine, dont il ne rapportait à soi aucune conséquence. Il conservait l'œil sec devant les proses les plus flamboyantes d'épithètes pathétiques et justicières sur Czenstochowa et autres lieux. Il faut dire que cette littérature ne respirait qu'une médiocre sincérité. Seuls quelques archivistes conservaient un souvenir de la polonophilie romantique. Les folliculaires avaient appris de la veille l'existence de la Lourdes polonaise. Les Juifs et assimilés ayant obtenu de la Pologne ce qu'ils voulaient, la guerre, se seraient bien malaisément tiré une larme pour les madones et les boys scouts de ce pays papiste dont ils vitupéraient trois mois avant entre eux la férocité réactionnaire et antisémite. Puisque la publicité juive avait toujours passé la Pologne sous silence, quelle idée voulait-on que les lecteurs de *Paris-Soir* eussent sur elle ?

* * * * *

J'étais nanti depuis l'année précédente, je l'ai dit, d'un fascicule de mobilisation bleu. J'ignorais tout des catégories militaires à quoi correspondait ce carton, sinon qu'il m'assurait quelque répit. Je ne doutais pas qu'avec mon âge et ma santé ce délai pût aller au-delà de trois ou quatre semaines. Mais les circulaires m'apprenaient qu'il n'en était rien. La phalange des fascicules bleus constituait apparemment une réserve privilégiée, admise à garder ses pantoufles et à hanter ses lits conjugaux en attendant l'heure incertaine où il lui faudrait boucher les trous.

Quelques commères habiles à supputer la valeur guerrière des mâles avaient bien manifesté sous mon nez, durant les premiers jours, une surprise véhémente de ne point me voir encore en kaki. Le nombre des civils jeunes et florissants que l'on croisait à chaque pas dans Paris eut bientôt raison de ces petites manifestations.

Mais mon fascicule bleu me causait de nouveaux tracas. J'avais ce goût un peu particulier d'aimer l'armée et je sens que la déroute elle-même ne m'en a pas guéri. Non point, il s'en fallait de tout, que j'eusse rapporté de mes chefs militaires une image prestigieuse, mais j'affectionnais le soldat. Je gardais de mon service, au 150e d'infanterie en Rhénanie, un souvenir délicieux. Le temps assez bref de ce service, trop bref pour que je prisse même le moindre bout de galon, n'y était sans doute point étranger, non plus que la vie d'amateur en treillis que j'avais su m'organiser dans notre caserne de Diez-sur-la-Lahn, laquelle était une ancienne école de Cadets prussiens. Il n'importe. Les capitaines, les commandants étaient tous autour de moi d'anciens sous-offs de la Marne ou de Verdun, bornés, à dégaines de gendarmes sur le penchant de la retraite. Mes adjudants s'étaient révélés conformes aux plus solides traditions.

Mais leurs sévices pesaient bien légèrement dans ma mémoire, au regard de la chiourme ecclésiastique où l'inquisition et la férule des Pères avaient tyrannisé pendant quatre ans mon enfance. J'avais bientôt oublié les mornes journées de quartier pour ne me rappeler que la bonhomie fraternelle des mœurs, leur saine truculence et la grand' route des manœuvres. Je tenais que l'état de simple soldat était encore un de ceux où le citoyen français du XXe siècle se gâtait le moins, où il retrouvait le plus de naturel et de vérité.

J'aimais les mitrailleuses, les mousquetons, le tir. J'étais passionnément curieux du métier des armes, parce qu'il répond aux plus vieilles lois de cette terre. J'avais toujours été friand des mémoires, des carnets, des historiques de la Grande Guerre, j'avais relu au moins deux fois les plus médiocres récits de poilus, les études les plus spécialisées. Que *La Revue de l'infanterie* ou *de l'artillerie* me tombât entre les mains, je m'y plongeais toute affaire cessante. Je connaissais sur le bout des doigts les garnisons de tous les régiments de France, leur passé et les couleurs de leurs fourragères, l'effectif, l'armement, le matériel d'un bataillon de chars selon le type, aussi bien que d'un groupe *de* reconnaissance ou d'un escadron d'autos mitrailleuses. J'étais même assez comiquement célèbre pour cette érudition martiale.

Tout cela ne m'avait point embarrassé un seul instant pour exécrer la guerre qui venait, mais, une fois la catastrophe consommée, me destinait assez mal à la vocation de fascicule bleu. J'étais étrangement partagé entre la répulsion que m'inspirait cette guerre absurde, décidée par l'étranger, qui avait tant de chances d'être funeste à mon pays, et mon image surgissant tout à coup de poilu casqué, chantant à pleins poumons une vieille marche gauloise au premier rang d'une compagnie de biffins.

La puérilité de ces frémissements ne m'échappait pas, mais je n'arrivais pas à m'en défaire. Le 11 septembre, je dînais dans un restaurant de la rue Marbeuf, avec un charmant garçon de mes amis, quelque peu médecin, jouisseur comme un chat, passionné de littérature, plein de talent, mais sans doute trop hanté de la phobie du déjà écrit pour avoir rien achevé jusque-là, ayant voltigé autour de toutes les esthétiques, lubies et angoisses de l'entre-deux guerres, un peu irritant parfois, mais assuré depuis des années de mon affection. Il était présentement réformé pour une bénigne et très ancienne ombre au poumon. Fort guilleret, il me lisait à tue-tête une grosse blague de carabin piquetée de quelques colifichets surréalistes qu'il venait de lâcher sur le papier. À trois tables de nous, un artilleur solitaire dans la tenue du grand départ, écoutait ces facéties d'un air assez sombre.

Je ramenai assez brutalement notre propos sur la guerre. Mon ami me confiait sans détours qu'elle était pour lui comme un accident sanglant survenu devant ses yeux, et dont il se hâtait de chasser l'image pour ne pas déranger son confort mental et sensuel. Il manifestait la plus extrême surprise de me voir à ce point éprouvé par l'événement. J'apercevais facilement qu'il me le reprochait comme une faiblesse, une vulgarité d'esprit. Il se scandalisait franchement d'apprendre, qu'averti comme je l'étais des ressorts et de l'insanité de la guerre, je pusse mettre en balance une embusque facile et mon départ dans une unité de combat. Il ne concevait pour lui et pour les hommes de quelque mérite qu'une seule attitude : tourner résolument le dos à cette affreuse bourrasque et *Évoquer le printemps avec sa volonté.*

Je répliquai avec humeur et en chauffant mes arguments ; je découvrais mieux leur sincérité et leur force. Je pensais depuis toujours, comme le dragon Stendhal que le baptême du feu était la perte d'un pucelage aussi nécessaire que l'autre. De tous mes amis, personne sans doute plus que moi ne s'était aussi longuement interrogé sur cette étrange épreuve, attirante et terrible, ne s'en était fait plus de tableaux, n'avait attaché plus de prix à la façon dont il pourrait la franchir. Si je devais rester seul à l'ignorer, ce serait une singulière lacune pour un mortel de notre aimable siècle. Quelle que fût la guerre, elle valait d'être vécue et méditée en soi. Je ne saurais m'y dérober sans être infidèle à ma "Weltanachanung" et à mon propre tempérament.

Les lecteurs me pardonneront ce petit croquis psychologique. Je ne l'aurais pas conservé dans ces pages, si je ne pensais que plus d'un d'entre eux s'y reconnaîtra. Il montre assez bien en tout cas quel curieux circuit notre vieux sang de race militaire pouvait parcourir pour brouiller les têtes les plus positives.

* * * * *

Mais la démocratie nous rappelait bientôt qu'elle avait abâtardi jusqu'à la guerre. Pour la Pologne, les vieux généraux à stylographes s'accrochaient encore à des espoirs de manœuvre, voulaient découvrir que l'armée de Rydz-Smigly avait l'avantage de la concentration, et dans leur incapacité à percevoir même la forme de cette guerre mécanique, jugeaient les offensives allemandes décousues. Leur encre n'était pas séchée qu'ils avaient déjà deux jours de retard sur le cyclone motorisé de la Wehrmacht. On ne savait ce que les "Panzer" pulvérisaient le plus vite, leurs pronostics ou les derniers fétus de bataillons polonais. Existait-il encore seulement un Rydz-Smigly ?

Cependant, le Conseil Suprême franco-anglais, avec Chamberlain, Daladier et Gamelin, tenait sa première séance et annonçait en héroïque fanfare : "La réunion du Conseil Suprême a complètement confirmé la ferme résolution de la France et de la Grande-Bretagne de consacrer toutes leurs forces et toutes leurs ressources au conflit qui leur a été imposé ; elles sont décidées à donner à la Pologne, qui résiste avec tant de bravoure à l'invasion brutale de son territoire, toute l'assistance en leur pouvoir".

Dans le moment où l'univers apprenait ces chevaleresques serments, les Allemands, ayant conquis en douze jours la moitié de la Pologne, dépecé et concassé toute son armée, franchissaient la Narew et la Vistule en poussant devant eux les informes débris de la déroute. Le dernier carré polonais s'enfermait pour l'honneur avec une semaine de vivres et de munitions dans Varsovie complètement investie.

En guise de secours, le vaillant Gamelin commençait d'écorner quelques petits postes d'avant-garde sur la ligne Siegfried. Pour les Anglais, ils se prévalaient d'un glorieux raid aérien sur l'Allemagne, où ils avaient bombardé le peuple avec trois millions de tracts antihitlériens. Il est vrai qu'une nouvelle alliée rejoignait notre camp. D'une chambre d'hôtel londonien, par la bouche de l'intrépide M. Benes, la Tchécoslovaquie venait de déclarer la guerre à l'Allemagne.

"Toute l'assistance en leur pouvoir..." Les démocraties tenaient parole. Cette fois, elles avaient tiré le glaive flamboyant du droit et de la morale, exécuté la terrible menace. Pourtant, le résultat valait celui des solennelles protestations et des condamnations juridiques.

Chaque jour qui passait écartait un peu plus notre grande terreur, l'armée française jetée en masse pour rien, à l'abattoir sur la ligne Siegfried. Il semblait bien que l'état-major reculât devant cette suprême folie. C'était la sagesse, mais aussi une sagesse piteuse, un aveu lamentable d'impuissance. Le soulagement que l'on éprouvait ne nous dissimulait point le grotesque de notre posture. Nous nous posions en gendarmes du monde. Mais la maréchaussée démocratique flanquait des coups de bâton sur un mur d'acier tandis que derrière ce mur, après l'avoir élevé tout à loisir, les brigands perpétraient leurs cent dix-neuf coups en parfaite quiétude.

Nous ne faisions pas la guerre. Nous la singions.

Il fallait que le régime nous réservât cette dernière surprise. Si fort que nous pussions le mépriser, nous avions imaginé la guerre comme une tragédie à quoi il essayerait au moins de se hausser. La guerre était survenue et il dévalait encore beaucoup plus bas. La grande alarme, l'état de siège, la censure servaient à resserrer les plus infâmes confréries maçonniques, à exécuter une entreprise inespérée de dédouanement. Toute la canaille de 1936, du Front Populaire, des Loges, des synagogues, ayant enfin muselé ses adversaires au nom des devoirs sacrés, se réinstallait hardiment dans ses fonctions et ses prérogatives. En un tour de main, la censure était devenue une annexe de la Ligue des Droits de l'Homme et du Grand Orient. Depuis quinze jours que le canon tonnait, la grande affaire de nos hommes d'État avait été le remaniement du cabinet que les circonstances permettaient de s'offrir, sous la couverture rituelle de l'union nationale. On avait pu remettre ainsi en circulation le nom de Léon Blum dans la liste des ministrables, sans que le plus menu souffle d'opposition se levât. Le grand ministère tricolore s'était constitué enfin par la rentrée en scène d'une des plus burlesques nullités, d'un des plus stupides malfaiteurs de la République, Yvon Delbos. Georges Bonnet, le seul homme raisonnable de la veille, se voyait limogé, et l'on offrait son fauteuil à l'échine d'une venimeuse et obtuse crapule, le belliciste chrétien Champetier de Ribes. Choix particulièrement opportun : il ne nous restait plus d'autre liberté de manœuvre diplomatique que du côté de Mussolini. Champetier de Ribes, antifasciste haineux, en exécration à Rome, claquait derrière lui la porte italienne à grand et insultant fracas. La bande traîtresse et imbécile du Quai d'Orsay raffermissait son pouvoir.

"Nous sommes depuis quinze jours, écrivais-je, dans une guerre de politiciens, et les pires dont notre affreux régime ait accouché. Nous avons été entraînés dans cette tragédie par tout le poids, avec tout le poids de leur ignorance, de leur bêtise, de leur sectarisme. Lancés dans le gouffre, nous ne parvenons pas à nous débarrasser de ce boulet pour remonter à la surface, être libres de nos mouvements, voir clair. Nous réunissons toutes les conditions pour descendre jusqu'au fond".

Quand on brossait devant eux ce tableau politique et qu'on s'en indignait, d'honorables imbéciles, représentant une légion de citoyens, répondaient :

- Peut-être. Mais nous ne voulons savoir qu'une chose : la France est en guerre.
- Dites donc plutôt, tas de cornichons, qu'elle est allée se fourrer le plus stupidement du monde la tête sous le couperet. Le vrai devoir patriotique serait de découvrir un moyen de l'en tirer.

Nous étions quelques-uns à savoir que ce moyen ne pouvait porter qu'un nom, *la paix* et que cette paix n'allait point tarder de nous être offerte par le chef victorieux du Reich. Je notais le 17 septembre dans mon cahier ces lignes qu'on me permettra de recopier avec une légitime satisfaction :

"Avec la clique sanglante qui nous mène en trébuchant et bafouillant à d'affreuses catastrophes, le moindre mal serait certainement de répondre aux prochaines propositions de paix de Hitler. S'attaquer au germanisme, le réduire à merci, c'était fort bien. Mais l'incompétence, le sectarisme des politiciens ne nous le permettent pas... Puis, notre retraite serait un échec de taille à créer un remous intérieur terrible pour le régime. Beaucoup d'espoirs pourraient renaître. Et cet échec ne serait pas, malgré tout, une défaite militaire ou une saignée fatale."

Mais je savais trop bien que ces conséquences mêmes rendaient purement chimérique une telle issue. Il n'était dans le pouvoir d'aucun citoyen de mettre en œuvre ce patriotisme pacifique, le seul qui fût utile, ni même de lui donner un commencement d'expression.

CHAPITRE XI

"POURQUOI TE BATS–TU ?"

Les événements se déroulaient avec cette rigoureuse logique qui rendait leur prédiction si aisée pour les "Hitlériens français" de mon espèce. Varsovie se cramponnait dans son agonie. Ces Slaves se retrouvaient dans le romantisme désespéré comme dans leur élément familier. Ils se mettaient à savoir mourir, dès l'instant où cela devenait tout à fait inutile. Ils ne savaient même rien d'autre. Les Russes entraient en Pologne à leur tour, précipitant encore le dénouement.

Les propositions de paix du Führer ne se faisaient pas attendre. La presse anglaise leur trouvait une bien suave explication. Hitler avait refusé la paix en août parce qu'il possédait alors l'avantage de la force. Il souhaitait la paix maintenant qu'il avait des adversaires plus forts que lui.

Les Varsoviens, en effet, pouvaient en témoigner.

J'observais que Hitler s'en prenait uniquement aux ministres anglais, ne parlant de la France que pour répéter qu'il n'avait point de revendications à son endroit. Il la situait, ainsi fort exactement à sa vraie place de domestique docile. Goering quelques jours auparavant tenait déjà le même langage. Nous étions quelques-uns à Paris qui ne disions rien d'autre en somme. Il y avait tous moyens de s'entendre. Les démocraties les repoussaient avec le plus majestueux mépris.

Ce noble geste accompli à la face du monde, les justiciers rentrés dans leurs conseils se trouvaient devant le plus singulier embarras. On se battait donc irrévocablement, sans trêve ni merci. On en prenait le serment farouche. Mais cela ne réglait point deux fichus détails qu'il était véritablement difficile de négliger : on ne savait plus du tout où l'on pourrait se battre et guère davantage pourquoi l'on se battait.

Le premier point, devant le peuple, pouvait être encore escamoté dans la grande nébuleuse du secret militaire. Le second réclamait impérieusement d'être éclairci. On avait entrepris la guerre pour garantir la Pologne : la Pologne venait de défunter de mort subite, expédiée au trépas par ses valeureux protecteurs. Quels desseins les altières patries des "hommes libres" poursuivaient-elles donc encore ?

Certain apôtre, à Radio Stuttgart, répandait bien sur ce sujet des propos fort cohérents et volontiers écoutés, où le "business" anglais tenait invariablement la vedette. On ne pouvait laisser sans réplique ces impertinences. Les voix officielles y paraissaient assez malhabiles. Le malheureux Daladier, avec son sens infaillible de la gaffe, éprouvait le besoin de nous avertir qu'il n'était pas le "conducteur de masses fanatisées" (hélas ! nous nous en doutions) et s'élançait dans un parallèle entre le moral du soldat français "sachant pourquoi il combattait" et du soldat allemand, supposé ignorant ou dévoré d'incertitude.

Autant valait parler de cornes chez Boubouroche. Mais nos glossateurs professionnels, heureusement, étaient là. Dès l'instant qu'il s'agissait de cogiter à vide, de brasser les conditionnels et de promouvoir une querelle de nuages, on pouvait leur faire pleine confiance.

* * * * *

On sait que dans cette épique bouffonnerie, mon vieux maître Charles Maurras, devait se distinguer au premier rang. J'ai dit que le déclenchement de la catastrophe l'avait trouvé écrasé et révulsé de dégoût. Mais bientôt nous le vîmes se ragaillardir, son œil rallumé, sa barbe relevant de la pointe. Maurras venait de ressortir de son tiroir à théorèmes la règle d'or de la division des Allemagnes.

La victoire anglo-française ne pouvant être mise en doute, il importait de savoir à quoi on l'emploierait. Ce serait à décoller "les tronçons du serpent", à refaire l'Allemagne des traités de Westphalie. Selon sa méthode accoutumée, Maurras, par les voies d'une inflexible logique, rejoignait dans les chimères les songe-creux les plus attendrissants. Avec un pareil objectif, le maître pouvait attendre les événements de pied ferme. Il avait du pain sur la planche. Dix ans de guerre ne seraient point de trop pour l'aider à pourfendre ses armées de contradicteurs, à argumenter avec les incrédules, à rallier les tièdes, à entretenir les convaincus.

Outre la France, il s'agissait d'endoctriner quelque quarante-cinq millions de Britanniques dont deux cent cinquante à trois cents avaient bien entendu prononcer les noms de Bainville et de Maurras, de se faire en Amérique de sérieux alliés, de convertir aux postulats de la politique pure toute la banque et tout le négoce de l'univers anglo-saxon, de neutraliser la juiverie entière, de lui arracher tous les bénéfices de sa guerre sainte, enfin de susciter les consentements et les complicités indispensables parmi quatre-vingt millions de Germains.

Ce fut une campagne grandiose. Il y avait les découpeurs intégraux et les découpeurs sous conditions. M. Maurice Sarraut, de la *Dépêche de Toulouse*, voulait bien prélever une République rhénane, mais hésitait à charcuter l'ensemble du corps allemand. Maurras faisait le compte des rondelles nécessaires, et comme l'arithmétique n'a jamais été son fort, en découvrait tantôt vingt-six, tantôt vingt-cinq, tantôt vingt-huit. On disputait avec une âpre passion les contours du futur "puzzle". D'ardents néophytes proposaient de regrouper tous les catholiques allemands dans le même État, avec Vienne pour capitale. Maurras reprenait énergiquement ces amateurs. Jour de Dieu ! Ils démolissaient le Reich des Hohenzollern pour refaire l'Empire de Charles Quint ! Non, mieux valait "faire" la Bavière, le Wurtemberg, le Hesse-Nassau, la Saxe. Avec l'Autriche, la Hongrie, la Bohème, la Pologne fédérées et remonarchisées, on formait un grand rempart latin et catholique. Car le Polonais silésien de Kattowice était inscrit sans discussion au club des civilisés, d'où l'on excluait avec quelle rigueur l'Allemand silésien de Breslau.

Maurras raillait les démocrates qui voyaient la guerre achevée par le soulèvement du prolétariat allemand contre Hitler. Mais il brandissait avec enthousiasme une proclamation à la Bavière, due à je ne sais quel doux maniaque munichois, où il était dit le 28 août 1939 : "Bavarois, l'heure de la décision est arrivée ! Proclamez votre indépendance de la Prusse ! Si les hostilités ont déjà commencé, déposez les armes et proclamez votre indépendance. Cet acte de votre libération et de votre indépendance sera consacré par l'arrêt des hostilités."

On enregistrait chaque jour les progrès de la croisade. On avait l'adhésion de la *Vigie de Dieppe,* du *Journal de Saint-Germain*, mais aussi de M. joseph Caillaux, des allusions favorables jusque dans *Paris-Soir* et les louanges de M. J.-E. Bois dans *Le Petit Parisien*.

Pour M. Colrat, ce n'était peut-être pas l'unité allemande qu'il fallait détruire, mais la *contexture* de l'Allemagne. Maurras moquait un peu cette prudence serpentine. Mais il avait une grande joie. Dix-huit lecteurs londoniens du *Picture Post* accueillaient favorablement la thèse des Allemagnes, qu'ils venaient de connaître par la lettre d'un brigadier français du train. Toutefois, il ignorait le succès le plus vif, et de très loin, que remportait au même instant cette offensive, les cent cinquante mille exemplaires vendus dans les Allemagnes mêmes d'une traduction de Jacques Bainville par le professeur Grimm, curieux de montrer quelques Français d'après nature à ses compatriotes. La censure rognait cruellement ces proses charcutières, si peu conciliables avec l'orthodoxie républicaine. Le débat s'échauffait : "Avec votre redistribution des Allemagnes, disaient les anti-maurrassiens, vous surexcitez et vous cimentez encore là-bas le patriotisme de l'unité..." ce qui n'était pas tellement mal pensé. À quoi Maurras répliquait : "Avec vos diatribes contre l'hitlérisme et lui seul, vous préparez le culte de Hitler héros et martyr".

Kerillis et les judéo-cagots de l'*Aube* ou autres lieux, jaloux de cette surenchère patriotique, criaient que Maurras était un provocateur et que tout son vacarme travaillait encore pour Hitler.

On se partageait tumultueusement les vedettes de l'émigration allemande. C'était à qui aurait son bon traître, son allié tudesque garanti grand teint. Les démocrates et les juifs exhibaient les anciens nationaux-socialistes Otto Strasser et Rauschning, Fritz Thyssen, repêchaient et promenaient pompeusement les vieux cafards du "Centrum", les Wirth et les Brüning.

Maurras pourfendait un par un ces Boches indébochables. Le traître de son goût était un abbé du nom de Moenius, fédéraliste germain, ancien directeur de la revue *Allgemeine Rundschau*, qu'il me pressa d'aller ausculter de sa part. Je le dénichai au fond d'un hôtel délabré de la rue Bonaparte, dans une chambre de bonne qui sentait le seau à toilette et le culot de pipe. Il n'y a pas de déshonneur, au contraire, dans la dèche pour les prophètes politiques. Mais la foi de Moenius paraissait bien tiède pour que l'on pût s'imaginer une nouvelle Germanie naissant entre ces quatre murs crasseux. Il me confia sans détours que Maurras commençait à rêver debout et que les morceaux des Allemagnes tenaient, ma foi ! fort bien ensemble, ce qui n'était pas, on me permettra de le dire, une révélation pour moi. "Maurras a de très belles idées. Mais il ne connaît pas un mot de l'administration allemande, de l'économie allemande. On débitera l'Allemagne en dix ou cent tronçons qu'ils auront une tendance invincible à se rejoindre. Il faudrait détruire vingt-cinq Prusses". Le grand souci de l'abbé monarchiste, ultramontain, était surtout que les armées de la République démocratique et libre-penseuse flanquassent une pile définitive à l'anticlérical Hitler. Il se réjouissait sans la moindre vergogne : "Les soldats français sont heureusement admirables, meilleurs qu'ils n'ont jamais été."

Lorsque je rapportai les propos désenchantés de Moenius à Maurras, comme ils ne lui convenaient pas, il décida d'un air fort désinvolte que cet abbé avait les yeux trop fixés sur des détails allemands pour se représenter l'ensemble, qu'au demeurant on ne savait jamais pour qui travaillaient ces Teutons. Son ignorance des traits concrets les plus élémentaires de l'Allemagne et du national-socialisme était si fabuleuse, si préjugées, livresques, naïves et systématiques les notions qu'il voulait s'en faire, que toute discussion de bonne foi était inutile.

Je songe aux chefs allemands qui, de l'autre côté du Rhin, trouvaient dans le même courrier la plus péremptoire formule du désossage maurrassien et le dernier état de nos chars et de nos avions. Les échos de leurs vastes rires ne sont sans doute pas perdus pour toujours. Les pitreries que nous venons de vivre sont dignes d'engendrer des épopées, lorsque le temps les aura stylisées et décantées, et d'inspirer à nos arrières-petits-enfants de nouvelles figures de Quichotte, de Panurge et de Picrochole.

Pour nous, les fantaisies du Maurras de 1939 manqueront toujours d'humour. Notre admiration et notre affection, plus fortes jusque-là que nos plus amers reproches, nous faisaient bien sentir la faute irréparable envers lui-même qu'il avait commise en ne brisant point sa plume le 1e septembre. Un Maurras, après sa magnifique bataille pour la paix, ne participait pas à une telle guerre sans déchoir, sans se ravaler aux dimensions des ignobles petits bonshommes qu'il avait si bien fustigés et dépiautés. Retiré à Martigues, il fût devenu le sage de la Patrie, l'un des phares de l'Europe, il se fût gardé à la France de ce surlendemain dont il faudrait bien que l'heure sonnât et point en bourdon de victoire. Cet orgueilleux venait de briser de ses mains sa statue en se pliant aux rites dégradants de la mobilisation jacobine. Les scrupules qui le commandaient étaient probablement honorables. Mais ils n'appartenaient plus à un véritable homme politique. On ne pouvait s'empêcher de penser aussi que ses habitudes l'avaient tenu plus encore peut-être, et qu'il était entré dans la guerre avec tout le poids de sa prose, parce qu'il ne lui était plus possible de changer sa vie et de tarir la source d'encre de son article quotidien.

Maurras n'engageait point que lui. Il venait de raccommoder le système des Allemagnes parce que cette justification lui était indispensable à ses propres yeux, qu'il lui fallait un certain nombre de clous où suspendre ses syllogismes. Mais en même temps, il fournissait à un certain nombre de garçons confiants et braves, à tous les vrais combattants nationalistes, de superbes raisons de se faire casser la figure qui ne valaient réellement pas un sou de plus que celles de M. Julien Benda et de l'emministré Giraudoux. Cette escroquerie qu'il ne s'avouerait jamais était atroce. Périssent trois millions de jeunes hommes, l'espérance maurrassienne luirait sur cet holocauste avec une sinistre loufoquerie.

Le vieux lion d'écritoire avait de splendides mouvements de révolte, de fureur ou de magistrale ironie, Le sarcasme ne quittait plus sa bouche. Il fallait le voir lisant les pitoyables répliques des officiels français aux discours de Hitler : "Quels clercs d'avoués !" Je lui disais comment certains prolétaires parisiens distinguaient, avec un froid bon sens, les vrais responsables du cataclysme chez nous. Les cheveux hérissés, il me répondait en martelant chaque syllabe d'un coup de poing : "Oui, oui ! mon seul espoir pour ce pays, désormais, c'est la Commune blanche." Mais si l'on profitait de ces vigoureuses "sorties" pour lui arracher son dernier mot sur la guerre, il se reprenait toujours : "Le vin est tiré, il faut le boire. Nous n'avons plus maintenant qu'un devoir : celui de nationaliser cette guerre qui est si peu nationale." Inutile dès lors de lui représenter la vanité d'une pareille entreprise, au milieu de tous les Juifs, de tous les Anglais, tous les maçons de l'univers, avec Daladier, Albert Lebrun, Yvon Delbos : il avait refermé son sophisme sur lui, il était inaccessible.

Si Maurras avait su employer le quart de sa ténacité, de ses ruses, de ses arguties à réserver un étroit sentier à l'idée de paix, on ne peut trop savoir ce qu'en eussent été les conséquences, de toute façon les cas de conscience qu'il eût dénoués, les alliés qu'il se fût acquis. Mais je l'ai déjà dit : ce pouvait être le fait d'un vrai grand homme, ce ne pouvait être le sien.

* * * * *

Depuis la cynique entrée des Russes en Pologne, la principale inquiétude du gouvernement français était de ménager le Kremlin. Notre diplomatie avait plus que jamais pour grande pensée de rallier les bolcheviks à notre camp. On comprend aujourd'hui à quel point Londres lui dictait tout. La veille du franchissement de la frontière par les Rouges, nos soviétomanes les conjuraient affectueusement de réfléchir, de bien peser qu'ils avaient encore le temps d'accourir comme les sauveteurs de la Pologne... Pour ne pas avoir à insister sur l'agression soviétique, on en arrivait à se taire aussi sur l'attaque allemande, et à passer la Pologne aux profits et pertes sans qu'il en fût désormais plus amplement question.

La thèse officielle était chez nous que Staline avait dorénavant Hitler à sa botte, que l'alliance soviéto-hitlérienne tournait à la confusion des Allemands.

Tandis que ces derniers s'installaient sur leur riche conquête, plus grande que la moitié de la France, et que les hordes kirghises déferlaient dans les rues de Lemberg, les Anglais, imperturbables, continuaient leurs bombardements de "papier" sur l'Allemagne.

C'était Homais et M. Pickwick en guerre contre Gengis Khan.

Combien de temps encore l'armée française résisterait-elle, au service de ces polichinelles ?

* * * * *

Il y avait en Europe, du fait des peuples, du sol, du climat et de l'histoire, des États vassaux et des États suzerains. On n'y changerait jamais rien. J'espérais bien que ce serait encore plus net après cette guerre.

On avait mis depuis des années une effroyable hypocrisie autour de cette hiérarchie naturelle. Le résultat s'étalait devant nos yeux. Nous avions de bien médiocres vassaux. Mais nous avions été, Anglais et Français, des suzerains pires encore. Nous avions doté nos serfs, Tchéquie, Serbie, Pologne, au rebours de toute raison et de toute justice. Ces sous-peuples, qui n'avaient existé depuis vingt ans que grâce à nos conceptions juridiques, n'étaient même pas en état de défendre huit jours par eux-mêmes les frontières que nous leur avions dispensées.

Nous, du moins, nous étions encore capables d'interdire aux Allemands l'accès de nos terres. C'était un article de foi à peu près absolu, même pour les "défaitistes" de mon espèce. On comptait sur les doigts d'une main les incrédules. Mon ami le colonel Alerme, lorsque je l'interrogeais à ce propos, me répondait que les Allemands n'avaient pas fini d'étonner le monde, ou bien rappelait des principes éternels : il n'existe pas de front inviolable, tout dépend des sacrifices dont l'adversaire est capable et qu'il consent. Je ne pouvais m'interdire de le juger outré.

Nous avions aussi à l'*Action Française* notre sombre visionnaire, le colonel Larpent, implacable historien de Gambetta et de Dreyfus, avec cet autre officier, Frédéric Delebecque qui fut encore, par un curieux détour, l'admirable traducteur, le poète en français des *Hauts de Hurlevent*. Le colonel Larpent, originale figure, osseux et noueux, avec une mouche d'ancien style sous la lèvre, s'épanchait volontiers en lançant familièrement, du fond de son fauteuil, ses longues jambes à l'assaut du mur d'en face, où ses semelles atteignaient des hauteurs prodigieuses. Je n'ai jamais entendu professer un mépris plus coloré et plus raisonnable, hélas ! du grand état-major de France que par ce vieux soldat sans reproche. Une de ses bêtes noires était le général Weygand. C'est dire le cas qu'il pouvait faire du malheureux Gamelin. Il jugeait sans appel tous ces grands hommes aussi incapables dans la défense que dans l'attaque : "Des fortifications ? Pfft ! avec des Jean-foutre comme ça derrière..."

Maurras, qu'un maréchal des logis de gendarmerie avait toujours plongé dans un profond respect, passait ces impiétés à un compagnon si fidèle. Afin que sa foi nouvelle n'en reçût pas la plus petite secousse, et que ses inquiétudes d'août fussent définitivement enterrées, les monteras-tu-la-côte de la maison se permettaient de lui dépeindre Larpent comme fort ramolli.

Je serais inexact en oubliant la rencontre d'un troisième prophète. Le colonel Larpent, directeur de la page militaire du journal, y avait réuni depuis une dizaine d'années quelques officiers pourvus dans leur métier d'un solide renom d'excentriques. Ils se labouraient la substance grise afin de dénicher un moyen de faire la guerre de demain avec le matériel d'hier, ou de plier le matériel de 1938 aux leçons de 1917. Ils se livraient à des multiplications, des additions de chars, d'antichars, de mortiers, à des débauches de balistique dont beaucoup seraient fort touchantes à revoir aujourd'hui. Ils s'insurgeaient du moins contre l'ankylose des états-majors. Leurs efforts décousus et solitaires eussent été précieux sans doute dans un système moins décadent.

Durant les premiers jours de septembre, je croisai l'un de ces officiers dans l'escalier du Boccador. Il avait les yeux exorbités et les bras en l'air.

- Eh bien ! mon capitaine, lui demandai-je. Qu'en dites-vous ?
- Ce que j'en dis ? Nous sommes foutus, archifoutus sans rémission. Nous allons recevoir une pile, mais une de ces piles !

Je n'ai pas ouï dire que cet officier romantique ait été promu général depuis juin 1940. Je peux croire que c'est dommage.

Mais quoi que pussent en penser ces fantaisistes déconsidérés, à l'automne 1939, l'inviolabilité de notre frontière ne se discutait pas. Cette conviction ne me satisfaisait d'ailleurs que médiocrement. Il eût été bien difficile de se monter la tête avec les escarmouches de patrouilles et les progressions méthodiques sur quelque quinze cents mètres de profondeur des armées Gamelin, encore que les correspondants spéciaux, les stratèges et les grands politiques appelassent cela "porter la guerre chez l'ennemi", et trouvassent hautement moral et providentiel que l'Allemagne refît connaissance avec les réalités du feu.

Quelques-uns voulaient encore croire à une faute miraculeuse de l'adversaire. Dans les premiers jours d'octobre, le bruit d'une attaque allemande massive sur la ligne Maginot tintait à toutes les oreilles. C'était trop beau pour qu'on y crût. Cependant, les experts, les informateurs les plus sûrs, multipliaient les preuves. Le 16 octobre au matin, cinq ou six divisions de la Wehrmacht attaquaient sur le front de la Sarre, avançaient à peu près "dans le vide" et s'arrêtaient courtoisement face à nos créneaux du 1e septembre.

Le colonel Larpent, dépliant ses jambes, tirait la conclusion de cette brève bourrasque : "En somme, les Allemands nous ont repris en deux heures tout le terrain que nous avions mis un mois et demi à gagner."

On avait eu juste le temps d'intercepter pour la presse la proclamation de Gamelin à ses troupes, lue le 15 au soir, qui annonçait la ruée en masse de l'ennemi et la bataille décisive,

Deux ou trois optimistes voulaient encore croire que les Fritz venaient simplement de prendre des bases de départ, que leur énorme et folle ruée allait suivre. Mais rien ne vint. Les verrous étaient solidement poussés sur le front des forteresses d'occident. Il ne restait plus qu'à franchir bon gré mal gré le premier et morose hiver de guerre.

À l'*Action Française,* l'ennui s'épaississait toujours. Les opérations de la censure avaient mis le comble à l'anarchie du journal. Maurras se refusant plus que jamais à concéder une épithète de ses corrections, une minute de ses invraisemblables horaires, les retards de notre imprimerie s'aggravaient chaque semaine. Le tirage s'effondrait. Peu à peu, inexorablement, la vie se retirait de la vieille maison. Mon ami Alain Laubreaux disait : "Étrange aventure ! L'A. F. mourra de cette guerre en même temps que la démocratie."

Je pouvais de moins en moins supporter certains types de bipèdes qui croisaient encore dans nos parages. Il y avait surtout le brigadier-chef ou le lieutenant de cavalerie maurrassiens, ne vivant plus que pour les délices du prochain baroud, ne voulant plus rien connaître d'autre. Certains n'étaient plus des gamins du genre "Pour Dieu et pour le Roi". Ils avaient eu du jugement. J'admirais qu'ils fussent aussi aisément parvenus à chasser comme des mouches toute idée de leur cervelle, que les effroyables dilemmes de la bataille impossible, de la guerre conduite par les fossoyeurs de la France et les Juifs, eussent subitement disparu pour eux, fondu devant l'enivrante perspective d'une nuit de patrouille à plat ventre.

J'essayais de trouver quelque confident de mes tourments : "Voilà : la guerre a été déclenchée par les plus affreux pitres du plus affreux régime juif et démagogique. Il paraît qu'on ne doit souhaiter que la victoire. Alors, nous devons encore sauver une seconde fois la République, et une République bien pire qu'en 1914 ?" Mais les maurrassiens ne voulaient plus entendre ces propos déprimants et, pour en dissiper les miasmes, jetaient avec entrain au vent des nouvelles de la "paix Bainville", la grande paix des découpeurs. Cela marchait à merveille. La maréchale Joffre allait sans doute accepter de présider le comité. Comme il y avait grande pénurie de blessés avec cette guerre si benoîte, les ouvroirs de la rue du Bac allaient prendre sérieusement en main l'évangélisation bainvilienne du troupier : une tablette de chocolat, un exemplaire des *Conséquences politiques de la paix,* une paire de chaussettes et l'*Hisloire de deux peuples.*

Pujo, lui, m'avait fait cette magnifique réponse : "Je crois aux vertus moralisatrices de la victoire.." Et comme je restais quelque peu suffoqué, il ajouta ce trait : "Mais oui. Voyez. En 1919, nous avons tout de même eu le Bloc National."

* * * * *

Chaque jour nous enrichissait d'une nouvelle insanité. La fameuse rubrique de la faim allemande connaissait naturellement une vogue extraordinaire. Durant la première semaine de la guerre, le *Temps* n'avait pas hésité à imprimer dans ses majestueuses colonnes que faute de lait en Allemagne, on avait commencé à traire les femmes. L'imminence d'une crise des savons à barbe dans le Reich était jugée grave à ce point que les agences de presse la reproduisaient tous les trois jours. La fameuse tartine de confiture triomphait, mais infiniment perfectionnée depuis 1914, devenue scientifique. Des sommités médicales d'Amérique, armées de balances à régime, venaient, nous annonçait-on, de nourrir une famille new-yorkaise à une vitamine, à une calorie près comme une famille bourgeoise de Hambourg. Après vingt-quatre heures de cette expérience, la famille yankee ne pouvait plus monter les escaliers de métro.

Des millions étaient dépensés chaque jour en rédaction, câbles, télégrammes, fils spéciaux, clichages, encres d'imprimerie, pour nous apprendre la nouvelle composition des boyaux de saucisses qu'imposaient à l'Allemagne les rigueurs de la guerre, la récupération à Berlin des épingles à cheveux pour conjurer la disette du fer, et les terribles restrictions de crème fouettée à Vienne.

Dans un genre plus grave d'apparence, mais en fait d'une fantaisie bien davantage dévergondée, nous recevions la pluie des statistiques, décompte des pétroles, de l'acier, du caoutchouc, des huiles, du bois dont l'Allemagne disposait encore, qui lui manqueraient bientôt ou qui lui manquaient déjà. Ces travaux étaient péremptoires. Ils avaient simplement le tort de se démentir entre eux pour des bagatelles de huit ou dix millions de tonnes.

Mais personne ne prenait garde à ces détails. Le blocus triompherait. Il avait déjà remporté ses premières victoires.

C'était la doctrine guerrière de ceux qui ne sont et ne daignent jamais être soldats, des Juifs et des Anglais, la guerre bancaire et marchande, illustrée par l'infantilisme bruyant de la presse à la mode américaine. M. Jean Fayard, lieutenant interprète dans un état-major de D. C. A. britannique, me traduisait nonchalamment ces vues des Lloyds et de Wall Street : "Bah ! mon cher. C'est une guerre qui se fera sans qu'on tire un coup de canon." Selon l'optique du Fouquet's et des autres bars dans le train, les Allemands étaient des pouilleux qui avaient la grossière outrecuidance de se mesurer avec les seigneurs de la livre et du dollar, et allaient se faire joliment tirer les oreilles.

Les Juifs et les Anglais, habitués à tout acheter, ne doutaient pas qu'ils pussent aussi acheter une victoire. (Cela réduisait d'ailleurs à un rôle diablement subalterne les cinq millions de Français qui se contentaient de remplir les casernes, de tenir les tranchées pour quinze sous par jour et au besoin de se faire tuer, bref de vaquer à toutes les corvées inférieures, tandis que les maîtres, au milieu d'un confort raffiné dû à leur précellence, menaient les coups décisifs et concluaient les marchés fructueux. Le mercenaire obscur serait toujours trop largement rétribué.)

L'esprit public était si bien gavé de ces indécentes turlutaines qu'il eût fallu conduire une véritable campagne pour faire entendre aux Français que cette guerre serait obligée de comporter, comme les précédentes, des obus qui éclateraient, des rafales de mitrailleuses et de grands tas de morts. Mais seuls Maurras, dans un des derniers éclairs d'une raison qui allait s'éteindre pour jamais et deux ou trois de ses disciples, tel que votre serviteur, osaient entamer cet austère sujet. Jacques de Lesdain, dans un article de l'*Illustration*, le seul véridique sans doute qui eût paru sur cette matière pendant les dix mois de nos hostilités, rappelait avec une grande sagacité que la guerre totale, en Allemagne, pesait sur le civil d'un poids inconcevable pour nous mais que, dûment dressé, il supportait cependant. Nous prêtions au Reich des besoins civils qu'il n'avait plus depuis le premier jour de la guerre. Une économie rigoureusement militaire taillait d'abord pour l'armée la part du lion dans toutes les ressources, lui assurait largement et pour un temps indéterminé tous ses moyens d'action. La circulation des voitures privées, des camions de l'industrie, serait entièrement supprimée si les besoins des corps motorisés l'exigeaient. L'*Action Française* exceptée, pas un journal n'avait pipé mot de cette étude si digne de méditation.

Je rappelais à mon tour qu'à la fin de l'hiver 1918, après trois ans et demi d'une guerre terrible, alors que le blocus réduisait à une quasi famine la population civile de l'Allemagne, Ludendorff surveillait avec le plus grand soin les rations des troupes sur le front de l'Ouest. Quelques semaines plus tard, ces troupes pouvaient encore fournir des assauts si redoutables qu'ils nous mirent à deux doigts de notre perte. Ma voix n'avait pas davantage d'échos.

Ces avertissements, ces rappels des sévères sacrifices qu'il faudrait bien accomplir si l'on voulait réellement que la guerre se fît, étaient fort peu goûtés du monde officiel. Les vrais démocrates y subodoraient même une espèce de relent de sous hitlérisme, de fascisme mal camouflé. Le gouvernement se donnait pour tâche essentielle d'ajuster la guerre aux mœurs électorales, de l'arranger sur mesures pour le peuple qui "méprisait les servitudes nazies", qui cultivait les libertés humaines, à savoir les quarante heures et le pernod. Il importait que l'on vît et que l'on fît cette guerre le moins possible, sauf, bien entendu, sur le papier et dans les œuvres d'éloquence, où, pour rétablir l'équilibre, la plus farouche énergie était toujours de rigueur.

Il en résultait d'ailleurs, selon l'infaillible loi de ce régime, une inégalité sans précédent. Des pères de famille de quarante ans sonnés étaient dans les lignes d'Alsace, et des gamins qui n'avaient même pas terminé leur temps légal rappelés dans les usines de l'arrière avec super-salaire.

Le chapitre où jamais, au gré de leurs maîtres, les journalistes officieux ne se montraient assez chauds, émus, abondants, était celui de nos chers amis anglais. On pensait probablement décupler les quatre divisions débarquées par l'Angleterre en les faisant décrire dix fois par chaque journal.

Pendant qu'on se livrait chez nous à ce concours de servilité extasiée, une petite dépêche en cinq lignes, perdue dans la dernière heure nous confirmait le simulacre odieux de la conscription anglaise. On nous avait entre autres avertis, le troisième ou quatrième jour de la guerre, qu'elle ne toucherait personne avant le mois de mars. Beaucoup de journaux britanniques jugeaient ces mesures encore excessives. Ils estimaient, que la sage Angleterre ne devait point retomber dans ses erreurs de 1914-18, où elle avait perdu, faute de bras, tant de commandes passées à l'Amérique. Son rôle était de financer et alimenter la guerre. On calculait en livres sterling ce que l'enrégimentement d'un ouvrier coûtait à l'Ile et à l'Empire.

L'Angleterre, conductrice de la guerre, ne prenait plus cette fois-ci les moindres formes. Avec un cynisme serein, elle nous refusait ses hommes, elle exigeait pour elle le rôle de gigantesque profiteuse, elle le déclarait hautement comme si rien ne fût plus naturel. Je commençais à me demander sérieusement si elle ne souhaitait pas de nous voir épuisés à l'égal des Allemands, par la longueur et les pertes du conflit, de se débarrasser à a fois des deux en les faisant se massacrer entre eux.

"Vingt-cinq ans d'alliance diplomatique et militaire avec un peuple gribouillais-je le 21 octobre, c'est beaucoup, cela fait un bien vieux ménage. Il serait dans l'ordre de la nature que la paix nous trouvât brouillés avec les Anglais, Nous aurions d'ailleurs tout à y gagner".

Je pointais leurs gaffes, leurs retards, leurs défaillances, leurs tricheries dans la guerre comme dans la paix depuis 1914. Quelle série, depuis French qu'on n'arrivait pas à mener au canon la veille de la Marne, et qu'il fallait que Joffre vînt de sa personne remettre au pas en cognant sur la table ; depuis la sanglante et incohérente stupidité des Dardanelles, chef-d'œuvre de ce vieil excité de Churchill, sept mois donnés aux Turcs par les momies de l'Amirauté pour s'armer et se barricader, les mastodontes de l'Union Jack croisant avec une imbécile majesté au large du Détroit, attendant le jour où celui-ci serait complètement fortifié et où les attaques de mer et de terre viendraient s'anéantir sur ses parapets, soixante mille hommes massacrés pour finir, en pure perte ; jusqu'aux canailleries de Lloyd George ramenant les Bolcheviks en Europe, pour traiter avec eux le "business" pétrolifère de sa famille, jusqu'au servage financier exercé sur la France, livrant en gage toute sa liberté politique contre les aumônes des créanciers londoniens !

Bien que j'eusse parcouru presque toute l'Europe, je n'avais jamais trouvé le temps de franchir le "Channel". J'admirais depuis toujours la littérature anglaise, où les Irlandais ont d'ailleurs une si belle part, la seule qui puisse rivaliser avec la notre en ancienneté, en continuité et en richesse. Pour le reste, j'avais approché fort peu d'insulaires. Mais pour autant qu'il m'apparût et que l'on pût préjuger de la masse d'un peuple, celui-ci m'apparaissait bien comme le grand bourgeois de l'Europe, avec la brutalité marchande de la caste, son incuriosité d'esprit, sa routine, ses œillères religieuses, sa morgue qui pouvait du reste atteindre à un assez imposant orgueil.

Je dois dire que Maurras de Martigues, dont on a déjà pu lire plus haut quelques beaux textes, me laissait volontiers, dans son horreur du Nord, épancher devant lui tous ces ressentiments et ne dissimulait guère combien il les partageait.

"Les Allemands, proférait-il après je ne sais plus quelle homélie de Chamberlain, sont des candidats à la civilisation. Les Anglais sont des barbares indécrottables, armés de Shakespeare et de la Bible".

J'ajouterai, pour l'intelligence de cette saillie, que Maurras avait biffé un soir résolument le nom de Shakespeare d'une chronique littéraire où il était cité avec Corneille et Musset, pour le motif que Léon Daudet en parlait aussi dans son article et qu'il était excessif que ce sauvage d'Angleterre apparût deux fois dans le même numéro du journal. Nous sommes une demi-douzaine à nous souvenir de ce trait.

* * * * *

Cependant, parmi quelques-uns des disciples les plus proches du cœur de Maurras, croissait et prospérait une anglophilie installée déjà depuis bonne date dans les maisons bien pensantes où s'était mitonné le bellicisme d'*Action Française*. Ce cénacle était en train de trouver son doctrinaire et son porte-parole en la personne de Thierry Maulnier. Nous avions vu en effet ce lieutenant d'infanterie de trente ans, jouissant d'une santé excellente, revenir à la vie civile après vingt-cinq jours de campagne passés aux environs de

Melun, nous montrant pour toute explication une feuille de papier rose qui le mettait "en disponibilité". Jacques Talagrand, dit Thierry Maulnier, fils d'un vieux professeur athée et franc-maçon, athée lui-même avec un certain fanatisme, était en politique l'auteur de trois livres et de quelques douzaines d'articles. On n'y découvrait guère que les truismes les plus éprouvés de la littérature antidémocratique, mais dans un tour suffisamment opaque pour lui valoir le respect des braves garçons persuadés qu'on les fait penser quand on les ennuie, et à travers une syntaxe assez barbelée de jargon philosophique pour exciter à la glose tous les pions de l'écritoire. Ceux de ses amis qui se dispensaient de le lire lui reconnaissaient très haut en échange ce sérieux et cette profondeur que l'on accorde si volontiers dans notre Paris distrait et bousculé. Thierry Maulnier s'était fait ainsi parmi la jeunesse nationaliste un renom assez solide de doctrinaire. Comme tant d'abstracteurs de quintessence, il passait aisément pour hardi et avancé dans ses idées. Les gardiens de l'orthodoxie d'*Action Française* avaient même humé chez lui certains relents d'hérésie. Mais, à la fin du compte, on s'habituait à voir dans ce jeune homme un des plus précieux héritiers du maurrassisme, auquel il ajoutait un souci moderne des besoins sociaux que les premiers monarchistes dédaignaient trop.

Thierry Maulnier avait compté parmi ces garnements dont la bourgeoisie souriante prédisait pour le jour de leurs noces ou de leur premier gros chèque l'évolution subite vers la respectabilité. Notre écrivain était toujours célibataire, il s'en fallait encore de beaucoup qu'il connût les voluptés du dixième mille. Pourtant, ce sans-Dieu, cet antimilitariste avéré, ce contempteur de l'égoïsme patronal et de la tyrannie capitaliste rejoignait à toutes jambes les dévots et les porteurs de Suez, qui commençaient à former le parti des ''yes''.

Je n'étais pas outre mesure surpris de voir un intellectuel enferré dans ses poncifs individualistes, occupé, avec des emberlificotages inouïs, à distinguer les régimes d'autorité respectueux des "valeurs humaines" et les totalitaires "antihumanistes", au surplus méprisant comme grossier et indigne d'un penseur l'antisémitisme, de le voir, dis-je, rallier le camp du libéralisme démocratique qu'il avait si sévèrement stigmatisé, Cette petite aventure, qui devait advenir à plus d'un autre, était en somme fort naturelle. Elle participait de la liquidation matérielle, morale et spirituelle de toute une époque.

Sous prétexte de réalisme supérieur, le jeune Maulnier s'était pris d'une religion pour les chiffres et les théorèmes de l'économie, Il y était d'une irréprochable incompétence. Mais aucune matière ne prête mieux dans notre siècle à la pédanterie solennelle. C'était une forte tentation pour un normalien assez infatué. Ce ratiocineur venait donc de découvrir les secrets infaillibles du monde dans les volumes de tonnages navals et le poids des encaisses-or. Il s'était mis à en jongler avec une suffisance péremptoire qui ne pouvait être le fruit que d'une incommensurable naïveté, la sienne du reste devant la vie.

Du même coup, le pionnier du socialisme national s'éprenait d'une admiration sans bornes pour l'Angleterre. Cela datait déjà de quelque temps. À l'imprimerie de la rue Montmartre, on le voyait plonger dans les notices du Bottin de l'étranger, instrument essentiel de son érudition, et en rapporter des considérations éblouies sur les chiffres du Commerce britannique à Shanghai ou Singapour. J'ajouterai qu'outre ce précieux Bottin, Maulnier avait passé en tout et pour tout quatre jours à Oxford et à Londres, et qu'il ne lisait pas, à ma connaissance, un mot d'anglais.

Cet homme renseigné objectait désormais à toutes les diatribes sur l'égoïsme et la lourdeur d'Albion, que les intérêts impériaux de la France et de la Grande-Bretagne étaient indissolublement liés. Quand on lui représentait la singulière incapacité où se trouvaient ces deux vastes puissances à pousser militairement leur entreprise guerrière, il répondait en souriant qu'il fallait concevoir la forme sans précédent de ce conflit. Il se lançait sur le planisphère dans de gigantesques circumnavigations qui toutes aboutissaient à démontrer l'asphyxie inévitable de l'Allemagne.

- Maulnier, lui disais-je, on fait aussi la guerre sur terre.
- Cette fois-ci, répliquait-il, ce n'est pas sûr. Et puis, je n'y connais rien et je n'ai pas envie d'apprendre. Ça ne m'intéresse pas. Avec les bateaux, ce qui est amusant, c'est qu'on peut les promener dans n'importe quelle direction. On peut tout combiner, tout imaginer, tout se permettre...

Tels étaient, à l'automne de 1939, les propos du gaillard qui allait devenir six mois plus tard l'un des augures stratégiques de la presse française.

* * * * *

Mon ami R.... capitaine de chars, héros superbement balafré du Rif, pur type du grognard au verbe explosif et imprévisible, et se morfondant présentement à la tête d'une compagnie échelon embourbée quelque part entre Meuse et Moselle, m'écrivait ce billet :

- C'est la guerre. Ce n'est pas la guerre. C'est la guerre quand même. Cela me rappelle la définition du "marquez le pas" par l'instructeur indigène, caporal Lakhdar : "Ti marches. Ti marches pas. Ti marches quand même".

Guerre ou non, on s'enfonçait dans un marais de dégoût. Je ne sais ce que je fusse devenu entre les vieillards de plus en plus irréels de l'*Action Française* si je n'eusse possédé dans Paris deux refuges pour mon réconfort.

J'allais le plus souvent possible à *Inter France*. Mon ami Dominique Sordet, à qui je dois mes débuts dans le journalisme, avait créé le printemps précédent cette agence pour la presse nationale de province. La démocratie s'est suscitée des adversaires assez inattendus. Dans l'*Action Française* encore si batailleuse et crainte de 1930, les pontifes du régime vermoulu n'eussent guère pu soupçonner qu'un de leurs ennemis les plus irréductibles serait le paisible critique musical, et que ce petit homme discret, d'une urbanité charmante, fils d'un général, ancien officier lui-même, surgirait sur la brèche au moment précis où les vieux francs-tireurs royalistes pactiseraient avec la République libérale et jacobine, et qu'il deviendrait l'un des plus intrépides casse-cou du nationalisme révolutionnaire.

Au seuil de la cinquantaine, après n'avoir vécu pendant quinze années que pour sa discothèque, les ballets et les concerts, Sordet venait de découvrir dans la politique sa vraie vocation. Il y apportait, à l'âge de la pleine maturité, la jeunesse d'idées d'un homme neuf, que n'avaient entamé ni les amitiés ni les compromis de partis, l'exercice d'un bon sens qu'aucune des buées parlementaires ou doctrinaires ne ternissait. Il offrait l'exemple accompli d'un de ces esprits fermes et de sûr talent que la France cherche en vain pour ses affaires, dont on croit bien à tort l'espèce évanouie et qui trouveraient aussitôt leur place dans une véritable restauration du pays.

- Non, répétait-il de sa voix de tête toujours égale, on ne se bat pas avec la typhoïde au ventre.

Nous n'apercevions en effet aucun palliatif à cette vérité clinique.

Autour de Sordet, on voyait, non moins sombres devant le tunnel du prochain avenir, les renégats d'*Action Française*, Pierre Pradelle, Claude Jeantet au pessimisme véhément et méthodique, Roland La Peyronnie, au sarcasme truculent dans sa large face fleurie, semblable à un fermier général du XVIIIe siècle, le charmant Maurice Bex, l'ancien secrétaire de l'Opéra-Comique, pour l'instant capitaine désabusé d'un groupe d'aérostiers, mon vieil ami Georges Champeaux, lyonnais savoureux et sagace, ancien socialiste, mais de la bonne étoffe, piochant déjà sa vaste et impitoyable Croisade des Démocraties.

On voyait surtout le colonel Alerme, poursuivant un grandiose soliloque, à la fois de philosophe et de magnifique humoriste, sur la décadence de l'armée républicaine, l'éternelle impéritie des Anglais, la puissance ordonnée et hardie des Allemands.

- Nous allons rater l'une des plus belles occasions de notre histoire, disait-il flegmatiquement. Si rossards et égoïstes qu'ils soient, les Anglais vont

bien finir par nous envoyer quelques divisions. Ça n'en fera pas très lourd, mais ça sera malgré tout le meilleur de ce qu'ils possèdent. Nous les ferions prisonnières, quelle tranquillité pour un siècle !
- Ne l'oubliez jamais, disait-il encore, les Allemands sont les seuls héritiers des principes napoléoniens. Cela vous expliquera dans quelque temps bien des choses. Ils n'ont jamais pu se pardonner de s'être laissé imposer en 1914 une guerre de positions. Croyez bien qu'ils ne recommenceront pas, ils chercheront partout l'offensive et la manœuvre, et on verra ce qu'on verra.

Tant d'intelligence demeurait inutile, elle n'emportait même pas toute notre conviction. Cet admirable soldat, droit, svelte et vert comme un lieutenant, n'était même pas jugé digne de commander un dépôt. On lui fermait dédaigneusement l'armée, pour récupérer des colonels réservistes, professeurs et vieux notaires à bedaines de marguilliers.

*****

Plus souvent encore, je retrouvais mon cher *Je Suis Partout*.

CHAPITRE XII

UN JOURNAL QUI N'ABDIQUE PAS

On a vu comment notre chef et fondateur Pierre Gaxotte, dans la semaine où l'offensive judéo-communiste redoublait contre nous, avait bouclé ses malles pour un voyage aux Indes. Toutefois, sa première étape ne l'avait mené qu'en Suisse où la déclaration de la guerre devait le trouver. Sa situation de réformé définitif, ses revenus d'homme de lettres heureux, lui donnaient toute liberté. Trois jours plus tard, il était parmi nous. Il m'avait raconté son débat intime, sur le quai d'une gare de je ne sais plus quel canton helvétique, se sentant sur le point de dire adieu à la paix pour aller se jeter dans la plus épouvantable et stupide bagarre : "Quelle envie de tourner le dos à cette Europe, à ces idioties ! On annonçait une heure de retard pour mon train. S'il en avait eu deux, je crois bien que je ne rentrais pas. Si je suis revenu, c'est bien uniquement par amitié pour vous autres, pour remplacer au journal tous ceux qui sont partis à la guerre". Il ne pouvait effacer d'une manière plus touchante les doutes mélancoliques qu'il nous avait inspirés.

Gaxotte partageait au plus haut chef ma tristesse et mon dégoût. "Ces Anglais sont odieux, me disait-il quelques jours après son retour, au restaurant Lutetia où nous dînions ensemble, beaucoup plus odieux que les Allemands. Ceux-là, au moins, ils font leurs conquêtes eux-mêmes, en risquant leur peau". Il était surtout accablé de voir notre vieux maître Maurras lui-même faire son numéro dans cette pitrerie avec le découpage des Allemagnes : "Demander à un Daladier de reprendre la politique de Richelieu ! Quelle dérision !"

Huit jours après malheureusement, sous on ne savait quelles influences inavouables à force de ridicule ou d'indignité, Gaxotte était pareil à un dévot émancipé qui a revu son confesseur, poincariste, inquiet de se conformer aux usages et civilités de guerre, effrayé de se retrouver à *Je Suis Partout* comme dans un lupanar ou une tranchée repérée, préoccupé de se couvrir de répondants ou d'un rempart, désapprouvant le moindre trait un peu caustique, le moindre rappel de notre scepticisme et de nos refus cherchant à nous jeter dans les jambes, pour remplacer nos mobilisés, tout ce qu'il pouvait connaître de sous-Hanotaux, d'académiciens travaillant dans l'élévation des âmes, d'agents du Comité des Forges ou des finances de Reynaud. Bref, un Gaxotte perdu pour notre petite barque, n'ayant plus d'autre désir que de l'échouer, voire de la couler discrètement.

* * * * *

Mais déjà, bondissant de son siège désormais inutile de critique dramatique, Alain Laubreaux avait saisi de ses deux poings la barre du journal.

Avec lui, aucune équivoque. Venu de plusieurs bandes de réfractaires et de radicaux toulousains fort débraillés dans leurs convictions, il n'avait pas à secouer comme nous des scrupules d'hommes de droite. Aucun débris de dogmes ne l'embarrassait. On peut dire qu'il s'était rallié à nous d'instinct, en 1936, du jour où ses amis démocrates avaient commencé d'agiter le boute-feu. Pas le moindre débat de conscience dans son cas, pas une seule de ces ridicules bouffées de chaleur que nous avions presque tous à confesser. Le 3 septembre au soir, il avait une fois pour toutes affiché prophétiquement ses vœux : "Il n'y a plus, qu'un seul espoir pour la France : une guerre courte et désastreuse". Il ne voulait tolérer aucune participation morale ou matérielle, si insignifiante fût-elle, à cette ignoble absurdité. Tout juste âgé de quarante ans, il se flattait très haut, n'importe où, de sa réforme de complaisance, obtenue autrefois à la colonie où il était né, pour "amaigrissement progressif", et qui jurait d'énorme façon avec sa mine plantureuse de grand vivant bien nourri : "J'ai quatre frères dans cette chienlit, clamait-il, un dans les chars, deux dans l'aviation, un autre sergent d'infanterie. C'est suffisant pour la famille. Je ferai n'importe quoi, mais on ne me mettra pas le grappin dessus". Haïssant et méprisant totalement cette guerre, repoussant toute argutie, Laubreaux était donc sans réserve pour la paix. Il l'était au premier coup de canon. Il devait le rester, sans une seule nuance, jusqu'au dernier.

On se représentait les pacifistes de l'autre guerre sous les traits de quakers congelés, de vieux socialistes broussailleux ou de torves agitateurs. Laubreaux, lui, était le pacifiste franc buveur, sonore, que dis-je, éclatant ! avec une faconde à la fois frémissante et drolatique, la verve du vrai journaliste de combat que la censure excite au lieu de le refréner et qui la mystifie par d'incessantes inventions. Les manches retroussées, faisant retentir notre atelier de cent calembours corrosifs et colossaux, déplaçant un prodigieux volume d'air, il menait le journal comme un chef d'orchestre une orageuse symphonie. Entre ses mains qui dessinaient, retournaient chaque page avec une infatigable virtuosité, la typographie elle-même devenait un instrument de bataille. Un homme tout entier d'humeur, mais d'une humeur politiquement divinatoire, faisant de lui le révolté le plus logique de notre bande, l'infaillible baromètre de la catastrophe de 1940 dont les nuées s'amoncelaient sur nos têtes.

Aussi calme et égal que Laubreaux était impétueux, notre ami et aîné Charles Lesca, volontaire de l'autre guerre, bel homme solidement assis dans la vie et dans ses convictions, administrateur devenu rédacteur en chef dans l'absence de Brasillach, nous apportait le précieux concours de sa sereine dignité, épousait sans la moindre réticence nos plus périlleuses querelles, portait en tous lieux son flegmatique mépris pour l'abjecte aventure et les marionnettes en bouchons qu'elle roulait.

Les stratèges amateurs d'encerclements intercontinentaux, les experts navals et économiques aux sourires fleuris de chiffres vainqueurs, trouvaient sur notre porte un "lasciate ogni speranza". Pour nous, notre pessimisme était un assez singulier mais très solide réconfort. Au milieu de l'océan de sottises et de mensonges, ce havre ne nous servait point seulement à nous décharger de notre colère. Nous nous sentions les gardiens d'un morceau de la sagesse française, qui pourrait quelque jour devenir sans prix. C'était d'abord pour cela que nous avions voulu nous maintenir à flot, malgré tant d'absents irremplaçables, tant d'ennemis, et l'exaspérante vanité de nos efforts présents. Pour le reste, nous connaissions notre devoir strict. Personne n'avait besoin de nous apprendre que devant un adversaire en armes, on n'a plus le droit de détourner un seul soldat de sa mission. Nous pouvons même nous vanter d'avoir versé un rude tonique... Qu'il existât encore à Paris, malgré tout, des observateurs impitoyables de tant de turpitudes, des hommes qui se refusaient aux mensonges honteux ou mortels, c'était, pour maints poilus non seulement une vengeance, mais le plus solide espoir.

La survie d'un journal pacifiste en pleine insanité guerrière n'est sans doute qu'un bien mince épisode auprès des événements que 39 ou 40 ont pu voir. Mais deux hommes, Alain Laubreaux et Charles Lesca, y dépensèrent une somme d'opiniâtreté, de lucidité et de courage dont on aurait vite compté les exemples dans la France de ces mois-là. Leur mérite fut d'autant plus admirable que, l'un journaliste réputé, connaissant tout Paris, l'autre riche, d'âge mur, libre de toute attache et de toute ambition politique, accomplissant tous deux une tâche pleine de périls mais presque anonyme, ils risquaient le pire avec la plus parfaite abnégation.

* * * * *

Tout, à *Je Suis Partout*, proclamait la condamnation implicite de la guerre, et l'invraisemblance d'une issue victorieuse. Nous avions imaginé de reproduire chaque semaine, sous le titre "Paroles à méditer", ces mots de Daladier que ne pouvait évidemment échopper la censure : "Français et Françaises, nous faisons cette guerre parce qu'on nous l'a imposée", et il fallut les supplications épouvantées de Gaxotte pour nous y faire renoncer. Nous prospections toute l'œuvre de Giraudoux et nous ramenions ces diamants dont l'éclat devait assez embarrasser le nouveau héraut de la grande Croisade. Nous faisions crier ainsi nos vérités favorites par le propre arbitre de l'orthodoxie de guerre :

"Croire que le combat que nous avons à livrer est un combat de démocratie contre tyrannie, c'est accepter une confusion dangereuse" (*Pleins pouvoirs*).

"Chaque feuille de journal n'est généralement qu'un voile salissant mais pudique jeté sur la vérité". (*Pleins pouvoirs*).

"*Judith :* Le bruit court qu'Holopherne manque de munitions, qu'il doit pour des flèches forger ses bijoux".

"*Joachim :*...Le bruit en court, en effet. C'est même nous qui le faisons courir". *(Judith)*.

La presse vengeresse des arrières, où les académiciens disputaient aux cabots du tour de chant la palme de l'imbécillité et de l'indécence, nous avait déterminé dès la première semaine à composer une anthologie. Il serait dommage de ne pas cueillir au moins quelques échantillons de ces proses surpassant, comme il se devait dans une telle guerre, les plus illustres turlutaines de 1914 :

"À côté des combattants réguliers, constituons l'armée des francs-volontaires, incapables d'un effort prolongé dans une tranchée, en rase campagne, mais capables de ramasser leurs forces, de frapper un grand coup et de mourir.

"... Il suffit d'un bras pour actionner la manette aux torpilles dans un avion chargé d'une mission tellement lointaine qu'il ne peut emporter dans son réservoir l'essence de son retour.

"… Des tuberculeux s'attaquent à un réseau de barbelés ; le premier coupe un fil ou deux, le deuxième un ou deux encore, et ainsi de suite. Tous les assaillants seront tués peut-être, mais le réseau sera coupé.

"Cent "trop" vieux aux jambes encore alertes, au cœur solide, peuvent forcer un blockhaus aussi bien que de jeunes soldats où, si le blockhaus se révèle imprenable, ils auront sauvé la vie de cent jeunes soldats qui eussent entrepris l'assaut à leur place".

Jacques PÉRICARD. (L'*Intransigeant*, 31 août 1939.)

"La France ne va pas se battre comme jadis pour les libertés du monde, mais pour la sienne. Et son ennemi, cette fois, a un visage qu'elle connaît dans tous ses traits, comme pour mieux l'exécrer : ce tragique sosie de Charlot qui avec sa crotte de moustaches et son geste de chasser les mouches, a fait crouler de rire les cinémas avant de les faire trembler d'horreur".

Roland DORGELÈS.

"Je me rappelle avoir rencontré un de mes camarades commandant un groupe d'artillerie avec une capeline rose et des gants verts. - "Que veux-tu ? me dit-il, j'ai reçu pour mes hommes une collection de tricots de formes et de teintes invraisemblables ; mes hommes ne voulaient pas s'en servir parce qu'ils redoutaient les quolibets des camarades. Alors, pour l'exemple, j'ai adopté les plus grotesques !" "Et Je lui ai serré cordialement la main".

Général MAURIN, ancien ministre de la Guerre. (*Paris-Soir*, 7 octobre.)

"Inutile de se presser : la victoire est certaine".

Lucien LAMOUREUX. (*Le Journal*, 20 novembre.)

"Depuis quelques jours, la Haute-Alsace n'est plus silencieuse ; nos guetteurs, sur les bords du Rhin, échangent des coups de fusil avec ceux d'en face. Simple distraction sans doute".

(*Le Petit Journal,* 6 février.)

"Les Anglais ne disent-ils pas quand ils parlent du général Gamelin : "Notre Gamelin ?" Ne devrions-nous pas dire aussi : "Notre roi George VI ?".

Abel HERMANT, (*Paris-Midi*, 8 mars)

"En résumé, la situation des Finlandais reste très solide et leur moral est réellement incomparable. Assurément, s'ils devaient être abandonnés à leurs seules ressources, ils finiraient par succomber sous l'avalanche des cadavres russes".

Edouard HELSEY. *(Le journal,* 8 mars)

(Les Finlandais à bout de force signeront la paix quatre jours plus tard.) Tendre aveu : (Nous avions publié cet article sous le titre : "*En avant... arche !*'')

"Bien souvent, j'ai honte de demeurer ici dans la paisible Amérique, et de ne pas me trouver avec vous dans les tranchées ; de ne pas vous porter mon aide - avec les dernières forces qui me soient restées - dans la lutte que vous menez pour nous, pour chacun de nous. Mais, si je ne me trouve pas physiquement avec vous dans les tranchées, je suis avec vous, comme tout homme du globe pensant honnêtement, je le suis moralement. Cette guerre est nôtre et vous la faites pour nous tous".

Chalon ASCH, écrivain Juif. (Les *Nouvelles Littéraires* du 10 février.)

Autre voix de la race élue : M. Jacques Hadamard, Juif de l'institut, dans le *Droit de Vivre,* du Juif Bernard Lecache :

"Chacun de nous sent, chacun de nous sait que défendre la France et défendre les Juifs, sont une seule et même chose".

"Si elle bombarde nos villes, l'Allemagne s'exposera à d'effroyables représailles qui faciliteront, par l'intérieur, l'écroulement germanique. L'offensive aérienne allemande, nous ne la redoutons pas. Bien au contraire".

Aux Écoutes, de Paul LÉVY (14 octobre) Guerre en dentelles :

"Les modèles charmants ne s'appellent plus *Flirt, Intimité passionnée, Gamin parisien,* etc., mais bien, *Maginot, Bombardier, Avant-postes, Tank* et *155 court.*

"Un couturier fantaisiste avait même dénommé un déshabillé de dentelles, *No man's land.* Devant l'hostilité voilée de ses clientes, il a dû rebaptiser ce teagown *Permission de détente.*

"*Offensive* associe une blousette de soie imprimée à une jupe assez longue de drap de même ton. Courte jaquette aux revers de soie imprimée, le masque à gaz placé dans un petit sac dressé dans ce même tissu décoré".

(Le *Cri de Paris,* 5 novembre.)

"L'habit ne constitue-t-il pas une manifestation déplacée ? Le veston, par contre, ne risque-t-il pas de paraître une sorte d'abandon et, en somme, une manière de défaitisme vestimentaire ?

"On voit, par ce simple détail, combien la vie des hommes élégants est rendue difficile par les événements''.

(Match, 25 avril.)

"Collection de guerre, dit-on en contemplant avec un sentiment admiratif les robes parisiennes qui continueront à défiler dans les salons de nos grands couturiers.

"Mais c'est une guerre hardie, confiante, sachant allier l'audace au succès et la patience à l'espoir.

"Une robe en crêpe noir est rehaussée de broderies cloutées d'acier comme une nuit d'alerte sur la Blies."

(Ibid., 26 novembre.)

En voulez-vous d'autres encore ? Voici nos chers alliés en guerre :

"Dans un de nos services de contrôle postal est arrivé récemment le premier message adressé à sa famille par un soldat anglais fraîchement débarqué.

"En voici le texte exactement traduit : "C'est le pays du Bon Dieu. On peut se saouler pour un shilling".

(Aux Écoutes, 21 octobre.)

"Dans un port du Nord de la France, l'envoyé spécial de l'*Evening News* a visité l'hôpital militaire installé dans le casino. Les premiers pensionnaires sont, assure-t-il, des soldats anglais atteints d'indigestion pour avoir trop apprécié la cuisine".

Jean OBERLÉ. (*Le Journal*, 25 octobre.)

Enfin, côté des belles-lettres :

"Dans cette guerre, Jean Cocteau ne sera ni journaliste, ni artilleur. Il écrira. C'est la mission des écrivains. Si le geste d'un Péguy ne fut pas inutile, que ceux qui ne peuvent mourir dressent au moins leur flambeau".

Michel GEORGES-MICHEL. (*Cri de Paris*, 26 novembre.)

"Alors que le Dr Goebbels écrivait, faisait écrire et trompettait partout que la vie de Paris était finie, il s'est trouvé quelqu'un pour lui faire cette jolie réponse : - "Malgré les difficultés centuplées par les hostilités, Henry Bernstein ouvrira lundi le Théâtre des Ambassadeurs avec sa nouvelle comédie dramatique Elvire".

Marcel ACHARD. (*Paris-Soir*, 28 janvier.)

Et pour finir, ce héros :

"D'aucuns diront que c'est une forfanterie et une insolence de faire représenter ma pièce en ce moment. Je dis, moi, que c'est du courage".

Jean COCTEAU, interviewé par Mlle Routier. (*Marianne*, 21 février.)

Nous avions fait de solennels serments, celui-ci que nous devions bien souvent reproduire dans les blancs de la censure :

Nous nous tairons s'il le faut, Nous ne mentirons jamais.

Celui encore de ne jamais oublier l'immense série de crimes qui nous avait conduits à cette guerre et les gredins couverts d'honneurs qui devaient en répondre, ces crimes dont témoignaient par des flaques de sang chacun des noms, Hornbach, Sierck, la Blies, la Warndt, de cette frontière où, ni par la conciliation ni par les armes, notre désolant pays n'avait su ramener la paix.

* * * * *

Le 11 novembre, Laubreaux nous donnait cette manchette : "Hein, crois-tu qu'on les a eus !" Le dessin de notre Ralph Soupault, grand imagier du fascisme français, montrait un conscrit et un territorial, ancien de Verdun, sur la tombe du "pauvre petit Pax" né le 11 novembre 1918, tué le 11 novembre 1939 devant Forbach.

Robert Brasillach, de son village alsacien, nous envoyait de superbes et vibrantes proclamations, "fasciste plus que jamais et quoi qu'il arrivât".

Les soldats que nous pouvions atteindre dévoraient avec enthousiasme ces pages où l'on n'oubliait pas un des salauds de l'embusque, du profit, du bobard, où l'on voyait les spécialistes du "haut les cœurs" avec leurs nez crochus où leurs panses épanouies, et les intrépides Tommies peints par eux-mêmes, faisant la guerre une bouteille d'une main et l'autre sur le sein d'une indigène de France. S'il fallait bien accueillir, pour remplir la place de vingt mobilisés, quelques proses conformistes où nos crayons bleus taillaient sans merci, l'équilibre était aussitôt rétabli. Nous faisions d'ailleurs appel à nos amis en uniforme, autant que le permettait la gent des correspondants de guerre, à cinq mille francs l'article, indignés par la déloyale concurrence de ces anciens confrères à quinze sous par jour, qui n'avaient plus d'autre droit que de se taire et de crever. Le plus ardent et le plus abondant de nos collaborateurs kaki était le cher brigadier Cousteau, apportant toute chaude dans nos colonnes la voix naïve, goguenarde et impétueuse du vrai soldat qu'aucun civil ne peindra jamais.

Je viens de feuilleter encore cette étrange collection de notre année 1939. Après les trébuchements, les réticences qui ont suivi Munich, notre journal se rebiffe sous l'aiguillon de la guerre, et malgré tout l'appareil de la censure a repris une superbe et agressive liberté. Il assume l'honneur plein de péril de s'être, seul dans la presse, rigoureusement seul, sans un Compagnon même timide à sa droite ou à sa gauche, refusé à l'abjecte "union sacrée".

Il fait la somme de toutes réprobations. Il boucle le cercle autour des ignominies et des iniquités qui s'accumulent. Nous y trouverions, s'il nous en prenait fantaisie, la matière d'un gros livre avec nos meilleurs articles, sans avoir, après trois ans, à changer ou retrancher un mot. J'aimerais connaître des auteurs de l'hiver 39-40 qui fussent aujourd'hui capables de nous imiter.

CHAPITRE XIII

À LA RECHERCHE DE LA GUERRE

La Ligue du peuple allemand libre, qui compte au moins cinq cents rabbins, vingt-cinq députés sociaux-démocrates, cinquante hommes de lettres et deux mille émigrés juifs, vient de lancer par sa radio clandestine, quelque part dans Montparnasse, un ultimatum à Hitler. "Allô, Hitler, m'entends-tu ? La Ligue du peuple allemand t'a condamné à mort. Nous te donnons cinq jours pour rendre l'Allemagne à son peuple et mettre fin à la guerre. Si tu te soumets, tu quitteras l'Allemagne en vie. Sinon, tu seras tué à la fin de notre délai".

Place de la Concorde, les vaillantes troupes anglaises ont défilé aux sons du lambeth-walk. À Washington, M. de Saint-Quentin, ambassadeur de France, vient de déclarer devant le Conseil National de l'"Union Palestine Appeal" qu'un des buts essentiels de guerre des alliés, était de rendre leurs libertés aux Juifs. À la "World Fair" de New-York, le jeu qui fait fureur est l'alerte aérienne, à la mode de la vieille Europe, avec sirènes, extinction des feux, ruée vers les abris, barrages d'artillerie, bombardiers surgissant dans un terrifiant fracas.

À Angers, la Pologne est triomphalement ressuscitée. Tous ses ministres sont reformés au complet. Son chef, l'infatigable Sikorski, qui a pris entre Posen et Varsovie l'habitude des grandes randonnées, brûle cent litres d'essence par jour sur les routes des bords de Loire, et *Paris-Soir*, pour célébrer ces mâles exploits s'écrie : "Le général Sikorski fait la guerre de mouvement".

Sur les Champs-Élysées, les Juifs maîtres du terrain parachèvent leur conquête. L'allemand est devenu la langue officielle du 8e arrondissement.

Toutes les lesbiennes de Paris portent calot et vareuse dans le Service Sanitaire automobile. Mme Paul Reynaud est charmante sous cet uniforme bleu sombre, et elle a sur sa manche gauche un galon d'or.

Au siège de 1870, la brigade des inventeurs se faisait forte de chasser les Prussiens en lâchant sur eux une armée de chiens enragés. M. de Kerillis, trépignant d'impatience devant cette guerre sans cadavres, somme M. Daladier de faire construire des pièces portant à cinq cents kilomètres, des avions enlevant mille soldats, des tanks de cinq cents tonnes armés de vingt canons lourds et capables d'écraser "comme des grains de café" les abris bétonnés de la ligne Siegfried.

Le parti communiste français a été dissous avec pompe. Mais les agents des cellules rouges, précieusement retirés du front, y sabotent l'industrie de guerre pour cent cinquante francs par jour. M. Marcel Cachin siège toujours au Sénat, et soixante députés moscoutaires votent à la Chambre. M. Maurice Thorez, déserteur condamné, se promène chez nos amis de Londres et y a donné une interview au journal stalinien *Daily Worker*.

Quelle pâture inépuisable pour un polémiste ! Mais à quoi bon égratigner de la plume, quand il faudrait la torche et la guillotine ?

À sa première permission, mon ami Brasillach m'a donné rendez-vous aux Deux-Magots. En nous revoyant, lui sous l'uniforme et le béret des forts, au milieu du café, d'une même voix, dans une unisson impeccable, notre premier mot a été : "Quelle connerie !"

* * * * *

Si désabusé que l'on eût été, on avait encore ouvert un trop grand crédit au régime. On avait voulu supposer que la guerre lui inspirerait au moins une sorte de décence. Il y trouvait au contraire une sécurité nouvelle pour s'afficher plus cyniquement que jamais.

Toutes les guerres, depuis un siècle, avaient déchaîné le plus bas despotisme, ouvert les écluses à la plus épaisse bêtise. J'étais allé dîner avec Sordet chez Henri Béraud, qui nous disait : "Dans l'autre, à partir de 1915, on avait le sentiment que l'intelligence était devenue un délit". Cette guerre-ci, née d'une imbécillité sans précédent, se devait de porter à son comble l'arbitraire, le poncif et le crétinisme.

Deux fois par jour, avec une ponctualité gendarmesque, le Grand Quartier Général paraphait un "état néant" : "Rien à signaler sur l'ensemble du front". L'inviolabilité des lignes fortifiées était une certitude unanimement acquise : "Le seul coin où l'on est bien sûr qu'il ne se passera rien, c'est sur la frontière de France, où les deux plus grandes armées du monde sont face à face". Les grands stratèges ne s'émouvaient pas pour si peu. Ils souriaient volontiers de ce paradoxe et professaient qu'il fallait s'accoutumer à concevoir une guerre inédite. Ils n'étaient pas en peine pour découvrir d'excitants dérivatifs du côté de la Turquie, de la Syrie, dont l'armée dans leur bouche s'enflait de semaine en semaine. Ils hochaient leurs têtes lourdes de plans à la Cyrus et à l'Alexandre, en parcourant d'un doigt leste sur la carte tous les déserts de l'Orient. Ou bien des messieurs distingués, sortis des Sciences Politiques, proclamaient : "La guerre se gagnera à Mossoul, et elle se fait à New-York. Roosevelt est en train d'abroger le Neutrality Act. C'est plus important que de capturer un million de prisonniers".

En attendant, toute la vie, les usines, les armées, les flottes, les parlements, les résolutions inébranlables de deux énormes empires, leurs millions de soldats, leurs milliards chaque jour engloutis, aboutissaient à des patrouilles de quinze hommes rampant entre deux buissons pour ne pas prendre un fantassin allemand. On disait même que Gamelin, pour remplir ses loisirs, prescrivait de sa main le détail de ces expéditions. Toutes les fantasmagories géographiques, diplomatiques, sidérurgiques et pétrolières n'y changeraient rien, et pas davantage à Pâques de l'an Quarante qu'à la Trinité de l'an Quarante-trois.

Je me martelais la tête désespérément contre ces évidences. J'en prenais à témoin le marchand de tabac, le receveur d'autobus qui me considéraient avec cet air d'attention bovine que prend le peuple lorsqu'on essaie d'ajuster dans sa cervelle un embryon de raisonnement. J'avais reçu la lettre de deux hommes heureux, la première de cette année, celle de deux amis lyonnais s'embarquant côte à côte pour la Syrie, lieutenants dans la même compagnie de tirailleurs algériens. Je ne savais vraiment pas très bien où ils pourraient rencontrer les "hordes de Hitler" dont ils me parlaient. Mais leur trente lignes retentissaient des piaffements de mulets, des tintements de gamelles, des cris d'Arbis, des coups de clairon dans le ciel bleu, de toute la gaîté d'un départ militaire qui tournait le dos aux tranchées fatidiques de l'Est. J'enrageai d'envie pendant trois jours.

J'avais reçu la visite d'un de mes plus chers compagnons de bohème étudiante, entré dans l'armée un peu au hasard, après des années de mélomanie, de littérature, de dilettantisme devant Rembrandt et Cézanne. On ne pouvait imaginer un esprit demeuré plus indépendant et plus primesautier sous l'uniforme, du reste très brillant et admirablement appliqué dans son métier, ayant été pour les blindés depuis des années l'un des plus précieux collaborateurs du ministère de la guerre. Il m'apportait les réactions les plus éminentes et les plus autorisées de l'armée après le foudroyant knock-out de la Pologne. Les grands maîtres des chars français n'étaient aucunement troublés. Un bataillon de nos engins avait, paraît-il combattu là-bas. L'expérience était concluante, confirmant toutes les prévisions. Nos tanks venaient de faire une hécatombe des médiocres blindages allemands. Encore n'avions-nous point mis en ligne nos meilleurs modèles. C'était en somme une victoire technique pour la France. Le reste passait au second plan.

Le curieux de notre cas, selon les sommités militaires, était qu'il avait fallu que nous déclarassions la guerre pour nous mettre enfin à la préparer. Mais cela n'était pas autrement important, puisque l'on estimait en haut lieu que cette guerre durerait quelque dix ans. Nous ne la commencerions pas avant 1942. Nous ne pouvions manquer de la gagner.

On considérait aussi avec attendrissement dans les états-majors cette peur de l'aviation allemande que l'on avait eue durant les premiers jours, quand on redoutait, bonne farce, que les bombardiers allemands ne vinssent arroser nos trains. Fallait-il que l'on eût été détraqué par la littérature de *Paris-Soir* !

Je restais plus que perplexe, pour ne pas dire consterné devant ces révélations. Comment des patriotes pouvaient-ils s'en remettre au temps, avec cette tranquillité, pour trouver l'issue de notre sourcière, nous prêter avec cette assurance une initiative indéfinie, oublier à ce point dans leurs bottes de professionnels, pour qui la guerre est le temps d'élection comme le long cours pour le marin, à quelle mortelle catastrophe un conflit interminable acculerait un pays déjà aux trois quarts épuisé dans son sang, dans son or, dans son âme, et que l'état de contrainte guerrière venait de remettre en trois mois sous la coupe des plus stupides criminels, des plus ignobles malfaiteurs ?

Que pourraient-ils dire s'il leur arrivait de relire Joffre : "La défensive passive conduit infailliblement à la défaite" ?

* * * * *

Mais je voyais apparaître aussi, à tout bout de champ, nos deux plus proches mobilisés de *Je Suis Partout* : notre nouveau secrétaire de rédaction le sous-lieutenant Henri Poulain, Normand malicieux, réfractaire de bonne souche, bienheureusement relégué à vingt-sept ans dans un dépôt de la banlieue parisienne par le mystère des affectations, sans avoir esquissé pour cela la moindre démarche ; notre ami le capitaine Henri Lebre ancien cuirassier à pied et héros magnifique de la Grande Guerre, pour cette présente censeur de trois feuilles de chou à la place de Senlis. Chaque jour, le benjamin et le vétéran ajoutaient un trait au tableau véridique de la nation en armes.

Il fallait entendre Lebre, lorsque j'esquissais une faible réplique :

- Tu me fais rigoler, mon pauvre vieux avec ton "Harmée Française". Il n'y a plus d'armée, rien. Tout ça est vidé, couilles et cervelles, comme une noix sèche. Comme dit Lambreaux : le symbole, c'est le nom de Gamelin, diminutif de gamelle. Ah ! je ne te donne pas quinze jours quand ils t'auront récupéré !

Je ne voulais pourtant pas capituler tout à fait. J'étais sans illusions sur les bêtises, la gabegie que la caserne me réserverait avant peu, je ne connaissais que trop bien l'histoire de la dernière guerre, les généraux suffisants ou affolés, fossiles ou brouillons, aussi dépourvus d'idées que de caractère, de bronze pour les préjugés, la routine, les pétarades, de cire devant les politiciens ; les états-majors, apprenant laborieusement des Allemands à se battre, toujours devancés par eux, les ignominies du grignotage, de l'Artois, des Vosges, de la Champagne, de 1917, entreprises pour user l'ennemi et saignant à blanc le pays pour quarante années ; les robustes sexagénaires à trois ou cinq étoiles, œil d'acier, moustache impérative, convictions catholiques, planqués à dix kilomètres des barbelés, expédiant de là par téléphone leurs divisions au massacre ; les beaux adolescents, les jeunes maris, les pères, les petits conscrits paysans gourds et candides, les grands vignerons gaulois aux longues bacchantes, aux poitrines profondes et moussues, les poètes, les Bretons résignés, les méridionaux joyeux, les Marocains nobles et graves, les Bambaras aux rires d'enfants, tous devenus des cadavres tordus, éventrés, arrachés, écartelés, émasculés, broyés en bouillie, desséchés et recroquevillés dans les ferrailles, putréfiés dans la fange, pour rien, dix fois, cent fois pour rien, parce que quelques vieux hommes qui tenaient dans leurs mains leur mort et leur vie manquaient d'imagination et ne savaient pas leur métier.

Cependant, je voulais demeurer obstinément persuadé de nos capacités militaires. En dépit de tout, nous étions parvenus à la victoire. Je croyais, je l'ai dit, à la grandeur du métier des armes. Je voulais absolument qu'elle engendrât la sagesse et la science. Je ne voyais que trop qu'un Gamelin avec ses yeux de faïence vide, sa dégaine de chef de bureau était pitoyablement falot, que ses généraux, claquant des talons devant des Herriot, des Sarraut, des Paul-Boncour, des Chautemps, des Blum, avaient été, quand ils ne se poussaient pas bassement dans les loges, d'une jocrisserie politique qui en disait long sur la qualité de leur intelligence. Mais je m'obstinais à voir, hors des vedettes inconsistantes et tarées, la hiérarchie militaire peuplée de mystérieuses et vigoureuses compétences, qui faisaient l'ossature et le cerveau de l'armée.

J'avais bien lu cette stupéfiante chronique du *Temps* où l'on nous apprenait que rien ne pouvait être entrepris sur notre front pendant la campagne de Pologne, parce qu'à la fin de septembre notre artillerie lourde était à peine en place. Ainsi, après douze mois d'alerte permanente, six mois de semi-mobilisation, des semaines passées le doigt sur la détente, l'artillerie lourde, l'arme capitale des fronts fortifiés, manquait encore sur la ligne Maginot. Il avait fallu trente jours de guerre pour la mettre en position. Quel aveu de routine, d'incurable pesanteur ! Mais depuis Munich, je l'ai dit, la propagande sur le majestueux réarmement de la France battait la grosse caisse, et les nationalistes n'avaient pu s'empêcher de lui prêter une oreille complaisante parce qu'elle flattait leur fierté. Le long repos que nous laissait l'ennemi affermissait encore nos espérances. Il était impossible que nous ne l'employassions point à nous surarmer, nous surblinder.

Les premiers permissionnaires qui arrivaient de l'avant nous décrivaient un luxe de blockhaus, de champs de mines, de doubles, triples fossés antichars, avec pièces, casemates de flanquements, canons en tous sens : "C'est la ligne Maginot jusqu'à la mer du Nord, et en mieux, en plus moderne."

Bref, la guerre me paraissait presque aussi impossible à perdre qu'à gagner. Pour le repos de ma conscience, je voulais que l'on fît à nos chefs militaires un crédit de six mois.

- Les chefs militaires, rugissait le capitaine Lebre. Mais où les prends-tu ?
- Donnons-leur tout de même six mois pour voir s'ils ont une idée.
- Ah ! c'est vu depuis longtemps. Je tenais bon de mon mieux.

La guerre avait brisé mon travail, détruit mes ressources, saccagé mes dernières espérances politiques. Elle allait m'imposer par surcroît l'enlisement dans un ennui sans bornes, entre des vieillards assoupis ou radotants. La seule délivrance était désormais la vie dans le grand air et la grosse gaîté des camps.

* * * * *

Depuis des semaines déjà, les plus peureuses midinettes avaient relégué le masque à gaz. On ne le voyait plus ballotter qu'aux derrières de quelques vieux sur le bord de la tombe.

Le canon, chaque jour, grondait. Le peuple trottait, n'accordant même pas une seconde d'arrêt, un atome de pensée, à ce phénomène fantastique, le canon sur Paris. Cette guerre domestiquait jusqu'à ce gong solennel et profond comme les plus grandes voix de la nature. Le canon foirait avec majesté dans le crachin hermétique, vers on ne savait quel ennemi inaccessible et railleur, canon ponctuel, gravement dérisoire, comme les coups d'un antique Lefaucheux dans le brouillard d'un matin de chasse.

* * * * *

L'affaire de Finlande venait tout à coup animer le mauvais film de la guerre des démocraties. Dans l'instant, les Munichois se réveillaient furieusement bellicistes. Nous reconnaissions enfin, contre les Soviets, une guerre juste. C'était un honnête principe autour duquel, reconnaissons-le, nous déraisonnâmes copieusement. Rien n'est plus tristement et ingénument burlesque, à deux années de distance, quand on sait l'état où nous nous trouvions, que tous nos articles enflammés exigeant des avions pour Mannerheim, l'appareillage "des deux plus grandes flottes du monde", le rassemblement d'un armée anti-moscovite. Enfin l'ennemi commettait la faute providentielle attendue depuis trois mois ! Hitler n'avait pu en dissuader la brute Staline. Nos stratèges tenaient leur introuvable front de terre. Hé quoi ! nos quatre-vingt divisions, ayant tout juste à tenir les lignes de France, cette bagatelle, cette corvée de factionnaires, ne s'étaient point encore ébranlées pour cueillir dans le grand Nord la victoire et, pulvérisant de Leningrad au Rhin les cinq cents divisions germano-russes, prendre à revers la Siegfried Stellung ?

Il était dit que l'imbécillité suraiguë remplacerait le typhus dans cette guerre et que sa contagion n'épargnerait personne. C'était à notre tour de jouer les justiciers avec nos sabres de paille.

Huit jours plus tard, la nouvelle campagne avait pris sa forme nécessaire ; épopée en Finlande, combats de langues chez nous. Si les fascistes-pacifistes brûlaient tout à coup d'ardeur guerrière, les démocrates bellicistes se trouvaient non moins soudainement réfrigérés. Le clan moscoutaire, qui n'avait jamais désarmé, se reformait tout entier devant le danger, au coude à coude. Les canons du Creusot contre les armées rouges ? Quelle légèreté ! Quel crime ! Non, cela ne serait point. Nous ne pouvions distraire un seul revolver de notre défense nationale. Cette campagne de Finlande, du reste, était encore un coup de Hitler. Le monstre voulait se faire oublier, nous distraire. La splendide armée rouge, tant célébrée, tant regrettée, recevait-elle la frottée d'une poignée de skieurs, l'épisode était négligeable. C'est qu'elle avait braqué toutes ses forces contre l'Hitlérie. Dans les tenailles moscovites, Hitler tremblait de plus en plus. Staline était vraiment en échec ? Soit, mais c'était une nouvelle raison d'espérer. Il n'oserait pas, avec cette armée chancelante, suivre Hitler dans la guerre. Que le ciel nous gardât surtout de rien casser ! Dans ce pas délicat, nos amabilités au Kremlin étaient plus que jamais obligatoires. Nos sourires rendraient leur flamme aux bataillons de Vorochilov.

La diplomatie française unanime ne pensait point autrement. Tout était donc dit. Pour la première fois depuis des années, un petit peuple agressé résistait victorieusement. Mais les formidables empires alliés, défenseurs du droit et de la liberté, sur le grand pied de guerre, ne dépêcheraient même pas un caporal à son secours.

On ne pouvait perdre plus parfaitement la face, avouer plus totalement son impuissance. Et ce serait bien pis encore dans quelques semaines, si la Finlande s'acharnait, si elle tenait pied. Quels gêneurs que ces bougres-là, avec leur Mannerheim et leur héroïsme ! Que de vœux impatients le quai d'Orsay devait faire pour leur écrabouillement instantané !

Digne fin d'un système absurde : l'U.R.S.S. se trouvait être présidente en exercice de la Société des Nations. Il fallut l'exclure dans un concert de sanglots. Sur un dernier ''Tu quoque'', la confrérie genevoise ferma douloureusement ses portes. On ne devait plus en entendre parler.

Mais il s'agissait bien de la Finlande, du blocus, et de cinq millions de mobilisés, et de la guerre qu'on ne savait toujours par où commencer, et de la victoire, et de la paix ! La France venait de trouver une inquiétude à sa taille.

J'avais relu au printemps précédent, avec la plupart des camarades de mon bord, un bouquin sur *La Guerre Juive*, une compilation banale, comme il nous en arrivait une demi-douzaine par semaine, mais se distinguant par une pompeuse dédicace à Gaxotte et à *Je Suis Partout*. Je m'apprêtais à rendre la politesse par un bref compte rendu. Pujo qui m'avait vu le livre en mains m'en dissuada : "C'est le travail d'un agent allemand. J'en suis sûr." Pour ne point alarmer l'*Action Française,* on laissa tomber *La Guerre Juive*.

J'avais oublié jusqu'au nom de son auteur quand les journaux révélèrent qu'un certain Ferdonnet, journaliste antisémite, était l'un des speakers français de Radio-Stuttgart, l'un des gaillards à la voix grasseyante, aux plaisanteries assez épaisses, mais probablement bien choisies, puisque dix millions de Français s'en délectaient trois ou quatre fois par jour. Le lendemain, la guerre avait enfin son héros populaire chez nous.

Il ne manquait plus à l'estimable Ferdonnet que le patronage de Maurice Pujo. Celui-ci, avec la joie du bon détective content de son flair, s'empressait d'apporter ses révélations : "J'ai bien connu Ferdonnet. Je l'ai reçu souvent dans mon bureau. C'était un garçon mal dégrossi. J'ai bien fini par voir qu'il travaillait pour l'Allemagne. Mais vraiment, je ne lui aurais pas cru l'étoffe d'un grand traître."

Quelques semaines plus tard, le sieur de Kerillis s'emparait triomphalement de cette prose opportune. La campagne des nazis de *Je Suis Partout* et d'*Action Française* reprenait à grand orchestre.

Un marmiteux du plus obscur journalisme se voyait promu au rang de grand banquier de la propagande allemande. Il devenait le cerveau d'un gigantesque réseau d'espionnage et de conspiration. Le Maréchal Pétain lui-même avait donné dans ses filets. La maison Ferdonnet et la maison *Je Suis Partout*, étroitement concertées, avaient travaillé à l'hitlérisation du pays.

La division des Allemagnes dans un camp, le roman de Ferdonnet à l'autre extrême : l'opinion de la France en guerre était bien nourrie.

Certes, il y avait des "nazis" parmi nous, si c'était être nazi, que de haïr l'ennemi juif, abhorrer cette guerre incohérente qui ne pouvait plus que nous nuire, appeler désespérément la paix au fond de son cœur, bref, ne penser et ne sentir que selon l'intérêt suprême de la patrie. Mais notre francophilie ne pouvait qu'apparaître détestable et redoutable aux yeux des bandes internationales dont Kerillis était l'instrument.

Le prétexte servait à une double diversion, au moment où il fallait trouver à droite le pendant aux quelques communistes que le ministère feignait de pourchasser et où l'affaire de Finlande échauffait les têtes. Kerillis y ajoutait sa propre mythomanie, les folles sécrétions de ce qui lui servait d'encéphale, la frénésie hystérique où le précipitaient nos seuls noms.

Tout cela était donc assez logique, et en même temps d'une extravagante idiotie, puisque Maurras se voyait traité en agent de l'Allemagne ; d'une affreuse ignominie, puisque de loyaux soldats se trouvaient en pleine guerre accusés d'intelligence avec l'ennemi.

Après des circonlocutions fielleuses, Kerillis clouait Maurras, Brasillach, Cousteau et moi-même au pilori de son *Époque*.

J'avais à répondre en mon nom et en celui de mes amis soldats et muets par ordre. Riposte facile. Kerillis brandissait en guise de dossier, et pour cause, trois placards de publicité à 1.350 francs d'un livre de Ferdonnet, parus dans *Je Suis Partout* en même temps que dans trois autres hebdomadaires dont il ne soufflait mot, plus une kyrielle de citations de nos proses, truquées et tronquées grossièrement à coups de ciseaux. Cousteau devenait ainsi coupable d'avoir exigé la rupture des relations franco-américaines pour un filet humoristique où il demandait, à propos de l'annexion par les États-Unis de deux îlots du Pacifique, s'il ne conviendrait pas de mobiliser la conscience universelle aussi bien contre M. Roosevelt que contre Mussolini. Kerillis tirait l'argument massue contre moi-même d'un reportage sur l'Alsace où je réclamais l'incarcération immédiate pour les agents de l'*Elz* que Daladier venait effectivement d'arrêter.

Je ressentais amèrement, pour en avoir fait trop souvent l'expérience, l'inutilité de ces réfutations, ces recollages de textes qui n'ont jamais effacé un mensonge, converti un ennemi, ni clos une querelle. On ne polémiquait pas avec un misérable énergumène, aussi venimeux, dangereux et vendu, on le faisait occire convenablement. Pour un Kerillis, en saine politique, la chose aurait dû être depuis longtemps liquidée. Que ce dégénéré, ce vulgaire stipendié eût pu devenir une espèce de personnage historique, cela seul suffisait à juger une époque et un pays.

* * * * *

Ma contre-offensive, du moins, me rendait le plaisir de la bataille. C'était autant de pris sur le spleen. Je m'y livrai avec volupté.

Mais, tandis que je m'escrimais sur mes colonnes, un événement redouté nous menaçait. Gaxotte, après nous avoir suivis quelques semaines vaille que vaille en rechignant, mais en nous maintenant malgré tout sa signature, donnait des signes de plus en plus pitoyables de désarroi et de peur. Notre verdeur lui inspirait de vraies transes. Lui qui avait haussé si violemment les épaules devant les fameuses Allemagnes de Maurras, il contribuait à son tour au découpage. Quinze jours plus tôt, il nous avait affligés d'un article-alibi, une publicité pour les bons d'armements de Reynaud qui faisait une tache déshonorante dans notre journal. Les clameurs de Kerillis le jetaient en pleine panique. Il ne pouvait plus cacher sa terreur d'être mêlé à des réfractaires aussi compromis que nous. Il parlait tout net de suspendre sa collaboration.

Pourtant, le tintamarre de Kerillis tournait d'une façon presque inespérée à sa courte honte. L'odieux hanneton avait d'abord manifesté une hâte extrême. Il sommait ministres et corps constitués d'entendre sur l'heure ses dénonciations et d'agir, d'appréhender, de perquisitionner, de juger. Le sort de la patrie en dépendait. Mais la Commission des Affaires étrangères de la Chambre, sous quelques influences raisonnables l'avait invité à s'expliquer devant elle. La chose, aussitôt était devenue moins urgente. Les individus démasqués par M. de Kerillis, redoutables malfaiteurs, traîtres à leur pays en pleine guerre, pouvaient toutefois courir quelque temps encore. M. de Kerillis déclinait l'invitation officielle. Il ne s'expliquerait qu'en séance publique.

Mais le Parlement siégeait maintenant. Des demandes d'interpellation étaient déposées. Kerillis n'avait pu se dérober davantage. Les couloirs étaient fort agités par une philippique où le gentilhomme, quelques jours avant la séance, jetait la suspicion sur une cinquantaine de ses collègues. Kerillis commettait ainsi la gaffe majeure, en violant sur un point grave la confraternité des élus. Les moins vils d'entre eux ressentaient sans doute aussi l'indécence d'un tel débat, le Parlement convoqué pour un tel déballage de sornettes, tandis que le pays se battait. En dépit de la réconfortante présence de Maurice de Rothschild, qui, penché sur le bord de sa loge, buvait passionnément ses paroles, le microcéphale de Neuilly avait été piteux, blafard, convulsif, ânonnant d'une voix pointue, désarçonné par un hémicycle ironique, lâchant du terrain, escamotant ses fameux documents, s'excusant presque avant de détaler sous les traits de deux ou trois de nos amis fidèles, Tixier-Vignancour, Philippe Henriot. Un vieux sectaire bien arrimé aux loges eût été repêché tant bien que mal. Mais il n'y avait point de bouées ni de perches pour un Kerillis, "droitier" honteux, clérical commode pour de basses besognes, et qu'on lâche dès qu'il a trébuché.

La presse, jusques et y compris des journaux comme *Candide*, avait pu laisser sans piper un mot ce méchant maniaque qualifier un écrivain comme Maurras de serviteur de l'ennemi se couvrant "sous un vernis verbal anti-hitlérien". Mais devant la dégringolade du sire, plusieurs journaux retrouvaient leur courage et lui plantaient des banderilles. Le *Temps* même lui avait dédié un apologue de tour franciscain, un peu enveloppé mais malicieux.

Notre numéro de *Je Suis Partout* devait être achevé pour la censure le lendemain. Classes par classes, depuis quelques jours, les "fascicules bleus" prenaient le chemin des casernes. Mon tour ne pouvait plus tarder. Tant pis ! on commençait à s'amuser. Mais il fallait retrousser ses manches encore une fois. Ce fut une délicieuse nuit de travail dans l'imprimerie de l'*Action Française*, quelques-unes de ces heures qui sont pour ceux de notre métier la plénitude de la vie. Alain Laubreaux, en face de moi, à la même table bancale et fraternelle, amoncelait lui aussi les feuillets. A l'aube, Maurras, descendant son escalier tordu, vint nous verser une bouteille d'un vin mordoré de Tavel : "C'est une grande faveur. Il est réservé aux soldats. Mais vous vous êtes bien battus."

Nous décidâmes d'attendre de pied ferme en achevant nos copies, les ouvriers qui allaient composer avec nous notre journal.

Vers le milieu de l'après-midi, pendant que je finissais de corriger mes épreuves, un coup de téléphone de ma femme m'annonçait que mon ordre de rappel venait d'arriver : Romans, 144e dépôt d'infanterie. J'étais à la tâche sans désemparer depuis vingt-six heures. Je terminais à temps, ravi de la nouvelle.

Mais je n'étais pas encore au bout de mes peines. À l'*Action Française,* que je confectionnais depuis quatre mois presque seul, Maurice Pujo, malgré tous mes avertissements, avait naturellement oublié de me prévoir un remplaçant. Je me trouvais rigoureusement seul dans la vaste et mélancolique rédaction du Boccador. Il ne me restait plus qu'à me résigner. Je n'avais pas encore le droit de me coucher ce soir-là. Il fallait passer mes deux dernières nuits de civil à remuer le plomb et les dépêches ; et quand tout était achevé, mes godillots de montagne lacés, mon paquetage ficelé dans une hâte éperdue, me rasseoir chez moi à ma table pour écrire la nécrologie du malheureux Lucien Dubech, qui venait de mourir, martyr de son métier, solitaire, sans un sou, après vingt ans de talent, d'esprit et de labeur opiniâtre. Enfin, je posai ma plume pour arrimer ma musette. J'embrassai en hâte ma femme, énergique et fidèle compagne de toutes mes pensées, que je laissais à Paris, entièrement seule devant bien des vicissitudes.

Quelques heures plus tôt, Gaxotte venait de consommer sa trahison. Il nous retirait sa collaboration, désavouant ses compagnons de lutte au plus fort de l'épreuve et décapitant notre journal.

III - L'ALPIN

CHAPITRE XIV

COMPAGNIE DE PASSAGE

Je n'ai pas eu droit aux adieux gare de l'Est, toujours fort héroïques et dramatiques, même quand on va rejoindre un bataillon régional à Meaux. Je suis parti en guerre par la gare de Lyon, nuitamment et sans le moindre panache.

Un froid noir de vingt degrés soufflait sur Paris. Dans le rapide caparaçonné de glace s'entassaient plusieurs centaines de mobilisés : deux wagons de Berbères marocains, authentiques fils du Prophète, en turbans, babouches et gandourahs rayées, opposant un fatalisme imperturbable aux mystères de leur périple et aux frimas, des Tchèques de tous âges, uniformément saouls à mort et vociférant sans arrêt de sinistres mélopées, des Slovaques à peine moins ivres et redoutant beaucoup d'avoir des officiers tchèques, une escouade de Polonais et des maçons italiens. Nous n'étions que deux Français, l'autre en uniforme et même de l'active, un chasseur des chars de Versailles qui gardait en août des prisonniers espagnols dans le Midi, perdu depuis par sa compagnie, repoussé par tous les bureaux, bourlinguant à loisir entre le pays et la cour du quartier, une situation bien agréable en somme, sauf pour le tabac.

Non, je n'aurais jamais imaginé ce départ-là.

* * * * *

Un mistral féroce, accumulant sur son passage d'énormes blocs de glace, déferle dans le ciel matinal. Je suis à Romans, lieu désigné de mes premiers exploits. Pas un planton à la gare. C'est au lampiste que j'ai demandé le chemin d'une quelconque caserne.

Je voudrais bien savoir quelle troupe va m'accueillir. Les premiers poilus que je croise ne tardent pas à me l'apprendre. Ils ont le béret et le numéro de l'infanterie alpine. C'est le 159, le Quinze-Neuf de Briançon, qui tient ici son dépôt de guerre. C'est un régiment qui a ses lettres de noblesse. Tant mieux. Je porterai du moins un brillant écusson. L'esprit de corps m'émoustille déjà.

Après de longs détours, j'arrive au bord de l'Isère, qui charrie de vraies banquises. Dans une brume subtile qui perce comme un mouchoir mes deux chandails et ma veste de ski, des silhouettes engoncées remuent péniblement, ramassent des morceaux de bois avec les gestes maladroits et gourds des vieilles de villages. De près, entre le passe-montagne et le gigantesque béret réglementaire, large comme une roue de voiture, apparaissent des morceaux de figures violacées et hirsutes, des nez qui commencent à geler, de farouches barbes de dix jours, puis des croquenots informes, des capotes terreuses où pendent de longs fétus de paille. Il y a un instant, j'étais au cœur d'une petite ville cossue, avec des vitrines bien tenues et bien garnies, de jolies filles brunes trottant gracieusement encapuchonnées. Il suffit de longer un cantonnement pour arriver dans un autre monde, aussi élémentaire que celui des Esquimaux.

Les troglodytes m'abordent avec beaucoup de bienveillance.

- T'es fascicule bleu ? C'est couillon d'arriver un samedi matin. T'aurais bien pu te payer encore la semaine anglaise. Enfin ! Il va falloir que tu montes au G.U.P. Ça ne se vaut pas avec ici. C'est des baraquements. De ce temps, il n'y fait pas drôle. Nous autres, on a des lits. On est plutôt peinards.

Voilà douze ans pleins que je n'ai endossé un uniforme. J'ai un instant de recul devant les sordidités entrevues. Manifestement, la défense de la France peut encore se passer aujourd'hui de mon renfort. Mais que faire dans cette ville où je ne connais personne, par ce froid inhumain ? Autant vaut franchir le pas tout de suite. Devant l'absence de tout renseignement et de toute consigne, je laisse parler le vieil instinct du fantassin qui remonte avec les odeurs surgissant d'une porte ou d'une fenêtre entrebâillée. J'aperçois une pancarte : cuisine de la C.H.R. Certainement, c'est le lieu d'élection pour le sans-gîte, encore ballotté entre l'état de civil et celui de soldat.

La cuisine occupe une espèce de boyau, où les eaux sales forment une redoutable patinoire, où sifflent et se croisent une douzaine de courants d'air. Au fond, une roulante réformée et une chaudière à cochons bouillonnent, environnées d'une poignante fumée. Des âcres nuages surgissent les cuistots, pareils à des ramoneurs qui seraient tombés dans une fosse de graissage.

Je comprends aussitôt que j'arrive au milieu d'un événement capital. L'équipe achève en effet la confection d'une immense choucroute. Des caporaux, des sergents, des secrétaires, des garde-magasins viennent à chaque instant s'enquérir de son état, goûter gravement au bout de la fourchette. Le chef-cuisinier, qui a vingt-cinq ou vingt-six ans, déplore l'absence de saucisses fumées pour accompagner le lard. Il me prend à témoin : "Tu te rends compte ! Faire une choucroute dans ce bordel-là ! Tel que tu me vois, dégueulasse comme ça, c'était moi qui faisais les grillades dans la salle chez Ledoyen, devant le client, en toque blanche".

J'offre l'apéritif à la bande : "Bon, on va aller le boire chez Zizou, et puis après, si tu veux, on t'invite à manger la choucroute avec nous".

Chez Zizou, c'est un étroit et minable caboulot, où prolifère une famille nombreuse et morose. Le pastis bu, nous réintégrons notre antre. Les premières tablées de soldats s'approchent, remuant leurs bouthéons. Devant la troupe, le cuistot-chef, comme de juste, reprend conscience de ses hautes fonctions, commande, tranche avec autorité. Ce n'est pas une petite affaire que de servir cette cohue. Et tous les hommes de la cuisine se sont couchés hier deux heures après tout le monde, pour bien blanchir la choucroute, levés une heure avant le réveil. Ils s'échinent treize ou quatorze heures par jour, dans des conditions inhumaines de froid, de sordidité, avec un matériel de romanichels. Mais ils restent gais, lestes. Ils chantent, dans le fracas des plats, avec leurs faces charbonnées et barbues :

Ah ! mon cœur a besoin d'aimer !

Et au passage on flanque une claque magistrale sur les fesses de Casimir, l'indispensable nabot de quarante kilos que l'on ne manque jamais de découvrir dans les recoins et bas lieux d'une caserne, qu'aucun major ne réformera jamais ; Casimir, de Vaison-la-Romaine, louchant des deux yeux, sautillant sur ses jambes de basset, dans un treillis qui a dû récurer toutes les gamelles du bataillon, à tout moment menacé d'être jeté par le fond de sa culotte dans la chaudière, mais qui toujours s'échappe, hilare et resquilleur.

Soudain, c'est le drame, aussi classique que peut l'être Casimir.

- Nom de Dieu ! les bleus n'ont pas fait les peluches !

Le chef bondit, le regard tragique, l'imprécation aux lèvres. Les bleus, les gamins de la 39, pétrifiés par deux heures de tir en pleine campagne, forment dans le réfectoire une masse compacte et absolument inerte. La gamelle au poing, avec leurs calots plantés tout droit, cornes pointantes entre les oreilles écartées, ils considèrent le cuistot dans un morne silence, d'un œil éteint, d'un air indiciblement obtus.

Les deux poings aux hanches, le chef épuise les ressources de son éloquence.

- Alors, c'est comme ça que vous êtes, les bleus, cette année, encore plus fumiers que tous les fumiers qu'on a vus ? Ah ! là, bon Dieu ! Si vous saviez la chance que vous avez d'être bleus en pleine guerre ! Tandis que nous autres, en 34, en 35, quand on faisait les vraies classes, ce qu'on a pu en baver !

Autant vaudrai prêcher en serbo-croate ces conscrits qui ont déjà si bien appris à jouer la stupidité définitive.

Notre cuistot essaye d'une autre corde :

- Voyons, les bleus, est-ce qu'il va falloir que ce soient les anciens qui s'y collent, pour pelucher les patates, des anciens qui ont dix ans, vingt ans de plus que vous, des anciens qui reviennent du front ? Si vous êtes dégoûtants à ce point-là, moi, je vous le dis, je ne vous sers plus. Plus jamais. Vous les mangerez crues, les patates. Parce que si on n'est pas capable de vous faire les pieds en compagnie, moi, je vous garantis que le vous les ferai.

Les camarades mobilisés me l'avaient tous assuré : "Tu verras, en une heure de temps, on est repris par la vie militaire". C'est à mon tour d'en faire la rapide expérience. Je ne suis pas encore porté "entrant", je suis encore vêtu en civil. Mais la harangue du cuisinier m'a consacré avant l'immatriculation des bureaux. Je croirais n'avoir jamais quitté les abords de ces fourneaux primitifs. J'approuve, je commente avec les mots des vieux soldats.

Enfin, un bleusaillon qui a dévoré sa gamelle se lève à regret, traînant ses galoches jaunes, prend lentement une patate et la gratte avec des gestes épuisés de martyr. Deux, trois, six bleus l'imitent, Quelques anciens se joignent au groupe, d'un air détaché, en amateurs. Les "peluches" seront assurées, comme hier et comme demain.

C'est à notre tour de pénétrer dans le réfectoire, au milieu des reliefs épouvantables de cent cinquante gamelles. J'appelle à moi tout mon courage. Un coup d'œil m'a suffi pour m'ôter le moindre espoir de découvrir, sur les planches raboteuses qui servent de table, cinquante centimètres carrés où je sois sûr qu'aucun godillot ne s'est posé. Mais la fameuse choucroute me dissimule bientôt l'aspect inquiétant de mon écuelle d'étain. Elle est à point, digne d'une bonne brasserie d'Alsace. Par une suite de miracles permanents, la nourriture est arrivée presque propre jusqu'à nous. Le vin, le café, le rhum coulent généreusement, comme dans toutes les cuisines de l'armée entière.

"Maintenant, corvée de charité. On va donner à boulotter eux pauvres", commande le chef. J'empoigne avec lui un plat de campement. A la porte, cinq ou six vieilles et quelques gamins attendent l'aubaine. Il y a aussi un vieux, livide, habillé d'une veste de velours et d'une casquette encore convenables.

Les femelles, ruées sur la choucroute, le bousculent férocement :

- Qu'est-ce qu'il a, celui-là, à venir ici nous prendre notre manger ? Y touche une pension.

Le profiteur, brusquement, s'effondre. Son nez se pince, il devient cadavérique. Le froid l'a terrassé, on le relève. Il n'est pas tout à fait mort. Il geint : "Ma gamelle, je veux ma gamelle, moi aussi". On l'emporte chez Zizou, on le colle au poêle. Il tremble de tout son corps et n'est guère moins vert.

Il habite à un petit kilomètre de là. Deux poilus, bons bougres, se lèvent :

- On pourrait peut-être bien l'emmener. On le couchera et on fera réchauffer sa croûte.

L'idée de ce secours semble ramener un peu de vie chez le bonhomme. Il part, les genoux cassés, presque porté à bout de bras par les deux alpins :

- De combien est-elle, sa pension ?
- Oh ! ça doit aller chercher dans les cent vingt francs par mois.

Le rhum et la choucroute de la C. H. R., le marc de chez Zizou ont parachevé mon acclimatation. Je confesserai même qu'après quatre mois de guerre parisienne, j'ai reconnu joyeusement ces vieux fumets militaires d'insouciance et de fraternité. J'ai parcouru avec le plus patient sourire le long périple des bureaux. Les quinquagénaires en blouses et culottes grises, les agents militaires, hybrides de clercs d'huissiers et d'adjudants recuits, y démontrent par un olympien et sourcilleux "farniente" leur écrasante dignité au bataillon de scribes en uniforme qui gravitent sous eux. Je suis parvenu, avec force persévérance, à me faire incorporer sur leurs papiers, et ma campagne s'est incontinent ouverte par une permission jusqu'au lundi matin.

L'écusson du Quinze-neuf m'inspire une héroïque rêverie. Dans cet aimable café où j'ai établi mon bivouac, j'entame devant le dixième alcool du jour une série d'épîtres enthousiastes à mes amis de Paris. Kerillis, Daladier, Israël se sont volatilisés. Seule désormais compte au monde l'infanterie alpine. Le sort m'a désigné pour une arme d'élite. J'accepte son décret avec un joyeux orgueil. Je me battrai donc dans la plus vaillante biffe. On m'impose la guerre. Soit. Nul ne la fera mieux. Je repose mes pensées sur ces images épiques. Elles s'estompent, s'emmêlent. Je m'endors dans le sein de la plus pure gloire, et je plonge en avant, le nez sur mon papier.

Une main s'est posée sur mon épaule. J'émerge lentement, assez pâteusement.

J'ai déjà vu quelque part ce grand diable cordial et cossu. Il se nomme. C'est Vossier, le délégué général du Parti Populaire Français à Romans. Il assistait l'an dernier à nos conférences lyonnaises. Il m'a reconnu à travers la vitre. Je me réveille tout à fait au milieu des cinq plus solides fascistes de la Drôme qui penchent en cercle sur moi leurs larges mains et leurs larges sourires. Une pareille rencontre s'arrose. Il y a un gros pâté d'encre sur mon courrier héroïque. Je finirai ça demain. Buvons, dînons. Rebuvons, soupons, la saucisse aux herbes après les ravioles, la clairette de Die après l'Hermitage. À minuit, nous avons atteint les grands sommets politiques. Des nouvelles de Paris camarades ? Oh ! mais rien de plus simple ! C'est l'enviandage juif total et resplendissant, tous les aryens en kaki et tous les juifs à table. Ça a été un peu dur, mais maintenant ça y est bien. Le Front Populaire ? Blum ? C'était un essai timide. C'est maintenant le chef-d'œuvre de la grande carambouille d'Israël. Comment ? Gagner la guerre ? Allons, soyons sérieux. Avec Gamelin gueule de fesse et Daladier pied au cul ? "Se faire enculer par les Juifs, c'est la nouvelle Alsace-Lorraine". C'est Céline qui l'a dit, le génie, notre seul prophète, Louis Ferdinand Bardamu, père de la Patrie. Muy bien ! La vérité remonte sur le vin comme l'huile sur la flotte. Frères ! nous y voyons clair, et nous voyons la merde. Et nous y sommes pour un coup qu'on en sortira pas seuls. Mais aucune importance ! Le Quinze-neuf est bâti sur roche. Sieg ! heil ! Die Fahne hoch ! Et la crevaison des Anglais !

* * * * *

M. de La Pérouse, écrivain d'Église et de guerre au *Jour*, a décrit les cantonnements climatisés de l'armée moderne, avec couchettes bordées, sommiers métalliques, vacuum cleaners, closets à chasse d'eau, sur quoi, tel le héros des *Copains* de Romains, s'est penché l'ardent et pieux général dont l'auteur tenait les basques : "Que l'on me montre tout. Ne négligeons aucun détail".

J'aimerais voir ces messieurs à Romans-sur-Isère. Non point qu'y manquent les casernes, fort bien conditionnées, et assez spacieuses pour tenir quatre ou cinq bataillons. Mais elles constituent le fief inaliénable des bureaux sacrés - colonel, commandant d'armes, effectifs - des collections de réserve et de vingt gardes mobiles, ces derniers suzerains sur cent mètres de façade et quatre étages, avec mesdames et bébés. Certes, l'armée a perfectionné ses méthodes. Elle a toujours considéré que la vie d'un soulier était plus précieuse que celle d'un troupier qu'on remplace pour rien. Elle tient au chaud les sabres-baïonnettes et met les hommes pour ainsi dire dehors. Car on peut affirmer qu'il n'est pas un seul des habitacles choisis pour les trois mille fantassins de Romans qui possède véritablement un toit et quatre murs.

Le G. U. P., groupe des unités de passage, ayant le provisoire pour règle, se devait d'être le plus déshérité de ces locataires. Il campe sur une espèce de crassier, enclos de fils de fer, où s'enchevêtrent des débris de baraques foraines dont aucun Romanais ne peut se rappeler l'usage. Cela forme un dédale de niches, de hangars croulants, de tôles crevées, de planches disjointes, radoubées avec du carton, le tout rongé, rouillé par les pluies, chahuté par les vents, dans un décor de zone provinciale que jonchent des étrons séchés, des détritus d'usines en déconfiture, les monceaux de tessons et d'ordures domestiques de tout un faubourg, parmi lesquels achève de pourrir le cadavre d'une diligence jaune et noire, réformée pour le moins depuis le temps de Mac-Mahon.

Une centaine d'hommes "en passage" croupissent depuis tantôt quatre mois dans ce taudis, sur une infime couche de paille, qui hésite entre la vocation de poussière ou de fumier. La température intérieure, depuis trois semaines, se tient aux environs de dix degrés sous zéro.

C'est là que vient déferler l'invasion des fascicules bleus. J'étais un des premiers du lot. Ils débarquent maintenant à pleins wagons, à pleins cars. Tous ont été convoqués immédiatement et sans délai. La plupart ont sept, huit jours de retard. L'expérience récente de deux mobilisations leur a enseigné que, dans cette guerre, on pouvait prendre tout son temps. Il fallait encore faire ce charroi, rentrer ce charbon, on attendait la permission du beau-frère : "Allons, ben ! si après demain l'Onésime est pas là, faudra tâcher moyen d'y aller". Ainsi se manifeste le libre arbitre de l'homme démocratique. L'armée ne peut faire autrement que de s'en accommoder, trop débordée aussi pour y regarder de plus près.

Les voici cent, deux cents, quatre cents, huit cents. Tous arrivent de Lyon ou des trois départements dauphinois, pour la majorité cultivateurs fort aisés des plus proches cantons de l'Isère et de la Drôme. Le premier contact ne laisse pas d'offrir quelques traits démoralisants. Entre autres, j'ai trente-six ans et deux mois. Je me crois et me sens encore en pleine jeunesse. Je vois autour de moi cette foule de paysans, au poil dur et grisonnant, noueux, marqués, travaillés en tous sens de rides profondes. Ce sont pourtant mes aînés, d'un an ou deux à peine, mes conscrits, souvent mes cadets. Dans l'autre guerre, enfant, c'était ainsi que je voyais les territoriaux.

Les Italiens, très nombreux, se distinguent assez mal à première vue, terrassiers, plâtriers, maçons vénitiens et lombards, souvent au pays depuis plus de trente ans, solides travailleurs, rougeauds, les mains et les épaules puissantes. Ce sont nos vétérans, tous quadragénaires, et tous anciens combattants, naturalisés ou non.

Dans le fond du baraquement le plus reculé, une grosse tribu s'est encore agglomérée, effarouchée, se serrant les coudes, le teint verdâtre ou plombé, le cou rentré, l'œil inquiet et mouvant. Ceux-là sont les Arméniens de Valence et de Vienne. Et dans un lot compact de curés à bérets basques et bésicles, de facteurs, de douaniers en uniforme, surgit un clochard russe, en souliers vernis crevés, en vieux veston d'alpaga, défaillant de gel et de famine, les yeux révulsés, et qui demande aussitôt d'une voix agonisante le chemin de l'hôpital.

Après des heures et des heures où l'on a tourné au hasard, la valise à la main, le reste brinquebalant à l'échine, battant la semelle, toussant, soufflant dans ses doigts, verdissant, bleuissant, au milieu du crassier enfin les appels commencent, qui vont durer sans trêve ni répit cinq jours durant. Ce sont des cérémonies affolantes, hantées de fantômes inlassablement invoqués, avec tous les accents du désespoir et de la rage, une litanie inouïe où se bousculent les patronymes de Trébizonde avec les sobriquets naïfs de nos vieilles familles, les indicibles baptêmes des farceurs de l'assistance publique, un monologue de Bach dans un phonographe surréaliste :

-       Akhanasarian Agop, Akhanasarian Ardzroun, Arsianian Eznig, Kalandarichvilian, Bombetta Pompeone, Djenderedjian, Dupont Louis, Khatchadourian, Kebabdjian, Kenadjian, Caille, Cocu, Kurkjian, Labitte, Perdrix, Cudagne, Katchadourian, Kherumian, Nigogossian Gronic, Nigogossian Setrac, Robin Paul, Tutundjan, le caporal Magnat Jules... On demande le caporal Magnat Jules. Enfin ! qui c'est qui l'a vu au moins une fois, Magnat jules ? Qui c'est comment qu'il est fait, bon Dieu ! ce caporal ?

Le sergent, qui vient des chasseurs et qui a été aussi gendarme, aphone, désespéré, crayonne et additionne pour la quarantième fois ses listes. Il a enfin déniché Papazian Stepane, mais c'est pour reperdre Papazian Sempad. Tout joyeux, il avait cent six hommes sur cent quatre-vingt avant la soupe. Il lui en faut à cinq heures près de deux cent cinquante, et il n'en retrouve plus que quarante-neuf. Autre méchef : il lui reste sur les bras soixante bougres, tout disposés à répondre, mais qui ne sont pas sur l'état.

Il faut dire que le G. U. P. est une vraie passoire, et que le fascicule bleu file par tous ses trous. Cinq ou six ingénus, dont je suis, se sont enquis bonnement : "Où est-ce qu'on nous déguise ?" Mais tous les autres s'esclaffent : "T'es si pressé que ça de te mettre en pierrot ?" Du reste, le garde-mago, mon homonyme, l'excellent sergent Rebatet Joseph, prévient affablement ses clients éventuels : ''Inutile de venir me faire chier, j'ai autre chose à foutre. Et d'abord, je n'ai rien pour vos gueules de lourds''. À peine a-t-on distribué des gamelles et des couverts.

Les fascicules bleus ne se le font pas dire deux fois. Pas habillé, pas soldat. Autant ça dure, autant ça de pris. Ceux des patelins les plus proches sont déjà retournés en douceur à la maison. Les autres entrent et sortent sans arrêt. C'est à travers cent bistrots qu'il faudrait faire l'appel.

Une vaste et débonnaire philosophie anime ces paysans. Entre gens de bourgades voisines, beaucoup se reconnaissent aux portes des baraquements :

- Tiens ! le Gustave ! Et alors ils t'ont donc embauché aussi dans cette entreprise ?

Une grosse poignée de mains calleuses, une bourrade sur l'épaule, et vite on entonne les deux premiers litres de blanc au plus proche café. Pour les villageois, la guerre est d'abord une sortie.

Mais si l'amertume est rare, le zèle est absolument nul. Un unique sujet défraie tous les propos : les visites d'incorporation qui vont bientôt suivre, et les chances que l'on a de dégoûter les toubibs. Tous les maux humains sont inventoriés, soupesés, et leur valeur à la bourse de la réforme débattue sans fin. Ce sont des maquignons qui flairent et tâtent leur propre viande, en discutent le prix avec de longs détours.

- Moi, j'ai de l'emphysème. Si je passais à Valence, avec les certificats que je peux leur y montrer, j'aurais la réforme à tous les coups.
- Moi, j'ai un cal osseux à un bras que je me suis cassé. Ça vaut au moins le changement d'armes.
- C'est toujours ça de gagné. Dis donc, moi j'ai une bath éventration. Ça m'empêche pas dans mon travail, je suis regrolleur à Villeurbanne. S'ils pouvaient me filer sur les C.O.A. de Lyon ?
- Moi, j'ai une fistule qui suppure depuis l'année dernière. Avec ça, dans l'active, on était sûr d'y couper.
- Moi je suis auxiliaire, à cause que j'ai les pieds plats, et pour la vue. Et puis j'ai aussi de l'insuffisance thoracique et un ulcère de l'estomac. Avec ça j'ai pas à m'en faire...
- Pas à t'en faire ? C'est à voir. À Grenoble, j'ai le beau-frère à ma femme qui a passé l'autre semaine. Ils en ont pris dans l'auxiliaire avec des ulcères, des types qui avaient des radios et qui pesaient pas cinquante kilos.
- C'est tout de même malheureux à voir des choses pareilles. On est toujours les cons. On devrait être au courant des droits qu'on a.
- Des droits ? T'as ceux qu'y te donnent. Non, ce qu'y faut, c'est avoir un cas à faire valoir. Ainsi moi, j'ai eu une pleurésie purulente. On m'a scié une côte. J'ai le poumon gâté et de la bronchite chronique. Ça, tu comprends, c'est un cas.

- Oui, il a raison, s'écrie-t-on en le félicitant. Il faut faire valoir son cas.

C'est comme moi...

Devant cet hôpital, je me crois tenu de dire :

- Moi, je n'ai pas d'illusion, je suis bon comme la romaine. Je n'ai pas été malade depuis l'âge de quatorze ans et je fais le poids.

Ils hochent la tête en regrettant cordialement ma malchance.

- Évidemment, si tu n'as pas de cas à faire valoir...

J'ai cependant trouvé un véritable convaincu, C'est mon ami Argoud, un riche paysan des environs de Valence. Nous avons franchi ensemble le portail chancelant de notre G.U.P., et nous voilà déjà très solidement liés. Nous sommes allés dîner ensemble dans un bouchon avec un de ses voisins. Argoud a une physionomie vive. Il raisonne avec sel de l'armée et du funeste Front Populaire ; J'approuve vigoureusement en chargeant la juiverie. Argoud riposte sur le champ, l'air fort scandalisé :

- Oh ! mais tu parles comme Ferdonnet, toi ! C'est de l'hitlérisme. Moi, je suis catholique pratiquant, mais je suis contre la haine religieuse. Ça n'est pas vrai que les Juifs ont voulu la guerre. C'est Hitler qui dit ça pour faire marcher tes nazis. Nous faisons la guerre pour détruire la barbarie fasciste. C'est la défense de la civilisation chrétienne. C'est une guerre sainte, il faut vaincre ou mourir. Nous ne sommes pas des soldats, nous sommes des croisés. Il ne faut pas s'arrêter avant d'avoir écrasé la tête à l'hydre nazie.

Argoud frappe sur la table. Ses yeux étincellent. Il a évidemment été catéchisé par quelque abbé chrétien démocrate, ce qui est assez extraordinaire pour un Dauphinois. Voilà du moins un Alpin qui sait pourquoi il se battra. Inutile d'insister. Je ne veux point ébranler une aussi magnifique résolution.

Nous dépêchons notre beefsteak aux pommes dans un silence un peu embarrassé. Pour rompre les chiens, le voisin, que la civilisation chrétienne n'empêche point de dormir, expose son cas de réforme, qu'il estime décisif. Aussitôt, le croisé Argoud manifeste un intérêt extrême, et renchérit, très fier :

- Ah ! moi, j'ai mieux que ça. J'ai un varicocèle et des traces d'albumine. Je suis déjà auxiliaire. Je vais bien tâcher moyen d'attraper la réforme. Surtout qu'avec ce qu'on est en train de licher, ça serait bien malheureux si je ne faisais pas une double dose à la visite. Ça, pour sûr, je saurai faire valoir mon cas comme il faut.

Je n'esquisse même pas un sourire. Aucune ironie ne saurait atteindre le brave Argoud. Il est d'une complète ingénuité.

* * * * *

Les heures s'écoulent à grand' peine dans la sentine polaire du G.U.P. On a le cœur tout barbouillé de froid, de crasse, de désœuvrement et de gros vin. Depuis trois jours que nous sommes là, nous avons, pour tout travail, pelé deux sacs de carottes gelées.

Les appels se succèdent toujours, plus fantomatiques que jamais, dans les hurlements du blizzard : "Agapian, Merdjian, Faure Félix, Poussegrive, le caporal Magnat Jules. On demande Magnat Jules au bureau de bataillon. Magnat Jules ! Magnat Jules ! Ah ! alors, celui-là..."

Au milieu d'une des guitounes, gît une sorte d'énorme vieillard, tassé sur une caisse, contre un des illusoires braseros qu'on a allumés. Son ventre d'hydropique ballotte entre ses cuisses courtes dans une chemise sale. Sous sa casquette pisseuse, il a une tête toute grise, une face de noyé, bouffie, violacée, avec une barbe comme celle qui pousse aux morts. Le bougre a trente-sept ans. Il est diabétique au dernier degré. Voilà dix jours qu'il est là, vivant de quelques cuillerées de bouillon. Il ne peut faire vingt mètres sur ses jambes, L'infirmerie n'en veut pas. Il faut qu'il attende le conseil de réforme qui statuera sur son sort, s'il n'est point trépassé d'ici là.

Dans les parages du diabétique, parmi les vieux balais, les arrosoirs percés et les épluchures, j'ai découvert une mirobolante pancarte, magistralement moulée : SECTION DU CANON DE 25 mm. Au milieu de notre extravagant chenil, l'annonce de cette artillerie m'a laissé tout pensif. Justement, dans le box à la pancarte, j'ai avisé un groupe de troupiers. Ils font bande à part, assez dédaigneux, beaucoup plus jeunes que nous, vingt-cinq à vingt-huit ans, avec des uniformes décents et aussi bien tenus qu'il est possible dans un pareil lieu.

Je m'enquiers, amène :

- Alors, vous êtes les gars des antichars ?
- Oui, petit vieux. Les antichars, c'est nous. J'hésite, sentant l'énormité de ma demande :
- Mais... le canon de 25 ? Vous en avez un ici ?
- Tu rigoles ! Le canon, il y a quatre mois qu'on le cherche. On est d'abord allé au camp de la Valbonne. On est resté trois semaines. Il n'y avait

pas de canon. On est donc revenu au G.U.P. Ensuite, on est allé au camp de la Courtine, entraînement spécial des antichars. On a attendu quinze jours, un mois. Tous les matins, le canon allait arriver. Enfin, au bout de deux mois, on est encore revenu au G.U.P. On n'avait pas vu le canon. Nous serons peut-être comme ça, section du canon de 25 sans canon, pendant toute la guerre. Faut pas se frapper.

J'ai retrouvé dans une poche de ma veste les lettres héroïques aux amis de Paris. Ma foi ! j'attendrai un peu pour les terminer.

* * * * *

Je suis pauvre. J'ai mille francs en poche qui doivent durer longtemps. Je me suis mis à la gamelle. Il faut d'ailleurs m'y habituer. Elle est réellement innommable. On s'en doutait à voir l'antre nauséabond, entre les chiottes et la charognerie, où une demi-douzaine de voyous avinés perpètrent leurs brouets. Ils nous jettent en hurlant par un guichet des portions de colle ou d'eau sale, avec du pain vert de moisissure. On s'efforce d'avaler cela, entassés dans une effroyable sentine décorée du nom de réfectoire, quelques piliers de bois et quelques lattes dressées sur un tas d'ordure, et où la triste vinasse se fige dans les quarts. Les Arméniens et beaucoup de paysans se battent ignoblement autour des pitances. L'hygiène réglementaire est assurée par un balai qui pourchasse sur le sol les crachats, la boue, la crotte, et dont on essuie incontinent les morceaux de planches sur lesquels ou va manger. Je ferme le nez, les yeux ; pour apprécier mon sort, je pense aux camarades en train de tenir les avant-postes d'Alsace par moins trente degrés.

Les fascicules bleus débarquent toujours par flots. Voilà six jours que nous menons cette écœurante existence de faux civils, rôdant avec nos valises aux poings à travers notre chiourme, accroupis au milieu des toiles d'araignées et des vieilles boites de conserves, somnolant sous une méchante couverture que nous devons du reste à la charité des copains, dans l'attente d'un ordre, d'un avis quelconque, d'une bribe d'indication. Les hommes commencent à convoiter une capote qui leur tiendrait du moins un peu plus chaud que leurs vestes râpées et leurs bourgerons.

L'échoppe des garde-mites fait maintenant recette. Elle livre de temps à autre à la circulation d'ahurissants fantoches, un Arménien dans une souquenille bleue qui dut faire Verdun et la Somme, surmontée de la casquette du gaillard, un paysan en culotte de golf kaki et chapeau noir. Mais il faut en finir. Je veux dépouiller mon enveloppe de pékin transi. Il sera d'ailleurs dit que je déciderai absolument seul tous les actes essentiels de ma vie militaire. Après une vaine journée de tentatives, j'ai enfin séduit un brave caporal du magasin : "Allons, viens ! me dit-il avec une tendresse fraternelle. Je vais t'habiller", comme on le dirait à un vagabond presque nu.

Le magasin déborde d'effets flambants neufs. Malheureusement, les vareuses sont toutes taillées pour des colosses mythologiques de deux mètres de haut, et larges en conséquence. Quant aux culottes, elles conviendraient pour le rayon des écoliers. On essaie donc de se vêtir en remuant des ballots de hardes d'où s'échappent des nuages d'une poussière charbonneuse. La vareuse qui m'échoit, aux doublures bordées de crasse, ornée d'énormes boutons en métal jaune, descend en me boudinant presque jusqu'aux genoux. Par contre, sous les bras, elle me serre à m'étouffer. Les molletières sont des lambeaux de chiffons effilochés. Le pire, c'est la culotte, cette défroque tachée de cambouis, cette braguette noire. Une vaste capote à peu près propre sert de cache-misère. On fait d'émouvantes littératures sur l'armée française couleur de sillon. Ma capote est exactement de la couleur du crottin frais. Quant à l'illustre béret, que je m'étais fièrement réjoui de porter, c'est la "tarte" poussiéreuse et déteinte qui me pend jusque sur l'épaule.

Ainsi fait, je pars incontinent en corvée volontaire. Notre mission est de rapporter des couvertures que l'on va se décider enfin à nous distribuer. En guise de couvertures, nous nous trouvons devant des fins de coupe de tailleurs. Pour se protéger contre vingt degrés de froid les hommes médusés reçoivent un morceau de serge, de drap de smoking, grand comme une serviette. Deux ou trois paysans privilégiés déplient avec éblouissement un beau coupon de Prince de Galles gris perle : "Mon vieux, c'est péché de mettre ça dans la paille. Je trouverai bien toujours une vieille couverture de cheval pour remplacer, et ça me fera un chouette pardessus".

* * * * *

Une nouvelle semaine commence. Les appels retentissent toujours aux quatre vents, avec les mêmes accents désespérés : "Caporal Magnat Jules !". Les fascicules bleus continuent leur ronde placide, les mains dans les poches, avec la navette régulière entre la baraque et le bistrot : un pot de blanc par heure matinale, un pot de rouge par heure de l'après-midi. Au cours d'un de ces intermèdes, j'apprends d'un camarade que je suis muté depuis deux jours à la deuxième compagnie.

Je me précipite. Après quelques heures de laborieuses recherches, je découvre cette estimable unité à l'autre bout de Romans, dans le hangar d'une usine de produits chimiques, d'une poignante fétidité. Le sergent chasseur-gendarme est au milieu de la cour, la gorge emmitouflée d'une énorme écharpe de laine, s'arrachant des sons agonisants : "Caporal Magnat Jules ! Rebatet Lucien...

Ah ! enfin ! c'est vous, Rebatet ? Bien. Surtout, ne vous éloignez pas". Pour un peu l'infortuné me féliciterait.

Ici, parmi les défroques kaki, les défroques bleues, les défroques mi-kaki et mi-bleues, les capotes, les pardessus, les souquenilles de treillis, les peaux de mouton, les vestes de velours, les hommes civils par le haut et militaires par le bas, les civils par le bas et les militaires par la tête, c'est l'appel permanent, frénétique, un tournoiement de plantons, de cyclistes, de caporaux-chefs, traversé à chaque minute par la silhouette convulsée du commandant de compagnie, lieutenant Simon, excellent homme d'instituteur, le crayon-à l'oreille, un béret basque de séminariste sur le bout du crâne, les yeux écarquillés par-dessus ses lunettes.

- Tout le monde, rassemblement ! On demande tout de suite vingt-deux hommes en armes pour le poste de D. A. T. sur le terrain. Au trot ! Prenez les noms.

Un bruit de godillots et de crosses. On aligne après de dramatiques efforts vingt-cinq hommes, Lebel au poing, bardés de cartouchières. Mais il y en a quinze qui sont encore civils de pied en cap. Pendant ce temps, soixante gaillards en uniforme courent après un fusil.

- On demande d'urgence un secrétaire à l'infirmerie !

Un bachelier se présente, détale toute affaire cessante pour ses nouvelles fonctions, revient deux heures plus tard, la mine contrite :

- C'est dommage, la planque était bonne. Mais ils n'ont pas besoin de secrétaire. C'est un plongeur qu'il leur faut.

On a déjà demandé hier trois secrétaires. On vient d'apprendre qu'ils ont été mis à casser du bois. C'est égal ! on demande quatre, cinq, dix, douze secrétaires. Ils s'en vont, fatalistes, vers d'insondables oubliettes.

- Une corvée pour rapporter des vivres de l'Ordinaire.

On réunit quinze gaillards pour pousser deux sacs de poireaux dans une charrette à bras. Mais il n'y en a plus que trois pour décharger vingt tonnes de charbon.

Dix bougres partent, en grande tenue de campagne, pliant sous un faix de mulet, pour un poste lointain. On a bu le pinard des grands adieux. "Au revoir, on enverra des cartes postales". Au crépuscule, les voilà de retour. On ne les "comptait" plus à l'effectif de la compagnie. Il faut les recompter de nouveau. Sur cent vingt arrivants de la semaine, quarante sont déjà réformés et disparus. Et voici cent nouveaux fascicules bleus à l'état brut qui s'engouffrent par la grille. Et on en annonce deux cents autres à bref délai. Inextricables problèmes !

Le brave lieutenant Simon est à bout de résistance :

- Voyons, Bonnardel. Nous devions en compter deux cent quarante-quatre hier soir. Nous avons muté quarante-trois plantons, chauffeurs, infirmiers, secrétaires, ordonnances. Nous avons envoyé dix-sept auxiliaires aux C. O. A. Mais attention ! ils comptent jusqu'à samedi. Nous avons reçu vingt-huit hommes de la première compagnie. Mais ils ne comptent chez nous qu'à partir du lendemain de leur mutation. Nous avons aussi huit réformés nouveaux. Il faudra voir depuis quand nous les perdons. Ah ! il faut faire habiller en kaki tous les hommes du service armé et en bleu tous ceux qui partent pour le C. O. A. : tenue de changement de corps. Il manque soixante-dix-sept hommes à l'appel de onze heures. Là-dessus, j'en ai douze à expédier au Conseil de réforme demain matin ! Quel métier ! Maintenant, je suis obligé de courir à la place. Mon pauvre Bonnardel, tâchez de me mettre ça debout.

Quatre aspirants, qui nous sont tombés depuis trois jours de Saint-Maixent en uniforme flambant neuf, gantés à trois boutons, contemplent cette scène bras ballants, bouche bée. Bonnardel les salue dignement et s'éloigne, l'air méditatif. C'est un tout petit bonhomme de quatre pieds neuf pouces, soldat de deuxième classe et marchand de journaux dans le civil. Un incontestable génie des états et des situations-rapports l'habite. Devant une demi-douzaine de sous-officiers et de scribes qui, vaincus, tournent dans leurs doigts le dernier ordre du bataillon, Bonnardel dépêche d'une plume vertigineuse cinq kilos de paperasses, organise vingt détachements, inscrit tout un train d'arrivants, met un nom, une classe, une profession, une décision médicale sur quatre cents visages. Bonnardel est le commandant de la 2e compagnie du G. U. P.

Hormis ce héros, tous les non-gradés considèrent en spectateurs souverainement détachés le tohu-bohu dont ils sont l'objet. Les fureurs, les supplications affolées de vingt porte-galons n'abrègent point d'un pas leurs petites promenades entre les apéritifs et les pousse-cafés d'alentour. Un événement d'importance toutefois les a remués : la soupe de la 2e est excellente. Le cabot-rata, le bon Rousset, curé de campagne dans l'Isère, au formidable accent "dauphinô" pourvoit avec un zèle sublime les marmites, devant lesquelles notre chef veille nuit et jour. On a mangé des quenelles hier soir.

Comme on achève un rabiot de frites miraculeuses, une monumentale apparition fait dresser toutes les têtes :

- "Salut à tous ! Les gars, je suis Muetton Joseph, cultivateur. Cent trente-trois kilos ce matin à la balance de la gare. Les gars, il faut vous dire que j'ai bien des couilles comme un veau". Et de nous exhiber sur-le-champ ces merveilles, en mugissant la *Sérénade* de Toselli, que ponctuent solennellement les rots du vin blanc dont il est plein à ras bord.

Mais le prodige dûment constaté et admiré à la ronde, la rentrée des reliques dans leur châsse s'avère laborieuse. Muetton est sans conteste le guerrier le plus étrangement culotté de l'armée française. Les braies les moins déshonnêtes dont on ait pu le couvrir s'arrêtent à mi-cuisses et refusent absolument de poursuivre l'ascension. Entre ce point et le nombril, la pudeur de l'alpin Muetton était jusqu'ici sauvegardée par un complexe de ceintures de flanelle, de ficelles, de bretelles, d'épingles, de caleçons. Sa reconstitution se révèle illusoire. Et Muetton, estimant qu'il a suffisamment servi aujourd'hui la patrie, s'éloigne bientôt vers la ville dans un tangage de haute mer, en exhibant un détail de ses trésors tous les trois pas.

* * * * *

Les visites d'incorporation ont commencé pour toute ma fournée. Ce sont des cérémonies interminables. Elles offrent tout loisir pour contempler à l'état de nature un bon millier de mâles français. Il s'en faut de beaucoup que ce spectacle soit réconfortant. La race de ma province a sans doute toujours été plus résistante que belle. Mais elle est réellement abîmée, négligée. Il faut dix bouches pour réunir trente-deux dents intactes. Les ptoses, varices, hernies, ulcères, scrofules sont en nombre incroyable. Les mœurs d'un régime et d'un peuple se jugent aussi dans ce défilé de paysans, avec leurs ventres énormes et mous sur des cuisses rachitiques et des genoux en boulets, leurs échines arquées, leurs omoplates décollées, leurs thorax étiques, leurs mâchoires pourries, leurs oreilles suintantes, leurs estomacs aigris, leurs foies décomposés. Je ne suis qu'un citadin de carcasse solide mais d'apparence fort modeste, un gratte-papier confiné dans des imprimeries empestées, avec quelque cinq mille nuits de veille derrière lui, mais du moins sobre et lavé. Je me situe dans une très honorable moyenne parmi tous ces hommes de la terre et du grand air.

Les médecins indifférents prélèvent la remonte exigée dans cet assez triste cheptel. Leurs consignes sont certainement très impérieuses et les déceptions pleuvent sur les hommes aux beaux "cas". Un pauvre petit diable squelettique et déjà tout grisonnant se présente : "Quarante-quatre kilos. Un mètre cinquante. Bon service auxiliaire, apte à faire campagne." Un grognement scandalisé court le long de la file des hommes nus. Le malheureux nabot, en se reculottant, gémit les larmes aux yeux : "J'ai un mètre quarante-neuf. Ils m'ont ajouté un centimètre, parce qu'au-dessous d'un mètre cinquante, ils ne devraient pas prendre…"

Les variqueux, les rhumatisants, les asthmatiques défendent leurs chances désespérément dans une dernière tirade que les toubibs coupent de la main. Argoud, l'héroïque croisé, est maintenu dans l'auxiliaire, et ne dissimule pas un très cruel dépit. C'est mon tour. Mon verdict est connu d'avance. "Bon service armé". Puisque je suis soldat, autant l'être tout à fait. Mais il faut que j'ouvre au moins la bouche pour ne pas perdre la face devant les camarades.

- Je ne suis pas bien costaud.

Le capitaine-médecin, debout devant moi, est un géant débonnaire, lui aussi un civil en uniforme. Il sourit,

- S'il ne nous fallait prendre que des athlètes complets !

Ses gros yeux malicieux et blasés ajoutent :

- Du reste, pour ce qu'on vous fera faire...

CHAPITRE XV

L'ARMÉE DE BOUBAKI

Je suis soldat depuis un mois déjà. J'ai été bientôt réaffecté à la 1e Cie du G. U. P. Le cantonnement sibérien, comme on pouvait sans peine le prévoir, s'est mué dès le dégel en un cloaque bien plus infernal encore. La gadoue noire a tout envahi, charriant les résidus putréfiés des cuisines, grossie par les affluents qui dégoulinent des goguenots. Jamais ne fut plus véridique le refrain lapidaire de nos clairons :

Le Cent Cinquante Neuf est dans la merde Jusqu'au cou.

Je me cramponne à ma tendresse pour le pittoresque militaire, Le fantassin français de 1940 demeure, comme il se doit, une sorte de clochard mâtiné de papou. Dans le vieil argot, le biffin du reste, n'était-ce point le trimardeur, l'homme au bissac qui a tout son bien sur le dos, qui porte toujours de la terre à ses croquenots, de la paille à sa défroque, qui gîte dans les terrains vagues et les granges, qui fait le tour des villes par les faubourgs les plus désolés, notre semblable, notre frère ?

J'ai éprouvé une inénarrable jubilation dans les premiers actes de ma vie militaire. Il y a quatre semaines, j'insultais des députés, des directeurs de journaux, je morigénais des ministres, mon nom honni ou applaudi était sous cinq cent mille regards. Me voilà maintenant pareil à un conscrit, marquant le pas dans le même rang que deux laboureurs allobroges aux longues et jaunes moustaches de Francs, la plus infime des créatures entre les mains d'un caporal-chef, voire même d'un "première classe" comme l'un des garde-magasins, garde champêtre de son état, qui exerce dans son sillage une tyrannie furibonde. Je passe une heure avec des hommes mûrs et raisonnables, mon ami le sergent Jannez, grave assureur lyonnais, père de deux enfants, ou le sergent Manhès, professeur de physique, à discuter le scandale d'un plat de pommes de terre frites qui a été distribué aux hommes mais point aux sous-officiers. En colonne, quand je m'aperçois au passage dans une vitre, sous le sac et le casque, l'arme à l'épaule, je me ris comme à une vieille connaissance rencontrée au milieu d'une incroyable mascarade.

Mais le décervèlement des premiers jours fait un peu trêve. Des bribes de réflexions se rejoignent petit à petit dans ma tête. Notre gourbi est ignoble. La compagnie entière tousse à fendre l'âme, ce qui a du reste provoqué la corvée de gargarisme, une lessiveuse d'eau vaguement javellisée où l'on trempe son quart pour s'exercer en rond à des glouglous. Notre nourriture est repoussante. Ces misères, en pleine guerre, ne méritent point d'être notées pour elles-mêmes. On ne va pas se plaindre d'être enrhumé et affreusement sale, quand il y a des hommes dans les tranchées et devant la mort. Il est fatal qu'un dépôt soit essentiellement un dépotoir. Mais on a le sentiment que les trois quarts de l'armée française gisent dans ces dépotoirs.

Il se peut que ce soit encore une des singulières nécessités de cette guerre sans combats. Mais il faudrait alors que cette situation paradoxale requît tous les soins des chefs. Les hommes des dépôts ne connaissent que des peines fort relatives. Mais, ce qui est bien pis, ils s'enlisent sans raison dans la boue et la crasse. Trois millions de soldats français sont en train de pourrir sur pied.

D'ailleurs, notre G. U. P. apparaît beaucoup moins humoristique, quand on songe que nous y formons la réserve immédiate de la 27e division, unité d'élite de l'infanterie française, et que si demain commençait la vraie guerre, nous irions aussitôt nous battre dans ses rangs.

* * * * *

Nous continuons à vivre au milieu d'une incohérence systématique, minutieusement réglée. Il y a parmi nous des gaillards de l'active qui n'ont pas encore fait un jour de front, quand des pères de famille de la classe Dix-huit en sont à leur cinquième mois de ligne Maginot. Trois jours après leur incorporation, cinq cents paysans de la montagne sont renvoyés chez eux en permission agricole de trente jours qu'ils passeront à contempler la neige. Cependant, toutes les compagnies auxquelles ils viennent d'être affectés sont démantibulées pour la dixième fois depuis la mobilisation et impropres au plus modeste service pour des semaines. Les conscrits de l'année ne sont toujours pas incorporés. Mais il nous arrive par fournées énormes des fascicules bleus, des récupérés des classes Quinze et Seize, des boiteux authentiques, pliés sur deux cannes, des hommes à qui manquent quatre doigts. Une de ces précieuses recrues, qui triture péniblement un paquet presque inintelligible de mots, m'ouvre sa bouche. Elle a été traversée à Vauquois par une balle qui a coupé la moitié de la langue. La cicatrice est horrible. Ce malheureux ne peut manger que des bouillies et des hachis. Il a quarante-cinq ans. Il est repris dans le service auxiliaire.

Les femelles de villages dont le mari est parti protestaient chez les députés et les conseillers généraux, faisaient pleuvoir des lettres anonymes parce que le voisin n'ayant que cinq ans de plus demeurait chez lui et gagnait gros. Par démagogie, on remplit à ce point les casernes de vétérans perclus, d'éclopés, de malingres qu'il n'y a plus de place ni de capotes pour les garçons de vingt ans.

Il faudrait être bien ingénu pour ne pas comprendre que le mécanisme militaire est détraqué chez nous par le haut.

Une circulaire a réclamé l'état des candidats officiers de réserve. Je me suis hâté de m'inscrire, retrouvant d'un seul coup ma plus belle ardeur "Quinze-Neuf". Faire la guerre comme chef de section dans un corps alpin, malgré tout cela compterait dans une vie. Le commandant du G. U. P, M. le chef de bataillon Thorand, boutiquier en drap dans le civil, vénérable de la loge de Montélimar, qui a trinqué avec tous mes amis romanais, appuie ma demande chaleureusement.

J'ai été convoqué chez le maître suprême de Romans, le colonel Planet, avec une quinzaine d'autres postulants. Un adjudant-chef de chasseurs nous commandait avec autant de grâce que s'il eût conduit en prison un peloton d'assassins. "J'amène les futurs généraux", a-t-il proclamé, avec quel air de suprême ironie. Ses pernods du matin, lui restent évidemment sur l'estomac, à la pensée qu'un aspirant, un presque officier, son supérieur en tout cas, pourrait surgir dans quatre mois de ce vil détachement.

Le colonel Planet m'a reçu en pleine digestion, l'œil vitreux, les joues tomate, son crâne sexagénaire plongeant à chaque phrase vers son bureau et trempant de sueur ses papiers. Laborieusement, il a ouvert son col, mis bas sa vareuse, il s'est extrait en soufflant et ahanant du gros chandail vert pomme qui le mettait à deux doigts de l'apoplexie. Enfin, la voix éteinte, en s'épongeant d'une main harassée :

- C'est vous le journaliste ! Qu'est-ce que vous voulez que je fasse pour vous ? Vous voulez devenir officier dans l'infanterie, à votre âge ? C'est très bien. Vous avez la foi. J'aime ça, je l'encourage. Mais vous êtes beaucoup, beaucoup trop vieux ! Trente-six ans, pensez un peu ! Nous avons plus de candidats que nous n'en avons besoin. Je veux bien dire que vous êtes un garçon recommandable. Mais vous n'avez aucune chance. Trop vieux". Et avec accablement : "Allez ! au suivant".

Entre temps, un petit incident a grevé d'un handicap qui doit être décisif ma carrière militaire. J'ai envoyé à *Je Suis Partout*, sous le pseudonyme de "l'Alpin", un reportage de bonne humeur, de couleur franche, mais animé, je puis l'assurer, d'un esprit excellent, sur mes premières journées de fantassin. Les règlements m'y autorisent. Mon papier a eu un vif succès parmi le nombreux état-major de la garnison romanaise. Mais un drame a éclaté tout à coup, j'ai parlé dans cet article du quart de rhum bu à mon premier repas de soldat dans la cuisine de la C. H. R. Alors que tous les cuisiniers revendent aux ménagères, refilent à leurs petites amies et à leurs femmes le rhum par seaux, le pinard par bonbonnes, le café par kilos, le riz et la viande par charrettes, que les commissions d'ordinaire trafiquent sur la sardine et le sucre par camions, l'Intendance générale de Lyon est entrée dans un courroux terrifiant, s'est révolutionnée de fond en comble, en apprenant qu'un quart de rhum avait pu être versé à un deuxième classe, qui n'était même pas en uniforme, dans une compagnie où il ne comptait même pas. Le capitaine de la C. H. R., M. Vincent, instituteur et militant socialiste, a vu fondre sur lui une demi-douzaine d'enquêteurs à quatre et cinq galons. Il a dû fournir en je ne sais combien d'exemplaires le relevé de toutes ses écritures, et les dieux savent ce que sont les écritures d'une C. H. R., depuis le premier jour de la mobilisation. Le général commandant la région a été saisi du cas. Je n'outre rien...

Je laisse à penser en quelle estime le capitaine Vincent peut tenir le journaleux fasciste qui lui a valu cette algarade... M. le chef de bataillon Parodin, commandant d'armes, Corse, et lui, officier de métier, m'a convoqué dans son bureau. Il exécutait visiblement une consigne embarrassante, n'ayant aucun motif valable pour me punir. Après un éloge dithyrambique de mon patriotisme, il n'a pu me cacher que le capitaine Vincent aurait voulu me voir passer en conseil de guerre. Ce vœu, lui ai-je fait observer, était d'autant plus excessif que mes articles avaient eu à Paris le visa de colonels censeurs. Ce détail a donné à l'excellent commandant le coup de grâce, au point que j'ai dû finalement le réconforter. Ce sont des satisfactions involontaires et innocentes pour un humble deuxième classe, mais qui ne le destinent certainement point à la cote d'amour.

*****

Mes frères les troupiers, eux du moins, m'ont apporté quelque consolation. Je retrouve auprès d'eux cette naïve et soldatesque philosophie à laquelle j'ai tant aspiré.

Le premier contact avait été bien décourageant. L'isolement moral m'apparaissait sans remède, tandis que je désespérais d'échapper à la promiscuité physique. Une vingtaine d'horribles voyous, d'une terrible ubiquité, me cachaient presque tous les autres. J'avais oublié aussi le langage du peuple, si élémentaire, si lent, qu'on perd tout espoir de le parler, d'entrer jamais en communication avec cette autre planète.

Mais peu à peu, des liens se nouent, une intelligence, une âme transparaissent au hasard d'une corvée, d'un exercice, d'une bonne aubaine qui nous a rapprochés pendant deux heures. On découvre que le silence, qui pouvait passer pour de l'hébétude, n'est que la réserve prudente du paysan, du paysan dauphinois par-dessus le marché, qui passe pour le plus méfiant, et qui ne l'est peut-être ni plus ni moins que tous les autres paysans français.

J'ai dû une de mes premières lueurs d'espoir à un gros et joyeux lyonnais, mon ami Puygrenier, un de ces irréguliers, de ces excentriques que l'on trouve dans le peuple aussi bien que dans les autres classes, et qui seraient autrement plus amusants à décrire que des bohèmes de lettres plus ou moins artificiels. Rien du sempiternel marlou à la Carco, mais le cabochard, le véritable indépendant que les places de tout repos ennuient, qui a le sentiment très vif de la monotonie et s'est essayé à cinq ou six métiers par un goût impénitent du mouvement. Terrassier, bistrot, marinier, boiseur au métro de Paris, camelot selon les jours et les ans, il a connu tous les milieux révolutionnaires, tous ces petits cénacles nés autour de quelques faux hommes d'action, de quelques roublards, quelques terroristes d'estrade près de qui le naïf idéal populaire avait cru s'épanouir. Puygrenier a dû être bolchevik, anarchiste et trotskyste. Il est fort possible que son livret matricule le marque : à surveiller.

Il faut entendre Puygrenier sur le chapitre des communistes, des socialistes et de tous les croyants de mai 36. Il en a même contre la distinction classique entre les meneurs et leurs dupes :

- Des gonzes qui ont pu se laisser induire en erreur comme ça, ça devrait plus avoir droit à rien. La connerie de ce poids-là, ça devrait se payer d'une façon ou d'une autre.
- Oh ! Puy, ils sont bien punis, puisqu'ils font maintenant les pierrots avec le kaki sur les fesses.
- Tu parles ben d'une consolation ? Est-ce que je fais pas le pierrot comme eux, moi ? Est-ce que tu l'as pas aussi, toi, le complet Daladier ? Non, mon pote. Il aurait fallu pour ces gonzes une punition collectiviste. Mais je sais ben que c'est encore une affaire d'utopistes, de la philanthropie à rebours, quoi ! Alors faut se contenter en se disant que rien n'existe, pas plus la justice que le communisme. C'est drôle, ça fait tout de même plaisir de se le penser.

Je montais l'autre nuit une garde sans histoire, à l'entrée de notre cantonnement. Le poste est une cabane de guingois, la plus précaire et la plus sale de notre îlot de réprouvés. Le poêle avait bien voulu ronfler un peu. Nous étions suffisamment pourvus en bidons de rouge. Il y avait là Cléry, caporal et manipulant des postes, un facteur des Hautes-Alpes, un paysan de l'Isère, un mécanicien et moi-même. Nous parlions de nos métiers respectifs, de leurs tracas, de leurs avantages. Le mien ne leur disait pas grand' chose, puisque je ne suis ni de *Paris-Soir* pour le prestige, ni de l'*Humanité* pour être cordialement blagué et secrètement admiré. Mais ils m'initiaient à la vie des Postes, au dur labeur du tri nocturne, aux lourdes responsabilités du receveur, et ces simples images d'un travail essentiel me rafraîchissaient de bien des palabres politiques, des arguties musicales, des médisances littéraires.

Le mécanicien, Berthollon, est un invraisemblable trouffion, un tout petit bonhomme pareil au Simplet de *Blanche-Neige,* avec une capote comme une houppelande de clown, battant ses talons, lui couvrant les doigts jusqu'aux ongles, et surmonté de la plus énorme "tarte" du G. U. P., qu'il enfonce jusqu'aux oreilles. Mais sous cette défroque de marmiteux, qu'il fignole du reste dans le dessein d'embêter les gradés, pétille un œil bleu plein de gaîté et de malice. C'est un bricoleur qui vous raconte les techniques et mœurs d'une douzaine d'industries, un exemplaire vivant du "Petit inventeur".

Nous parlions en bons juges de l'éternelle sottise humaine. Berthollon confessait fort bonnement qu'il avait voté pour la bande à Blum, qu'il avait été un fameux c... et que pourtant il recommencerait sans doute si l'occasion s'en présentait, parce qu'on ne peut tout de même pas être avec des vaches comme les patrons, et qu'il est à peu près fatal que l'ouvrier se fasse coyonner quand on lui promet d'embellir le sort des hommes. Nous étions sur la pente un peu glissante des rêveries égalitaires. Mais un invité venait d'entrer, le petit Julien, un pauvre bougre de l'Assistance Publique, qui depuis est remonté en ligne.

- Moi, dit-il, je pense pas qu'on doive être des égaux et que ça soit une bonne chose. C'est parce qu'il y en a trop qui veulent être les premiers que tout est mal foutu. Je suis été placé à dix ans. J'ai appris à lire et à écrire au régiment. Je sais rien de plus. Je suis qu'un domestique de ferme. Je peux rien devenir d'autre et je le demande pas. Il faut bien de partout qu'il y ait un haut et un bas.

Nous sommes tous tombés d'accord sur cet admirable rappel de la hiérarchie nécessaire.

* * * * *

Ces Dauphinois et ces Lyonnais, par nature positifs et sceptiques, en gardent un pli de salutaire désillusion. Les vrais communistes, dont on m'avait fait à Paris un épouvantail, sont fort rares : on ne va pas moisir dans la "biffe" quand toutes les cellules vous réclament devant les tours des usines. Deux ou trois moscoutaires que j'ai repérés sont sournois, prudents, affectent d'être des soldats convenables.

J'ai une grande tendresse pour mes amis fantassins. Je le savais depuis longtemps : l'armée reste un des derniers lieux de notre monde qui rende les hommes à leur fraîcheur naturelle. Les garçons des villages les plus niais, des usines les plus puantes, pourvu qu'ils soient simples grivetons de rang ou sergents tout au plus, y reprennent aussitôt un charme de folklore. Le brave alpin Ferrier confie ses tristesses à son voisin de paille, Rousset, le bon curé-caporal, qui avait trop bien réussi aux cuisines pour qu'on l'y laissât et qui a été remis promptement, à trente-neuf ans, au maniement d'armes et au demi-tour :

- Toi qu'es curé, la moralité, ça t'intéresse. Eh ben, j'ai pas eu ma permission ce dimanche pour aller voir ma bourgeoise à Grenoble. Alors, quoi ? Je suis été faire le con au claque. Je me suis saoulé la gueule, j'ai baisé une vieille putain. Tout ce qu'il faut pour ramasser une belle chaude-pisse. Voilà ce que c'est que d'empêcher les hommes mariés d'aller tirer leur coup en famille.

L'excellent Rousset opine :

- Mon pauvre vieux ! Je sais bien que c'est immoral. Il n'y a que les officiers qui aient droit à leurs femmes ou à leurs poules. Mais, qu'est-ce que tu veux ! c'est la guerre. Encore heureux si tu n'es pas cocu à la fin.

Je ne parle point seulement des charmes de ce pittoresque. Ici, les âmes sont lavées, reposées des grimaces et de l'hébétude du servage pour le pain quotidien. Elles sont nues et naïves. Pour elles aussi, c'est le conseil de révision. Elles seraient toujours aptes pour le bon service de la France. La pâte a été gâtée, elle n'est point foncièrement mauvaise. Mais elle est sans levain.

Hélas ! où le prendrait-elle ? Un certain nombre de crétins officiels, de littérateurs, de vieillards aux nobles consciences, quand ils parlent à Paris du moral de la troupe, songent peut-être réellement à l'idée qu'elle se fait de sa mission, à ses pensées sur le drame où elle est jetée. Fort heureusement pour les démocraties, le fameux "Pourquoi te bats-tu ?" n'a pour ainsi dire jamais cours sous l'uniforme. Il est autrement important de veiller à ce que le casse-croûte supplémentaire des matins de marche ne s'envole point encore pour grossir le boni du capitaine ou la caisse noire de ces cochons de cuistots. Deux centaines de Français remis sous l'uniforme, qu'ils aient vingt ans ou quarante ans, auront toujours à se raconter suffisamment d'histoires de gendarmes dupés, de colonels rivés à leur clou, de fausses permissions, de cabots d'ordinaire qui mouillent le pinard, pour prendre leurs maux graves ou légers en patience. Mais après ? Mais encore ? Eh bien ! je ne vois plus qu'une resquille goguenarde ou une vaste et invincible passivité.

À l'appel des affiches blanches, les hommes sont venus, vieux chevaux de guerre bien domestiqués, sachant l'événement obscur, convaincus aussi par expérience qu'il en est toujours ainsi, que l'humble Français de ce siècle est ballotté au gré d'inaccessibles personnages, et de leurs querelles, qu'il serait bien vain d'approfondir. Les insolentes inégalités qu'ils ont en spectacle ne leur inspirent même pas un mouvement de rébellion. Ce ressort-là aussi, chez eux, est détendu. L'autre nuit, avec deux caporaux et huit hommes, nous montions la garde à la prison, corvée fastidieuse entre toutes. Sur le coup de huit heures, le chef de poste arriva, un sergent tout pareil aux autres, et que cependant, rien qu'à la tête, nous saluâmes du même mot : "Merde, un garde mobile !" C'en était un en effet, de vingt-six ans, frais et prospère, et qui se révéla aussitôt plus tracassier et d'une morgue plus stupide que douze adjudants réunis. J'en étais exaspéré au point que vers minuit, quand il venait pour la dixième fois dans la cour vérifier ma jugulaire et mon fourreau de baïonnette, je lui lâchai en face, sous la lune, mon paquet : "N'as-tu pas honte d'embêter ainsi de pauvres diables, qui ont trente-cinq ans et quinze sous par jour, quand tu touches dix-huit cents balles, nourri, logé, blanchi et couchant avec ta femme, pour ne pas te battre, toi, un soldat de métier ?" J'étais le seul encore capable de ce sursaut, qui a laissé du reste le mobile pantois. Mais quatre jours plus tard, comme nous n'avions pas de sous-off avec nous, les camarades ont délibérément lâché la garde, passé la nuit au bordel, et pour être plus sûrs de leurs prisonniers, ils les ont emmenés avec eux chez les garces, y compris un espèce de sinistre fou muet, déserteur en prévention de conseil de guerre, qui la veille s'était rué sur une sentinelle couteau au poing.

L'indiscipline est partout, irrémédiable, à la fois sournoise et absolue. Sur les rangs, en armes, les hommes du bout de la colonne s'assoient sur une caisse, sur un vieux bidon de pétrole, la cibiche aux lèvres, le fusil entre les jambes, pendant que l'on fait l'appel. La présence d'un capitaine n'y change rien.

La palme revient certainement à deux compères inséparables, l'un grand, épais, noiraud, avec une énorme voix gargouillante et placide, vêtu d'oripeaux d'un bleu délavé, couverts de graisse et de suie, l'autre porteur d'un museau pointu de renard, tout en crins jaunes et raides, rusé, joyeux et prudent, une vraie figure de fabliau dans une gigantesque capote caca d'oie qui balaie presque le sol. Ils se sont arrangé une thébaïde au fond d'un hangar à bois et à charbon. Ils y coulent leur cinquième mois de sieste, hirsutes, incroyablement mâchurés, cassant avec animation deux bûches par jour pour les gradés qui viennent à passer par là. Personne ne les a vus une seule fois tenir un fusil, apparaître dans les rangs. Mais ce n'est encore rien. Depuis le début de la guerre, chaque soir les deux lascars se faufilent dans un train, vont coucher chez eux du côté de Tullins, à quarante kilomètres, et reviennent au petit matin.

Chaque samedi, au rapport, les officiers distribuent quatre permissions de vingt-quatre heures, et rappellent d'une voix grondante les foudres réservées aux contrevenants. Les troupiers, l'œil mi-clos, le dos voûté, écoutent respectueusement cette terrifique harangue : "Trente jours de prison... Passer le falot... Bataillons disciplinaires... Départ immédiat en ligne". Une demi-heure plus tard, cinq cents Alpins se bousculent à la gare, cinq cents autres sont postés, musettes aux flancs, aux stations d'autocars. Le dimanche, sur les quatre bataillons de Romans, on ne réunirait pas l'effectif d'une demi compagnie. Et il en est de même à Lyon, à Paris, à Romorantin, à Issoire, en Champagne, en Picardie, en Gascogne, en Poitou. Deux jours par semaine, le tiers de l'armée française prend de l'air. Aucun code, aucun châtiment ne sauraient prévaloir contre cette tranquille et invincible marée d'indépendance. Toutes les gendarmeries réunies de l'univers n'y suffiraient pas. Il faudrait muer tous les états-majors en conseils de guerre, toutes les casernes en prisons, et affecter cinquante divisions à leur garde. Faute de quoi, toute la majestueuse hiérarchie militaire ferme les yeux sur quinze cent mille cas chroniques d'absence illégale et de désertion en pleine guerre.

Ainsi, l'armée Daladier retourne irrésistiblement à l'état de la horde démocratique, des informes troupeaux de toute décadence, où le soldat-citoyen met aux voix l'ordre de bataille et retourne chez lui quand la soupe n'est pas bonne. Militaires et civiles, les hautes puissances de la République sont muettes et tremblantes devant ces électeurs en kaki. On n'est pas davantage capable de les vêtir que de les loger et de leur parler, mais on se risque encore moins à les commander.

Cette guerre est tellement inintelligible qu'on est déjà fort émerveillé que les hommes veuillent bien rester plus ou moins à leurs places, revenir nonchalamment après leurs petits tours de liberté. Ils restent, ils reviennent parce qu'ils ont sur leurs épaules cent cinquante années de "guerres du peuple", de service militaire obligatoire. C'est une hérédité que l'on ne secoue pas en un jour. Neuf Français sur dix ont dans le sang un second métier, celui des armes. Cet atavisme nous a sauvés vingt-deux ans plus tôt et pourrait sauver toujours bien des choses. Encore faudrait-il que les hommes pussent faire ce métier, au lieu de la parodie qui s'étale sous leurs yeux.

* * * * *

Après cinq mois de G. U. P., dont les fascicules bleus n'ont connu que les dernières semaines, après cinq ou six cents rassemblements, autant d'appels et quelques milliers de notes de service, notre compagnie forme le monstre le plus insane, le plus hétéroclite qu'un capitaine d'habillement en délire, qu'un Ramollot frappé de fièvre chaude aient jamais pu imaginer. Les âges s'y échelonnent de vingt-deux à quarante-cinq ans. Des Kroumirs qui font leur seconde guerre, des vétérans de la classe 36 qui en sont à leur troisième année sous les drapeaux, y coudoient des anciens auxiliaires qui ne savent pas mettre baïonnette au canon. Le tiers de l'effectif est constitué par la bande des "non-instruits" que les poilus appellent l'armée de Bourbaki, ou encore la brigade internationale. C'est le surprenant assemblage des Arméniens, caves ou bouffis d'une graisse verdâtre, rongés d'hémorroïdes, d'ophtalmies, d'ulcères, affublés de loques effrangées comme des épouvantails à moineaux, à qui on désespère d'apprendre correctement même le garde-à-vous, et des vieux "alpini" et bersagliers du Piave, chevronnés et couturés de blessures. On y a adjoint le clochard russe, à qui la tambouille a rendu une apparence de vie, mais dont les genoux et les dents claquent toujours, deux espèces de brigands espagnols, plus un long sec, grisonnant et taciturne croquant des Hautes-Alpes.

Un aspirant de vingt-deux ans, charmant, timide, sportif, dans une vareuse martialement coupée et une incomparable culotte à la Saumur, vient d'échouer à la tête de l'armée Bourbaki. Il commande, tout rouge de confusion et d'une enfantine envie de pouffer, le maniement d'armes aux Arméniens qui se flanquent la crosse du lebel sur les orteils, portent le sabre-baïonnette sur la braguette, le havresac sur les jarrets, tandis que les grognards piémontais suivent le mouvement avec une philosophie rigolarde.

On a, toutefois renoncé à "instruire" Bouboule, le seul Arménien devenu populaire, un poussah grêlé, effroyablement calouche, haut comme un mousqueton, mais plus large que la barrique d'eaux grasses, expliquant dans un effarant sabir comment il ne faut pas s'en faire et ne pas chercher à comprendre, le Casimir de notre coin, comme lui aide-cuistancier de dernière classe, fonctions qu'il accomplit avec une ombrageuse dignité.

CHAPITRE XVI

L'ÉCOLE DES GUERRIERS

En grande pompe, nous avons inauguré les travaux de campagne, dans de vagues prairies, a trois ou quatre kilomètres de la ville. Tout le monde doit travailler, mais il y a six pioches et quatre pelles pour deux cents hommes. Dix héros écorchent le sol au hasard pendant que les autres sont vautrés derrière les buissons. Il s'agit de construire des emplacements de fusils-mitrailleurs. Un aspirant méticuleux s'affaire et se désole, un mètre de maçon d'une main, le manuel du gradé de l'infanterie de l'autre : "Attendez ! Attendez ! Il faut un rectangle de tant sur tant, avec tant de profondeur". Bientôt, l'aspirant, maigre, blond et candide jeune homme, est tout seul à brandir la pioche, la sueur au front, les doigts écorchés, au milieu d'un cercle hilare et vivement intéressé de terrassiers, de laboureurs, de bûcherons qui tournent béatement leurs énormes pouces sur leurs ventres.

Le capitaine vient rehausser de sa présence nos labeurs. On ne peut se figurer plus morose ganache, portant la méchanceté et la bêtise sur une hure de vieux cocu gastralgique. Il conduit, paraît-il, à Grenoble, les destinées d'une entreprise de charrois. Il est scellé dix-huit heures par jour, parmi ses dix scribes, devant un petit bureau d'écolier. Au milieu de la vertigineuse chienlit du G.U.P., il médite le format - modèle 52 bis ou 294 ? - sur lequel doit être dressé l'état des courroies de gamelle ou des plombiers zingueurs de la compagnie. La farce ne serait pas complète chez nous sans cette incarnation du règlement le plus obtus, qui déambule, importante, trois plis de hargne au front, à travers notre débandade brenneuse.

Dans officier, il y "officiant", me disait l'année dernière l'excellent Trochu, le conseiller municipal. J'aimerais qu'il vît officier notre capitaine. C'est pour la rémission de mes péchés militaristes, de ma crédulité, de mon entêtement, que je dois être sous un chef pareil.

Les hommes, qui possèdent pour ces sortes de choses un infaillible flair, ont tout de suite compris que le ressort de ce vilain ours est la peur, et ils l'ont dénommé "le père La Chiasse". En effet, que les soldats périssent de froid, soient vêtus comme des chemineaux, qu'ils mangent de la crotte bouillie, que les cuisiniers trafiquent honteusement de leurs vivres, La Chiasse n'en a cure puisque personne au-dessus de lui ne daigne considérer ces détails. Mais que la note de service sur le recensement des selliers-bourreliers ait été tapée en cinq exemplaires au lieu de six, et le voilà qui s'affole et se déchaîne, menace d'emprisonner, de casser, d'expédier sur l'heure au front. Comme la plupart des ignares, l'imprimé l'épouvante, il s'absorbe des heures dans l'exégèse d'une circulaire sur l'adjudication des eaux grasses, songeant à tous les pièges qu'elle doit cacher. Il a près de soixante ans, il est au sommet de ses grades de réserviste, et cependant il est plus tremblant devant un supérieur, qui est marchand de nougat dans le civil, qu'un serf gratte-papier, dont la pitance et celle de ses quatre gosses tient à la mansuétude de dix chefs de service et de quinze administrateurs. L'arrivée du chef de bataillon le met en transes. La venue d'un général lui coûterait certainement plusieurs kilos. La paisible anarchie des hommes, contre qui il n'a pas plus de moyens que le Grand Quartier Général lui-même, le tord d'une angoisse chronique. Il se rattrape férocement en refusant toutes ces menues faveurs par quoi un chef peut gagner ses soldats, punissant de prison un bronchiteux tordu par la toux qui réclame une contre-visite, déchirant les permissions de minuit que quelques honnêtes troupiers, les meilleurs sujets de la compagnie, ont la naïveté d'offrir à sa signature. Il retarde de deux jours le départ d'un pauvre diable en pleurs dont la petite fille va mourir. On frémit à la pensée qu'un aussi odieux abruti pourrait encore commander sous le feu on ne sait quelle inepte boucherie, que d'autres abrutis tout pareils commandent certainement quelque part le long de la ligne Maginot.

Pour l'instant, le père La Chiasse est donc parmi nous, sur le terrain, occupé à nous enseigner l'art des batailles, avec un accent de gardeur de vaches. Cet Ubu entre tant d'Ubus que cette guerre a investis d'une caricature de pouvoir, se révèle, pour être complet, gonflé d'une énorme suffisance.

-   Moi qui vous parle, je suis commandant d'une compagnie en temps de guerre. C'est quelque chose. Ce n'est pas n'importe qui qu'on peut mettre à la tête d'une compagnie d'un G. U. P. Il faut être capable. Moi, je suis capable. Avec moi, vous apprendrez ce que c'est que la guerre. Parce que moi, je suis un officier qui a fait la guerre. Je ne suis pas un théoricien comme il y en a. Je veux vous mettre en face des réalités concrètes.

Pour nous le prouver, ce guerrier réaliste entame incontinent une leçon de choses.

-   Ce terrain où nous sommes va vous servir pour savoir comment qu'un combat se passe. Il faut vous dire que c'est un terrain mal choisi, parce qu'il est trop découvert et que s'il y avait l'ennemi en face, on serait tout de suite descendus. Mais nous allons faire comme s'il y avait des bosses pour se cacher. Je voulais faire construire un réseau en fils de fer pour que vous vous exerciez à passer dessous. Mais il n'y a pas de fil de fer. On aurait pu fabriquer des fascines avec les arbres de la lisière, mais on n'a pas l'autorisation de les couper. Il est défendu aussi de faire des tranchées à cause des propriétaires.

Mais vous pouvez remplacer tout ça par un effort d'imagination.

Et nous entreprenons une étonnante manœuvre où les positions sont figurées par un trait de canne, le réseau de barbelés par une ficelle tendue, les mitrailleuses par trois cailloux, le canon antichar, le fameux 25, par une branche d'arbre. Les poilus de trente-huit ans sautillaient à travers ces accessoires comme des gamins à la marelle.

* * * * *

Nous en sommes restés là de l'école du combattant, et nos trous de fusils-mitrailleurs ne seront jamais terminés. Depuis cette grave séance, la colonne, chaque fois un peu plus maigre, s'en va trois après-midis par semaine, guidée par un aspirant qui tient au bout des doigts un ballon de football. Une tiède partie s'engage entre une vingtaine d'hommes empêtrés de leurs gros souliers. Les autres s'avachissent dans les creux, grillent une pipe allongés sur le dos, vont siffler le café et le vin rouge dans la ferme voisine qui s'est muée en caboulot. Ceux qui sont paysans contemplent silencieusement ces troupiers qui s'amusent à la balle, sur le beau champ de blé resté en friche faute de bras.

Si on le voulait, cependant, on trouverait un dérivatif utile à l'ennui et à la paresse où s'enlisent ces soldats. Il n'est pour ainsi dire pas un homme qui ne s'intéresse à ses outils de guerre, n'engage de savantes controverses sur la Hotchkiss, le mortier, le V. B. Il y a toujours dix volontaires pour un lorsqu'il s'agit de démonter, de graisser quelques armes.

Mais nous ne possédons presque rien. Nos fusils sont de trois modèles, dont pour la moitié de ridicules Gras. Les fûts sont fendus, les guidons tordus, les canons branlants. Avec un pareil matériel, on manquerait une porte cochère à trente mètres.

Le colonel a prescrit des exercices de grand style, avec des grenades-citrons. La garnison entière y passera plusieurs fois. Pour ce coup, nous allons faire sérieusement notre apprentissage. Tous les matins, depuis trois semaines, le sergent Jannez s'en va, avec une douzaine de lascars, creuser dans la campagne la tranchée et l'abri nécessaires. Le travail est achevé. On commencera lundi prochain l'entraînement. Mais le terrain a été si heureusement choisi que la pluie du vendredi fait ébouler la tranchée. Jannez repart avec ses bougres et ses pioches. Huit jours plus tard, c'est l'abri qui s'effondre. Les fantassins de Romans ne connaîtront jamais la grenade-citron.

On a enfin organisé un tir au fusil-mitrailleur. Il n'a fallu que six petits mois pour y parvenir. La compagnie est au grand complet. Les hommes sont alertes, ravis de ce divertissement. Sur quatre fusils-mitrailleurs, deux s'avèrent inutilisables au premier feu. Les chargeurs de rebut dont on nous a gratifiés enrayent les deux autres presque à chaque rafale. Tant bien que mal, cependant, la séance se poursuit. Les Arméniens trouvent le moyen de tirer à trois mètres devant eux, soulevant un nuage de cailloux et de mottes de terre qui les épouvantent ; ils se redressent hagards, crispés sur la détente, arrosant tout de balles autour d'eux, semant une panique éperdue... Mon tour vient. Je n'ai jamais touché le F. M. 24. A peine ai-je contre mon épaule la merveilleuse petite arme que je me sens un homme nouveau, invincible. O mitrailleuse si souvent caressée en rêve, devant les ignobles troupeaux du Front Populaire, les estrades de Blum, de Thorez, de Daladier, de La Rocque, les ghettos dorés et les Sodomes des fêtes bien parisiennes ! Cent fusils-mitrailleurs bien pointés et la face de la France... je tire comme un dieu, goulûment, passionnément, par petites rafales posées. Malgré deux enrayages, j'ai mis tout mon chargeur dans une carte de visite. Le brave sergent Prat, douanier et chasseur de chamois, qui m'assiste, siffle d'admiration. Je voudrais mitrailler jusqu'au soir. Je deviendrais un as. Mais le clairon apparaît au-dessus d'un talus dans le vent sec. C'est un conscrit qui a sous son casque la taille et la mine d'un gamin de douze ans, un enfant-soldat de 92 :

T'as tiré comme un cochon ! Vas-y voir, vas-y voir !

"Allez, petit ! Souffle tout. Montre que t'en as deux. Sois pas économe du biniou".

Relèv' ta ch'mise, ma femme, ça y est. J'ai vu ton cul, j'sais comme il est...

C'est fini. Pour la première et dernière fois, j'ai tiré mes vraies cartouches de la guerre.

* * * * *

Nous avons marché un peu, des étapes anodines de vingt, vingt-cinq kilomètres. Je retrouve avec enthousiasme mon âme d'infatigable piéton, de fantabosse invétéré. Marcher dans un matin glacé et rose, en humant l'air vibrant qui sent la neige vierge, le corps souple et bien chaud dans une triple carapace de laine, un fredon à la bouche, un gros fusil à l'épaule, trotter gaillardement, la capote dégrafée, une bonne sueur aux reins, sous un soleil de mars ardent déjà, vers la ferme où l'on boira la piquette fraîche, je connais dans ce monde peu de bonheurs plus purs.

Je me désole chaque fois de voir notre file encore raccourcie. Ces fantassins de l'an Quarante auraient pourtant grand besoin de se refaire les jambes. Les résultats de nos bénignes épreuves sont consternants. Au dixième kilomètre, nous avons déjà des traînards. A la moindre rampe, on souffle et on lambine comme de petits vieillards. Beaucoup, au retour, s'affalent jusqu'au lendemain sur leur paille sale, les côtes éreintées, les pieds en sang. Les autos, les cars, les motocyclettes ont du amollir les paysans de ces terres trop riches. Les citadins valent presque mieux.

Je m'évertue à jouer le bon apôtre. Je me garderais bien de prêcher un zèle dont je ressens plus que quiconque la vanité, mais j'invoque ce qui demeure de salubre dans notre piètre existence : "Ne restez donc pas là à moisir bêtement dans cette écurie. On est bien mieux dehors. Venez faire un tour avec nous". Mais ces hommes qui ont toujours biné, fané, porté des faix, ne peuvent point comme moi savourer l'effort physique. Rien du reste ne pourrait le justifier à leurs yeux. Ils ne sauraient point exprimer l'insanité de cette guerre ils n'en parlent presque jamais. Ils l'éprouvent cependant confusément. Elle leur enseigne qu'il faut en faire le moins possible. Il leur serait inconcevable de l'accepter comme je l'essaye, pour l'amour d'un sport, pour ce qu'elle nous impose malgré tout de viril. Leur pente naturelle est celle d'une passivité morose ou goguenarde.

- Voyons, les enfants ! Une petite promenade pour vous dégourdir les jambes ! On ne sait jamais ce qui nous arrivera. Ce n'est pas inutile de s'entraîner un peu.
- Ah ! ben, tu peux causer. S'ils voyaient que je marche, ils seraient capables de m'inscrire pour le prochain renfort au casse-pipes.

Assisté du bon curé Rousset, qui peine beaucoup sur la route mais est plein de courage, j'en ai décidé deux. Ils se harnachent en geignant. S'ils ont quelques ampoules ce soir, je serai voué aux gémonies. Sur plus de trois cents troupiers, nous sommes trente en rangs. Les autres préféreront se vautrer dans les coins les plus sordides, rôder des heures durant autour de notre affreuse geôle, pour échapper aux chasses perpétuelles et infructueuses des sous-offs. Tirer au cul dans la merde, tant pis pourvu qu'on tire au cul. La crasse, la fétidité de nos étables sont indifférentes à ces hommes, pour la plupart aussi sales que leurs cochons.

Il y aurait cependant parmi nous les éléments d'une troupe un peu lourde, mais solide : ceux du "canon de 25" qui sont arrivés à conserver dans notre cour des miracles une sorte d'esprit de corps, quelques-uns des montagnards, race encore magnifique, longue et musclée, lorsque la consanguinité ne l'a pas abîmée, guides de l'Oisans qui se désespèrent dans nos brumes de plaines, gaillards du Briançonnais, du Gapençais, nés avec les lattes de bois au pied, garçons des villes du Sud Est : employés, ouvriers d'usine qui ont su préférer les sports d'hiver à l'anisette et qu'attirèrent au Quinze-Neuf les sections d'éclaireurs-skieurs, et même les plus jeunes de nos maçons piémontais. Cette élite entraînerait bientôt tout ce qui est encore ici digne et capable de porter une arme. Mais il faudrait la dégager de la gangue, de l'animalité morne, de cette extravagante bicaillerie d'Arméniens, lui assigner quelque but, quelque activité à peu près cohérente.

Nous aurions un besoin extrême de chefs ayant un peu de fermeté, un peu d'imagination et beaucoup de sollicitude. L'encadrement des sous-officiers de réserve est mieux qu'honorable, jeunes professeurs, assureurs, cultivateurs dégrossis, ouvriers spécialisés, brevetés de l'école de Haute-Montagne, auxquels s'ajoutent nos amis les douaniers alpins, coureurs de sentiers qui n'ont plus rien à voir avec l'affreux gabelou des gares, Prat, Rochas aux noms de granit, le joyeux sergent Roger, catalan qui se pique de belles-lettres. Plusieurs ont une compétence, une finesse et une application fort au-dessus de leurs modestes galons. Hormis quelques réfractaires ingénus et quelques gouapes, nous les traitons tous en camarades, et cependant ils sont les moins mal obéis.

Mais au-dessus d'eux ? Je m'applique auprès des poilus, par un besoin instinctif d'ordre, une horreur du relâchement démagogique, à défendre ou à expliquer "rempilés" et officiers. Je profite de la moindre occasion pour dire : "Tu vois, avec son air de vache, au moins il s'occupe de nous", ou encore : "Ils sont tout de même bien gentils, ces pauvres petits bougres d'aspirants". Les hommes me regardent en haussant les épaules. Je leur rappelle tout à coup que je ne suis des leurs que par hasard, que je suis un bourgeois, un qui a eu de l'instruction, avantage qu'ils ne souffriront jamais d'attribuer à quelque agilité plus particulière de l'esprit, mais au privilège de ceux qui ont eu le temps et l'argent pour s'amuser dans les livres. Les manches cerclées forment pour eux un autre monde, fermé et hostile, dont ils n'attendent, de quelque manière que ce soit, rien de bon.

Je dois avouer que mes "protégés" ne me font point la tâche facile. J'ai parlé de notre capitaine que j'abandonne volontiers au mépris jovial ou sombre de chacun. Nos aspirants essayent bien de faire ce qu'ils peuvent. Ces honnêtes blancs becs sont trop ridiculement déplacés parmi les grognards que nous sommes, beaucoup trop timides et hésitants, pour que les troupiers puissent leur accorder quelque estime. Nous avons parmi nous un sous-lieutenant de quarante ans, à médaille militaire, Le Guinilho (je ne garantis point l'orthographe) que chacun a nommé d'abord "mon adjudant" parce qu'il en réalise le type le plus achevé, qu'il en était un effectivement jusqu'au début de la guerre. Il ne relève du reste jamais la bévue. Il ne s'est point habitué à son grade, et ses rares confidents savent que les repas au mess le supplicient. Il est retenu dans notre dépôt par force et s'y ennuie à périr. J'aime sa tête bretonne, aux yeux d'acier sous le béret. Voilà un vrai soldat, avec qui j'irais volontiers sous le feu. Mais les hommes sont fort indifférents à ces considérations d'artiste. Ils ne vont pas au-delà du vocabulaire homérique de Le Guinilho, et cette gueule perpétuellement remplie de jurons sonores représente pour eux la quintessence du fayot.

L'adjudant Bertet, de carrière lui aussi, skieur émérite au visage superbement tanné, serait peut-être dans un autre système un modèle de gradé intelligent et humain. Mais il est visiblement sans illusions sur notre vie de caserne loufoque, et ce n'est plus qu'un fonctionnaire blasé et nonchalant.

Il y a bien le commandant Thorand, cent dix kilos dans sa vareuse de chasseur, dignitaire maçonnique et bonze radical, qui jouit d'une popularité assez considérable. Disons aussitôt qu'il la cultive en invitant chauffeurs, cuisiniers et ordonnances à boire avec lui le pernod devant le Tout-Romans, chez Fayet. Nous aurons quelque peine à en faire le centurion de nos rêves.

À l'autre pôle, il y a le commandant Guglielmi, dit Spada, un ancien caporal corse, verdâtre, tout petit, avec un képi bosselé et cassé à la Soixante-Dix, de grandes moustaches noires de palikare, dans lesquelles se perd son patois cailouteux, pratiquement analphabète, d'un Courteline tellement parachevé qu'il en est à peine vraisemblable. Ridiculisé par tout l'état-major, faisant autour de lui le désert à cent mètres, il promène, solitaire, d'un bout à l'autre de la ville, sa vocation refoulée de chaouch, s'interrogeant sans fin dans sa tête naïve et féroce sur ces ordres supérieurs qui le brident désormais, se payant sauvagement sur l'ivrogne ou le bleu assez inhabiles pour venir se fourvoyer sur son chemin.

Le chien de quartier naguère pouvait faire sourire. Il devient odieux lorsqu'il rôde toujours, à six cents kilomètres des lignes où des civils en uniforme font métier de mourir. Si Spada est trop borné pour qu'on puisse lui confier mille hommes au combat, son cas n'est-il point pire encore ? Qu'est-ce que des soudards qui deviennent inutilisables le jour où tonne le canon ?

Nous avons encore cet affreux capitaine M..., guerrier des plus professionnels lui aussi, qui s'accroche depuis six mois au bureau des effectifs, qui est parvenu à en faire chasser un par un trois officiers réservistes nommés à son remplacement. Tous les bureaux regorgent d'ailleurs d'adjudants de trente-cinq ans, illettrés, bien nourris, et d'une écrasante superbe, qui font campagne à haute solde entre les comptes de cordonnerie et le composteur.

Non, ce ne sont pas ces gens-là qui referont des soldats avec le troupeau sceptique et avachi que nous sommes.

Je rapproche ce que je peux observer autour de moi de tant d'histoires déjà entendues, de celles qui nous arrivent des quatre coins de la France chaque jour. Il ne s'agit vraiment plus de légende pittoresque et de gaîtés du bataillon. Quelque chose s'est disloqué dans la hiérarchie de l'armée française. Le principe irremplaçable et si beau en soi de la subordination militaire y joue au rebours des valeurs réelles. La discipline rigide, avec tout ce qu'elle pouvait avoir de nécessaire, s'est affaissée. Mais ce qui s'y est substitué est pire que les brutalités les plus injustes. C'est la barrière des classes, ce sont les préjugés sociaux transportés parmi les uniformes. Entre les hommes de troupe et les gradés de toutes espèces, généraux, officiers, sous-officiers de métier, les rapports sont trop souvent ceux du prolétariat et de la bourgeoisie, grande, moyenne et petite, du dépouillé et du possédant, non plus à la mode autoritaire et violemment triomphante, mais à la mode du capitalisme démocratique, ouvriers avilis, patrons lâches mais enfermés dans leur égoïsme et leur morgue étriquée, la hargne, la haine ou l'ignorance séparant plus que jamais les deux camps.

J'entendais l'autre jour près de moi chez Fayet de tout jeunes officiers qui parlaient armée, fils de fabricants ou de commerçants riches de la province, plus ou moins bacheliers apparemment. Le premier disait : "Si, je vous l'assure, il y a quelquefois parmi les deuxièmes classes des gens très bien". Les autres se récriaient à grand bruit, comme sur un propos d'une anarchique indécence. Petits benêts, mais affligeante méthode que l'éducation militaire qui peut les laisser libres de penser aussi niaisement.

Je ne veux rien outrer ni généraliser. Mais autour de nous et de cent de mes camarades dispersés du Nord au Sud, c'est l'évidence que les officiers ne savent rien de nos vrais besoins, tant physiques que moraux, et ne font rien pour les découvrir. Je connais bien certain capitaine de chasseurs, ancien notaire, aujourd'hui sur le front, je suis sûr qu'il est capable de se pencher sur le sort de ses petits poilus, non pour les dorloter mais pour les avoir dans sa main, les tremper, les unir, en faire des hommes de combat. Je ne veux pas douter qu'il en soit ainsi dans le dessus du panier de l'armée française. Mais encore une fois, la moitié de cette armée est une masse informe. C'est elle que je connais et dont je parle ici. L'énormité de son poids mort m'effraie. Que ne risque-t-il pas de peser dans les destinées du pays ?

Dans cette tourbe, l'inertie est la règle. J'ai vu celle des hommes. Celle de leurs chefs n'est pas moindre. Ils se laissent glisser au gré des loisirs imprévus, de l'oubli des affaires et des querelles conjugales, plus crédules que le troupier sur le chapitre de la victoire sans batailles, parce qu'ils ont le tort de lire et qu'ils connaissent des truismes, des précisions techniques et des chiffres. Le résultat est le vaste abrutissement d'une vie de caserne où l'on ne fait même plus l'exercice.

Les décombres

* * * * *

Je loge depuis quelques jours, nanti d'une autorisation presque régulière, chez M. Barnarat, qui tient un vaste et poisseux café dans le centre de Romans. J'y partage un taudis obscur, idéal cependant auprès du G.U.P., orné de nus de femelles découpés dans *Paris-Flirt*, avec mon ami Mouton, cordonnier à Saint-Vallier, qui nourrit l'ambition contrariée mais tenace de se faire embaucher chez le maître bottier.

M. Barnarat, lyonnais d'origine, offre un type superbe de citoyen démocratique. Son emploi du temps quotidien mérite une petite narration.

Levé sur le coup de neuf heures, M. Barnarat commence à se traiter par deux ou trois chopines de vin blanc. Vers onze heures et demie, il consulte son horloge et proclame que l'instant des apéritifs sérieux a sonné. Homme de règles et de principes, il a sa marque de pernod, dont le choix a été le fruit d'une longue expérience, qu'il fait venir de loin, et qu'il est seul à boire dans Romans, ou l'on fabrique une douzaine d'anis considérés. Il en étanche cinq à six verres jusqu'aux environs d'une heure et demie où il rompt le pain, en débouchant du Beaujolais. Le déjeuner ne va point, cela s'entend, sans une bonne demi-tasse de marc ou d'armagnac. M. Barnarat s'autorise le petit verre avec la clientèle jusqu'au moment où il se rend à sa partie de boules, qui occupe le principal de son après-midi. Avec les boules, le vin rouge du pays est obligatoire. Il ne m'a pas été donné d'estimer en personne par quel nombre de pots M. Barnarat lui rend hommage, mais je lui fais confiance, d'autant que le jeu de boules est altérant. Je ne parle naturellement point des jours de championnat, où le gosier de notre héros défie toutes les statistiques.

Aux alentours de six heures, M. Barnarat regagne son café. Un cercle d'amis fidèles l'y attend pour célébrer le sommet de la journée, le grand, véritable et solennel apéritif. C'est le moment où volontiers, M. Barnarat entame le récit de sa dernière campagne, qu'il a faite en septembre en qualité de lieutenant de garde-voies entre Saint-Vallier et Saint-Rambert d'Albon. Il a été renvoyé à ses foyers au bout de trois semaines, et son amertume s'exhale chaque soir à neuf au quatrième verre de son pernod. Car je n'ai point besoin de dire que le pernod préside la séance. M. Barnarat, je le jure, ne sera point quitte qu'il n'en ait vidé ses dix verres où l'eau tient la moindre part, et la tablée du compère lui tient tête vaillamment. Chacun a son cru de pernod favori mais la purée d'absinthe est de même couleur dans tous les verres. Un seul des chevaliers n'y goûte point. Tourmenté par ses viscères, il avait vu un docteur qui lui dit : "Supprimez votre pernod". Il s'est donc mis depuis au noir mandarin. Je dois dire pour l'histoire que, de toute la compagnie, il est de loin le plus maltraité, la face lie de vin, bavant, la main tremblante, ouvrant péniblement un œil strié et glaireux, d'un gâtisme accusé à moins de quarante-cinq ans.

Le ton s'échauffe et s'envenime. Bousculant l'homme au mandarin dont la salive file, les buveurs s'affrontent, se vouant mutuellement à la male mort. M. Barnarat vitupère l'intolérance religieuse à la face du tailleur, qui lui réplique par une diatribe forcenée sur la quadrette victorieuse au concours de boules de Pâques 1925.

On boit la tournée de la réconciliation vers neuf ou dix heures ! Il n'est point si rare que la cérémonie se prolonge jusqu'à minuit, et non plus qu'on atteigne le quinzième ou vingtième pernod. M. Barnarat s'en va manger la soupe avec quelque morceau, dûment arrosé, de boudin ou de caillette. Enfin, avant de clore sa porte, il vide avec les derniers clients quelques couples de demis bien tirés, qu'il entremêle plaisamment d'un ou deux chasse-bière, à moins que les bouchons de champagne ne sautent en l'honneur d'une "Fanny" retentissante, d'une belote magistrale ou de quelque autre grand événement.

Il me faut confesser que cet éminent éclectique a pu aborder la soixantaine avec la pupille alerte, le pied encore léger, la taille cavalière, le poil dru et brillant. On a pu voir toutefois qu'il est ménager de ses forces. Sa femme, levée à l'aube, debout quinze heures durant et qui ne boit que de l'eau minérale, porte sur son échine lasse et sa figure flétrie tous les stigmates des maux épargnés à son maître et seigneur.

* * * * *

Il est dommage que l'armée ait remercié le lieutenant Barnarat de ses bons services, au lieu de l'adjoindre par exemple à l'état-major de notre intrépide G. U. P. Mis à part son tempérament, d'un acier incorruptible, il en serait le vivant fanion, le digne symbole.

À la vérité, ce sujet est plutôt navrant. J'ai voulu croire à des accidents, à l'honorable tradition du pinard, roi des guerres françaises. Les dieux savent que personne ne rechigne moins que moi au piot lorsqu'il est de franche cuvée. Une pocharderie harmonieuse, deux ou trois fois l'an, me semblera toujours un convenable moyen d'éclairer l'existence et de se rafraîchir la tête. Le cher romanais Vossier a compensé mes brouets militaires par quelques frairies de saucissons en croûte et de poulardes à la crème, où le liquide valait le solide, ce qui n'est pas peu dire. J'aime que le bon curé Rousset ne soit en rien abstème. J'ai blagué volontiers mon ami Georges Blond, qui se voue aux inquiétantes chimies des jus de fruits, de ses campagnes vengeresses contre le pastis. Il faut croire que je vivais réellement fort loin de l'haleine populaire de la France. Hélas ! je la connais maintenant.

Le vin, avec sa séquelle, est devenu chez nous le grand fléau de la guerre. On comprend trop vite qu'il était déjà un des fléaux de la paix. Mais notre vie croupie l'a étendu et aggravé d'incroyable façon. L'espoir du litre ou du verre est décidément l'unique ressort capable de redresser ce bataillon d'affalés.

À peine viens-je de nouer une amitié qu'elle sombre dans la vinasse. J'échangeais quelque propos amer et salubre avec ce brave homme. Deux heures plus tard, je voudrais en reprendre le fil. A la place du sage sentencieux et paisible, je retrouve un pantin qui me rote dans le nez. Mon bon copain Cléry, le caporal, philosophe d'une nuit où il fut miraculeusement à jeun, s'est révélé bien vite comme un poivrot chronique. Badot, l'affectueux marlou, peut lui tenir compagnie., Magnat, le caporal fantôme, retrouvé au fond d'une prison villageoise, cuvant on ne sait combien de décalitres, est un morne animal dont on ne tire pas vingt mots intelligibles par jour. Et celui-ci, et celui-là...

Les paysans naguère s'en tenaient peut-être à l'aramon, laissaient aux ouvriers et aux employés des villes le privilège des bistouilles distillées. Mais l'égalité s'est faite, les prédilections se sont confondues. Les hommes se saoulent à mort, sauvagement, en vingt minutes, avec n'importe quoi.

Nos cantonnements sont peuplés de déchets alcooliques, de nabots dégénérés, déjetés, ravinés, parmi lesquels comptent comme par hasard nos deux seuls Marseillais, deux ignobles guenilles humaines. Ces misérables, cuits déjà dans le ventre de leur mère, sont à ce point imbibés et ravagés qu'au troisième quart de vin ils chancellent, hagards. Et pourtant, ils entonnent leurs huit et dix litres par jour. Sur leurs culottes fangeuses, leur vomi d'hier rejoint en traînées violâtres celui de l'avant-veille. Sur leurs faces de gnômes hébétés, la sanie s'agglutine en croûtes à la boue des ruisseaux où on les a ramassés. Ils sont effrayants et pitoyables. Mais les chambrées s'en tordent les côtes. Il n'y a pas de personnages plus populaires, voire plus admirés.

N'importe quel bavardage tourne invariablement à des récits de dégueuleries. Les seuls exploits mémorables sont des records de brutes, vingt-cinq pernods, trois litres de marc à deux. On ingurgite l'anis par purées compactes, à pleins verres, avec un haut-le-cœur entre chaque goulée. C'est le vice morose et mécanique dans toute son imbécillité.

Il semble que l'alcool ait brûlé jusqu'à leur sève. Je sais que la biffe n'a jamais été une favorite de la Vénus des camps. Mais on ne peut imaginer, pour les amours militaires, plus parfait paradis que les rues de Romans, où frétille une nuée de petites ouvrières pimpantes et toutes chaudes. Quelle que soit la concurrence d'un groupe d'aérostiers parés de l'irrésistible casquette, l'occasion est innombrable et des garces de seize ans viennent relancer les troupiers jusque dans les guérites. Pourtant, les couples sont rares, la gaudriole bien platonique et bien tiède parmi les monstrueux hoquets de l'ivrognerie. Même au casse-bretelles, les hommes font beaucoup moins de mal aux pensionnaires qu'à la cave. Boire le coup est moins fatigant que de le tirer... L'effort de la saccade lui-même devient excessif pour les reins de ce peuple qui s'abandonne.

J'ai eu cette semaine quelques heures de vrai plaisir, où tous les charmes vivifiants de l'armée m'avaient reconquis.

Nous sommes partis pour une marche-manœuvre d'une trentaine de kilomètres. Le portail du cantonnement s'est ouvert sur notre colonne bigarrée qui n'a jamais été si longue. Pour une fois, tous les tire-au-flanc ont été débusqués et tout le monde a l'air de marcher du meilleur cœur. Nous échappons pour un jour entier à la pestilence des troquets et de nos écuries Le matin est sec et ventilé, l'allure un peu lourde, un peu lente, mais solide. Les Arméniens hurlent des scies monotones et exotiques, étranges "Auprès de ma blonde" de cette guerre, mais ils trottent ma foi ! comme des bourricots. Ce matin, sans y regarder de trop près et avec un peu d'optimisme, on pourrait presque les prendre pour des espèces de soldats.

On abat quinze à dix-huit kilomètres sans trop de béquillards. Je l'ai toujours pensé. Que les hommes soient secoués, qu'ils marchent au coude à coude et les voilà sauvés. À travers boqueteaux et fossés, la manœuvre commence, aussi classiquement indéchiffrable qu'il se peut. C'est notre illustre capitaine qui a conçu le thème. Il s'y est si magistralement pris que l'assaillant, qui devait forcer les positions, détale à toutes jambes après cinquante mètres d'attaque, tandis que vingt assaillis lui font une poursuite acharnée et que le gros de la résistance l'attend de pied ferme, mais en lui tournant résolument le dos. On nous a distribué des paquets de cartouches à blanc. On en profite pour fusiller aussitôt le capitaine. On organise aux quatre coins de l'horizon une pétarade qui consomme la ruine de toute sa stratégie. Peu importe. On court, on saute, on prend l'air.

La soupe chaude apportée par une camionnette nous attend dans les hangars du village voisin. On a rempli les bidons aux portes de quelques fermes. Quatre gamines de quinze ans font les belles à bicyclette, et des grisons à ceux de la classe 36, la compagnie n'a plus d'yeux que pour ces paires de mollets nus. Nous sommes une bande d'écoliers qui éprouvent l'allégresse physique d'avoir fait jouer leurs poumons et leurs muscles, et viennent même de trouver l'ordinaire possible.

Une petite demi-heure de sieste et qu'on reparte. Mais les officiers gueuletonnent à huis clos. Un pousse-café n'a jamais tué un fantabosse. En un clin d'œil, les six bistrots de l'endroit sont bondés. Les officiers digèrent. La halte s'éternise, les chopines couvrent les tables. On boit à la régalade au milieu de la rue, on boit assis sur les trottoirs. Les officiers gagnent enfin une conduite intérieure, nous déléguant un aspirant émerillonné. On compte à vue d'œil sous les casques cent pochards. Il faut rentrer à bras, traîner sur les genoux les plus mûrs. Nous semons les autres, zigzagants et vociférants, sur trois kilomètres de route. La compagnie est enfin restituée à sa porcherie, titubante, hoquetante, ayant fait son plein de chaque soir.

Je suis rempli de lassitude. Rien ne peut plus la chasser. J'étais arrivé à l'armée en apportant avec moi, bagage assez cocasse, mon goût d'amateur de vie militaire, disons mieux encore, de dilettante. Je vois devant ce mot la mine scandalisée des professionnels de tous grades. Mais chacun donne ce qu'il peut. Je ne saurais offrir, et ce n'est point ma faute, un élan patriotique. Il m'a bien fallu mettre, non sans peine, mon patriotisme au placard, puisqu'il ne conçoit et ne réclame que la paix. Mon dilettantisme est beaucoup plus utilisable que presque tout ce que j'ai vu autour de moi, apathie, fainéantise, sournoise rébellion. Il suffirait pour me préparer convenablement à un certain nombre d'éventualités, dangereuses tant pour le pays que pour ma petite personne, et je ne vois pas que l'on puisse exiger davantage de moi. Mais je suis bien bon de justifier ce dilettantisme. Il faut croire qu'il est lui-même encore superflu, puisqu'il n'a pas jusqu'ici trouvé le moindre emploi.

Il est fort découragé, et vraiment il ne me reste plus grand' chose, hormis les térébrantes pensées qui reparaissent : nous sommes en train de crever dans cette guerre comme des enlisés dans des sables, il est impossible de la faire, il est encore moins possible de s'en dégager.

Je rencontre parfois au café Fayet un charmant petit aspirant, Gruffaz, qui vient des zouaves. Il a vingt-trois ans. C'est un lecteur fidèle de nos journaux. Il fut ardemment munichois et antijuif, ce qui ne l'empêcha point, lui savoyard, d'être ravi de son retour chez les alpins. Je lui dois mes dernières velléités d'esprit de corps. Il est crâne, impatient du risque et sceptique en même temps. Mais lorsque je veux l'entraîner vers les plus cruelles lumières, il se dérobe. Il ne peut supporter l'aspect de ces réalités.

J'entends, toujours chez Fayet, de nouveaux aspirants et jeunes sous-lieutenants, venus pour l'instruction des ''bleus''. Ceux-là sont, sans la moindre nuance, casoar, gants blancs, plaies et bosses et cors de chasse. Il m'est impossible de ne pas les trouver horripilants. On leur a crié : "Guerre", et cela a retenti sur leurs épidermes comme des baguettes sur la peau d'âne. Pas un atome d'idée derrière ce mot. Leurs têtes sont des échos, des tambours. Sans eux cependant, il n'y aurait aucune armée possible, ce sont pour la patrie les meilleurs instruments de la conquête ou de la défense. Oui, mais dans cette guerre, nous n'avons rien à défendre ni à conquérir. On a le sentiment que sans ces fiers étourneaux, l'absurde aventure ne serait pas possible. Et ce n'est point après tout, une vue si simpliste.

Dans les guerres à peu près cohérentes, un cas comme celui de notre G. U. P. était net. Ou bien le dépôt devenait insupportable et l'on préférait encore la vie du front, ou bien la peur dominait et l'on s'incrustait au dépôt. Cette fois, le dépôt est plus odieux que jamais, mais la vie de l'avant existe à peine. Les aspirants s'excitent : "Vivement qu'on monte au baroud !" Quel baroud, mes puceaux ? Les cent cartouches brûlées de part et d'autre du Rhin ? La situation sans changement sur la Blies ? Le prisonnier qui a été fait devant Forbach ? Le moyen de se passionner pour ces simulacres burlesquement cérémonieux ! Là-bas, ne touche-t-on pas du doigt mieux encore qu'ici la stupidité de notre équipée ? Les hommes disent parfois : "Voilà le printemps. Le grand coup peut arriver". Mais sans grande conviction, et pour ma part je n'en crois rien. Ce sont encore des souvenirs qu'on traîne de l'autre dernière. Les Fritz ne sont pas fous. Et quant à nous, pour attaquer, peuchère !

Mais ce qui existe sûrement, derrière Rhin et Moselle, ce sont d'autres dépôts, d'autres pourrissoirs à troupiers, et ces lugubres plaines jaunes, ces villages recroquevillés, ces puanteurs industrielles du bassin de Briey ou du pays de Metz. Allons ! il n'existe aucune raison valable de leur sacrifier le plumard de M. Barnarat.

Cependant, voici des nouvelles. Le "canon de 25" va s'ébranler pour la troisième fois, mais il paraît que c'est décidément la bonne. Il sera renforcé d'une trentaine de nos benjamins. Le sous-lieutenant Le Guinilho commande la troupe. Les hommes s'affairent, s'astiquent, palabrent avec une pointe de vanité blagueuse. À ces apprêts, une petite fièvre m'a trotté derechef sous la peau. Je me rappelle le grand départ du 2e zouaves, en 1915, dans mon village où il était venu se reformer, les hommes arborant ces souliers jaunes tout neufs, qui étaient le signe de la montée vers la mort. J'avais onze ans. Comme j'aurais voulu suivre les zouaves ! Franchement, le G. U. P. devient intenable. Que sera-ce sans le "25" qui formait sa seule cellule encore un peu virile ? J'ai demandé à Le Guinilho de m'emmener. Il me ricane au nez : "Pensez-vous ! J'ai des ordres pour ne prendre personne au-dessus de la classe 28". Il n'ajoute pas, mais je le devine sans peine, que je suis aussi à ses yeux une espèce de morpion d'intellectuel et qu'il ne va pas s'embarrasser de ça : "Au fait, continue-t-il, nous allons d'abord dans un camp, et si vous avez envie de la riflette, vous y serez peut-être avant nous. Tout le G. U. P. détale. Vous êtes désigné pour un renfort de pionniers, dans la zone des armées".

Ah ! barca ! que je sois pionnier si le sort le veut. D'ailleurs, les journaux se mettent à exhaler un fumet de crise ministérielle qui m'a vite distrait des canons même antichars. Je savoure les aveux à peine dissimulés de ce désarroi qui nous venge. Hé ! leur guerre a du plomb dans l'aile, et plus vite encore que nous ne le pensions. L'aigreur de la querelle en dit suffisamment long. C'est la maffia qui se chamaille devant une nouvelle "expérience" qui tourne au plus mal : l'expérience Maginot après l'expérience Blum. C'est maintenant qu'il est succulent de reprendre les discours à peine refroidis de la résolution inébranlable, des disputes partisanes noblement reniées, de l'unité morale dans la nation pour la victoire. Lorsqu'il s'agit d'étaler sa déliquescence, ce régime ne déçoit jamais. Il devance même toujours nos espoirs. Huit mois après avoir pris la plus effrayante décision de notre histoire, le gouvernement se déjuge et s'affaisse. Bravo ! nous n'attendions pas cela si vite. Les records de l'ignoble et du grotesque sont battus.

Les aspirants baroudent imperturbablement : "Ah ! dis donc les 13/2 millimètres antiaériennes jumelées ? Ah ! mon vieux, qu'est-ce que ça doit faire comme travail. Et sur de la troupe à découvert ! Tu parles d'un carton ! Taragadagadag !" Je voudrais leur brandir sous le nez les feuilles du jour : "Mais lisez donc, petits foutriquets ! Occupons-nous un peu de choses sérieuses. Comprenez donc enfin que tout fout le camp !" Notre farce militaire ne m'est plus supportable. Je voudrais prendre à témoin chacun de la pureté de mes dernières prophéties. La censure est débordée. Elle est d'ailleurs mise en accusation publique à la Chambre, dans la presse, par Frossard qui fulmine excellemment. On clame la dérision de notre propagande. On accuse le honteux débagoulage de notre radio. Le pitoyable carton-pâte du mythe Daladier s'effondre. Les marxistes S.F.I.O. exigent d'accéder au pouvoir. Au huitième mois de la guerre, on envisage froidement un nouveau ministère Blum. Voyons ! qui n'a pas compris ? Qui oserait encore accorder un kopek de crédits à ces infâmes paillasses, prétendre encore qu'on peut derrière eux marcher à une victoire ? Pour comble, la Finlande est en train de succomber, ce n'est plus qu'une question d'heures, sans que les démocraties lui aient seulement envoyé un bataillon. Ah ! si cet infâme vaudeville pouvait se terminer dans quelque gâchis parlementaire ! Mais ce serait trop beau.

Je voudrais être à Paris. Je suis exaspéré par l'absence des vraies nouvelles, celles que l'on n'imprime pas. Qu'au moins nous changions vite de place. Cela me fera peut-être patienter quelques semaines.

Heureusement, je n'ai plus beaucoup à attendre. Le "canon de 25" s'est embarqué pour le camp d'entraînement de Granville, en Normandie. Neuf hommes sur dix avaient la conviction que Granville est sur le front. Ils se sont ébranlés comme pour la bataille. Les trois quarts étaient saouls à tomber. Le G. U. P. a contaminé même les gars du canon. On aura bien de la peine à leur enlever sa marque.

Après-demain, c'est notre tour. Mais nous savons déjà que nous n'allons pas bien loin.

CHAPITRE XVII

5/440 PIONNIERS

Nous sommes bien partis pour la zone des armées, mais pour celle des Alpes. Le ridicule est fidèlement attaché à mes pas de troupier.

J'ai du moins découvert, chemin faisant, l'admirable vallée de la Drôme, que je rougis d'avoir ignorée jusqu'ici. À huit heures du matin, elle a toute la lumière, les valeurs ocrées, bleutées et argentées des Corots d'Italie ; leur dessin aussi, vieilles citadelles méridionales, petits villages en colimaçons, premiers cyprès de pleine terre, châtaigniers et chênes verts agrippés aux collines sobres. Bientôt, les lignes, toujours aussi pures et nettes, se font plus tourmentées. Le coteau devient montagne, la Drôme bleue et rapide devient torrent et parle des neiges qui barrent l'horizon. La nature est en veine d'imagination et prodigue toutes ses fantaisies. Éboulis colossaux et harmonieux, ravins, falaises, gorges, cimes, chaque tournant du chemin est une surprise nouvelle. Le ciel latin est de tous côtés escaladé par des rochers étranges et élégants. C'est le paysage qui comble toutes mes prédilections, le Midi et l'Alpe, la noblesse d'une terre déjà provençale, mais soulevée d'un lyrisme qui fouette incomparablement l'esprit.

Il s'agit bien de lyrisme ! Nous allons à Briançon, en renfort au 5e bataillon du 440e régiment des pionniers, hybrides de vieux fantassins et de sapeurs. Notre sort, dans les derniers jours, a été ballotté au gré de vingt ordres minutieux, péremptoires et contradictoires. J'ai failli devenir aviateur "rampant", mitrailleur, voltigeur. Puis, j'étais pour les pionniers le dernier de la liste, en "majoration", avec une demi-douzaine de terrassiers, deux coiffeurs et un mécanicien. A la minute suprême, les terrassiers ont été biffés, les coiffeurs, le mécanicien et le journaliste définitivement et soigneusement sélectionnés pour le régiment des remueurs de terre.

Nous avons emmené avec nous Marseille, cheminot des Hautes-Alpes dans le Civil, alcoolique à la troisième génération pour le moins, et dans le militaire le plus effarant ivrogne du G. U. P. On nous l'a légué pour en débarrasser Romans. Son dernier exploit, il y a trois Jours, a été de dégueuler sur l'uniforme du capitaine qui venait de le ramasser, à minuit, ivre-mort, dans le ruisseau. Marseille, vrai paquet de fange et de poils hirsutes et jaunâtres, vient de s'immortaliser hier par ce dialogue avec le commandant Thorand qui inspectait notre détachement au garde-à-vous.

- Marseille, n'as-tu pas honte de te dégrader à ce point, d'aller rouler par terre comme une bête ?
- Mon commandant, c'est que j'ai le cafard de faire le con ici.
- Hé ! bon Dieu ! réplique Thorand, si nous faisons tous les cons ici, est-ce que tu ne sais pas que c'est à cause d'Hitler ?

Le 5e bataillon du 440 loge dans une des ailes de la caserne Berwick, l'ancien quartier du 159e. Les pionniers qui nous accueillent ont de bonnes têtes placides, et bien nourries, le type classique des "pépères" de 1915. Nous croisons des figures d'un haut relief tenant du colporteur et du pâtre, à barbes de fleuve, bissac, pèlerines, gourdins au poing. Le lieu respire une rustique sérénité.

Nous posons les premières questions d'usage.

- Il n'y a pas grand' chose à foutre, nous répond-on. Ça pourrait aller s'il n'y avait pas Boudier. C'est le commandant, placier en soutien-gorge dans le civil. Ce n'est pas que ce soit le mauvais bougre, mais on ne peut pas faire plus pied. Vous allez vous rendre compte. Le voilà qui vient vous passer en revue.

Le commandant Boudier fait, on doit le reconnaître, une composition extrêmement réussie. Béret sur l'oreille, badine sous le bras, moustache gauloise aux pointes relevées à la houzarde, cuisses légèrement arquées, la voix claironnante, le windjack barré de quinze décorations, c'est un véritable Flambeau à quatre ficelles. L'accent bref, bourru et cordial, est un chef-d'œuvre. Il nous harangue comme si nous allions franchir demain le Saint-Bernard.

- Soldats, vous venez de la plaine. Vous voilà maintenant aux frontières de la patrie, face à l'ennemi. Vous êtes venus sans fusil. Mais cela n'a point d'importance. Vous êtes les combattants de la pelle et de la pioche. Vous allez livrer ce dur combat avec toute la vaillance de nos traditions.

Aussitôt, il enchaîne :

- Est-ce qu'il y a parmi vous un trombone ? Silence dans le rang.
- Voyons. Quels sont parmi vous les musiciens ? Naturellement, je ne demande pas les pianistes !
- Deux ou trois gaillards sortent.
- De quoi jouez-vous ?
- Du piston, mon commandant.
- C'est toujours la même chose. Ils jouent tous du piston. Jamais je

n'arriverai à avoir mon compte de clarinettes et de trombones. Ah ! que c'est insupportable, bon dieu de bois !

Enfin, il consent à s'enquérir de nos métiers pour nous répartir dans la bataille de la mine et du terrassement.

Il fait cela à la "petit caporal" : "Ton nom, toi ?" et il me pince l'oreille. J'ai résigné toute délicatesse, mais les familiarités de ce Gaudissart-Ratapoil me lèvent la peau.

Berwick est une belle et spacieuse caserne de pierre avec des douches, des lavabos sans nombre, le chauffage central partout, un effort réellement moderne. La cuisine de notre aile, à laquelle président intelligemment un boucher de Vienne et un pâtissier de Grenoble, est très honnête. Nous pourrions mener une vie fort convenable. Malheureusement, les hommes ont apporté avec eux leur crasse envahissante. Nos superbes constructions sont aussi souillées et fétides qu'un port de la Mer Noire. Encore parait-il que les pionniers ont amélioré la maison. Au départ du Quinze-Neuf, on a enlevé un train entier d'immondices. L'armée française est indécrottable.

Je suis affecté à la 1e compagnie, capitaine de Bardonnèche, avec une dizaine d'autres Romanais. Les anciens nous félicitent : "Vous avez de la chance. Bardonnèche, ça c'est quelqu'un. Et il n'y a pas meilleur."

En dépit de sa particule, le capitaine de Bardonnèche est une figure fortement plébéienne, rougeaude et épaisse sur une massive carrure. C'est effectivement un des petits seigneurs du Briançonnais, mais à la façon du siècle et du régime. Il est instituteur, S. F. I. O., militant et conseiller général de Largentière, le bourg industriel à quinze kilomètres d'ici. On le donne pour un député fait d'avance dès qu'il y aura des élections. Il m'accueille avec bruit.

-       Alors, c'est vous, le fameux Camelot du Roy, le collaborateur de Maurras et de Daudet, qui écrivez des articles pour faire engueuler les officiers ? Vous allez me faire le plaisir de marcher droit, ici.

Mais ce ne doit être qu'une façon de galéjer, de montrer qu'il connaît son monde et de rappeler à la galerie la vigueur de ses convictions, car il enchaîne aussitôt avec cordialité :

-       Est-ce que ce n'est pas malheureux de voir ça ! Un journaliste, et qui vous pèse tout de suite soixante-cinq kilos tout mouillé, quand il nous faudrait trente portefaix... Qu'est-ce que nous pouvons bien en faire de ce brave journaliste ? Nous le mettons débardeur à la manutention, ou bien nous l'envoyons à la mine ? Allons, nous le sacrons mineur. Comme ça, il maniera le gros crayon.

Je ne demande pas mieux. La mine est tout en haut de Briançon, juste sous la gigantesque et médiocre *France* de Bourdelle. On en parle avec un vif respect. Les troupiers blancs de poussière, qui arrivent en retard à la soupe, ont d'altières et sonores exigences : "C'est pas tout ça. Vivement que les cuistots nous servent, et avec du rab. On redescend de la mine, nous autres." J'y grimpe donc avec un des coiffeurs et un horticulteur. Nous sommes remplis d'ardeur et de curiosité, Les machines à air comprimé ronflent bruyamment, des câbles, des tuyaux, des pics jonchent le sol. Le chantier est sous la direction d'une dizaine de gradés du génie. Les hommes, eux aussi, sont presque tous des sapeurs, vêtus de combinaisons bleues.

La mine est formée par une série de galeries creusées en plein roc. Tel est du moins le plan que d'autres sapeurs, à plusieurs galons, ont dû en tracer. À la vérité, les galeries sont encore, après quelque six mois de travaux, à l'état de niches fort modestes. Celle où nous allons œuvrer contient difficilement quatre hommes. Une complète incertitude règne sur l'emploi possible de ces trous.

On fore des chambres de mine dans le rocher au marteau piqueur, le gros crayon du capitaine, on bourre de dynamite et l'on fait sauter. Pour la première matinée, une panne de machines nous prive de nos marteaux, et l'on nous met à brouetter quelques cailloux. Le second jour, nous nous escrimons avec nos marteaux. Nous y sommes à peu près aussi habiles qu'un bûcheron à faire de la dentelle. Il faut tenir à bout de bras au-dessus de sa tête ces trente kilos trépidants, et faire mordre le granit à des fleurets usés comme de vieux clous de galoches, le tout dans un nuage de poussière et sous les glapissements de deux jeunes rempilés du génie. Il est superflu de dire que nos résultats sont plutôt négligeables. Le principal est une vibration que je garde dans mes os jusqu'au milieu de la nuit. Le troisième jour enfin, avec l'aide des sapeurs et des rempilés, nous faisons exploser nos mines. Nous recueillons triomphalement de quoi remplir trois casques de déblais.

Avec nous est venu de Romans un vrai mineur, Orcat, des charbonnages de la Mure. On vient de s'aviser que l'emploi de charretier auquel il a été affecté ne convenait peut-être qu'imparfaitement à ses aptitudes. Orcat est dépêché à là mine avec nous. C'est une forte tête. Il s'esclaffe librement devant notre matériel et notre technique : "Eh bien ! avec ça, vous n'êtes pas fauchés. D'ici que vous soyez de l'autre côté de la montagne, il n'y a pas loin, c'est moi qui vous le dis." Les sergents rempilés ripostent avec aigreur. Une âpre contestation s'engage. Ils en réfèrent à l'adjudant qui va chercher le lieutenant. Orcat expose flegmatiquement comment il faut forer ici et là pour percer rapidement plusieurs mètres. Mais on lui fait sentir avec vigueur qu'un ouvrier ne va pas se mettre à transformer les règlements du plus savant corps de l'armée française. Orcat a compris. Nous aussi. Ce n'est pas encore à la mine que nous nous ferons de sérieuses ampoules. Nous chargeons et poussons une demi-douzaine de brouettes, nous amorçons la moitié d'un fourneau, durant nos cinq heures de travail. Cette cadence doit être fort normale, car désormais, personne ne nous inquiète plus.

La grande affaire de chaque séance est la lecture du *Petit Dauphinois,* que grimpe jusqu'à nos sommets un crieur. Daladier chancelle, Daladier est par terre. Je souhaite de toutes mes forces une crise aussi longue et vaseuse que possible. Je m'entretiens abondamment avec Orcat qui me plaît. Il a la dureté d'un rude prolétaire et celle du montagnard, avec le vieux fonds agressif des gars de l'Isère, les "brûleurs de loups". Pour Orcat, la situation est fort nette. La guerre a été déclarée pour pouvoir mettre le peuple en kaki et lui clore le bec. Son mépris du régime tout entier est tel qu'avec toute sa naïveté brutale, je me sens beaucoup plus proche de lui que de tant de beaux esprits et bourgeois parisiens. Mais sur son dégoût, on n'a jamais rien semé d'autre que la propagande communiste. Sans qu'il l'avoue, on devine bien que les mots d'ordre de sa cellule restent son seul catéchisme.

En vingt-quatre heures, Daladier est remplacé par un incroyable ministère Reynaud. Je reste, comme tout le monde, obnubilé par les pitreries de la politique interne. On oublie que rien n'a plus d'importance, sinon la volonté de Londres, et que sous l'aiguillon du bellicisme anglais, une molle canaille est remplacée par une canaille du type dur. On vitupère les poings serrés le ministère à la Blum que le misérable petit Reynaud nous ramène : vingt deux ministres, treize sous-secrétaires d'État, les socialistes réinstallés. Quel symbole que ce Blocus, l'arme capitale, le grand espoir démocratique, dont le ministère revient à l'un des plus imbéciles fantoches du Front Populaire, Georges Monnet ! Si Frossard faisait si âprement campagne contre l'information, c'est qu'il guignait la place. Il vient de l'obtenir.

Pour les poilus, le détail de l'événement est vague et indifférent. Ils auraient peut-être eu, malgré tout, un petit sursaut d'espoir en voyant reparaître Blum. Le reste importe peu : "C'est du pareil au même." Inutile de chercher à les endoctriner. Ils sont infiniment plus attentifs à d'absurdes bourdes qui courent les unités et dont voici la dernière : Daladier, d'accord avec Gamelin, épargne la vie du poilu, mais Laval est un buveur de sang qui manigance des coups pour faire déclencher une grande offensive. Comment leur expliquer qu'ils insultent ainsi l'un des deux ou trois hommes d'État qui aient condamné cette guerre, le seul peut-être qui aurait pu nous l'éviter ?

Je me refuse à croire que le scandale du cabinet Reynaud puisse durer. La presse est très hostile. Je veux nourrir de nouveaux espoirs, cette clique doit être balayée. Reynaud obtient une voix de majorité devant la Chambre, après Dieu sait quels trucages. Qui oserait, en pleine guerre, appeler cela un vote de confiance, célébrer encore l'unanimité de la nation ? C'est un désaveu écrasant. Que la Chambre se liquéfie donc, que les ministères dégringolent les uns sur les autres. On ne continue pas la guerre à une voix de majorité, obtenue en sabotant les urnes, en maquillant les bulletins comme dans une élection à la Guadeloupe. Tous les autres politiciens détaleraient. Mais ce bandit de Reynaud est le plus cynique de la confrérie. Il s'accroche avec d'arrogantes et grinçantes tirades.

L'*Action Française* fulmine dans le désert, selon l'habitude. Tout le monde fait le gros dos, terrifié devant les conséquences entrevues d'une nouvelle chute, en s'inventant des raisons pour trouver possible, voire louable, cette réunion d'idiots et de gredins. La situation, sans doute, ne laisse point d'être choquante, déplaisamment inédite. Mais nous sommes en guerre, messieurs. Ne doit-on point obéir aux exigences du patriotisme ? Par patriotisme, on se rassemblerait derrière un nègre, derrière Ferdinand Lop. Ah ! le pays d'eunuques !

* * * * *

Bon gré, mal gré, je replonge dans la vie du Cinq-Quatre cent quarante.

Parce qu'il est formé de quasi-territoriaux dont beaucoup grisonnent, le commandant Boudier s'est fignolé cette image, qu'il a sous sa coupe une vieille garde de grognards, de durs à cuire, et doit tous nous voir sous l'aspect de grenadiers chevronnés. Mais cette fantasmagorie lui est rigoureusement personnelle.

Au G. U. P. de Romans, on pouvait conserver un espoir, celui d'en sortir, ou de voir apparaître dans la mélasse de ce carrefour quelques éléments nouveaux. Le Cinq-Quatre cent quarante est encore plus décourageant parce que définitif.

En dehors de la mine increusable, l'*opus magnum* du bataillon est une route sur les bords de la Guisane, à cinq minutes de la caserne. Elle offre la particularité de ne mener nulle part et d'être de toute manière remarquablement superflue, puisqu'un chemin carrossable court sur l'autre rive que l'on atteint par un pont, à quelques pas de là. Depuis le début de la guerre, on a bien ouvert deux cents mètres de la route. On a entamé pour cela le bas d'une croupe spongieuse et croulante. On y pratique d'effarantes sapes. Le tout menace ruine un peu plus chaque matin, et il est miraculeux que l'on n'ait point encore retrouvé la montagne, la route, les sapes et quelques douzaines de pionniers au fond de la rivière. Mais nos hommes l'ont si bien compris qu'un coup de pioche est devenu un événement dans leur équipe.

Pour le reste, on vaque à la garde de quelques mystérieux petits postes et au train-train de notre subsistance. Les cuistots mis à part, et trois ou quatre scribes, si les cinq cents hommes du bataillon fournissent deux cents heures de travail effectif par jour c'est assurément un record.

J'oubliais les musiciens ! Le commandant Boudier est un amateur fanatique de pas redoublés. Il a constitué une musique d'au moins quarante instruments. Sur les airs de *Sidi Brahim,* de *Pan Pan l'arbi,* du *Boudin* de la Légion, elle souffle et bat à longueur de journées l'épopée du Cinq-Quatre cent quarante. Le commandant qui gagne son bureau s'arrête sous la fenêtre où les cuivres mugissent, et le poing sur la hanche, la moustache bravant le ciel, sourit orgueilleusement au rêve qui passe, comme dans le chromo de Détaille.

L'énorme quadrilatère des casernes, outre notre bataillon, est rempli par des lambeaux d'unités disparates. Vingt-quatre trompettes d'artillerie logent en dessous de nous, énormes gars de vingt-deux ans, mieux planqués que dans un îlot de la Polynésie. En face, ce sont les innombrables muletiers d'un bataillon de forteresse, presque tous des conscrits, les résidus de deux bataillons de chasseurs, d'un régiment régional, de l'autre côté de la rue je ne sais plus quelle compagnie hors rang. Tout ce monde vit les mains dans les poches, passant dix heures à étriller un mulet, à récolter pour M. Reynaud deux douzaines de boites de conserves qui forgeront "l'acier victorieux", à scier une brouette de bois pour les cuisines.

Pour armes, chez nous, aux pionniers, nous possédons théoriquement une brassée de flingots et de mousquetons de tous âges, avec lesquels nous risquerions sans doute de nous faire mal puisqu'on les tient sous verrous aux magasins. Cet arsenal est complété par deux fusils-mitrailleurs 1916 hors d'usage.

La besogne essentielle est devenue la cueillette des pissenlits. Des compagnies entières s'égaillent à travers champs, de midi au crépuscule. Avec des anchois et des oeufs durs, on confectionne des salades pantagruéliques. On voit sur tous les chemins des kyrielles de mitrailleurs, de sapeurs, d'artilleurs, de tringlots aux besaces gonflées de verdure. Toute l'armée des Alpes est mobilisée pour le ramassage des pissenlits.

Enfin, pour se remettre de ces labeurs, on boit, en chambrée, aux cuisines, au mess des sous-officiers, où l'on débarque les caisses d'apéritifs par pleins camions, au chalet, aux bistrots de la gare, de la route des sanas, de la

Gargouille, de la Citadelle. L'obsession du pinard nous a poursuivis. Nous redescendons maintenant chaque midi de la mine avec notre plein de vin blanc. J'ai bientôt fait connaissance avec les plus illustres poivrots. Leurs exploits composent une geste inlassablement chantée. Les licheurs de pernod romanais étaient des raffinés auprès de ces rustres haut-alpins qui puent perpétuellement la cuve à quinze pas. Le planton du bureau est mûr tous les matins à huit heures, et il n'est pas le seul. Le corps de garde au complet s'est saoulé avant-hier à rouler par terre. Dans ma section, le distingué Chiron n'a pas désempli depuis dix jours. Entre autres fantaisies, ce gentleman, quand il est de chambre, compisse en zigzags le plancher avant de s'armer du balai.

L'exemple, il est vrai, vient de haut. Nos propres officiers, et les commandants, les capitaines des troupes de forteresse ont été sans doute d'admirables soldats au cours de l'autre guerre. Ils l'ont tous faite dans les divisions alpines, aux chasseurs, au Quinze-Neuf, au Cent Quarante, et les initiés savent ce que cela veut dire. Mais aujourd'hui, la cinquantaine approchant ou dépassée, ils considèrent que cette nouvelle campagne est pour eux comme un temps de vacances. Il y a bien assez de cadets pour la gagner, puisque les casernes en sont remplies. À eux la grande liesse militaire. C'est leur tour.

Il se peut. Mais il existe certainement des spectacles plus édifiants que celui de ces vétérans dont certains doivent être grands-pères, qui courent les femmes de leurs sous-officiers, voire les pucelles briançonnaises, frottent dans les dancings, devant un parterre de soldats, leurs bedaines aux nombrils des gaupes platinées, se font claquer en public par des demoiselles dégoûtées ou honnêtes, arpentent en battant les murs les rues de notre ville.

Une des compagnies de notre bataillon est commandée par un minuscule basset de capitaine, ancien héros d'un bataillon de chasseurs, qui se présente ainsi : "Un mètre cinquante-quatre, sept citations, trois blessures". Il ne craint point de s'exhiber chaque soir à la Chaumière, la boite en vogue de Briançon, gambillant une espèce de polka d'ours de son cru, aux bras d'une monumentale moukère dont sa tête atteint les nichons, tandis que son ami B... siffle le champagne entre deux filles. Les deux compères, l'autre jour, sont arrivés au quartier, saouls à tomber. Afin que nul n'en ignorât, ils ont éprouvé dans cet état le besoin de passer la garde en revue, ils ont tangué pendant une demi-heure au travers de la cour, en s'insultant, s'embrassant, se bourrant les côtes et les épaules, sous les yeux de cent poilus ravis qui se pressaient aux fenêtres.

Un seul des officiers que je connaisse fait exception à cet affaissement. C'est notre capitaine de Bardonnèche. Les troupiers qui nous ont chanté sa louange sont bons juges. Ce n'est point que j'éprouve un bien vif penchant pour ce maître d'école qui s'est poussé dans les eaux du régime. Il y a chez lui du Homais retouché selon le style Blum. Il se fait des nationalistes un puéril épouvantail. Je reste ébahi de la grossièreté et de la confusion des idées, chez cet homme qui a fait une véritable carrière en politique et que tout un canton consulte et admire comme une lumière de sagesse. Il se déclare respectueux de toutes les convictions, apparemment pour innocenter les communistes, mais voue sans distinction toute la droite au poteau. La vertu de conviction ne saurait probablement exister pour lui sans la foi dans les immortels principes.

- Alors Rebatet, me crie-t-il, venez donc me parler un peu de votre Maurras, ce salaud qui insulte les gens dans leur vie privée.

Ou encore : "Ça doit vous plaire, l'hitlérisme, à vous qui êtes de l'*Action Française ?*" Impossible de lui expliquer que l'*Action Française* est au contraire d'une germanophobie aveugle et maniaque et que j'y fais justement figure d'hérétique. Pour de Bardonnèche, je suis à la fois un traître munichois et un affreux belliciste. Voilà l'un des hommes choisis pour former la tête des enfants et qui pourrait devenir à la Chambre un des arbitres de nos destinées.

Mais le capitaine de Bardonnèche est ici le seul officier que l'on voie sur les chantiers. En dépit de sa légion d'honneur et de ses citations, il est antimilitariste. Il a fait toute l'autre guerre au 52e d'infanterie, avec bravoure, mais dans des sentiments que je comprends d'ailleurs bien. "Les poilus ont été des héros et des martyrs sublimes, dit-il. Leurs chefs étaient des imbéciles, les généraux des ganaches et des assassins". Il affirme cela devant n'importe quel troupier, et sans doute il a tort. Mais il est sobre. Il est à sa tâche de sept heures du matin à sept heures du soir beaucoup moins parmi les paperasses qu'il lit ou signe d'un trait que la pèlerine sur le dos, les godillots aux pieds, courant par monts et par vaux dans la boue et la pluie, visitant les travailleurs, si l'on peut dire, et les postes écartés de sa compagnie. Il comble évidemment de faveurs ses électeurs de Largentière. Mais il veille à la santé, au moral et au ravitaillement de tous. Il sait tempêter auprès des fossiles et des trafiquants de l'intendance pour avoir toute la ration de tabac de ses hommes. Il inspecte chaque jour les cuisines. Je n'ignore pas les tares et les responsabilités des instituteurs. Je déteste leur sectarisme, leur obtuse vanité. Mais de toute la campagne, je ne connaîtrai que trois hommes qui fassent consciencieusement leur métier d'officiers de troupe. L'un d'eux est l'instituteur de Bardonnèche, les autres deux de nos aspirants de Romans, instituteurs eux aussi. Ces antimilitaristes auront été des soldats plus honnêtes et plus utiles que les officiers bourgeois, croix de feu et déroulédiens.

* * * * *

J'ai tout loisir d'étudier le capitaine de Bardonnèche. Après quelques semaines à la mine et au sciage du bois, il m'a embauché dans le bureau de sa compagnie. Le travail n'y est pas mince. Avec la gamme infinie des hautes paies, des indemnités, les barèmes des calculs militaires sont arrivés au chef-d'œuvre de la chinoiserie. La solde journalière de chaque homme, ou peut s'en faut, accuse sur les autres une différence de 0 fr. 374 ou de 0 fr. 843. Ajoutez-y le remue-ménage constant des permissionnaires, des malades, des subsistants, des détachés. Le prêt est un casse-tête désespérant. Le bon sergent-chef Crozier, si méticuleux et ordonné, qui gère dans le civil toute la comptabilité d'une grande firme cinématographique, le sergent Brochier, instituteur rompu à l'arithmétique, le caporal Chovin, agent d'assurances à Valence, n'en arrivent pas à bout après six jours pleins de labeur acharné, de reports inextricables, d'additions horizontales, verticales, sur des centaines de colonnes, de vérifications hallucinantes où l'on trouve toujours à la première fois 9 fr. 43 en trop, à la seconde 17 fr. 27 en moins. Tout cela pour allonger royalement aux hommes seize ou dix-sept sous en moyenne par jour.

J'apporte à ces calculateurs éperdus mon concours qui est faible et risque d'embrouiller à jamais leurs centimes. Mon domaine est surtout celui des fiches. Je range toute la compagnie sur des bouts de carton. J'ai la libre disposition des livrets matricules, auquel est épinglé le fameux devoir réglementaire que les conscrits exécutent en arrivant au corps. C'est un beau coup d'œil sur la science du peuple français. Les trois quarts des hommes présents ici étaient à vingt ans pratiquement illettrés incapables d'écrire vingt mots qui se pussent déchiffrer. Et leurs connaissances de notre pays ! "Richelieu était un grand général qui a vécu au temps des rois. La Seine arrose Paris, Nantes et Toulouse". Le bilan est joli pour l'école gratuite, laïque et obligatoire. Quels progrès depuis ces pauvres diables ont-ils accomplis ? Ils ont appris à lire l'*Humanité* et *Paris-Soir*. On songe à ce que peuvent bien représenter ces imprimés dans leurs cervelles. Oui, mieux vaudrait cent fois un peuple franchement et complètement analphabète. Je fais aussi, chemin faisant, de curieuses statistiques. Nous avons au moins vingt-cinq hommes sur cent cinquante qui, entre les jours d'infirmerie et d'hôpital, les permissions de convalescence, de détente, de semailles, les permissions exceptionnelles, n'ont pas en sept mois accompli trente jours de service effectif au bataillon. La moitié de la compagnie compte à peine cent jours de présence. De deux choses l'une : ou bien l'on a réellement besoin de tous les mobilisés, et alors c'est une gabegie infâme, le sabotage démagogique de l'armée ; ou bien l'on n'en a pas besoin, et il est criminel de disloquer et de paralyser la nation.

* * * * *

Ce vieux fou de Churchill supplante presque entièrement le Révérend Chamberlain. Les furibonds du bellicisme deviennent les maîtres. Pourtant, le ministère Reynaud file un mauvais coton. A vue d'œil, on ne lui donne pas trois semaines de vie.

Le pluvieux Chamberlain a fait savoir que le blocus de l'Allemagne ne donnait point les résultats escomptés, et qu'il fallait inaugurer une nouvelle politique de guerre économique. Cela ressemble étrangement la N. E. P. de Lénine, à la pause de Blum, aux aveux de tous les échecs dont ces théoriciens de l'impossible ont été prodigues. Nous avions donc raison pour la vanité du blocus comme pour le reste. Il est bien démontré maintenant que l'Angleterre a essayé de fermer depuis sept mois les ports de l'Allemagne tout en prétendant continuer ses négoces, et que le Reich se ravitaille à sa barbe par les trous qu'elle tolère ainsi. Quant au resserrement du blocus, pour accomplir cette grande œuvre, ô gloire, ô espoir, nous avons, on l'a vu, désigné pour notre part l'idiot du village, Georges Monnet.

On peut bien s'esclaffer en apprenant que ces messieurs se sont réunis à Londres dans un grand conseil interallié pour "rechercher les moyens d'intensifier la guerre". Peut-on mieux confesser qu'on ne sait, comme je l'ai tant rabâché, où entamer décemment cette guerre ? Avoir voulu si frénétiquement le conflit, le tenir enfin, et au huitième mois de la grande croisade, en être encore réduit à la quête d'un champ de bataille !

Mais voici un très gros pétard. En grande pompe, les Alliés annoncent que leur patience est à bout, et qu'ils ont "décidé d'interdire à la navigation allemande l'usage des eaux territoriales norvégiennes". On apprend en même temps que des mines viennent d'être mouillées dans le Skagerak et le Kattégat.

C'est encore un faux-semblant, une mesure accessoire, les seules qui soient en notre pouvoir et que l'on veut nous faire prendre pour l'essentiel.

En l'honneur de l'opération, les fanfares anglaises et françaises attaquent le morceau des grandes offensives. Mais le premier coup de cymbale vibre encore que la riposte allemande arrive foudroyante. Elle n'a pas mis vingt-quatre heures. Nous sommes le 9 avril. En une matinée, le Danemark est occupé. Dans la journée, on apprend que la Wehrmacht est à Oslo, à Stavanger, à Bergen, à Trondhjem, à Narvik que l'on va chercher, effaré, tout en haut de la carte, au-delà du cercle polaire. C'est ahurissant. Mais c'est fort simple aussi. Il a suffi que les démocraties interdisent l'accès des eaux norvégiennes à l'Allemagne, pour que la croix gammée y flottât aussitôt comme chez elle. L'audace et la rapidité de l'ennemi sont éblouissantes : comme pour la Rhénanie, comme pour Vienne, pour Prague, pour Varsovie, comme partout. Ah ! Je ne me suis point trompé. C'est bien là qu'est la force et l'esprit. Comment pourrait-on s'empêcher d'admirer ces Siegfrieds qui surgissent au milieu des éclairs, bousculant les porte-parapluies, les outres à whisky, et les petits bazardiers de Londres et de Paris ?

La radio est en branle comme une cloche de sacre. On flétrit l'attentat, comme si on ne l'avait point provoqué, on acclame la Norvège que la veille on sommait par un ultimatum. La célérité de Hitler est la preuve de son affolement et du coup terrible que l'on vient de porter à l'Allemagne. L'homme à la gabardine, comme dit l'académicien Mauriac dans un de ses prêches-mélos, se rue en désespéré contre la porte de bronze qui s'est fermée sur lui.

Mais cela devient plus sérieux. La Home Fleet appareille, les escadres françaises cinglent vers le Nord. Ah ! Ah ! les démocraties cette fois n'ont pas été prises sans vert. Cette fois, au tonnerre hitlérien, le tonnerre du Droit répondra.

Une grande effervescence règne dans notre caserne. On guette par sections entières, devant la grille du quartier, les marchands de journaux qui arrivent sous des faix de papier et sont dévalisés en un instant. Des grappes de poilus s'amassent à la cantine autour de la radio. Je n'aime point cela. Voilà donc pourquoi les feuilles l'autre matin annonçaient en manchettes prodigieuses : "Mr Churchill devient le principal animateur de la guerre". On reconnaît la marque du vieil apoplectique, de l'agité des Dardanelles dans cette équipée polaire. Mais cet animal-là va-t-il déclencher la vraie guerre ? La guerre infaisable, si exaspérante fût-elle, avait du bon. Elle désagrégeait les ministères, elle était en train de démontrer jour après jour l'impuissance de tous ces ânes. Mais ils ont trouvé le moyen de mettre la marine en danse. Sans conteste, c'est notre fort. Nous sommes dans le cas de remporter un succès à grand spectacle. Je sais trop bien qu'il ne peut rien résoudre. Ce ne sont pas les super-croiseurs qui, montés sur roues, perceront la ligne Siegfried. Le rôle de la marine m'est plus suspect que jamais, parce que c'est l'instrument de ces soliveaux d'Anglais. Mais avec les bonimenteurs que nous possédons, on va mener un vacarme incroyable autour d'un combat naval convenablement réussi. Et du coup cet infâme Reynaud va surnager. Cette odyssée meurtrière est montée comme une diversion dans la plus pure tactique parlementaire, pour repêcher un cabinet en train de sombrer.

Les manchettes de plus en plus pharamineuses annoncent qu'une gigantesque bataille est engagée sur mer. Je reconnais sans peine dans cette flamboyante typographie le style des "hot news". Le Prouvost et le Lazareff de *Paris-Soir* lancent la bataille Reynaud selon les méthodes éprouvées des décerveleurs new-yorkais, comme le dernier film de Garbo ou le meurtre de la femme à barbe. Les poilus s'arrachent ce colossal feuilleton.

On va de triomphe en triomphe. Tous les détroits danois sont minés. Hitler a stupidement jeté ses troupes dans une souricière dont la trappe est tombée. Les corps expéditionnaires anglais et français s'embarquent pour aller les cueillir. La grande bataille navale se développe formidablement. On commence le compte des navires allemands coulés. Il s'enfle d'heure en heure. Les totaux défient tout examen. Ce n'est pas possible, on doit additionner deux et trois fois les chiffres de la même dépêche.

M. Paul Reynaud va parler à la radio. La voix arrogante et grinçante s'élève. Victoire ! Victoire ! "La route permanente du minerai de fer suédois vers l'Allemagne est et restera coupée''.

Qu'est-ce encore que cette charlatanerie ? La prise de Narvik pouvait être inquiétante pour le Reich sept mois plus tôt. Mais nous sommes au printemps. Le golfe de Botnie est libre de glaces et la Suède reste neutre. On ne va pas nous faire croire que les Allemands seront incapables d'organiser le transport du minerai par cette voie. On les prive tout au plus d'une commodité. Se figure-t-on que les aciéries de l'Allemagne en guerre vont chômer pour cela ?

Mais la Chambre debout acclame M. Reynaud. C'était prévu. La marine a renfloué le ministère.

Il faut croire que l'Armada démocratique n'avait levé l'ancre que pour ce triomphe-là. Car aussitôt, elle se volatilise. On se rue aux nouvelles de la gigantesque bataille navale. Mais elle s'est déjà perdue dans le brouillard.

Les "Te Deum" n'en continuent pas moins. Leur fracas compense leur majestueuse imprécision.

Les escadres ayant mystérieusement regagné la coulisse, la vedette est maintenant au corps expéditionnaire, dont on vient de saluer avec de triples hourrahs le joyeux débarquement sur les côtes norvégiennes.

Le docte Thierry Maulnier écrit, dans *Je Suis Partout* hélas ! où Alain Laubreaux ne peut remplir toutes les colonnes :

"La mer du Nord est à la Grande-Bretagne. Les Allemands pourront-ils renforcer et ravitailler les quelques détachements qu'ils ont peut-être réussi à débarquer dans les régions de Trondhjeim et de Bergen ? Ils ne continueront à disposer, pour leurs communications avec la Norvège que des deux bras de mer du Kattegat et du Skagerrak, mais ils ne peuvent communiquer ainsi qu'avec l'extrême-sud de la Norvège et la région d'Oslo. La région de Narvik et des minerais de fer suédois leur reste pratiquement inaccessible aussi bien par la mer, où règne la flotte anglaise, que par terre, où manquent les voies de communications. Les Alliés peuvent attaquer et détruire en Mer du Nord les unités navales allemandes, débarquer à leur gré des troupes en Norvège, occuper quand ils le voudront la région de Narvik".

Les grands chroniqueurs de notre invincibilité accommodent ces splendides raisons à toutes les sauces de l'épithète, de la morale et de la géographie. Mais les poilus, maintenant, gardent tranquillement dans leur poche les dix sous de *Paris-Soir*. Ils ne sauraient sans doute pas expliquer que nous voilà lancés dans une campagne pénible et pleine d'aléas, au diable vert de nos bases, quand l'ennemi assure les siennes solidement, et que Reynaud vient de se livrer à un scandaleux chantage. Mais dans leur simple sagesse, ils le comprennent beaucoup mieux que les académiciens de Paris. Ils devinent qu'on leur a encore menti, que l'aventure fait obscurément long feu, et que le seul bilan d'une vraie victoire, c'est celui des Fritz qui ont conquis le Danemark, et la moitié de la Norvège.

Les deux grandes flottes sont l'orgueil des démocraties d'Occident. On les a comptées mille fois comme le plus irrésistible atout de la victoire. Elles ont opéré une sortie sensationnelle, telle qu'on n'aurait osé l'espérer. Le résultat est nul. On apprend peu à peu que les bateaux à un milliard l'unité se sont pompeusement retirés après avoir coulé quelques destroyers. Notre maîtrise de la mer est matière d'évangile. Mais en dépit de cette maîtrise indiscutée, on est contraint d'avouer que les Allemands de Norvège se renforcent par bateaux à leur guise, tandis que c'est notre corps expéditionnaire qui pâtit, isolé, sans ravitaillement et inférieur en nombre.

Les communiqués se font modestes. Bref, nous reculons sur toute la ligne. Les rats hitlériens sont en train de nous fourrer dans la nasse où on devait si promptement les cuire. Allons ! tout se déroule régulièrement. La guerre reste fidèle à ses origines.

J'admire encore que les russomanes de Londres et de Paris aient soigneusement laissé, pour leur équipée nordique, s'écouler tout l'hiver où les Finlandais se sont si bien battus, où cette entreprise aurait eu un sens profond, politiquement, économiquement, où ils auraient trouvé un allié à pied d'œuvre. Ils ont attendu que cet allié soit écrasé, qu'il ne pût plus être question de faire aux bolcheviks la moindre éraflure, pour s'élancer à l'aveuglette.

Mais ce scénario me passionne de moins en moins. La sottise monotone de chaque péripétie émousse ma curiosité quant à l'épilogue. Je retrouve la sereine indifférence du militaire, et cette fois je m'y enfonce bien. Mes amis du bureau sont des garçons délicieux, des modèles de philosophie. J'ai toutes les faveurs des seigneurs de la cuisine. Je me demande comment on peut s'embarrasser de mobilier, de vaisselle, quand une gamelle et une botte de paille fraîche subviennent si parfaitement à tous nos besoins.

Il fait beau et je suis dans les Alpes de mon Dauphiné, les montagnes que sans doute je préférerai toujours. On n'y entend point le cor d'Obéron, comme dans les forêts et sur les lacs à fées du Salzkammergut. Leur romantisme est abrupt, hautain, quelquefois écrasant. Elles sont assez belles, à leur manière farouche et magnifiquement plastique, pour se passer d'être accueillantes. Leur variété est infinie. Sur ce versant, ce sont les mélèzes noirs, les cascades, les glaciers, le Canada, la Norvège. Tournez la tête, sur l'autre versant, voici le roc dénudé, doré, veiné de rouge, avec un pin tordu qui écarte ses branches sur un fond d'azur éblouissant. C'est le midi dont d'accent chante déjà au fond de la vallée.

Je suis allé au Mont-Genèvre. Il est libre pour les touristes. Le petit village fourmille de skieuses parisiennes, ravissantes et pépiantes. Les jeunes officiers du secteur sont chargés de représenter l'élégance mâle avec leurs windjacks blancs, et font des ronds de jambes aux terrasses des hôtelleries, où l'on prend le bain de soleil devant la dernière neige.

Parmi ces mondanités et ces coquetteries, l'armée a installé ses odeurs de graisse d'armes, de rata, de vieux cuir et d'écurie qui se mélangent au sillage des femmes fardées.

Les chasseurs tiennent ce secteur avancé et mondain. Non point les pimpants "diables bleus" défilant sur la Promenade des Anglais les jours de bataille de fleurs, mais de rustiques chasse-pattes auvergnats, effrangés et terreux. Les corvées de quartier se déroulent imperturbablement au milieu des cabriolets de sport, des jolies filles animées par le vent et de deux ou trois vieilles anglo-saxonnes excentriques. Les treillis boueux voisinent avec les beaux pantalons fuseaux, les chandails multicolores, les foulards à fleurs et les boucles blondes. Dans quelque soupente fumeuse, imperméable à l'air le plus tonique de France, un sergent-chef comptable et ses scribes jaunissent sur les rébus des situations administratives.

Le poste frontière est installé à deux cents mètres de la douane, dans un chalet décrépit. Sur le balcon, à la place où il y avait naguère les sabots du montagnard, un fusil-mitrailleur est pointé. Un autre dans un jardin, fiché sur un piquet, regarde le ciel, D. C. A. réglementaire et candide.

Cette maison jaune, à portée de mousqueton, c'est la douane italienne. Mais le chasseur mal rasé, qui monte la garde entre deux chevaux de frise, sous le mât du pavillon tricolore, médite peu sur son éminente fonction de dernier soldat de la terre française. Il est même assez copieusement saoul.

Je sais, par les rapports journaliers de la place, que sur ces lignes de crêtes et sur ces passes, les patrouilles italiennes et françaises fraternisent continuellement. Officiers de chasseurs et officiers d'"Alpini" s'invitent à tour de rôle dans leurs postes : "Relations extrêmement cordiales", disent les comptes rendus. Les troupiers ont un tarif pour l'échange du pernod et du véritable vermouth de Turin.

Nous sommes aujourd'hui au 15 avril 1940. Comme la guerre est loin d'ici !

* * * * *

Encore un cheval de crevé. On a éprouvé le besoin de fournir toute une cavalerie à nos officiers, à ceux du parc d'artillerie et du génie. Il n'est pas un de ces quinquagénaires qui ait jamais mis le pied dans un étrier, et les chevaux trépassent un par un d'inaction. Les mulets les imitent, tandis que les paysans dont les écuries ont été vidées par les réquisitions implorent en vain qu'on leur prête quelques bêtes.

Voilà la demi-brigade de chasseurs, le Neuf-Un par devant, le Huit-Six au milieu, le Neuf-Cinq par derrière. Les cors soufflent à pleins pavillons. Mais les hommes, en troupeau, ne marquent même plus le pas. Si nous moisissons sur place, les chasseurs, hâves, boitant, déteints, sont en train de s'en aller par morceaux sur les routes. L'état-major du secteur fortifié rattrape sur eux l'immobilité de ses autres troupes. De Barcelonnette au Lautaret, de Gap au Genèvre, ils sont à leur huitième mois d'un manège perpétuel et mystérieux, un bataillon chassant l'autre devant lui dès qu'il croyait avoir touché le port.

Mais c'est la dernière fois que je verrai les chasseurs reparaître, toujours un peu plus éreintés et délavés, comme les ministres dans les chevaux de bois de la République. Des personnages parisiens ont estimé que je ne pouvais décemment demeurer pionnier de seconde classe. Ils m'ont découvert un emploi plus adéquat à mes dons, au S. R. s'il vous plaît, au 5e bureau, frère jumeau du 2e. Le 5e bureau recueille les renseignements, le 2e les exploite.

Je n'ai manifesté qu'un médiocre enthousiasme. La conjugaison des bureaucraties militaire et parisienne me répugne au plus haut chef. Je préférerais aussi ne rien devoir aux personnages en question, avec qui je n'ai plus l'ombre d'un sentiment commun. Avouons enfin ce petit ridicule : J'ai malgré tout un peu plus l'air d'un soldat sur la paille alpine que devant une écritoire des Invalides. Mais un des officiers du S. R., le capitaine V... que j'ai rencontré naguère à la table d'un de ses parents, me propose une mission amusante. Il s'agirait de converser deux ou trois fois par semaine, dans le Simplon Orient, avec quelques voyageurs choisis arrivant du sud-est européen. Dans l'armée, on appelle cela "contacter". Le "contacteur" du Simplon est un jeune capitaine d'artillerie, mathématicien émérite, mais si maladroit et gauche qu'il n'a pas lié deux conversations en trois mois. On a eu l'idée, militairement exceptionnelle, de confier cette besogne à un journaliste, opérant en complet veston.

Ma foi ! pourquoi ne serais-je pas ce journaliste ? Je n'aurai jamais d'autre occasion d'exercer ce métier curieux de demi-espion. Il est bon de secouer l'engourdissement qui me gagne, dans ce bataillon de pionniers en chômage, parmi les cueilleurs de pissenlits et les rabâchages d'ivrognes. Hors des corps francs, où je n'irai jamais, il m'est indifférent de faire cette guerre n'importe où. On n'est pas plus embusqué dans le septième arrondissement qu'à Metz ou Briançon. Je me suis laissé tenter. Ma mutation vient d'arriver. Je vais faire une escale obligatoire au fatidique G. U. P de Romans. Il est presque vide, plus lugubre et sordide que jamais. Mais les honorables rempilés et Saint-Cyriens du "noyau" sont toujours bien accrochés à leur poste. Bouboule est encore là, ainsi que mon ex-capitaine, qui ne comprend pas un mot à mon cas, subodore des irrégularités épouvantables, me colle un numéro matricule et m'enjoint d'aller faire l'exercice séance tenante. Si le lieu était de mon goût, je pourrais certainement y finir la guerre.

Après des pérégrinations désespérées, je me décide à rédiger moi-même mes paperasses. Je découvre un trificellidé assez audacieux pour les signer et, le 25 avril, je m'embarque pour Paris.

IV - CEUX DU S.R.

CHAPITRE XVIII

LES TAMPONS DU CAPITAINE

L'imparfait est le temps dévolu aux historiens. Je ne me flatte point d'en être un, mais j'aborde dans ce récit une période historique entre toutes. Reprenons donc l'imparfait.

J'arrivais à Paris plein d'une nouvelle ardeur. Mon nouvel avatar militaire me conduisait aux sommets de l'armée. J'allais enfin retrouver une besogne où la substance grise aurait sa part.

Le 5e bureau était situé 4 bis, avenue de Tourville, à l'ombre du dôme des Invalides, dans un dédale de corridors et de chambrettes malaisées. Le capitaine V.., à qui je me présentai aussitôt, ancien spahi, très cavalier, semblait m'attendre avec quelque impatience.

"J'ai un petit contre-temps à vous annoncer, me dit-il. Pour l'affaire du Simplon, le général ne veut pas prendre sur lui de faire relever un capitaine par un deuxième classe. Nous allons donc garder le capitaine qui ne sert à rien. Évidemment, c'est regrettable. Mais il y a aussi les gens de la Sûreté dans ces trains. Ils ne peuvent pas nous sentir, on a déjà tous les ennuis du monde avec eux. Il suffira que vous ne soyez pas gradé pour qu'ils nous créent des empoisonnements dont nous n'arriverons plus à sortir. Donc, pas de Simplon ni de complet civil. Mais vous connaissez la Roumanie, n'est-ce pas ? Nous allons avoir quelque chose d'extrêmement intéressant par là-bas. Pour le moment, il faut que vous vous fassiez incorporer à la compagnie des secrétaires du 190e Train. Allez-y maintenant, revenez à deux heures. Je vous donnerai du travail pour vous occuper un peu. Ce n'est pas ce qui manque ici".

À l'heure dite, j'étais dans le bureau du capitaine.

- Vous devez le savoir, commença-t-il, ici nous faisons tous les métiers. J'ai horreur d'être bureaucrate. Depuis la mobilisation, j'espère une mission dans les Balkans ou dans l'orient, des pays que je connais comme ma poche.

Ça ne s'est pas encore décidé... En attendant, je suis le faussaire en chef. C'est moi qui ai le service des faux passeports. C'est assez rigolo. Voici ma collection.

Il ouvrit, non sans quelque fierté, une armoire de fer. Elle était remplie de petits carnets de toutes les couleurs, aux armes du Reich, de l'Italie, de la Suisse, du Luxembourg, de la Norvège, de l'Irak, du Honduras, bref d'une cinquantaine de nations.

- Jusqu'à présent, reprit le capitaine, j'ai travaillé avec un Juif allemand qui habite rue de Lisbonne, un type qui se fait appeler Lemoine. Jamais vu une plus belle gueule de crapule. Mais on ne fait pas du S. R. avec des séminaristes. Maintenant que vous êtes là, nous allons pouvoir nous débrouiller tout seuls, avoir un service complètement autonome. Ça coûtera moins cher et ça sera beaucoup plus pratique. Vous allez commencer immédiatement. Je pars en permission tout à l'heure pour cinq ou six jours. Je vais vous laisser les clefs et vous me remplacerez. Alors, écoutez-moi bien. Ce n'est pas sorcier.

"Vous voyez, j'ai là-dedans cinq ou six cents passeports. En voilà de vrais et vierges, qui ont été barbottés dans une légation. Ceux-ci sont vierges et faux. Ils ont été imprimés spécialement. Il y en a quelques-uns qui sont très bien réussis, ces suisses par exemple. Les autres ne sont pas fameux, c'est dangereux. Vous regarderez ça de près pour bien faire la différence. Ces passeports italiens sont authentiques, mais leurs timbres sont faux. Ces belges sont faux, mais ils ont de vrais timbres. En voilà un dont la première page a été lavée. Nous pouvons y mettre l'identité que nous voulons. Mais ne vous amusez pas à laver n'importe quel passeport. Ça ne réussit que pour quelques pays, à cause du papier. Vous demanderez les détails au chimiste.

"Maintenant, attention aux cachets. Quand on peut avoir un passeport avec l'identité maquillée et des visas à l'intérieur qui vont avec la mission de notre type c'est épatant. Mais vous comprenez que c'est plutôt exceptionnel. Pour les visas de légations, ce n'est pas compliqué. Vous regarderez si vous avez les modèles ici dans le tas. Si vous ne les trouvez pas, vous irez les prendre chez Lemoine... Mais non, voyons ! ce ne sont pas des tampons de caoutchouc. Il faut faire décalquer le modèle, retoucher les dates et le nom de la ville, et bien au poil dans le même caractère. Et puis on reproduit à la pierre humide. Pour les timbres fiscaux, vous piquerez dans cette boîte. Si vous ne trouvez pas ce qu'il faut, vous tacherez d'en décoller dans un passeport. Naturellement, il faut que vous sachiez les tarifs. C'est dans chaque patelin comme chez nous. Le tarif varie selon les ressortissants étrangers. En ce moment aussi, ça change presque tous les mois. Non, je n'ai pas de barème. Mais vous piocherez ça. (Il me tend une vingtaine de kilos de dossiers où d'un coup d'œil, je puis observer que le Lichtenstein est fraternellement mêlé à l'Irak, la police portuaire anglaise avec les entrées de devises en Bulgarie). Pas de blagues. N'allez pas me faire promener un Hongrois en Grèce, avec un visa daté du mois de mars et un prix qui a été majoré ou diminué de vingt drachmes depuis septembre dernier. Ne confondez pas non plus les visas de transit avec les visas de séjour, et les visas pour une semaine avec les visas pour trois mois qui peuvent être plus chers.

"Pour l'Allemagne, il faut aussi que vos bonshommes aient le *Passbegleitschein*. Les Fritz ont inventé ça pour réduire la fraude. C'est cet imprimé sur papier blanc. Je l'ai fait reproduire très convenablement. Mais les cachets à y flanquer dessus varient. Du reste, il y a tout le temps de nouveaux détails pour l'identité des étrangers en Allemagne. J'ai un certain nombre de notes à ce sujet dans ces chemises (quelques nouveaux dossiers). C'est un peu en souffrance. Naturellement, j'étais seul jusqu'à hier. Il est indispensable que vous mettiez ça à jour au plus vite. Vous irez chercher aussi au "P. C. Victor", une de nos annexes, la collection de tampons qu'on a mise là-bas à l'abri, et vous m'en ferez le répertoire.

"Attendez ! Ce n'est pas tout. En général, il vaut mieux que nos gaillards montrent des passeports qui aient l'air d'avoir déjà beaucoup servi. Ça inspire confiance. Alors, il faut leur organiser des voyages sur les premières pages, qu'ils aient l'air d'avoir déjà été de Suisse en Turquie, ou d'Italie en Lettonie. Vous pouvez même leur coller des visas de pays qui n'existent plus en leur dressant un passeport de 1938, renouvelé l'année dernière. Pour les visas d'entrée et de sortie à chaque frontière, vous regardez les indicateurs de trains et de bateaux. Chaque poste a son cachet qu'il faut décalquer et faire reporter. Vous chercherez ça dans ma collection de passeports (il désigne l'armoire entière), et si vous ne trouvez pas, toujours Lemoine. Il a des quantités de fiches. Demandez-les-lui. Je veux les faire reproduire pour les avoir sous la main. Faites donc commencer ça vous-même en prenant d'abord ceux qui vous paraissent les plus utiles. Méfiez-vous dans vos itinéraires. Il y a beaucoup de points de passage qui sont fermés depuis la guerre. Ou bien, entre la Suisse et l'Allemagne, par exemple, on passe tantôt d'un côté, tantôt de l'autre. Ça dépend des derniers règlements. Tachez de vous débrouiller pour ne pas vous tromper. Ah ! il y a aussi des postes qui ont changé leurs cachets, ils en ont maintenant qui sont en triangle au lieu d'être en rond. Il ne faut pas oublier non plus la couleur des encres, quand vous faites reproduire. Si un poste qui a des tampons violets depuis des années voit son cachet, en bleu sur un passeport, ça risque de lui donner l'éveil. C'est à peu près tout pour aujourd'hui. Vous voyez que ça n'est pas compliqué. J'espère bien que vous saurez déjà tout ça par cœur quand je rentrerai. Vous allez avoir à faire partir trois ou quatre types pour l'Allemagne. Ils doivent avoir besoin de passeports espagnols et italiens. Vous aurez aussi à fournit demain les papiers d'un officier qui va en Slovaquie. Il voyage avec un passeport suisse. Il faut qu'il ait au moins tous les visas d'un parcours précédent Suède-Yougoslavie. Maintenant, au revoir, je file. A la semaine prochaine. Ne vous fichez pas dedans, hein ? Vous pourriez faire couper la tête d'un homme..."

Je demeurai pantelant devant les mètres cubes de papiers faux ou vrais qui jonchaient les tables, débordaient des armoires. Le capitaine V... m'avait-il pris pour une espèce de génie, un Pic de la Mirandole de la falsification ? Ou bien étais-je devenu chez mes pionniers un franc imbécile ? N'existait-il point pour s'avancer dans ce labyrinthe un fil que je n'avais pas su apercevoir ? Je m'enfonçai fiévreusement dans mes documents. Non, j'avais bien tout saisi. Il fallait savoir si le port de Stralsund était encore ouvert aux voyageurs danois au mois de février ; s'il était déjà interdit de passer en Suisse par Waldshut au mois de septembre ; si les cachets de la gare de Velika-Kikinda étaient carrés en 1938 et si ceux d'Hegyeshalom ont toujours été octogonaux ; si "telepett" signifiait en hongrois "sortie" et "belepett" "entrée", ou bien le contraire. Les timbres verts de 120 fillers avaient-ils été supprimés et depuis quand ? En quelle occasion fallait-il employer le "timbru consular" roumain orange, et quand, mon Dieu ! les deux "timbre fiscale" bleus ? Combien de dinars un Hollandais payait-il en 1939 pour un visa de transit en Yougoslavie, et combien de couronnes un Luxembourgeois pour un visa de séjour au Danemark ?

Pour répondre à cette armée d'énigmes, j'avais cette pyramide de circulaires, de notes, de rapports entassés au hasard et où jamais un coup d'œil n'avait été jeté. Au bout d'une heure, j'avais compris que cette montagne, pour commencer à être utilisable, exigeait d'abord un dépouillement, un classement, une mise en fiches qui emploieraient bien trois secrétaires pendant deux mois de travail. Ce déblayage accompli, on constaterait sans doute que sous son majestueux volume cette documentation se réduisait à des broutilles. Presque tous les passeports, datant de quatre ou cinq années, n'offraient plus le moindre intérêt. Je pouvais acquérir une érudition sans précédent sur les permis de motocyclettes dans le protectorat de Bohème-Moravie. Mais notre agent à Athènes, helléniste et archéologue extrêmement distingué, parait-il, qui se cachait sous le pseudonyme de Datos, nous avait expédié un courrier de quelque soixante-dix pages pour nous apprendre qu'il lui était impossible de connaître le régime et le prix des visas grecs. Comment oserait-on encore estampiller une pièce d'identité quelconque avec ces timbres mal décollés, déchirés, oblitérés, avec ces visas allemands décalqués sur une photo voilée, à moins d'avoir le dessein d'expédier tout droit à un peloton d'exécution, le porteur d'une contrefaçon aussi grossière ?

Dussè-je passer pour le dernier des propres à rien et me faire réexpédier par le plus court chemin dans l'infanterie, je me jurai de refuser toute complicité dans un semblable meurtre jusqu'au retour du capitaine.

Le matériel de guerre de ce dernier ressemblait fort, en somme, à ces arsenaux qui paraissent capables d'équiper vingt bataillons, mais où des générations d'adjudants et d'officiers d'habillement ont accumulé des fusils à pierre, des chassepots réformés et des coupe-choux de gardes champêtres.

Je pouvais du moins "contacter M. Lemoine", comme j'en avais reçu mission. Une juive boitillante qui faisait l'office de planton m'introduisit rue de Lisbonne dans un somptueux appartement. M. "Lemoine" était un grand et sec vieillard de mise austère, au grave visage de clergyman. Mais derrière ses lunettes s'embusquaient deux petits yeux verts, pointus et fuyants, désignant éloquemment un monsieur condamné cinq ou six bonnes fois pour carambouille, attentat aux mœurs et capable de vous fournir dans l'heure trois petits garçons, une livre de cocaïne ou cinq filles pour Buenos-Aires. Tout l'étage était une véritable usine de faux, répartie à travers un mobilier de haut magistrat. M. "Lemoine" me dirigea sur son premier chef de service, un nommé Drasch, si je me souviens bien, juif ou non, peu importe, mais en tout cas hideuse fripouille à l'accent tudesque, d'une gluante obséquiosité, qui avait collaboré quelque temps à un torchon pornographique et me donna incontinent du "cher confrère". Avec l'indulgent sourire d'un maître ouvrier pour le profane, il me montra quelques menus secrets de ses fabrications qui paraissaient en effet irréprochables et occupaient un atelier de vingt professionnels. Il ne me cacha pas que mon apprentissage prendrait au moins quelques années, que l'aimable capitaine V... connaissait à peu près ce métier comme celui de pêcheur de perles et que la noble armée française, dont il était l'humble et obéissant serviteur, assimilait fâcheusement l'art du faussaire avec le demi-tour à droite.

J'avais scrupule de priver un aussi remarquable spécialiste d'instruments dont je ne serais pas moins encombré que d'un harpon à baleine. Mais fidèle à ma consigne, je me fis remettre un fichier complet de visas que l'estimable M. Drasch abandonna avec un profond soupir.

Dans l'escalier, je croisai trois officiers, agents de notre service. Ils venaient en uniforme chez ces gredins, sujets d'un pays ennemi, vendus à autant d'états-majors et de polices qu'il pouvait en exister sur le continent.

Pour le "P. C. Victor", relié aux Invalides par une navette d'autocars, c'était un gigantesque et effroyable château de la dynastie des juifs Péreire, semblable à un immense buffet pseudo-Henri II en moellons et en briques, au beau milieu de la forêt d'Armainvilliers. Une trentaine de militaires de tous grades, flanqués de quelques dames dactylographes, y gardaient un insondable amas d'archives en caisses. Cette garnison était recluse dans l'enclos du parc et se consacrait essentiellement pour l'heure à la cueillette du muguet. Un jeune lieutenant chimiste, assisté d'un jardinier, se livrait sur l'évier d'une cuisine, parmi des soucoupes ébréchées et de vieux saladiers, à des recherches d'encres sympathiques et de révélateurs, avec une foi énergique mais dont il m'avoua qu'elle n'avait point jusqu'ici reçu de récompense. Il m'emplit une valise des précieux tampons que je venais quérir. Les trois quarts de ces superbes accessoires dataient du Reich d'avant Hitler, de l'occupation allemande en Belgique et dans le Nord. Il y avait même une collection complète de timbres russes aux armes impériales. Je me hâtai de ficher minutieusement les empreintes de ces souvenirs historiques, puis je m'attaquai avec plus de vaillance que d'espoir à un relevé monumental des gares-frontières européennes et de leur vraisemblable régime.

* * * * *

Le capitaine V.... en rentrant au bout de six jours, parut suffisamment satisfait de mon activité.

- Les nouvelles sont bonnes pour nous, me dit-il. Nous ne moisirons plus beaucoup ici. Je vous emmènerai avec moi. Je pense que vous êtes capable d'étendre un bonhomme au pistolet à travers votre poche en cas de besoin. En gros, il est question d'aller chambarder un peu les pétroles roumains. Nous serons cinq ou six. Du joli sport.

J'avais ainsi confirmation du fameux projet que les experts et stratèges se confiaient dans le creux de l'oreille depuis plus d'un semestre. Cinq ou six dynamiteurs pour une entreprise de cette envergure ! Je me permis un haut le corps expressif. Mais le capitaine sourit de mon ignorance.

Cette petite scène paraîtra, sans doute invraisemblable. Moi-même, après dix-huit mois, en y songeant, j'arrive à douter de sa réalité. Pourtant, je puis en jurer sur mes oreilles.

- Au fait, reprit le capitaine, vous allez lâcher provisoirement les passeports.
- C'est dommage, mon capitaine. Je commençais à avoir quelques lueurs sur la question. Je connais déjà tous les postes allemands qui sont fermés.
- Très bien, mais vous reprendrez ça après. Il y a quelque chose de plus important. Il faut aller dépanner L... qui est dans un gros travail.

L... était un charmant garçon, dessinateur dans le civil chez van Cleef, les bijoutiers juifs de la place Vendôme, et qui venait de débarquer un peu avant moi au 5e bureau par je ne sais plus quels hasards, après un mélancolique hiver dans un régiment de défense passive. Je le trouvai attelé à un butin de paperasses presque aussi haut que celui que je venais d'abandonner.

Il s'agissait, sans plus, des états nominatifs et des dossiers de tous les officiers de l'armée française susceptibles d'être utilisés par le S. R. Ces documents avaient été réclamés d'urgence à toutes les unités dans la première semaine de la guerre. Depuis l'automne précédent, ils avaient dormi en tas dans différentes armoires de l'avenue de Tourville. Ce grimoire fourmillait de personnages inestimables. On y découvrait plus d'un millier de polyglottes accomplis, une centaine d'hommes parlant, comme le français, le russe et la plupart des langues slaves, davantage encore sachant aussi bien les langues scandinaves, dans ce moment où nous nous battions en Norvège ; des voyageurs, des diplomates, des écrivains connaissant sur le bout des doigts les milieux politiques de dix capitales, des spécialistes de toutes les grandes industries, des volontaires fanatiques ayant déjà rempli dans l'Allemagne ou l'Italie du temps de paix plusieurs missions pour le Deuxième Bureau, accompli des stages d'officiers de renseignements, voire travaillé au S. R. dans l'autre guerre. Il y avait même quelques simples soldats aux compétences et aux titres si éclatants que leurs colonels les avaient fait porter sur les listes. Tout ce personnel sans prix végétait depuis le début de la guerre dans des magasins de subsistance, des compagnies de transports, des gares régulatrices, des dépôts de remonte, des bataillons de pionniers ou d'ouvriers d'artillerie, des régiments régionaux, des escadrons paralytiques, des forts muets. Un jeune lieutenant, premier et second aux concours de Normale et de Polytechnique, docteur ès lettres, parlant dix langues, dont le danois, le suédois et le finnois, ayant vécu des années dans les pays nordiques, n'avait encore pu être arraché, depuis la mobilisation, à une batterie anti-aérienne enterrée du côté de Meaux.

Il avait fallu l'arrivée d'un brave garçon de deuxième classe, capable de travailler quinze jours avec méthode, pour que le Grand État-major Général connût enfin ces inestimables serviteurs. L... s'était jeté dans sa besogne avec fougue. En huit jours, il avait déblayé la moitié de ses dossiers enchevêtrés, établi une foule de fiches qui constituaient un répertoire complet et pratique, À nous deux, nous n'allions pas tarder à en voir le bout. Pour la première fois depuis mon incorporation, j'avais le sentiment de faire quelque chose d'utile. J'avais tout de suite beaucoup aimé L....., Parisien naturellement enthousiaste, gai et vif, type délicieux que l'émigration auvergnate et bretonne a raréfié, ayant le charme, la sagacité, la virtuosité et la délicatesse des vieux artisans dont il continuait le beau métier, depuis trop longtemps au service des juifs pour ne pas être vigoureusement antisémite.

À côté de nous, deux camarades, S..., administrateur d'un grand café des Champs-Élysées, et V..., assureur cossu, l'un et l'autre également deuxièmes classes, se livraient avec d'autres milliers de fiches à un interminable et épuisant pointage d'unités bulgares, roumaines, grecques, espagnoles, turques qui exigeait, à première vue, les connaissances militaires et la collaboration de cinq ou six capitaines brevetés. Dans l'espèce de chambrée, remplie de lits réglementaires, de casques, de masques à gaz et de gamelles qui nous tenait lieu de bureau, il y avait encore un petit vieillard gris et sec, répondant au nom de M. J…, Il traduisait environ cinquante lignes d'anglais par semaine et le reste du temps lisait le journal ou des romans policiers. C'était un employé attitré et appointé du S. R. depuis quelque vingt ans.

L'adjudant du matériel, sinistre brute alcoolique, ayant jugé opportun de nous ôter notre table après un pernod plus tassé que d'habitude, nous nous étions mis en quête, L... et moi, de deux tréteaux et de quelques planches qui pussent en tenir lieu. Nos investigations, fort laborieuses, nous avaient conduits dans les sous-sols du 5e Bureau. Au fin fond d'une cave, sous le vague rai de lumière d'un soupirail tendu de toilés d'araignées, parmi des échafaudages d'énormes registres à demi dévorés par des rats, des entassements maurrassiens de dossiers noircis et de paperasses jaunies couvertes d'un pied de poussière, s'affairait un surprenant militaire au crâne pointu et pelé, un lorgnon branlant au bout d'un museau de fouine. C'était un Russe, parlant paraît-il n'importe quelle langue, hormis le français en tout cas, le grand spécialiste chez nous des questions militaires soviétiques.

* * * * *

Nous trouvâmes bientôt un matin les figures de nos officiers longues d'une aune. Ils s'abordaient à voix basse. Une atmosphère de funérailles régnait dans les couloirs. Une dépêche de Londres venait d'annoncer la faillite de l'opération de Norvège et le réembarquement des soldats anglais et français. La veille encore, les nouvelles de là-bas étaient claironnantes. L'aventure se terminait par la plus cuisante gifle : "Quelle catastrophe !" me dit le capitaine V... furieux. Un petit frisson de jubilation me courait spontanément à fleur de peau. Je ne songeai pas à le réprimer. Je n'en éprouvais aucun remords. Je n'allais pas me sentir battu dans la guerre de Churchill et de Reynaud, me forger des scrupules parce que la plus aberrante invention de ces deux gredins faisait long feu. Le camouflet marquait la joue du sinistre petit pantin de la route du fer. Eh bien ! nous allions au moins être débarrassés de ce salaud. On ne s'était tout de même pas figuré que l'on gagnerait la guerre dans les montagnes de Trondhjem !

L... et moi, nous poussions sans relâche notre collection de candidats au S. R. Nous admirions le nombre énorme d'ecclésiastiques volontaires pour l'espionnage. Nous tâchions de percer le mystère Gastambide, un candidat que nous retrouvions tantôt lieutenant de chasseurs, tantôt dans les sapeurs, d'une si étrange ubiquité que nous n'avions pu encore décider s'il ne représentait qu'un seul personnage, ou deux et trois. Il ne nous manquait plus beaucoup de temps pour achever notre besogne. Mais un trait de génie venait de frapper le capitaine V...

- Dites-moi, ce L.... c'est un garçon très bien, n'est-ce pas ? Intelligent et artiste. Avec son métier, il doit avoir l'habitude du travail méticuleux. Laissez tomber vos listes pour le moment. Vous allez reproduire nos cachets avec L... Vous les lui choisirez et il les dessinera. Ensuite, vous en ferez un répertoire sur fiches par pays, par postes frontières. Quand nous aurons fini ça, nous pourrons entièrement nous passer de Lemoine.

Naturellement, mon capitaine, nous ne prendrons que les cachets récents...

- Mais pas du tout. Vous ne me comprenez pas. Je veux absolument tous les cachets, tous ceux que j'ai dans mes passeports, et ceux qui sont photographiés dans mes dossiers. Tout peut servir. Il faut aussi relever tout le fichier de Lemoine. Allez, prenez le paquet, et commencez illico.

Je revins abasourdi près de mon compère.

- Mon vieux, changement de direction. Nous lâchons les Gastambide. Nous redevenons faussaires. Tu peux préparer un kilomètre de papier calque.

Le bon L... s'arma de pinceaux, de plumes à dessin, d'encres, d'une loupe de joaillier, et le lendemain attaquait le grand œuvre. Il était en effet très habile et minutieux. Je lui avais choisi pour débuter un cachet allemand de frontière, avec une quarantaine de lettres et l'aigle hitlérienne réglementaire. Vers le milieu de l'après-midi, son calque était terminé. Il ne restait plus qu'à le reproduire avec la pierre humide dans le laboratoire d'un charmant caporal, truqueur spécialisé du S. R. depuis des années, et dont le matériel consistait principalement en une demi-douzaine de bouteilles de "Corrector". L'impression révéla d'ailleurs que notre encre était défectueuse et d'une couleur peu vraisemblable.

Tout était pour le mieux ! Nous nous trouvions devant quelque cinq mille cachets, sceaux et griffes à relever. Pour la moitié au moins, c'étaient des placards tenant toute une page de passeport, comportant deux et trois cents caractères, avec des armes, des ornements complexes et microscopiques, animaux hiératiques, figures, festons, blasons de villes et de peuples. Un grand nombre d'inscriptions étaient dans des langues, voire des lettres inconnues. Il importait de les reconstituer avec une fidélité exemplaire d'après un coup de tampon souvent à peine visible, Il fallait savoir si nous nous trouvions devant un "chtcha" ou un "tsé" de l'alphabet cyrillique, si nous n'allions point écrire en bulgare marmite à la place de chemin de fer. Avec une célérité et une dextérité remarquables, on pouvait évaluer à une journée de labeur en moyenne chacune des reproductions. Le capitaine V.... pour l'exécution de cette tâche, disposait d'un dessinateur novice et d'un spectateur.

Quand ces deux héros en seraient venus à bout, le second temps de l'opération resterait encore à accomplir. Il n'était pas question en effet de redécalquer encore des imitations déjà approximatives, pour les porter sur des passeports ambitionnant un aspect authentique. Il conviendrait donc de transformer notre collection en timbres de caoutchouc.

Nous pouvions nous embarquer d'un pied résolu pour la guerre de Trente ans des faux tampons.

* * * * *

Je venais d'être transporté d'un bond de mon infime condition de pionnier montagnard jusque dans les sphères suprêmes de l'armée française. L'incohérence m'y poursuivait. Elle régnait simplement sur une autre échelle, démesurée cette fois.

La vie redevenait odieusement quotidienne. Je n'avais même pas une besogne avouable et de quelque sérieux à laquelle je pusse décemment m'accrocher. Je couchais dans mon lit. Mais ma pauvreté m'imposait la gamelle à l'École Militaire. L'immense compagnie de secrétaires où j'étais affecté émargeait pour quelque trois mille hommes. On en comptait bien trois cents à chaque soupe. L'ordinaire était cependant pitoyable. La "fuite", à tous les échelons de la hiérarchie, devait atteindre des centaines de milliers de francs par mois.

Les quelques amis demeurés civils que j'avais pu apercevoir étaient plus sombres et révoltés que jamais.

Je regrettais déjà le vent tonique du mont Genèvre.

CHAPITRE XIX

VOILÀ LE BEAU TEMPS

Le vendredi 10 mai les sirènes d'une alerte nous éveillèrent vers cinq heures du matin. Le soleil se levait dans un ciel limpide et léger. Ma femme, ma sœur arrivée depuis quelques jours à Paris et moi-même, nous étions accoudés à notre balcon. Nous savourions la gaîté et la fraîcheur de cette radieuse aurore de printemps. Toute la rue, comme nous, était aux fenêtres, riant et bavardant, les yeux en l'air. Quelques détonations retentissaient. Deux ou trois petits avions caracolaient très haut, brillant dans les premiers rayons. De menus flocons blancs naissaient au-dessous d'eux : "Tiens, ce doit être des Fritz ! C'est la première fois qu'on les voit." Jamais alerte n'avait été plus aimable.

* * * * *

Vers huit heures et demie, comme chaque matin, je traversais la petite cour de l'avenue de Tourville. Une extraordinaire conversation m'arrêta net : "Oui, mon vieux, disait un planton à un chauffeur sur la marche d'un escalier, les Allemands sont entrés ce matin en Hollande. C'est à la T. S F."

- Comment ? Mais qu'est-ce que tu dis ?
- Oui, ils sont entrés en Hollande, et aussi dans le Luxembourg. Moi, je l'ai pas entendu, mais mon beau-père l'a pris à son poste. C'est comme je te le dis.

J'étais cloué sur place. J'interrogeai encore avidement. Mais l'homme avait une tête de butor, je n'en tirerais pas un mot de plus. Ces imbéciles croyaient entendre dans leur radio tant de turlupinades ! Cela se pouvait-il ? Aurions-nous la chance inouïe que l'adversaire eût fait cette brutale erreur ? Le capitaine V... passant rapidement, ne semblait rien savoir. Les officiers entraient par petits groupes, avec leur pas et leurs visages de tous les jours. Mes camarades scribes arrivaient. Ils ignoraient tout et ne manifestaient qu'une curiosité fort médiocre. "Ce n'est pas tout ça. Au travail !" Et ils reprenaient laborieusement leur ordre de bataille bulgare : "Alors, nous disons : deux nouvelles compagnies de pontonniers à Roustchouk..."

Je ne tenais pas en place. Je n'arrivais pas à atteindre au téléphone mes amis des journaux. La presse du matin montait en épingle "les efforts impuissants" des Allemands pour dégager Narvik. Le général Duval déplorait que cette guerre manquât d'élan. Maurras sommait le ministère de faire sienne la Paix Bainville "pour que le Boche sût ce qu'il aurait à payer au premier désastre" et réclamait un gouvernement de guerre tiré de l'Armée. Mon bon L.... sa loupe vissée dans l'orbite, s'était remis à peiner sur un cachet de consulat turc. Au fait, j'avais à faire estampiller chez "Lemoine" un passeport hollandais pour un de nos agents. C'était bien l'occasion de m'éclairer sans retard. Je courus rue de Lisbonne. Dans l'autobus, des voyageurs se demandaient : "Alors, c'est vrai n'est-ce pas ? Je suis parti très tôt de chez moi. Avez-vous entendu la radio ?" On ne pouvait presque plus douter.

Drasch était assis à son fastueux bureau, le récepteur à l'oreille. Je n'eus pas à lui poser une ridicule question.

- Eh bien ! mon cher, me dit-il avec son affreux sourire, nous n'avons plus besoin de nos petits passeports hollandais et belges. Cette fois, ça y est... Vous permettez que je termine cette communication ?

L'ordure passait en hâte des ordres de Bourse. Il sourit plus hideusement encore :

- Vous ne pouvez pas vous imaginer ce que c'est difficile de se défendre un peu dans des jours pareils.

Je bondis dehors. Sur la place Saint-Augustin, on s'arrachait déjà *Paris-Midi* : Luxembourg, Belgique, Hollande... Bombardements aériens sur toute la France. Bruxelles et La Haye font appel aux Alliés. Nos troupes se portent en avant.

Quel tourbillon devant moi ! Quelle étrange délivrance mêlée d'une angoisse subite ! Tout changeait en un éclair. La farce démocratique, sans but, sans fin discernable, se dénouait brusquement en tragédie.

Une vénérable dame en chapeau à fleurs m'abordait tumultueusement, brandissant son journal, m'étreignant presque :

- Ah ! jeune homme ! Vous savez ! Ils n'ont que douze jours d'essence.

Toujours les absurdités judaïques ! Je connaissais les Allemands et leurs guerres. Rien de plus faux que l'aveugle ruée, notre spécialité au contraire. Pour avoir risqué cette partie gigantesque, il fallait qu'ils eussent pesé leurs chances et qu'elles leur fussent apparues sérieuses. Mais assurément, les nôtres l'étaient bien davantage. Il fallait malgré tout que l'embarras de l'Allemagne fût grave pour qu'elle se jetât ainsi sur un adversaire formidablement retranché, guettant au créneau, le doigt sur la gâchette depuis huit mois. On l'avait assez ressassé : jamais Hitler ne serait assez bête pour se précipiter sur notre cuirasse. Et la faute était cependant accomplie. Sans la violence germanique, impossible de l'expliquer. Notre régime n'avait point mérité cette chance. Mais désormais, il s'effaçait. Le destin de la patrie était remis aux mains de l'armée, elle ne pouvait posséder de plus beaux atouts. On allait voir avant peu qui était le plus fort. Tout valait mieux que cette interminable et abrutissante stagnation. De toute façon, ce serait un sort grandiose que d'être du pays vainqueur d'un tel duel.

Je devais déjeuner chez mon ami Dominique Sordet. Je me précipitai chez lui frémissant. Il m'attendait la mine soucieuse et réticente.

- Eh bien ! Sordet, c'est la grande bagarre. Je ne l'aurais jamais cru. Pourvu qu'on n'aille pas à un nouveau Charleroi ! Mais non, ce ne doit pas être possible ?
- Hou ! Hou ! Sait-on jamais ?
- Mais enfin, nous sommes archi-prêts. On attend le coup depuis des mois et des mois. Rappelez-vous, l'hiver dernier déjà. Il me semble que ça s'engage dans les meilleures conditions.
- Peuh ! Peuh ! Les Allemands doivent avoir dans les cent quarante divisions. Nous, que pouvons-nous aligner ? Quatre-vingt-dix, quatre-vingt-quinze divisions.
- Mais diable ! Il y a aussi les Hollandais, avec les inondations.
- Oui, bien entendu, les Hollandais... Houm !
- Il doit bien y avoir tout de même des Anglais. Et les Belges au complet. Ils sont bien fortifiés, ils ont le canal Albert. Ils doivent pouvoir tenir un moment. Et s'ils cèdent, nous avons toutes les lignes du Nord. La frontière est archi-retranchée. Il y a de quoi recevoir les Fritz. Nous n'allons pas être assez bêtes, j'espère, pour aller livrer une grande bataille en rase campagne...
- Qui sait ? Voyez-vous, Rebatet, je ne voudrais pas vous démoraliser. Mais les Allemands vont faire donner leur aviation à fond. Nous sommes extrêmement faibles de ce côté-là. On m'a donné des précisions sérieuses. Nous avons à peine mille avions, et pour ainsi dire pas de bombardiers.

J'avais de bonnes raisons de croire sur parole Sordet, si sage, si profondément averti, infaillible jusqu'ici. Je fus atterré par son chiffre, qu'aucun autre troupier, je pense, ne devait connaître ce jour-là et qui se trouvait encore au-dessus de la réalité.

- C'est inouï ! Mais cependant, les Anglais ne rétablissent-ils pas un peu la balance ?
- Je crains qu'il n'y ait pas grand' chose à attendre d'eux. Je ne suis pas

rassuré. Quand on pense comment et pourquoi cette guerre a été déclarée ! Faire courir aussi follement de pareils dangers à un pays, c'est effrayant !

Je quittai Sordet, chargé de lourdes et noires pensées. Cette guerre, dès la première heure, avait un aspect étrange. Les parachutistes, cibles de tant de nos blagues antérieures, semblaient bien être les principaux assaillants de la Hollande. À l'aube, entre dix autres villes, Lyon avait été bombardé. C'était pour moi la nouvelle la plus insolite. Deux soldats avaient été tués sur le terrain d'aviation de Bron. Le G. U. P. de Romans devait former pour lui une de ses fameuses compagnies de "pionniers de l'air". Au rebours de n'importe quelle prévision raisonnable, ces placides territoriaux, planqués si parfaitement, venaient d'être de nous tous les premiers à voir le feu et la mort. J'avais peut-être connu les pauvres diables écharpés ce matin.

* * * * *

J'écoutais au fond de moi-même l'immense rumeur des chars, des canons et de l'infanterie en marche sur la frontière du Nord. L'embusqué à Paris, légitime quinze jours plus tôt, devenait indigne. Au bureau, L... piochait toujours son visa turc. Cette plaisanterie n'était plus tolérable. J'allai aussitôt frapper à la porte du capitaine V...

- Mon capitaine, je comprends l'irrégularité de ma démarche, si peu de temps après avoir été muté. Mais je suis service armé. Tous mes amis vont se battre. Je demande à être relevé et envoyé dans un corps de troupe.
- Non, je ne vous autorise pas. On ne peut pas se promener tous les quinze jours dans une nouvelle direction.
- Mon capitaine, une mutation de plus ou de moins...
- Non, le 5e Bureau n'est pas un moulin. J'aimerais bien, moi aussi, partir dans un bataillon de dragons portés. D'ailleurs, je vous le redis, je vais avoir besoin de vous d'ici peu, et si, vous voulez du risque, vous serez servi. L'affaire roumaine est plus urgente que jamais. Elle va être sur pied d'ici une ou deux semaines. Et puis, ne vous emballez pas. Nous ne sommes qu'au début de l'affaire, dit-il en me montrant la Belgique sur la carte. On ne sait pas comment les choses vont tourner par là.

* * * * *

Le ministère Reynaud s'enrichissait des sieurs Louis Marin et Ybarne-garray, gigantesques causes, petits effets dérisoires. La démocratie embauchait deux tambours ramollis. C'était le plus grand effort qu'elle pût pour se hausser à la hauteur du drame. Le choc colossal trouverait côte à côte les vieux bérets de la réaction bourgeoise et la fine fleur de mai 1936.

À Londres, mélancolique porte-parapluie, Chamberlain disparaissait, laissant la place entièrement libre à Churchill.

L'Action Française écrivait dans une manchette historique :

"LA GUERRE DES NERFS EST FINIE : L'AUTRE COMMENCE.

"Les Boches croyaient nous abrutir en nous réveillant en sursaut "après huit mois de sommeil.

"Quelle erreur ils ont commise ! "La question du moral est résolue.

"Les troupes s'élancent avec enthousiasme dans l'espace ouvert "pour la guerre de mouvement.

"Toute la France, entrevoyant la victoire, crie : ''ENFIN !''

Toutes les indécences et toutes les plus criminelles bêtises étaient ainsi ramassées en dix lignes : des septuagénaires criant de joie quand des centaines de milliers de jeunes hommes allaient mourir, l'immonde folie de la charge, le colonel de Grandmaison, en avant, tant pis pour qui tombe, il y a la goutte à boire, Rosalie au canon.

Aristote, Platon, Minerve, Joseph de Maistre, tous les dieux du plus haut Olympe, de la politique et de la philosophie, finiraient toujours, chez ces vieillards, par tomber au garde-à-vous devant un caporal clairon de zouaves. C'était indigne de Maurras, mais Maurras avait approuvé, contresigné, convaincu de faire ainsi son coup de feu sur le rempart.

Il n'avait point manqué non plus une aussi belle occasion d'afficher son fameux sang-froid. Son premier article, après l'offensive, commençait par ces mots :

"Vendredi matin - devant ce tableau des dépêches que l'on voudrait nous induire à appeler *printing*, comme s'il y avait un intérêt quelconque, même pour les meilleurs amis de l'Angleterre, à parler anglais en français, à dire *handicap* pour inégalité, et *turf* au lieu de gazon..."

* * * * *

Dans la matinée du samedi, j'arpentais la cour du 5e Bureau, à la recherche de quelque prétexte pour bouger un peu, échapper à l'insanité de mes passeports pour pays qui n'existaient plus ou que tenaient les troupes françaises.

Un officier m'interpella. C'était le capitaine L. T... Je l'avais déjà remarqué pour son importance et son extrême agitation.

- Dites-moi, me demanda-t-il, je vois que vous portez un béret et des molletières bleues. Est-ce vous qui venez de l'armée des Alpes ?

Sur ma réponse :

- Ah ! ah ! c'est très intéressant. Que faites-vous dans le civil ?

Je lui expliquai brièvement mon travail à l'*Action Française* et à *Je Suis Partout*.

- Mais c'est parfait ça ! Bravo. Je me suis séparé de l'*Action Française* sur certains points, mais je l'ai toujours estimée. C'était vous qui signiez "l'Alpin" cet hiver ? Très bien, amusant, et excellent esprit. Vous êtes mon homme. J'ai besoin de quelqu'un de sérieux et de sûr. Je dirige ici la section italienne. Gardez pour vous ce que je vous dis : il se peut que l'Italie nous déclare la guerre d'un moment à l'autre. Nous avons de la besogne par-dessus la tête, nous n'y arrivons plus. Vous savez rédiger, n'est-ce pas ? Je vous prends avec moi. C'est un travail d'officier que je vous donne. Mais je pense que vous en serez capable. Vous appartenez au capitaine V... ? Aucune importance. Je vais régler ça avec lui en une minute. Il vous prêtera à ma section, jusqu'à ce que vous partiez tous les deux en mission.

Un quart d'heure plus tard, j'entreprenais mon nouveau métier du S. R., le troisième depuis quinze jours, dans le même bureau que le capitaine L. T.... le commandant B... et le sous-lieutenant G... Je passais de l'antichambre dans les plus hauts secrets de l'État-Major. Je ne regrettais plus rien. Je me félicitais joyeusement du sort qui me plaçait à cet observatoire de choix pour surplomber l'immense mêlée. J'y coulai ma première journée de grand travail à tailler une douzaine de crayons.

Samedi, dimanche, lundi. Il faisait beau, incroyablement beau pour qui avait vécu si souvent le détestable mai parisien, aigre, gris et boueux. C'était encore le temps de 1870, qui étonnait Edmond de Goncourt, celui d'août 1914 dont André Gide disait : "Le cœur est accablé par la sérénité du ciel".

Les beaux quartiers avaient achevé de se vider. Les façades cossues ne montraient que des persiennes closes. À neuf heures du matin, les grandes avenues, démesurément élargies d'être désertes, avaient une angoissante solennité.

Les pierres, les arbres, le ciel de la vieille capitale splendide et menacée, parlaient avec infiniment plus d'éloquence que les visages de ses gens. Le gouvernement avait décidé la suppression officielle du pont de la Pentecôte. Mais ce rescrit demeurait platonique, et le Paris du travail, ses outils posés, partait à la promenade des après-midis de vacances. Jeunes ou vieilles, les figures citadines n'exprimaient rien, hormis les digestions, la frivolité, la maussaderie de n'importe quel de leurs jours.

"Paris a quarante de fièvre'', écrivait en gros titre une feuille italienne que je venais de lire au 5e Bureau. Rien n'était plus fantaisiste. Mais on se demandait s'il fallait s'en louer ou s'en irriter. Paris absorbait des montagnes incroyables de journaux, les éditions que d'heure en heure faisaient déferler le sieur Prouvost et ses Juifs, offrant des mêmes dépêches quatre ou cinq moutures triturées, monnayant la guerre avec une virtuosité d'escrocs. On n'apportait pourtant à ces lectures du trottoir aucune frénésie. Le boniment de l'équipée norvégienne était encore trop frais dans les mémoires pour ne pas rendre le piéton méfiant, et cela ne me déplaisait point. Mais sous cette sagesse, quelle ignorance n'y avait-il pas ! On eût vite compté, parmi, ces bourgeois, ces boutiquiers, ces employés de banque et d'assurances, ceux qui étaient capables de déchiffrer une carte, qui ne prissent pas les bords de l'Ijssel et les plaines du Limbourg pour des terres prodigieusement lointaines. Les péripéties aériennes, les bombardements de villes surtout, avaient bien davantage la vedette dans les préoccupations et les propos.

Paris entendait afficher sa coquetterie séculaire. Mais dans cette coquetterie, on ne savait où s'arrêtait l'inconscience, où le courage commençait.

Les femmes de trente ans, caquetantes, alertes, inauguraient une nouvelle mode de chapeaux charmants et absurdes. Celles de vingt ans, les cheveux libres, les jupes courtes et claires, étaient plus fraîches et fleuries que jamais. Le samedi 11 mai, aux Trois-Quartiers, aux Galeries Lafayette, on s'écrasait à tous les rayons, on se battait autour des écharpes, des pyjamas de plage et des crèmes de beauté.

On voyait les derniers permissionnaires - car les permissions n'avaient été supprimées qu'au matin de l'attaque - portant le béret kaki du béton, les écussons et les fourragères des régiments de choc. Ces hommes qui demain seraient devant la mort passaient leur dernière heure de paix, silencieux et solitaires, aux terrasses des cafés, perdus au milieu de cette vie pimpante, pressée et indifférente, dont ils étaient déjà retranchés.

On apprenait que les premières bombes aériennes avaient fait cent morts civils. Les commères et les bourgeois à melon réclamaient violemment des représailles : "Pour dix torpilles chez nous, mille torpilles chez eux ! Mais qu'est-ce qu'on attend ?"

On avait annoncé, huit mois plus tôt, au premier jour de la guerre, que les émigrés judéo-allemands allaient être mis sous surveillance. On avouait aujourd'hui que leurs camps de concentration devaient être bien mal clos et fort peu barbelés, puisqu'il avait fallu arriver au neuvième mois du conflit, dans un pays abasourdi de fables sur les hitlériens français, pour qu'on lût dans les journaux, sous les manchettes mêmes de la grande offensive, ce titre surprenant : "Les Allemands de Paris vont être internés".

Dans le soir lumineux, les filles aux longues boucles allaient aux bras des adolescents, heureuses de marcher dans leur pas large et sûr, pâmées et consentantes comme on ne les avait jamais vues. Que de couples, de baisers et d'étreintes ! Sous les arbres des jardins, une odeur étourdissante de belles enfants en volupté se répandait avec les ombres de la nuit. L'amour et la mort allaient de pair. On le savait de reste. Mais on ne soupçonnait pas que cette loi commandât avec une aussi implacable et irrésistible rigueur.

* * * * *

Le pape venait d'assurer la Hollande, le Luxembourg et la Belgique de son émotion douloureuse et de sa paternelle affection. Maurras saluait avec pompe "cette action dont l'effet était flagrant". Il saluait aussi la retraite de M. Chamberlain, en le félicitant de s'être repris au lendemain de Munich, où on avait pu croire un instant qu'il fraternisait avec Hitler.

Au Petit Parisien, où M. Joseph-Elie Bois se croisait une fois encore pour la civilisation, s'étalaient les révélations extraordinaires de M. von Wiegand, berlinois émigré : "Hitler prévoit sa mort". Et l'on annonçait pour un prochain, numéro : "Hitler somnambule".

Londres annonçait joyeusement que Hitler venait de subir une effroyable défaite, puisqu'il avait ordonné de prendre la Hollande en trois jours.

Thierry Maulnier, l'homme qui ne parlerait jamais de la guerre, écrivait : "Les porte-paroles officiels des gouvernements hollandais et belge ont pu déclarer hier que la guerre éclair du chancelier Hitler avait dès maintenant échoué".

Tiens ! en lisant attentivement les trois colonnes du commandeur de la Légion d'Honneur Charles Morice, parmi quatre ou cinq articles géographiques copiés du Larousse et la nouvelle de notre éclatante victoire aérienne, on découvrait que Maëstricht était tombée.

* * * * *

Après avoir taillé tous les crayons de la section italienne, je venais d'entamer mes énormes travaux. Ils consistaient pour l'essentiel à recopier, dans un ordre un peu plus grammatical et selon les canons du style militaire, des notes d'agents dont il apparaissait assez bien que les belles-lettres n'étaient pas leur fort. Le commandant B..., éminent universitaire, spécialiste de la littérature italienne, se livrait auprès de moi au même exercice. Au bout de ma première matinée de rédaction, je n'avais pas eu à transcrire moins de trois notes, qui faisaient bien quarante lignes chacune, sur la présence d'un groupe de soldats de l'intendance italienne dans un îlot du Dodécanèse et la composition du dernier défilé militaire devant la population de Karpathos.

Le capitaine L. T... s'extasia sur ma célérité, et comme mes travaux du jour étaient ainsi expédiés, me conseilla d'étudier au plus vite quatre ou cinq bouquins italiens sur l'organisation de l'"esercito" transalpin. Je m'y plongeai sans garder pour cela les yeux et les oreilles dans ma poche.

Des trois officiers de ma section, un seul, le capitaine L. T..., chef de fait malgré son grade inférieur, était de carrière. Mais il avait suffi pour imprimer à notre cellule toutes les traditions militaires. Il ne fallait pas longtemps pour juger, et la suite ne tarderait pas à me le confirmer, que durant dix heures quotidiennes, sans oublier ma précieuse assistance, la capacité de travail de ces trois hommes au reste cultivés, sérieux et de la meilleure compagnie, était franchement risible, celle d'une demi-journée de dactylo peu surmenée.

Le capitaine L. T..., breveté d'État-Major, excellait dans ce pli si purement militaire consistant à se composer une attitude qui vous tient bientôt lieu d'éthique, de méthode et de jugement. Cet honnête Français, rempli de dévouement, de conscience professionnelle, de patriotisme, se donnait, en s'y prenant tout le premier, une héroï-comédie du labeur, du devoir et de l'autorité, qui l'avait amené à se conduire comme un frelon. Il était sur le pont seize heures par jour. Il déjeunait et dînait en vingt minutes, revenait au pas gymnastique, ordonnait une descente aux archives comme une sortie d'attaque, décrochait son récepteur comme on fait feu d'un obusier, en se répétant, du même ton que l'on se jure de vaincre ou mourir : "Devoir, Efficience, Rapidité. Mon Dieu ! Je suis rompu. Mais c'est la guerre, je fais la guerre". Au bout du compte, il avait donné ou rendu dix visites superflues, manqué plusieurs démarches trop improvisées, amorcé autant de conversations inachevées, alerté Salonique, Tunis et Modane pour un renseignement que le 2e Bureau possédait depuis un mois, rédigé à neuf heures du matin cinq lignes d'une note urgente pour reprendre son porte-plume à quatre heures de l'après-midi, rouvert on ne savait plus combien de fois le même dossier à la première page.

Rien ne peut être plus funeste, dans une organisation militaire, que ces agités qui s'imaginent, de la meilleure foi du monde, avoir fait métier de chef quand ils ont crié de très haut : "Exécution, au trot !" à un subalterne qui ne sait ni la fin ni les moyens de sa mission. L'éducation de Saint-Cyr, des grandes écoles, les principes ossifiés du commandement ont multiplié chez nous ces types d'hurluberlus à plastron d'acier. Le néant sonore des œuvres de l'armée n'a que trop favorisé leurs illusions d'activité. Elles ne pouvaient y trouver aucun correctif.

Pour les satellites d'un pareil brouille-tout, l'unique ressource était de se réfugier philosophiquement, comme l'excellent commandant B... dans des grosses de notariat. Quant au sous-lieutenant G... et à moi-même, nous étions dans l'orbite du météore, entraînés sans espoir dans ses tourbillonnantes révolutions.

Notre bureau était un carrefour très fréquenté. J'y voyais passer et repasser continuellement les vedettes du S. R. aux galons multiples et variables. J'ai pu mettre là dans mon oreille le plus beau répertoire d'intonations militaires, martiale brièveté, altiers et obscurs grognements de la hiérarchie supérieure, voix de coqs, voix en mitrailleuse, en coup de talon, en coup de cravache. Les réservistes se distinguaient par une onction châtiée. Le 5e Bureau, résolument réactionnaire, avait mobilisé dans le faubourg Saint-Germain, la grande finance et l'industrie lourde. Avec le S. R. des aviateurs, gîtant de l'autre côté de la cour, c'était le défilé de tout l'armorial, de tous les grands conseils d'administration. Les "honorables correspondants" (H. C.), volontaires ou amateurs non rétribués, fort distincts de la tourbe des agents à solde, et dont les révélations faisaient prime, appartenaient pour la plupart au moins à une bourgeoisie confortable ou à un éminent clergé.

Le S. R., ébloui par les relations de ces messieurs, avait ainsi recruté une volée de salonnards, de cercleux, de fils de famille, de hobereaux et d'abbés mondains. Des personnages de cette qualité ne pouvaient évidemment être confondus avec la troupe, livrés aux basses besognes de la caserne ou des lignes... Malheureusement, leurs titres aux fonctions d'un service d'espionnage demeuraient énigmatiques. On voyait se produire au naturel dans leur nullité dorée et fringante, les rejetons des aciéries illustres qui n'avaient jamais de leur vie aperçu un four Martin, les gendres des grands magasins, les neveux des grandes assurances, les plus fins connaisseurs de haras et d'hippodromes. En grand mystère, on venait nous faire confidence des angoissantes révélations que l'on avait obtenues de la comtesse de X, retour de la côte dalmate, pendant son dernier bridge. Le capitaine L. T..., le menton dans la main, prenait sa mine à la Fouché des grandes méditations. Mais il arrivait que les brillants barons de l'Air apprissent par *Paris-Soir* le nouveau raid allemand sur une ville du Nord. Pour la section économique, dont je n'ai pas besoin, je suppose, de commenter autrement le rôle capital dans une guerre semblable, on s'en était débarrassé, comme d'une sinécure comique, sur un crétin richissime, aux bajoues de puceau quadragénaire, considéré ouvertement comme le Nicodème de la maison, mais fils d'un général très catholique. C'était lui l'un des comptables officiels de ce fameux pétrole allemand que les Panzerdivisionen devaient tarir en quatre tours de moteur. Il manifestait, "chiffres en main", un optimisme affairé, grave et puissamment assis.

On a vu comment, pendant ce temps, les polyglottes, les grands voyageurs, les grands cosmopolites, les brasseurs d'affaires internationales, commandaient des corvées de charbon ou le plein d'essence d'une section de tringlots.

Je comprenais de mieux en mieux la méthode du 5e Bureau, et, je présume, de la plupart des grands états-majors de l'an Quarante. Quelques scribes de deuxième classe, Pénélopes et Danaïdes en calot, dépêchaient dans des coins obscurs des besognes sans terme concevable, mais les seules effectives. MM. les officiers réservaient leur labeur aux entreprises et spéculations d'envergure, telle l'audacieuse expédition du capitaine V... vers les pétroles roumains.

* * * * *

Je m'initiais très sagement et studieusement à la composition de l'armée italienne, pittoresque mais embrouillée, avec ses régiments et ses bataillons alpins aux noms de vallées, ses divisions aux noms de villes, ses milices, ses unités rapides toutes différentes. Le sous-lieutenant G..., commerçant à Milan dans le civil, et mon aîné de deux ou trois classes malgré son grade de jeune homme, était chargé de me créer une religion : "Comprenez, me disait-il avec commisération. Ce n'est pas l'armée d'un pays riche, comme la France, qui peut se payer le luxe de voir venir longtemps, qui sait qu'elle a de quoi tenir le coup. C'est une armée pauvre, qui est obligée d'aller vite, avec beaucoup d'armes offensives, beaucoup de mortiers d'infanterie par exemple".

Nous supputions en quatuor, des heures durant, les risques de voir passer l'Italie de la non-belligérance à la guerre. Cela ressemblait singulièrement aux palabres d'une tablée de journalistes une veille d'élections, avec le même tournoi d'hypothèses saugrenues ou éperdument déduites. Mes trois officiers, d'une scrupuleuse dévotion, faisaient très grand état, des foudres du Saint-Siège pour peser sur la décision du Duce. Ils mettaient aussi de profonds espoirs dans la résistance de la maison de Savoie. Ces distingués spécialistes des choses italiennes professaient un égal et total mépris pour le fascisme en particulier et les régimes d'autorité dans leur ensemble :

- Ce Mussolini, cet Hitler et leurs acolytes, ce sont des gangsters, des canailles de grand chemin.

Comme ils me sentaient, à leur vive surprise, médiocrement convaincu, ils insistaient avec vivacité.

- Mais oui, des forbans vulgaires, qui ont volé le pouvoir avec des troupes de voyous et d'énergumènes. Voyons ! On ne sait pas d'où sortent tous ces gens-là. C'est une basse racaille. Il n'y a pas une seule personnalité sérieuse d'Allemagne ou d'Italie avec eux. Tout ce qui est intelligent et honnête les hait. Comment en doutez-vous, vous qui êtes journaliste et qui connaissez ces pays ? Mais heureusement, pour le Mussolini du moins, c'est la fin certaine. S'il ne nous déclare pas la guerre, il perdra la face, et s'il nous la déclare, il aura la révolution le lendemain chez lui.

Ces messieurs d'un antifascisme si énergique, que n'eût pas démenti le plus farouche sectateur de la Ligue des Droits de l'Homme, ne tenaient pas en beaucoup plus haute estime la démocratie. Pour le nationalisme maurrassien, ils le jugeaient outrancier. On pouvait se demander quel serait, bénit par les Pères, approuvé par les grandes familles, le composé de Louis Philippe, de Mac-Mahon, de Boulanger, de Denys-Cochin et de M. de La Rocque qui satisferait leur idéal de l'État.

Je trouvais à part moi assez superflu le déchiffrage si incertain des desseins italiens. Ils étaient manifestement subordonnés à la bataille de Belgique. Les Italiens n'avaient pas louvoyé jusque-là pour se précipiter tout à coup, sans attendre les quelques jours qui allaient faire pencher la balance.

* * * * *

Cette bataille ne paraissait point se dérouler si avantageusement. Vingt-quatre heures après que l'on nous eût révélé la prise de Maëstricht, on nous parlait de combats dans la région de Tongres. Or Tongres était indiscutablement derrière le fameux canal Albert, la ligne Maginot belge. Les Allemands avaient donc franchi ce redoutable obstacle dès les premières rencontres, sans qu'il apparût qu'on leur eût disputé le passage fort âprement. Un officier belge chargé de faire sauter l'un des ponts avait été tué avant de remplir sa mission. On nous racontait bien qu'un autre officier s'était fait sauter avec le second pont. Mais cet héroïsme ne suffisait point à compenser le premier accident et tout ce qu'il révélait. Ces systèmes défensifs, élevés à coups de milliards, universellement célébrés, étaient donc à la merci d'un éclat d'obus dans le crâne d'un gradé. Il suffisait de la mort d'un homme pour que l'ennemi les enjambât comme une rigole de jardin.

Il apparaissait trop bien que les Belges n'avaient pu nulle part défendre leurs frontières. L'imprévu surgissait d'ailleurs de tous côtés. Le plus puissant fort de ces frontières, Eben Emael, venait d'être conquis en un tournemain par des parachutistes. Les parachutistes emportant des fortifications ! Avait-on jamais ouï parler de ça ?

Les vieux critiques militaires des journaux en étaient encore a nous décrire les préliminaires rituels et les "frottements d'avant-gardes", qu'à la colonne suivante on annonçait un formidable choc des blindés allemands et français.

Pour réparer le fâcheux effet d'un titre avouant le "repli belge", on ne trouvait à célébrer que la rapidité des troupes de secours en marche... à travers la Belgique. Les Anglais se montraient particulièrement satisfaits de ce remarquable exploit.

Pour la Hollande, parmi les anecdotes inouïes de parachutistes motocyclistes, de combats au beau milieu d'Amsterdam, on devinait une confusion plus que suspecte. Il semblait bien que les Allemands fussent partout à la fois.

Le 13 mai, le Quartier Général hollandais proclamait que la région de Rotterdam était nettoyée et le gouvernement entièrement maître de la situation à l'intérieur du pays. Le 14 au matin, les journaux publiaient un communiqué annonçant que les Allemands atteignaient la zone inondée et que les troupes de la reine Wilhelmine, après s'être repliées, prenaient position sur leurs lignes principales. D'autre part, vers Berg-op Zoom, les troupes françaises de secours étaient au contact des Allemands. L'encre de ces communiqués était à peine sèche qu'à la fin de l'après-midi, nous apprenions au 5e Bureau la capitulation de l'armée hollandaise. On n'avait pas encore eu le temps de déchiffrer les premiers épisodes de la lutte qu'elle s'achevait déjà par une déconfiture. Le quadrilatère hollandais, "interdit par l'inondation" aussi longtemps qu'il ne gèlerait point, comme le disait le brave général Duval, avait tenu moins de cinq jours, si l'on pouvait parler de "tenir" pour un pays où les Allemands, dès les premières heures, avaient été les maîtres de leurs plus audacieux mouvements.

Après Tongres, Saint-Trond. Puis Tirlemont, puis Gembloux, un bond nouveau en pleine Belgique à chaque nouveau communiqué, cent kilomètres d'avance allemande en quatre jours. Et brusquement, il ne s'agissait plus seulement de la Belgique, mais de la France : "Le combat continue, en particulier dans la région de Sedan où l'ennemi fait avec acharnement et en dépit de pertes élevées un effort très important". Acharnement, en dépit, effort très important : vocabulaire connu, rien de flambant pour nous. Et la guerre, hélas ! était sur notre territoire.

* * * * *

Le 15 mai au matin, j'étais seul depuis quelques instants dans le bureau avec le commandant B..., plongé dans ses papiers, affable et peu loquace selon sa coutume. Le capitaine T... entra, la mine funèbre. Après nous avoir serré la main, il confia à mi-voix au commandant :

- Ah ! ça ne marche pas. Les contre-attaques n'ont pas réussi.

J'étais assis dossier contre dossier derrière le commandant. Je me retournai vivement, interrogeant avec avidité le capitaine du regard.

- Oui, me dit-il. Les Allemands ont fait une grosse poche dans nos lignes, du côté de Sedan. On n'est pas arrivé encore à la réduire. Elle s'élargit même. Ils ont avancé aussi plus au nord, sur la Meuse. Il ne faut pas s'affoler, mais c'est grave.

Une vive consternation se peignait sur l'honnête et paisible visage du commandant.

- Je savais déjà hier soir que ça n'allait pas bien. J'ai quitté le bureau à 10 heures et demie. Mon Dieu ! Mon Dieu ! le nom de ce village ! (Il s'agissait sans doute de Monthermé.) Je l'ai eu devant les yeux toute la nuit.

En un instant le passais de la sourde inquiétude à l'extrémité de l'angoisse. On est soucieux depuis quelques jours du sort d'un être proche, maladie encore imprécise, opération importante dont on vous a cependant assuré les chances. Brutalement, on apprend que des symptômes suraigus se sont déclarés. La fièvre a fait un saut terrible. On vous annonce que l'opération a mal tourné et que les sérums administrés en hâte n'agissent pas.

C'était bien ce choc cruel au cœur dans les couloirs de clinique, devant la porte où se livre une lutte désespérée, et où vous aborde un homme triste, en blouse blanche, qui en sait beaucoup plus que vous, et que l'on questionne sans fin, machinalement et vainement. Les médecins et les infirmières se pressent avec leurs ampoules, leurs aiguilles, autour du corps épuisé et brûlant, guettent un signe favorable qui n'apparaît pas. "Les contre-attaques n'ont pas réussi". On en était déjà là. Pauvres régiments précipités avec une hâte tragique dans le brasier, pauvres hommes tombant au milieu du deuil et de l'échec !

Je dus m'occuper bien distraitement ce jour-là de mes "Alpini". Depuis l'avant-veille, on voyait déjà rouler à grande allure nombre de limousines avec les numéros du Luxembourg et de la Belgique, exode des riches qui n'avait encore rien de très alarmant. Mais l'exode populaire lui succédait. J'eus sa première image vers la porte Maillot, un camion rempli de jeunes mineurs belges, les cheveux au vent, le visage barbouillé de charbon, sans un paquet, semblant avoir été surpris en plein travail, révélant par leur seul aspect une fuite éperdue.

Chez Alerme et Sordet, les nouvelles étaient encore plus sombres qu'à mon bureau. On envisageait un revers très grave, très étendu et qui ne se réparerait certainement pas sur place.

Chacun avait la vision d'une bataille surhumaine, le carnage et le déploiement d'héroïsme les plus terribles de l'histoire.

* * * * *

Le lendemain matin, le jeudi 16, en sortant de chez moi, je vis le long du trottoir de l'avenue de Neuilly une camionnette de réfugiés, des enfants, des femmes, un vieux, harassés, hébétés, qui venaient d'acheter du lait à une crémerie et ne bougeaient plus, stoppés là ou ailleurs, peu importait. La guimbarde avait la plaque de l'Aisne. J'oubliais que le département touchait par sa pointe à la Belgique. Comme ce nom rapprochait la bataille de nous !

Avant midi, la panique de cette fameuse journée s'était déjà infiltrée avenue de Tourville. De quart d'heure en quart d'heure, l'énormité du désastre grandissait à nos yeux effarés. Il ne s'agissait plus d'une poche, mais de la percée complète. Des noms incroyables volaient : "Ils sont à Sissonne. Leurs avant-gardes foncent sur Laon". C'était le déferlement de l'invasion. Et il n'y avait même pas eu de Charleroi.

Dehors, pour la première fois, Paris était bouleversé, changé de couleur comme un visage qui défaille, livré subitement à la contagion de la fuite et de la peur, sa vie disloquée, s'éparpillant au hasard de millions de folles angoisses. "Les chars allemands sont à quinze kilomètres de Reims criait-on. Ils peuvent être ici demain". Partout, se prolongeaient les rumeurs d'un immense écroulement.

Sur la place de l'École Militaire, un grand artilleur de trente-cinq ans, tout fripé, avec ses gros houseaux et des musettes sales aux côtés, regardait autour de lui comme un chien perdu. Je l'abordai :

- Mais d'où viens-tu, toi ?
- D'où que je viens ? Eh ben ! je viens du front ! On a foutu le camp.

Des combattants détalaient donc, droit devant eux, d'une seule traite, pour venir échouer jusqu'à Paris. Quel train, quel camion avaient emporté cette épave ? Impossible de le lui faire dire. Il venait par là, comme un permissionnaire, à la recherche d'un bureau, d'un morceau de papier, d'un coup de tampon quelconques qui pussent le rendre à une apparence de règle militaire.

On apprenait que le Quai d'Orsay brûlait ses archives, en tas sur le gravier et les pelouses, et que des débris de papiers noircis voltigeaient jusqu'à la Seine.

Le capitaine L. T... eut alors un des deux seuls mots raisonnables que j'eusse entendu durant tout mon séjour au Cinquième :

- Le plus grand désastre, c'est que nous ayons des gouvernants comme les nôtres. Jadis, en monarchie, quand une guerre tournait mal, les rois et leurs ministres savaient l'arrêter à temps.

Il était très pâle, les lèvres tremblantes de colère.

- Il faudrait demander la paix immédiatement.

Ce soldat couvert de rubans osait enfin dire ce qui m'étouffait tant. J'approuvais de toute mon âme, je l'exprimai autant que la hiérarchie pouvait le permettre : "Ah ! cent fois oui, mon capitaine !"

Mais il ajoutait aussitôt :

- Puisque c'est manqué, arrêter les frais tout de suite. Et remettre cela dans six mois, dans un an, mais alors avec toutes les chances, tous les moyens possibles. Obtenir une trêve, mais cette fois l'employer, l'employer à fond !"

Sous l'œil bienveillant des Allemands qui ne manqueraient point, n'est-ce pas ? d'attendre galamment que nous fussions fin prêts pour un tournoi enfin régulier.

L'armée française pouvait être fière des encéphales qu'elle avait fabriqués à son élite.

On apprit bientôt que des armes allaient être distribuées aux soldats du service. Pour ma part, je me vis gratifié d'un joli pistolet belge, portant au moins à trente mètres, mais veuf de toute cartouche.

L'ordre était arrivé aussi de brûler toutes les archives que l'on ne pourrait emporter. M. J..., aidé de deux chauffeurs avait déjà commencé l'incinération dans la cour.

Le capitaine me dit encore :

- Je vous conseille très vivement de faire partir votre femme à la campagne dès demain. Nous pouvons quitter Paris d'un instant à l'autre. Il est indispensable que nous ayons tous la tête tranquille, que nous ne laissions personne derrière nous.

Mais ma femme, à qui j'avais pu donner un rapide rendez-vous dans le quartier, refusait énergiquement de se replier : "Il n'est pas possible que les soldats français soient battus en six jours".

Les couloirs du 5e Bureau retentissaient d'une animation de déménagement. On clouait des caisses, on marquait à la craie les tables, les classeurs que l'on emporterait. Le capitaine L. T... expliquait :

- Il faut que nous ayons notre mobilier à nous, que nous puissions étaler nos cartes et nos fiches n'importe où, nous mettre instantanément au travail, dans une grange, dans une salle d'école.

Ainsi, nous continuerions à pointer les cantonnements des compagnies alpines à la chandelle des bivouacs, quelque part en Anjou ou en Touraine. Le S. R. à la sauvette, le G. Q. G. comme à Bouvines ! Cela nous promettait bien des joies et de l'intelligente besogne.

Paris-Midi était paru avec ce titre éloquent : "Sur plusieurs points, des contre-attaques en cours s'efforcent de contenir la ruée des divisions blindées". Mais déjà, dans *Paris-Soir*, cette modeste pointe de vérité était rentrée et remplacée par une formidable attaque de la Royal Air Force sur la Rhénanie.

L'épileptique vendu de Kerillis, toujours aussi avisé, avait choisi ce beau jeudi pour écrire dans son *Époque* :

"L'ennemi n'est pas arrivé à rompre notre front de combat et à déboucher de la région Sedan-Mézières... Nos plaines, nos champs, nos routes sont remplis de ses cadavres. Plusieurs de ses grandes unités désarticulées ont été culbutées. Et il n'est pas passé. Voilà ce qu'il faut dire, ce qu'il faut crier à tous les échos de France : il voulait passer, comme il l'avait voulu à Verdun, et il n'est pas passé.

"Il a trouvé devant lui comme chef d'armée l'un des meilleurs de nos généraux... Il a trouvé devant lui notre aviation de chasse qui a nettoyé l'espace sur la tête de nos fantassins, et l'aviation de bombardement anglaise qui a chargé les régiments allemands avec une fougue admirable. Il n'est pas passé ! Il n'est pas passé !"

L'*Action Française,* hélas ! tenait diligemment sa partie dans ce chœur, écrivait sans sourciller :

"Au prix de sacrifices énormes, l'ennemi est parvenu à passer le fleuve (la Meuse) et poussant en avant avec des effectifs massifs a creusé dans notre ligne une poche profonde de 17 kilomètres. Cette poche a été rapidement colmatée par nous et par une brillante contre-offensive, nous sommes parvenus, au cours de la nuit et de la matinée d'hier, à réduire cette poche à 7 kilomètres, après avoir jeté à la rivière un nombre important de nos adversaires".

Sur le rond-point des Champs-Élysées, je croisai Thierry Maulnier flanqué du bourgeois de la rue de Marignan. Le bourgeois, rond et guilleret, souriait avec la mine d'un homme qui est dans le secret des dieux. On sentait bien que des journées comme celles-ci étaient passionnantes au plus haut chef pour un monsieur qui recevait des généraux à sa table, qui avait ses entrées rue Royale et rue Saint-Dominique, qui n'avait jamais eu plus belle occasion de se gonfler avec sa science, ses renseignements, de glisser dans les creux d'oreilles l'une de ces confidences d'en haut dont il était lourd, de verser les baumes du coup d'arrêt, de la contre-attaque foudroyante, aux cœurs alarmés des Pères Supérieurs et des grands administrateurs.

Je lui lançai, d'une humeur fort méchante :

- Vous avez l'air bien gai ! plus gai que chez nous (il connaissait mon affectation). Les officiers sont au dernier degré du pessimisme.

Le bourgeois gloussa joyeusement :

- Hi ! Hi ! c'est leur métier, à ces braves gens ! Thierry Maulnier

ajoutait avec assurance :
- La journée de mercredi n'a pas été très bonne, c'est entendu. Mais celle d'hier (le 15 mai) a été bien meilleure et aujourd'hui, ça n'a pas l'air de marcher mal non plus.

Maurras aurait cette nuit-là comme les autres des nouvelles de première main…

*****

Dans la soirée, avenue de Tourville, l'atmosphère s'était quelque peu détendue. On avait appris la nomination, à l'endroit de la plus grave menace, du général Giraud, au nom réconfortant, tenu pour le chef le plus crâne et le plus énergique de l'armée. Je connaissais bien moi-même sa réputation de "fasciste", qui avait fait dit-on, sous Blum, évacuer par ses hommes, baïonnette au canon, les grévistes de l'arsenal de Metz[2]. L'ennemi ne paraissait pas non plus pousser sur la route de la capitale.

Le lendemain matin 17, les visages étaient rassérénés. Les Allemands n'avaient pas passé l'Aisne. Ils négligeaient manifestement Paris pour une nouvelle course à la mer. Les couvercles des caisses à dossiers restaient décloués. Quelques brillants visiteurs nous jetaient en coup de vent : "Les Allemands sont en train de faire la grosse boulette. Ils se présentent de flanc, comme en 14".

On poussait des soupirs. On reprenait ses esprits pour s'expliquer la catastrophe de Sedan. Je demeurais confondu qu'une telle rupture de lignes, que l'on disait formidables eût pu se produire facilement et soudainement :

- Mais enfin, mon capitaine, que s'est-il donc passé ?
- Parbleu ! Il y a des divisions qui ont lâché pied. De mauvaises troupes, contaminées de propagande communiste. Soixante-dix ans d'école laïque. Voilà le résultat.

À l'unanimité, ces messieurs accablaient le soldat.

On venait enfin de nous apporter le B. R. (Bulletin de renseignements quotidien) du Grand Quartier Général, avec la dernière carte de la bataille. La

---

[2] Le général Giraud usurpait sa brillante réputation. Il s'est conduit au feu avec du cran peut-être, mais comme un sous-officier sans cervelle. Il s'est révélé ensuite comme une des plus odieuses et dangereuses ganaches de la défaite.

brèche s'y dessinait, beaucoup plus tragique encore que je ne le supposais. Le front avait sauté de Namur à la charnière de la ligne Maginot. Mais j'étais terrifié surtout par les innombrables points d'interrogation qui, face à nos divisions, jalonnaient la ligne supposée de l'ennemi. Le généralissime ignorait donc à ce point ce qu'il avait devant lui et où se trouvait l'ennemi ! Je ne pus m'interdire d'en faire la réflexion à haute voix.

- Bah ! me dit le sous-lieutenant G.... qui était en train de s'arroger chez nous la rubrique de l'optimisme martial ne vous inquiétez pas. C'est comme ça dans toutes les batailles.

Le capitaine L. T... acquiesçait avec un sourire amical et imperceptiblement supérieur, le bon commandant B... avec un sourire paternel.

Chacun semblait s'appliquer à réparer sa venette de la veille en affichant une confiance rayonnante. Mais dans ce beau sursaut, la fugitive lueur de raison s'était évanouie.

Le mot d'ordre de la journée, colporté par les officiers de la section allemande était : "Les fantassins de Giraud s'accrochent au terrain comme des morpions".

Le capitaine, d'un geste en tourbillon de la main, très état-major, dessinait sur la carte les points de notre résistance : "Ici, l'Oise, l'Aisne... Là, le massif de Saint-Gobain, du solide, facile à défendre, très dur à traverser. Non, tout n'est pas dit".

Puis, regagnant résolument sa table :

- Allons, messieurs, c'est assez penser aux camarades. Faisons notre travail.

Mon commandant, avez-vous lu les derniers "creeds" sur Rome ?"

Avec la victoire allemande de la Meuse, l'attitude italienne devenait de plus en plus problématique. Notre section prenait une avantageuse vedette. On pouvait en juger au nombre d'officiers à quatre et cinq galons qui venaient frapper à notre porte. Le capitaine L. T... ne se possédait plus.

- Nous sommes à partir de cette minute en branle-bas de combat permanent. Il faut qu'éventuellement quelqu'un de nous puisse coucher ici. Au besoin, je dormirai dans un fauteuil. En tout cas, M. Rebatet restera jusqu'à onze heures et je viendrai le relever. Messieurs, tenons-nous prêts à tout, ne perdons plus une seconde.

La harangue se traduisait par un dépliement en trois temps du sous-lieutenant G.... qui avait à l'accoutumée les jambes agréablement allongées sous sa table, et plus volontiers les mains dans ses poches qu'à son porte-plume et ses papiers.

- Ah ! faisait-il, animé d'une subite ardeur. Attaquons notre ordre de bataille. Je suspendais pour la quinzième fois la rédaction d'un renseignement sur les tringlots de Rhodes, je déployais le gros de nos fiches, et nous abordions, fusain en main, la carte géante de l'Italie du Nord, couverte de calques et de repères.

Voyons, bataglione de X... Ah ! ah ! il a des éléments qui auraient fait mouvement sur Fenestrelle. Bien. Il avait déjà une compagnie à Fenestrelle. Pas d'importance. Rien du côté de la garnison de Turin. Rien du côté des divisions "Celere" ? Tant qu'ils n'auront pas avancé leurs grosses unités de mouvement, on ne pourra pas dire qu'il y ait quelque chose d'alarmant.

Après une vingtaine de minutes de cet exercice, où nous avions distingué les allées et venues de sept ou huit compagnies de montagne, le sous-lieutenant G... s'étirait et reprenait tout haut le fil de ses intimes pensées. Il n'avait quant à lui, qu'une seule inquiétude : que les Italiens retardassent indéfiniment leur entrée dans la danse : "Si on a encore quelque chose dans les burettes, il faut prendre les devants, leur déclarer la guerre et leur passer sur le ventre. Ça sera une jolie compensation à la Meuse !".

Je considérais les innombrables carrés verts où rouges, massés du Saint-Bernard à Vintimille, et dont chacun représentait un bataillon, un régiment, une division. Je faisais défiler notre fantomatique armée des Alpes, la demi-brigade des chasse-pattes, passant et repassant comme les cinq figurants de *Faust* au théâtre de Béziers, le 440e pionniers...

- Croyez-vous, mon lieutenant ? Nous sommes bien faibles dans ce secteur-là. J'en sais quelque chose.

Le sous-lieutenant me dévisageait d'un œil vide, comme si je lui eusse parlé bambara, comme les linottes des vaudevilles de Feydeau quand le mari cherche à leur faire entendre raison. Quoi ! Un seul chasseur de Briançon ne reconduirait pas à coups de godillots jusqu'au Pô cinq cents "Alpini" ? C'était attenter au catéchisme.

Le capitaine L. T ..., parti au pas de course dans les couloirs, rentrait comme un obus. Je tressautais, le cœur suspendu. Quelle nouvelle de l'Oise ou de Belgique ? Mais il ne s'agissait point de cela.

- Il paraît que les Italiens ont envoyé un ultimatum à la Yougoslavie. On nous réclame de tous les côtés confirmation d'urgence. Ah ! là ! là ! quelle histoire. Et ces brutes de Serbes, qui sont encore à faire la noce Dieu sait où ! Deux dactylos en tout et pour tout à la légation, à trois heures de l'après-midi.

Nous engouffrâmes en vrac fusains et fiches dans les tiroirs. Nous pouvions nous préparer à un championnat de téléphone jusqu'à une heure respectable de la nuit. Il s'agissait d'abord de mettre la main sur le colonel S..., attaché militaire yougoslave, mirliflore poilu jusqu'aux ongles, ignare comme un mulet monténégrin, qui se promenait de bars en hôtels de passe dans une Buick longue comme un cuirassé.

Le colonel S... s'avérait introuvable. Les grandes difficultés de l'opération commençaient. Il importait d'atteindre deux ou trois agents, en particulier un colonel fort précieux, posté au S. R. de Marseille, et dont j'ai oublié s'il répondait au pseudonyme de Gounod, de Fauvette ou de Bucéphale. Il faut savoir que nous ne disposions avec l'extérieur d'aucun fil spécial de téléphone. La moindre de nos communications était suspendue aux vapeurs, aux humeurs, aux chaleurs utérines d'une infinité de péronnelles, éternellement furibondes. Bien pis : les services d'écoutes, alarmés à l'extrême par nos étranges propos, nous coupaient toutes les deux phrases. Ceci sans parler des fantaisies de notre propre standard. Cette facétie durait depuis tantôt neuf mois sans qu'il eût été possible de lui découvrir le moindre remède. Un coup de téléphone à Versailles ou à Fontainebleau, était chez nous une prouesse qui ne réclamait pas moins d'énergie et de ruse que la capture à la grenade d'un char de quarante tonnes.

Le capitaine, les narines fumantes, la bouche convulsée, en était à son troisième quart d'heure au récepteur pour atteindre Marseille.

- Allô ! Ah ! mille dieux ! Nous sommes encore collés à cette infamie de standard. Ayez la bonté, je vous en conjure, d'aller décrocher au bureau d'à côté et d'exiger, de hurler, qu'on nous décolle.
- Allô ! Enfin ! Je parle au colonel Z... ? Ici L. T... Mes respects mon colonel... Non, non, mon colonel. Je dis : "Mes respects, mon colonel". Allô ! Vous n'entendez pas ? Je dis : "Ici L. T... je dis : ici L. T... Sacré nom... Ne coupez pas. Mon colonel, on nous communique un tuyau très alarmant concernant la Yougoslavie... Ça y est ! Ah ! les misérables. Ils ont encore coupé..."

Avant que le capitaine eût pu retrouver Marseille, la visite rituelle de "Demidoff" était venue l'interrompre. Je ne crois pas me tromper de nom. Le vocable, en tout cas, était slave. Il désignait nos éminents confrères de l'Intelligence Service. Il y avait deux "Demidoff", l'un kaki, de l'armée de terre, l'autre bleu, de la Royal Navy, son supérieur. "Demidoff" kaki apparaissait ponctuellement chaque jour, en fin d'après-midi. C'était un "captain", jeune, élégant et très distingué gentleman. L. T.... lorsqu'il le voyait entrer, tournait à la dérobée un regard excédé vers nous. Mais il n'en faisait pas moins fête, avec des exclamations attendries, à la bouteille de whisky ou aux boîtes de cigarettes dont "Demidoff" était invariablement chargé. La conversation s'engageait et se déroulait longuement, à mi-voix, suivant les protocoles d'une exquise urbanité. La plus ravissante "tante" d'Oxford n'entretenait pas moins précieusement les ladies au thé du Savoy. Par contre, le capitaine L. T..., toujours à mon endroit d'une charmante affabilité, même lorsque les colonels de notre armée venaient chez nous, ne m'adressait tout à coup que de brefs et rogues commandements, comme s'il était obligatoire qu'un simple soldat français se muât en laquais devant un officier britannique.

"Demidoff" kaki caressait et fignolait un dessein "très très important". Il s'agissait de la destruction éventuelle d'un tunnel sur la côte de Sicile. Il mûrissait cet exploit, m'avait-on dit, depuis un semestre. Il en développait à nouveau les circonstances, interrogeait anxieusement L. T... sur un détail imprévu. Entre temps, il avait posé sur la table une considérable liasse de papiers dactylographiés, que notre capitaine accueillait avec des compliments infinis. Le bon commandant B… prenait livraison du paquet et me le remettait aussitôt en me chuchotant : "Jetez-y un coup d'œil si vous avez une minute, pour voir si par hasard il y aurait quelque chose qui mérite une note. Mais ça serait étonnant…"

Comme j'avais la plupart de mes minutes à moi et peu de distractions, je déchiffrais consciencieusement le lot. Je nourrissais jusqu'ici, comme tout honnête Français, une vive considération pour l'Intelligence Service. Il se pouvait sans doute que cette illustre institution demeurât sans rivale pour brouiller deux bandes de rebelles afghans, trucider un prince persan, voler une concession minière, acheter un roitelet cafre ou un ministre français. Mais j'aurais eu beaucoup de peine à soupçonner quelle était son indigence militaire. Le volume de sa littérature n'avait de comparable que son enfantillage. On y suivait, imperturbablement et gravement décrite, une guerre de forts en carton pâte et de soldats de plomb. En trente pages serrées, on lisait, de source très autorisée, que sur tel monticule de la frontière libyenne, les Italiens venaient de p!acer "un très gros canon avec une quantité d'autres petits canons autour". Si les respectables agents se mettaient à chiffrer leurs estimations, on voyait, en additionnant les garnisons, le désert de Tripolitaine se peupler d'une armée d'au moins quinze cent mille hommes. Pour parfaire l'intérêt de ces documents, neuf fois sur dix, les noms de villes, de fleuves et de lieux qu'ils portaient ne se retrouvaient sur aucun guide ni aucune carte. Il ne restait plus qu'à inscrire sur la liasse un superbe "classé" au crayon bleu.

Enfin "Demidoff" se levait et, stick aux doigts, prenait congé dans les meilleures formes. Avec une muette mais puissante éloquence, le capitaine L. T... attestait le plafond de son extraordinaire longanimité, et s'armant d'une sombre résignation, redécrochait son téléphone.

Le 17 mai, il était bien dix heures du soir lorsqu'une voix lointaine et stupéfiante répondit enfin : "Oui, ici le Consul de Zagreb. Mais naturellement tout est très calme ici. Comment ? Un ultimatum ? Qu'est-ce que c'est que cette histoire ?"

CHAPITRE XX

"L'INTELLIGENCE VAINCRA"

18, 19, 20 mai. J'ai dû prendre au service cartographique des rallonges à notre carte de France que la bataille a débordée de toutes parts. Sur les nouvelles feuilles, on voit Calais et Paris. Nous avons piqué à côté les tristes croquis du B. R.

Les officiers de toutes les sections, bras croisés devant ces images, n'en font pas moins les gaillards.

- On va les fixer. Ces avances ne signifient rien. Ils refont avec leurs "Panzer" des pointes de cavalerie. C'est entendu, il y a une rupture. Mais bah ! On en a bien bouché de pires en 18.

Les noms de l'autre guerre reparaissent, tragiquement lamentables : Craonne, Berry-au-Bac, Laffaux, L'Ailette, le Chemin des Dames. Vingt-trois ans après Nivelle, on meurt de nouveau au Chemin des Dames. Les officiers sont médiocrement sensibles à cette infernale répétition. (On ne le leur demande d'ailleurs pas). Ils sont surtout rassurés par l'identité des champs de bataille. Il n'est pas un seul breveté qui n'ait arpenté ces terrains en tous sens, qui n'en connaisse les moindres plis, qui n'y ait refait ou imaginé d'innombrables combats.

Pourtant, non, cette guerre n'avait plus un trait de l'autre. D'heure en heure, elle se dévoilait sous des formes stupéfiantes. La trouée sur la Meuse n'avait été qu'un accident ? Mais l'Oise et la Sambre étaient franchies encore plus vite. On célébrait les difficultés classiques de la Somme aux berges de marécages : elle était à son tour passée en plusieurs points. La bataille se perdait dans des remous confus, du pire augure, qui ne s'éclaircissaient quelque peu que pour révéler de nouveaux désastres. Bruxelles avait été occupée, Amiens atteinte avant même que l'on y eût pris garde.

- C'est égal, Giraud commande sur le point critique. C'est l'homme à redresser n'importe quelle situation.

Mais le général Giraud s'évaporait tout à coup. On apprenait sa capture, à bord d'un char, disait-on. Après les parachutistes, un général d'armée fait prisonnier comme un caporal de patrouille ! Ah ! rien de tout cela n'était classique !

Les têtes du 5ᵉ Bureau hochaient, déconcertées. A la section allemande, on voyait les officiers muets, inertes et désœuvrés, en face de leurs gigantesques cartes couvertes d'informes gribouillis, de charbonnages enchevêtrés où rien ne parvenait à prendre figure.

J'avais imaginé un moment une mêlée sauvage, Verdun surpassé, les régiments déchiquetés sur place, réduits en bouillie sanglante sous les chars. Mais l'offensive allemande ressemblait de plus en plus à un typhon, à une inondation, à une force surhumaine et irrésistible qui roulait devant elle des hommes impuissants. Où pourrait-on s'accrocher quand une avalanche vous précipite assommé dans sa course ? Les soldats français emportés dans ce cataclysme devenaient pitoyables comme des bambins perdus dans une tempête.

Au dehors, on refaisait machinalement, dans le vide, les gestes de la Marne. On avait burlesquement armé de fusils les agents de ville. On avait débusqué dans les recoins de l'École Militaire et des Invalides des riz-pain-sel, des garde-magasins, des scribes, qui partaient par petits pelotons, déguisés en fantassins, empêtrés de leurs lebels. On avait réquisitionné et expédié sur les routes les autobus. Personne ne pouvait dire à quoi cela servirait.

Gamelin démarquait l'ordre du jour de Joffre :

"Toute troupe qui ne pourrait avancer doit se faire tuer sur place plutôt que d'abandonner la parcelle de sol national qui lui a été confiée.

"Comme toujours, aux heures graves de notre Histoire, le mot d'ordre aujourd'hui est : vaincre ou mourir. Il faut vaincre."

Dans le métro, un capitaine, déjà aviné à huit heures du matin, me volait dessus de l'autre bout du quai.

- Vous ne pouvez pas saluer, voyou ? (j'étais à cinquante mètres de lui). Et d'abord, qu'est-ce que vous foutez là, à Paris, deuxième classe et à votre âge ? Si vous oubliez que les Allemands sont à Péronne, je vais vous rafraîchir la mémoire, moi qui vous parle.

L'*Action Française* accouchait d'une nouvelle manchette historique :

"Les Allemands foncent comme des brutes et obtiennent ainsi les premiers succès.

"Mais les Français les ont toujours "eus" au "tournant". "Les Allemands ont la force.

"Les Français ont la force et l'intelligence. "L'intelligence vaincra.''

C'est en effet ce qui advint. Mais l'intelligence n'était point dans le camp où la voyaient Maurras et Pujo.

Une heureuse nouvelle, de Washington - une source toute proche ! - reproduite à l'envi en placards monumentaux : l'Allemagne allait à coup sûr manquer de pétrole, elle en brûlait, quatre fois plus qu'elle n'en recevait, les experts américains en faisaient foi, la guerre-éclair serait bientôt stoppée.

Je n'oubliais pas qu'un certain optimisme de commande et une grande circonspection faisaient partie des règles de la bataille. Mais les journaux, en tout, mentaient avec une effronterie par trop révoltante pour qui avait les moindres lueurs sur la vérité, se tenant à six jours en arrière des événement, situant la bataille à Namur lorsqu'elle était devant Noyon, répandant l'épidémie de toutes les défaites, l'espionnite, sous son dernier nom judaïque de la 5e colonne. Il n'existait pas de métier plus avili. Et cependant, il était fait aux trois quarts par des volontaires, une foule de barbons des lettres, dévorés du besoin de se distinguer dans le tournoi des sornettes et des harangues rancies.

On réchauffait en hâte les adjectifs horrifiques sur le trépas des civils mitraillés, le sang des petits enfants aux mains coupées jaillissait, comme aux jours de Charleroi, et venait remplacer sur les feuilles celui des femmes débitées en morceaux par les assassins de faubourgs : geinte méprisable des ganaches et des scélérats qui avaient si joyeusement accepté la guerre, qui après la rossée pleurnichaient qu'on les frappait trop fort.

On ressortait au complet l'arsenal de l'indignation et de la vengeance pour stigmatiser le nouvel incendie de Louvain. Mais hélas ! si affligeant que ce fût à constater, l'effet était usé. Le peuple ne réagissait pas.

* * * * *

Le 19 au matin, on apprenait le ressemelage à grand fracas du cabinet et du commandement. Weygand était nommé généralissime. Gamelin disparaissait, vingt heures après avoir signé son "vaincre ou mourir". Mes officiers se soulageaient bruyamment d'un grand poids : "Enfin ! Ce n'était pas trop tôt. Le monsieur qui partait les avait assez affligés." On découvrait tout à coup quelle méfiance et quelle inquiétude Gamelin avait inspirées au-dessous de lui.

Le nom de Weygand, sans conteste, était réconfortant. Mais je notais sur mon cahier intime, en m'efforçant encore de modérer mon scepticisme : "N'arrive-t-il pas trop tard ? N'est-il pas le chirurgien que l'on appelle quand la péritonite est déclarée ?"

Pétain devenait vice-président du Conseil : de quoi fournir un wagon d'épithètes à la brigade des académiciens. Pour les choses sérieuses, Daladier rétrogradait encore. Reynaud renforçait son pouvoir et s'adjoignait Mandel comme ministre de l'Intérieur. Le petit monstre Benda, casuiste suprême de l'orthodoxie judéo-démocratique, se hâtait de rassurer les croyants. La République proclamait la suspension des libertés et la restriction de la démocratie ? Mais elle ne se renonçait pas pour cela. Elle se remettait dans le sillage des grands aînés de la Convention et ne se faisait dictature que pour sauver avec elle-même ses principes. On prendrait soigneusement garde, quoi qu'il advînt, que son autorité n'échappât point aux civils pour tomber dans des mains à sabres. On saurait veiller, le danger conjuré, à ce que cette autorité fût déposée. Mais dans le péril, Reynaud et Mandel pouvaient bien à eux deux recréer Robespierre. Entre chacune de ces lignes frémissait la joie du petit vieillard sadiquement juif, dont la race allait faire régner enfin sa tyrannie absolue.

Les officiers, qui ne lisaient pas Benda, jugeaient ces nouvelles fort accessoires, avec la pénétration politique qui les a toujours distingués.

- Mandel est un salaud. Mais enfin, c'est un salaud énergique. Et puis, ça n'a aucune importance, désormais, c'est Weygand qui commande tout.

Pour moi, j'étais comblé de dégoût. Cette guerre qu'il avait voulue rendait-elle Mandel moins ignoblement juif ? Les nationaux, Maurras en tête, couvrant de leurs voix même les hymnes des synagogues, encensaient le valeureux disciple de Clemenceau, à l'instant où éclatait le crime de ce misérable belliciste, où se déroulaient inexorablement les conséquences de sa féroce et fanatique insanité. À quoi avait-il servi de refuser le pacte offensif avec le juif, pour sceller maintenant avec lui une alliance défensive où le chrétien se plaçait humblement sous sa loi ? La guerre juive imposée à la France tournait pour elle au cataclysme, menaçant d'emporter son existence nationale. Mais Israël atteignait un des grands buts de sa guerre. Et il nous sommait encore d'y applaudir.

Le premier geste de nos nouveaux dictateurs dépassait en bassesse et en grotesque tout ce que nous avions entrevu dans nos imaginations les plus dévergondées. C'était l'ignoble venette du plat sacripant qui, sentant venir la mort, chiale en se couvrant de signes de croix. Daladier et Reynaud, ces deux abjects faquins de tragi-bouffonnerie, cet Homais saoulographe, ce cynique petit chacal, venaient de s'agenouiller sous les voûtes de Notre-Dame, entre des généraux perclus et de vieux politiciens réactionnaires. Alain Laubreaux avait écouté à la radio cette indécente pitrerie. Il imitait la voix du récitant. Je voyais aussitôt le cabotin en surplis et soutane, premier rôle de toutes les foires du commerce bondieusard, Lisieux, Lourdes, ténorisant en trémolos le grand mélodrame de la foi :

"Sainte Geneviève, protégez Paris et la France. "Sainte Jeanne d'Arc, conduisez-nous à la victoire. "Saint Louis, défendez la France.

"Saint Louis, protégez ceux qui nous gouvernent."

Toute la clique du régime se mettait sous la sauvegarde des plus purs héros de notre épopée.

Ça, des conventionnels ? Quelle insulte aux rudes gaillards de 92, pirates, boutefeux et bourreaux, mais de quelle encolure ! et qui avaient su mourir debout, le juron à la gueule !

Dans la matinée du 20, pour la trois ou quatrième fois depuis deux heures, le capitaine L. T.... son récepteur inerte à l'oreille, me demandait d'une voix morne : "je vous en prie, voulez-vous téléphoner d'à côté, chez le capitaine V..., et les conjurer qu'on me décolle. Ces abominables brutes..."

J'allai frapper vivement à la porte voisine. Pas de réponse. J'entrai. Un grand jeune homme vêtu de clair, avec une mince moustache, très élégant, était seul, assis sans façon sur une table, son chapeau sur l'oreille. Tonnerre de Dieu ! Ce fin visage à la Clouet imperceptiblement retouché par Hollywood, aucun doute : c'était le comte de Paris. Tandis que médusé, les yeux dans les siens, je décrochais le téléphone, il me dévisageait, riant, rayonnant, manifestement enchanté comme un collégien qui viendrait de s'installer dans la chaire du proviseur. Je ne l'avais jamais vu en personne. Je m'étais toujours dérobé à l'*Action Française,* avant la brouille, à une froide et vaine corvée au Manoir d'Anjou. Mais dans les quelques secondes de cette étonnante rencontre, j'éprouvais, dans le même choc que ma surprise, l'extrême séduction du jeune prétendant, sa remuante vitalité. Ma mine ne pouvait le tromper. Il était reconnu. Il remit, beaucoup trop tard, une paire de lunettes noires qu'il tenait dans ses doigts. Je m'enfuis, en m'acquittant d'un profond et assez ridicule salut. La tête me tournait passablement. C'était bien le plus étrange signe que la présence soudaine de ce royal proscrit, dans une pareille maison, au milieu des craquements de la catastrophe et de la panique d'un régime aux abois. Une demi-heure plus tard, le capitaine V... m'appelait dans son bureau. L'illustre visiteur ne s'y trouvait plus. Mais le capitaine voulait me faire lier connaissance avec M. Pierre de La Rocque, lieutenant du Prince. Ce personnage fort discrédité dans ma petite sphère me sauta presque au cou. Lui aussi rayonnait. Le capitaine ne tenait pas en place et n'avait jamais paru plus content de lui. Je n'eus pas de peine à leur faire comprendre que j'étais dans le secret. D'ailleurs, quelques instants après, V... et L. T... m'en parlaient librement. On croisait dans les couloirs plusieurs officiers à particules qui portaient également un air de bonheur sur leur figure. Pour un moment, les infernales "Panzerdivisionen" s'estompaient. L'héritier du trône était là, arrivé dans le sillage de Weygand. La France, depuis ce matin, était un peu moins républicaine, les fleurs de lys transparaissaient en filigrane dans son ciel. Je respirais autour de moi, dans ce S. R. mystérieux et fameux, une odeur diffuse mais certaine de conspiration.

Je ne me trompais pas. Durant ces mêmes journées bouleversées, plus d'un officier, jusque dans les états-majors des divisions en ligne, fut hanté par des mirages de pronunciamentos, au point d'en être parfaitement obnubilé dans ses devoirs de soldat. J'avais trop l'instinct révolutionnaire pour ne point, en ressentir une légère ivresse. Mais le soir n'était pas tombé qu'elle se dissipait déjà. Tout était possible, mais rien ne serait fait, parce que le possible dépassait prodigieusement ces officiers bourgeois et dévots, qu'il leur eût fallu d'abord déposer les armes, qu'aucun ne se trouvait plus capable d'en soutenir un moment la pensée, et que le Prince était très vraisemblablement à leur image. L'équipée du Comte de Paris rejoignait le tunnel sicilien de l'Intelligence Service, les rêveries enfantines et platoniques de MM. les brevetés. J'apprenais que, fort prosaïquement, Monseigneur, mué en "honorable correspondant" s'était chargé pour le S. R. d'une enquête sur les sentiments de la Cour d'Italie. Il venait de nous donner son rapport, un travail d'amateur fougueux mais ne sortant point des lieux-communs mondains, et dont les socialistes galonnés souriaient avec indulgence. Il ne restait plus qu'à fournir l'héritier de Louis XIV, par grande faveur de la démocratie, d'une gamelle et d'un sac de pseudo-soldat.

D'ailleurs, il s'abattait sur nous une trombe de nouvelles qui emportait comme des fétus l'aimable prétendant et son cortège de vagues espérances.

* * * * *

Les Allemands venaient d'entrer dans Amiens et Arras. La Somme était franchie en plusieurs points. Au-delà d'Abbeville la mer était atteinte. Au lieu de la contre-offensive que l'on voyait moins que jamais se dessiner, les Allemands cueillaient en se jouant des objectifs que naguère quatre années d'efforts colossaux n'avaient pu leur donner, dont tant de mémoires et de graves histoires avaient affirmé l'importance vitale.

A la gauche de la Somme, il se déroulait d'obscures et funambulesques péripéties. C'était encore une jolie nouveauté, la guerre en Normandie. Des patrouilles ennemies s'y promenaient, semblait-il, en liberté. On en signalait à Aumale, et même, était-ce croyable ? à Saint-Valéry-en-Caux. Derrière elles, l'imagination populaire battait la campagne. Un poilu venant de Rouen racontait :

- Il y a un patelin, près de Dieppe, où sont arrivés dix motocyclistes allemands. Ils ont enlevé leurs carabines aux gendarmes. Ils sont installés à l'hôtel. Ils boivent l'apéritif à la terrasse. Paraît même qu'ils ont envoyé des cartes postales chez eux.

Le mardi 21, un concile avait lieu devant les cartes de notre bureau. Le sous-lieutenant G... et moi, nous venions d'y jalonner les lignes avec deux cordons rouges. Un commandant dégoisait :

- J'arrive du 3e Bureau. Ils sont pleins de sang-froid. Ils ont raison. Voilà la situation exacte (il rectifiait quelques-unes de nos épingles). Elle est extraordinaire, mais favorable. Les Allemands se sont invraisemblablement aventurés. Ils sont engagés dans un goulot, la Somme à leur gauche, notre G. A. I. à leur droite. Ce sont des éléments avancés. Il est impossible qu'on ne les coupe pas, et nous leur barboterons dans l'affaire leurs meilleurs blindés.

Un moment plus tard, nos visiteurs partis, le capitaine L. T... concluait :

- C'est évident. C'est la même chose depuis huit jours. On s'effraye parce qu'ils font de la cavalerie avec leurs tanks.

Je n'y tenais plus :

- Pardon, mon capitaine, permettez-moi... Il me semble qu'une Panzer-division possède de quoi se suffire toute seule. En plus de tous ses chars, elle a bien, n'est-ce pas ? une brigade d'infanterie, un régiment d'artillerie, un bataillon de pionniers, un bataillon de transmission, un bataillon antichars, avec trente-six pièces, je crois.

Je ne soupçonnais point que je pusse faire au capitaine L. T... une révélation considérable. Pourtant, il écarquillait les yeux, stupéfait et incrédule.

- Où avez-vous donc pris ça ?
- Mais... tout simplement dans le *Temps*, au mois d'octobre dernier, mon capitaine.
- Ah ! dans le *Temps ?* oui, évidemment.

Mais un breveté du S. R. ne pouvait rester court devant un deuxième bibi.

- D'ailleurs, reprit-il d'un ton détaché, c'est tout à fait secondaire. Leurs divisions blindées peuvent bien être solides, jamais les gros d'infanterie ne suivront. Alors, du terrain que l'on n'occupe pas, pour ce que ça compte...

Mais quand je sortis au soir, les Parisiens stupéfiés plongeaient dans les aveux de Reynaud au Sénat, humant à chaque ligne, sous les rodomontades, l'odeur de la panique. Ils n'avaient pas encore été capables, par un léger effort de raison, d'apercevoir l'étendue du désastre. Ils la découvraient brutalement, par la voix du gredin considéré qui restait encore fort en dessous de la vérité. Le nom du général Corap, qu'on leur livrait en pâture, était trop inconnu pour les soulager.

"Pour moi, proclamait Reynaud, si l'on venait me dire un jour que seul un miracle peut sauver la France, ce jour-là je dirais ''je crois au miracle parce que je crois en la France.''"

Dans une telle bouche, quel cri de détresse !

Je décidai d'aller sonner chez mon ami Dominique Sordet. Avec lui seul, je pourrais faire le point. Je trouvai dans son salon Claude Jeantet et l'un de ses camarades en uniforme, Charles Boursat, un jeune médecin à un galon que je ne connaissais pas encore.

- Eh bien, Sordet, l'armée de Belgique est coupée. On peut dire que c'est un joli résultat. Le rat pesteux Reynaud n'en n'a pas parlé.
- Non, mais écoutez le docteur Boursat, il est très instructif.

Le docteur, très calme, fort simplement, racontait l'odyssée qu'il venait de vivre. Le dix mai au matin, il achevait une permission de détente. Il avait aussitôt essayé de rejoindre son bataillon à la frontière belge. Dès la zone des armée, la pagaïe régnait, universelle, à tous les échelons. Les gares régulatrices avaient été saccagées par les avions, les trois quarts des convois immobilisés ou aiguillés au hasard. Après trois jours passés à errer parmi les embouteillages, les voyageurs s'étaient trouvés au milieu d'une cohue d'hommes mélangés aux civils, fuyant le feu en tous sens, fantassins, sapeurs, artilleurs, gens innombrables des services, aviateurs et même marins, ahuris par les bombes et les contre-ordres, ayant perdu leurs chefs, échappant à tout contrôle, à toute velléité de regroupement, interdisant par leur reflux l'arrivée du moindre renfort. Pas un seul soldat du convoi de Boursat n'avait pu retrouver son corps, recueillir même le plus petit indice sur le sort ou l'itinéraire de sa division. En désespoir de cause, on avait repris des trains, on s'était retrouvé à vingt kilomètres de Paris, au fameux triage de Massy-Palaiseau. Pendant trois autres jours, on avait fait le tour de la grande banlieue, de gare en gare, pour revenir à Massy-Palaiseau. Il y grouillait dans une espèce de camp plus de dix mille permissionnaires égarés. Une antique baderne aux manches étoilées s'était mise en tête de constituer une division avec ce troupeau hétéroclite, et vociférait des harangues où il était question de Roncevaux et de la Marne ; on avait commencé à faire des appels par armes, par spécialités. On ne trouvait pas un mitrailleur, mais cent cinquante cordonniers... Il avait fallu qu'un officier de coloniale s'interposât pour faire cesser cette mascarade. La plupart des troupiers étaient allés s'échouer dans des casernes de la Sarthe. Boursat, pour sa part, avait rejoint à Maisons-Laffitte son dépôt régimentaire, en s'imaginant encore y recevoir un ordre utile. Là, plus de vingt mille hommes de toutes armes, éreintés, affamés, campaient sur le champ de course et dans les boxes des chevaux. Chaque heure de la journée amenait des centaines d'isolés nouveaux, dont l'énorme reflux achevait de submerger les officiers et les cadres du centre mobilisateur, brutalement réveillés après six mois de quiètes belotes et d'apéritifs. Le docteur, en dernier ressort, s'était rendu au Ministère de la Guerre. Mais là, en écoutant son récit, un médecin-colonel, l'un des grands chefs du Service de Santé, l'avait interrompu ironiquement : "C'est bien la première fois que je vois quelqu'un qui ne retrouve pas son unité." Boursat, cette fois, avait bien compris. Il n'avait plus d'emploi, plus d'espoir de recevoir un ordre. Il se promenait.

La franchise de ce témoin nous bouleversait. Il était le premier qui nous plongeât dans le tourbillon de la déroute. Quand il se tut, nous sentîmes que tout était dit. Nous avions désormais la certitude d'une défaite sans exemple.

Sordet, imperturbable, avec l'implacabilité des têtes claires, regardait déjà de ses yeux bleus par-dessus la catastrophe.

- Eh bien, dit-il, les Allemands vont prendre en mains la réorganisation économique et politique de l'Europe, ce que nous n'avons pas été fichus de faire. Ce sera peut-être beaucoup mieux. Ce qui est lamentable, c'est que nous allons aller jusqu'aux dernières bêtises. Avec Reynaud et Mandel, c'est fatal. On va se mêler de résister à outrance, on va fabriquer les armées de la Loire.

Il s'agissait d'abord pour moi de faire quitter au plus vite Paris, que le pire menaçait, à ma femme et ma sœur. Je savais qu'elles n'y consentiraient que fort difficilement. Je connaissais surtout par expérience le courage et le sang-froid de ma femme, son profond attachement pour Paris. Comme Sordet, avec raison, se refusait à user de son téléphone surveillé pour une communication "défaitiste", je lui demandai de me griffonner un papier qui me servît d'argument péremptoire auprès d'elle, et je courus chez moi à Neuilly.

Je pouvais être muté, lancé sur les routes d'un instant à l'autre. Il serait par trop odieux de laisser deux êtres chers derrière moi. Il fallait un départ immédiat, vers notre vieille maison de la Drôme. Les protestations étaient véhémentes.

- Il n'y a plus rien à espérer, dit-je. Tout s'est effondré. Ces cochons ne peuvent plus que faire démolir Paris. Les Fritz sont arrivés à la mer. L'armée française est en morceaux. Celui de Belgique est encerclé. Le reste fout le camp.
- Est-ce possible ! s'écriait ma femme. L'armée française ! Quelle horreur ! quelle honte !

Elle en avait les larmes aux yeux.

Nous passâmes une partie de la nuit à boucler nos valises. J'en remplis une des paperasses qui me sont le plus précieuses. Je gardais quatre mille francs sur moi, une petite fortune pour un poilu. Mais je ne voulais pas être emporté les poches vides dans la retraite qui nous jetterait les dieux savaient où. Au matin (c'était le mercredi 22) par une pluie torrentielle, la première qui tombât depuis le début de l'offensive, nous traînâmes notre bazar à la gare de Lyon. Elle fourmillait de milliers de soldats, des alpins, des coloniaux, des tirailleurs, des spahis, des zouaves, l'élite des régiments d'assaut. Je les interrogeai au hasard. Ils étaient tous permissionnaires, cahotés comme Boursat depuis douze jours derrière la bataille. Comme on ne savait qu'en faire, on les renvoyait sur des dépôts, d'Avignon, de Toulon, d'Aix-en-Provence, de Marseille ou de Nice. Certains avaient même des feuilles de route pour l'Algérie. Je regardais leurs visages avec joie. Ceux-là du moins échapperaient à une mort stupide. Ils ne paraissaient même pas soupçonner leur chance, traînant leurs bidons et leurs musettes où le voulait le destin, avec la philosophie vagabonde du troupier. J'étais un embusqué de secrétaire parisien, et cependant, à leurs yeux, je pouvais avoir l'air de celui qui reste à l'avant ! Ma femme et ma sœur étaient debout dans un couloir bondé, au milieu d'une escouade de bons marsouins. Nous ne nous retrouverions plus, pensais-je, que je n'eusse certainement traversé une singulière aventure. Mais avec l'imagination la plus hardie et la plus noire, je n'aurais pu me douter qu'elles verraient les "feldgrau" bien avant moi.

* * * * *

J'avais essayé de transmettre à mes officiers quelques propos du docteur Boursat et de deux ou trois soldats de la gare. Ces récits n'offraient pas pour eux le moindre intérêt.

\- Très bien, très bien. Mais tout ça, c'est du journalisme. Ici, nous nous occupons de choses sérieuses.

J'étais abandonné à une oisiveté à peu près parfaite. L'Italie se cadenassait progressivement. Les révélations sur les allées et venues des divisions "corrazzate" et "celere" se raréfiaient. Il ne me restait pas d'autre tâche, dix heures durant, que de feuilleter d'énormes dossiers qui nous arrivaient du contrôle postal, les copies d'une immense correspondance censurée ou interceptée entre Italiens transalpins et parents émigrés. A travers des centaines de lettres, les mêmes gémissements se répétaient : "Quelle tristesse ! Allons-nous être obligés de faire la guerre à la France ? Que la Madone et le Saint-Père évitent cette abomination ! Nous ne voulons de cette guerre à aucun prix". Les soldats n'étaient pas moins désolés que les civils. Sur plus de mille lettres, j'en trouvai une seule où un jeune troupier se félicitait d'aller bientôt casser la figure à ces salauds d'antifascistes français.

J'apprenais que la Légion tchèque en France refusait catégoriquement de se battre. Ses officiers l'estimaient bien trop précieuse. Ils tenaient à la conserver intacte pour affermir le gouvernement de M. Benès, sitôt que Prague serait libérée des Allemands.

J'attendais surtout fiévreusement le B. R. de la journée. J'écoutais sonner dans ma tête ces mots, synonymes éternels de la défaite consommée : "Nos armées sont coupées en tronçons".

Sans doute, de Péronne à Arras, entre nos troupes écartelées, le boyau allemand était fort étroit, les feux de nos deux artilleries pouvaient presque s'y rejoindre. Mais la position de l'ennemi n'était point si audacieuse qu'on pût le croire. Il devait être entièrement rassuré par sa force et notre impéritie, avait pesé très exactement ses chances pour les juger complètes.

L'offensive allemande se ruait dans ce couloir comme un ouragan, dont la vigueur se décuple quand des murailles l'enferment. Partout où ces murs la gênaient, elle les écartait, les faisait plier comme du fer-blanc. Sur la carte, les armées alliées avaient peut-être pu dessiner un instant des tenailles, le long des flancs allemands. Mais c'étaient des tenailles de papier mâché. Notre fameuse contre-attaque, tant attendue, tant annoncée se réduisait à des spasmes de moribond. Par contre, les colonnes allemandes qui devaient être si aventurées, en si précaire posture, s'enfonçaient comme dans du bois fusé un coin d'acier. Le bois, selon toutes les lois de la nature, éclatait. Les Allemands devaient comme en Norvège, se jeter dans nos filets. Mais c'était eux qui prenaient de l'air et de l'espace à leur gré. Et le champ se rétrécissait d'heure en heure pour notre malheureuse armée de Belgique, la meilleure, la seule équipée, lancée aveuglément sur les routes quand il lui fallait attendre l'ennemi de pied ferme, frappée d'une inconcevable paralysie quand il était obligatoire de battre en retraite à triples étapes. La manœuvre allemande s'était déroulée avec une perfection mécanique, poussant lentement sur le front de Belgique, se précipitant à fond de train de Sedan à la mer. Il semblait que nous nous y fussions pliés scrupuleusement, pas à pas. Le dénouement ne pouvait plus beaucoup tarder.

* * * * *

On peut se représenter l'état d'un homme pourvu de son entière raison, passant sa journée en face de documents aussi désespérants qu'irréfutables, et retrouvant à la nuit toutes les feuilles de Paris.

M. Jean Prouvost faisait écrire :

"Les coups de bélier allemands d'hier (25 mai) constituent un effort désespéré pour isoler l'armée franco-anglo-belge actuellement dans les Flandres".

Rien n'était plus ignoble que cette assourdissante publicité de nos triomphes aériens, quand toutes les voix des combattants que l'on avait déjà pu entendre criaient : "Mais où sont donc nos avions ?"

L'indécence de l'*Action Française* était devenue insurpassable. Je rougissais d'avoir si longtemps toléré de vivre dans ses murs et de respirer ses relents de vieux placard. Le pire juif n'eût pu envier à Maurras sa diatribe sur le Barbare allemand, "Européen inférieur, voire même dégénéré". Dans un seul numéro, on admirait d'abord cette troisième manchette historique :

"Après la bataille des machines, voici celle des hommes. À celle-là, nous devons gagner".

Thierry Maulnier "tenait solidement Calais" perdu depuis deux jours. Maurras, enfin répondait à M. André Billy. M. Billy avait fait dans Le Figaro son grand examen de conscience et se demandait si nous n'étions pas envahis "parce que nous avions trop aimé la littérature". Maurras s'exclamait que nous avions en effet beaucoup trop aimé Baudelaire, mais que jamais on ne cultiverait assez l'art grand et salubre, celui de MM. les poètes Pierre Pascal, Jacques Reynaud, et Charles Forot.

Le général Weygand venait de signer une instruction sur le tir au fusil contre les chars, dont tous les états-majors ont dû garder le souvenir. Il y était rappelé aux fantassins qu'ils possédaient dans leurs propres mains, avec leurs lebels et leurs fusils-mitrailleurs, des armes excellentes pour arrêter les blindés ; qu'il importait simplement de diriger avec sang-froid sur les fentes de visée des feux très nourris. Dix lignes plus loin, on prescrivait, étant donné les faibles stocks de munitions appropriées, de ne jamais tirer plus de deux ou trois balles à la fois.

Je devenais enragé. Le lundi 27, j'avais un rendez-vous avec Alain Laubreaux, au "marbre" de *Candide.* J'y tombai sur Pierre Gaxotte. La rencontre était dépourvue d'agréments pour lui aussi bien que pour moi. Je ne lui avais pas donné un seul signe de vie depuis sa désertion de janvier. Lui, l'ami si cher du beau temps de notre fascisme, quand nous étions chaque jour ses confidents, me voyait en uniforme pour la première fois. Nous échangeâmes une poignée de mains affreuse, comme par-dessus les cadavres de nos souvenirs. J'avais, sans y prendre, on peut m'en croire, la moindre peine, mon air le plus sombre et le plus amer.

- Eh bien ! Gaxotte. Elle est réussie, leur guerre.

Il me regarda d'un œil égaré, en me coupant précipitamment la parole.

- La période de surprise est passée, me dit-il. Il s'agissait de découvrir la riposte à leurs blindés. C'est fait, on a trouvé. C'était bête comme chou : le 75. Il tire à vue et il perce tous les chars. Et nous avons des quantités de 75. Il n'y a plus qu'à faire une barrière de 75. Ils vont tout démolir. L'attaque allemande va être stoppée sur place.

À mesure qu'il parlait d'espoir, son visage se décomposait. Je n'avais jamais vu une pareille abdication de l'intelligence. Il n'avait pas été capable de surmonter en janvier ses craintes et ses scrupules. Il s'était fourvoyé dans le pire des partis, celui des incendiaires, des Juifs et des vieillards chauvins. Il en blêmissait d'effroi. Il cherchait à s'aveugler dans un flux d'optimisme, sa lucidité était trop grande pour qu'il y parvînt. Je sentais le drame atroce et pitoyable qui le déchirait, ses remords devant ses amis trahis, sa faiblesse, son désarroi étaient trop grands pour qu'il pût se dominer, faire une volte-face. Il ne lui restait plus qu'à s'enferrer. Il disait des mots de confiance et sa voix rendait un son désespéré. Il se sentait honteux de dévider devant moi de si puériles sottises, mais il fallait cependant qu'il s'étourdît de paroles, sans me laisser le temps de répondre, comme l'on chante pour ne pas entendre claquer ses mâchoires dans une nuit de cauchemar.

- Il suffisait d'y penser... Des 75 en ligne, de la mer à Belfort. Ce n'est pas difficile... Un canon pour chaque char.

J'étais figé, muet. Je pus enfin bredouiller n'importe quoi et m'enfuir, les larmes aux yeux, soulevé de tristesse et de dégoût. Quelques heures plus tard, on me donnait l'assurance que Gaxotte et Mandel avaient depuis plusieurs semaines des rapports très suivis, et qu'ils venaient à diverses reprises de déjeuner ensemble.

* * * * *

Dans la même soirée, je dépliais le dernier Bulletin de Renseignements du Grand Quartier. Le drame des armées encerclées se précipitait. Sous un nouveau coup de boutoir, que la carte révélait soudain, les Belges avaient plié de Courtrai à Ypres, une poche énorme et fatale creusait leur front.

Le lendemain matin, Reynaud avait encore parlé. L'arrogant petit faisan trouvait le premier châtiment de ses criminelles forfanteries dans cette impitoyable nécessité de n'ouvrir la bouche que pour annoncer une nouvelle catastrophe, pour s'identifier à jamais avec l'oiseau des pires malheurs.

"…En pleine bataille, le roi Léopold III de Belgique, sans prévenir le général Blanchard, sans un regard, sans un mot pour les soldats français et anglais, qui, à son appel angoissé, étaient venus au secours de son pays, le roi Léopold III de Belgique a mis bas les armes. Ç'est là un fait sans précédent dans l'Histoire''.

Je suffoquais d'indignation. L'abominable crapule connaissait bien mieux encore que nous la situation sans issue des Belges. Quelle lâche et purulente canaille ! Le capitaine L. T..., pour la seconde fois, eut un mot d'honnête homme qui me soulagea un instant :

- Léopold ne pouvait plus rien. Reynaud l'accable pour se décharger. Vous me direz que c'est une diversion de parlementaire. En tout cas, elle est ignoble.

Mais le téléphone sonnait. Le capitaine L. T... chassa d'un revers de main les contingences politiques. Une grande pensée venait de l'illuminer :

- Il faut secouer cette routine qui vient de nous flanquer dedans depuis quinze jours. Nous devons penser à des moyens neufs. Moi, je ne ris pas des parachutistes. Regardez La Haye, Rotterdam. Je crois aux parachutistes. Et je vais les employer. Je veux les expédier en Italie. Parfaitement. Partout là-dedans (il étendait sur la carte deux mains conquérantes). Autour de Turin, dans la plaine du Pô. On passe pardessus le Mont-Blanc au besoin. Ni vu ni connu. Et on jette mes bonshommes entre chien et loup. Je me contrefiche de violer la neutralité ! Je ne vais pas me laisser continuellement battre à la course. Je fais du S. R. moderne. Je suis l'homme des parachutistes.

- Heu ! fit modestement le brave commandant B... C'est très intéressant. Mais la frontière est encore ouverte. On peut très bien passer par Modane ou par Vintimille, en chemin de fer...

- Sans doute, sans doute, mon commandant. Mais il s'agit de missions nouvelles, à déterminer. Je sens, je pense parachutiste. Il faut que nous réglions tout de suite les détails avec les aviateurs. Je demande à de P... de venir me voir.

Un officier de l'air entra bientôt. Ils se mirent gravement, avec des silences pleins de méditation et des chuchotements prudents, à jouer aux parachutistes, comme les gamins qui traversent l'Atlantique sur un trottoir de Belleville, assis dans une caisse à savon ornée de deux ailes en papier journal.

Le capitaine V.... en passant, me glissait à l'oreille :

- Cette fois, je crois que ça y est. Notre petite affaire de Roumanie est au point. Nous allons voir du pays.

Le séduisant "captain" de l'Intelligence Service arrivait, avec une avance considérable sur son horaire, fort tracassé d'une nouvelle manœuvre qu'il était en train de concevoir au sujet de son tunnel sicilien. Il s'agissait, je crois, d'un champion de nage oint d'huile, surgissant d'un sous-marin :

- Mon cher, s'écriait L. T... c'est remarquable. Mais que pensez-vous des parachutistes ? Moi, je n'attends pas la déclaration de guerre dans mon fauteuil. Je prends les devants. Je lance des parachutistes illico. Croyez-moi, creusez ça.

Le colonel de notre service, des officiers de tous grades, mandatés par d'imposants bureaux, de scintillants états-majors, accouraient aux nouvelles, en nombre inusité.

- Eh bien, messieurs, nous avons de petites émotions. Mais le moral est bon, n'est-ce pas ? Tant que c'est intact là-dessous (un martial capitaine de chasseurs à pied se frappait la poitrine) le reste ne compte pas.

- Certainement. Il n'y à qu'à se dire : "Ils nous en ont bien fait voir d'autres. On les aura". Ah ! ce n'est pas encore le Boche qui m'empêchera de dormir ce soir.

Les mains aux hanches, le mollet bien tendu dans la botte, un crâne sourire aux lèvres, ils jetaient négligemment un regard de joyeux défi à la carte, au sinistre tableau où flamboyait notre défaite.

- Et ces Italiens, capitaine ? À la fin, quand vont-ils se décider, ces cochons-là ? J'espère que vous êtes comme moi, hein ? Qu'ils nous créent un front supplémentaire ? Eh bien, tant, mieux ! Au moins, on s'amusera. Quelle pâtée on va leur flanquer ! On va s'en offrir, du macaroni ! Ah ! on pourra dire que ce sera le châtiment de Dieu.

Je me mordais les poings pour ne pas éclater de fureur. J'étais là, rivé à ma petite table de bois blanc, devant mes enfantines paperasses, le dos courbé et tourné. Pour ces seigneurs étincelants de galons, je n'existais pas plus que la chaise où je m'arc-boutais. J'étais aussi anonyme, aussi condamné au silence qu'un laquais à la porte d'un conseil de couronne. Et j'avais l'intolérable douleur de me sentir seul doué encore de quelque raison parmi des automates, des illuminés et des gâteux. Je maudissais le sort qui ne m'avait pas laissé à ma place infime, chez les pionniers ou les fantassins, et me portait près des chefs pour me faire le spectateur torturé et impuissant de leur bêtise.

Je m'échappai enfin vers neuf heures du soir. J'avais atteint le comble de l'exaspération. Je courus tout droit rue du Regard, chez Alain Laubreaux. Henri Poulain, toujours lieutenant dans son dépotoir banlieusard, symbole par sa seule présence à Paris de l'invraisemblable pétaudière, était déjà près de lui. Je me verrai longtemps, abordant mes deux amis, avec mes gros souliers dont les clous gravaient la moquette. Je m'écriai d'une voix retentissante : ''Séraphin, c'est la fin''.

Nous éclatâmes ensemble d'un rire énorme qui nous déchirait tout en nous délivrant.

Je n'hésite pas à l'écrire, parce que rien n'était plus naturel. Des voix hagardes hurlaient à nos oreilles que la Patrie était en danger. Mais qui l'y avait mise, sinon ceux qui criaient avec ces faces vertes de peur ? Bien plus que les divisions allemandes, ils représentaient le péril suprême. La France était en danger de mort. Mais n'avait-elle pas le pouvoir d'en réchapper ? Ne lui suffisait-il pas d'un geste, d'un mot qui sauverait tout ce qu'il était possible de sauver encore ?

Non, la Patrie ne pouvait s'identifier avec un abominable Moloch qui ne vivait que du massacre perpétuel des plus jeunes, des plus braves, des meilleurs. A ces holocaustes mortels pour elle-même, il fallait enfin qu'elle substituât l'intelligence de notre bien à tous.

- Alain, disais-je hors de moi, il fallait signer l'armistice sur la Meuse.

Et puisqu'on ne l'a pas fait, mieux vaudrait le signer sur l'Aisne que sur la Seine, sur la Seine que sur la Loire, sur la Loire que sur la Garonne.

Mais nous savions trop que cela n'était plus possible. Le régime crevait, noué à la France qu'il entraînait dans la mort et qui, paralysée, la tête perdue, n'avait même pas un sursaut pour s'arracher à lui. Les goitreux tricolores, les jocrisses de la foi appelaient aux armes quand le seul cri de salut était "Bas les armes !" À nous, impuissants, bras liés, devant ce tourbillon démentiel, cet engloutissement d'un monde, il ne nous restait, pour attester notre dignité de Français pensants, qu'un rictus de mépris dont l'amertume, hélas ! nous séchait la bouche.

Au 5e Bureau, mon ami L... décalquait plus que jamais des tampons du Danemark, du Luxembourg, de Hollande, de Norvège. On l'invitait même à faire diligence dans son travail. Certainement, s'il se fût permis d'observer que la Werhmacht possédait ces territoires et que seuls les sceaux à la croix gammée y étaient désormais valables, on lui eût répondu par le superbe et classique "je ne veux pas le savoir".

Un jeune lieutenant du service, à physionomie de fort en maths, était depuis tantôt quatre semaines en partance pour la Slovaquie, d'où il s'efforcerait de gagner, si les dieux le voulaient, la Bavière et la Rhénanie. Le voyageur attendait toujours ses papiers du capitaine V... On doutait de pouvoir réunir les pièces avant un autre mois. L'expédition apparaissait aussi de plus en plus épineuse. Pour occuper le jeune homme, on venait de décider de l'envoyer en Piémont. Il ne comprenait pas un mot d'italien, il n'avait jamais mis le pied de l'autre côté des Alpes, mais cela importait peu, assurait-on. J'étais chargé de lui inculquer dans la matinée qui venait la science de l'armée italienne, de graver dans son crâne les "mostrine" et les cent et quelques insignes des soldats de Mussolini.

Le capitaine L. T... tenait provisoirement en réserve ses parachutistes :

- Je viens d'apprendre qu'il y a en gare de Modane dix wagons de manganèse à destination de l'Italie. Il faut absolument que nous les chopions à ces salopards. Ça sera toujours ça de moins pour leurs aciéries. Dix wagons de manganèse, c'est un joli lot. Il n'y a qu'à les retenir sous un prétexte quelconque de paperasses. Ou, tenez, mieux encore : les aiguiller comme par erreur sur une fausse direction : Clermont-Ferrand ou Angoulême, au diable vauvert, qu'il faille quinze jours pour les retrouver. D'ici là, vous pensez bien que la frontière sera fermée.

L'idée, par hasard, était pratique et simple. Nous nous attaquâmes sur-le-champ à son exécution. La S. N. C. F., pressentie, donnait son accord complet. Elle allait perdre les wagons pour aussi longtemps que nous le souhaiterions. Il lui suffisait d'un papier revêtu d'une signature militaire. Le capitaine L. T..., tout bouillant, tranchait : ''je vais leur rédiger ça en trois lignes et le parapher. Je ne veux plus des formes et des filières. Nous sommes en guerre, bon Dieu ! Il faut agir vite.''

Je le regardais déjà avec une admiration neuve. Mais, après une minute de mûre réflexion :

- Il vaut tout de même mieux en référer au colonel. J'y cours.

Deux heures plus tard, le colonel et le général du S. R. avaient trouvé la décision trop considérable pour leur ressort. Ils suggéraient que l'on sollicitât la couverture du G. Q. G. Le G. Q. G. faisait savoir, après une longue conférence, qu'il ne voulait rien se permettre dans cet ordre de choses qui touchait à la politique sans l'avis du ministère de la Défense Nationale. Celui-ci ne se connaissait aucun personnage habilité pour répondre. On en découvrait un enfin qui réclamait un supplément d'information pour le transmettre au Quai d'Orsay qui statuerait. Vingt-quatre heures s'étaient écoulées. Le capitaine L, T.... animé d'un noble courroux, rédigeait l'ordre. Mais au moment d'y tracer sa griffe, il posait sa plume, ressaisi par ses remords hiérarchiques :

- Ce n'est décidément pas régulier. Si nous essayions d'arranger ça avec le colonel Paquin, au bureau des Transports ?

* * * * *

J'avais eu une altercation assez orageuse avec le bourgeois de la rue de Marignan, le confident d'élection de Maurras. Il affectait toujours une souriante désinvolture et comme je ne cherchais point à lui dissimuler mon humeur farouche :

- À la fin, me dit-il, que veux-tu ? que mijotes-tu, encore dans ta tête ?
- Je me dis que si nous en sommes là, c'est le chef-d'œuvre de ces cochons de crétins d'Anglais et ça m'étrangle. Je pense que si nous n'étions pas les derniers des c... nous trouverions bien un moyen...

Le bourgeois s'était raidi, son petit ventre en avant :

- Ah ! non, c'est assez, tu m'entends. Je ne permettrai plus ça devant moi. La Royal Air Force est sublime. Si nous ne l'avions pas pour charger les tanks, nous n'aurions pas tenu, Paris serait peut-être pris. J'en ai assez de ton anglophobie. Je ne veux plus entendre cette scie ou bien je te fous à la porte, toi et toute ta bande de *Je Suis Partout*. Et je vous ferai dire votre fait par Maurras, dans l'*Action Française*.

J'allais exploser. Il le sentit sans doute.

- Allons, reprit-il, d'un ton radouci, tu es énervé par tout ça. Viens dîner demain soir avec le patron. Il te remettra d'aplomb. Je vous ferai un aïoli.

Ce lendemain était le mercredi 29 mai. J'avais accepté le rendez-vous. Je restais curieux de voir encore une fois Maurras de près, sorti de ses lamentables articles, de connaître exactement ses pensées. Je ne désespérais pas absolument de lui offrir par mes renseignements militaires quelque matière à réflexion.

Je venais d'apprendre, avec indignation mais sans grande surprise, les perquisitions qu'avait ordonnées Mandel chez Charles Lesca, puis chez Brasillach, son appartement mis à sac, sa bibliothèque fouillée, tandis qu'il recevait des bombes sur la ligne Maginot. Le bourgeois, qui lisait sur *Le Temps* les dernières nouvelles de Dunkerque, paraissait beaucoup moins flambant.

- Ça ne va évidemment pas fort, confessa-t-il, Enfin, il faut attendre patiemment. Weygand est en train de monter sa contre-attaque. Il doit avoir vingt-cinq ou trente divisions fraîches à lancer. On ne rassemble pas ça en un clin d'œil.

Maurras nous avait rejoints moins tard qu'à l'accoutumée. Comme dans les premiers jours de la guerre, il avait les traits forts tirés, le regard terni de fatigue. On le sentait en proie à un immense tourment qui ordonnait le respect.

Il m'interrogea brièvement :

- Alors, que dit-on chez vous ?
- Vous le savez aussi bien que moi. L'armée de Belgique est fichue. Ce que nous en récupérerons où rien... C'est un désastre dont on ne se relèvera pas.

Le bourgeois ne disait mot, semblant bien m'approuver par son silence et sa mine.

Comme au 5e Bureau, une grande et fatidique carte s'étalait devant nous.

Maurras ajusta son lorgnon, considéra un instant les tracés de crayon bleu. Puis brusquement, il frappa du pied.

- Enfin, vous me dites bien que cette armée de Dunkerque a le meilleur matériel ? Vous êtes là à vous lamenter qu'elle est encerclée. Je me refuse à cela. Quand on est puissant, on peut rompre le cercle. C'est une question de poids, de mathématiques.
- Mais, on l'a essayé, et vous savez bien que cela n'a rien donné.
- Alors, il faut recommencer plus fort. Il est impossible que l'on n'y songe pas, qu'on ne le fasse pas. L'encerclement d'une pareille masse, c'est une fiction. Voyons, combien avons-nous d'hommes là-dedans ? Quatre cent mille au moins avec les Anglais. Combien y a-t-il de divisions allemandes autour d'eux ? Une trentaine ? Eh bien ! c'est ce que je vous dis. On peut les bousculer, on doit les bousculer.

Il trépignait, ses yeux avaient retrouvé leurs éclairs. Je restais confondu devant cette passion du vieil homme à plier le réel, à le soustraire selon ses désirs. Déjà naguère, au lit de mort de Bainville rongé par un cancer de l'œsophage, crachant des flots de sang, ne pouvant même plus boire une gorgée, il bravait l'évidence, épiait un symptôme de résurrection. Cet homme, donné pour un prince de la raison et du réalisme, se refusait à comprendre qu'entre une armée prisonnière dans un étroit réduit et une armée libre de ses mouvements, pesant sur l'autre du poids de tout un empire, alimentée par d'inépuisables réserves, il n'y avait aucune commune mesure, que la première était acculée au sauve-qui-peut sur d'incertains bateaux. Ce grand esprit, devant cette tragédie d'une si brutale simplicité, était plus borné qu'un caporal illettré.

Je voulais m'obstiner, pousser une démonstration bien facile. Le bourgeois me tira discrètement par la manche :

- C'est inutile. Tu le connais. Il est buté sur son idée. Il n'entend rien d'autre.

Il finirait par t'agonir.

À table, je tentai de mettre les propos sur l'ignoble perquisition chez Brasillach. Maurras se contenta de murmurer sèchement :

- C'est idiot.

Il ne manifestait pas la moindre réprobation, le moindre souci de protester.

Sans doute estimait-il que cette rançon de nos "imprudences" était naturelle.

Il revenait à la guerre :

- Quoi qu'il arrive, à quoi que nous soyons réduits, il ne faut plus songer qu'à se battre sans merci.

Ainsi, c'était bien là le fond de sa pensée. Il rejoignait la vénérable baderne de Castelnau, stratège de quatre-vingt-neuf ans qu'il faisait citer dans son journal :

"…après la Marne, à y a la Seine, et après la Seine il y a la Loire qui évoque le glorieux combat de Patay et la victoire de Coulmiers, et après la Loire, il y a le réduit du Massif Central et tout l'arrière du pays avec les immenses ressources des Empires français et britanniques''.

Lui qui cravachait de sa canne la tôle des autos lorsqu'elles n'allaient pas assez vite à son gré, quelles images enfantines roulait-il dans sa tête de la résistance à tout prix, quels moblots et quels francs-tireurs égarés avec leurs flingues et leurs guêtres dans l'ouragan de la guerre des chars et des avions mitrailleurs, quand l'armée française de 1940, aussi fragile qu'énorme, enracinée à des services gigantesques, esclave du moteur, de la roue, du rail, du pétrole, ne pouvait plus être, dans l'état où on la devinait trop bien, qu'une mécanique déraillée, disloquée, irréparable ?

Maurras ne pouvait donc plus s'évader de l'impasse où le premier jour cette guerre l'avait bloqué. Lui qui savait bien les origines infâmes de la tuerie, comment la France y avait été entraînée de force, il en perdait tout souvenir quand nous avions encore le moyen d'exciper devant l'ennemi de cette contrainte, justifier notre décrochage de l'Anglais, nous dégager d'un combat mortel où nous avions été stupidement fourvoyés. Il se refusait à jouer cette chance suprême, il préférait de sang-froid l'anéantissement du pays. Le vieux royaliste, si bien instruit de tous les traités, toutes les habiletés de notre Histoire, auteur de tant de pages sur les massacres républicains, s'enfonçait dans la guerre inexpiable, totale, la "guerre d'enfer" la plus épouvantablement démocratique.

- On ne traite pas avec le Boche. Il n'y a pas de paix possible avec lui. Il faut lutter jusqu'au bout.

N'y étions-nous point déjà ?

Maurras, en scandant ses paroles, ses yeux pesant sur les miens, me traversait de ses regards. Je secouais lentement la tête, sans un mot, d'un air si funèbre, que je savais bien qu'il ne s'y tromperait pas.

Dans la même nuit, apparemment pour répondre à ceux qu'il devinait derrière ma modeste personne, Maurras écrivait dans l'*Action Française* :

"JUSQU'AU BOUT"

"Plus on a été opposé à la déclaration de guerre du 3 septembre dernier pour les raisons les plus fortes, les plus claires et les plus sensibles, et plus on voit avec clarté qu'il importe de mener cette guerre jusqu'au bout.

"Antérieurement à sa déclaration, peut-être y avait-il d'autres façons d'occuper et de préparer l'avenir. Il n'y en a plus qu'une aujourd'hui : c'est d'être vainqueur.

"Sans la victoire tout est perdu. "Pour la France,

"Pour les Français pris un par un, "Pour le reste de l'univers.

"... À celui d'entre nous qui rêverait de mettre bas les armes ou qui se le laisserait conseiller, il faut avoir soin de spécifier que, par là-même, il en finirait avec l'espérance.

"... Vous vous insurgerez quand on aura pris votre femme ou votre maison, estropié ou dépravé vos enfants, mais comme on n'aura pas pris en même temps la femme et la maison de votre voisin, comme ses enfants seront encore intacts, vous serez seul.

"Nous pouvons encore beaucoup, vous pouvez tout, maintenant que vous restez une nation possédant des canons, des avions (!), des chars (!) avec des régiments exercés à les manier. Mais si ces régiments viennent à être dispersés et ces armes à être rendues, vous serez dispersés et rendus avec eux, et vous descendrez au néant... Tout serait effondré avec l'idée de la victoire. Et l'effondrement marquerait la ruine de toute liberté particulière, de tout droit particulier, accablés sous le chariot d'une Barbarie délirante.

"... Dès lors, nous battre est honorable certes.

"... Mais c'est d'abord nécessaire : de la plus stricte, de la plus urgente et de la plus entière nécessité".

Maurras fignolait volontiers son propre monument. Ce texte, daté du 30 mai 1940, me semble être de ceux qui endommagent fort un socle.

* * * * *

Vous avez vu Maurras, me demandait le lendemain matin le capitaine L. T... Vous a-t-il parlé de l'Italie ?

- Quelque peu… "Il faut négocier. L'esprit romain ne peut faire cause commune avec les suppôts de la sauvagerie. Les Faisceaux ne peuvent s'unir à la horde d'Hitler. Leur place est auprès de nous". Enfin, tous ses papiers de ces derniers jours.
- Justement. Ces articles ne sont plus possibles. On n'a plus le droit de laisser Maurras dégoiser de pareilles insanités. Il se ridiculise et il nous ridiculise tous avec lui devant ces canailles qui d'un instant à l'autre vont nous attaquer. Tout ce que peut faire Maurras, c'est de désorienter les esprits. Il n'y a plus à invoquer la fraternité latine, mais à se préparer pour la bataille sur les Alpes. Voulez-vous vous charger d'aller le lui dire, en lui faisant comprendre, discrètement, mais fermement, que c'est de notre part ?

Je ne pouvais guère me dérober à cette petite mission. Je ne doutais point que le capitaine L. T... m'en eût aussi bien chargé si j'avais déjà appartenu au S. R. l'été précédent, quand Maurras s'escrimait courageusement sur notre pauvre front de la paix. Mais il était trop évident que les Italiens avaient l'obligation de nous déclarer la guerre, et que notre ancien maître battait la campagne et faisait la politique de Grock, en proposant majestueusement à Rome une "alliance d'intérêt" avec un pays en pleine débâcle. Je n'étais pas fâché, tout en doutant fort du succès de mon ambassade, d'aller lui proposer, au nom de la sacro-sainte Armée, quelques thèmes de méditation.

Nous passâmes notre journée, de ministères en états-majors, à la recherche d'un héros à feuilles de chêne assez téméraire pour ordonner la promenade de nos wagons de manganèse. Au soir, cet Achille ne s'était point encore révélé.

J'allai attendre un peu avant minuit Maurras à l'imprimerie de l'*Action Française*. Il arriva bientôt, heureusement, car le lieu m'était intolérable, avec sa placidité fourbue, Pujo serein, ruminant la contre-offensive de Maulnier et tenant Dunkerque jusqu'à la résurrection de Jeanne d'Arc.

- Maître, dis-je, vous savez où je suis à Paris. Je viens vous transmettre nos derniers renseignements sur l'Italie. Il n'y a plus aucun espoir possible. La guerre est inévitable. C'est une question de quelques jours, peut-être de quelques heures.

La barbe de Maurras se hérissa, ses yeux flamboyèrent, il fit retentir le plancher d'un furieux coup de canne.

- Eh bien ! non et non, cria-t-il. C'est archi-faux. J'ai des nouvelles, moi aussi, qui m'arrivent tout droit de Rome, et elles sont excellentes, m'entendez-vous ? Nos affaires marchent au mieux. Je ne souffrirai pas qu'on vienne faire ici du défaitisme. Tenez-le vous pour dit. Je vous souhaite le bonsoir, jeune homme.

Sans autre forme de salut, il me tourna le dos et d'un pas rageur gagna sa table. Je ne devais plus le revoir.

Mes amis de *Je Suis Partout* m'avaient appris un peu plus tôt que la manœuvre policière se resserrait autour de nous. Charles Lesca venait d'être convoqué pour la seconde fois à la Tour Pointue. Ces nouvelles, l'exaspérant entêtement de Maurras, achevaient de me mettre en ébullition. J'ai toujours eu la manie innocente de tenir mon journal personnel, qui fut énorme autour de mes vingt ans, et beaucoup plus modeste depuis. Mon cahier du moment, le quinzième, inauguré l'hiver précédent, était rouge. Je n'y avais guère noté qu'une vingtaine de pages. Rentré chez moi, ce soir-là, ivre de fureur, j'y déchargeai une apostrophe véhémente à Mandel. S'il tenait tant à être renseigné sur nos sentiments, il le serait, la charogne. Il pourrait méditer, dans quelques jours, quand notre défaite serait consommée par son crime stupide, sur l'intelligence de quelques obscurs Français.

Le lendemain matin, en partant pour mon service, je laissai ostensiblement ma diatribe grande ouverte sur mon bureau.

La presse menait un train énorme autour du rembarquement de Dunkerque. On confectionnait de la gloire au rabais et même une espèce de triomphe avec cette retraite désespérée. Il était juste, certes, d'honorer l'héroïsme des poilus et des marins qui se sacrifiaient aux arrière-gardes. Mais les barbons s'excitaient bien davantage à décrire "l'organisation, le renforcement d'heure en heure du camp retranché de Dunkerque", comme si ce malheureux îlot perdu se disposait à braver indéfiniment les vagues incalculables de l'ennemi. D'autres célébraient ce magnifique succès qui nous rendait les armées de Belgique, comme si des troupes évacuées dans ces conditions n'étaient pas pratiquement hors de combat.

Boufre ! Nous remportions encore une victoire à notre image. Au milieu de notre effroyable débâcle, on avait le front d'annoncer la reprise de Narvik par nos chasseurs. Aucune indignité ne nous serait donc épargnée.

Le sous-lieutenant G.... me voyant d'une humeur encore un peu plus sinistre, entreprenait jovialement de me réconforter.

- Allons ! il faut avoir la foi. Non, continuait-il avec un large et tranquille sourire, Hitler entrant dans la cathédrale de Chartres, c'est impossible. Jamais la Petite Sœur Thérèse de l'Enfant Jésus ne le permettra.

Ah ! les crétins eucharistiques les buses du *Credo !* la quadruple essence dans la perfection de l'idiotie.

Malgré tout, une accalmie se faisait dans la bourrasque. Le tonnerre de Dunkerque marquait une espèce d'entr'acte, avant un autre épisode. Paris demeurait provisoirement hors de cause, et se mettait à digérer de nouvelles espérances à l'abri de ces si minces illusions.

Le capitaine L. T... avait en vain quêté, à tous les étages de l'armée et de la République, une griffe pour sa fameuse affaire du manganèse, et les wagons venaient de franchir doucement le Mont Cenis.

Au sortir du bureau, les nerfs un peu endormis, j'avais flâné jusqu'à la complète tombée de la nuit, d'un pas détendu qui n'était plus le mien depuis trois semaines. Il était près de dix heures quand j'arrivai chez moi à Neuilly. Dans le vestibule enténébré de la maison, un groupe d'individus se tenait debout : la police. Je pouvais m'y attendre. Mon honnête concierge, sur le pas de sa loge, toute en émoi, éclairait la bande d'une bougie.

- Ah ! bien, tenez, le voilà.

Un malabar, la plus hideuse gueule de bourre qu'on pût voir, tenait sous son bras un énorme paquet ficelé et cacheté, le fruit de la perquisition. Ils étaient six ou sept au moins. L'un d'eux le moins abject, ganté, avec une petite moustache, s'avança :

- Commissaire Massut... Un nom facile à retenir dans ces circonstances : Massut, coup de massue. Vous savez sans doute pourquoi nous sommes ici. J'ai dû forcer votre serrure...

J'étouffai d'indignation :

- N'est-ce pas honteux, honteux ? Chez un soldat !
- Oh ! je sais. Vous pouvez protester. Je n'ai pas de mandat. C'est tout ce qu'il y a d'illégal.
- Venir me cambrioler, en mon absence ! Et vous faites ça même chez mes amis qui sont au front...
- Vous auriez été ici, vous étiez en droit de ne pas m'ouvrir. Mais je serais entré quand même, en armes au besoin. Que voulez-vous que j'y fasse !

C'est un ordre impératif. Je dois obéir. Je suis soldat aussi...
-       Soldat ? Voulez-vous vous taire ! aux ordres de qui ? aux ordres des youpins.

Mais à quoi bon ? Je tournai le dos en vomissant des imprécations.

Ma porte, au dernier étage, était béante. Il y avait une panne d'électricité dans la maison. Je découvrit un bout de chandelle que les hambourgeois avaient laissé. Dans cette lueur clignotante, je contemplai le sac de mon appartement. On n'y avait pas fait une visite de formalité, mais une fouille en règle, comme chez un redoutable assassin. Chacune des quatre pièces était bouleversée de fond en comble, les matelas basculés, les meubles déplacés, les tiroirs renversés, les rayons des bibliothèques démantibulés, les volumes, les disques, éparpillés au hasard du plancher, retournés un par un, les dossiers piétinés, de la cire à cacheter, de la bougie, des journaux, des revues, des lettres partout. A vue d'œil, on avait enlevé vingt kilos de papier, des liasses entières de correspondance, de documents antijuifs. Le cahier rouge, bien entendu, était parti. Les crétins avaient saisi les manuscrits de mes numéros juifs imprimés l'un et l'autre à plus de cent mille exemplaires, un annuaire de l'armée en vente n'importe où, laissé chez moi par un officier de mes amis.

Mais je n'avais pas le courage de poursuivre l'inventaire. Ce logis pillé, cet abominable désordre me faisaient horreur. L'odeur, les stigmates de flicaille me soulevaient de nausées, jamais, au grand jamais, je ne pourrais coucher là, dans cette infamie, ces ténèbres et cette solitude. Je rajustai à la diable la serrure, j'arrêtai un taxi et je me fis conduire chez Lambreaux à Montparnasse, abandonné au dégoût et au désarroi les plus horribles que j'eusse connus jusque-là dans ma vie.

Mme Laubreaux, de son côté, avait subi toute seule une perquisition. Elle était parvenue à maintenir les argousins dans des limites un peu plus décentes que chez moi. Alain arrivait, dans une grande agitation, très rouge, mais prenant l'affaire avec hauteur. Il m'offrit l'hospitalité pour la nuit.

Je pus à peine fermer l'œil. Mon excitation des jours précédents était subitement tombée, me laissant dans une terrible prostration. Je déplorais mon enfantillage du cahier rouge. Il était fort bénin cependant, la réaction surtout naïve d'un garçon poussé à bout par les insanités étalées devant ses yeux. Mais je trouvais justement mon pire motif d'affliction dans cette naïveté. Je redoutais plus encore que tout un épouvantable ridicule. Ce qui ne m'empêchait point d'avoir peut-être aggravé le cas de mes amis et le mien par une stupide bravade. J'avais certainement livré à nos ennemis une pièce à convictions sur notre pacifisme, une arme pour les démons juifs. J'étais bien guéri pour toute ma vie des journaux intimes. Dans la tranquillité parfaite de ma conscience, je n'avais guère détruit chez moi que quelques billets particulièrement agressifs de deux ou trois camarades. Le seul Allemand que j'eusse rencontré quelquefois était un paisible étudiant en Sorbonne. Mais je ne pouvais plus savoir, parmi les montagnes de mes notes, de mes documents politiques et antijuifs glanés aux quatre coins de l'Europe, ce que les flics avaient saisi, sur quelle boutade d'ami soldat ils avaient pu tomber pour en faire une preuve énorme.

Par-dessus le marché, ma présence au S. R. compliquait odieusement ma situation. Je n'avais aucune "fuite" à me reprocher. Que savais-je d'ailleurs qui ne fût dans la bouche de mille Parisiens approchant le Parlement ou les ministères ? J'avais au plus griffonné deux ou trois jobardises d'officiers et le numéro du fameux ordre sur le tir au fusil, pour authentifier ce souvenir. Mais la police chez un homme du Cinquième Bureau, quelle aventure pour ces trembleurs galonnés épouvantés devant l'idée même d'une chaussette à clous !

Je me rendis lugubrement, à l'heure habituelle, avenue de Tourville. J'exposai mon affaire, en m'évertuant à un air détaché que, pour parler franc, je ne soutins pas très longtemps. Mandel venait d'ordonner une descente de police chez moi. J'avais eu l'absurde fantaisie de me laisser saisir quelques papiers intimes qui pouvaient servir contre moi. Je redevenais un journaliste compromis politiquement. Cela ne me paraissait plus compatible avec ma présence au S. R., et je sollicitais mon renvoi immédiat aux armées.

Je n'aurais pas mieux réussi mon effet de théâtre en annonçant que des chars allemands se promenaient sur l'esplanade des Invalides. Au premier mot de police, tous les bras s'étaient levés en l'air : "Eh ! bien, nous sommes dans de beaux draps ! Ah ! ça nous apprendra à engager des journalistes. Nous n'y coupons pas d'un renvoi dans la troupe. Ça va être un joli point pour notre dossier."

Je n'étais malheureusement guère d'humeur à savourer un aussi beau succès, je cherchais à rassurer ces messieurs ; je n'avais commis aucune faute militaire. Mais il suffisait que Monsieur le ministre Mandel m'eût désigné comme hitlérien pour que je fusse séance tenante un pestiféré. Dix minutes plus tard, j'étais rayé du service et invité à une retraite aussi prompte qu'il se pût. J'eus à peine le temps de rappeler que j'avais demandé le premier à sortir.

Rien d'ailleurs n'était plus logique que mon départ. Je ne pouvais décemment pas être suspect de trahison, de complot contre l'État, de quoi encore ! et demeurer dans les services secrets de cet État. On eût simplement pu me manifester jusqu'au bout quelque confiance. Je n'étais pas, après tout, un factieux moins avéré et dangereux, quand on m'accueillait ici quelques semaines plus tôt à bras ouverts.

Seul, l'excellent commandant B... me tendit la main en haussant les épaules :

- Je ne comprends pas. Vous n'êtes coupable de rien. Pourquoi voulez-vous partir ? C'est un coup de tête. S'il ne tenait qu'à moi...

Mais le commandant était un réserviste.

*****

J'étais enfin débarrassé de cet abracadabrant bureau où, depuis quinze jours, je me torturais à refouler mes fureurs. Le dépôt du 19e Train avait réglé en trois coups de plume ma nouvelle position militaire. Je quitterais Paris avec un renfort le lundi, si toutefois les dieux et Mandel le permettaient.

J'avais aussitôt rejoint au bureau de notre journal Alain et Charles Lesca. Ma mine révulsée contrastait fort avec le sourire qu'ils affichaient. Je ne me sentais fichtre pas capable de cette crânerie. Mes amis, Alain surtout, qui connaît le code comme dix bâtonniers réunis, faisaient le tour des éventualités judiciaires. Il ne leur apparaissait pas, dans leur bonne foi, que l'on pût aller avec nous au-delà du procès de tendance, d'un nouveau "complot de panoplies", sans même les panoplies.

Ils n'arrivaient pas à me convaincre. Nous n'avions pas seulement affaire à la République, mais à un Juif en plein accès de vengeance. On le voyait assez à sa hâte. Au beau milieu de la défaite, sitôt Mandel installé à son ministère tant convoité, nous étions son premier gibier. Je connaissais suffisamment la race pour savoir comment elle traitait ses adversaires.

Nous étions dans la griffe du Juif, abandonnés à son arbitraire sans aucun secours. J'en éprouvais une insurmontable horreur, que décuplait le sentiment de notre parfaite innocence. Certes, le Juif ne se trompait pas en nous désignant entre ses pires ennemis. C'était un honneur pour nous. Mais le misérable nous accablait au nom de la France, quand l'amour seul de la France nous avait dressés contre lui. Il avait tout pouvoir de nous couvrir des plus infâmes opprobres, de nous infliger le plus ignominieux trépas.

Je vois d'ici sourire de mes transes quelques Français du juste milieu, qui sont volontiers juges en matière d'héroïsme. Je souhaiterais savoir ce qu'ils ont fait, au regard de moi-même, pour leur pays. Je pâlissais ce jour-là parce que depuis cinq années, pendant que les archevêques encensaient le César Blum, que les officiers lui présentaient l'épée, que les bien-pensants rentraient dans leurs pantoufles, je m'étais mis au premier rang du combat antijuif, pour ma patrie et pour la paix, en m'attaquant de mon mieux à toutes les puissances, en n'ignorant rien du sort qui me guettait, en subissant les injures et la pauvreté. Je souffrais une mortelle angoisse parce qu'il est abominable, quand on se sait plus qu'innocent, de voir la police envahir et souiller votre logis, d'attendre d'une heure à l'autre que votre nom soit déshonoré à travers toute la France, de tomber sous le coup d'une accusation qui conduit à une mort de traître et de chien. Oui, il est un peu trop facile d'en rire, quand l'ombre d'un bâton d'agent vous a toujours fait détaler, quand on a tourné cent sept fois sa plume pour ne pas écrire que Léon Blum était juif.

Je connais quelques magots de bourgeoisie reculant devant le sacrifice de dix francs ou d'une heure de loisir au salut de la France, quelques honnêtes agités, glorieux d'avoir brûlé un paquet de cartouches sur le Rhin ou la Loire, qui se sont permis de juger que Laubreaux et Lesca avaient mené un trop grand bruit autour de leur calvaire policier, qui insinuent qu'après tout beaucoup de Français ont connu dans ces semaines-là un sort plus tragique que ces deux prisonniers, poussés sur les routes de l'exode menottes aux mains. Faut-il vraiment un effort d'imagination hors du commun pour concevoir, sans parler des maux physiques, sans parler même de la mort si souvent menaçante, la torture morale que ces deux justes ont endurée ? Je connais peu de Français, quant à moi qui puissent tirer plus de fierté du tribut qu'ils ont payé pour leurs services de bons citoyens.

* * * * *

Je crois avoir acquis ce samedi-là quelque avant-goût des sensations d'un homme traqué. Je me livrais aussi à un examen de conscience désespéré. Nous ne pouvions pourtant pas nous avouer coupables d'avoir eu si cruellement raison. J'essayais de m'exercer à ces actes de foi aveugle célébrés autour de moi comme la perfection du patriotisme. Non, ce n'était pas possible.

Je vaguais funèbrement. De son côté, Alain battait Paris. Les nouvelles qu'il recueillait de notre affaire n'étaient guère destinées à nous réconforter. Presque tous les hommes politiques, confrères, journalistes de nos relations, hormis Xavier Vallat, se récusaient, se déclaraient incapables de nous offrir la moindre aide. Nous éprouvions la valeur de bien des amitiés. Le vide s'élargissait autour de nous. De Gaxotte, pas un mot. Mais nous apprenions que chez Cousteau, soldat en pleine ligne de feu, les policiers venaient de se livrer à une fouille sauvage. J'étais de plus en plus convaincu que Mandel avait déjà réuni tous les prétextes d'une arrestation.

Le lendemain matin malgré tout, la police ne s'était pas autrement manifestée. Ce répit me paraissait d'assez bon augure. Mon inquiétude était toujours là, mais j'avais retrouvé mon assiette. Laubreaux passait la journée hors de Paris. Nous nous fîmes nos adieux. Je déjeunai chez Lesca dont l'inébranlable sérénité et le superbe appétit me ragaillardissaient. Dans l'après-midi, j'affrontai à la lumière du jour mon malheureux appartement. Je me mis en civil pour la dernière fois et partis au Bois la pipe au bec, triste, angoissé, mais de plein sang froid. Je crois que j'aurais fort aisément pu demeurer dans mon coin à Neuilly, durant des semaines, sans qu'aucune autorité militaire eût l'idée de m'y rechercher. Il eût été en tout cas fort loisible à Laubreaux et Lesca de gagner en province quelque amicale retraite et d'y attendre les événements, en déjouant le mieux du monde Mandel et ses flics. Mais c'était là une idée de coupables, qui ne pouvait les effleurer. Ces dangereux traîtres attendaient les volontés du pouvoir sous leur toit ! Ce seul fait disait l'inanité de l'effroyable accusation qui pesait sur nous. Il était malheureusement certain que ni les enquêteurs ni l'opinion ne s'en souviendraient.

* * * * *

On m'avait appris à l'École Militaire que le renfort dans lequel je comptais serait dirigé sur le centre de Poissy, où l'on formait en toute hâte des unités cuirassées. J'étais soigné. Mais tout valait mieux que le capitaine L. T..., l'élégant "Demidoff", le B. R., la Petite Sœur Thérèse et la hantise du flic à chacun de mes pas. Je voulais me fermer désormais à toute conjecture. Nous venions d'avoir plusieurs jours de répit pour souffler, établir de nouvelles défenses, couvrir Paris. On se battait donc durement. Je ne formais plus qu'un seul vœu : que le Juif me laissât du moins faire mon devoir de soldat.

V - JUSQU'AU BOUT

CHAPITRE XXI

LES TRINGLOTS DU C.OR.A2

À la grande grille de l'École Militaire, la sentinelle, le lundi matin 3 juin, était un bossu digne de rendre jaloux Quasimodo. L'armée française savait toujours maintenir sans faiblesse son prestige.

Le détachement de Poissy se groupait au petit bonheur dans une des cours intérieures. D'un coup d'œil, il était aisé d'augurer de sa mission.

- Si l'on veut former un corps blindé avec ces camarades-là, nous ne sommes pas encore dans la bataille.

Pour la moitié au moins, mes compagnons de départ étaient sanglés dans de gracieux uniformes de fantaisie, deuxièmes classes en vareuses d'officiers, culottes à la Saumur, bottes fauves. L'illustre 19e Train, l'asile de choix des jeunes gens bien apparentés et pourvus de relations flatteuses, faisait son entrée en campagne. Les plus délicates embusques du contrôle postal, des effectifs, de la circulation, avaient fourni leur contingent. On aurait vite compté ceux de ces charmants militaires qui, une fois dans leur vie, avaient tâté un mousqueton ou une mitrailleuse.

Il restait d'ailleurs derrière eux, pour maintenir la tradition de l'unité, un nombre fort important d'autres jeunes hommes encore mieux apparentés, aux relations encore plus brillantes et qui venaient blaguer aimablement les partants. On reconnaissait, écartant d'un air altier comme de pâles figurants les corvées de soupe et de paille, maintes vedettes de la scène et de l'écran, aryennes ou non, diversement célèbres.

Dans notre caravane, une petite troupe un peu isolée tranchait, vêtue d'un kaki d'ordonnance tout neuf, capotes d'infanterie, calots aux pointes raides. C'étaient des Français de Hollande et de Belgique, mobilisés jusque-là sur place dans nos légations et qui nous arrivaient au bout d'une série de bombardements, d'embarquements, de torpillages, de détours dont ils ne semblaient point encore sortis.

Les décombres

On nous pourvut de la classique paire de souliers jaunes, d'une couverture et d'un treillis dont le pantalon, beaucoup plus propre à culotter un tonneau qu'un humain, nous permettrait d'organiser des épreuves de course en sac.

Un peu après la soupe, vers une heure, la D. C. A. se mit à tirer assez vivement. Quelques instants plus tard, les sirènes retentissaient. Tous les hommes du quartier avaient l'ordre de descendre dans les caves. L'opération était longue. Je me plaçai dans les dernières files pour abréger d'autant l'emprisonnement souterrain qui, en quelque circonstance que ce fût, m'était odieux. Je pus rester près d'une demi-heure dans la cour. Le ciel très gai se tachait de quelques petits flocons blancs, fort espacés. Ces maigres salves ne devaient pas embarrasser beaucoup des avions. Quatre ou cinq chasseurs caracolaient. On entendait vers l'ouest des coups plus sourds et longs, semblait-il, que ceux de l'artillerie, soudain deux ou trois déchirements plus rapprochés. On bayait le nez en l'air, la pipe à la bouche, sans soupçonner quoi que ce fût de sérieux ou de périlleux. Dans la cave, les bruits nous parurent plus confus, on distinguait mal leur nature, canon ou bombe. Toutes les deux ou trois minutes, un ébranlement un peu plus net. L'air était pesant. Je m'assoupis, accroupi, la tête dans les genoux.

Quand nous sortîmes, des troupiers désignaient du côté de Javel un épais nuage de fumée.

- C'est tombé sur Citroën. Ça brûle.

Beaucoup de soldats qui avaient déjeuné en ville accouraient avec des nouvelles toutes chaudes. Paris venait de vivre son premier bombardement. On parlait de plus d'un millier de projectiles, de tués et de blessés nombreux. Pour ce que j'en avais perçu, rien n'était moins saisissant.

Je me sentais infiniment plus troublé par l'effroi d'être arrêté qui revenait peu à peu, tandis que s'éternisait notre attente. J'étais seul du détachement à n'y connaître personne. Je me sentais insolite, avec ma mine absorbée, mes lourds godillots, mes méchantes molletières, tous mes vestiges de fantabosse, parmi ces gandins bien fourbis qui bavardaient joyeusement entre eux.

Que les heures sont lentes ! Aie ! un rempilé du 5e Bureau se profile à l'horizon. Il se renseigne, vient droit vers nous. Est-ce pour moi ? Les flics m'attendent-ils là-bas ? Il m'appelle d'un ton furieux. Ma langue se sèche. Non, il vient simplement me réclamer mon pistolet belge, que j'ai laissé dans le tiroir de ma table.

Enfin, apparaissent trois ou quatre autobus peints en gris plomb. On fait l'appel. Je ne retiens qu'un nom, le dernier : Worms. Une tête de jeune juif à la Rembrandt, très brun, le nez gros, l'œil liquide et inquiet. C'en est bien un. C'était fatal ici. Nous nous précipitons clans les voitures, avec nos réflexes de Parisiens pressés. J'entends quelques charmantes saillies faubouriennes qui me réchauffent le cœur. La fine fleur des embusqués part en campagne. Après tout, elle n'a jamais que vingt jours de retard sur quelque trois millions de Français. Au regard des souvenirs de 1914, cela ne compte pas. Tout le monde prend de la meilleure humeur son parti de l'aventure. Well ! même si l'on me cherche, il faudra bien maintenant deux bons jours pour me retrouver. Je savoure les délices de respirer enfin sans contrainte. Je redeviens loquace. Les frères d'armes du 19e Train semblent fort cordiaux. Je considère toutefois avec quelque inquiétude un de mes voisins, très homme du monde, verbe châtié, la voix étudiée, impeccablement mis de drap fin. On cherche instinctivement derrière lui son ordonnance. On l'aborde en le vouvoyant. Il est pourtant aussi vierge de galons que moi-même. J'apprends que c'est un avocat, dont la situation est brillante dans le barreau parisien.

Aucun de ces garçons qui arrivent tous de services importants, ont été en contact permanent avec des officiers, ne semble avoir le moindre soupçon de la situation tragique du pays et de l'énormité des défaites qu'il a déjà subies. Au vol, nous achetons des *Paris-Soir* remplis de détails en caractères monumentaux sur le bombardement. Les rues, malgré ces titres frémissants n'ont rien d'inaccoutumé. Des concierges lavent paisiblement leurs pas de portes, des gamins glissent sur leurs patins à roulettes, les rentières de Neuilly mènent pisser leurs chiens.

Vers Suresnes, des cordons de police nous arrêtent. Des groupes de commères se lamentent devant les maisons. Il paraît que non loin de là, une bombe a tué plusieurs écoliers entassés dans une tranchée. Mais cela ne fait malgré tout qu'une sorte d'accident de la circulation. À cinq cents pas, des vieux bêchent leur jardinet, des ouvriers arrosent leur pernod, des femmes tricotent à leur balcon. Paris en est au printemps de 1918, avec ce qu'il prend pour son expérience. Les Allemands n'ont toujours pas dépassé Noyon, carrefour historique de l'angoisse et de l'espoir.

* * * * *

Notre randonnée est fort longue dans le temps, mais brève dans l'espace. Après trois heures d'extraordinaires lacets, nous arrivons au-dessus de Saint-Germain, à Poissy, où siège notre nouvelle unité. Nous apprenons qu'elle se nomme la C.OR.A2[3], soit le 2e centre d'organisation automobile de l'armée.

---

[3] On prononce cela : CORA.

On nous dirige aussitôt sur la compagnie qui nous attend, la 107e, qui loge à trois kilomètres, à Chambourcy, un petit village très banal de maraîchers, à flanc de coteau, au milieu des vergers et des potagers.

En sortant de la banlieue immédiate de Paris, on a quitté le pays civil. L'armée règne en maîtresse. On sent la troublante proximité de la guerre. On s'aperçoit tout à coup que l'arrière front est à vingt kilomètres de la place de l'Opéra. Chambourcy, fourmillant déjà des tringlots de la 107e, vient d'être envahi, dans le soir qui tombe, par une horde de chasseurs alpins. J'entends autour de moi tous les accents du Sud-Est. J'aborde un gars joyeux qui est de la Drôme. Il arrive de Norvège avec son bataillon. Plus exactement, il est allé jusqu'en vue des côtes. Là, les bateaux ont fait demi-tour. Ils sont retournés en Ecosse : ''Ah ! mon gars, tu parles d'une réception ! Des fleurs, des tonneaux de whisky, toutes les femmes après nous. On a défilé avec les cors. Ils en rotaient. Ah ! quelle bringue ! Et tout à l'œil. Ça, je ne reverrai jamais un triomphe pareil.''

Il vaut mieux ne pas sourire de cette apothéose couronnant une aussi lamentable équipée. Cette odyssée, cet enthousiasme, les "scotch girls", cela fait pour ces garçons une énorme victoire. Ils sont excités au plus haut point, les Provençaux surtout, naïvement fiers d'être ceux de la plus longue retraite, convaincus d'être invulnérables puisqu'ils arrivent sans dommage de si loin.

- On monte en ligne cette nuit. Il parait qu'on va dans le secteur de l'Oise.

Alors, tu comprends, on veut rigoler un peu.

Demain soir, ils seront sous le feu, au milieu de cette bataille inconnue qui depuis trois semaines a fait de si terrifiants ravages. Mais ils chantent, gambadent, envahissent les cafés, font un colossal et joyeux raffut, comme sous les platanes d'une vogue du midi.

Mon cantonnement est le "T bis", dans le grenier à foins d'une petite ferme. D'instinct, comme déjà dans les autobus, nous nous sommes groupés d'après nos têtes. Nous avons laissés entre eux les mirliflores les plus musqués. Notre escouade compte avec moi trois anciens fantassins qui donnent incontinent le ton. Pour tous les autres, c'est sans doute la première fois depuis neuf mois qu'ils couchent hors de leur lit. Cependant, ils ont déjà l'air de troupiers. Ils se préparent philosophiquement à deux années de guerre. Dieu merci, je n'aurai pas à subir les moues et les délicatesses de freluquets en uniforme.

Une partie de notre bande loge au fond de la cour, dans une sorte de poulailler plus ou moins désaffecté. À travers un grillage qui ferme le fond, deux gaillards ont aussitôt déclaré leur flamme aux deux filles de la maison voisine. La plus jeune, dix-neuf ans à peine, déjà mariée, est très appétissante. Elles écoutent de la meilleure grâce les Roméos en calot qui brûlent les étapes audacieusement. Il est vrai qu'ils sont cloîtrés.

Seul, l'avocat m'embête. Je me demande pourquoi il nous a suivis. Il est désigné pour le poulailler. Il y pénètre, la mine inquiète et offensée, soulevant du bout de l'ongle une toile d'araignée, garant sa magnifique vareuse des murs poudreux. Il ressort presque aussitôt, la main devant les narines, la voix défaillante :

- Seigneur ! mais c'est infâme ! quelle odeur ! Et il faut s'étendre par terre ?

Ah ! mon Dieu, jamais, non jamais je ne pourrai coucher là-dedans.

Va-t-il nous casser longtemps les pieds avec ses grands airs, celui-là ?

* * * * *

En notre qualité de derniers arrivants, nous prenions la garde le lendemain dès midi pour vingt-quatre heures, garde montée avec un luxe de sentinelles et de consignes digne des avant-postes.

Pendant la faction, baïonnette au canon, devant, la maison de notre état-major, j'essayai de m'initier aux mœurs du C.OR.A2. On voyait passer et repasser à tout instant un personnage de trente-cinq à trente-six ans, nanti d'un simple galon de maréchal des logis, mais qui, à sa mine d'autorité, à l'énorme volume d'air qu'il déplaçait autour de lui, devait être considérable.

- Tu ne le connais pas encore, celui-là, me dit un poilu. C'est Loewenstein (entendez : Lovainstène), une jolie vache. Paraîtrait que c'est un neveu du banquier.

Loewenstein ne portait à peu près aucun stigmate de sa race, mais plutôt une sorte de flétrissure inquiétante, l'œil pâle et trouble, des cheveux noirs calamistrés, outrageusement longs et épais sous un képi trop haut et trop bahuté, une affectation presque caricaturale du chic "cavalier", avec une cravache de chasse douteuse et des bottes vernies aux talons éculés, un mélange de sous-off prétentieux et de barbeau de sous-préfecture qui se flatte d'élégance tout en restant mal lavé.

Je vis bientôt apparaître aussi notre chef, le capitaine L..., que l'on donnait pour un important bijoutier dans le civil, grand, massif, avec un mufle rogue et noiraud, qui ne pouvait être que celui d'une brute suffisante. Le capitaine L... devait tenir du reste à nous le prouver sur l'heure. Trois ouvrières en cheveux venaient de sortir d'une maison voisine et se dirigeaient vers le bout du village.

L... barrait la route, omnipotent, les bottes écartées, les mains derrière le dos agaçant la cravache, la fine de son déjeuner aux joues. Les femmes passèrent à côté de lui. Elles avaient fait dix mètres à peine qu'il aboya :

- Brigadier, vérifiez l'identité de ces trois-là. Les ouvrières s'étaient arrêtées interdites.
- Mais on est du pays ! on habite à vingt pas. On va à notre travail, à cinq minutes d'ici.

L'une d'elle était polonaise, et parlait un français un peu hésitant. Lager fit siffler un petit coup de cravache.

- Allez ! deux hommes en armes ! foutez-moi tout ça dedans, illico.

La Polonaise roulait des yeux effarés. Mais l'une de ses camarades, tout à fait Française celle-là, une grosse rouquine visiblement forte en gueule, se défendait avec vigueur.

- Nos trois hommes sont mobilisés. Alors, pendant qu'ils sont en train de se faire crever la paillasse, est-ce qu'on n'a même plus le droit d'aller gagner son pauvre bifteack ?

La cravache de L... siffla de nouveau.

- Allez ! allez ! au bloc, et en vitesse.

Il s'éloigna très fier de lui, trop épais pour sentir dans son dos la haine qui chargeait les regards de vingt hommes. Mais il put entendre la voix de la rouquine, qui se débattait derrière le poste parmi les gradés :

- Si c'est comme ça qu'on fait la guerre, je comprends pourquoi on n'a pas arrêté les Boches.

* * * * *

Vers onze heures du soir, nous nous assoupissions tant bien que mal dans le poste, une masure abandonnée, fétide et encombrée de nos corps. Un brusque jet de lumière nous fit sursauter. Une voix dramatique commandait :

- Six hommes en armes. Vite ! vite ! Les six premiers. C'est urgent.

Je reconnus le maréchal des logis Loewenstein, une lampe électrique à la main gauche, un pistolet à la droite.

Nous empoignâmes nos lebels dans un grand fracas. Lotwenstein commanda :

- Derrière moi, un par un, au pas gymnastique.

Au bout de deux cents mètres, nous fîmes halte devant une maison.

- Chargez vos fusils, souffla Leewenstein. Et maintenant, doucement. Pas de bruit. Et surtout du sang-froid ! C'en est un. C'est la deuxième nuit que je le surveille. Je l'ai bien repéré à sa lampe, Ce coup-là, nous le tenons. En avant !

Nous nous engageâmes sur la pointe des godillots dans un petit sentier descendant, Loewenstein admirablement romantique, genoux infléchis, cou tendu, le doigt sur la détente. J'admirais le magnifique enchaînement de circonstances qui amenait un avocat, un honnête homme de plume et quatre pères de familles rassis à jouer aux Indiens Comanches derrière un énergumène juif, en pleine nuit, à cinq cents pas de la route de Quarante-Sous.

De hautes orties garnissaient les fossés du chemin.

- Piquez là-dedans avec votre baïonnette, murmura Lotwen-stein. Il est passé par là. Il s'est peut-être caché dans le fossé.

En nous escrimant avec des "rrân" féroces, nous arrivâmes bientôt à la porte d'un verger clos de murs où conduisait le chemin.

Nous y sommes, fit Loewenstein solennellement. Il est là, il n'a pas pu aller plus loin. Il est armé, mais ne vous affolez pas. Ne tirez pas les premiers. Tâchons de l'avoir vivant. Vous, et vous, sautez le mur.

- Mais, chef, il serait peut-être plus simple d'entrer par la porte.
- Bien. Passez les premiers.

On ouvrit la porte d'un coup de pied. Nous étions devant un petit champ de poiriers.

Il a dû se terrer au fond, décide Loewenstein. Que chacun prenne une rangée de poiriers et la remonte. Je suis derrière pour vous éclairer avec ma lampe.

J'aurais donné un mois de tabac pour que nous puissions tomber sur un couple mal reculotté ou avec plus de chance encore, sur le garde champêtre. Je n'ai pas besoin de dire que si un lascar muni d'une pétoire quelconque avait pris la fantaisie de nous tirer dessus, avec la lampe et la remarquable stratégie de M. Loewenstein, il nous eût descendus comme à la cible. Pour l'instant, c'était moi surtout que dévorait l'envie de brûler sans crier gare mes cartouches, de simuler une chasse à l'homme, de révolutionner Chambourcy et sa garnison comme Ambert dans *Les Copains*.

Nous avions atteint le fond du champ bredouilles. Le maréchal des logis Loewenstein semblait aussi décontenancé que s'il n'eût plus trouvé l'obélisque au milieu de la Concorde.

- Je n'y comprends rien, fit-il d'un ton navré, C'est un espion. Il fait des signaux en code. Il s'est pourtant réfugié là. Enfin, allez vous coucher. Je veillerai seul. Je finirai bien par l'avoir.

Minuit sonnait. C'était mon tour de garde sur un carrefour, à l'entrée de Chambourcy. J'étais encore hilare de notre promenade peau-rouge. Mais à vrai dire, il y avait dans cette nuit printanière assez de phantasmes flottants pour chavirer une imagination un peu prompte à s'émouvoir. Des lueurs soudaines, projecteurs, fusées étranges, sillonnaient l'immense firmament. Parfois le rai lumineux était si violent et fugace qu'on ne pouvait l'identifier. Des avions rôdaient, avec cette lourde lenteur, cette insistance malveillante qu'ils semblent prendre lorsqu'on ne les voit pas. Vers Paris, des batteries antiaériennes déclenchaient leurs éclairs spasmodiques. Un grondement monta et se rapprocha. Une colonne de blindés débouchait à quelques centaines de mètres plus bas, sur la route de Quarante-Sous. Les chenilles se suivaient à courte distance. Puis venaient de longues files de camions, puis encore des chenilles. L'assourdissant et interminable convoi déferlait dans les ténèbres de toute sa vitesse. Ce ne pouvait être qu'un renfort alerté en hâte. Un phare trouait la nuit, le temps de deux tours de roue, je percevais un bref cri d'homme, qui traversait le fracas et semblait précipiter plus vite encore ces masses d'acier et ces soldats vers la bataille.

Un brigadier de ronde était venu m'avertir que je ne serais pas relevé. Le maréchal des logis Loewenstein avait donné l'ordre de doubler toutes les sentinelles. Mon compagnon arriva à pas lents de laboureur. C'était un grand diable de cul-terreux picard, dont je ne distinguais pas le visage, avec un accent presque inintelligible. J'écoutais toujours le défilé pressé des blindés.

Mes paupières s'appesantissaient. Cette faction devenait éreintante. Je maudissais Loewenstein et ses lubies. Vers trois heures et demie, un roulement sourd nous fit dresser les oreilles. Il arrivait du fond de l'horizon, ponctué de détonations graves et puissantes.

- Écoute, fis-je, la D. C. A. ne fait pas ce bruit-là. Ça vient du Nord. Il y a de grosses pièces qui tirent. C'est un vrai bombardement.

Le Picard eut une espèce de rire fêlé.

- T'in fais pô, va ! Ça, mon gars, c'est cor' les Boch's qu'ont crevé l'front. Tu peux m'croère. J'sins d'près d'Avesnes. J'en deviens. J'les ô vus à l'ouvrage. Passeront ben partout. Sav' fair' la guerre, ces copains-là. Ça y est, ont crevé l'front.

Le paisible prophète, sans plus s'attacher à une aussi parfaite évidence, enchaîna :

- Commencent à nous fair' chier, acque leur putain d'garde. J'irô ben m'coucher, moué ! je sins tout refroidi.

J'étais tendu tout entier vers cette lointaine rumeur. Ce ne pouvait être qu'une gigantesque canonnade, que la vallée de l'Oise apportait jusqu'à nous. La bataille, que cette nuit en travail faisait pressentir, avait dû s'allumer par là.

L'aube se leva. Le canon se tut tout à coup. L'artillerie avait sans doute déjà terminé sa besogne. L'infanterie devait entrer maintenant dans le combat, à l'heure classique de l'assaut.

- Va, est ben sûr qu'ont crevé.

Quelques heures plus tard, les premières nouvelles de l'offensive allemande nous arrivaient, rapidement confirmées par les communiqués. La bataille s'étendait de la mer jusqu'à Laon. Avec une rapidité méthodique et inexorable, les Allemands, sitôt Dunkerque liquidé, avaient retourné leur énorme machine de guerre, pulvérisant les candides espoirs de contre-attaque. C'était cette fois la ruée certaine et décisive, face à Paris, droit sur nous.

Je suis parvenu aux heures qui m'ont fait, avant toutes les autres, entreprendre ce récit, écrit trop lentement et au petit bonheur par un journaliste dont les loisirs sont aussi rares que bousculés. Au lendemain de l'armistice, il me semblait que je ne serais jamais assez riche de notes, de détails, pour faire revivre ces semaines de juin 1940 dont nous sortions effarés. Après plus d'une année de recul, elles m'apparaissent sous des proportions beaucoup plus modestes, dans le déroulement de l'immense drame dont elles n'ont été que l'une des premières scènes, vite jouée.

Je me sens recru aussi de courtelinades pitoyables. C'est par malheur le sort de tout écrivain attelé à la chronique fidèle d'une pareille déliquescence, enregistrant jour par jour les signes monotones et grotesques de ce ramollissement. Il faut pourtant que ces choses soient dites. Mais que l'on songe aux nausées, à l'accablement de ceux qui durent les vivre minute par minute.

Le canon de l'attaque allemande avait redoublé sur-le-champ l'activité du C.OR.A2. Le brigadier-trompette, une sorte de gros charcutier alsacien couleur de saucisse, dévalait Chambourcy, dressé sur un vélo, sonnant au rassemblement comme les houzards de Lasalle sonnaient la charge. Coudes au corps, nous nous précipitions vers le grand parc devenu notre Champs de Mars, pour nous trouver face au maréchal des logis Loewenstein, arpentant d'une botte nerveuse un petit tertre, au milieu d'un état-major anxieux et muet. Les initiés arrivaient par petits paquets au bout d'une demi-heure et de deux ou trois autres rappels de trompette. Quand le cercle s'était suffisamment épaissi autour de lui, M. Loewenstein, d'un timbre où retentissait toute la gravité de l'heure, faisait sortir du rang six hommes et un brigadier pour une corvée de paille, puis, ordonnait de rompre. Dix minutes ne s'étaient pas écoulées qu'éclatait de nouveau la trompette impérieuse :

Attention les bleus, ça va ch....

et M. Loewenstein, après une méditation napoléonienne, dépêchait six autres hommes sur une camionnette pour chercher à Poissy des marmites qui ne s'y trouvaient pas.

Je suis au regret d'éplucher encore ces infimes sottises dans un livre qui semble prétendre parfois à certaines ambitions. Mais ce n'est point ma faute si chacune de nos heures se déroulait ainsi dans un corps archi-moderne, à deux heures de roues d'une bataille qui achevait de décider de la guerre pour la France, où nous venions d'apporter, dans notre incorrigible candeur, nos images d'une armée talonnée par la plus terrible nécessité, se déterminant aux moyens extrêmes, faisant flèche de tout bois.

Nous découvrions que parmi les effectifs présents du C.OR.A2, l'un des rouages essentiels, l'une des réserves de combat de l'arme automobile, vaste régiment de camions neufs pour préciser encore, il s'en trouvait près de la moitié qui n'avaient jamais touché un volant de leur vie, un dixième à peine qui possédât son permis de poids lourds.

Je pouvais encore me pénétrer pour mon compte de la délicate attention du sort qui, m'ayant fait commencer la guerre, si je puis dire ! avec des Arméniens, me la faisait terminer avec des Juifs. La 107e compagnie groupait dans ses rangs un ghetto des plus réussis, venu de l'unique corps de troupes françaises qui eût pu se prévaloir du sceau de Salomon pour insigne, l'honorable section des secrétaires d'État-Major du 19e Train, la cohorte des mitrailleurs de la Remington.

Nous avions les juifs parisiens, invertis sucrés, snobs, d'une insolence caricaturale, familiers du Racing, seigneurs du XVIe arrondissement depuis l'affaire Dreyfus, les Juifs algériens, boudinés, huileux ou saurs, les Juifs bessarabiens, livoniens, hongrois, l'œil glaireux, l'échine inquiète, le teint moisi. L'uniforme, bien loin de les fondre, était un révélateur extraordinaire de la race, tant il lui était étranger, affublant une invraisemblable armée de petits esthètes glapissants, de Corydons de pissotière, de brocanteurs, de carambouilleurs, de regrattiers chassieux, aux épaules fuyantes, aux jambes en manches de veste.

* * * * *

Le jeudi matin, j'écoutais la petite radio du maraîcher qui nous logeait. La voix du speaker avantageux barytonna tout à coup :

"Poursuivant son énergique action contre les agissements de la cinquième colonne, M. Georges Mandel vient de faire procéder à l'arrestation de cinq personnalités parisiennes : MM. Robert Fabre-Luce, Serpeille de Gobineau, Alain Laubreaux, Pierre Mouton et Charles Lesca."

Mon sang s'arrêta. Tout était couleur de cendres devant mes yeux. Le monstre avait osé cette abomination. Je n'éprouvais point de surprise. Depuis six jours, j'avais maintes fois rédigé dans ma tête ce fatal communiqué. Cependant, le délai qui s'écoulait sans que j'apprisse rien de nouveau, m'avait semblé assez rassurant. Depuis la veille, je m'étais flatté de la naïve espérance que l'énorme péril suspendu sur Paris et le pays effaçait cet odieux et absurde épisode. Mais le Juif, exécutant une des manœuvres classiques de sa race, profitait au contraire du danger et du trouble pour assouvir plus férocement encore sa vengeance.

Il faut que l'on se représente la douleur d'un soldat, entièrement seul parmi des inconnus et des indifférents, entendant ces noms si familiers, chargés devant tout le pays de la plus infamante accusation, jetés en pâture à l'ignorance et à la colère d'un peuple en proie aux spectres de la trahison, voyant ces hommes faire épouvantablement les frais de l'infernale catastrophe que leur intelligence avait prévue, que leur courage avait tenté de détourner, au prix, ils le savaient, de leur liberté, de leur honneur, de leur vie même, traînés au cachot pour crime contre la patrie par les assassins mêmes de la patrie.

Le menton bleu du poste dégoisait de nouveau l'affreux communiqué. Mandel faisait trompetter à tous les échos sa victoire. Nous n'avions jamais vu de notre vie ni les uns ni les autres les compagnons de geôle de mes amis, Serpeille de Gobineau, Robert Fabre-Luce. J'ignorais jusqu'à l'existence de Pierre Mouton. Ce salmigondis de noms disait assez l'arbitraire et l'inanité de l'inculpation. Elle n'en était pas moins écrasante : menées portant atteinte à la sûreté intérieure et extérieure de l'État. En temps de guerre, c'était la promesse du pire châtiment.[4]

Mon accablement croissait. Mes plus sombres prévisions s'étaient confirmées. Toutes les souffrances de mes deux amis se déroulaient devant moi. Il me paraissait presque fatal que je fusse à mon tour arrêté avant peu d'heures. Un Mandel ne pouvait plus garder encore aucun scrupule devant mon malheureux uniforme. Lesca et Laubreaux étaient d'ailleurs déférés à la justice militaire. Et Gaxotte, le fondateur de notre journal, l'âme de notre petite troupe jusqu'à cette année ? De quel, prix avait-il payés son impunité, le silence, si affreux pour nous, fait autour de son nom ? Déjeunait-il aujourd'hui encore chez le Juif ?

Dans le vent résonnait le gong lointain du canon des lignes. Je songeais : Mandel était dans son horrible logique de Juif. Demain, il pouvait avoir perdu sa guerre sans recours, et le règlement des comptes ne serait plus loin pour lui. S'il restait quelques hommes en France pour le faire expier, c'était d'abord nous. Il prenait les devants. Les monstres de cette espèce, d'ailleurs, accomplissaient toujours leurs pires crimes quand leur débâcle sonnait. Les Allemands avaient commencé la dernière bataille. Il fallait résister sur place, mes sentiments les plus élémentaires me le criaient. Mais si notre front tenait,

---

[4] Mes craintes n'étaient point excessives. Nous avons eu en mains un peu plus tard les rapports de police nous concernant. Les charges relevées contre nous sont insanes, les preuves apportées grotesques. Mais la teneur de ces papiers ne trompe pas. Nous étions une dizaine, pour la première charrette, dont Mandel entendait bien se débarrasser. Seul le temps lui manqua… Un de ses prisonniers, l'infortuné Thierry de Ludre, n'en fut pas moins exécuté le 16 juin, dans la même colonne que Lesca et Laubreaux, sur ses ordres sanguinaires.

ne fût-ce qu'un mois, jamais je ne reverrais Laubreaux et Charles Lesca ; moi-même, tous mes amis et avec nous tous les nationaux les plus vaillants et les plus sages, nous serions voués à la prison, à la mort dans le déshonneur. Choix facile à un Juif, abominable pour nous. La patrie envahie se débattait pitoyablement, jouait son sort pour des siècles peut-être dans la plus inutile des batailles qu'elle eût jamais livrées. L'un des plus horribles dilemmes qui pût se poser à un homme déchirait l'âme d'un malheureux soldat. Telles étaient, du gigantesque à l'infime, les conséquences fatales d'un règne juif, de la démission d'un pays remettant ses pouvoirs, son honneur, son destin, son sol, la vie de ses fils, entre les mains de l'ennemi à la haine inassouvissable, du parasite venimeux, du métèque au sang indiciblement souillé.

Je sais depuis ces heures-là comment on peut haïr à mort.

*****

Une torpédo de la Préfecture de Police venait de s'arrêter devant le bureau de la compagnie. Deux "hambourgeois", le feutre sur l'œil, s'y vautraient. Je passai près d'eux, les paumes brusquement moites. Venaient-ils pour me prendre ? Je ne pensais plus à la prison, mais à l'horreur d'être emmené entre ces brutes, devant tous les Juifs qui ne se posséderaient plus de joie, devant ces soldats chrétiens, mes humbles et gentils frères, que je me sentais déjà si près d'aimer.

La voiture des flics repartit vers Paris. Je revenais à la vie. Mais mon angoisse ne me quittait pas. Elle s'assoupissait seulement. Par bonheur, je devais ignorer que Robert Brasillach, dans le même moment, était rappelé de la ligne Maginot pour subir un inique interrogatoire de trois jours.

J'aspirais par-dessus tout, avec une impatience inouïe, à la fuite en avant : être du premier convoi, m'absorber dans une besogne anonyme et rude de soldat, brouiller ma trace dans les remous des armées en campagne. Mais je n'espérais déjà plus que le C.OR.A2 me permît cette évasion. J'étais prisonnier de son tourbillon dérisoire. Après le G. U. P., les pionniers, l'avenue de Tourville, ma carrière militaire se poursuivait dans une imperturbable insanité.

*****

Le C.OR.A2 possédait dans la forêt, à quatre lieues de ronde, un parc énorme de véhicules, des files de camionnettes arrivées tout droit des grandes usines françaises, des centaines de camions américains battant neuf, entièrement équipés, acquis et amenés à prix d'or, des White, des Studebacker, des Dodge, le dernier cri de la mécanique lourde, des mastodontes capables d'enlever quarante hommes ou cinq tonnes de munitions à quatre-vingt kilomètres dans l'heure. Mais notre état-major, et au-dessus de lui toute la hiérarchie du train des équipages, était devant cet admirable matériel comme des Canaques devant une linotype.

Pour notre compagnie en tout cas, on avait vite fait, aidé de quelques mots des anciens du "noyau", d'embrasser son activité. Nous avions vu notre capitaine dans l'exercice essentiel de ses fonctions, celles d'un de ces vains butors qui trouvent dans le galon l'accomplissement de leur nature, toutes les licences d'une obtuse tyrannie… Le lieutenant se nommait M. Guggenheim... La compagnie, de notoriété publique, était entièrement livrée aux inspirations d'un détraqué, le maréchal des logis Loewenstein.

On découvrait en lui une variante inattendue de la faune militaire : le "fayot" juif. Le capitaine L. T... se composait tour à tour entre ses téléphones les personnages du limier infaillible, du diplomate d'ambre, du soldat d'airain. Loewenstein, lui, se jouait le rôle du dur à cuire, du rempilé boucané de la coloniale, du pète-sec des hussards, intrépide et inflexible. Comme Blum dispensant de l'hôtel Matignon la félicité et l'opulence au peuple, Loewenstein vivait l'épopée entre Poissy et Chambourcy, n'ayant au demeurant, depuis le début de la guerre, jamais aventuré une heure son héroïsme dans la zone des combats. Il avait fallu l'entendre, talons claquants, voix hachante, répondre à l'appel des noms de cinq pauvres diables, qu'une bombe du 2 juin venait de tuer à Chatou : "Mort champ d'nheur, mort champ d'nheur". C'était le soir d'Austerlitz. Mais le sous-off se doublait du youtre ivre d'amener au sifflet le goye jusqu'à sa botte, de faire sonner trois fois l'heure cinq cents hommes au pas gymnastique, pour une corvée de quartier qui requérait une escouade.

Les Juifs, les récupérés des embusqués parisiennes, formaient peut-être le tiers de la 107e Compagnie. Pour les autres, beaucoup étaient des rescapés d'au moins vingt unités, compagnies routières, compagnies de transports, divisions légères mécaniques. Ils ramenaient tous de leur première expérience la conviction bien établie que si le train avait représenté, naguère, l'arme des bons filons et des fils de famille, ces temps confortables étaient bien révolus. Ils venaient de subir le feu dans les conditions les plus sévères. Dans leurs convois, sur les routes bombardées, constamment survolées par l'ennemi, les conducteurs avaient souvent envié les fantassins libres de s'égailler à travers la campagne. De pacifiques secrétaires avaient vu tout à coup leurs bureaux s'effondrer sous les bombes et les chars allemands surgir autour d'eux. De malheureux charretiers des compagnies hippomobiles s'étaient trouvés, dans l'espace de quelques heures, en première ligne avec leurs guimbardes. Ils avaient été les témoins d'un désordre affolant, de l'incompétence et de la peur de presque tous les chefs, de la retraite confuse des troupes débordées. Cependant, ils s'étaient déjà ressaisis. Nous avions avec nous dans le grenier du T bis un long jeune homme fort bien constitué, mais blême, fils d'un général - je n'y peux rien, il en était ainsi - qui arrivait de l'état-major d'une division écrasée à Mézières. Il portait les houseaux du train hippomobile et les traces d'une frousse intense. De pâle, il devenait vert à la moindre explosion de moteur. Il faisait des pieds et des mains, et notamment avec ses pieds quinze à vingt kilomètres par jour, afin de se faire évacuer pour anémie, ce qu'il obtint. Mais c'était une exception. Leur fatigue et leur premier ahurissement dissipés, les rescapés crânaient, blaguaient sans jalousie les débusqués de l'École Militaire, de la cartographie, des Invalides, se souvenaient moins d'avoir reculé, erré sans but, que des torpilles et des balles essuyées dont ils se vantaient volontiers. Leur ressort n'était point brisé.

Deux braves petits bonshommes racontaient leur aventure. Ils étaient partis pour la Belgique avec la compagnie routière de la 5e division, la normande, une de nos plus solides unités d'infanterie, engagée le 11 mai sur la Meuse, à gauche de l'armée Corap. Dès les premières heures du combat, la, division avait plié pour se désagréger bientôt affreusement. Les deux petits tringlots, isolés dans ce tohu-bohu, étaient parvenus à sauver les archives de leur compagnie disloquée, et avaient reçu mission en bonne et due forme de les transporter au dépôt de Caen, tandis que l'état-major de la division dévalait jusqu'à Rouen. À Caen, un intrépide Ramollot, ignorant tout et ne voulant rien savoir, les avait fait immédiatement emprisonner comme déserteurs, avec promesse de les fusiller le lendemain. Vingt-quatre heures après, on les relâchait, on les expédiait sur Dreux. À Dreux, ils étaient allés grossir une compagnie que l'on formait à l'instant pour le camp du Larzac, dans l'Aveyron ! En chemin à Cosne, le détachement avait bifurqué sur Rivesaltes, dans les Pyrénées-Orientales. C'était là qu'avaient rejoint les rescapés de Dunkerque, retour d'Angleterre. De Rivesaltes, on était remonté à Caen et de Caen on atterrissait au C.OR.A2. Les garçons riaient bonnement de leur extravagant périple. Ils étaient frais et sereins, prêts à partir où le leur enjoindrait n'importe quel carré de papier signé : illisible. "Sans discussion ni murmure". Le moral était réglementairement intact.

Mais pour l'usage que l'on en faisait, cela n'avait pas grande importance. Sous les ombres du parc, le C.OR.A2 pionçait, le ventre dans l'herbe, belotait à croupeton, du jus à la soupe, de la soupe aux lettres, des lettres à l'apéritif. Les douze ou quinze satellites de Loewenstein, brigadiers, plantons, motocyclistes, traversaient en hurlant, suant, sonnant, sifflant, virant, pétaradant, cette bucolique indifférence. Le maître jaillissait par éclipses, suivi à respectueuse distance par un essaim d'aspirants, ses supérieurs selon la hiérarchie, ses humbles féaux selon la tribu de la 107e : "Les conducteurs qui savent conduire, rangez-vous à gauche. Les conducteurs qui ne savent pas conduire : rassemblement à ma droite". Il y avait un long remue-ménage. Puis Leewenstein criait : "Les sous-officiers, à moi !" Le cercle des margis s'enfonçait dans une confabulation mystérieuse. Les beloteurs retournaient doucement à leurs cartes, les dormeurs à leur tronc d'arbre ou à leur pacage. Un motocycliste tragique surgissait dans un tonnerre et des hurlements de frein à la grille. L'homme-ouragan courait, hors d'haleine, vers Loewenstein. Était-ce ce coup-là le départ du grand convoi ? Non, mais il nous arrivait par des cars, de Saint-Sever, quatre-vingts jouvenceaux de l'école de conduite. Ils avaient quitté deux mois plus tôt les bureaux parisiens pour les Landes. Ils avaient tenu le volant pendant une heure.

Grande sensation, galopades, cris de gradés : il venait d'arriver un fusil mitrailleur au C.OR.A2. Une circulaire descendue des plus hautes sphères prescrivait à toutes les unités du train de se défendre par leurs propres moyens. Un sous-officier apportait précieusement dans ses bras le flingot, modèle 1916. "Tout le monde à moi, pour l'école du combat par groupes". Cent cinquante ex-dactylographes, ex-traducteurs, ex-garde-magasins, contemplaient en rond le brave homme à plat ventre, rampant, accrochant le chargeur, armant, épaulant : "Une première fraction du groupe bondit. L'autre, pendant le bond, tire, pour faire baisser la tête à l'ennemi. Toutefois, je dois vous signaler que si nous ne touchons que des F.-M. 16, le plus simple sera de vous trotter, parce que votre fusil se détraquera sûrement au troisième coup".

Loewenstein avait déjà formé à grand renfort de trompette plus de vingt convois glorieux, mais ils s'étaient dissous avant la grille du parc. Tandis que les dragons jadis portés traînaient leurs godillots sur les routes, que l'infanterie dévorait la poussière à étapes forcées, arrivait au combat fourbue, quand elle ne trouvait pas les chars allemands au milieu de son chemin, que les groupes de reconnaissance chargeaient leurs munitions dans des guimbardes aux moteurs rafistolés avec du fil de fer, et abandonnaient le tout au fossé après cinquante kilomètres, le C.OR.A2 rôdait les mains dans les poches autour de ses beaux camions aux bandages immaculés. Nous pivotions dans une caserne atteinte de paralysie agitante, Croquebols et Lidoires livrés à l'épilepsie juive.

Il ne manquait au C.OR.A2 ni les hommes de bonne volonté ni les véhicules. Il avait pour simple mission de mettre les hommes sur les voitures et le tout sur la route. À la quatrième semaine de l'offensive, c'était encore pour lui un insoluble problème. En quelques heures de nuit, un organisme civil, la T. C. R. P. de Paris, avait pu former un convoi d'autobus, montés par leurs chauffeurs, qui avait évacué plusieurs villages, transporté des bataillons, non sans morts et blessés parmi les conducteurs. Mais l'armée s'était empressée de pourvoir ces braves gens de son uniforme et de les expédier au C.OR.A2. Ils contemplaient en connaisseurs les White avec nous.

* * * * *

Il était dix heures du matin. Dans la cour du "T bis", notre avocat venait d'achever ses ablutions. Il regagnait son poulailler, en babouches de cuir et pyjama de soie puce, sous les yeux éblouis de la maraîchère et de sa fille. Elles n'étaient pas seules à l'admirer. En quatre jours et trois tournées d'apéritifs, il avait conquis tous les cœurs du cantonnement. Avions-nous été assez bêtes en le soupçonnant de pose ! Les petits crevés de la compagnie ne lui étaient pas moins odieux qu'à nous et il les fuyait. C'était tout simplement un garçon fort bien élevé, qui ne voyait point de raison pour déranger son naturel et ses habitudes. De sa voix savante, qui glissai sur les gros mots tout en les détachant, il s'excusait : "Mes chers amis, je suis confus. Je suis tout prêt, certes, à conduire un camion et à me rouler dans le cambouis s'il le faut. Mais les conneries de M. Loewenstein me sont indifférentes. Je suppose qu'il peut fort aisément se passer de moi. S'il désire de mes nouvelles, je vous serai très obligé de les lui transmettre"...

Il n'avait pas laissé de me confier à mi-mots son sentiment, tout proche du mien, sur cette guerre. Cet homme du monde, de la droite élégante, professait à l'égard des militaires le plus absolu mépris. Il n'avait assurément point connu mes candides tartarinades de fantassin. Il était seul conséquent avec lui-même. Les troupiers du T bis le sentaient et en concevaient une admiration sans bornes, non moins vive en tout cas que pour les conducteurs et les motocyclistes des divisions légères, qui rapportaient de la fournaise des citations et des casques troués d'éclats. Avec le cher maître, les personnages les plus en vedette étaient les deux gaillards du poulailler, dénommés les "hannetons", accrochés de la diane au couvre-feu à leur grillage, en tendres propos avec les belles voisines, quêtant la promesse d'un rendez-vous nocturne. Je voudrais décrire des soldats s'interrogeant anxieusement sur le sort de la patrie. Mais ils étaient réellement tels que je viens de le dire, en toute innocence. Et c'est parce qu'ils restaient tels que des chefs dignes de ce nom auraient pu les utiliser au mieux.

Les hommes venus du feu rapportaient, je l'ai déjà dit, des traits incroyables. À Bruxelles, dans la nuit du 9 au 10 mai, comme on venait enfin d'apprendre que l'attaque allemande allait se déclencher, le colonel commandant la mission française demandait la protection de la police belge. Au bout de trois jours de bataille, dans cette armée française abreuvée à flots par les inépuisables pétroles américains et anglais, où l'on attendait sereinement que l'Allemagne succombât faute de carburants, presque tous les chars étaient en panne d'essence. Le soldat s'en divertissait plus qu'il ne s'en indignait. L'absence quasi complète de nos avions devant les nuées de Messerschmidt, rapportée avec une unanimité stupéfiante, laissait des souvenirs plus cuisants. Mais chacun savait bien que les aviateurs étaient des crâneurs, passant leur temps à soulever les filles aux griviers de terre. Leur défection à l'instant décisif allait les rendre plus modestes et l'on n'en était point fâché. Pour le reste, le poilu trouvait cela naturel dans la tradition de la loufoquerie militaire qu'il connaissait à merveille. Leurs pères leur en avaient raconté bien d'autres, sur la Marne, sur Somme, sur la Champagne, qui n'en avaient pas moins été des victoires.

Les Juifs étaient les plus nerveux, entendant le vent du boulet, très alarmés par cette bataille qui menaçait de les rejoindre et qui apportait la croix gammée. À n'en pas douter, ils sentaient mieux cette guerre que les Français. Ils y avaient quelques raisons.

Worms, le Juif du T bis, penchait avec moi sa tête anxieuse et crépue sur la radio.

- On tiendra, hein ? on tiendra ? me demandait-il fébrilement.

Infortuné Worms ! Il eût mieux valu le préparer à l'inévitable. Mais ne m'aurait-il pas dénoncé comme paniquard ?

Weygand lançait proclamations sur proclamations.

"La bataille de France est commencée. L'ordre est de défendre nos positions sans esprit de recul. Les exemples de notre glorieux passé montrent que toujours la détermination et le courage l'emportent. Accrochez-vous au sol. Ne regardez qu'en avant. En arrière, le commandement a pris ses dispositions pour vous soutenir.

"L'ennemi a subi des pertes considérables. Il sera bientôt au bout de son effort. Nous sommes au dernier quart d'heure. Tenez bon".

Autant valait aiguillonner un cheval aux membres brisés. Mon débat entre un espoir et un désespoir également horribles était vain. L'événement se précipitait à toute vitesse, éparpillant mes pauvres pensées. Dans cette cour de ferme, suspendu à ces communiqués fugitifs, je reconnaissais trop bien cette bataille dont je venais de vivre sur les cartes les moindres détails, ce torrent emportant toutes les digues, cet incendie poussé par un vent de tempête qui s'étendait invinciblement.

La voix de la radio, après avoir boulé les nouvelles fatales, l'avance toujours plus profonde et sur un plus vaste front, les masses fraîches s'ajoutant toujours à un ennemi dont la fatigue eût été notre seule chance, se gargarisait intarissablement des exploits de l'aviation alliée : les cimetières des chars allemands aux toits crevés par nos bombes, les raids impétueux de la Royal Air Force sur l'Allemagne, Hambourg, Brême, Francfort, Düsseldorf terrifiées, les voies démantibulées, les usines saccagées. Comme on eût voulu gifler les bonimenteurs quand on savait comme nous la vérité par mille bouches honnêtes et naïves !

- Il peut toujours causer. Mais qu'il ne dise pas que j'en ai vu la queue d'un taxi à nous, en Belgique.

Le drame se rapprochait de nous sournoisement. Deux fois déjà dans le jardin du ténor Georges Thill où nous mangions notre gamelle, Worms s'était dressé, décomposé, tandis qu'un grand avion à croix noire surgissait dans un éclair mugissant à cent mètres au-dessus de nous.

Les gradés maintenant nous talonnaient tout à coup.

- Alerte ! alerte ! planquez-vous. Mettez vos casques.

En face, sur la forêt de Saint-Germain, presque au ras des arbres, des bombardiers, longs et renflés comme des cigares, fuyaient à tire d'aile vers le nord, laissant derrière eux un chapelet d'explosions. Dix, douze secondes au plus.

- Ah ! les vaches. Ils font ça à la sauvette.

On en croyait mal ses yeux. Mais des fumées épaisses montaient des bois, traces irréfutables.

La D. C. A., clairsemée dans la plaine, aboyait maigrement et rageusement quelques salves blanches, très loin derrière les fauves agiles. Un quart d'heure plus tard, importants, avec une hâte dérisoire, trois avions français se levaient de l'horizon.

- Les Fritz cherchent les camions, c'est sûr. Tu penses s'Ils doivent être renseignés. Il va y avoir de la casse.

Les mains dans les poches de nos treillis, nous étions montés sur le coteau voir la défense de Chambourcy. Trois camarades bâillaient autour d'une antique et unique mitrailleuse Saint-Etienne, pointée droit vers le ciel, une bande engagée. Cette brave pétoire tirerait bien, avec de la chance, cinq cartouches avant de s'enrayer. Mais peu importait : nous étions réglementairement protégés.

* * * * *

Un juif, par un extraordinaire hasard, s'était trouvé pendant quelques heures avec deux ou trois voitures dans la zone du feu. Il en était d'ailleurs déjà revenu.

- Je tiens à signaler, clama Loewenstein au rassemblement, le bel exemple que vient de donner à tous le maréchal des logis Cahen, ici présent, qui arrive des lignes et sera cité pour sa brillante conduite.

Cahen sortit des rangs, les yeux hors de la tête, la bouche convulsée, et glapit face à la compagnie :

- Oui ! Et que je n'entende plus dire que les Juifs ne font pas la guerre. Le premier qui ose, je sors mon revolver et je tire comme sur un chien.

J'avais encore bien des émois avec les gardes mobiles, les "hambourgeois" qui sillonnaient le pays.

J'étais abordé par des lecteurs en uniforme qui avaient reconnu mon nom à l'appel.

- C'est donc bien vous ? Nous vous croyions à la Santé.

Ils me serraient les mains avec chaleur. Mais les protestations furibondes dont je les faisais aussitôt les confidents passaient évidemment de beaucoup les bornes de leur sympathie.

L'un d'eux, le dimanche matin 9, m'apporta une brassée des derniers journaux, qui hormis *Paris-Soir* ne parvenaient plus à notre trou. Maurras s'élevait avec vigueur contre l'arrestation de mes amis. Après nos derniers entretiens, je n'osais presque plus l'espérer. La caution du vieux patriote comptait bien peu devant le Juif. C'était pourtant un grand réconfort que cette voix dénonçant l'injustice qui nous accablait. Sans doute plaidait-il d'abord pour sa propre maison, dont Lesca administrait l'imprimerie, dont Laubreaux était le collaborateur. Mais lui seul, dans l'écœurant silence de la presse entière, osait tendre la main aux réprouvés.

Hélas ! avec un tel courage et une telle indépendance, pourquoi fallait-il qu'il prêtât l'éclat de son nom à tant de malfaisantes sornettes ? J'avais emporté sur moi, comme le monument de la jobardise pédantesque, les épreuves d'un article de Thierry Maulnier à paraître dans la prochaine *Revue Universelle,* où il faisait triomphalement, le 28 mai, le compte des forces en présence : les Allemands à Dunkerque et sur l'Oise, sans doute, mais en face de ces quatre-vingts malheureux millions de Germains, "les quatre-vingt-dix millions d'hommes du Congo belge et des Indes néerlandaises, les trois cents millions d'Hindous... La coalition qui est maintenant nouée contre l'Allemagne comprend 750 millions d'hommes. Sept cent cinquante millions d'hommes sont en guerre contre l'Allemagne. Tout un continent, l'Amérique, ajoute à cette force déjà terrifiante non seulement ses voeux, mais encore d'énormes ressources dans lesquelles nous pouvons puiser. Une victoire finale de l'Allemagne ne serait pas seulement le plus grand malheur qui puisse frapper l'humanité civilisée : elle serait un événement absurde et contre nature... Nous dominons de très loin l'adversaire, non seulement dans l'ordre des valeurs supérieures, mais dans l'ordre le plus brutal de la matière et de la force".

Maurras faisait un sort glorieux à ces hautaines cornichonneries.

Le 4 juin, l'*Action Française* s'écriait en manchettes : "Non, Paris ne s'en fait pas''.

Je ne pouvais aller plus loin. Quelle déchéance que de s'abaisser à ce rôle de charlatans, que de verser ces funestes mensonges à un peuple qui allait se réveiller demain dans quelle terrifiante surprise, devant quelle réalité !

Le Temps du 7 juin renchérissait sans vergogne :

"L'Angleterre prépare rapidement son nouveau corps expéditionnaire en France, sous l'énergique impulsion de M. Eden, ministre de la Guerre". Et c'était signé : "de notre correspondant particulier à Londres".

L'Intransigeant du même jour se félicitait :

"Heureusement, les conditions de la deuxième offensive sont entièrement différentes des conditions de la première".

Tout le monde enfin découvrait le futur vainqueur, le nouveau Condé, le nouveau Carnot, le général de Gaulle, ministre de la Guerre depuis quatre jours, "Une des lumières de l'armée, un des espoirs de la patrie" proclamait M. Sanvoisin dans *Candide*. Le disciple favori de Pétain, "marqué par ce grand chef d'une empreinte indélébile", soulignait Léon Daudet. "Et n'oublions pas que c'est comme Foch un élève des jésuites", concluait le bon Maurice Pujo.

Nous avions devant les yeux le résultat de ces forfanteries. De Paris, toutes les familles du C.OR.A2 déferlaient sur Chambourcy. On s'offrait un joli dimanche à la campagne pour serrer encore une fois sur son cœur les soldats. Les trains nous apportaient des essaims d'épouses, de sœurs, des fournées de mères. Il en débarquait des taxis, des voitures conjugales que ces dames pilotaient crânement, petites Fiat pimpantes des Aryennes, orgueilleuses voitures américaines des Juives. On avait mis son dernier chapeau, sa plus fraîche robe, on relevait sa voilette pour goûter au jus en laissant au bord du quart une petite trace carminée. On sautillait sur ses fins talons jusqu'à l'entrée des écuries, on risquait ses charmants mollets sur les échelles des greniers pour voir le gîte du cher et tendre. C'était donc là que couchait ce pauvre Edouard, lui qui ne pouvait jamais s'endormir qu'avec deux oreillers. Mon Dieu ! que cette guerre était donc amusante ! On pépiait, on gloussait, on pouffait. On apportait au tringlot bien-aimé une cravate de soie beige, deux paquets de cigarettes blondes, un cornet de berlingots.

- Madame, permettez-moi de vous dire que vous ferez bien d'expédier à votre mari ce soir même vingt-quatre boîtes de sardines et un mandat de mille francs.
- Oh ! voyons, croyez-vous que ça aille si mal ? Je lui apporterai tout ce qu'il lui faut dimanche prochain.

Non, Paris ne s'en faisait pas, et cela était bien plus pitoyable que la plus atroce panique.

On avait amené aussi les chienchiens. Notre ami l'avocat se taillait un triomphe, promenant en laisse un Ric blanc et un caniche chocolat qui venaient d'accompagner sa femme dans un coquet cabriolet.

Le ciel cependant vibrait de détonations toutes voisines. À travers les cymbales de la D. C. A., les mailloches de l'artillerie lourde frappaient leurs coups graves, plus près encore que la veille. Des bruits de départ volaient, dans le sillage des sous-offs galopants,

Vers trois heures, notre avocat vint nous dire dans la cour du T bis :

- Mes chers amis, ma femme m'a apporté quelques gâteaux et quelques bouteilles de champagne assez présentables. Faites-moi le plaisir de venir goûter avec nous. C'est bouffon un jour comme celui-ci. Mais très franchement, qu'avons-nous de mieux à faire ?

Nous gravîmes allègrement le petit coteau, Un peu plus loin que le poste de la fameuse Saint-Etienne, entre les champs de choux et les rangées de groseilles, un petit carré de luzerne offrait un tapis propice. Il y avait là la fine fleur du T bis, huit copains qu'aucun miracle dans leur vie d'avant-guerre n'eût pu réunir une minute et que déjà des affinités instinctives liaient : notre cher maître, âme et tête incontestées de la petite bande naissante ; Poursin, conseil juridique, citoyen du Quartier Latin, moi-même, Gallier, le benjamin, restaurateur du boulevard Saint-Marcel, Flamand par sa mère, biffin rose et têtu, le vrai crâne rond et dur du petit Gaulois, le joyeux Déga, au visage fleuri et gourmand, employé de mairie et paysagiste de vocation, élève du bon Montézin ; le charmant Mangin, brun, vif et galant, cordonnier à Saint-Mandé, Douat, un peu mélancolique, comptable à Suresnes, fredonnant *Les Bat' d'Af'* d'un ton si justement faubourien, Masson enfin, blond, gaiement philosophe, et comptable à Saint-Ouen. Ces trois derniers surtout, capables d'emporter avec eux jusqu'au bout du monde le plus pur de Paris, dans leur accent délicieux et railleur. Pour ne point faire souffrir la moindre entorse à l'histoire, disons qu'il s'y ajoutait le Juif Worms, marchand de tableaux plus ou moins faisandés rue La Boëtie.

Mme de...., fort distinguée, faisait en maîtresse de maison accomplie les honneurs d'une toile de tente raccommodée, chargée de tartes et de babas. Rien n'était plus exquis que de voir le petit cordonnier et la femme du monde échangeant gâteaux et propos courtois avec une égale aisance, retrouvant chacun les secrets raffinés d'une très vieille race.

La D. C. A. tirait maintenant sans discontinuer. Les éclatements blancs poursuivaient juste au-dessus de nous les points brillants de quelques avions qui n'abandonnaient point la place. Les vallées de l'Oise et de la Seine, remplies d'explosions, fumaient devant nos yeux comme des usines. Pontoise environnée de sinistres vapeurs, semblait la cible d'un bombardement presque constant. Nous assistions donc au bombardement de Pontoise... L'ennemi arrivait. Son avant-garde aérienne lui frayait le chemin. Sa manœuvre avait déjà été décrite. Les visages de mes camarades s'assombrissaient.

- Heureusement, dit Masson, qu'il nous reste pour les tuder un bon stock de coups de pater noster.

Tiens, ce comptable connaissait Jarry ?

- De par ma chandelle verte ! Si je ne le connais pas, cornegidouille, monsieur le Palotin !

L'oreille au vent, en rangs pressés Nous marchons d'une allure guerrière, Et les gens qui nous voient passer Nous prennent pour des militaires.

Je décidai sur l'heure qu'il n'y avait plus de Masson qui tint et que nous possédions le Père Ubu parmi nous. Il ne manquait plus que lui à notre épopée.

Tout le monde, dans notre petite bande, n'était pas aussi familier avec le héros. Mais le nom plaisait et fut acclamé.

En bas, dans Chambourcy, le brigadier trompette s'époumonait à n'en plus finir. Si blasés que nous fussions sur les appels et les contre-appels, cette obstination devenait troublante. Nous dégringolâmes le sentier. Un excellent adjudant, qui venait de se battre durement dans une division légère, poussait devant lui les innombrables flâneurs égaillés sur tout le coteau.

- Allez, dépêchez, les enfants. On évacue.

Intrépide C.OR.A2 ! Il n'avait pas envoyé une seule voiture au combat. Mais dès lors que les environs commençaient à sentir le roussi, le vieil instinct judaïque commandait. Pour détaler, il saurait bien former les fameux convois.

Un tel prodige faisait du bruit. Au milieu de notre troupeau rassemblé, Loewenstein connaissait le plus grand jour de sa carrière. C'était le Roncevaux de la 107e.

- Maintenant, fini de rire ! C'est sérieux, vous me comprenez ? La danse commence. Je veux trois cent volontaires dans dix minutes. Sinon, tant pis ! Je les prends par ordre alphabétique.

Loewenstein ne désignait pas des hommes-torpilles, mais des conducteurs de camions pour la débinette.

Ah ! si un zèle aussi héroïque eût été déployé huit jours plus tôt, le C.OR.A2 transportait jusqu'au Rhin toutes les armées de Thierry Maulnier.

Dans le crépuscule tombant, les hurlements des margis montaient toujours plus fort.

Il faut encore cent conducteurs. Là, toi, toi. Et toi. Faites vos sacs en vitesse. Dans un quart d'heure ici. Et pas de rouspétance. Ceux qui ne marcheraient pas, c'est mon pétard sous le nez.

À la lueur des lanternes, on débusquait dans la foule des bonshommes ahuris, on embarquait pour piloter des camions de cinq tonnes de braves croquants qui n'avaient même pas leur permis de conduire.

- Comment, salaud ? Tu ne peux pas ? C'est ça, des soldats ? Tu veux mon pied au cul ? Quoi ? tu ne sais pas ? Tu sais bien toujours démarrer, andouille. Allez ! Tu suivras celui qui sera devant toi. Brigadier, prenez son nom.

Le T bis fournissait deux chauffeurs pour la colonne des White, Gallier et

Worms. Nous regagnâmes enfin notre ferme. Les voix de la radio, tout panache disparu, égrenaient des nouvelles funèbres : Rouen et Gisors atteints, l'offensive générale de la mer à l'Argonne, cent divisions allemandes menant l'assaut. C'était le coup de grâce. Je ne l'attendais pas aussi vite. Mais je n'avais pas la moindre surprise.

Je ne savais même pas piloter décemment une voiture. Je n'aurais même pas à user un peu mes bonnes jambes. J'allais être véhiculé comme le plus inutile paquet. Je n'y pouvais rien. Quel reproche m'adresser ? Je n'avais pas cessé, depuis deux ans jusqu'à cette minute même, de concevoir tous les moyens d'un facile salut. J'avais ardemment et candidement souhaité de vivre dans cette bataille, si malheureuse fût-elle, au moins quelques heures dignes d'un homme. Le sort me l'avait refusé. Il semblait écrit que je dusse être obstinément rejeté vers la plus grotesque parodie de la guerre, comme si l'horreur qu'elle m'inspirait m'avait désigné pour faire sa véridique caricature. Combien d'autres devaient être comme moi, ballottés et charriés ridiculement ! Tout était dérision. Du moins, dans le tohu-bohu de cette fuite honteuse, j'échappais définitivement à la hantise policière qui de huit jours ne m'avait pas lâché.

Mes camarades dormaient déjà tranquillement sur leur paille. Il ne me restait qu'à les imiter. Cette nuit du 9 au 10 juin fut étrangement orageuse. Des avions allemands tournaient très bas, semblant raser notre village. Les bombes éclataient aux alentours, de plus en plus nombreuses et proches, avec leur bruit mat et lourd d'écrasement. Des silhouettes de soldats inquiets ou curieux se dressaient dans l'ombre du grenier.

Des coups plus violents nous réveillèrent encore. Le plancher tressautait. Mais j'avais grand sommeil. J'échappais aux sbires de Mandel. Je ne risquais plus rien.

La diane sonna à trois heures du matin.

CHAPITRE XXII

SÉRÉNADE SANS ESPOIR

L'embarquement avait été interminable. Dès les premiers tours de roue, sur la route de Quarante-Sous, nous doublâmes un convoi d'artillerie lourde couvert de boue et de poussière. Les hommes étaient muets, et calmes apparemment, mais avec des yeux agrandis et luisants de fièvre, des faces dévorées de barbes hirsutes. Ils venaient de se battre, et pourtant eux aussi refluaient impuissants.

Des civils dévalaient sur les bas-côtés en voiture, à bicyclette, à motocyclette, portant tous sur eux la lugubre flétrissure du fugitif. Cependant, ils arrivaient de fort près. Ils avaient quitté à la pointe de l'aube l'Isle-Adam, Meulan, Magny ou les plus proches cantons de l'Eure. Ils venaient donc à peine de tout abandonner de leurs biens et de leur vie, mais leurs physionomies n'exprimaient d'autre sentiment que la hâte fébrile d'aller le plus loin qu'il se pût.

Ils criaient que les Allemands étaient aux Andelys, devant Vernon, que Mantes était saccagée par le bombardement. La guerre était dans l'Eure, la Seine devait déjà être franchie, Paris allait vivre ses derniers instants de liberté. Nous plongions en pleine déroute.

Nous étions empilés par dix ou douze, plus le conducteur et un brigadier près de lui, dans des camionnettes bouchères, dites R. V. F., ravitaillement en viande fraîche, toutes revêtues à l'intérieur de zinc, avec des crocs de fer pour pendre les quartiers de bêtes.

Nous traversions cette banlieue si placide huit jours avant et que le vent de la défaite venait brusquement d'atteindre. Toute la vie des rues était bouleversée depuis les premières heures de ce matin. On voyait les visages figés, dans le premier coup de leur stupeur, les gestes inachevés, les regards écarquillés remplis d'interrogations et d'incertitude. "Mais qu'arrivait-il donc ? Était-ce possible ? Que faire ? Baisser le rideau de la boutique ? Se jeter sur la route ?"

Un peu après Saint-Germain, nous dépassâmes une compagnie d'infanterie coloniale, débandée, les hommes pliés sous leur barda, hébétés, inondés de sueur, titubant de fatigue, ayant marché droit devant eux depuis qu'ils avaient lâché les lignes. Plusieurs portaient une boule de pain piquée dans le canon de leur fusil. Des marsouins ! L'armée française en était là.

Nous longeâmes le château de Versailles. Peut-être ne le reverrais-je jamais debout. La France abandonnait ses plus glorieuses reliques.

Nous roulions en direction de Montlhéry. Quelques kilomètres après Versailles, un embouteillage inouï nous arrêta tout à coup. Nous n'étions plus en retraite, mais au milieu d'une débâcle sans précédent. Le flux des fuyards vomi de Paris par cinq ou six portes était venu se confondre inextricablement à ce carrefour. Tous les aspects de la plus infâme panique se révélaient dans ces voitures, remplies jusqu'à rompre les essieux des chargements les plus hétéroclites, femelles hurlantes, aux tignasses jaunes échevelées se collant dans les traînées de fard fondu et de poussière, mâles en bras de chemise, en nage, exorbités, les nuques violettes, retombés en une heure à l'état de la brute néolithique, pucelles dépoitraillées à pleins seins, belles-mères à demi-mortes d'épouvante et de fatigue, répandues parmi les chienchiens, les empilements de fourrures, d'édredons, de coffrets à bijoux, de cages à oiseaux, de boites de camemberts, de poupées-fétiches, exhibant comme des bêtes devant la foule leurs jambons écartés et le fond de leurs culottes. Des bicyclettes étaient fichées entre les garde-boues. Des enfants de douze ans étaient partis, agrippés aux portières de petites neuf chevaux au fond desquelles s'emmêlaient dix paires de jambes et de bras. Certains avaient arrimé des lits-cages à leur malle-arrière. Des voitures de deux cent mille francs portaient sur leurs toits, enveloppés dans des draps sales, deux ou trois des célèbres matelas de juin Quarante, disparaissaient sous des paquets d'on ne savait quoi, ficelés dans des journaux et de vieilles serviettes éponges, pendant le long des garde-boues. Des ouvrières s'étaient mises en route à pied, nu-tête, en chaussons ou en talons Louis XV, poussant deux marmots devant elles dans une voiture de nourrice, un troisième pendu à leurs jupes. Des cyclistes étaient parvenus jusque-là on ne savait comment, traînant sur leurs vélos et leurs échines la charge d'un chameau de caravane. Des gens avaient emporté un peignoir de bain, un aspirateur, un pot de géranium, des pincettes, un baromètre, un porte-parapluie, dans l'affolement d'un réveil de cauchemar, une empilade éperdue, le pillage forcené d'un logis par ses propres habitants.

Cette cohue était enchevêtrée roue à roue, trente voitures de front pressées sur la chaussée, débordant sur les trottoirs, d'autres convois venant de droite et de gauche s'emboutir stupidement les uns dans les autres, stoppés à perte de vue dans un grouillement de visages hagards, de poings brandis, d'uniformes débraillés, de têtes platinées, de blouses multicolores, dans un vacarme de vociférations, de trompes, de moteurs vrombissants, un nuage d'huile chaude, d'essence et de poussière. Il y avait pour tout service d'ordre trois ou quatre gendarmes épouvantés, battant des bras au milieu des flots d'injures que vomissaient sous leurs quatre et cinq galons d'innombrables officiers émergeant jusqu'au ceinturon des portières. Au beau milieu de cette folie, un char de combat, serré de toutes parts, toupillait sur ses chenilles, un lieutenant jailli de la tourelle gesticulait comme un sémaphore, jurant qu'il allait charger et tout défoncer.

Quelqu'un cria : "Des avions !". Les écailles de tôle du monstrueux serpent s'entrechoquèrent dans un fracas accru : "Mais avancez, avancez, sacré nom de Dieu ! On va être mitraillés sur place". Chacun était prêt dans l'instant à écraser les femmes, à réduire les enfants en bouillie, à déchiqueter sa propre mère pour s'échapper. L'orgueilleux Paris, tordu d'immondes coliques, fuyait au hasard en se conchiant.

Notre colonne, forte des priorités militaires, parvint à se dégager en arrachant des radiateurs, en crevant des pneus, en aplatissant des ailes. Sur la route d'Orléans, le flot s'écoulait à perte de vue. Des centaines et des centaines de voitures déferlaient, emportant des officiers de toutes armes et de tous grades, des feuilles de chêne, des feuilles de lierre, des foudres, des grenades, des croissants, des amiraux, des généraux, des frégatons, des colonels, des lieutenants de vingt-cinq ans, des aviateurs, tous les bureaux, tous les ministères, tous les services de Paris qui détalaient en abandonnant leurs archives et leurs cartes ; des états-majors qui avaient plié bagages en laissant au fond de quelque grange, avec leurs godillots ou deux vélos pour dix hommes, leurs secrétaires, leurs téléphonistes, leurs plantons ; des super-intendants dont les magasins géants étaient demeurés portes béantes, livrés au sac de la populace dans des villes que les Allemands n'atteindraient peut-être pas avant huit jours ; des officiers de troupe aussi, reconnaissables à leurs écussons, dont les dépôts regorgeant d'hommes, les régiments de pionniers, les parcs de voitures, les postes d'essence, les batteries antiaériennes, déménageraient comme ils le pourraient, sans véhicules, sans vivres, sans argent, sous les bombes et sous la conduite d'un adjudant déboussolé ou d'un aspirant imberbe promu depuis quinze jours ; des médecins aussi, et encore des médecins, aux képis amarante, plus scandaleux encore que tous les autres, ayant lâché les malades, les blessés, les hôpitaux remplis de souffrances, d'agonies, de plaies qui allaient pourrir, de membres qui se gangrèneraient, beaucoup de ces misérables ayant levé le camp avec les voitures de la Croix-Rouge aux brancards vides. Nombre de fuyards galonnés étaient en ménage, roulant à côté d'une femme, dans des voitures aux matricules militaires, ayant dégringolé de l'Oise ou de l'Aisne pour évacuer de Passy, de Montmartre, de Montparnasse leur épouse, leur maîtresse, leurs titres, leurs comptes en banque et leur pékinois.

Les camarades du front n'avaient pas menti. Deux ch'timis du Nord, rescapés des armées de Belgique, que nous avions pris dans notre camionnette, ricanaient : "Ça ne change point. C'est comme ça depuis la Meuse". Et l'on voulait se battre encore, avec des chefs qui jetaient ainsi, au vent de ta panique, leurs plus élémentaires devoirs !

Nous longeâmes le camp d'aviation d'Étampes-Mondésir qui avait subi un grave bombardement. De vastes bâtiments incendiés montraient leurs carcasses noircies. Les terrains étaient labourés d'entonnoirs gigantesques, semés de débris d'appareils.

Nous dépassions les burlesques de l'exode, des petits vieux à barbiches qui prétendaient véhiculer une nichée de six ou sept brus, filles, sœurs, cousins ou lardons, avec la cargaison afférente, à bord d'une pétrolette de cinq chevaux et de vingt-cinq ans d'âge, toussant et crachant sur ses roues branlantes, une véritable auto pour Laurel et Hardy.

Nous laissions loin en arrière de lourds chars à foin, traînés par de gros chevaux de labour, butant à chaque pas, la tête pendante, qui portaient depuis des jours et des jours toute une famille morne, des vieillards en chapeaux ronds, des paysannes, des gamins silencieux enveloppés de fichus noirs, avec des seaux à toilette, des réchauds à charbon de bois, des marmites pleines de suie et des poulets vivants dans des cageots.

À l'entrée des villages, depuis le début de notre randonnée, on voyait des barricades formées de dix tonneaux, d'une douzaine de fagots, de quelques tombereaux de cailloux ou de briques. L'Ile-de-France se défendait contre les Panzerdivisionen...

Nous stoppâmes vers midi dans la grand' rue d'une longue bourgade : "Halte-repas, annonçait-on". Nous n'avions même point touché une croûte de pain au moment de notre départ. On apprenait que notre convoi n'avait pas emporté un gramme de vivres avec lui. Le capitaine L... descendait à l'instant de sa conduite intérieure, entouré de plusieurs gradés inquiets :

- Les hommes n'ont qu'à se démerder, cria-t-il. Je n'ai rien à leur distribuer.

Mais il y a des magasins ici, il me semble !

Nous ne devions pas le revoir jusqu'à la fin de la retraite, douze jours plus tard. Notre exode n'avait rien de périlleux, ni même physiquement de fort cruel. Mais partager les mêmes privations que ses hommes, ou tout au moins s'enquérir d'elles, était encore trop héroïque pour notre capitaine. On pouvait dire que nous possédions à notre tête une belle âme de chef. La plupart des troupiers n'avaient sur eux que quelques francs. Des grognements rageurs parcouraient la colonne. Les gargotiers, les épiciers flairaient déjà les profits du malheur, serraient précipitamment leurs marchandises pour des clients plus cossus, ou nous offraient d'infâmes reliefs de tambouille, quelques os de lapin et quelques croûtes de fromage à des prix de relais gastronomiques. La caravane des automobiles en fuite passait toujours, se frayant péniblement un chemin entre nos camions stoppés. Je distinguais dans les voitures une quantité de physionomies d'un judaïsme irréfutable. Israël, en train de perdre sa guerre contre un ennemi pour lui si redoutable, n'était certes point seul à déguerpir. Mais il en donnait avec ensemble le signal. On apercevait, mêlés aux Juifs de Passy, d'Auteuil, aux chiffonniers du Temple et de Montmartre, filant dans leurs guimbardes avec leurs stocks de peaux de lapin, les diamantaires d'Anvers, les Juifs verdâtres d'Amsterdam, venus d'une première traite à Paris et lâchant maintenant cet asile menacé.

À Orléans, que nous atteignîmes dans l'après-midi, régnait une stupeur complète, mais qui n'avait pu arrêter encore le train-train quotidien. Un char de combat, un, au bout d'une barrière faite de trois carrioles à bras, pointait son canon à l'entrée du pont. Une compagnie de bleus de la classe Quarante, en treillis, sans fusils, rentrait de l'exercice. Avec des riz-pain-sel et des ouvriers d'artillerie, c'était tout ce que l'on pût deviner des armées de la Loire en ces lieux. Dans tous les environs, on ne distinguait pas le moindre indice de travaux, le moindre fantôme de troupes. Les hameaux solognots, écartés des grands chemins, que nous traversions maintenant, entraient en révolution à notre aspect, croyaient à de grandes manœuvres.

Nous stoppâmes enfin à la lisière d'une vaste forêt. Pas une maison aux alentours. Le C.OR.A2 cherchait pour ses voitures l'abri des arbres contre l'aviation. Une escouade, perdue dans une file interminable de véhicules, ignore absolument l'aspect et la longueur du convoi où elle roule. Nous découvrions soudain les colonnes des fameux camions américains, qui se regroupaient à la fin de l'étape. L'armée avait enfin trouvé l'utilisation des magnifiques monstres. Avec leurs quatre et cinq tonnes de charge utile, ils portaient les balais de joncs et les fagots de brindilles des cuisines, les tuyaux de poêle rouillés et les petits bancs des bureaux.

La nouvelle nous tombait à l'instant, on ne savait comment, de l'entrée en guerre de l'Italie. Le scénario se déroulait imperturbablement. Il ne manquerait pas un épisode. Nous avions bien touché le fond de la pente. L'événement prévu l'annonçait. On apprenait aussi que Reynaud venait de prononcer un discours : le gouvernement évacuait Paris, le président du Conseil "partait aux armées". Il stigmatisait le coup de poignard fasciste dans le dos de la France, dernier alibi pour s'innocenter de la défaite. Comme si la France offrît quoi que ce fût d'autre qu'un dos fustigé à ses ennemis !

Il avait plu, les lourds bandages s'enfonçaient dans la glaise des sentiers. On nous distribua quelques biscuits moisis qu'un sous-officier avait dû sauver par hasard. Les ombres du crépuscule s'épaississaient, pleines de désolation, sur les bois déserts. Le ventre vide, le cœur amer, nous nous apprêtâmes pour une longue et morose nuit dans l'entassement des camions.

* * * * *

Le pays le plus proche se nommait Jouy-le-Potier, où nous rôdâmes toute la journée du lendemain. La guerre était de nouveau fort lointaine. La prise de Paris, les combats sur la Loire apparaissaient aussi mythiques que le péril jaune au charron battant placidement son fer, à l'institutrice mouchant ses gosses et épelant l'alphabet.

Nous repartions, pour une courte étape, disait-on. Je faisais partie cette fois de l'équipe de flécheurs, qui s'en vont les premiers et sont déposés aux carrefours pour aiguiller les convois. J'avais la charge du poste de Chambord, en compagnie d'un excellent camarade, du nom de Gontier, ancien drapier à Prague. Il nous fallait toujours nous ravitailler par nos propres moyens. Quelques cavaliers motocyclistes, qui s'étaient battus en Belgique, faisaient halte avec nous. Au pied du château illustre, rempli des tableaux français que l'on avait déménagés du Louvre, Chambord était tout entier sur les trottoirs, contemplant la caravane inépuisable des autos parisiennes, plus fasciné qu'effrayé par ce remue-ménage. Une charmante vieille de quatre-vingt-douze ans, en bonnet blanc, était la plus assidue au spectacle :

- J'ai manqué les Prussiens en 70, disait-elle, Je vas donc les attendre cette fois, puisqu'on dit qu'ils viennent. À mon âge ils ne me font point peur.

Elle voulait à toutes forces nous donner sa petite provision de pain.

Une délicieuse fille, très brune, de seize ou dix-sept ans, restait debout obstinément près de la même porte, muette, grave, dévorant de ses yeux les cinq ou six poilus du village, brûlant de cette fièvre des catastrophes qui livre les adolescentes à une sombre et magnifique animalité. Au carrefour voisin, dans le même soir, un de nos camarades était en proie à une exhibitionniste éperdue de quinze ans. Mais nous étions, bien qu'en soupirant, des factionnaires scrupuleux.

Deux ou trois individus à gueules de faux témoins, jacassant le yddish, avaient arrêté sur une petite place leur voiture surchargée de ballots. Ils s'enfermèrent dans une boutique.

La nuit venue, la pluie se mit à tomber. Le ronflement caractéristique d'un avion allemand retentit dans les ténèbres. Les convois de camions, presque au même instant, débouchaient, tous feux allumés, et stoppaient. Il fallut remonter la colonne au pas de course, sur plus d'un kilomètre, pour faire éteindre les phares. Les hommes juraient : "Plus moyen de conduire, alors ! il fait trop noir". D'autres : "Il y a un avion ? Mais qu'est-ce qu'on fout à traîner ici ? On va se faire sucrer".

Le convoi démarra enfin, dans de grands entrechocs et toute la kyrielle des bordels de Dieu. D'autres camions suivaient. L'avion tournait toujours, très bas. Une rafale de coups de feu éclata soudain, à quelques cinq cents mètres de là, vers les bois. Un troupier surgit, essoufflé, me tombant dessus :

- C'est une mitraillette allemande ! Ils viennent de nous canarder à cinquante pas. Ça doit être des parachutistes que ce sacré avion a laissé tomber.

Rien ne me paraissait moins probable. Cependant, les sous-officiers talonnaient dans l'ombre leurs conducteurs :

- Allez ! allez ! foutons le camp d'ici.

Tandis que les dernières voitures disparaissaient, un gardien du Louvre, qui avait accompagné les tableaux à Chambord, vint à Gontier et à moi.

- Quelle honte ! dit-il. Vous êtes sentinelles ici toute la nuit, on vient de tirer et vous n'avez même pas une arme. Venez donc avec moi, il faut arranger ça.

Je lui emboîtai le pas. L'épisode m'amusait. J'étais dans mon droit le plus strict et même davantage, si je songeais à l'alarme qu'eût répandue un capitaine L. T... en entendant les détonations. Les collègues de mon garde, fort avinés et excités, menaient une ronde mélodramatique autour du château. Les Fritz étaient assurément très loin encore. Mais nous pouvions bien avoir affaire à des filous, qui profitaient du désordre pour tenter un coup de main sur les trésors accumulés là. Mon guide, pour réparer l'intolérable scandale d'une armée républicaine sans fusils, m'emmenait tout droit chez le maire. Savoureuse bouffonnerie ! Que mon pauvre Laubreaux ne pouvait-il me voir. Le maire, blanc comme un papier, grelottant de frousse, bredouilla qu'il n'avait rien, que du reste il était malade et qu'il allait quitter Chambord dans la matinée,

- Alors, Monsieur le Maire, rugissait mon garde, vous pouvez supporter ça : un soldat français qui n'a même pas un bâton pour se défendre ? Ça ne vous crève pas le cœur ? Moi, un ancien de Verdun...
- On a bien un petit pistolet, finit par gémir la femme du brillant édile.

C'était un minuscule 6/35, que, sitôt exhibé, on voulut nous cacher. Mon garde, pour conclure, l'arracha des mains de la commère. Nous allâmes en armer mon camarade Gontier. Pour moi ce fut enfin un garde-chasse qui me pourvut d'un gros flingue à chiens avec quatre cartouches de chevrotine. C'est ainsi que j'ai défendu *Lola de Valence* et *Le Moulin de la Galette*, belle mission pour un amateur de peinture !...

Un peu avant l'aube, un camion vint relever les flécheurs et nous achevâmes la nuit dans un excellent grenier à foin. Je préfère de beaucoup le foin à la paille. Je suppose que c'est un goût commun à la plupart des chemineaux.

* * * * *

Nous avions tous la conviction que la Loire était notre position extrême de repli et que nous allions y attendre les armées qui se regrouperaient. Mais dès six heures du matin, notre convoi de nouveau s'ébranlait au plus vite et roulait en hâte vers le sud, à travers cette aimable Touraine, un peu plate pour un Dauphinois. Nous franchissions les limites du Loiret, du Loir-et-Cher, nous entrions dans l'Indre. Nous nous regardions les uns les autres, les yeux ronds. Si l'on prétendait continuer la guerre, pourquoi cette fuite échevelée ?

Les voitures parisiennes, avec leurs matelas sur le toit, filaient toujours près de nous.

Nous nous arrêtâmes enfin, à quelques kilomètres du Blanc, sur la commune d'Azay-le-Ferron. On apercevait, au bout d'une allée de grands arbres, un élégant château où notre état-major venait de prendre ses quartiers, aussi loin de nous qu'un Empereur de Chine du dernier des coolies, ne daignant même pas jeter par-dessus la grille un regard sur le sort de notre vile tourbe. Pour le reste, la haute et profonde forêt enfermait de tous côtés notre immense caravane. Il ne nous restait plus une goutte d'essence. On disait que nous allions rester là jusqu'à ce qu'on pût faire le plein. Il était moins que jamais question de nous ravitailler. Très tard dans la soirée, des aspirants de notre compagnie nous apportèrent quelques boîtes de méchant pâté à la fécule et quelques pains. Plusieurs les avaient achetés, disaient-ils, de leur argent. Les voitures les plus favorisées se les partagèrent chichement. Il s'était mis à pleuvoir à seaux.

Le 13 au matin, on se réveilla lugubrement dans les camions, au bruit des cataractes qui tombaient toujours. La forêt, avec son humus spongieux, ses fondrières, nous emprisonnait dans un véritable marécage. Nous tendions des gamelles, quelques seaux de campement, pour recueillir un peu d'eau potable. Je passai la journée prostré sur ma banquette de zinc, dans un douloureux engourdissement de l'âme et du corps, frissonnant, affamé, échiné par cet exode misérable et sans but, en deuil de toutes mes pensées favorites, de mes plus humbles espoirs, en deuil de ma patrie, sous ces hauts arbres qui pleuraient, contemplant stupidement une bouteille à demi couchée dans l'herbe et où une rigole s'égouttait lentement.

Vers le soir, le ciel s'éclaira un peu entre les branches. Le plein d'essence était commencé depuis des heures. Il aurait dû être fini depuis midi. Il durerait certainement fort longtemps encore. On y procédait avec de malheureux bidons, des pompes poussives, des tuyaux gros comme le doigt. Des centurions romains n'auraient pas été plus novices devant le problème du carburant que nos militaires de l'an Quarante.

L'avocat, Poursin et quelques autres, nous partîmes à pied en reconnaissance alimentaire. À quelques kilomètres de là, nous trouvâmes un maigre hameau. Les paysans se plaignaient d'être razziés jusqu'au dernier croûton. Un vieux vigneron veuf, méfiant et horriblement inquiet de son fils, cavalier d'un groupe motocycliste, nous permit en rechignant d'entrer dans sa cour. Une laborieuse négociation nous amena devant une assez vaste omelette. Nous découvrîmes aussi le chemin du cellier, qui offrit à notre admiration une rangée de foudres magnifiques. L'hôte consentit à remplir nos bidons, puis, devant nos billets, exhuma des bouteilles cachetées, d'un incomparable vin d'or.

Dans cette même journée, non loin de là, les ministres nomades de la France rôdaient eux aussi entre les murs d'une cour, parmi des camions remplis de dossiers, un déballage de valises, de malles, côte à côte avec le Juif Bernstein et sa femelle, la fille Curie, devenus des personnages d'État. Churchill chambrait Reynaud pour obtenir encore de nouveaux tas de cadavres français et, les ordres intimés à son domestique, s'éclipsait sans daigner même adresser un mot ou un regard au gouvernement de ce pays qu'il vouait à l'extermination. Une radio nasillait dans une ferme voisine. Je répugnais à m'en approcher, je redoutais d'apprendre, au milieu de l'avalanche des désastres, une horrible nouvelle de mes pauvres prisonniers. Aux commentaires que colportaient les poilus, on devinait qu'une grande décision était en suspens. Je me mettais à espérer soudain que ce serait peut-être l'armistice. Pour la quatre ou cinquième fois, on annonçait un nouveau retard de l'allocution que devait prononcer Reynaud. Nous veillions à la lueur d'un mauvais lumignon, dans la cuisine enfumée de notre vigneron millionnaire, en tâtant le glorieux marc que le bonhomme venait de nous monnayer. On apprit enfin que Reynaud appelait Roosevelt au secours de la civilisation, et qu'en attendant on se battrait devant Paris, derrière Paris, qu'on s'enfermerait dans une province, qu'on irait continuer la lutte en Afrique ou aux Antilles s'il le fallait.

Nous nous regardions comme des hommes qui après le tremblement de terre, l'incendie, la ruine totale, la mort de la moitié des leurs, voient la peste s'abattre sur ce qui survivait de leur famille. Quelle humiliation que cet appel si ridiculement inutile, bramé à l'Amérique qui ne manquerait pas de répondre par ses regrets et ses affectueuses condoléances ! Nous avions épuisé à la tête de notre infortunée patrie la race des pantins jacasseurs et gonflés qui s'effondraient sous une chiquenaude. Reynaud, lui aussi, était une marionnette grimaçante et dérisoire, mais qui ne se résignait pas à choir. Il avouait notre désastre complet, mais il restait accroché, tel un scorpion dont le venin tuait la France.

Le départ du C.OR.A2 eut lieu à trois heures du matin. Nous roulions maintenant vers la mer. Il n'y aurait pas d'armées de la Loire, mais la course aveugle et vagabonde continuait.

Sans parler des Hébreux, tous les accents de la France étaient représentés dans notre caravane, Nous avions des métallos, des mineurs, des chauffeurs du Nord, trop souvent typiques d'un prolétariat sournois, méchant, violent, communiste rouge sang, gorgé de haine et de casse-pattes industriel ; de gros herbagers normands, bien nourris, circonspects, ayant en vaches et prés trois cent mille écus au soleil et faisant la guerre avec vingt francs en poche ; des Béarnais, des Gascons, des Berrichons, des Champenois, des Marseillais, des Bourguignons, et la faune complète des Parisiens. Ils roulaient, abasourdis par les interminables cahots, par le défilé des images accablantes et désordonnées de l'exode, devenus indifférents au but de notre zigzagante anabase. Les pensées, les sentiments se réduisaient à une rumination de plus en plus fumeuse et sommaire.

Des voix de Belleville ou de Toulouse chantonnaient machinalement une des dernières goualantes de Tino Rossi : "Sérénade sans espoir". Elle est restée dans mes oreilles comme le refrain de la déroute.

Aux haltes, sous-bois, le long des fossés, quand on grignotait quelques biscuits avec l'écœurant pâté, les têtes se réveillaient un instant de leur torpeur. Il y avait dans nos rangs un assez grand nombre de bourgeois, fils de respectables industriels, intellectuels couverts de parchemins universitaires, professeurs, chefs de bureaux, avocats - je ne parle point du nôtre ! - futurs héritiers de gros avoués et de gros notaires, lumières des contentieux, des grands services économiques, abonnés des revues sérieuses, lecteurs des hebdomadaires littéraires. Les yeux saturés de tous les aspects possibles de notre déconfiture, en train de déguerpir jusqu'en Vendée, sachant les clameurs de bandit traqué que venait de pousser Reynaud, ces distingués représentants de l'élite française n'étaient cependant point parvenus, pour la plupart, à se composer avec tant de traits si éloquents un tableau exact de notre situation. Presque tous en étaient encore à reconstruire de nouveaux espoirs.

- Il paraît que nous allons remonter sur Nantes. Ce n'est pas si bête, après tout. On va sans doute s'organiser en Bretagne. On peut très bien y rester en liaison avec l'Angleterre et durer, le temps que les avions et les chars des Américains arrivent.

Le petit peuple du C.OR.A2, par contre, avait bien soupesé la réalité. Isolé enfin des radios, des *Paris-Soir*, il avait aussitôt retrouvé la pente naturelle de son bon sens. C'en était fini des illusions dont on l'avait gavé. Lorsqu'un docteur en lettres ou un agrégé de droit, plein de chiffres et de géographie, déclarait : "Deux mille bombardiers américains peuvent très bien arriver en volant par les Bermudes. Ils peuvent être facilement sur le front avant la fin juillet", il ne manquait jamais une voix goguenarde et fatiguée des faubourgs pour conclure nonchalamment :

- Tiens, celui-là aussi, il croit encore au Père Noël ?

Parfois, derrière un camion, on surprenait les confidences de deux communards indéfectibles :

- T'en fais pas, va, mon pote. Tu comprends, il faut saisir les choses. Tu te figures pas que Staline va laisser comme ça l'hitlérisme s'installer dans toute l'Europe ? Attends seulement six mois, et tu vas voir comment qu'ils vont radiner, les Soviets, et quelle décoction ils vont leur foutre, aux Fritz. Veux-tu que je te dise ? Eh bien ! pour la vraie lutte des classes, pour l'ouvrier, quoi ! la déculottée qu'on vient de prendre, c'est du bon.

J'étais révolté par cette foi animale. Mais la suite devait démontrer que les espérances de ces brutes tenaient beaucoup mieux debout que la féerie yankee et capitaliste de la bourgeoisie diserte.

Dans la soirée, nous arrivâmes aux abords de Fougeré, près de la Roche-sur-Yon, un petit village vendéen qui sentait déjà la mer. Nous étions encore confinés dans les bois. Mais il faisait sec. Nous pûmes échapper à l'éreintante et fétide promiscuité des camions, et dresser la tente dans les clairières. A la vérité, je ne suis pas campeur et "tenteur" pour un liard. Vive la marche à pied et la bicyclette, mais en cantonnant. C'est le principe napoléonien... Transporter à dos des marabouts et des casseroles, quand le foin des granges est si bon, si succulente l'auberge, ce sont des amusettes de petites filles.

Fougeré n'était encore pour nous qu'une halte. Le dimanche matin, 16 juin, un petit bond d'une trentaine de kilomètres nous portait jusqu'à Mareuil-sur-le-

Lay. Cette fois, nous établissions solidement nos pénates. Le gros de ma compagnie s'installait dans les communs du château de Salidieu, une grosse gentilhommière couverte de lierre, toujours au milieu des bois. Mais le bourg était rapidement accessible, charmant avec son vieux pont, sa rue animée de jupes claires. Avec la sûreté du sourcier, nous avions découvert, dès le premier bistrot, un petit pichet rose du pays, absolument délectable. La patronne acceptait de fricasser pour les poilus. Chez ceux du moins à qui restaient quelques sous, on voyait les mines s'épanouir. Le 16 juin 1940, quand nous venions d'apprendre l'entrée des Allemands à Paris... Je n'y peux rien. Je me contente d'être un chroniqueur aussi fidèle qu'il se peut. Nous en étions à notre septième jour de biscuit moisi.

Une charmante fille de dix-huit ou dix-neuf ans, dans une fraîche robe d'été, ses cheveux dorés en auréole, voltigeait autour de l'équipe du T bis.

- Vous êtes tous des Parisiens ? Moi je suis du Vésinet. Mon Dieu ! mon Dieu ! dire que les Allemands sont chez nous.

Mais pendant qu'elle parlait, l'étincelle de l'Éros des désastres dansait dans les yeux vifs de cette gentille petite bourgeoise.

Le parc du château de Salidieu possédait un grand étang, dont les bords s'étaient aussitôt peuplés de pêcheurs en kaki taquinant les anguilles avec enthousiasme. À plat ventre dans l'herbe, à quelques pas de moi, un brigadier à lunettes de sacristain discutait gravement, à mi-voix, avec un maréchal des logis. Le brigadier était un jeune et pieux gentilhomme périgourdin, le margis un séminariste.

- La prophétie de Nostradamus est formelle, disait le brigadier. La grande bataille qui écrasera le Barbare et délivrera la France aura lieu aux environs de Poitiers. Nous voilà tout près de Poitiers. Les Allemands ne doivent plus en être bien loin. C'est bon signe.
- Mais oui, disait le clerc, je suis comme vous. J'ai de l'espoir.

Les deux croyants me jetèrent un oblique regard. Comme je devais sentir fort le fagot, ils continuèrent dans le creux de l'oreille.

J'avais loué le matin pour dix francs un vieux vélo. Je redescendis en quelques tours de roue au bourg. La grosse marée de l'exode venait de l'atteindre, ébranlant les paisibles maisons, frôlant les trottoirs de ses milliers de roues. Toujours et encore des officiers et des femmes, des limousines à matelas, des Juifs. On voyait apparaître les premiers camions de la Royal Air Force. Un de leurs sergents, en panne de pneumatique, hochait la tête.

- Chose dégoûtante. Nous réembarquons. Je ne sais pas si c'est à La Rochelle ou à Bordeaux. Nous vous abandonnons. Hélas ! c'est l'ordre.

Une petite Fiat s'arrêta presque en face de notre café. Il en descendit une jeune femme qui disparut, et un soldat français qui vint à nous. C'était un grand gaillard de caporal, jeune, vigoureux, la physionomie ouverte et extraordinairement animée. Il portait les écussons du 150e d'infanterie, mon ancien régiment du service actif.

- Bigre ! fis-je. Le 150e ! C'était la 12e Division, hein ? Il ne doit pas en rester lourd.
- Tu l'as dit, vieux. Pour voir des choses, on vient d'en voir.

Et séance tenante, debout sur le trottoir, les yeux illuminés par les gigantesques images qui flamboyaient encore devant lui, sans un mot de jactance, mais avec une verve fiévreuse, des mots très simples mais tous justes, il nous jeta, tout chaud son récit. Le Cinquante, troupe d'élite de notre armée du Nord, s'était dès les premiers chocs en Belgique battu avec courage, mais pour se voir aussitôt dépassé par l'événement, désarticulé, ses postes de commandement volatilisés, ses liaisons anéanties sous les raids incessants des Messerschmitt. Ce n'était pas que les avions tuassent beaucoup de monde, mais les hommes se trouvaient impuissants sous les piqués de ces énormes aigles qui rasaient les arbres et les toits, mitraillaient et torpillaient en toute liberté. Ces ouragans dispersaient les compagnies. Quand les meilleurs officiers étaient parvenus à en rallier une partie, un raid encore plus massif les disloquait de nouveau. La division avait été à l'arrière-garde jusqu'à la mer, tiraillant furieusement, mais au petit bonheur, par bandes décousues, au milieu d'une confusion de régiments rompus, de corps entiers gagnés par la panique, les escadrons montés, les blindés, l'artillerie lourde, les fantassins, le train, les pionniers, l'intendance, les états-majors, les remontes, les Belges, les Anglais refluant pêle-mêle, parmi une fourmilière de civils horrifiés répandus en tous sens et obstruant les moindres chemins, parmi les villages en flammes, les voitures calcinées, d'autres versées, tous leurs occupants tués, les blessés, les cadavres d'enfants abandonnés le long des routes.

Un régiment écossais s'était fait décimer bravement près de la division. À Dunkerque, ce qui restait du Cent-Cinquante luttait encore.

- Les artiflots tiraient à vue sur les Fritz qui arrivaient en camions. Il en sautait des files entières à la fois. Mais il en venait toujours d'autres. Le port était plein de bateaux qui brûlaient. Ça éclairait la nuit comme sur les boulevards avant la guerre. On était là peut-être six cent mille, un million avec les civils, je ne sais pas. Remarquez que les Fritz ne tapaient pas comme ils auraient pu. S'ils avaient voulu, ils faisaient un carnage que personne il en sortait. À la fin, plus de Cent-Cinquante, plus de division. On dit : "Chacun pour soi". Il y en avait qui partaient en barque, avec des rames. On voyait des canots couler à pic, cinquante hommes disparaître d'un coup. On s'en foutait autant que d'une mouche qui se noie. Ces fumiers d'Anglais avaient encore de la place sur leurs bateaux. Mais ils levaient les échelles. Ils plaçaient des mitrailleuses sur les bastingages, ils écartaient les Français à coups de crosse. Moi, je ne voulais pas être fait aux pattes après avoir tiré ma peau de ça. Je prends un casque d'un Anglais clamecé. Je monte avec des Ecossais. Ni vu ni connu. On me débarque à Folkestone. Je me rembarque sur un aviso français. Les avions fritz nous attaquent à la bombe. On échappe. Me voilà à Cherbourg, tout seul, sans un radis. Je me colle mon casque français sur le cassis. J'arrête la première bagnole au milieu de la route : "Service commandé. Conduisez-moi jusqu'à Caen". À Caen, je recommence jusqu'à Paris. Je suis de Paname, mécanicien-ajusteur à Clichy. J'habite à Montmartre. Je vais embrasser ma femme, je dors vingt-quatre heures de file dans mon page. Je me sens d'attaque. Je vais me présenter aux Invalides. Tout ça commençait à se débiner.

"Les scribes découvrent cependant dans leurs papiers trois ou quatre autres rescapés du Cent-Cinquante, qu'on avait dirigés sur Laval ou Le Mans, je ne me souviens plus au juste.

"J'arrive. On est dans une caserne avec 1.500 autres types. On passe deux jours sans s'en faire. La troisième nuit, des bombes. On ne va se lever pour ça, tu penses. On continue à pioncer. Au matin, on veut aller chercher le jus. On est quatre, tout seuls dans la caserne. Tout le dépôt a levé l'ancre. Déménagement complet. Je vais en ville. Je vois une petite poule qui essaye de faire partir sa Fiat. Elle me demande si je sais conduire. Je prends le volant. Et voilà. Nous poussons droit devant nous. La petite ne sait pas où elle va, moi non plus. C'est dommage, si l'avais su, j'aurais bien emmené ma femme. Mais il n'y a que les officiers qui se soient payé ça. Bonsoir les enfants, et merci pour votre picolo. Il est bon, par ici. On va essayer d'aller crécher du côté de La Rochelle. C'est le grand tourisme, quoi !"

Il disparut dans une nouvelle vague, laissant derrière lui une odeur épique d'aventurier. Le torrent qui roulait devant nous n'avait plus de nom. Une jeune femme de Sedan s'était embarquée sous les obus à bord de la petite Peugeot de son mari, n'ayant pas conduit une demi-heure dans sa vie, ne sachant même pas faire la marche arrière. Elle était pourtant arrivée jusqu'à Mareuil, à travers l'inextricable cohue, véhiculant son petit garçon blessé d'une balle de mitrailleuse à la jambe, arrêtée enfin faute d'essence. Elle savait par cœur les numéros minéralogiques de toutes les voitures et nous les énumérait au passage.

- La Seine-Inférieure, le Nord, Versailles. Les Ardennes. L'Orne, l'Aisne, la Mayenne, la Meuse, la Sarthe, l'Oise, Nantes, Paris, Paris, Rennes, le Loir-et-Cher. Encore le Nord. Le Cher. Le Pas-de-Calais, la Manche, la Moselle, le Finistère, l'Indre. Oh ! ce camion, voyez ! il arrive du Jura. En voilà un voyage !

C'était le déménagement hagard de tout un peuple. Les bombes incendiaires pourraient bien faire rage dans les cités abandonnées : les pompiers fuyaient sur leurs pompes. Des mairies, des préfectures s'étaient jetées dans les ambulances de leurs villes. Toutes les firmes fameuses de Paris, de l'Est, du Nord, de la Bretagne défilaient, les grands magasins, les fromages, les cirages, les verreries, les aciéries, les sucreries, les produits chimiques, par ateliers complets, par maisons entières. On s'était empilé aux flancs des arroseuses municipales, dans les vans pour les abattoirs, dans les corbillards, dans les ramasseuses d'ordures. On avait emmené des vieillards paralysés, posés sur des brancards ou dans une brouette en plein vent, au fond d'une caisse de camion, des femmes enceintes de huit mois qui faisaient le voyage debout dans des bennes à charbon. Beaucoup, venus du Nord ou des Ardennes, étaient en route depuis un mois, faisaient leur trois ou quatrième repli, s'étant réfugiés d'Anzin ou de Roubaix à Rouen, puis de Rouen en Bretagne, poussant maintenant sans but jusqu'à la fin des trente ou quarante litres d'essence qui pouvaient leur rester, quêtant un quignon du pain qui se raréfiait, versant des larmes pour un oeuf, une bouchée du lard que les paysans s'étaient mis à cacher. Les visages terreux, fripés, offraient tous les aspects de cette misère blonde, combien plus sale et bestiale que la misère brune des pays de soleil. C'était le plus affreux spectacle de la détresse humaine. Mais je reconnaissais, parmi cette plèbe pourchassée, ces émigrés en bourgeron, ces lamentables ouvrières en cheveux, trop de têtes bornées et basses, identiques à celles des chienlits du Front Populaire. Je ne les accusais point. Je leur prêtais les petits secours en mon pouvoir, j'aurais voulu que tous, inutiles et oisifs comme nous l'étions, nous fussions requis pour en faire bien davantage. Mais il ne fallait pas me demander de la pitié. Il passait, mêlés aux Français, de nombreux Belges, dans un état plus triste encore, victimes réellement involontaires de la tornade. Mais je me souvenais des meneurs communistes que j'avais vus à Mons où ils manquèrent de m'écharper, faisant la haie poing tendu devant Degrelle, l'accablant d'injures et de cailloux, parce qu'il commettait le crime de leur apporter de généreuses et saisissantes vérités.

Au reste, il se confirmait bien que, depuis huit jours, les civils restés chez eux n'avaient plus rien à craindre, que Paris avait été occupé sans un coup de canon, que seuls les errants écopaient aux têtes de ponts ou confondus avec les convois militaires. On ne pouvait plus parler d'une retraite des faibles et des sans armes devant le péril. Les juifs déguerpissaient devant la croix gammée. Peu leur importait, la patrie d'Israël est partout. Les Français dociles, enjuivés jusqu'à l'os, suivaient encore le mouvement, se précipitaient dans les traces des éternels nomades, partageaient leur terreur panique, devenaient autant de Laquédems, abandonnant leur terre millénaire tout comme des heimatlos arrivés deux ans plus tôt des Karpathes.

C'est dans de tels instants que l'on sent vivre la patrie au-dessus de nos piètres petites personnes. Le sort de ce troupeau imbécile et apeuré ne m'arrachait pas une larme. Mais quelle chute, quelles pertes irréparables, quelles calamités bien pires que l'ennemi, sa désertion n'allait-elle pas entraîner pour la France de Chartres et de Versailles, de Louis XIV, de Stendhal, de Renoir ?

De longues colonnes de la Royal Air Force roulaient maintenant avec la caravane, un robuste matériel, des camions, des citernes, des ateliers d'outillage, des batteries et encore des batteries de D. C. A., filant à toute vitesse vers les ports du sud-ouest, en bousculant les vagabonds français. Les Tommies nous toisaient du haut de leurs voitures et narguaient notre défaite avec leur signe familier, le pouce en l'air : "All right ! on les aura". La France écrasée, mise en pièces ? Vulgaire épisode continental. Qu'elle crève dans son sang et dans la poussière. Pas un regard pour cette charogne. L'inexpugnable et invincible Angleterre continue. Tous nos canons pour elle. Good bye, Franchies. Nous, on s'en fout.

Des salauds ? Bah ! le mot était bien grand pour de simples troupiers. Mais à n'en pas douter, de jolis nigauds.

* * * * *

Le 17, dans la matinée, nous avions connu en même temps l'effarante note de Churchill, proposant une fusion de l'Angleterre et de la France en un seul empire, avec la même citoyenneté et sous la même souveraineté londonienne, et la démission de Reynaud, remplacé par le maréchal Pétain. La petite canaille s'avouait enfin vaincue. J'éprouvais un soulagement infini. J'observais autour de moi qu'il m'était presque purement personnel. Beaucoup de soldats du meilleur monde jugeaient grandiose, inespérée l'annexion de la France par la Grande-Bretagne. Ils ne voulaient pas encore admettre que l'on repoussât une telle chance. Ils étaient persuadés que l'arrivée au pouvoir de Pétain signifiait la recrudescence de la guerre, la résurrection de l'armée française.

Vers midi, avec mes amis Douat et Poursin, nous cassions une croûte dans un coin de notre petit café de Mareuil. À la radio geignait l'indicatif de l'État français, devenu si indécent :

Aux armes, citoyens, Formez vos bataillons...

On annonça tout à coup un message du maréchal Pétain, président du Conseil. Nous suspendîmes nos haleines. Des mots très lourds allaient tomber. Je connaîtrais dans un instant le sort de mon pays.

La vieille voix retentissait pour la première fois, profonde, mais cassée "C'est le cœur serré que je vous dis aujourd'hui qu'il faut tenter de cesser le combat.

"Je me suis adressé cette nuit à l'adversaire pour lui demander s'il est prêt à rechercher avec nous, entre soldats, après la lutte et dans l'honneur, les moyens de mettre un terme aux hostilités".

Notre émotion était extrême. Nous n'avions aucune surprise, mais mille pensées bouleversantes nous assaillaient. Quelle fortune, au bord de l'abîme, que d'avoir possédé encore ce vieux et digne soldat ! Lui seul, au nom de ses anciennes victoires, pouvait traiter avec l'ennemi, sauver de notre indépendance ce qui pouvait être encore sauvé. C'était la plus terrible épreuve pour un des triomphateurs de 1918, un sacrifice admirable. Je reconnaissais enfin le plus pur patriotisme. Enfin, l'Allemand n'était plus le Hun, mais l'adversaire, et l'on s'adressait à sa loyauté. A la dernière seconde, la France était arrachée aux mains des fous, des bandits, des Anglais et des juifs. Comme l'on avait tardé !

La plupart des autres poilus dont le café était bondé n'avaient rien compris, à peine interrompu, pour entendre le Maréchal, leurs belotes et leurs épais radotages d'ivrognes.

J'enfourchai hâtivement mon vélo pour répandre la grande nouvelle. Je la jetai à un jeune et charmant agrégé de droit, à un musicien, à un journaliste, à un inspecteur d'assurances, à des professeurs. Tous semblaient tomber des nues. Était-ce possible ? Voyons ? Mais comment ? Plusieurs soupçonnaient ouvertement le bobard : "Crois-tu ? On en dit tellement ! - Mais mon vieux, je viens de l'entendre de mes propres oreilles. C'est, un message à tout le peuple français. - Oh ! la ! la ! On ne sait jamais".

Les Anglais, les Belges, les Parisiens, les Picards, les Bretons passaient toujours grand train sur la route, panachés de force militaires français dans le plus complet désordre. Trois lascars de mon grenier venaient de lever de petites institutrices vendéennes et projetaient de leur faire voir le soir même la lune sous la feuille à l'envers. Mon voisin de paille était un gamin brun, chaud lapin s'il en fût, chassant les filles depuis le premier jour de la retraite avec un culot suffocant et pas un franc en poche. Il avait incontinent assailli la petite blonde du Vésinet. Il m'en faisait des confidences lyriques : "Ah! mon vieux ! Ah ! alors ! Cette poule-là. J'ai jamais rien senti de pareil. Je lui ai déjà foutu la main au c... Ah l que je suis content que ça soit l'armistice ! De ce coup, on va rester ici. Ah ! je pourrai jamais partir sans l'avoir...".

Il parait, ma foi ! que cela s'est terminé par un mariage.

* * * * *

Dans la journée du 18, cependant, on annonça notre départ imminent. La retraite se faisait de plus en plus précipitée dans Mareuil. Des troupiers nous disaient au vol que les Allemands étaient devant Nantes, qu'ils se faufilaient partout. La Vendée, à son tour, s'ébranlait, il nous arrivait des cantons voisins des kyrielles de paysans.

Cela continuait donc, comme l'horrible activité, les derniers soins auprès d'un moribond dont chacun sait qu'il sera un cadavre dans quelques heures. Il me semblait entendre des dadais à galons haranguer leur poignée de vaincus fourbus et sans fusils : "Attention, vous autres ! l'armistice est demandé. Mais c'est toujours la guerre. Voilà tout ce que je veux savoir ici". Et pendant que nous gueusions dans ce petit village, que nous sifflions litre sur litre de rosé, que les filles jouaient du derrière devant nous dans leurs robes bleues et blanches, des malheureux, nos frères, tombaient encore. Plus rien ne pouvait être tenté, il fallait abandonner la lutte, le vieux Maréchal de Verdun lui-même l'avait dit, et pourtant, des soldats mouraient toujours. Quelle surhumaine intrépidité, quelle farouche ivresse, ou quelle incomparable absence d'imagination ne fallait-il pas pour se faire tuer ainsi, à la dernière heure, sachant ce que l'on savait ! Ah ! pour Dieu ! que ces braves-là fussent aussi peu nombreux qu'il se pût ! La France avait trop besoin d'un aussi beau sang. Il était trop tard, cent fois trop tard pour réparer par les armes quelque chose de notre honte militaire. S'il se pouvait qu'on la rachetât, ce serait, par d'autres moyens, un autre courage, d'autres sacrifices enfin utiles.

Notre fameux C.OR.A2, lui, quoi qu'il advint, se garderait bien de nous réclamer nos vies. Il serait fort capable par contre, pour achever dignement sa campagne, de nous faire prendre sur place, dans les roues de nos camions, à deux pas des Sables-d'Olonne. Quelques bougres le souhaitaient, convaincus qu'ainsi ce serait pour eux beaucoup plus vite fini. Mais de jeunes aspirants préparaient déjà notre fléchage, aussi glorieux d'avoir été choisis pour cette mission, aussi remplis d'elle que s'ils eussent commandé un coup de main dramatique à la tête d'un corps franc. Ah ! Ah ! les défaitistes n'avaient qu'à bien se tenir.

Après tous les contre-ordres d'usages, nos colonnes s'éclipsèrent en coup de vent à deux heures du matin.

Les décombres

* * * * *

Le jour nous trouva aux environs de Parthenay, dans ce Poitou qui m'apparaît si coquet, l'un des coins de France les plus pimpants, avec des villages si frais et joliment léchés, peut-être parce que j'ai dans mes veines un peu de son sang.

Nous allions à pleine vitesse vers Saint-Maixent. Mais notre belle allure fut bientôt freinée. Je n'oublierai pas de sitôt certains carrefours des routes nationales, aux environs de La Crèche, non plus que Saint-Maixent et bien d'autres lieux de cette matinée. Nos embouteillages aux portes de Paris n'étaient auprès de cela que d'aimables embarras de carrosses. Il semblait que tout ce qui avait passé sous nos yeux depuis dix jours se fût coagulé là. La migration s'achevait dans une complète démence. Les troupeaux des Deux-Sèvres et de la Vendée arrivaient dans le dos de tous les autres. Tandis que cette mer cherchait à descendre vers le sud, les Charentes, fuyant l'avance allemande le long de la côte, remontaient vers le Nord. Les caravanes de La Rochelle et celles d'Amsterdam, de Lille ou d'Angers venaient se heurter front à front. Toute ombre de raison avait abandonné notre pays. On se précipitait sur les routes comme un fétu suit un autre fétu dans les remous d'un fleuve débordé. Des caissons et des pièces d'artillerie, des prolonges attelées, des roulantes, des autos-mitrailleuses étant venus s'y noyer, se débattaient en vain. Et les vagues se touchaient à perte de vue sur des lieues et des lieues, jusqu'au fond de l'horizon plat.

Toutes les boulangeries étaient vides depuis longtemps, toutes les pompes à essence étaient taries. Il n'y avait plus nulle part assez de maisons, de granges, d'écuries pour ce peuple entier pris d'un délire ambulatoire. Beaucoup s'étaient affalés, leurs moteurs à sec, leurs voitures télescopées, leurs vélos brisés, leurs bras et leurs jambes recrus.

De gigantesques et sordides bivouacs apparaissaient en pleins champs, à l'entrée des villes, sur les places de foire. Les naufragés échoués là étaient livides sous leurs emplâtres de crasse et de poussière, leurs vêtements pitoyables et déjà fanés de citadins qui tournaient à la défroque de trimardeur, le poil couleur de bête malade, beaucoup tordus de dysenterie. Des femmes avaient dormi sur la terre dans des manteaux de vison. Des couturières de la rue de la Paix se torchaient dans les fossés, retroussant leurs robes de dix mille francs. Des Packard et des Rolls-Royce étaient devenues roulottes, avec des oripeaux pendus à leurs fenêtres. De grands bourgeois grattaient avec leur chauffeur quelques carottes crues dans une cuvette ébréchée. Des fillettes de treize ans, le visage de cendre, pareilles à de malheureuses petites poupées crevées et jetées au seau d'épluchures, étaient prostrées parmi le crottin et les flaques de cambouis, souillées de leurs règles jusqu'aux mollets.

Nous voyions sous nos yeux se disloquer, s'anéantir d'heure en heure toute la civilisation, tous les organes de la terre la plus équipée, la plus regorgeante de biens du monde. L'orgueilleuse et confortable guerre des riches, des ventres pleins, des fesses douillettement voiturées, les temps des relais gastronomiques, de *Paris-Soir*, de Paris-Hollywood, de Mme Schiaparelli et de la Standard Oil s'achevaient ainsi en innommable sanie et en paralysie. Dans l'espace de trois jours, la France venait de sauter à reculons dix siècles et se trouvait aux portes d'une famine médiévale.

* * * * *

Nous obliquions maintenant vers Limoges. Nous grimpions, descendions les croupes feuillues du Limousin. Des détonations lointaines - canons, bombes - oubliées depuis huit jours retentissaient.

Les agrégés me ricanaient :

- Hein ! tu l'entends, ton armistice ?

On me tenait pour un farceur de mauvais goût, sinon pour un suspect. Le bruit s'accréditait que le discours de Pétain était un faux disque, un piège de la cinquième colonne.

Nous avions rejoint des files de chars, cahotants, poussifs, la plupart sans tourelle, les tôles déglinguées, un engin remorquant l'autre, calamiteux vestiges d'une division mécanique. Nous rencontrions un autre C.OR.A., des Lyonnais, qui avaient peint Guignol sur leurs "américains" innombrables et inutilisables comme les nôtres, puis des morceaux d'un bataillon d'infanterie, conduits par un adjudant, recueillis par ce qui restait d'un parc de génie, des phalanges hétéroclites faites d'aviateurs, de chasseurs belges, de mitrailleurs, d'ambulanciers, de pionniers et de dragons.

Aux haltes, des petites femmes exsangues, boitant dans leurs souliers déchirés, traînant des valises et une grosse vieille mère éplorée, venaient nous supplier de les prendre à notre bord pour un bout de chemin, racontaient de désolantes odyssées d'autos défuntes, d'enfants égarés, de cinquante kilomètres faits à pied, de paysans vendant vingt francs un verre de lait. Nous respections en gémissant la consigne formelle de les repousser. Mais à une lieue de là, sur des camions militaires, entre des artilleurs et des tringlots en goguette, on voyait rire aux mâles, en se faisant palper les cuisses, des filles déguisées d'un calot et d'une capote.

Ah ! la 1ère,

Sérénade sans espoir !

Nous n'allions plus vers Limoges. Nous faisions un nouveau crochet vers le Sud, nous allions arriver en Corrèze et nous descendrions plus loin encore. La France était plus qu'à moitié envahie, et depuis vingt heures nous roulions encore, toujours plus bas. À chaque borne dépassée, il me semblait que nous perdions un lambeau de notre patrie pour toujours. N'arriverions-nous donc point à sortir de ce cauchemar ? Pétain avait dit qu'il fallait "tenter" d'obtenir l'armistice. Était-il trop tard, après tant de crimes, pour conjurer les derniers coups du sort ? Les Allemands refusaient-ils notre pitoyable reddition ? Ne pousseraient-ils pas leurs chars jusqu'à la complète conquête de notre territoire, jusqu'à l'engloutissement de la souveraineté et du nom français ?

Je me mettais à haïr ceux qui autour de moi ne sentaient point cette angoisse, restaient indifférents quand j'essayais de la leur dire, supputaient d'un air dégagé nos moyens de résistance.

De détours en détours, d'arrêts en embouteillages, notre camionnette avait perdu la file. Nous connaissions le lieu de rassemblement du lendemain. D'un commun accord, nous décidâmes d'aller passer la nuit un peu à l'écart de l'hallucinante retraite. Un chemin de traverse nous conduisit à Lasteyrie, un petit hameau de Corrèze, près d'Allassac. Il ne restait plus là qu'une quinzaine de braves femmes qui fondirent en pleurs à notre vue, nous ouvrirent les bras et nous firent, après le plus touchant des branle-bas, un festin de pâtés et de saucisses.

CHAPITRE XXIII

LES ARMÉES DE LA DORDOGNE

J'étais accoudé à une table de ce petit bistrot corrézien où nous cherchions à nous faire servir un bol de café chaud. Le patron nous proposa les nouvelles de la radio. J'eus un geste instinctif pour m'écarter. Mais désormais, je n'avais plus rien à redouter. Si mes amis prisonniers avaient pu réchapper, ils seraient bientôt libres.

Le poste se mit à débiter le communiqué. Il y avait donc encore un communiqué. Les Allemands étaient à la fois à Metz, à Rennes, à Roanne, ils marchaient sur Brest et Vichy. Ils avaient pris Lyon,

"A Andance, sur le Rhône, après un très vif combat, un détachement de spahis a repoussé des unités blindées appuyées par un bataillon allemand".

Bon Dieu ! Andance était à quinze kilomètres de Moras, mon village. Ma femme, ma mère, ma sœur se trouvaient sous la ligne de feu. Erraient-elles, elles aussi, sur les routes ? Je méprisais les chefs qui ne s'étaient pas battus. Mais Je détestais ce colonel de spahis, pris d'héroïsme à vingt kilomètres de Valence, et qui peut-être venait de faire couler le sang des civils. Pourquoi ces épithètes sur notre résistance opiniâtre ? A qui espérait-on encore donner le change en enjolivant des escarmouches, quand les Allemands, de l'Océan aux Alpes, accomplissaient à loisir leur promenade en tanks ? Je ne voulais plus entendre parler des militaires archi-vaincus, funestes quand ils ne se battaient pas, funestes quand ils essayaient de se battre. Assez, assez de combats, de simulacres. Que l'on nous dît quand allait s'achever cette horrible aventure, si la France moribonde avait encore un espoir de survivre. Nous ne voulions plus rien apprendre d'autre.

Nous traversions Brive-la-Gaillarde, Sarlat, bondées de troupes panachées. L'arrivée de nos colonnes augmentait visiblement, le long des trottoirs, la consternation. La guerre en Périgord. Il n'était rien de plus fou, de plus impensable. Pour la première fois, des villes entières nous manifestaient une compassion que pour notre part nous escroquions bien un peu. A Sarlat, sur la chaussée, des jeunes filles nous tendaient des biscuits, du chocolat, des cigarettes. Les hommes étaient éblouis. Les plus mauvais coucheurs du Nord rayonnaient : "Ah ! tu parles ! Ah ! dis donc ! J'en suis tout retourné. Ah ! je me souviendrai de Sarlat". Curieux peuple, étonnant nourrisson qu'un soldat. Deux bâtons de chocolat, quatre gâteaux secs, et le voilà ému aux larmes, conquis, bouillonnant d'enthousiasme. Qu'ils sont candides et dociles dès qu'un des petits gestes qu'il fallait a été fait devant eux ! Comment n'ambitionnerait-on, pas de les conduire ?

Dans la soirée, après de fastidieuses circonvolutions, nous touchions enfin notre port, sur la Dordogne, à Siorac-en-Périgord où pullulait le kaki. Les cuisiniers nous distribuaient enfin de la soupe chaude. Deux Parisiennes en fourrures, avec des bagues de diamants, vinrent mendier une gamelle, et la dévorèrent, assises sur un marchepied de camion.

Nos belles voitures étaient fourbues déjà, les caisses déviées, les radiateurs enfoncés, comme si elles eussent fait le tour de l'Afrique. On assurait cependant qu'aucun de nos conducteurs n'avait tué personne, ce qui est après tout possible. Je découvris une paillasse dans un camion de l'infirmerie. J'endormis dessus ma noire mélancolie.

"Jusqu'au bout. On ira, jusqu'au bout", s'étaient écriés MM. Reynaud, Mandel, Maurras et consorts. Pour comprendre à quel point nous étions allés jusqu'au bout et que nous l'avions même très largement dépassé, il fallait voir Siorac, Belvès, Le Coux, Le Buisson et quelques autres aimables lieux périgourdins, les 21 ou 22 juin 1940.

Trois cent mille hommes venaient s'échouer sur le territoire de deux cantons. Avec un groupe d'artillerie lourde pourvu encore de tous ses officiers, le C.OR.A2, pour autant qu'on pouvait le compter dans l'armée, était peut-être la seule unité demeurée plus ou moins cohérente. Le C.OR.A2 modèle d'ordre : c'était tout dire.

J'étais allé faire une corvée entre trois villages, à bord d'un de nos "White". Dans la moitié d'un après-midi, j'avais reconnu les écussons de plus de cinquante unités différentes, l'élite des combattants agglutinée avec les dépôts, les services des plus placides casernes berrichonnes, poitevines, limousines : quatre ou cinq bataillons de chasseurs, dix, quinze régiments d'infanterie de ligne, des pionniers, des zouaves, des tunisiens, de la D. C. A., de l'artillerie à cheval, de l'artillerie tractée, des groupes de reconnaissance, des régiments régionaux, de l'artillerie coloniale, des chasseurs pyrénéens, des bataillons de mitrailleurs, des bataillons de chars, des aviateurs. Les morceaux de trente divisions concassées, de sept à huit régions militaires, surgissaient ainsi par paquets de vingt-cinq, trente hommes, qui souvent étaient eux-mêmes de plusieurs régiments. Le dernier carré d'une compagnie de l'air tourangelle s'était uni aux survivants d'un escadron de cuirassiers qui avait vu les premiers combats en Belgique. Des hussards motocyclistes avaient recueilli dans leurs sides les rescapés d'un régiment de coloniaux.

Après les cars de tourisme, les autobus parisiens, les camions de livraison du Printemps ou des Galeries Lafayette, tous bondés d'épaves kakies ou bleues, après les nuées de cyclistes, venait le cortège des piétons de la débâcle. On voyait surgir des figures de la Bérézina, un territorial solitaire, tout gris, la tête bandée, avançant sur un bâton à petits pas chancelants de vieillard, un pied dans un soulier, l'autre saignant dans un torchon attaché à une planchette.

Presque tous ces malheureux avaient cinq cents, huit cents, mille kilomètres et plus dans les jambes. Leurs godillots étaient crevés, les semelles raclées jusqu'à la tige, les uniformes en pièces, les figures hébétées de fatigue. Beaucoup de ces chemineaux s'étaient affublés de casquettes, de pantalons civils, avançaient sur des espadrilles ou des pantoufles, traînaient cependant avec cela leur fusil, pour autant qu'ils en avaient jamais eu un. L'armée de Verdun n'était plus qu'une débâcle de clochards. Il nous semblait que la France entière s'écroulait sur nos dos.

Quatre grands nègres casqués, soigneusement harnachés de leurs cartouchières, de leur masque, de leur baïonnette, venaient de s'arrêter sur le bas côté de la route. C'étaient des pionniers coloniaux, de beaux et naïfs sauvages du plus profond de la brousse, noir de jais, avec des dents limées en crocs aigus de fauves. Avec toute leur fierté et toute leur vigueur, ils étaient épuisés. Un seul balbutiait quelques mots français :

-     Tu as faim ?
-     Pas mangé deux jou's.

Nous découvrîmes pour eux une boule qu'ils prirent timidement.

-     Vous êtes perdus comme ça depuis longtemps
-     Beaucoup jou's m'aché. Beaucoup. Plus compagnie. Capitaine pa'ti auto.

On arrivait à comprendre que ces pauvres diables avaient traversé la France tout seuls. Des chefs avaient commis ce crime, plus honteux que n'importe quel autre, d'abandonner ces malheureux primitifs pour qui l'officier tient lieu de tout, de père, de drapeau, de conscience.

Je dis à, l'interprète :

-     Maintenant, vous n'avez plus rien à craindre. Vous êtes sauvés. Tu reverras ton pays.

Il se mit à rire en faisant "non" de la tête. Il n'y avait certainement pas d'idée plus invraisemblable pour lui que celle de revoir sa case après une telle catastrophe des Blancs.

Un caporal algérien, croix de guerre coloniale et croix de guerre 1940, respirait par contre une ironique allégresse :

- Li cap'taine a dit qu'y s'en foutait, que tout l'monde y s'dimmerde. Alors, moi, j'y m'dimmerde.

Hilare, il montrait sous sa capote, pendus à sa ceinture, un lapin et un canard.

Nous nous empressions, compatissants, autour d'une demi-douzaine d'épaves du 5e bataillon de chasseurs, "motorisé", disait très sérieusement l'annuaire de l'armée, durement engagés au nord-est de Paris, n'ayant point arrêté depuis d'errer sur leurs pauvres pieds écorchés. Ils étaient noirs de crasse, ils ne pouvaient plus plier les genoux. Ils étaient sans pain depuis près d'une semaine. Nous les conduisîmes à notre cuisine. Le plus jeune, à peine assis sur un banc, s'effondra endormi dans sa gamelle.

- Son frère a été tué près de lui sur la Marne, dirent doucement ses compagnons.

Dans les voitures et les camions, il était arrivé que l'on aperçût des lieutenants, des capitaines, des colonels. Mais parmi les dizaines de milliers de pauvres diables à pied, arrière-garde poignante de trimardeurs mourant de faim qui défilèrent devant nous, nous ne vîmes pas un officier. Pas un. On ne fera jamais croire à personne qu'ils étaient tous tombés à l'avant.

Ce que je dis ici n'est sans doute point vrai pour tous les secteurs de cette immense débâcle. Mais je témoigne de ce que mes yeux ont vu.

Presque aucun des pitoyables rescapés n'avait un centime sur lui. La plupart, comme tous ceux du C.OR.A, étaient ravagés d'inquiétude sur le sort des leurs, Normands, Flamands, Picards, Parisiens, Bretons, Tourangeaux, dont ils ne savaient rien depuis des semaines, qui n'avaient pu que rester sous l'occupation, peut-être sous les bombes, ou se précipiter dans la folie de l'exode. À tous ceux que j'abordais, j'essayais d'apporter quelque réconfort.

- Courage, le plus dur est fait maintenant. C'est la fin. Nous serons bientôt chez nous.

Ils hochaient la tête, peu convaincus. Ils se savaient battus, mais ils n'arrivaient point à croire au "cessez le feu". Ils attendaient, l'échine triste et passive, quelque autre calamité inconnue.

Cependant, Pétain avait donné au pays les nouvelles que je souhaitais si violemment : la demande d'armistice confirmée, les plénipotentiaires désignés, les pourparlers entamés.

"Ce coup-là, ça ne va plus traîner, disais-je le 21 au soir à un excellent brigadier-chef de mes amis, licencié ès lettres, aspirant au doctorat, professeur d'allemand dans le Doubs, ou Haute-Saône.

"Bah ! bah ! me répondit-il, il ne faut pas perdre confiance. Il parait que le matériel américain débarque à Bordeaux".

Le soir-là, le lendemain peut-être, nous étions allés dans une grande ferme entendre avec tout le hameau les dernières dépêches de la radio. Nous étions une vingtaine, alignés au fond de la vaste et sombre cuisine aux gros meubles luisants. Au lieu des nouvelles escomptées, une voix cléricale s'éleva, éplorée et nasillarde. C'était l'archevêque de Bordeaux qui poussait la grande jérémiade de nos malheurs. Nous subissions, mes frères, le châtiment de nos péchés. Du terrible malheur qui frappait notre chère France humiliée et blessée, nous étions tous les responsables. Nostra culpa ! nostra culpa !

Je ne pus contenir ma fureur. Elle éclata tout haut. Ah ! sacré nom de Dieu, qu'il parle pour lui, ce braillard à chasuble. Moi, je ne me sentais coupable de rien. Au contraire. Je n'éprouvais qu'un remords : celui de ne pas avoir eu l'audace de prêcher l'apostolat du revolver contre les ennemis de la France, de ne pas avoir eu le courage d'en donner moi-même l'exemple. Je n'avais aucun tort, sauf celui de n'avoir pas botté cette canaille d'Église, ce bénisseur de Juifs, ce lécheur de démagogues, cet acolyte mellifu de tous les destructeurs de la France, qui nous eût fait éconduire par un de ses vicaires comme des gueux, si un an plus tôt nous étions venus solliciter son aide, nous, les seuls qui eussions crié au casse-cou, mis nos pauvres carcasses en travers de l'ennemi belliciste. Le désastre n'était même pas encore consommé, et, déjà les ratichons déployaient leurs manches et leurs soutanes pour couvrir les malfaiteurs, lançaient le "peccavimus" général pour embrouiller la justice et noyer les grands crimes dans leurs patenôtres. Ah ! les fétides et venimeux cafards ! N'allait-on pas enfin leur intimer silence, le poing sous leurs gueules immondes ?

À Gien, racontaient des Poilus, en plein bombardement il y avait une femme, pas une fauchée, du beau linge, à côté d'une grosse auto en panne. Elle levait sa jupe jusqu'au menton, sa culotte par terre, tout son chose à l'air, et elle criait : "Je me donne ! je me donne à celui qui me conduira ! Je me donne à celui qui me sauve."

Ils décrivaient le sac des magasins, des villages, par les hordes d'émigrés, les bandes de soudards, souvent les voisins du fugitif, pris d'une frénésie de vol, qui démolissaient les portes, brisaient les fenêtres, vidaient les maisons abandonnées.

- Les Fritz auront bon dos. Ah ! c'est beau à voir.

D'autres encore expliquaient comment ils s'étaient sauvés d'un bourg, dans la venette générale, au milieu de trois ou quatre mille hommes qui se rendaient à une demi-douzaine de motocyclistes allemands.

On aurait formé des bataillons avec les troupiers qui arrivaient sur des tricycles, des vélos de femmes chapardés. Certains poussaient devant eux depuis Rambouillet ou Orléans des voitures d'enfants où ils avaient mis leurs casques et leurs cartouchières, entre des bidons de vin, des bouteilles d'apéritif, quelques conserves ou quelques poulets raflés au petit bonheur.

Des nuées de romanichels kakis rôdaient le bâton au poing, en quête d'un morceau de pain, d'une botte de paille, d'un coin de terre battue où s'étendre. Devant cette invasion hirsute, toutes les boutiques de Siorac avaient clos leurs volets.

Et l'on parlait encore d'un nouveau départ. Une section de tirailleurs marocains, l'unique troupe à pied en bon ordre que nous eussions vue depuis la Loire, venait de s'installer à l'entrée du pont de la Dordogne. Elle avait creusé un trou d'homme près du parapet et mis en batterie dedans un fusil-mitrailleur.

Nous demandions à l'adjudant du détachement le sens de ce déploiement de forces.

- Défendre le passage, nous dit-il sérieusement. Si les Fritz arrivent jusqu'ici, nous avons mission de résister.

Ainsi, vingt mille hommes sans une cartouche, les bras croisés, en contempleraient quinze chargés d'arrêter sans doute une division entière, et qui feraient démolir et ensanglanter un canton. Ce serait vraiment un fait d'armes digne des héritiers de Marengo et de Wagram.

On disait à tous les coins de rues et de granges que Pétain n'avait pu accepter les conditions des Allemands et que la lutte allait continuer !

J'étouffais d'impatience. N'arriverions-nous donc jamais à la fin de cette turpitude ? Pouvait-on avoir la plus petite confiance dans ce nouveau ministère, pareil aux plus plats et aux plus médiocres de la démocratie, avec son Chautemps, son Pomaret, son Chichery, son Frossard ? Et ces généraux qu'on expédiait aux Allemands ? Ces ganaches, ces avocassiers pouvaient-ils comprendre qu'il n'y avait plus à tergiverser une seconde si l'on tenait à sauver quelques parcelles de la France, si l'on ne voulait pas qu'elle fût démantibulée et décomposée sans recours ? Après n'avoir su ni éviter ni faire cette guerre, serait-on capable d'y mettre au moins un terme pendant qu'il nous restait encore quelques lambeaux de territoire ?

J'étais sans doute injuste, mal renseigné, mais la torture que subissait un Français malheureusement doué de sa tête était trop exaspérante elle aussi.

Le 23, dans la matinée, nous apprîmes que l'armistice était signé avec l'Allemagne. Mais pour qu'il entrât en vigueur, il fallait attendre que l'on en eût conclu un second avec les Italiens. Mortel délai. La 107e compagnie, depuis la veille, cantonnait à cinq ou six kilomètres de Siorac, dans les communs du château d'Urval. Je passai presque toute cette journée prostré dans la paille. Des soldats, autour de moi, rabâchaient des gaudrioles ou des âneries. A la nuit tombante, je trouvai enfin la force d'échapper à cette vomissure et d'aller aux nouvelles à Siorac.

J'arrivai à pic, pour l'allocution de Pétain. Elle répondait à une diatribe de Churchill que je ne connaissais pas encore, mais dont il était facile de deviner le sens.

"Il n'est pas de circonstances où les Français puissent souffrir, sans protester, les leçons d'un ministre étranger. M. Churchill est juge des intérêts de son pays : il ne l'est pas des intérêts du nôtre. Il l'est encore moins de l'honneur français.

"Churchill croit-il que les Français refusent à la France entière l'amour et la foi qu'ils accordent à la plus petite parcelle de leurs champs ? Ils regardent bien en face leur présent et leur avenir. Pour le présent, ils sont certains de montrer plus de grandeur en avouant leur défaite qu'en lui opposant des propos vains et des projets illusoires."

J'exultais. C'était splendide. Je voyais la rage des Anglais, à qui l'esclave docile faussait enfin compagnie, refusant de se laisser saigner à mort pour prolonger un peu l'agonie du tyran. J'étais ému aux larmes d'enthousiasme et d'attendrissement pour le vieux chef qui venait de réussir ce "décrochage". Par sa voix de grand-père, la France, pour la première fois depuis tant d'années, faisait acte de souveraineté nationale. Ce qui nous avait été interdit durant des lustres de prospérité, la défaite nous le permettait. Tout n'était pas perdu. Après de telles paroles, l'atroce *Marseillaise* des discours de Reynaud redevenait malgré tout l'hymne de la France.

Le lendemain, on pouvait cependant compter encore un clan anglophile parmi les hommes du C.OR.A2 : les Juifs, cela allait de soi, les judaïsants, tous ces faquins qui faisaient leur cour au millionnaire et très mondain maréchal des logis David, l'un des intimes de Mandel, et les assimilés, les nigauds, qui se voilaient la face à l'idée de reprendre la parole donnée. Ils voulaient absolument oublier que les Anglais avaient trahi les premiers cette parole, en nous octroyant, au bout de neuf mois de guerre, dix misérables divisions qui avaient bientôt lâché le combat. L'Angleterre avait tant d'autres forces ! Ces bourgeois étaient à ce point défrancisés, que la perspective d'être dégagés de la tutelle, des coffres-forts et des bateaux anglais, équivalait pour eux à l'annihilation de notre pays.

Le séjour dans les écuries du château, sur une mince litière broyée par cinq cents godillots, paraissait insupportable à mon T bis. On ne percevait pas à l'entour le plus petit symptôme de vie militaire, hormis une corvée que le châtelain, profitant d'une main-d'œuvre gratuite qu'il ne retrouverait jamais, se proposait de faire commander pour rempierrer son chemin, avec la complicité de deux ou trois brigadiers éblouis par une invitation au bridge. Fi ! quelle médiévale désinvolture chez ce marquis ! Nous avions décidé, à l'unanimité, de nous choisir un gîte de notre goût, à sept ou huit cents mètres de là dans la fenière d'un métayer italien. Nous emmenions avec nous les deux frères Tanchette, Tanchette senior et Tanchette le long, deux braves commerçants d'Amsterdam et de Groningue, jargonnant avec un extraordinaire accent hollandais, mais restés fidèles à la nationalité de leur père, lorrain d'origine, bien qu'ils ne fussent venus en France que pour leur service militaire et pour la guerre. Tanchette senior était bien un peu trop acharné à vouloir continuer la guerre "avec la flotte", mais on pouvait beaucoup pardonner à ces charmants et touchants garçons, vraiment Français par pur amour.

Nous apprîmes dans notre grenier, le 25 au matin, l'armistice définitif. C'était donc cette heure désolante que nous avions appelée et attendue si rageusement. La France était vaincue comme elle ne l'avait jamais été depuis six siècles. Le 11 novembre était effacé de l'Histoire. Je ne pensais pas à nous, indignes, mais aux morts de Charleroi et de Morhange[5], aux charniers en pantalons rouges alignés devant les mitrailleuses par M. de Grandmaison, aux cinq cent mille

---

[5] Je demande au lecteur de ne rien sauter dans l'énumération qui suit, mais au contraire de la lire lentement, en faisant réflexion après chacun de ces noms.

massacrés du "grignotage", aux noyés des Flandres, aux enlisés des Éparges, aux martyrs du Vieil-Armand, de la Champagne, de la Somme, de Verdun, à ceux de Berry-au-Bac, de La Main de Massige, de Crouy, de Perthes, de Vauquois, du Four de Paris, d'Ablain-Saint-Nazaire, de Notre-Dame-de-Lorette, de Curlu, de Rancourt, de Bouchavesnes, de Laffaux, de Craonne, du plateau de Californie, de Soupir, du fortin de Beauséjour, du bois Le Prêtre, du bois des Caures, du bois de Vaux-Chapitre, de la Côte du Talou, de la Côte du Poivre, du ravin de la Dame, des carrières d'Haudromont, de la batterie de Damloup, aux coloniaux du 25 septembre Quinze, à la 72e division dans la neige du 21 février Seize, à ceux des chars qui brûlèrent le 16 avril Dix-sept ; à ceux de mon village, les deux frères Perroud, les petits chasseurs farauds aux yeux ronds, aux oreilles écartées sous la "tarte", les deux frères Friaux, disparus, pulvérisés dans les obus sans laisser le moindre lambeau d'eux-mêmes, les trois frères Besset, le sergent Barnaud, qui avait vingt-deux ans et qui râla deux jours dans un trou devant Douaumont, le conducteur Chorier, tombé quatre jours avant la fin, tous ceux qui avaient gravi sans fin, pendant des mois, pendant des ans les calvaires de la boue, de la vermine, de la faim, des pieds gelés, de l'ypérite, des barrages, des pilonnages, des tirs de harcèlement, pour arriver à l'abattoir inéluctable ; pauvres petits, pauvres vieux, pauvres saints, pauvres diables ; douze cent mille morts de l'infanterie, cinq cent quarante mille morts de la paysannerie, quinze cent mille morts, et derrière eux, autre armée immense, les trépanés, les défigurés, les gazés, les amputés, les désarticulés, les manchots, les culs-de-jatte, les hommes-troncs, les aveugles, tous massacrés, torturés non plus même pour rien, mais pour que l'armée française capitulât aux portes de Bordeaux.

Nous passâmes toute cette journée à somnoler pesamment sur notre foin. Au soir, les conditions de l'armistice nous parvenaient. L'énormité du territoire qu'allait occuper l'adversaire acheva de nous consterner.

Le 26 juin, dans Siorac, on s'arrachait les journaux, avec la nouvelle allocution Maréchal. Le peuple français ne pouvait entendre paroles plus loyales et qui l'éclairassent mieux. J'y voyais enfin, décrite en plein jour, la guerre véridique, celle que nous nous chuchotions à l'oreille entre pacifistes, durant les horribles jours de mai : les fables du blocus, de l'or, des matières premières, de la maîtrise maritime, la réalité de notre lamentable faiblesse, le désastre total de nos armées de Belgique, au 5 juin, soixante divisions françaises, presque sans chars, contre cent cinquante divisions d'infanterie allemande et onze "Panzerdivisionen", nos troupes rompues aussitôt en quatre tronçons.

Le vieux soldat disait aussi :

"Nul ne fera usage de nos avions et de notre flotte. Nous gardons les unités terrestres et navales nécessaires au maintien de l'ordre, dans la métropole et dans nos colonies. Le gouvernement reste libre, la France ne sera administrée que par des Français."

Tout était là. L'homicide idiotie de quelques canailles avait étendu horriblement les ruines. Mais le nom de la France demeurait.

Le lendemain, un jeudi, au bourg proche, le Buisson, où campaient dix mille soldats peut-être, de tous les écussons, le tambour municipal avisait "les militaires appartenant aux VIe et VIIe armées de bien vouloir se réunir devant la gare afin d'être recensé". Beau document sur une débâcle arrivée au point où ce n'était même plus par divisions, mais par corps d'armée, que l'on pouvait regrouper les hommes...

Or, un général s'écriait le même jour "Soldats de la VIIe armée, vous pouvez rentrer chez vous la tête haute. Vous n'avez pas connu la défaite."

Ce fut ce jour-là aussi que je rencontrai mes deux premiers gaullistes, Nous connaissions, depuis la veille, je crois, le passage aux Anglais du brillant élève des Jésuites. Par la fenêtre d'une maison bourgeoise, en haut du Buisson, une radio vomissait les injures du traître à Pétain, hurlait sa résolution de continuer la lutte. Deux troupiers, dans la cour, écoutaient, bouche bée, fascinés, cloués sur place. Je revois fort bien l'un d'eux, un grand croquant du Nord, qui portait un pantalon de velours à côtes. L'autre devait être un ouvrier un peu affiné de Paris. Suffoqué d'un tel abrutissement, je les interpellai :

- Qu'est-ce que vous foutez-là, nom de Dieu, à entendre ce cochon ?

L'homme en velours tourna vers moi son épaisse et naïve face, foudroyée par la révélation, tel Moïse redescendant du Sinaï :

- Ce qu'on fait ? Ce qu'on fait ? Ben, on vient de comprendre qu'on a encore été vendus une fois de plus.

J'avais cru apercevoir, après les messages de Pétain, une espèce d'unanimité bien tardive autour de la raison enfin retrouvée. Mais l'angloconnerie faisait à vue d'œil tache d'huile autour de moi. Nos agrégés et licenciés, aussi bien que de petits employés, que les herbagers normands, s'affligeaient, s'indignaient quatre jours après l'armistice que l'on n'eût pas dépêché notre flotte à Gibraltar et Portsmouth, continué la retraite jusqu'aux Pyrénées, jusqu'à la Méditerranée, jusqu'en Afrique du Nord. Ils n'étaient pas capables de conclure du spectacle étalé depuis un mois devant leurs yeux à la consommation de notre écrasement militaire.

Pour les purs prolétaires, communistes endurcis, l'idée d'une défaite due selon toutes les lois de la nature à l'incapacité, la présomption et la bêtise des chefs, n'atteignait pas un instant leur entendement. La seule explication qui leur fût claire était la trahison générale, préparée de longue main entre gouvernements français et allemand, Hitler, Daladier, Gamelin, Mandel, Reynaud, Weygand, Pétain tous dans le même sac, ayant machiné de concert la guerre, puis la déroute, une frime colossale à seule fin de faire triompher le capitalisme et de museler les peuples. De Gaulle et Churchill étaient évidemment les seules belles âmes parmi ces flibustiers. Les gars répondaient à toute autre thèse par un sourire de finesse et de pitié. Il ne se pouvait pas qu'ils eussent déjà, perdus dans le Périgord, reçu les consignes des Rayons et des Cellules. Modelés à merveille, ils sécrétaient eux-mêmes, spontanément, leur doctrine. J'admirais sans réserve un enseignement qui produisait une aussi belle pâte d'élèves.

L'épaisseur de ces magnifiques sottises ne me cachait pas toutefois le franc bon sens d'autres tringlots qui étaient peut-être bien la majorité.

Quant aux autochtones, puisque la guerre avait daigné s'arrêter à leur porte, elle devenait déjà fort négligeable pour eux. Ils avaient surtout beaucoup trop à faire à garer jalousement leurs denrées les plus précieuses et à tondre au plus près, en vendant le reste, ce flot miraculeux de clients kaki.

*****

Ce furent les jours où l'on pouvait voir, dans les feuilles gasconnes et périgourdines, devenues les premières gazettes de France, des colonels d'infanterie demandant à la rubrique des objets perdus si quelqu'un n'avait point retrouvé leur C. H. R.

Un journaliste d'Agen exprimait avec aigreur le sentiment le plus vif de ses concitoyens, en vitupérant deux colonnes sur les soldats français. Ce moraliste reconnaissait que la plupart des officiers étaient arrivés sur le Lot et la Garonne fort avant leurs hommes. Mais il s'abstenait de tout jugement sur ces brillants automobilistes à qui l'industrie hôtelière de ces lieux devait la plus magnifique saison de tous ses âges. Par contre, les troupiers étaient des dégoûtants, dans des tenues à faire honte, bien capables, s'il vous plaît, de tordre le cou à une volaille, se permettant d'encombrer les trottoirs, voire même de s'intéresser aux demoiselles agenaises.

Ainsi, les soldats étaient échappés de la bataille où de la retraite, abandonnés de leurs chefs, sans nouvelles des leurs, presque tous sans argent, à peine nourris, déguenillés par six semaines de route. Mais c'étaient encore eux les galeux, les grands coupables. On les fêtait, ils faisaient verser des larmes dix minutes, quand ils arrivaient poudreux et épuisés. Mais le soir même, ils étaient devenus de répugnants importuns, des gueux dont l'aspect scandalisait et effrayait les familles.

J'attendais avec un extrême intérêt la révélation aux Français de la Wehrmacht. Je ne doutais pas, connaissant celle-ci, que la surprise ne fût prodigieuse. Les électeurs, leurs moitiés et leurs progénitures, guettaient derrière leurs volets les écorcheurs d'enfants, les outres à bière, les monstres roux, taciturnes, vêtus de papier buvard. Ils venaient de voir surgir à leur place cette armée de jeunes athlètes, de guerriers rieurs, propres comme des chats, ordonnés et équipés d'une étourdissante façon, légions neuves brillant de santé et de discipline, traînant plus de canons qu'il n'y avait de fusils chez nous, arrivant à perte de vue sur leurs roues et leurs chenilles quand nous venions d'allonger nos files de chemineaux boiteux. Un tel spectacle avait aussitôt déterminé chez nos concitoyens des exercices de reptation sur le nombril, qui faisait succéder la plus basse indécence à la plus grossière crédulité. Je me souviens d'un journal bordelais, dont on pourrait retrouver sans grand' peine le titre, où un plumitif avait célébré l'entrée des vainqueurs dans un papier du genre "fantaisie légère", avec des phrases de ce goût : "Ils sont arrivés, comme des touristes que l'on attendait depuis quelques jours, ils sont arrivés, jeunes, discrets, charmants".

Il n'y avait pas jusqu'à ce vieux plantigrade de Louis Gillet lui-même, cireur patenté de la Couronne britannique pour le compte de la maison Prouvost, qui, encore courbé sur les croquenots du dernier fuyard anglais, sans relever seulement la tête, exerçait sa brosse, à moins que ce ne fût sa barbe, sur la botte du premier officier allemand.

Mais l'espoir m'habitait, Je voyais enfin se lever les nuées hermétiques sous lesquelles depuis tant et tant de jours nous allions à tâtons. Pour qu'un coin de ciel apparût, il avait fallu que crevât un terrible orage, il avait tout ravagé autour de nous. Nous n'en marchions pas moins désormais non plus vers la faillite d'un abominable passé, mais vers un avenir où nous verrions maints de nos rêves prendre corps.

Les pensées, les propos qui avaient failli me valoir la geôle juive n'étaient autres que ceux du vieux Maréchal dont l'image m'enthousiasmait. Non, je ne pouvais pas m'enterrer dans la douleur.

Je venais d'apprendre par une note de journal l'heureuse libération de mes deux amis Laubreaux et Lesca. Ce qui perçait rapidement sur l'insignifiance des combats livrés au-dessous de Paris et des pertes humaines, levait les inquiétudes sur le sort des nôtres. J'étais encore déchiré chaque fois aussi cruellement, devant cette carte de France, coupée d'une ligne noire à la hauteur de Chalon-sur-Saône, que la République nous léguait. Mais ma peau et mon sang criaient ma délivrance presque à mon insu,

Nous nous étions aussitôt organisés au T bis, dans notre ferme, une existence superbement libre. Crasseux et affamés comme nous l'avions été pendant trois semaines, nous retrouvions voluptueusement ces biens suprêmes, l'eau et le pain, celui-ci point seul à vrai dire. Après la grasse matinée dans le foin, nous descendions nous baigner à la source et rissoler nos académies parisiennes dans le pré. Nous allions humer nonchalamment au château l'odeur de la gamelle. Les "hommes de jour" partaient à la quête des vivres qui demeurait ma foi ! très honnêtes, grâce à l'inépuisable générosité de notre cher avocat, Providence de cette bande où l'on comptait au moins huit sans le sou. Pour ne rien cacher, nous avions déjà inventé le marché noir. Les villageois d'alentour manifestaient d'ailleurs pour ce négoce d'incomparables dispositions. En justicier de leur cupidité, l'avocat avait procédé dignement, chez le pire empoisonneur de Belvès, à la subtilisation pure et simple d'une bouteille de fine Martell, "vol d'une gratuité d'autant plus gidienne, expliquait-il, que je n'aime pas la Martell". À la nuit, dans l'âtre des métayers italiens, notre ami Gallier rôtissait nos livres de bœuf et dorait de colossales omelettes aux cèpes. C'étaient de bien curieux banquets, qu'assaisonnaient à la fois les énormes et antiques refrains de la grive, le seul folklore digne de ce nom puisque le seul toujours vivant, et les souvenirs de deux dilettantes des Ballets Russes, les jambes de Tamar Karsavina et le chose à Margot, les thèmes de Stravinsky, et, dans un choeur énergique :

> *N'y a qu'la peau d'couilles pour conserver le tabac*
> *Voilà, voilà, voilà, la chanson du soldat.*

Puis, ayant épuisé les plaisirs de ce lieu, nous avions élu notre domicile à l'autre bout du canton, en pleine forêt, dans une écurie du château de Campagnac. On y montait la garde d'une centaine de nos Buick, d'un lot de conduites intérieures et de cinquante mille litres d'essence qu'une escouade de chauffeurs lillois bazardait chaque nuit par fûts à des juifs polonais. Worms, sentinelle judaïque, casque en tête et lebel à l'épaule, rôdait autour de cette liquidation des armées du Droit, avec une concupiscence douchée de peur qui le mettait à deux doigts de la jaunisse.

Il se révélait d'ailleurs peu à peu que les semaines de juin n'avaient pas été désastreuses pour tout le monde. On racontait par exemple l'histoire des camions-ateliers du C. A. V. de Versailles, emportant chacun 200.000 francs d'outillages évanouis dès la première étape. Mais on n'ignorait pas que certains officiers, au moment du départ, y avaient placé des chauffeurs de leur choix, venus on ne savait d'où. Oh ! tout le monde n'avait pas perdu la tête autour du 10 juin !

J'observais bien, sur l'infortuné Worms, ce phénomène du Juif aux armées, qui a toujours trompé un certain nombre de braves gens. Un Juif est là, partageant les mêmes périls (les nôtres ont été minimes, mais cela ne change rien à l'affaire), les mêmes désagréments petits ou graves que cent Français, confondu sous le même uniforme qu'eux, plongeant dans l'atmosphère la plus fraternelle que puissent se créer les hommes. Il s'y plie avec ce mimétisme si prompt de sa race, il est parfois le plus troupier de tous. Mais si l'on veut oublier les millions de congénères dont il se trouve isolé, si l'on décide une exception pour ce soldat qu'on tutoie, c'est que l'on connaît mal le Juif.

Il faut croire que je suis bon expert en la matière. Avec notre avocat, Worms était par bien des points l'homme le plus proche de moi dans notre bande, aimant la peinture, la musique, parlant le même langage. Mais je percevais à chaque minute les mille liens qui attachaient à son Israël ce juif en somme apolitique, et pourtant Irrésistiblement porté vers la bolchevisation, l'anarchie en tous ordres, truqueur, ergoteur presque malgré lui, ne pouvant toucher à une œuvre ou une idée qu'il n'y laissât une tache de pourriture, analyste intelligent, mais paraissant toujours fouiller quelque substance en décomposition, un Juif de l'espèce instable, morbide et saturnienne, probablement assez malheureux, mais bien trop juif pour ne pas rejoindre en n'importe quelle occasion la caste des juifs les plus insolemment dominateurs. Pauvre Worms ! je n'aurais jamais eu le cœur de l'humilier, de décharger sur ce solitaire ma fureur accumulée contre sa race ennemie. Il n'ignorait pas mon antisémitisme, et j'avais pris soin de le lui rappeler. Il semblait le tenir pour une opinion politique fort respectable, et qui lui rendrait même ma sympathie plus précieuse dans la passe difficile qu'Israël allait franchir. Nous étions, ma foi ! une paire d'amis. Mais au fond de moi-même, pas l'ombre d'une faiblesse sentimentale. Je lui ferais, je l'affirme, s'il était utile, couper la tête sans ciller.

Notre délicieux Ubu, le comptable de Clichy, qui se révélait à l'usage comme un fasciste chevronné, nous refaisait à la chandelle la geste des démocraties, tel un aède faubourien.

- Mais enfin, les Anglais ? Que vont faire les Anglais ? demandaient les braves Français-Hollandais Tanchette, demeurés dans notre coin les derniers fidèles de l'Union Jack.
- Oh ! répondait paisiblement Ubu. Ces pauvres Anglais ! Il ne leur reste plus qu'à saborder l'île.

Des escouades de cyclistes s'étaient bientôt formées, dans le sillage des filles, de deux petites postières qui étaient fort sages, de quelques Alsaciennes qui l'étaient beaucoup moins. Je connais trois lascars qui peuvent célébrer les insatiables ardeurs d'au moins l'une d'entre elles, petite brune aux yeux bleus, aux joues roses et fermes. Elle avait vingt-trois ans. Elle était réfugiée de Strasbourg, mère de deux ravissants bambins blonds, sans nouvelles depuis six semaines d'un jeune époux, soldat d'infanterie. Une débâcle bien soignée vous en apprend beaucoup plus sur les secrets des viscères femelles que cent romans d'éminents psychologues.

À dire vrai, au crépuscule, dans Siorac, le rut et la liesse soldatesques atteignaient à des proportions repoussantes. Si encore quelque frisson révolutionnaire avait couru dans ce bestial troupeau ! Mais un soir, devant un café où des gamines saoules de seize ans se pâmaient sur les bancs parmi deux cents mâles braillant, je poussai le couplet des joyeux qui n'avait jamais eu plus d'éloquence :

Quand vient l'moment d'servir c'te nom d'Dieu d'République
Où tout l'monde est soldat sans son consentement...

Il se fit aussitôt un silence effrayé autour de ce sacrilège.

* * * * *

On ne se guérit jamais de certaines manies. En dépit de mes belles résolutions qui avaient tout juste un mois, je griffonnais aux premiers jours de juillet un misérable carnet de blanchisseuse :

"Ce qui frappe le plus, depuis trois ou quatre jours, c'est l'impuissance d'un gouvernement ni plus ni moins ridicule que ceux qui l'ont précédé. La réforme de la Constitution, si falote qu'elle s'annonce, inquiète les vieux maçons et radicaux. La République auvergnate de ces semaines met encore en relief le caractère provincial, prudhommesque, du régime." Tous les comitards locaux des pays d'Oc redevenaient de petits princes.

Il n'était pas besoin d'une grande expérience politique pour subodorer l'incertitude et la faiblesse du nouveau pouvoir dans ce ministère, le second déjà en quinze jours, où le sinistre Camille Chautemps représentait, en pendant de Pierre Laval, l'œil de la maçonnerie toujours vigilante, où l'on reconnaissait encore le demi-juif Frossard, le postier blumiste Février, un Clichery, un Pomaret, un Ybarnegaray ; bien plus scandaleux encore, l'abrutisseur en chef du peuple français, Jean Prouvost, demeurant comme sous Reynaud le maître de notre propagande, et le général soviétomane Doumenc pourvu d'un invraisemblable portefeuille de la "Reconstruction générale".

Le sieur Alexandre Varenne, l'une des plus illustres barbes de la République, avait encore licence d'écrire pour préconiser des changements prudents, afin de ne pas ajouter au trouble des esprits.

Mais, comme beaucoup de ceux qui passent auprès des mollusques pour des maniaques du dénigrement, j'ai une faculté presque inépuisable d'espérance. Le 25 juin n'était plus le 6 février. Je voulais absolument croire que nous assistions aux suprêmes tentatives des vieux manœuvriers. Il allait bien falloir que nous vissions du neuf.

L'attentat de Mers-el-Kebir sur notre flotte offrait aussitôt un exemple des imprévus inouïs qui nous attendaient.

Le peuple et les soldats s'occupaient beaucoup plus d'un raid de la Royal Air Force qui venait de faire, tout le monde avait entendu la dépêche de ses propres oreilles, trente-cinq mille morts, pas un de moins, à Berlin. Mais les journaux annonçaient la réforme immédiate de la Constitution. Le Parlement était réuni en Assemblée Nationale. Laval avait magnifiquement décidé de réduire la procédure au minimum. Le 10 juillet, dans les formes les plus brèves, le Sénat et la Chambre contresignaient la fin de la République élective. Pétain devenait le chef d'un État autoritaire, avec Laval comme successeur désigné. L'opération rêvée et réclamée depuis tant d'années avait duré cinq heures.

Cette fois, il était permis de jubiler ouvertement. La défaite "payait" mieux que la victoire ! Elle jetait bas l'ignoble parlementarisme. Un triomphe militaire ne nous eût jamais donné ce bonheur.

Je savourais la joie de voir autour de moi les têtes décomposées des Juifs, leurs crochets pour fuir les radios, leurs gestes convulsifs pour écarter les journaux où l'on célébrait la fin de la démocratie, où le vieux chef annonçait en termes simples et directs la restauration du pays. Les Juifs se couvraient de cendre. La France pouvait donc commencer à respirer et à écarter pour un premier sourire ses voiles de deuil.

Un télégramme m'avait apporté d'excellentes nouvelles des miens. Je ne tenais plus en place. Je considérais avec une pitié assez méprisante les rempilés de tous grades qui rodaient à travers Siorac. Pour eux, nous n'en doutions pas une seconde, il ne restait plus qu'à trouver un nouveau métier. C'en était fini de la confortable armée française. Le C.OR.A2 ne se résignait pas aisément au hara-kiri. Il manifestait même tout à coup un regain désopilant d'activité. Sitôt l'armistice signé, nous avions vu ressortir son glorieux état-major, disparu depuis Poissy. Le commandant Moinaux, notre chef suprême, nous avait même adressé un ordre du jour, en nous félicitant d'avoir accompli sans défaillance notre mission. Les officiers, installés dans les manoirs, jouaient aux seigneurs du Périgord, sillonnaient le pays dans des autos conquérantes. Je tempêtais de bureau en bureau, à la recherche d'un moyen de remettre ma guenille kaki et d'obtenir ma libération. Il s'agissait bien, me disait-on, de libération ! On n'hésitait même pas à me faire honte de mes sentiments si peu français.

Le C.OR.A2 avait toujours bon pied, bon œil. Un rôle nouveau commençait pour lui. Saisi d'une fièvre superbe, il constituait enfin les fameux convois. Nous vîmes ainsi se former plusieurs compagnies "de marche". Quelques braves bougres, au hasard, s'y faisaient inscrire comme volontaires. Ils revenaient, bouleversés, reprendre leurs paquetages dans nos cantonnements : "Ah ! dites donc, les gars ! Ce coup-là, sans blague, on a des chefs. A la nouvelle compagnie, on a un petit lieutenant qui a fait toute la Belgique. Ça, c'est un type qui en a dans l'estomac. Comment qu'il nous a dit : "Et maintenant, en avant, droit devant nous !". Ils nous faisaient leurs adieux avec une sincère émotion, convaincus qu'ils recommençaient la campagne. Les compagnies de marche allongeaient leurs camions à l'orée des bois. Elles y sont toujours demeurées. Il n'est même pas un réfugié dont elles aient abrégé le retour d'un kilomètre.

À Belvès, une cérémonie du souvenir patriotique avait eu lieu devant le monument aux morts. Le défilé du peloton d'honneur était commandé par M. Loewenstein, nommé maréchal des logis chef de la veille.

Je ne tolérerais pas de moisir des semaines encore dans cette fin de carnaval. J'avais quelques droits, me semblait-il, à me juger utile dans la gigantesque tâche qui s'annonçait pour la France. Mon cher ami l'avocat partageait ma hâte de fuir enfin cette armée de malheur, cette entreprise de désastre et d'insanité. On commençait à démobiliser quelques agriculteurs. Parfait : le journaliste et l'homme du barreau étaient depuis toute éternité propriétaires exploitants. Nous le jurions. Nos moissons nous attendaient, le pain du peuple pour demain. Aussitôt, par miracle, le 15 juillet, nous obtenions notre levée d'écrou. Maints poilus avaient ricané de notre fièvre : "La démobilisation ? Sans blague ? Vous croyez qu'ils vont nous lâcher comme ça ? Vous pourrez toujours repasser l'année prochaine". Ils admiraient maintenant craintivement notre heureux culot, repris depuis que le canon ne tonnait plus par une terreur passive de l'irrégularité.

Nous ne pouvions même plus supporter le trimballage d'un convoi militaire, les fétides fourgons soumis au gâtisme galonné. Nous venions de décider que deux vélos achetés cent francs pièce, chargés d'un barda branlant, nous porteraient l'un dans la Drôme, l'autre à Cannes. Le 16 juillet, nous prenions la route avec une allégresse inoubliable, sous les hourras de notre cher T bis.

Je venais de rencontrer à un carrefour toute une bande de blancs-becs qui portaient l'écusson du Quinze-Neuf. C'étaient les gamins de la classe Quarante, qui nous avaient remplacés dans les taudis de Romans. Dans la seconde quinzaine de juin, comme on ne voulait pas aligner devant l'ennemi ces enfants sans fusils, un chef génial avait décidé de les mettre à l'abri... en Charente. Ils avaient donc traversé la France dans toute sa largeur pour arriver à La Rochelle en même temps que les Allemands qui les relâchaient quelques jours plus tard.

VI - LA FRANCE VICHYSSOISE

CHAPITRE XXIV

AUX ÉCOUTES DE LA "RÉVOLUTION NATIONALE"

Nous avions traversé le tiers de la France, ces splendides pays des monts raboteux, du châtaigner, de l'olivier, de l'ail et du soleil, un des plus beaux morceaux de ces terres méditerranéennes qui seront toujours pour moi les seules méritant vraiment que l'on se mette en route. Nous avions vu le pont de Valentré, les admirables causses du Lot, dont les horizons se déroulent comme les tapisseries des grands siècles, Albi et sa cathédrale - nous zigzaguions un peu, souvenir sans doute de la retraite - l'âpre et superbe Larzac, la sublime descente de la Lergue vers Lodève, "ce paysage, me disait mon ami, où les Grecs, s'ils l'avaient connu, auraient placé les dieux".

Au milieu des sinistres vignes, des punaises et des moustiques de l'Hérault, le seul coin maussade de ces provinces bénies, nous avions retrouvé la Belgique, sept, huit cent mille Belges, soldats et civils, d'infortunés Belges encore plus marmiteux et mêlés que nous autres, avec des officiers à lorgnons et gros ventres, que l'on n'avait certainement point à leur envier, et dont le seul aspect expliquait à merveille le championnat cyclo-pédestre du canal Albert à Montpellier.

Nous avions rencontré d'indécrottables salauds et de très braves gens, le meunier millionnaire de Saint-Affrique qui nous refusait une botte de foin et mettait ses chiens à nos trousses, le vieux paysan rouergat, sous les marronniers, dans sa maison du haut plateau remplie par trois familles de réfugiés, qui tenait table ouverte pour les errants, et présidait ces banquets de l'hospitalité avec une noblesse et une grâce de gentilhomme.

Le Midi, tout bien considéré, commençait à se poser en vainqueur des Fritz, qui étaient venus jusqu'à sa porte sans oser entrer. Les petites Albigeoises portaient bien gaillardement les malheurs de la patrie, à la nuit tombante, sous les platanes des avenues, parmi vingt mille grivetons éperdus d'amour. Des familles de Belges remontaient par la route de Pallavas à Anvers, avec trois vélos pour cent kilos de hardes et sept personnes. Des enfants de dix ans n'avaient pas dormi dans un lit depuis deux mois passés. Mais cette descente du Nord chez les cigales était surtout pour les indigènes une distraction comme il ne vous en tombe pas souvent dans une vie, une aubaine touristique, une fête, la vogue tous les soirs. Quelle bombe, quel pince-fesses en Avignon !

Enfin, au bout de six cent cinquante kilomètres, rôti jusqu'à l'os, presque aussi court vêtu que le grenadier de Flandre, et à peine moins glorieux, je retrouvais joyeusement ma mère, ma femme et ma sœur, parties de Paris pour venir attendre dans notre vieille maison dauphinoise l'arrivée des soldats allemands.

Je n'en finissais pas de me faire raconter cet événement vertigineux : des "feldgrau" dans un village de la Drôme.

Les paysans ne s'arrêtaient guère à ces contingences : "Ils ont été bien convenables, allons." L'essentiel était de rentrer les blés, terriblement en retard avec toutes ces pitreries en kaki. De-ci, de là, dans les champs, on voyait des trous insolites, les bombes des derniers combats.

Les boutiquiers, les rentiers du bourg, par contre, ne tarissaient pas. Ils avaient encore les yeux écarquillés de la jeunesse, de la taille, de la netteté des troupiers allemands, les oreilles stupéfaites de leurs chansons. Le Dauphiné, c'est loin de la Bavière ! On avait eu une peur terrible. Les derniers soldats français étaient passés, sans même des fusils. Puis, un abîme de deux jours. On ne savait plus où aller. Le canon tirait sur le Rhône. On ne pouvait pas partir dans les bois, comme des évadés. Enfin, les Allemands étaient entrés. Et le premier soir, un de leurs gigantesques camions de l'artillerie lourde, un monstre à vingt roues, s'était arrêté pile pour ne pas écraser le chien de la coiffeuse, un bout de toutou grand comme la main. On disait qu'ils étaient tous des païens, et ils avaient fait annoncer une messe par le tambour, et aussi un office protestant, pour tous les morts français et allemands de la guerre. Tant et si bien qu'au 14 juillet, après leur départ, le maire, un vieux socialiste bouffeur de curés, après s'être gratté le crâne un long moment, avait fait battre lui aussi le tambour pour la messe française, et il y était allé, son écharpe au ventre. Le Dauphiné, qui n'est pas précisément le fils aîné de l'Église, était sanctifié par les hordes de Hitler...

Autre miracle dont on parlait bien davantage encore : ces guerriers à moteurs étaient arrivés des billets plein les mains. Le pillage avait été la moindre des innombrables calamités que l'on redoutait. À la fin du compte, les épiciers avaient gagné leur année en deux semaines. Mon ami le garagiste ne se pardonnait pas d'avoir laissé passer plusieurs jours précieux avant de découvrir une superbe combinaison : une rafle gigantesque de bouteilles de mousseux, uniformément revendues comme champagne à cent francs la pièce.

En somme, on eût fort bien invité les envahisseurs à prolonger quelque peu leur séjour. Mais pour chasser cette pensée coupable, on commençait à prendre la radio anglaise, sur les mêmes postes où l'on avait si bien écouté Ferdonnet durant tout l'hiver.

Avec quelques vieux amis, anciens camelots du roi, anciens P. P. F., fidèles de *Je Suis Partout*, je fumais mes pipes sur ma terrasse. Il faisait beau, je me refusais à verser dans des pensées sombres.

Nous étions pis que battus. Nous avions reçu une correction, une déculottée phénoménale. J'en avais assez vu et assez entendu pour pouvoir considérer dans toutes ses dimensions cet événement. Cette foirade générale de cinq semaines, de Breda jusqu'à la Gironde, était celle d'un régime s'écroulant tout entier, et dont la victoire, depuis une année, n'avait cessé de m'être inconcevable. Le pays n'en subsistait pas moins, affreusement bouleversé et blessé, mais vivant. Un adversaire intelligent, ouvert à des idées grandioses, semblait bien l'avoir compris. La France historique méritait cette chance.

Le cauchemar accablant de juin s'estompait. L'avenir pouvait nous être ouvert, un avenir de paix, de logique, d'équité sociale, de désenjuivement. Il me paraissait autrement séduisant et réalisable que les chimères, les mots vides, ou les gages, fort concrets ceux-là, donnés aux Hébreux pour leur triomphe universel, que Daladier et Reynaud nous offraient en guise d'enivrements guerriers.

La première condition était pour nous de liquider absolument notre passé, qu'il ne subsistât rien de commun entre la France juive et démocratique, encanaillée, décervelée, burlesque dans sa vantardise, piteuse dans la panique, et la France punie mais purifiée de l'armistice. Rien n'était plus facile. Nous n'avions vraiment pas besoin de nous forger ni de nous inventer des boucs émissaires. La seule difficulté serait de décider où l'on arrêterait, vers le bas, la liste des coupables, quels sous-ordres on admettrait au bénéfice d'une indulgence provisoire. Pour les institutions vermoulues du régime, à qui nous n'avions même pas été fichus de donner le coup de grâce, les Panzerdivisionen avaient tout jeté par terre. Il ne nous restait plus qu'à pousser les morceaux à la charognerie.

Il nous faudrait ensuite montrer ce que nous pouvions faire par nous-mêmes dans les tâches positives. Ce serait autrement compliqué. La grande révolution nationale-socialiste du XXe siècle nous avait atteints. J'aurais passionnément voulu que nous la fissions nous-mêmes. Nous avions eu besoin de l'étranger pour lui donner le branle. Nous aurions à prouver maintenant que nous étions capables de la conduire nous-mêmes et de la marquer d'un sceau français. J'y voyais assez mal préparés nos nouveaux officiels. Il semblait difficile qu'ils fussent, pour la plupart, autre-chose que des intérimaires. Nous avions certainement plus d'une étape à franchir. On eût bien pu nous épargner d'inutiles transitions.

Je guettais avidement les premiers signes de ce nouvel ordre que la France essayait d'enfanter.

J'appréciais peu que le clergé s'emparât de notre malheur pour se pousser au premier rang. Leurs voix engluaient à chaque instant la radio. Je détestais ces abbés feutrés qui venaient "nous mettre en garde contre l'amertume et la colère", se multipliaient pour freiner le salutaire sursaut qu'on devinait dans la meilleure partie de notre peuple. Je n'aimais pas davantage ces appels à la résignation, à l'heure où il fallait reprendre vigoureusement les outils.

Le sieur Boegner, le grand pasteur des protestants de France, célébrait "la divine panoplie des armes de Dieu". Sans doute, sans doute... Mais c'était déjà au nom de ces armes que ce monsieur, lorsqu'il faisait dans le pacifisme à la Briand, écartait les chars et les mitrailleuses qui venaient de nous manquer. Quand allait-on plutôt nous parler d'un bon négociateur ?

M. François Veuillot proclamait orgueilleusement que la France s'était malgré tout battue pour la civilisation chrétienne contre le paganisme : propos vraiment diplomatique à l'égard d'un vainqueur qui venait de multiplier les preuves de son humanité, et de compliquer souvent sa manœuvre pour épargner les églises ; heureuse façon de s'entendre le lendemain rappeler par lui à un peu plus de respect des vérités premières.

J'aurais bien préféré que les prélats et les dévots nous parlassent un peu d'eux, qu'ils eussent quelques paroles de repentir pour le contraste au moins fâcheux entre leurs homélies désarmeuses de naguère et leurs coups de clairon de 1939, pour leur antiracisme et leur démagogie. Mais ils n'en soufflaient mot. Aucun nom de gredins authentiques ne passait non plus les lèvres de nos prédicateurs.

Dans les journaux convenables, des commentateurs rompus à ces exercices appelaient le feu du ciel sur les ondulations permanentes et les maillots de bain. Cinquante mille coiffeurs pour dames se voyaient traduits devant le tribunal de notre défaite, tandis que la déconfiture de nos chars de combat, l'absence de cartouches dans nos compagnies de première ligne, étaient des accidents inexplicables du destin.

En attendant, on venait de manquer une fameuse opération. On aurait dû citer avec éclat les détachements et les régiments qui s'étaient bien battus, les couvrir de croix et de fourragères. Mais dans le même moment, il eût fallu faire condamner en cour martiale pour abandon de poste et organisation de la panique cinq mille officiers fuyards. Le peuple ne connaissait que trop bien ces coupables. Leur châtiment lui eût offert une de ces images de la justice qui bouleversent les foules mieux qu'un bulletin de victoire. Toute une part de notre désastre était expliquée, réduites à néant toutes les fables enfantines, tenaces et très écoutées des communistes sur une "cinquième colonne", allant de Daladier à Pétain. Le gouvernement faisait la conquête de la nation. Il pouvait ensuite lui imposer les plus rigides lois. Une fois par siècle peut-être, surgissait l'occasion d'un acte politique aussi retentissant, pourvu que l'on ne fût pas trop scrupuleux sur le juste et l'injuste. Au début de juillet 1940, cet acte, par surcroît, eût répondu à la plus stricte équité.

Mais il était déjà trop tard.

Autre occasion étrangement perdue : Mers-el-Kebir. Depuis un mois, j'en bouillais d'impatience. Les Anglais nous avaient fourni le plus honorable motif de rentrer dans cette partie diplomatique d'où notre déroute nous avait chassés, tous les membres brisés ou liés, de racheter quelques-unes de nos plus lourdes fautes, de nous détacher pour l'avenir immédiat de la pitoyable coalition de 1939. Nous n'en avions tiré aucun profit. M. Paul Baudouin épuisait toutes les ressources de sa politique en reproches larmoyants. Le ton rappelait les plus méprisables et vaines jérémiades du régime crevé. Le nom du dernier ministre choisi par Paul Reynaud était attaché pour jamais en souvenir des semaines honteuses, aux dernières grimaces de la sanglante pantalonnade. Que fichait encore ce personnage parmi nous ?

On annonçait la création d'une Cour Suprême. Malheureusement, les journaux publiaient les portraits de ses magistrats, et l'on voyait des Bridoye et des Raminagrobis.

Pourtant, dans le ronronnement des ondes, il passait quelques fameuses nouvelles. Les fuyards en terre étrangère allaient être déchus de la nationalité française et leurs biens confisqués. La maçonnerie était dissoute, et les journaux rivalisaient de couplets vertueux pour dénoncer son infamie. *Le Temps* lui-même écrivait de son encre la plus digne "que personne en France n'ignorait le rôle malfaisant des Loges". Il fallait croire que *Le Temps* nous avait diablement bien caché sa science jusque-là.

Il n'y avait pas à conclure, pour si peu, que la France était guérie et tous les couards de la presse absous. Il était même assez répugnant de voir ce troupeau se disputer à qui décocherait du bras le plus vengeur son trait empoisonné à la tarasque démocratique, gisant par terre. Mais l'intrépidité soudaine de ces foies blancs prouvait du moins que le monstre avait vraiment son compte. C'était déjà un assez beau résultat.

Par-dessus tout, Pierre Laval m'inspirait confiance. Son nom était le symbole du bon sens retrouvé.

Vers le dix août, un matin, ma femme m'appela : "Viens écouter, vite. Alain Laubreaux parle à la radio". Notre poste lançait une énergique diatribe contre les Loges. Aucun doute c'était bien la voix familière, sa générosité, sa rondeur. Une heure plus tard, j'expédiais une lettre pour ce miraculeux "speaker".

C'est une assez étrange et délectable sensation que d'avoir quitté, le cœur atterré, un ami traqué par la police, dont le logis vient d'être souillé par les argousins en même temps que le vôtre, sur qui pèse la plus épouvantable des accusations, de l'avoir entendu mettre au ban de la nation, et de le retrouver neuf semaines plus tard, parlant au nom de l'État français.

Laubreaux au micro de Guignebert et de Bénazet : cela valait qu'on prêtât les deux oreilles. La voix lointaine me semblait secouer amicalement mon scepticisme. J'entendais avec elle les premières émissions antijuives des antennes françaises. Elle dressait la liste des fuyards hébreux, et on pouvait imaginer qu'elle les appelait devant le tribunal pour leur faire connaître une sentence irrévocable. Elle affublait d'épithètes homériques ces noms qu'on avait prononcés pendant tant d'années d'une bouche confite de respect : les Rothschild, M. le baron Edouard, M. le sénateur Maurice ; Henry Bernstein, le géant du théâtre, le génie ; Louis-Louis Dreyfus, André Maurois. La voix chaude et implacable, qui était enfin une voix officielle, proclamait : "Ils ont fui notre patrie en danger parce qu'ils étaient Juifs avant d'être Français". Laubreaux pourchassait encore Churchill et ses Eden et ses Halifax, il les empoignait par le col, et les roulait dans le sang de Dunkerque et de Mers-el-Kebir. Tudieu ! cela compensait bien M. Paul Baudouin et Ybarnegaray, cette vieille raclure du Palais-Bourbon, ce méchant cabot de l'éloquence bourgeoise que l'on offrait pour capitaine à la jeunesse française.

Le lendemain du 15 août, un télégramme de Laubreaux m'appelait à Vichy et je bouclais ma valise incontinent.

Deux heures après mon arrivée, j'étais rédacteur au journal de la radio, côte à côte avec Laubreaux comme naguère au ''marbre'' de *Je Suis Partout*. Je trouvais en même temps que lui notre cadet Henri Poulain, qui venait à peine de quitter son uniforme de lieutenant, et de rassurantes nouvelles de nos plus chers amis, Brasillach, Cousteau, Blond, Roy, Andriveau, toute la troupe, hélas ! de nos prisonniers.

Je retrouvais aussi mon cher et infaillible Dominique Sordet, qui pouvait bien se vanter d'avoir vu loin, et venait encore, le premier dans Vichy, d'affirmer la nécessité d'une entente franco-allemande. Son agence de presse était demeurée à Paris. Mais il en improvisait une succursale vichyssoise dans une brasserie désaffectée, pittoresque salle de rédaction où de délicieux garçons, André Delavenne, Georges Vigne, qui fût sous le nom de Dovime l'un des plus adroits critiques des finances républicaines, faisaient passer un esprit vraiment neuf.

On m'octroyait deux jours de vacances pour me familiariser avec l'atmosphère vichyssoise. Tout le monde sait que Vichy est un salmigondis cocasse de hammams couronnés de coupoles vaguement turques, de kiosques, de casinos, de tarabiscotages en zinc, en ferraille forgée, en rocailles, qui représentent à peu près toutes les incongruités architecturales du dernier siècle et voisinent avec de lourds échantillons de nos bâtisses contemporaines. Cette espèce d'exposition universelle offrait, avant les idioties dont nous sommes occupés depuis tant de pages, l'agrément d'être bien tenue, de posséder les mêmes magasins que Paris : un coin des boulevards transporté au milieu d'une campagne assez maussade.

Il était fort compréhensible que le gouvernement eût choisi une ville portant un nom universellement connu, comptant des hôtels assez vastes et assez nombreux pour loger toute une théorie de ministères. Le rôle qui venait de lui échoir n'en était pas moins douloureux. Que le chef de l'État en fût réduit à planter son drapeau sur un vulgaire "building" à touristes, on ne pouvait concevoir un signe plus affligeant de notre détresse. Dans le triste honneur qui lui revenait, le premier devoir de Vichy était l'austérité. Mais cette austérité devenait une matière à discours, ni plus ni moins, ma foi ! qu'au temps où Paul Reynaud osait nous la prêcher, entre une partie carrée chez M de Porte et une spéculation à Wall Street. La presse nageait en pleine spiritualité. L'éloquence officielle ou officieuse multipliait les symboles vertueux. Mais personne ne semblait pressé de leur donner une forme visible.

Vichy bourdonnait, comme un Deauville des plus heureux jours. De la gare à l'Allier, c'était un flot de robes pimpantes, de négligés savamment balnéaires, de vestons des grands tailleurs, Hollywood, Juan-les-Pins, les Champs-Élysées, tout Auteuil, tout Passy, toutes les grandes "premières" de Bernstein et de Jean Cocteau, la haute couture, la banque, la Comédie Française, le cinéma, avec les grues les plus huppées du boulevard de la Madeleine, juchées sur leurs talons Louis XV et sur une superbe dont elles ne descendaient plus à moins de mille francs.

Le hall de l'hôtel du Parc était de l'aube à la nuit tombée, une volière. Une ruée toujours renouvelée de perruches en faux blond ou en faux roux, de mirliflores vernissés, de cabots, de plumitifs, d'abbés élégants et de douairières, assiégeait quatre gardes mobiles promus au rôle de majordomes, grasseyant dans leurs moustaches de gendarmes et qui se faisaient épeler trois fois le nom de Mme Cécile Sorel.

Les gazettes locales n'arrivaient plus à tenir le compte de tant de célébrités. Leurs rubriques éblouies me rappelaient ce journal de Périgueux, lequel, aux alentours du 30 juin 1940, s'extasiait en termes fleuris sur les circonstances qui amenaient à la fois, dans le chef-lieu de la Dordogne, trois sociétaires à part entière et cinq ou six "vamps".

Le concours d'uniformes surtout était prodigieux. On se fût cru aux plus belles heures de la retraite automobile, vers Pontoise quand notre dernier front crevait, vers les ponts de la Loire quand tous les états-majors de Paris se disputaient le passage. Mais l'allure était autrement avantageuse. On s'était repris magnifiquement. Les bottes étincelaient, les monocles miroitaient, les sticks fendaient l'air. Saumur n'était pas plus fringant, un jour de carrousel du Cadre Noir.

J'avais reconnu plusieurs grands personnages du Deuxième et du Cinquième Bureau. Presque tous portaient un nouveau galon sur la manche, après avoir abandonné à l'ennemi toutes leurs archives secrètes, démoli leur service pour trente ans. J'eusse vraiment approuvé qu'on les récompensât pour une œuvre aussi pie. Mais leur avancement paraissait fort étranger à cet incident. Le capitaine L. T... était maintenant commandant, plus mystérieux et affairé que jamais.

Victoires, défaites, autant de circonstances secondaires, et d'ordre en somme civil. L'important, c'était qu'il y avait eu guerre. La guerre, c'est pour l'officier de métier l'avancement. On n'allait pas renoncer à une tradition aussi raisonnable et établie quand justement le retour aux traditions devait sauver la France.

Les membres de l'Institut, lieutenants-colonels à l'ex-censure Frossard, les châtelains kerillistes, jadis brillants dragons et présentement ex-capitaines d'un dépôt de remonte - le cheval vaincra le char - ne pouvaient point se résigner à réintégrer la tenue bourgeoise, ils prolongeaient à l'envi les délices de la solde de campagne et de la vareuse, qui affine si galamment les ventres quinquagénaires.

Les "baigneurs" invétérés, les vieilles dames à triples fanons, vichyssoises d'été depuis l'autre avant-guerre, les rentiers cossus à bedons et rosettes, en avalant leurs cinquante grammes de Chomel ou de Grande Grille, contemplaient ces parades avec humeur. On n'était plus chez soi. La défaite, la défaite... Franchement, était-ce une raison pour que l'on ne vous eût pas gardé, au grill-room des Ambassadeurs, la table où vous déjeuniez depuis dix ans ?

Je m'étonnais devant les amis retrouvés de cette bousculade pimponnée et chamarrée. Ils riaient de ma surprise provinciale. Qu'aurais-je dit un mois plus tôt, aux environs du Congrès National ! Avec le déballage complet des parlementaires, s'était abattu sur Vichy une horde de comitards, d'agents électoraux, de journalistes marrons, de maîtres-chanteurs, tous les bans et arrière-bans de la Maçonnerie, de la Ligue des Droits de l'Homme, tous les couloirs du Palais-Bourbon, tous les congrès radicaux et socialistes, les conseillers généraux, les conseillers municipaux, des "présidents" par trains entiers, des Mazarins de sous-préfecture : tout le régime. Les nuits vichyssoises avaient été peuplées de Vénérables des grandes Loges qui dormaient en rangs d'oignons à la belle étoile, sur des chaises de fer, jusqu'au plus profond du parc. D'anciens ministres de Doumergue ou de Blum s'étaient disputés férocement, dans les hôtels envahis, le dernier matelas et le dernier billard. D'anciens attachés de cabinet avaient mieux aimé coucher sur une botte de paille que plier bagage.

On avait revu Albert Sarraut, le général Braconnier, Victor Basch, Bernard Lecache. On avait revu des escrocs tels que Paul Lévy et même Albert Dubarry, qui venaient froidement mettre leurs grandes consciences au service de la révolution nationale, qui s'étaient introduits jusque dans les salons de l'Hôtel du Parc, qui s'agrippaient aux fauteuils et qu'il avait fallu chasser manu militari.

En rejoignant mon hôtel, après ce premier tour du monde vichyssois, je m'efforçais d'imaginer ce tableau. Je me félicitais de cette épuration. A l'angle de la rue Lucas, un vigoureux bruit de godillots me fit tourner la tête. Une section de Compagnons de France défilait, au pas cadencé, en bon ordre. Des garçons bien bronzés, bien nourris, propres et solides dans leurs culottes et leurs chemises bleu-marine. En serre-file, un jeune gaillard à lunettes, son insigne de chef en sautoir, commandait le "un-deux". J'écarquillai les yeux. Aucune erreur possible. J'aurais reconnu entre mille la tête de ce guide des jeunesses françaises. C'était un jeune juif de cinéma, juif gréco-ukrainien autant qu'il pouvait en juger lui-même par ses ascendances où s'enchevêtraient une demi-douzaine de tribus, l'hiver précédent caporal au Quinze-Neuf d'infanterie alpine et jouissant dans cette unité d'une réputation bien assise de matamore. Il arborait une croix de guerre éblouissante. On me confirma le soir même que cet Hébreu, était en effet l'une des recrues de marque du mouvement "Jeune", et tout particulièrement encouragé dans son zèle au ministère de M. Ybarnegaray. Je devais le revoir un an après à Cannes, sous M. Lamirand, de plus en plus gradé.

Au détour de l'autre rue, je me trouvai face à face avec Pierre Boutang et tombai dans ses bras. J'ai parlé de l'admirable bataille que cet agrégé de vingt-deux ans, si bien doué et si charmant, avait menée pour la paix à l'*Action Française,* aux côtés de Maurras, dans les derniers jours d'août 1939. J'avais frémi en le voyant partir pour cette guerre stupide et demander, par pur goût de jeune mâle, les tirailleurs marocains. On l'avait cru disparu au cours d'un combat d'arrière-garde, je le retrouvais avec ses quatre membres bien solides.

C'était un de ces compagnons à qui l'on parle à cœur ouvert. Après le bref récit de nos campagnes - celle du sous-lieutenant Boutang et de ses magnifiques Chleuhs avait été à peine moins dérisoire que la mienne - je me récriai sur cette frivolité extravagante que je sentais dans tout l'air de Vichy. Que signifiaient, bon Dieu, ces piaffements, ces tintements d'éperons, ces plastronnades, cette garnison de généraux, au lendemain de la plus radicale torchée que nous ayons encaissée et vécue depuis cinq siècles au moins ? S'estimait-on redressé et sauvé pour avoir bombé le thorax dans l'uniforme de la déroute ? Des aspersions d'eau bénite suffisaient-elles à laver le monceau de sanie qui avait empoisonné la France ? Je voyais, face à ces enfantillages, une Allemagne qui semblait bien décidée à rompre avec le vieux système de paix d'annexion et de coercition, être résolue à prendre en mains une réorganisation enfin pacifique de notre lamentable continent. Elle multipliait en tous cas les preuves de cette volonté. Cela ne suffisait-il pas à nous montrer notre espérance ? Qu'attendions-nous pour proclamer officiellement la seule politique praticable et raisonnable : l'offre de collaborer sans plus de retard avec l'Allemagne, la candidature d'une France nouvelle à ce prochain ordre européen ? Je sentais Boutang contracté depuis quelques instants. Il m'interrompit avec un visage courroucé. Ce que je venais de proférer était monstrueux dans ma bouche. Je ressortais la vieille friperie genevoise pour essayer de me consoler. Mais oui ! parfaitement. Je donnais tête baissée dans un piège grossier, tendu par l'ennemi aux nigauds de mon espèce pour mieux nous asservir. Je répliquais qu'au point où nous en étions, nous ne me paraissions pas avoir le choix des attitudes, qu'ayant tout perdu militairement et diplomatiquement, nous n'avions pas grand' chose à risquer. Je voyais au contraire tout ce que nous pouvions gagner en offrant nos bras, nos pensées, à l'édification d'une paix européenne, en nous donnant nous-mêmes au plus tôt un régime compatible avec la nouvelle politique qui gouvernait maintenant de l'Andalousie à la Norvège, et qui était la politique fasciste, celle dont nous avions affirmé si souvent l'excellence. Nous faisions ainsi acte de nation libre. Qui de nous eût osé en espérer autant, aux environs du 20 juin ? Nous jouions à l'instant opportun les cartes qui nous restaient : notre originalité, notre réalité géographique, l'unité de notre peuple, ses vertus laborieuses, un empire magnifique, très médiocrement exploité, mais sans fissures graves, paisible, encadré par une élite d'hommes ayant une longue et irremplaçable expérience de la colonie, une politique indigène dont l'univers admirait le succès, des conceptions dont la fécondité apparaîtrait dès que la métropole ne leur opposerait plus une hargne de bureaucrate étriqué et casanier. C'était encore un assez beau capital. Il fallait savoir le jeter dans la grande balance en temps opportun.

Mais Boutang répondait en me demandant une définition de l'Europe. Boutang ne dissimulait pas ce que mes "hypothèses" pouvaient avoir de séduisant. Mais c'était justement une tentation mortelle à écarter. L'Allemand ne serait jamais qu'un ennemi irréductible. Les Anglais ne se tireraient pas d'affaire. Il ne nous restait plus qu'à constituer une *chevalerie,* qui maintiendrait en secret l'esprit français, qui reforgerait (au creux des forêts peut-être ?) nos armes, et guetterait dix ans, vingt ans, cinquante ans, un siècle, l'occasion de la revanche. Les juifs, les maçons, les responsables, autant de vieilles histoires qu'il valait mieux laisser dormir, le pire Juif valant tout de même mieux que le plus innocent "feldgrau". Les trois quarts des bourgeois de droite étaient sans doute des c... indécrottables, la majorité des généraux des pantoufles qu'on avait bien vues à l'œuvre. Il fallait cependant s'allier à eux sans réserves, parce qu'ils seraient les instruments de toute résistance.

Ainsi parlait Boutang, antimilitariste comme tout normalien qui se respecte, anticapitaliste, platonicien, nietzschéen, agrégé de philosophie, rompu à tous les systèmes, à tous les jeux de la pensée, que nous tenions pour une des têtes les mieux bâties et les plus lumineuses de sa génération, mais construisant tout son univers autour de son horreur de Kant, de Hegel, de Schopenhauer, et prétendant justifier son goût pour *Le gai savoir* et *La volonté de puissance* en faisant servir Nietzsche contre tous les Germains.

J'étais consterné de voir fourvoyées aussi puérilement tant de jeunesse et de généreuse ardeur, exaspéré surtout contre les détestables maîtres qui détournaient de la seule tâche utile ces merveilleuses qualités. Mais, de toute évidence, nous n'avions plus rien à nous dire, sauf à nous traiter mutuellement d'abrutis et de criminels.

Le moment était venu de me mettre au travail.

Les services de la radio d'État, dont je devenais le collaborateur, logeaient, fort à l'étroit, dans deux chambres de l'Hôtel du Parc, séparées l'une de l'autre par trois étages. Dans la première, le 80, couchait notre rédacteur en chef Georges Hilaire. Un énorme lit de cuivre recouvert d'une cotonnade jaune obstruait orgueilleusement ce lieu. Le plus commode était encore d'assiéger ce monument, de s'y installer à deux ou à trois, à plat ventre ou en chien de fusil, en étalant devant soi ses journaux et le monceau des feuilles d'écoute, jusqu'à ce qu'Hilaire qui ne travaille jamais mieux que couché, parvint à nous déloger dans une grande avalanche de paperasses.

Les émissions se faisaient dans deux chambrettes installées vaille que vaille en studio provisoire. De ce réduit, tapissé d'un affreux papier jauni, historié de scènes d'opéra-comique, le maréchal Pétain, accoudé à un coiffeuse de bois blanc, avait déjà parlé deux fois au pays.

L'hôtel du Parc, très médiocre caravansérail, énorme caserne à baigneurs, beaucoup plus que palace confortable, offrait une atmosphère et des aspects assez décourageants. Une fois franchie la volière du hall, on se heurtait dans chaque escalier, chaque ascenseur, chaque couloir - et il y en a plusieurs kilomètres - aux plus ahurissants solliciteurs. La moindre encoignure en abritait des grappes têtues où j'avais la stupéfaction de distinguer à chaque heure quelque éminent faisan de la presse ou de la Chambre. Des fonctionnaires inamovibles, huissiers, garçons de bureau, larbins de tout genre, traînaient dans ce va-et-vient perpétuel leur paresse rogue et leur affreux débraillé. A la nuit ou tôt le matin, lorsque la place était à peu près nette de tous ces détritus du régime, on voyait, montant la garde aux portes, les bottes des généraux endormis.

Cependant, je venais de retrouver au fameux 80 Laubreaux et Henri Poulain. Nous étions liés fraternellement par nos innombrables et brûlants souvenirs, habitués à nous lancer au coude à coude dans toutes les bagarres, nous nous accordions profondément sur tout l'essentiel et même sur presque tous les détails, nous connaissions à merveille nos humeurs, nos capacités à chacun, Nous avions fait assez convenablement nos preuves. Puisqu'on nous choisissait, c'était évidemment pour reprendre, à l'échelle de toute la nation, les campagnes de vérité que nous avions menées avec des moyens dérisoires, devant un public d'élite. Nous étions chargés de réparer dans les cervelles françaises les abominables ravages de nos pires ennemis. Du moins je n'entendais pas autrement une besogne digne de nous allécher. Sans nous vanter, on eût pu choisir plus mal que nous.

Notre "chef" immédiat, nous était bien connu : mon vieil ami Georges Hilaire, Dauphinois subtil ayant appris dans les coulisses et les postes du régime défunt tous les détours de la politique, mais trop réaliste pour en avoir adopté les lubies, mon compagnon de maintes randonnées à travers les musées d'Europe, mélomane, grand lettré, étudiant depuis dix années les ressources de la radio, abattant dans une apparente nonchalance et parmi le nuage permanent de ses trente pipes une énorme besogne, pouvant unir toutes les finesses d'un dilettantisme stendhalien aux plus fermes qualités d'un administrateur. Il venait de se conduire fort crânement sous les bombes dans sa sous-préfecture de Pontoise. Il avait accepté, pour aider Pierre Laval, de faire démarrer le journal parlé, en attendant d'être nommé préfet à Troyes, poste difficile et pénible, dont il se chargeait sans hésiter.

Notre "super-chef" était encore un ami éprouvé, Tixier-Vignancour, dont la basse-taille, avait été au Palais-Bourbon l'épouvante des bellicistes et plus d'une fois notre avocate.

Nous nous retrouvions tous les cinq sur le même radeau de la défaite, tous jeunes, pénétrés des mêmes certitudes politiques, remplis des mêmes dégoûts. On parlait à tous les échos du sens de l'équipe. Notre équipe offrait bien un modèle de cohésion et de sympathies réciproques. Laubreaux pouvait me redire, six mois après, qu'il avait eu ces jours-là une grande espérance.

Je m'initiais avec entrain aux petits secrets du style radiophonique, à ses raccourcis et ses simplicités nécessaires. Nous étions chargés de nourrir chaque émission en brèves chroniques propres à répandre les thèmes du renouveau français, en commentaires de nouvelles, en revues de la presse. Nous parvenions très aisément au bout de cette tâche peu écrasante. Nous nous efforcions de ne point laisser passer un seul quart d'heure de notre journal sans y rappeler les causes exactes de notre défaite, les ravages d'Israël, la duperie démocratique, le cynique égoïsme dont les Anglais avaient multiplié les preuves, sans citer tous les fragments d'articles où apparaissait quelque idée positive sur la reconstruction, si remplie de lourdes inconnues, de la France et de la paix. Le tout en rognant soigneusement nos épithètes, car il ne s'agissait point d'étourdir les auditeurs par une désintoxication trop brutale. Nous tenions pourtant à conserver un tour direct, à déshabituer les Français de toutes les périphrases ignobles, les "on croit savoir", les "il se pourrait que", dont nos infects prédécesseurs, les Maurice Bourdet, les Paraf et les Guignebert avaient accoutumé d'enrober leurs venins.

Nous manquions à un point ridicule des plus modestes documents, des plus humbles repères. Nous aurions payé au poids de l'or un simple Larousse : il n'en restait plus un dans tout l'arrondissement. Mais la joie de reprendre notre métier, de démasquer enfin devant tous tant de crapules, l'immensité et l'utilité de la tâche nous aiguillonnaient. Il régnait au 80 une animation, une atmosphère de labeur gai qui nous rappelaient bien des heures de notre *Je Suis Partout*.

Nous avions été reçus en troupe par Pierre Laval, devenu, en même temps que vice-président du Conseil, le super-intendant de l'Information, au fond du corridor, dans sa chambre-bureau guère plus vaste et luxueuse que la nôtre. Les trois réprouvés de *Je Suis Partout* eussent été bien ingrats en ne lui marquant pas quelque reconnaissance pour les avoir accueillis si délibérément et si vite dans les services de l'État. Pour chacun de ces hors-la-loi, il avait un mot cordial :

- Et vous, est-ce que vous m'arrivez aussi de la prison, comme Laubreaux ? Il nous parlait de ses intentions, qui ressemblaient fort aux nôtres.

Nous pouvions travailler.

Je me le figurais du moins. Je demeurais, nous demeurions de bonnes pâtes de bougres toujours prêts à marcher droit devant nous.

Mais la semaine ne s'était pas écoulée que j'avais déjà reconnu toutes les chausse-trappes dont la fourbe vichyssoise semait notre chemin.

La radio, quand on l'entend de loin, possède une éloquence singulière. J'avais cru y entendre la voix d'une nouvelle France, bien faible, mais honnêtement aiguillée. J'arrivais à la source de cette voix. J'y trouvais un service entouré d'ennemis. Son chef, Pierre Laval, venait de reconstruire l'État. Il en était, aussitôt après Pétain, le plus haut personnage, le "dauphin" désigné. Or, il faisait dans cet État même, figure d'intrus. Il n'était pas depuis deux mois revenu aux affaires, et déjà il ne comptait plus ses ennemis.

Il m'avait suffi de jeter un coup d'œil sur les feuilles émigrées de Paris et qui reparaissaient à Clermont-Ferrand, à Lyon, à Marseille pour juger l'idiotie, cette fois bien définitive, de l'*Action Française*, Maurras frisant ses proses sur notre glorieuse défaite comme les généraux à éperons leurs moustaches, faisant caracoler les dadas de l'intransigeance et de l'altière dignité, intransigeance et dignité de quarante malheureux départements que la division allemande de Moulins traverserait, s'il lui prenait cette fantaisie, en une demi-journée. Je savais que Maurice Pujo faisait circuler en sous-main une mise en garde contre ''le clan des *ia*''.

J'aurais pu m'estimer, aux yeux de ces messieurs, pur de tout reproche. Ils m'avaient décerné, ainsi qu'à mes amis, mon brevet de courageux et lucide Français quand nous dépeignions, en 1938, Churchill comme un crétin de la démocratie, et le Juif comme la vermine du monde, quand nous réclamions de l'Angleterre un peu moins de bellicisme puritain et un peu plus de conscrits. J'aurais pu m'étonner d'être devenu abominable à leurs yeux en reprenant la même tâche, alors que la lâcheté, la duplicité et l'arrogance juive ou britannique dépassaient de cent coudées nos plus sévères prévisions, me demander par quels détours les Juifs et les gredins de Londres, déchaînés contre nous, vomissant sur notre pays les plus infâmes injures, devenaient moins odieux et malfaisants pour être aussi les ennemis de notre vainqueur. J'avais d'excellentes raisons de penser que cette identité de griefs pouvait au contraire servir à jeter, entre la France et l'Allemagne, un pont où il faudrait bien que passât toute politique qui ne fût pas le fruit de la folie ou du désespoir. Mais tout s'effaçait devant mon indignité subite. Je parlais bien à la radio antianglaise et antijuive, mais c'était aussi la radio de Laval, la radio des *"ia"*.

Je venais de rencontrer, en face de l'hôtel du Parc, M. Henri Massis dans son étincelant uniforme de capitaine-littérateur, arborant une croix de guerre toute fraîche, gagnée par la magnifique élévation de pensées dont il avait fait preuve comme journaliste d'état-major aux arrières de l'armée Huntziger, la plus brillante armée des loisirs et des théâtres militaires, devenue, pur hasard, n'est-ce pas ? l'armée du second Sedan, et de la charnière démolie. M. Massis me reconnut à regret, avec un sourire contraint, tendit deux doigts et s'esquiva aussitôt.

L'opinion d'Henri Massis m'importait peu. J'éprouvais une admiration fort vive, mais assez spéciale, pour cet écrivain sans porte-plume, qui s'arrachait chaque année, parmi les affres d'une rétention littéraire incurable cinq cents lignes où il refaisait Barrès en plomb et en fil de fer, confectionnait du tout un premier livre, puis un second en mettant les chapitres tête à queue, et ne s'était pas moins poussé jusqu'aux frontières de l'Académie. Je l'avais vu dix ans durant à l'*Action Française,* apporter chaque mois des filets où son altier génie était célébré avec d'autant plus de chaleur qu'il les rédigeait de sa main. Ce défenseur attitré de la civilisation occidentale n'avait as une seule fois dénoncé l'ennemi juif. Après avoir joué pendant vingt ans les conducteurs de la jeunesse française, il venait de marier son fils unique à une youtrissime et richissime demoiselle Oppenheim. On pouvait apercevoir en ville, au bras de l'heureux époux, cette jeune personne, dont le ventre s'arrondissait du futur petit Juif Massis.

Cependant, M. Massis l'aryen m'avait toujours témoigné jusque-là une grande affabilité. Mais il venait de me toucher la main pour la dernière fois. J'étais de cette radio qui se permettait des traits sur Churchill, la juiverie, Dunkerque et Mers-el-Kebir. Pouah ! on ne connaissait plus ces domestiques d'Allemands.

Sitôt redevenu civil, j'avais écrit, sans aucun enthousiasme, mais comme les convenances l'exigeaient, à mes patrons de l'*Action Française*, Maurras et Pujo. Ces messieurs avaient abandonné à Paris sans un sou des serviteurs de trente années, comme le bon Joseph Delest, l'excellent Paccard, secrétaire et martyr de Maurras. Ils envoyaient se faire lanlaire, avec dix lignes cordiales pour viatique, leurs collaborateurs démobilisés et chômeurs. C'était ainsi que le littérateur de *La Part du Combattant* appliquait chez lui ses principes. Mais après onze ans de travail dans ce journal, le *"ia"* que j'étais devenu n'aurait pas même droit à un mot de réponse écrite. En me la refusant du reste, on m'épargnait peut-être, à voir comment Maurras venait de traiter mon ami Dominique Sordet. Pour commencer, une lettre de six pages d'insultes furieuses. Puis, quelques jours plus tard, Maurras exécutait et congédiait publiquement dans sa feuille, en le nommant "galopin de concerts et de music-halls", cet homme de cinquante ans, d'une éducation exquise, d'une immense culture, d'une vie tout entière consacrée à un travail harassant, l'un des musicographes les plus sages et les plus écoutés de Paris, de surcroît collaborateur du journal depuis seize ans.

Mais Sordet était coupable d'un crime affreux. Il mettait en pratique cet empirisme national que Maurras avait tant prôné. Il venait de se jeter dans une magnifique campagne pour nourrir de bon sens les esprits les moins rétifs. Il venait d'écrire les premières de ses "lettres informatives" qui formeront une des histoires les plus claires et les plus profondes de ces mois-là. Il s'était naturellement rangé aux côtés de Laval, qui osait prétendre que la France à moitié occupée, sans un morceau de fer, sans une goutte de pétrole, sans un char, sans un avion, avec mille soldats contre trois millions, pouvait peut-être trouver d'autres moyens de parler à l'Allemagne que des rafales de fusils-mitrailleurs.

Ce n'était point malheureusement une humeur de la vieille et maboule *Action Française*. Il s'en fallait même de tout. Une offensive en règle se développait contre nous.

Nous recevions, comme tout journal, des lettres de notre public. Je ne parle que pour mémoire de la vaste correspondance juive. On la reconnaissait aux premiers mots : "Modeste ouvrier métallurgiste, père de sept enfants dont deux prisonniers", ou encore : "Simple agriculteur du Forez, catholique pratiquant, ancien combattant trois fois blessé de 1914, ayant élevé ma nombreuse famille dans la foi de mes pères". À la page suivante, invariablement, ces édifiants prolétaires s'élevaient de toutes leurs forces de "vieux Français" contre notre barbarie raciste, et attestaient les cieux qu'ils n'avaient jamais rencontré mortels plus honnêtes, plus suaves et plus courageux que leurs tendres amis les Juifs. Ou bien encore, ils jetaient le masque dans leur rage : "Sales traîtres de Vichy, j'ai entendu vos dégoûtants grognements de cochons. Mais les Juifs se foutent de vous et de votre bave, porcs, parce qu'ils savent bien qu'ils auront la victoire et qu'après ils vous crèveront la peau."

Mais dans le même lot, on découvrait hélas ! des lettres indiscutablement aryennes.

Nous avions celles qui vitupéraient indistinctement les "cagoulards" de la radio, l'autre cagoulard en chef Pétain, le fasciste Laval qui avait, comme chacun sait, trahi le peuple en prenant pour gendre un de Chambrun (La France n'aime pas les nobles, elle l'a prouvé et le prouvera encore) et aussi ce néo-cagoulard, Marcel Déat, nous accusaient d'avoir ruiné et fait battre le pays pour détruire la République, saluaient pour finir la prochaine revanche des démocraties triomphant autour de la victorieuse Angleterre. Front Populaire, hitlérophobes hennissant à la seule idée d'une conversation franco-allemande, espoir anglais : en somme des citoyens très intelligents. On concevait que seul un nouveau règne de Blum pouvait combler leurs vœux.

Nous avions les oblats, les fabriciens, les demoiselles du banc d'œuvre qui gémissaient sur notre affreux esprit de représailles, nous rappelaient gravement aux vertus de charité, protestaient que M. Mandel et M. Reynaud avaient après tout pensé bien faire, qu'ils avaient pris courageusement la défense de la civilisation chrétienne, et qu'ils ne relevaient que de la justice divine.

Les ingénus écrivaient des huit pages au maréchal Pétain, pour le prier qu'il voulût bien dire au "speaker de sept heures qui a une grosse voix" de ne pas prendre ce ton "agaçant" pour parler de M. Churchill.

Les raisonneurs ouvraient devant nous les abîmes de leur entendement. Le peuple français presque tout entier attendait sa libération des Anglais. Espoir insensé en bonne logique. Mais le peuple y tenait, justement parce qu'il était déraisonnable. Et de cette espérance unanime sortirait le Grand Triomphe de la France. Triomphe miraculeux mais assuré, parce qu'il était contenu dans l'âme du peuple...

Bien que je n'eusse presque jamais travaillé dans les journaux que pour le public le plus intelligent, j'avais déjà une expérience assez décourageante du lecteur. Mais le lecteur le plus obtus se révélait un personnage d'élite auprès de l'auditeur. Je n'en étais pas surpris outre mesure. J'avais pu observer les singuliers effets de la radio sur le candide tourneur de boutons, incapable de pêcher et de réunir deux lambeaux d'idées dans ce flot sonore, qui s'effraie, s'indigne, se rassure au seul timbre d'une voix, qui s'apaise ou se rebiffe, à l'exemple de n'importe quel quadrupède, selon que cette voix caresse ou choque son ouïe.

Notre siècle nous avait fabriqué là un étrange animal. Mais je m'étonnais que dans tous les services proches du nôtre, on se penchât sur cette correspondance avec des mines pleines de souci. Pour seize millions de Français, un millier peut-être de lettres, dont la moitié juives, ne signifiaient rien.

Henri Béraud a raconté comment, avec deux ou trois joyeux farceurs, il faisait autrefois interrompre une campagne dans un mastodonte de presse, tirant à huit cent mille exemplaires, en adressant au directeur deux douzaines de cartes postales offusquées. Quoi de commun entre l'État français et ces trembleurs ?

Coups de sonde dans l'opinion que de lire ce courrier. Soit. Mais il fallait alors en retenir que nôtre besogne était bien plus urgente et vaste encore. Le crédit d'imbéciles ronronnants ou claironnants, tels que Daladier et Reynaud, avait tenu à leur stupidité même, en si parfaite harmonie avec la débilité d'une foule de pauvres cervelles. Les malheureuses dupes de ces charlatans rechignaient à faire l'aveu de leur jobardise, d'autant que les mensonges qu'elles avaient si bien gobés les cajolaient dans leur naturel, les représentaient comme la plus pure essence de l'humanité, comme des êtres éclairés et libres, en face de ces dictateurs qui s'identifiaient si bien, dans la mythologie des médiocres et des subalternes, à tous leurs supérieurs de la vie quotidienne, détestés pour leur fortune ou pour leurs dons. Il était certainement beaucoup plus flatteur de se dire que les ténors de la démocratie avaient été trahis, que l'avenir les justifierait. Ou encore que c'étaient des bonimenteurs, mais que leurs successeurs bourraient les crânes aussi effrontément et qu'il n'y avait plus rien à croire, de qui que ce fût, conclusion alléchante elle aussi pour tous les Voltaires de bistrot. Nous avions là un rôle épineux et sévère à jouer, mais le plus conforme à ces macérations et ces repentirs dont on parlait tant. Dans sa phrase sur "les mensonges qui nous ont fait tant de mal", le Maréchal avait tracé la voie. Ce n'était pas à lui d'aller ensuite débusquer un par un ces mensonges. On répétait à l'envi sa magistrale formule. Mais cette répétition rituelle semblait être à elle seule une panacée. Elle paraissait dispenser de toute recherche désobligeante des menteurs. On se gardait d'y ajouter des exemples concrets. Ceux mêmes que Pétain avait fournis sur l'indécente disproportion de nos faibles armes et du tableau formidable qu'on en avait fait, étaient discrètement passés sous silence. Sans doute trop de personnages éminents, à étoiles militaires, à pourpre cardinalice, y voyaient-ils trop clairement rappeler leurs complicités criminelles.

Tout le monde, au surplus, ne paraissait point si pressé d'enlever ses illusions à notre peuple. Beaucoup de lettres d'auditeurs, les plus véhémentes surtout, étaient acheminées sur l'entourage immédiat du Maréchal. Nous ne pouvions plus douter que ce petit état-major très fermé et distant les utilisait volontiers contre nous. Ses échos commençaient à nous parvenir, par les méandres d'une hiérarchie bizarrement ramifiée, sous la forme de suggestions ambiguës, de conseils réfrigérants, de rappels à la prudence et à la mesure, voire de sèches observations.

Je me récriais. Je concevais mal que l'ardeur pût être un défaut devant le grand travail qui nous incombait et dont chacun assurait qu'il devait être *révolutionnaire*. Puisqu'on parlait tant de refaire l'âme des Français, il fallait bien reconnaître aussi que nous comptions devant nos microphones parmi ses directeurs de conscience, et que nous ne reforgerions pas cette âme en lui chantant des berceuses. Qu'il fallût ménager l'épiderme de la malade, j'en convenais, et Dieu sait quels ménagements de plume, souvent comiques à nos yeux, nous prenions. Mais pas plus que mes amis, je ne croyais aux dosages et aux faux-fuyants. L'expérience avait assez montré l'inanité de ces préceptes bourgeois. Après tant d'années d'avantageuses inepties, des réactions étaient fatales. On pouvait en sourire, s'en attrister, mais point s'en décourager. La persévérance dans une vigoureuse franchise était notre plus sûr moyen. On impose tout aux foules par les forces de l'habitude. C'est le rudiment de toute propagande. Notre produit était bon, nous savions que l'avenir confirmerait avant peu ses vertus. Nous pouvions hardiment lancer sa publicité. Nous rallierions vite à nous les esprits les plus sains et les plus fermes, ils mordraient à leur tour sur la pâte amorphe et malléable de la masse. Nous n'avions plus, grand merci, à ménager et à enfariner des électeurs. Guider enfin l'opinion publique, au lieu d'être à la remorque de ce monstre naïf, c'était administrer la plus belle preuve que la démocratie avait bien vécu.

Mais ces vues étaient apparemment peu orthodoxes. Moins de deux semaines après mon arrivée, de consignes en consignes, de censures en émondages, nous avions déjà dû délayer de tant d'eau notre vin, qu'il tournait à la pâle piquette.

CHAPITRE XXV

LES VAINQUEURS DE L'HÔTEL DU PARC

Au mois d'août de l'été 1940, le grand salon de l'Hôtel du Parc était le pôle des soirées vichyssoises. Il fallait bien être le dernier des faquins pour ne pas y venir faire au moins son tour après chaque dîner. Les femmes mettaient une robe habillée, les hommes, dans leurs fauteuils, une chartreuse verte ou une coupe de champagne devant eux, prenaient des poses de grands laborieux qui se détendent quelques instants après un écrasant labeur d'État. Beaucoup, à vrai dire, continuaient tout simplement sous les lampes les papotages qui avaient rempli leur journée.

Dès la, porte, on apprenait l'incident d'actualité au Parc. Notre ami Claude Jeantet, que nous avions retrouvé attaché à la presse diplomatique, fournissait abondamment cette chronique, en dépistant les indésirables avec une vigilante opiniâtreté.

Son plus beau coup de botte avait illustré le derrière du sieur Philippe Roques, chef de cabinet de Mandel, l'agent de la banque Lazard, le distributeur officiel des fonds juifs à Kerillis et autres bellicistes, qui venait d'avoir l'audace de s'exhiber en plein hall du Parc. Les témoins et les gardes avaient cru nécessaire de mener au commissariat le justicier et le salaud.

- Voyons, M. Jeantet, gémissait le commissaire. Je ne comprends pas. Ce monsieur ne vous a pas provoqué.
- Il n'aurait plus manqué que ça ! Mais dites-moi, monsieur le commissaire, ne trouvez-vous pas que sa présence était déjà une suffisante provocation ?

Dans le salon, se côtoyaient sans beaucoup se confondre les deux partis que la nouvelle terminologie politique, non moins effroyable que l'ancienne, désignait par "collaborationnistes" et "anti-collaborationnistes".

Le premier, où je retrouvais la plupart de mes anciens amis, se groupait volontiers autour de la table d'Adrien Marquet, depuis quelques semaines ministre de l'Intérieur, grand, mince, impeccablement mis, parlant d'abondance, disant très haut ce que beaucoup murmuraient tout juste, pouvant s'honorer à bon droit de la haine qu'il avait inspirée pendant quatre ans aux assassins de la France.

Son ministère, cantonné plutôt qu'installé parmi les salles peinturlurées du Casino, semblait bien avoir sérieusement rompu avec la tradition de la rue des Saussaies, montrait du moins que dans un gouvernement, la direction imprimée à un personnel compte beaucoup plus que ce personnel lui-même, à la condition qu'on lui inspire quelque prudent respect. On lui devait l'expulsion des coquins et des youdis les plus voyants de Vichy. Une assez solide doctrine antisémite paraissait s'installer chez ses principaux fonctionnaires. Ils entrouvraient enfin pour nous les dossiers les plus secrets de la République. Nous apprenions ainsi que sans avoir besoin de prendre la moindre mesure antijuive, on pouvait légalement, du jour au lendemain, jeter hors de France *deux cent mille Juifs* parasitant sur notre sol, pour l'unique raison qu'ils n'avaient pas leurs papiers d'étrangers en règle. Le difficile restait de trouver une frontière qui voulût bien s'ouvrir devant une telle horde. Mais personne ne nous empêchait alors d'ouvrir ou d'agrandir quelques beaux et bons camps de concentration, qui fussent aussi des camps de travail, et de travail enfin profitable au pays.

Derrière nous pourtant, à la table de cette éminente douairière, on professait du meilleur ton que si l'antisémitisme avait été naturel et utile jadis, il était indigne de l'élégance française de s'attaquer aux Juifs, maintenant que les Allemands les pourchassaient chez nous.

Cette marquise du VIIe arrondissement, qui avait fait à ses dîners quatre ou cinq élections académiques, profitait de ce qu'un correspondant de journal allemand était à la table voisine pour crier :

- Alors, chère amie, vous venez demain matin chez moi au Queen's ? Ma petite radio marche, c'est une merveille ! Nous prendrons Londres, de Gaulle doit parler. Ils l'ont annoncé ce soir. Comment ? Vous ne l'avez pas encore entendu ? Mais c'est inouï !

Les militaires, pour ces soirées, arboraient volontiers des tenues civiles, d'un chic martial. Force vieux messieurs les imitaient. C'était une variété infinie de cravates de cheval, de culottes à côtes, de basanes, bottes, jambières, guêtres du style "tirés de Rambouillet". Je n'avais jamais si bien compris l'étymologie de "culotte de peau". Le spectacle donnait admirablement le ton Vichyssois : manoir à la fin d'une chasse à courre entre agents de change, officiers supérieurs, gentilshommes campagnards, et ouvroirs pour dames patronnesses de Saint-Thomas d'Aquin, ou de Saint François Xavier, avec un vieux relent des couloirs du Palais-Bourbon.

Ces mâles harnachements étaient un vrai signe de ralliement, la profession de foi de "ceux qui ne s'estimaient pas battus", une façon de dire qu'on ne se démobilisait pas.

La moustache blanche gaillardement retroussée, le colonel de C... confiait dans le hall à d'autres pétulants sexagénaires (nous fûmes vingt qui l'entendîmes) :

- Ça va très bien. Les Anglais tiennent magnifiquement. Nous remettrons ça au mois de mars. J'ai vingt-cinq fusils mitrailleurs enterrés dans ma ferme sous un tas de fumier, pour mes cavaliers. Ah ! ce coup-là, je vous garantis qu'on sera prêt !

Mais d'autres étaient plus discrets. De table en table, se nouaient de longs colloques feutrés, des conjurations dont les initiés toutefois devinaient le sens rien qu'à reconnaître les invités de tel ministre ou tel chef de cabinet. Vingt vieilles folles agitant des écharpes de gaze, des sautoirs de perles brinqueballant sur leurs décolletés couperosés, égéries littéraires et politiques qui avaient eu M. Henry Bordeaux ou M. Paul Reynaud pour grands hommes, faisaient la liaison d'un groupe à l'autre, réalisant avec un prurit de toute la peau ce rêve inespéré : vivre une espèce de crise ministérielle permanente.

Pareil à ces duègnes, on voyait toujours apparaître, indispensable dans ce lieu, une sorte de larve insexuée, du nom d'André Germain, fort riche, disait-on, collé comme une ventouse depuis vingt ans à tous les écrivains et tous les parlementaires d'une nuance quelque peu nationale. Il baisait ou serrait cinquante mains. Il offrait passionnément ses services, ses renseignements, ses conseils. Il se trouvait infailliblement un monsieur fort bien ou une antique oiselle pour les écouter : "André Germain m'a dit... André Germain pourrait..." C'était, ma foi ! une figure de la Révolution.

Trois ou quatre jeunes personnes très pétulantes et très répandues voltigeaient, ce soir intimes et confidentielles, avec un général ou un notoire chef cagoulard, le lendemain avec un journaliste étranger, archi-gaullistes avec celui-ci, d'une germanophilie provocante avec cet autre, manifestement en service commandé. Pour le compte de qui ? Les opinions variaient.

Les officiers du S.R., en bourgeois, faisant cercle autour d'un guéridon, suivaient ces évolutions en louchant des yeux de tous côtés, tendaient des oreilles larges comme des pavillons de cors, tous aussi bien camouflés que des messieurs de la brigade mondaine en mission auprès de la loge présidentielle un soir de fête à Longchamp.

* * * * *

Cependant, très loin, au fond de la salle, le Maréchal Pétain se levait. Un long paravent l'avait caché jusque-là. Les nouveaux visiteurs, émus et déférents, ne pouvaient détacher leurs yeux de ce beau visage qui apparaissait enfin, sérieux, calme, plein, demeuré si viril sous la majestueuse blancheur de l'âge. Le petit peloton de ses confidents, toujours les mêmes, surgissait à ses côtés : l'amiral Fernet, le Dr Menetrel, son chef de cabinet civil, le vieux général de cuirassiers Brécard, M. du Moulin de La Barthète, ce dernier assez bel homme d'une quarantaine d'années, aux yeux de jais, bombant le jabot, suant la suffisance et l'arrogance du grand bourgeois par le moindre de ses gestes et par chacun de ses regards.

Dans mes premiers jours de Vichy, le Maréchal, admirablement droit et ferme dans son veston gris, traversait en partant tout le salon. Chacun se levait. Pour une minute, le silence se faisait sur les ragots et les intrigues, une onde de recueillement passait dans l'air parmi les visages frivoles ou grimaçants.

On me racontait comment, au mois de juillet, le vieux chef était contraint de venir s'asseoir à la première table venue, se trouvait mêlé aux plus indécentes canailles. Effrayé et scandalisé, un peu tard, d'une pareille promiscuité, son cabinet méditait un protocole de plus en plus rigide. Bientôt, la brève promenade à travers le salon fut supprimée. Une espèce de cloison de vitres opaques vint s'ajouter au paravent, formant un corridor jusqu'à une porte discrète. Le Maréchal, plus étroitement que jamais accompagné de son état-major, sortit désormais par là, comme à regret. Il allait à tout petits pas, contemplant avidement la salle par-dessus la cage de verre. Son œil distinguait parmi les fauteuils une physionomie connue. Il lui adressait de la main un affectueux salut, un charmant sourire l'éclairait. Mais ses gardes du corps le rappelaient aussitôt aux exigences de son rang et de l'heure, avec cette morgue cérémonieuse qui n'appartient plus qu'aux majordomes de grand style. Le Maréchal disparaissait, le dos cette fois un peu las.

Les salonnards distraits et affairés n'avaient même pas tourné la tête. On emmenait coucher comme un vieillard impotent le vainqueur de Verdun, le grand-père de la Patrie.

* * * * *

Lorsqu'on avait gaspillé une soirée décevante et irritante à l'hôtel du Parc, le lendemain, pour tuer une heure - ces heures-là étaient nombreuses à Vichy - il n'y avait d'autre ressource que de retourner à la Restauration.

Tout ce que la France compte d'illustrations fausses ou vraies, hormis les prisonniers, passa sous les ombrages et devant les guéridons de fer de ce vaste café d'été. On allait y rejoindre ou y découvrir les nouveaux arrivants. Jacques

Doriot surgissait, robuste, haut et massif. Mobilisé à quarante-trois ans comme caporal dans un régiment régional, il ramenait de la guerre deux citations authentiques, gagnées au bout du fusil parmi les poignées de tirailleurs de l'arrière-garde. Il ne portait pas de ruban... De ses yeux noirs pétillants derrière les lunettes, il contemplait les splendides brevetés d'état-major, médaillés jusqu'au nombril, en vareuses conquérantes de chasseurs à pied ou de dragons. Il assurait que l'air vichyssois le rendait malade. Il avait une hâte extrême de se remettre à un travail réel, et pour première condition, de retourner à Paris.

On voyait beaucoup la barbe noire et pointue d'Eugène Frot, bouc émissaire du Six-Février pour la droite comme la gauche, ce qui ne laissait pas de le rendre sympathique, oscillant curieusement pour l'heure entre la Maçonnerie et le fascisme, manifestant en tout cas un antijudaïsme vigoureux.

Il racontait une des belles histoires de la grande fuite. À Montargis, son fief, le 15 ou le 16 juin, en pleine déroute, la foule pillait sauvagement un magasin de chaussures. Frot essaye d'intervenir. Il voit surgir de la boutique, apoplectique, le faux col à moitié arraché, l'un des bourgeois les plus considérés et les plus cossus de la ville, brandissant de chaque poing une superbe paire de souliers. Le bourgeois reconnaît Frot, s'arrête bouche bée, de rouge devient cramoisi, et montrant son butin :

- Ah ! monsieur Frot ! comme on se dégoûte d'être Français ! Puis il détale. Mais il n'a pas lâché ses souliers.

Un géant barbu et rubicond, vêtu d'une vareuse du temps de la marine en bois, coiffé d'une surprenante casquette qui tenait du cocher russe et du loup de mer, venait avec assiduité prendre son apéritif. C'était M. Watteau, général de l'Air et grand avoué parisien. Les étoiles, la sainte forme : avec de pareils titres, M. Watteau ne pouvait manquer d'être juge à Riom. A le croiser vingt fois par jour, bourlinguant par les rues, bayant aux vitrines, allant des rotins de l'hôtel des Princes aux chaises longues des Ambassadeurs, on pouvait apprécier à son exacte mesure le labeur qui écrasait un magistrat du plus grand procès de notre histoire.

Les littérateurs étaient innombrables. De talent ou non, ils battaient pour la plupart, dans leurs propos politiques, tous les records de sottise et d'enfantillage. Or, la littérature ne voulait plus parler que politique.

L'illustre Cagoule, regroupée, avait à la Restauration son principal poste de commandement. On y voyait Méténier, le "capitaine", ayant assez bien l'air d'un inspecteur d'assurances devenu pirate, collectionnant presque autant de jours de prison que les plus fameux anarchistes de jadis ; le célèbre docteur

Martin, quelque peu inquiétant avec ses cheveux redressés en torche et ses yeux gris illuminés. Notre petit groupe de "fascistes" était avec eux dans les meilleurs termes. Leur instinct révolutionnaire méritait bien quelque crédit. Mais déjà, on devinait dans cette poignée d'hommes, nos seuls spécialistes de l'attentat, si utiles et si mal utilisés, une burlesque dissidence, une cagoule parisienne et saine, une autre "anglaise", déplorablement et follement vichyssante.

Chaque jour, vers midi et vers six heures du soir, à l'heure de la grande affluence, un jeune abbé arpentait longuement l'allée des Sources, croix de guerre flambante au vent, la barbe agressive, à la zouave de Crimée, le chapeau sur l'oreille comme un képi de légionnaire. On cherchait du regard des éperons sous la soutane et à sa ceinture le pistolet et le sabre d'abordage. Celui-là non plus, fichtre ! n'était pas encore vaincu par les Panzerdivisionen et le paganisme nazi.

Tous les Jésuites de l'école du R. P. Bonsirven et du rabbin Maritain étaient là. Ils se félicitaient très haut de leur dernier fait d'armes. Le correspondant du D. N. B. allemand venait de rendre visite au ministère de la Jeunesse. On lui avait fièrement déclaré que la France entendait rester maîtresse de ses lois, fidèle à ses traditions, ne copier personne, qu'afin de l'attester, on prenait soin d'accueillir deux juifs pour cinquante chrétiens dans tous les camps de "jeunes". La France libre ne voudrait jamais connaître d'autre "numerus clausus".

Ces messieurs, sans doute, étendaient aussi leurs paternelles bénédictions sur le ghetto qui grouillait dans un pâté de meublés, à deux cents pas de l'hôtel du Parc. Une tribu complète de Juifs roumains, jargonnant son yddish, s'y refilait des diamants et des tracts anglais dans l'embrasure des portes. Vichy n'eût pas été Vichy sans avoir sa rue des Rosiers.

* * * * *

Un matin où j'avais affaire à la gare, je tombai sur une sorte de revue. Une centaine de fantassins venaient de débarquer pour renforcer la garde mobile vichyssoise. Le général Weygand en personne passait dans les rangs, furieusement pète-sec et invincible, inspectait les bidons et les masques à gaz. Les hommes étaient tous très jeunes, portant l'écusson d'un des plus illustres régiments de France : le 152 de Colmar, le Quinze Deux des Diables rouges, du Vieil-Armand, dix fois cité, dix fois anéanti dans les tranchées et les barbelés de l'autre guerre.

J'avais toujours aimé l'esprit de corps, ces traditions de la vieille "biffe" française où les noms des batailles, de Wagram à Douaumont, se mêlent à la gaîté d'un refrain gaulois. Je ne pouvais supporter la vue de cette fourragère rouge, racontant une interminable histoire de bravoure et de douleur, teinte dans un torrent de sang admirable et inutile, aux épaules de ces petits vaincus, qui pivotaient passivement, l'air terne et sournois dans leurs pauvres culottes bouffantes, sous les ordres aboyés des chefs en gants blancs, n'ayant pas davantage la conscience de leur défaite qu'une gamelle. J'avais le cœur soulevé et bouleversé. Ce généralissime se livrant à cette parodie du panache devant ces malheureux débris, nous exhibant cette amère caricature, rejoignait l'autre "grand chef", celui de 1939, passant ses veilles à organiser une patrouille de vingt troupiers.

- Rends-toi compte, me disait Henri Poulain. Mets-toi à la place des gars de la classe 38 ou de la 39 qui ont encore, maintenant, des mois et des mois à tirer, qui continuent les "un deux", et les revues de détail, après la retraite, après la guerre. Avec des adjudants sur le dos qui hurlent : "Ah ! mes gaillards, vous n'êtes pas de la classe. Ah ! ah ! les pointes de calots rentrées et les cravates fantaisie ! Vous avez vu où ça nous a menés ? Mais ça va changer, tout ça. On va vous les faire entrer dans le crâne, les marques extérieures du respect ! Vous allez voir si ça va barder, le briquage des chambrées et la pelote !".

Il était bien cependant que l'on sauvegardât la discipline, que les infortunés restes de notre armée se montrassent en bon ordre, virils et corrects, en dépit de MM. les intendants qui parlaient de remettre tout le monde dans des bleus-horizon réformés depuis 1916, en dépit des centres démobilisateurs qui lâchaient sur les routes des milliers de vagabonds loqueteux.

Mais nous rencontrions d'innombrables matamores, poursuivant des rêves d'embuscades, de stratégie intercontinentale, où la Pologne ressuscitait, où les Persans, les Syriens, les Hindous, les Youdes de Tel Aviv prenaient le Fritz "en tenailles" et dont ils étaient obligatoirement les suprêmes triomphateurs avec les fusils-mitrailleurs déterrés du côté de Limoges et de Brioude. Nous savions qu'au Maroc de rutilants capitaines de spahis, en cinglant leurs bottes à coups de cravache vitupéraient les signataires de l'armistice qui ne leur avaient pas laissé au moins "se détendre les nerfs" sur les Italiens.

Presque tous les officiers capables de quelque pensée se découvraient en août 1940 des cervelles et des ambitions de grands politiques. L'avenir de la France était entre leurs mains. Ils avaient tout à coup la révélation du rôle puissant de la Reichswehr dans la renaissance de l'Allemagne nationale-socialiste. Ils dévoraient Rivaud, Benoist-Méchain, Bainville. "Il ne restait qu'à profiter de la leçon allemande, et à recommencer comme eux, séance tenante, pour les foutre dehors". On eût vraiment cru, à les entendre, que l'identité était parfaite entre les officiers prussiens ou bavarois de 1918, rentrés grâce aux faiblesses d'une coalition de vainqueurs sous des arcs de triomphe, à la tête de leurs troupes, ayant résisté pendant quatre terrifiantes années, imaginé presque toutes les formes de la guerre nouvelle, remporté cent succès, frisé plus d'une fois le triomphe définitif, fait front jusqu'à la dernière heure, épargné à leur pays l'invasion, et les malheureux ou les misérables qui avaient en cinq semaines accumulé toutes les preuves de leur incapacité, leur imprévoyance, leur routine et trop souvent leur couardise.

Pour ceux que ces pensées de gouvernement n'atteignaient pas, ils se plongeaient dans des débats plus substantiels : annuités, hautes paies, tableaux d'avancement. Les circulaires de l'*Officiel,* mieux enchevêtrées qu'aux plus beaux temps de la République, fournissaient une matière infinie à leurs méditations.

J'avais retrouvé parmi eux un camarade fort sympathique, bien connu quelques années plus tôt dans sa garnison de Versailles, le capitaine Z..., des chars de combat (j'ai assez souvent fréquenté cette arme), robuste lorrain, aussi peu enclin que possible aux élégances cavalières, réputé pour sa rigueur géométrique de jugement, cultivé, bûcheur et breveté de l'École de guerre. Nous avions dans l'armée plusieurs amis communs dont il me donna des nouvelles, l'un d'eux surtout, dont j'ai déjà parlé, le capitaine R.... un vrai troupier d'aventure, tombé au Maroc tout seul avec son char dans un parti de Riffains, en ayant démoli quatre-vingts ou quatre-vingt-dix, jusqu'à ce que le quatre-vingt-onzième, un fameux héros, lui fracassât à bout portant la mâchoire par sa fente de visée. Déjà, au début de la campagne, ce magnifique casse-cou rageait d'avoir été désigné pour une compagnie-échelon de chars, et de se battre exclusivement avec les états d'écrous et de clés anglaises. Après quelques semaines de ces glorieux travaux, il était rappelé à Paris pour se plonger dans les graphiques, les topographies et les manuels de l'École de Guerre. Car en novembre 1939, l'École de Guerre fonctionnait toujours imperturbablement au Champ-de-Mars. Enfin, juste au début de l'offensive allemande, il se voyait, ivre de rage, expédié en Tunisie sans appel.

L'honnête Z... me racontait cette Iliade, en paraissant trouver fort naturel un aussi remarquable emploi de notre guerrier.

Lui-même, militaire dans l'âme, s'était battu quelque trois jours vers le 20 juin du côté de Forez, et non sans mal. Son colonel voulait absolument le préposer à la direction de je ne sais plus quel convoi, puis à la garde d'une usine que finalement un contre-ordre décidait de ne plus garder. Il avait alors improvisé une sorte de colonne en "rameutant" - c'était le mot consacré pour les hauts faits de juin - une douzaine d'autos-mitrailleurs et de chars. Il était fort satisfait de sa défense d'un patelin, aux environs de Saint-Etienne, et en particulier de sa victoire, pistolet en avant, sur le maire qui se demandait si c'était bien la peine, au point où l'on en était, de faire démolir son bourg.

- Un pistolet à trente-deux coups, une vraie mitraillette. Avec ça au bout du bras, on redevient un chef d'assaut, comme au temps de Murat.

Il redouta un moment de se voir encerclé et puis il n'en fut rien. Il avait pu, théoriquement vainqueur, opérer un brillant repli.

- Je sais mon métier. Il ne faudrait pas qu'on eût l'air de vouloir me l'apprendre.

Je justifiais volontiers, chez un vrai et courageux soldat, le besoin un peu puéril de ne pas finir la plus décevante des campagnes sans brûler au moins quelques cartouches.

Mais mon excellent capitaine n'entendait nullement les choses ainsi. Il ne paraissait pas le moins du monde soupçonner que cette escarmouche aux portes de Saint-Etienne, avec quelques débris hétéroclites d'arrière-gardes, tandis que les Allemands s'alignaient de Lyon à Angoulême, était une image effroyablement éloquente de notre désastre et de notre honte.

Je découvrais une variante nouvelle de cette inconscience militaire dont Vichy m'avait fourni maints exemples. Pour avoir plus ou moins arrêté pendant une demi-journée quelques éclaireurs, celui-là ne se sentait pas battu. Il était littéralement incapable de remonter de cette menue satisfaction jusqu'à l'énorme catastrophe où elle se noyait. Il dessinait et décrivait sa victoire comme s'il se fût agi d'une des plus triomphantes offensives de 1918. Quant à notre abominable débandade, il ne lui accordait que quelques allusions désinvoltes, comme à une manœuvre manquée de Mourmelon. Il avait consacré quatorze ans de sa vie à l'étude de l'arme blindée. Il avait été l'adepte intransigeant de la doctrine officielle, qui ne voulait rien apprendre que des batailles passées, qui asservissait le char à l'infanterie, jugeait impossible son emploi hors du rayon d'action qu'un gros de biffins pouvait parcourir à pied en un jour. Cependant, il ne trouvait pas un seul mot de blâme pour cet échafaudage de routines réglementaires, que l'audace et l'imagination germaniques venaient de réduire en poussière d'un seul coup de bélier.

Je me hasardai à lui dire :

- Il est tout de même surprenant qu'au passage de la Loire, à la cinquième semaine de la campagne, après huit mois de préparation, nous n'ayons plus eu une seule division intacte et capable de se battre en ordre.

- Pfui ! répondit-il en toisant le profane : divisions, corps d'armées, tout ça, ce sont de vieux moules, des concepts périmés. Nous avons appris ce printemps à nous battre dans des cadres plus élastiques. Heureusement, parce que tout n'est pas fini. La partie n'est pas jouée. Ah ! mais non.

Il portait sous le bras un bouquin jaune - *Les Trophées* - du seigneur José Maria de Heredia. Je ne pus m'empêcher de manifester quelque surprise devant cette lecture parnassienne et insolite.

- Vous pouvez rire, fit-il, mais c'est pour m'apprendre à rédiger bref.

Un ou deux jours plus tard, en flânant au-dessus de la source des Célestins, je surprenais sans le vouloir les lectures intimes d'un général à trois étoiles. Assis derrière un petit kiosque, au bord d'une allée écartée, il était plongé profondément dans *Ric et Rac*.

Quand je racontai la chose, on rit beaucoup et on ne me crut pas trop. Mais à quelque temps de là, un de mes amis à son tour tomba sur un général qui lisait *Ric et Rac*. À sa description, je compris que ce n'était pas le mien.

* * * * *

J'étais à Vichy depuis bientôt trois semaines. J'avais voulu croire encore que tous les ridicules, les insanités, les effarants anachronismes qu'on y rencontrait à chaque pas demeuraient accidentels, que les têtes qui comptaient savaient demeurer froides et fortes au milieu de la plus haïssable atmosphère. Mais il fallait me détromper. Le Vichy des rues, des salons et des bars, du golf où les petits dindons à dix mille francs d'argent de poche par mois et les filles d'un grand cirage ou d'une illustre margarine arboraient la croix de Lorraine, se pelotaient, rencontraient assez de petits youtres pour se croire encore au Racing, ce Vichy-là était le reflet fidèle, le prolongement du Vichy officiel.

J'ai dépeint l'extraordinaire bagage d'idioties que véhiculaient sur les routes de la défaite, entre Niort et la Dordogne, les prolos communistes, les youpins, les mystiques selon Malachie et les benêts à licences : l'aide imminente et formidable de l'Amérique, la prochaine Jeanne d'Arc, l'invincibilité des Anglais, l'attente sereine de notre nouvelle victoire de Poitiers.

Je concevais encore, quoique plus difficilement, que de pareilles fables pussent trouver créance auprès d'antiques Ramollots, de vieilles douairières, de naïfs officiers abrutis par la hiérarchie, l'oisiveté et la promiscuité militaires, et même auprès de quelques très jeunes serins.

Mais ce qui devenait monstrueux, terrifiant, c'était de s'apercevoir que ces folies logeaient dans les têtes mêmes du gouvernement. Il m'avait fallu ces trois semaines pour m'en convaincre. Aucun doute n'était plus permis à ce sujet. Des ministres comme M. Baudoin et M. Alibert, des quasi-ministres comme le sieur René Gillouin, petit pion sinistrement ouaté, l'œil en biais derrière les lunettes, cafard protestant - espèce pire encore que la papiste - familier néanmoins de tous les évêchés, éminence grise du nouvel État, ayant toutes ses entrées au pavillon de Sévigné, des conseillers tout-puissants du nouveau régime comme ce du Moulin de La Barthète, à la cervelle si frivole, ne pensaient pas autrement que les manœuvres alcooliques hébétés par vingt années de propagande rouge, que les bedeaux de village et les perroquets de salon.

Par eux-mêmes, par leurs familles, dans cette potinière aux cent mille échos qu'était Vichy, nous pouvions suivre jour par jour leurs opinions.

Elles étaient en train de devenir par leurs soins un dogme d'État.

Seuls des énergumènes suspects (votre serviteur par exemple) ou des ignorants, pouvaient parler de la victoire allemande. C'était là une hypothèse qui frisait l'absurde. On nous l'avait fait savoir par le Deuxième Bureau. Les ressources du glorieux Empire Britannique étaient inépuisables, et devant elles, l'Allemagne succomberait fatalement.

Au début de septembre 1940, M. du Moulin de La Barthète assurait que le Reich était menacé de façon imminente, par de graves troubles sociaux.

Les experts économiques, ceux de l'illustre S. R. particulièrement écoutés, intervenaient doctoralement, jonglant toujours avec les tonnes de pétrole, d'acier, de nickel, de blé, d'huile.

Nous devions déjà à ces omniscients personnages la fameuse fable de mai, Hitler à bout d'essence faisant une "sortie" désespérée d'assiégé. Mais les experts ne s'arrêtaient pas à ces souvenirs négligeables : leurs courbes et leurs statistiques tournaient plus que jamais à la confusion des Germains.

Les Anglais finiraient la guerre un peu las, mais victorieux, et nous à leurs côtés, frais, dispos, triomphants.

* * * * *

Ces insanités avaient une diffusion invraisemblable. Un homme doué de sens commun en arrivait à rougir des billevesées où le poussaient de telles querelles, d'en être à demander comment une armée anglaise parviendrait bien à reprendre pied sur la terre d'Europe, comment cette armée redébarquée (!), infime, novice, mal encadrée, n'ayant pas un vrai général, pourrait culbuter jusqu'au-delà du Rhin tous les millions de soldats allemands formant la plus parfaite, la plus puissante et la plus savante machine de guerre de tous les temps. Bah ! à coups de bateaux (ces bateaux que l'on promène si bien au gré de tous les délires géographiques), de famines, de révolutions, d'Amériques, d'Afriques on vous arrangeait agréablement tout cela.

On vous affirmait encore avec un sourire hautain que même si un débarquement anglais se révélait trop difficile, la Royal Air Force suffirait à coup sûr pour chasser la Wehrmacht de toutes ses conquêtes, pour mettre l'Allemagne terrifiée sur les genoux. Il ne fallait point essayer de répliquer que, même si l'aviation britannique et la Luftwaffe arrivaient à se balancer en qualité et en nombre, tandis que l'île offrirait aux Germains une cible idéale, les pilotes anglais verraient du Cap Nord à Hendaye, de Brest à la Vistule, de Hambourg aux Carpathes, s'étendre à l'infini sous leurs ailes un objectif vraiment décourageant. À cette arithmétique élémentaire mais exacte, on vous objectait aussitôt des intégrales quasi métaphysiques.

Les ministres "neutres", personnages fantomatiques, destinés par nature à ne jamais rien penser qui leur fût propre, le bon M. Caziot, l'honnête professeur Georges Ripert, se gardaient bien de contredire les agités et les importants qui donnaient le ton.

Des sommets de l'État, cette démence avait gagné tous les services, tourneboulé un monde de collaborateurs, de confidents, de porte-paroles, de fonctionnaires grands et petits. Las de remuer ce monceau d'idioties, je n'en donnerai qu'un exemple.

La France entière a connu par les gaullisants la fameuse tentative de débarquement massif des Allemands en Angleterre et son piteux échec. On lui a décrit la Manche rejetant sur les plages des montagnes de cadavres, les blessés râlant aux portes des hôpitaux bondés, les innombrables "feldgrau" brûlés par les barrières de mazout enflammé. Or, l'homme de qui j'entendis pour la première fois cette fable digne de l'an Mille était une des meilleures têtes du nouveau ministère de l'Agriculture, l'un des plus brillants spécialistes des problèmes corporatifs, un garçon dans la force de l'âge, penché sur les réalités de la terre, et dont je connaissais depuis des années l'intelligence, à laquelle on ne pouvait reprocher que d'être presque trop bondissante et subtile. Il rapportait de la zone occupée cette réconfortante nouvelle. Il y puisait la certitude que les Anglais gagneraient, et ajoutait de sensationnels détails sur la chute catastrophique du moral chez les troupes allemandes, blêmissant à l'idée de retourner dans un pareil enfer.

Je pus bien lui répondre qu'il était rigoureusement invraisemblable que la radio britannique, à l'affût des plus maigres et douteux succès, reflétant une peur panique de l'invasion, n'eût pas soufflé un mot d'une victoire aussi considérable et tellement propre à ragaillardir les cœurs anglais. Mais il haussa les épaules devant cette spécieuse objection.

Vichy avait misé sur la victoire anglaise.

CHAPITRE XXVI

GAULOISERIES D'AUTOMNE

Une bévue aussi déconcertante et lourde de conséquences que l'anglomanie vichyssoise réclame quelques explications.

La première est certainement dans la médiocrité de la plupart des hommes maîtres du nouveau pouvoir. Cette médiocrité expliquait elle-même notre défaite, Tout se tient et découle des mêmes sources.

Si la France avait été capable de mettre au jour avant 1939 un grand parti national et révolutionnaire, nombreux et pourvu de puissants moyens, ce parti, même confiné dans l'opposition eût vraisemblablement évité une guerre avant tout dirigée contre l'ordre neuf qu'il représentait. Même en n'y parvenant point, il eût été le vainqueur moral de juillet 1940, le successeur désigné du régime déchu, et devant l'Allemagne le négociateur le plus sûr d'être entendu. Ce parti avait été rêvé, tenté, mais par des hommes trop pauvres, trop jeunes, trop scrupuleux, trop divisés, de trop petite ambition, lucides mais atteints cependant eux-mêmes de cette anémie dont se mourait la France, ayant dressé contre eux, depuis Israël jusqu'à l'Église démocratique une gigantesque et décourageante coalition. Ils étaient aujourd'hui plus dispersés que jamais par la retraite, l'exode, les camps de prisonniers.

Dans l'absence d'un tel parti, devant la déconfiture des parlementaires, il avait été malheureusement assez logique qu'un vieux soldat, éloigné depuis longtemps de la vie publique, s'adressât pour former son gouvernement et ses services aux cadres naturels de la nation : l'Université, la magistrature, l'armée, le clergé, les grandes administrations.

Mais ces cadres avaient eux-mêmes participé de cette longue dégénérescence sociale, intellectuelle, politique, sans laquelle l'effondrement aussi piteux et complet d'un pays tel que le nôtre ne pouvait s'imaginer. Ils avaient tous honteusement ou platement failli à leurs missions : éducation des esprits, des cœurs, des corps, apaisement de la lutte des classes, équité et indépendance de la justice, rajeunissement des machineries centenaires de l'armée ou des bureaux. Ils avaient été les serviteurs consentants ou les dociles complices de tous les ministères de ruine et de déshonneur. Ils avaient été pétris de tous les poncifs, tous les préjugés d'une bourgeoisie bornée, égoïste et poltronne.

Au moment où plus rien ne devait être conservé, on voyait reparaître tous les conservateurs.

Et parmi ceux-ci s'étaient aussitôt poussés au premiers rangs les représentants des castes les plus imbues d'une supériorité illusoire, les plus enfermées dans des abstractions fallacieuses : l'inspection des Finances, Polytechnique, le Conseil d'État.

Le plus grave était encore qu'aussitôt en place, se serrant les coudes, ils avaient opposé un impitoyable barrage à tous ceux qui n'étaient point à leur stricte ressemblance et eussent pu dans quelque mesure corriger leurs sottises.

Ils peuplaient leurs services de leurs créatures, amis et connaissances, remettant tous les postes de l'État nouveau à des aveugles et des incapables satisfaits.

* * * * *

Ces gens-là ne pouvaient pas prendre parti contre l'Angleterre. Il leur eût fallu se renier eux-mêmes avec un courage et une clairvoyance dont je me demande où ils auraient puisé le secret. Ils tenaient à l'Angleterre par leur pseudo-libéralisme, par leur culte atavique des forces de l'argent. Le cynisme et la brutalité de la finance anglaise, régnant en soudoyant les riches, en maintenant les faibles dans une misère sordide, étaient aussi leurs méthodes favorites. Cet énorme empire édifié à coups de chèques, sur des fictions monétaires et des privilèges insolents, représentait à leurs yeux la plus parfaite image de la puissance et de l'invincibilité. Pour eux, sa chute se traduisait par l'engloutissement de leurs beaux comptes en sterlings et l'écroulement de leur orthodoxie d'économistes. Ruine des portefeuilles, ruine des théories : la fin de notre planète n'aurait pas été plus effrayante à leurs yeux. Avec l'Angleterre, ce serait du reste leur univers entier qui disparaîtrait.

Toutes leurs habitudes de calculer ou de penser se révoltaient devant l'image d'une pareille chute, leur fournissaient ces raisons d'espérer tirées des tonnages de marine, des capacités de crédit, des encaisses métalliques, des réserves coloniales, de ces imposantes turlupinades qui leur avaient déjà si bien servi pour annoncer la victoire par le blocus, sous l'impulsion héroïque de leurs chers amis, Churchill, Reynaud et Mandel.

L'idée d'une Allemagne nationale-socialiste supplantant l'Empire de Sa Majesté Britannique, ne pouvait s'acclimater dans leurs cerveaux. Ils méprisaient cette Allemagne de toute leur peau non point de Français, mais de bourgeois. L'ascension du plébéien et caporal Hitler avait révolté leur sentiment de la caste, comme celle d'un fils de manœuvre qui arrive à créer une usine par son ingéniosité, comme les découvertes d'un chercheur de génie, mais sans diplôme. On ne dira jamais assez combien en France les partis d'extrême droite paraissant les plus hardis ont abrité d'"antifascistes" distingués, titrés, cossus, beaucoup plus irréductibles que le plus enragé des électeurs de Thorez. Je n'ai nulle part mieux compris qu'à Vichy la grande comparaison de Mussolini entre les États repus et les États prolétaires. Cette opposition concernait à la fois les biens et les esprits. Les nantis de Vichy n'avaient pas tellement tort de deviner, dans l'ordre prochain de l'Europe, le plus intraitable adversaire de leur égoïsme, de leur féroce suzeraineté. Ils avaient d'assez solides raisons de se laisser séduire par n'importe quelle chimère, d'envisager pour durer ou pour forcer le sort les pires sacrifices (d'autrui, toujours d'autrui). Il leur était naturel et agréable, comme à tous les bourgeois révulsés devant une nouveauté violente, de quelque sorte qu'elle fût, esthétique ou politique, de se persuader que les incongruités "fascistes" ne dureraient pas, qu'elles portaient en elles-mêmes le principe de leur perte.

Dans tout cela, nous trouvons beaucoup d'arguments du coffre-fort, et bien peu de ces fameuses valeurs spirituelles qui sanctifiaient, paraît-il, nos drapeaux de 1939. Reconnaissons cependant que la foi chrétienne jouait aussi son rôle dans l'anglicisme de la plupart des éminents vichyssois, mais pour favoriser une attente intrépide du miracle, d'un prodige biblique, où la trompette de Churchill, flanqué de douze grands rabbins et des soixante-dix cardinaux, terrasserait de son souffle divin les armées du Führer antéchrist.

*****

Ces espérances anglaises de nos nouveaux ministres trouvaient presque partout l'air le plus favorable à leur floraison. Aucun encouragement ne leur manquait.

Chez les gens du monde et chez leurs singes, on gaullisait parce qu'en face des modes anglaises, la rudesse et l'austérité du IIIe Reich n'offraient matière à aucun snobisme. On croyait en Churchill à cause du golf, du turf et du tweed d'Ecosse. Etre pour les Anglais, c'était être du côté des "gentlemen". On jugeait de mauvais ton de toujours évoquer Dunkerque et Mers-el-Kebir quand il y avait Oxford et Piccadilly.

La jeune génération attendait le salut de l'Amérique à cause d'Hollywood et du "swing", des Marx Brothers et de Duke Ellington. On se faisait des âmes de petits héros en criant "bye ! bye !".

Pour le clergé politicien, il se retrouvait plus que jamais fidèle aux enseignements de dix-sept années de pontificat démocratique. A sa tête, le primat des Gaules, l'hyperjudaïsant cardinal Gerlier, faisait un digne pendant à l'archevêque de Canterburry. Ce clergé soupirait après la benoîte république laïque et maçonnique, qui avait si saintement rendue l'âme en invoquant Saint-Louis, Notre-Dame de France et le Sacré-Cœur de Jésus.

Les appels innombrables à la spiritualité devenaient autant d'invitations à la ferveur gaulliste. Tous les patronages égrenaient des neuvaines pour le triomphe du grand connétable français de Londres. Et les patronages étaient en train de devenir une institution d'État.

L'armée n'avait pas tiré de l'énorme leçon de mai le plus petit enseignement. Elle en comprenait seulement que désormais étaient possibles des choses singulières, dont les manuels et les instructions tactiques n'avaient jamais parlé, et qui repoussaient dans la préhistoire la guerre de tranchées, le grignotage, les boucheries réglementaires dans les fils de fer barbelés. Du coup, elle passait de sa routine à une sorte de surréalisme militaire. Les brevetés qui pendant dix mois n'avaient pas été fichus de faire proprement le métier de cabot-rata, s'ébrouaient maintenant avec désinvolture au milieu d'un *Kriegspiel* à la Wells, manœuvraient leurs cinquante bataillons du Transvaal à la Norvège. Les Juifs, cela va de soi, fournissaient un appui enthousiaste. Après quelques semaines d'une bien réjouissante épouvante, devant la mansuétude officielle ils avaient repris une assurance décuplée. Le violent passage de l'effroi à l'espoir avait mis en ébullition leur frénésie séculaire. L'Angleterre livrait leur dernière bataille. Ils s'accrochaient à elle fiévreusement, de toutes leurs griffes. Leur messianisme débordait. Ils savaient leurs plus puissants frères de Londres et de New-York acharnés à prolonger cette guerre qu'ils avaient follement et férocement voulue, à écarter cette paix qui annoncerait la destruction fatale du Temple. Avec leur mépris de la force armée et du courage viril, leur religion de l'or, ils ne pouvaient qu'attendre la victoire anglaise, en y mettant cette fureur dans l'illusion par où Israël s'est toujours perdu.

L'espoir anglais donnait la clef de la plupart des énigmes vichyssoises.

Un nouvel État avait peut-être vu le jour. Mais le cordon ombilical qui le liait au vieux régime démocratique n'était pas coupé.

Cela tenait sans doute au faible caractère de la plupart des ministres, à leur jeannoterie congénitale de libéraux, aptes à faire une révolution comme M. Maurice Chevalier à jouer Hamlet, et qui n'auraient pas signé une condamnation à mort sans prendre l'avis de vingt-quatre confesseurs.

Mais la raison essentielle était ailleurs. Puisqu'on croyait communément que les démocraties anglo-saxonnes finiraient par l'emporter, il n'avait pas été si absurde et criminel de nous embarquer en septembre 1939 dans une guerre qui se terminerait par une victoire. Pourquoi eût-on sincèrement regretté de l'avoir déclarée ? Comme pour Churchill et Roosevelt, cette guerre demeurait, pour les purs vichyssois, leur guerre, une croisade et la défense suprême de leurs intérêts. Du reste, on aurait pu rechercher longtemps ce qu'ils avaient fait l'année précédente pour l'empêcher, tandis qu'on voyait trop bien tous les encouragements qu'ils lui avaient prodigués, ne concevant point lors de la crise de Dantzig d'autre issue, de même qu'ils n'imaginaient rien aujourd'hui hors d'une continuation à outrance de cette guerre par Londres et par New-York.

Dès lors, Reynaud, Daladier, Mandel n'étaient plus d'affreux coupables, mais d'avisés politiques, des martyrs du patriotisme, qui triompheraient au bout d'une cruelle épreuve. D'où la répugnance extrême que l'on mettait à les inquiéter, puis les égards dont on les entoura après qu'on eût été contraint de s'assurer de leurs précieuses personnes.

Les fameux passagers du *Massillia* n'étaient plus des fuyards, mais d'énergiques citoyens qui avaient refusé de se rendre. La nostalgie de la retraite en Afrique du Nord habitait bien des cœurs de l'hôtel du Parc.

Les dissidents gaullistes faisaient figure de héros. Si on ne pouvait les applaudir trop bruyamment, on étouffa très vite les voix qui dénonçaient leurs chefs. Nous appelions, à la radio, de Gaulle, le "général félon". On nous interdit d'abord de lui donner du général, sur les instances de MM. les militaires, puis du félon. Le ton officiel était de s'abstenir pour lui de tout qualificatif, en attendant de le faire bénéficier d'un silence indulgent.

Il va de soi que tout rappel de la trahison anglaise, de l'insignifiance et de la lâcheté du corps expéditionnaire britannique, voire de Mers-el-Kebir, passait désormais pour inopportun. On ne pouvait s'indigner du rembarquement en pleine bataille des canons anglais, puisqu'ils armaient maintenant l'île, refuge de toutes les espérances, dernier bastion de la civilisation. On ne pouvait pleurer avec sincérité les marins français assassinés devant Oran, quand on justifiait *in petto* l'attentat par la crainte qu'avait nourrie Churchill de voir ces vaisseaux livrés et retournés contre les siens.

Il devenait logique que les Vichyssois épargnassent les Juifs, qui formaient les mêmes souhaits qu'eux, qui leur offraient une alliance naturelle et constituaient pour le gaullisme officieux une armée de prosélytes sans pareil. Les brillants et riches inspecteurs des finances sacrifieraient à la rigueur quelques fripiers émigrés de Pologne ou de Roumanie. Mais ils se récriaient, très offusqués à l'idée que l'on pût leur assimiler d'éminents hommes d'affaires, considérés dans le monde, apparentés aux plus beaux blasons, et qu'on avait rencontrés autour de toutes les tables des conseils d'administration. C'était manquer aux convenances les plus élémentaires que de rappeler leur judaïsme. On le fit bien voir à propos du haut et puissant banquier David-Weill, déchu par inadvertance de la nationalité française, et qu'on se hâta de réintégrer, avec un flot d'excuses pour une aussi regrettable erreur.

En s'instituant les protecteurs des Juifs, on trouvait également un moyen excellent d'affirmer cette ombrageuse dignité dont Vichy avait un tel souci. On marquait ainsi avec hauteur que la France n'imitait personne et restait maîtresse chez elle. Singulier point d'honneur qui consiste à garder sur soi sa vermine parce que votre voisin s'en est débarrassé ! La judéophilie était en somme la preuve majeure que la France sauvegardait les "valeurs spirituelles".

Toutes les foudres et tous les soupçons étaient réservés pour la poignée d'audacieux qui osaient à mi-voix suggérer la possibilité d'une collaboration franco-allemande. On leur répliquait avec d'amers sarcasmes que rien de cet ordre ne nous était demandé - comme si la France battue à plate couture pouvait encore faire la coquette et attendre des propositions ! - qu'il importait de nous en tenir *mordicus* et juridiquement aux clauses de l'armistice, et de ne point engager l'avenir du pays sur des fantaisies, alors que la guerre se poursuivait sans que personne sût dire quel serait son dénouement.

On sait ce que devait être l'aboutissement de cette intelligente conception. Pierre Laval n'était point sans défauts. Il n'en était pas moins de tout le ministère le seul qui pût se flatter d'avoir été un pacifiste, le seul qui, dans un passé récent, se fût comporté comme un homme d'État, eût montré une prévoyance, une ampleur de jugement dont l'année 1940 lui apportait la cruelle mais éclatante confirmation. Dans notre position, où nous n'avions d'autres chances à jouer qu'en négociant, c'était le négociateur-né, possédant l'instinct paysan de l'intérêt national, du bénéfice français, de l'échange fructueux, ayant su gagner par surcroît très vite et sans aucune bassesse la confiance du vainqueur, bref l'homme idéal et providentiel. La démence vichyssoise voulait donc qu'il fût abominé, tenu pour un malfaiteur public, l'objet d'un complot permanent qui entravait tous ses efforts.

Ce complot datait des premières heures mêmes du nouveau régime. À Bordeaux, en juin 1940, le général Weygand s'était élevé avec violence contre l'attribution à Pierre Lavai du portefeuille des Affaires étrangères, qui lui revenait de plein droit et de toute nécessité, en arguant que ce serait "une provocation" à l'endroit de l'Angleterre. Deux mois et demi plus tard, ce portefeuille restait toujours, contre tout bon sens, dans les mains de Paul

Baudouin, fantoche impuissant, collaborateur du ministère de la défaite, mais qui apportait le gage d'un anglicisme sournois.

Le nouveau régime, hors de toute autre considération, payait Pierre Laval d'une bien noire ingratitude. Car il lui devait à peu de choses près la vie. Dans l'équipe ministérielle si fragile, si novice et froussarde de juillet 1940, personne, sauf lui, n'aurait eu l'habileté et la décision nécessaires pour liquider, comme il venait de le faire, le Parlement, et dresser une constitution qui tînt à peu près debout.

* * * * *

Durant ces huit semaines décisives de juillet à septembre, dans ce désarroi et ce gigantesque bouillonnement qui permettaient tout, nos nouveaux ministres avaient, hélas ! donné leur mesure. Les facilités extraordinaires dont ils disposaient, loin de leur inspirer l'audace, paraissaient bien les avoir effrayés. Toutes les foudres de l'autorité absolue se trouvaient réunies dans des mains peureuses et hésitantes. Ces messieurs en étaient aussi embarrassés qu'un Suisse d'église d'un char de combat.

On voyait ce spectacle risible d'hommes d'État devant tout leur pouvoir à la ruine d'un régime condamné, et qui épousaient les mœurs les plus décriées de ce régime, en faisaient tourner à vide tous les rouages. Le parlementarisme était mort. Mais les ministres demeuraient toujours à la recherche d'une majorité. On parlait de dosages comme aux plus inénarrables moments des cabinets d'"union nationale". Députés et sénateurs étaient "dissous". Mais on s'inquiétait de leur octroyer des compensations. On abolissait les conseils généraux. Mais dans la même semaine, les conseillers généraux assiégeaient Vichy, et les nouvelles Excellences perdaient de longues heures à les recevoir, à solliciter leurs avis.

Les cadres disloqués de la République en profitaient pour se reformer avec allégresse. Après une alerte qu'ils avaient bien crue fatale, lis se passaient les mots d'ordre, encore plus rassurés que sous "Gastounet", car les nouveaux maîtres ignoraient tout du monde politique et la Cour de Riom promettait de faire regretter aux fascistes la Commission d'enquête de 1934.

Tous les chefs maçons de quelque importance restaient à leurs postes de commande. La plupart des Loges, dans la zone non occupée, demeuraient inviolées. Toutes avaient pu évacuer sans encombre leurs archives. Les quelques nationaux encore raisonnables de Vichy pouvaient établir une amère comparaison avec les départements du Nord, où les troupes allemandes s'étaient emparées des temples du Grand Architecte en les vidant de leurs papiers et de leurs documents les plus suggestifs.

Il ne se passait pas de jour qui ne nous apportât une nomination ou une confirmation d'anciens emplois inconciliables avec les velléités les plus timides de changement.

* * * * *

L'automne arrivait, précoce sous le climat chagrin de Vichy.

Un soir de septembre, comme nous portions nos pas et nos propos de plus en plus désabusés vers l'hôtel du Parc, nous trouvâmes le hall presque désert. Adrien Marquet, le matin encore environné d'une foule d'"amis", était seul avec deux fidèles, l'air stupéfait et furibond. On venait de le démissionner.

Vingt-quatre heures plus tard, se profilait dans les couloirs la haute silhouette de son successeur, M. Peyrouton, très distant et d'un chic assez vieux beau, dans son complet bleu marine, son gilet crème et ses guêtres claires.

Nous ne comprenions rien à cette mutation. Marquet, à l'Intérieur, était un des rares ministres dont on pût louer l'esprit et les intentions. Il venait enfin d'obtenir la mise à l'ombre, au château de Chazeron, d'une première fournée de gredins, Daladier, Gamelin, Mandel. Pour ne pas lui en laisser le mérite, on avait pris soin d'ailleurs de le débarquer avant d'annoncer cette mesure de justice.

D'autre part, Peyrouton surgissait avec sa réputation bien assise de colonial à poigne, de fasciste exécré par nos pires ennemis.

Nous ne savions pas encore que le clan revanchard venait d'accomplir son premier coup d'État, qu'il substituait à Marquet l'ancien "hitlérien" Peyrouton parce que ce fils d'Écossaise offrait aux anglicistes les plus inquiétantes garanties,

Nous n'allions pas tarder à en voir des signes évidents. Les négociations engagées par Pierre Laval avec les Allemands l'obligeaient à de fréquents voyages. À chacun d'eux, Vichy faisait un brusque accès de température. La conjuration anglophile profitait de cette absence pour nouer fiévreusement contre le Vice-président une cabale nouvelle, l'accuser d'abandons, de traîtrises imaginaires et crier à tue-tête qu'elle ne le tolérerait pas, qu'il fallait en finir,

On voyait surgir, annonciateurs des bêtises les moins réparables, Louis Marin, cette vieille andouille à lavallière, et, le dos rond, l'homme de l'ours Hitler, Maurice Pujo, repassant dans sa barbe les hautaines consignes de Maurras à l'État.

Pierre Laval rentrait chaque fois de Paris plus las d'avoir à refaire tout ce qu'il avait patiemment échafaudé à Vichy, et que trois jours d'éloignement avaient détruit. L'inconséquence d'une troupe d'étourneaux le plaçait dans une situation précaire, très difficile à soutenir devant les Allemands, en droit de lui demander à chaque instant au nom de qui il parlait et s'il retrouverait seulement au retour son siège dans le gouvernement. Il dépensait à cette tâche ingrate une adresse, une ténacité admirables.

Dans cet imbroglio, c'étaient encore nos malheureux services d'information qui pâtissaient le plus. Laval, dans les quatorze heures de labeur quotidien que lui imposaient les complots vichyssois, devait aller au plus urgent, c'est-à-dire défendre sa vice-présidence, et pour cela céder sur le terrain de la propagande et des nouvelles aux exigences des conformistes, aux fielleuses remarques des anglicisants. Nous devenions ainsi une sorte de monnaie d'échange, par la seule faute d'un clan d'excités ou de trembleurs. L'état d'esprit public en faisait finalement les frais.

Alain Laubreaux, qui n'est point d'un naturel à supporter les contraintes et les sourdines, avait bientôt plié ses bagages pour Paris. Notre ami Georges Hilaire venait de nous quitter à son tour. Il était remplacé à nos bureaux de la radio par un très sympathique confrère, René Bonnefoy, fidèle collaborateur de Laval, rédacteur en chef du *Moniteur du Centre,* ancien fantassin de Verdun et de la Somme, cachant sous une enveloppe fruste une vaste culture et beaucoup de finesse politique. Mais tous ses talents ne pouvaient plus grand' chose contre l'hostilité grandissante qui nous entourait.

Nos modestes émissions du journal parlé étaient devenues l'objet d'un contrôle sourcilleux où cinq à six ministères se faisaient représenter. Nous nous attirions le lundi l'ire de la Guerre et de la Jeunesse, le mardi celle des Colonies, le mercredi les remontrances toujours plus vinaigrées du fameux Cabinet du Maréchal.

Pour achever de tout embrouiller et paralyser, on nous avait coiffés d'une espèce de "brain-trust", où le pisse-copie nègre Gerville-Réache voisinait avec un père jésuite en uniforme de commandant. Le plus bel ornement de ce cénacle était un colonel du nom de Schweller, si je ne me trompe pas, qui jugea utile de se présenter en faisant distribuer sa biographie, rédigée de sa main, relatant dans le style d'un cahier de rapport ses vertus domestiques, les soins qu'il prodiguait à sa vieille mère, et où on lisait entre autres : "A pu acquérir une honnête aisance grâce à sa probité et son travail."

Trois fois par semaine, Henri Poulain recevait la visite de Vladimir d'Ormesson, petit cagot blême, chauve, gélatineux, d'une grinçante suffisance. Il venait nous intimer des consignes diplomatiques, dans la plus stricte ligne de la Synagogue et du Quai, et qui s'épanouiraient bientôt sous sa propre plume avec une apologie délirante du Négus. Ce cloporte ne parlait jamais de lui qu'à la troisième personne, en prenant soin de glisser une douzaine de fois par quart d'heure ces mots : "M. Vladimir d'Ormesson, ambassadeur de France."

Du haut en bas de nos étages, régnait un désordre rappelant vingt fois par jour les origines militaires de ce gouvernement. Nous apprenions avec deux semaines de retard que le Maréchal Pétain avait signé dans une introuvable *Revue des Deux Mondes* un article sur l'école française d'un intérêt capital. Nous nous précipitions aux archives, dans l'espoir de découvrir au moins quelques traces d'un aussi précieux texte. Nous y tombions sur deux Monsieur Soupe et deux Monsieur Letondu qui nous ricanaient au nez, et coulaient les jours de la révolution nationale à ficeler des quittances et des bordereaux vieux de quinze ans.

L'agence Havas, notre principale source officielle d'information, continuait sournoisement ce travail de truquage des dépêches où elle ne connaissait pas de rivale. Elle se débrouillait par exemple pour que seules les nouvelles de source anglaise ou américaine nous parvinssent à temps, délayées et enjolivées avec une complaisance qui me rappelait chaque fois ses plus odieuses manœuvres de septembre 1938 et d'août 1939. Le service d'écoute des radios étrangères, entièrement aux mains des anglophiles, pratiquait sur une échelle encore plus vaste la mauvaise foi et la falsification. Pas une insulte britannique à notre endroit qui ne fût biffée. En revanche, tout article apaisant de la presse allemande nous était systématiquement dissimulé. Tous nos efforts pour rétablir la vérité nous attiraient une offensive furibonde du bataillon de censeurs, avec ou sans galons, qui investissait notre infortuné micro.

On nous gratifiait chaque jour d'une "note de tendance", procédé tout à fait légitime dans un service officiel et un État autoritaire. Mais cette note de tendance était d'une monotonie et d'une imprécision fastidieuses, à la fois par absence d'imagination et par pusillanimité. Le plus comique était que si nous arrivions, par hasard, à faire passer dans notre micro quelque petit bout d'une étude anodine mais de notre cru, gravement, le lendemain, la "tendance" nous invitait à traiter ce sujet.

Dans de telles conditions, nous ne pouvions qu'incliner vers la routine, le vaseux et le pommadé de thèmes assez insignifiants pour n'offenser ni Londres, ni New-York, ni Jérusalem, pour n'inquiéter ni le clergé belliciste, ni les internés de Chazeron, ni les militaires rossés, ni les députés congédiés. Nous nous rabattions en désespoir de cause sur le gazogène et l'huile de pépins de raisin, panacées qui ni l'une ni l'autre du reste n'ont vu le jour. C'était devenu une vraie tarte à la crème : "Défendu de parler de Mandel, Churchill, Reynaud. Carol, l'étalon-or, le bombardement de Londres interdits. Alors on fait encore un "gazogène" pour ce soir ?" Bon Dieu ! que nous nous sommes ennuyés !

La même grisaille s'étendait sur toute la presse. Ce pitoyable journalisme de la défaite avait pourtant compté une remarquable réussite, la nouvelle *Œuvre* auvergnate de Marcel Déat, repliée à Clermont-Ferrand. Je connaissais l'énergique pacifisme dont Déat avait fait preuve de 1938 à 1939, sans parvenir pratiquement même à réformer le journal dont il était le leader et où paraissaient, dans le même temps que son fameux "Mourir pour Dantzig", les odieuses turlupinades de la femme Tabouis, les appels au sang d'un Duff Cooper et de vingt autres bellicistes. Je n'ignorais pas ses efforts, à la tête du défunt "Comité du Plan", pour donner quelque cohérence sociale et économique à la démocratie, avec des idées estimables, mais qui rejoignaient les projets chroniquement enterrés d'une constitution réformée. Rien ne semblait le désigner plus particulièrement que deux ou trois douzaines d'autres esprits d'une honnête ouverture à son nouveau rôle.

Mais Déat était un de ceux, assez nombreux peut-être dans la foule, infiniment rares dans le monde officiel, que la défaite accouchait, délivrait. Dans cet air nouveau, parmi les espoirs autorisés, ses idées, certainement ruminées depuis longtemps, trouvaient une force inattendue. Maintes prémisses, désormais bien posées par la victoire de la croix gammée et la chute du Parlement, lui permettaient de pousser ses idées avec une impeccable logique.

Quand on venait de rencontrer sous les ombrages du Parc une douzaine de généraux portant dans leur sabretache les planplans de l'imminente revanche, on se félicitait à lire sous la plume de Déat que nous étions militairement cuits, et bien cuits. Pour un bon bout de temps ; mais que l'armée allemande était "aussi une armée révolutionnaire", et qu'à prendre notre place sans retard dans l'Europe qui allait faire avec elle cette révolution, nous pourrions préparer une revanche autrement sûre, rapide et noble, une revanche pacifique, que notre vieille race méritait toujours, où nous briserions le moule de l'égoïsme national pour imposer nos dons dans une œuvre grandiose, les faire servir *à* une immense collectivité.

Avec sa verve, ses images et ses formules vivantes, Déat nous aidait merveilleusement, dans notre petite bande, à préciser nos pensées et nos désirs.

Il moquait avec une ironie succulente, et que le spectacle quotidien rendait vengeresse, la vanité et la malfaisance des vieux conservateurs bourgeois, cléricaux et militaires, qui essayaient de tirer bénéfices du désastre. Il cassait les coquilles creuses des nouveaux poncifs moraux,

On avait la joie de le voir définir les "limites de la famille".

"Les mots, disait-il, ne sont pas des solutions, et la ferveur nouvelle qui les fait prononcer avec respect ne suffit pas à les remplir d'un contenu magique. Il est entendu que la famille est la cellule sociale première et non pas l'individu. Il est non moins évident que la nation doit faire avec ampleur une politique familiale si elle veut que le nombre lui rende demain la densité qu'elle a perdue. Mais la famille française, comme beaucoup d'autres institutions est en visible décadence".

Chacun de ces articles drus et nourris édifiait la charte du seul État français qui fût maintenant possible et que nous voulussions concevoir. Nous nous étions rencontrés plusieurs fois à des tables amies. J'avais trouvé un petit homme râblé, d'une cinquantaine d'années, au visage couturé et railleur, d'un calme qui contrastait avec sa faconde et son emportement d'écrivain fort sûr de lui, connaissant bien son intelligence et son talent, n'ayant conservé de l'Université que le goût de la démonstration, plébéien d'allure (ce normalien est fils de gendarme), apparemment peu fait pour gagner la popularité. Ses convictions, devant autrui se durcissaient avec une pointe de sarcasme, au lieu de s'échauffer. Mais sans doute, de nous tous, personne n'avait plus profondément pensé la nécessité d'un national-socialisme français. C'était une raison plus que suffisante, sans qu'il fût besoin de s'interroger davantage sur sa personne, pour qu'on le comptât parmi les artisans indispensables d'une vraie révolution. Si cette révolution n'avait pas été encore dans les limbes, il aurait déjà dû siéger au conseil des ministres, se voir tout au moins pourvu dune mission officielle et d'importance.

* * * * *

Mais Déat, avec son *ŒUVRE*, venait de plier bagages et de regagner Paris. Une conjuration féroce s'était appliquée à lui rendre l'atmosphère de Vichy irrespirable.

Maurras surtout s'était signalé par une violence et une méchanceté insensées. Chacun des scandaleux numéros de l'*Action Française* nous le montrait tel un vieux chat tombé dans une bouilloire, jurant et griffant, aussi insupportable que lamentable.

Il avait engagé une querelle furibonde sur le "marxisme" de Déat. C'était d'une déloyauté insigne, chacun sachant bien que Déat avait au contraire, l'un des premiers, coupé les ponts entre le socialisme juif et le socialisme français C'était tenter une diversion funeste en faveur des vieux nantis, introduire dans des principes d'une utilité urgente une discussion de mots aussi fastidieuse et perfide que celles du Parlement défunt.

Mais il ne restait plus une once de raison dans cette tête qui avait été magistrale. L'auteur d'*Anthinéa* était tout entier la proie d'une humeur délirante, d'une idée fixe : ignorer l'Allemand, et quelque prix que l'on dût payer cette attitude, se refuser à toute négociation.

Comme il n'était plus diplomatiquement possible d'exprimer en clair ces choses, Maurras se livrait à une gymnastique convulsive. Le vieil acrobate du sophisme avait chu dans son filet. Il se démenait là-dedans en hurlant, empaqueté dans ses pétitions de principes, ses cercles vicieux et ses amphibologies.

Je comprenais sa douleur. La victoire germanique était l'effondrement de son existence, de ce qu'il avait jugé capital dans sa doctrine, une source sans doute affreuse de chagrin. Il avait lutté cinquante années pour n'agiter que du vent, et l'étranger campait sur le sol de la patrie. Aucun coup ne pouvait frapper plus cruellement le germanophobe le plus passionné qui eût jamais vu le jour chez nous.

L'intérêt de la patrie commandait un effort non plus des muscles et du cœur, mais de l'intelligence, le seul instrument qui reste quand les armes sont rompues. C'était le vrai courage, la véritable difficulté à vaincre.

On ne demandait point à Maurras une telle abnégation, encore qu'il y eût beaucoup plus réellement manifesté son amour de la France qu'en s'abandonnant à des réflexes de vieille fille. On eût fort bien compris que, boudant pour toujours ce siècle amer, il allât prendre enfin à Martigues une retraite bien gagnée.

Mais il était odieux qu'il prétendit interdire à des Français, deux fois plus jeunes et sans œillères, l'exercice de leur patriotisme et de leur raison.

Maurras, l'auteur de l'*Enquête sur la Monarchie*, s'abandonnait à un jacobinisme viscéral.

J'avais trouvé dans une rue de Lyon une vieille affiche d'*Action Française* datant du Front Populaire, où on lisait encore :

Les décombres

Ni fascisme, ni communisme : Le Roi.

On pouvait bien dire que cette somptueuse fumisterie avait préparé les voies à Blum tout autant que l'or de Londres et de la synagogue.

Maurras lançait maintenant comme consigne :

"Aucun engagement, aucune négociation. Pas plus avec l'Angleterre qu'avec l'Allemagne. La France, la France seule".

Comme si elle eût été une lune.

Encore et toujours l'Olympe, le firmament de l'impossible idéal. Le Hugo de Plein Ciel n'était pas plus divagant.

Il était évidemment commode, de cette position interplanétaire, de morigéner, de railler et insulter les malheureux mortels collés parmi les bourrasques à leur glèbe natale et tâchant de sauver leur patrimoine saccagé.

Mais ces espèces de mystifications ne prêtaient plus à rire. Pour conserver son promontoire dans le ciel des principes purs, Maurras était prêt à livrer pour un temps indéfini, pour toujours même, Paris et quarante départements français, à la condition qu'il conservât bien à lui une France d'oc, de quinze millions d'habitants, où l'on compterait vite deux et trois millions de Juifs bien nés que l'on rééduquerait par le félibrige et la fière armée de Port-Tarascon, où l'on mitonnerait pendant deux ou trois siècles la future guerre germano-marseillaise.

Maurras, qui n'avait jamais pu porter dans les faits une seule de ses menaces, de ses pensées salutaires, donnait à ces sauvages folies une terrifiante réalité, se trouvait au centre des complots les plus fous.

Aucun régime conscient des intérêts français n'eût laissé libre ce dangereux maniaque. Une des premières mesures de sécurité eût été de le faire reconduire au Chemin de Paradis avec les égards dûs à son âge et sa plume, en le priant respectueusement de s'y consacrer à la poésie. Mais nous en étions bien loin. L'*Action Française* avait désormais ses entrées dans l'État, elle était une de ses conseillères officieuses les plus actives. Le Gillouin, le sieur Ménétrel la représentaient quotidiennement auprès de Pétain. Les temps arrivaient. L'*Action Française* était au gouvernement. Selon les prédictions de tous les bons augures, on pouvait s'attendre à du joli.

Le départ de Déat, interprété comme une première victoire sur le clan des "ia", lavalistes et "collaborationnistes", avait quelque peu calmé la fureur du vieillard Maurras. Laval, désigné par Pétain comme son propre successeur, ne pouvait pas être attaqué de front. Maurras reprenait son souffle avant un nouvel assaut, en cherchant un nom de baptême pour la "Révolution Nationale", qui ne pouvait justement se nommer "Révolution" sans dégager du même coup un relent de nazisme. On proposait Réaction, Renaissance, Restauration. Cela vous avait la jeunesse et l'opportunité d'une séance du Dictionnaire sous la Coupole.

Le "nationalisme intégral" se recomposait en hâte sur les juifs une doctrine bien latine, accessoire indispensable de la dignité française en face de l'hitlérisme. Maurras proposait paternellement que l'on donnât de la terre aux Juifs pour en faire des paysans ! Il tirait son chapeau au Juif Maurois, agent de l'Angleterre, en fuite à New-York, et s'excusait à plat ventre de ce qu'un étourdi eût pu dans son journal confondre "ce bon serviteur du Maréchal et de la France" avec le mauvais Juif Bernstein.

Pour être tout à fait équitable, on doit reconnaître que Maurras, haïssant les Anglais à l'égal des Allemands, maintenait hors du gaullisme militant un certain nombre d'étourneaux. Mais il souffrait très bien dans ses colonnes un serviteur, inconscient peut-être, en tout cas singulièrement actif, de l'Intelligence Service, tel que le sieur Thierry Maulnier. Et ses chimères, de quelque nom qu'il les affublât, supposaient toutes l'espoir anglais.

Hors des colonnes, plus massives que jamais, de Maurras, l'*Action Française* débitait une prose de bulletin paroissial.

Dans cet affreux ministère de dévots et de porte-sabres, elle saluait son idéal politique. Elle achevait ainsi de se révéler. Elle avait pendante trente ans prêché la révolte, mobilisé le meilleur de la jeunesse française. Mais l'unique but sérieux qu'elle eût poursuivi, c'était le rétablissement dans son omnipotence de la plus écœurante bourgeoisie.

La presse entière, sous les coups de ciseaux d'une censure à cinquante têtes, se réfugiait dans le tartinage édifiant, nasillard et colonneux, où ne transparaissaient plus une seule figure, un seul événement reconnaissables. Les Bailby, les Guimier, les Fernand-Laurent et consorts étaient passés en trois mois du service de l'Angleterre et des litanies pour la démocratie à l'antijudaïsme, au reniement vengeur de la République, puis à l'hagiographie du néant vichyssois. Qu'il eût été doux de siffler ces chiens pour leur dicter leur quatrième apostasie de la saison, qu'ils eussent accomplie avec le même élan !

Seul, *Gringoire,* par la vigoureuse volonté d'Horace de Carbuccia, Corse subtil, animé par une anglophobie d'excellent aloi, avait pu conserver une miraculeuse indépendance. Henri Béraud, Philippe Henriot et une poignée de leurs amis y faisaient la meilleure besogne, se mettant du reste au ban de la corporation.

* * * * *

Depuis l'affaire de Dakar, ma décision était prise. Je voulais retravailler de mon métier, m'y rendre utile dans toute la mesure de mes forces. Il était bien superflu d'en tenter l'expérience parmi les frères lais et les sous-juifs des journaux repliés. Toutes mes pensées se tournaient vers Paris, ma ville, notre seule capitale. Elle était déjà entourée d'une légende ridicule : "Toutes les maisons neuves sont réquisitionnées. Vous habitez Neuilly ? Alors, vous n'avez aucune chance de retrouver votre appartement... Les Allemands ne veulent entendre parler que des communistes. Un gouvernement va se constituer à l'Élysée avec Thorez à sa tête". Les premiers voyageurs de bonne foi, accueillis au retour comme les explorateurs d'une planète inconnue, s'esclaffaient heureusement à ces insanités. Dans l'atmosphère étriquée et radoteuse de Vichy, ils apportaient les images et l'odeur de la vie.

Ils ramenaient de pleines valises de journaux parisiens, les premiers articles vibrants et inspirés d'Abel Bonnard, de Châteaubriant, poètes à cheveux blancs, tellement plus riches de vérités que nos techniciens pourris de chiffres, de jeunesse que nos petits vieillards à genoux nus et bérets catholiques. En dépit de quelques signatures inouïes - le voyou anarchiste Henri Jeanson attendant la Wehrmacht sous l'Arc de Triomphe - cette presse parue sous la censure de l'occupant nous représentait, il faut bien le dire, la liberté… On y pouvait parler de ce qui comptait.

Je n'avais maintenant plus à l'hôtel du Parc d'autre tâche que de recopier des communiqués et de coller sur des morceaux de papier quelques dépêches. Encore eussé-je pu très bien me dispenser de ces besognes, et me contenter de passer à la caisse de temps en temps, comme un fonctionnaire-gendelettres au bon temps du symbolisme. Mais je ne me sentais pas cette vocation.

* * * * *

J'avais encore eu l'ingénuité de nourrir quelque espoir lors de l'agression gaulliste contre Dakar, de me demander si une telle iniquité ne finirait pas par remuer les cœurs. Mais dès les premiers coups de canon, il fallut me rendre à cette scandaleuse évidence : Vichy vibrait de joie à la pensée que les Anglais allaient s'emparer de la plus belle base de l'Atlantique africain. Déjà les stratèges déroulaient les conséquences de cette brillante manœuvre.

Quarante-huit heures plus tard, les dépêches nous apportaient la certitude d'un échec ridicule et total pour les Britanniques. Grâce à l'énergique Boisson, à une poignée de marins et de soldats courageux, nous enregistrions enfin un beau succès, le premier depuis des années de reculades, de dégringolades, de débandade. Nous rédigions déjà pour notre poste des bulletins triomphants. Mais aussitôt une pluie d'"ukases" vint doucher notre fougue : "S'en tenir à un ton très discret. Défense d'employer le mot de victoire". Bien stylés, les journaux, avec ensemble, titraient sur deux maigres colonnes, deux de moins que pour les nominations de ces étonnants généraux de la déroute, qui ne cessaient de grimper en grade et en pouvoir, devenaient généraux d'armée, comme s'il y eût eu encore une quinzaine d'armées françaises. Du haut en bas de l'hôtel du Parc, au Pavillon Sévigné, dans sept ou huit ministères, dans l'étincelant état-major du général Weygand, on portait amèrement le deuil d'une grande espérance.

Au studio d'émission, un reporter venait de crier à tue-tête : "C'est, dégoûtant. Il fallait livrer tout de suite Dakar aux Anglais. Boisson est un traître". Je m'étais promis d'obtenir sa mise à pied, en le dénonçant sans le moindre scrupule. Je crains bien d'avoir favorisé au contraire son avancement.

* * * * *

Le méchant vent d'Auvergne arrachait les feuilles roussies que des torrents d'une pluie tenace noyaient ensuite. Les allées du Parc s'étaient vidées des toilettes tapageuses, de la foule pérorante et désœuvrée. On en arrivait à regretter cette frivolité, si absurde et hors de propos fût-elle. Sous le ciel maussade, Vichy se recroquevillait hargneusement, dans une atmosphère de suspicion et de délation. Vingt fois par jour, je changeais de trottoir pour éviter tel ou tel personnage qui avait été naguère un compagnon chaleureux. Le plus désolant de Vichy, c'était ce tohu-bohu des esprits, plus grand encore que le bouleversement des choses, et qui retournait les convictions les plus assises.

Les hasards des popotes vichyssoises m'avaient fait déjeuner une fois en face d'un des fantoches de là-bas, un nommé Edouard Schneider, démocrate chrétien du genre vernissé et à bagout mondain, fabricant de mélos moralisateurs détrempés dans l'eau bénite, et marié à une épaisse juive roumaine. Cet olibrius s'était permis de lancer, à grand renfort de manchettes, une diatribe sur l'ignoble barbarie de l'antisémitisme. Je lui fermai la gueule avec toute l'indignation nécessaire. Vingt-quatre heures plus tard, dans dix cénacles de Vichy, j'étais désigné comme un fanatique dangereux, un féroce agitateur "tenant des propos d'assassin" et dont on blâmait fort la présence dans un service de l'État.

* * * * *

L'Officiel, pompeusement, venait de publier un décret méticuleux sur le ramassage des marrons d'Inde, dont on devait extraire je ne sais combien de tonnes de savon. Les jours suivants, dans tout Vichy, les talons vous tournaient à chaque pas sur une jonchée des précieux marrons. Je ne crois pas qu'on en ait ramassé la valeur d'un seau d'enfant.

J'y voyais le symbole d'une gabegie administrative auprès de laquelle les drôles du Front Populaire étaient des Lycurgues. Les hommes nouveaux, dans leur ignorance brouillonne, en arrivaient à nous faire regretter cette espèce d'ossature bureaucratique qui subsistait malgré tout auparavant, parmi les pires remous de la démocratie. Il n'était pour ainsi dire pas de texte légal dans lequel les linottes ministérielles n'eussent commis les plus extravagants oublis, qui ne réclamât une série interminable de codicilles ou de retouches. Nous avions vu ainsi s'élever en quelques semaines une broussaille de lois aussitôt inextricable et qui n'en était cependant qu'à ses premières touffes.

Maints voyageurs sortaient ahuris de ministères essentiels, où ils avaient vu une Excellence solitaire, ne sachant rien, ne voyant rien ni personne, confinée entre deux dactylos et deux cartons verts parfaitement vides.

Toute tâche proposée se heurtait à l'obstruction des "attentistes", déclarant que l'on vivait dans le provisoire, que le moindre coup de pioche serait peine perdue ou même risquerait de profiter aux Allemands. L'instinct débrouillard de la nation proposait cependant chaque jour quelque recette nouvelle pour parer à la pénurie des carburants, des graisses, des transports, des tissus. Mais on voyait en même temps accourir toujours plus nombreux les messagers des grands trusts, pétrole, charbon, automobile, qui se hâtaient de faire éconduire ou écraser sous la paperasse ces trop ingénieux concurrents.

La Légion des Combattants, dernière trouvaille gouvernementale, destinée à devenir l'épine dorsale de la zone libre, venait d'être créée. Elle se révélait incontinent comme un succédané encore plus blafard du P. S. F. On rencontrait de jeunes députés bien-pensants désignés pour en prendre la conduite. Ces chefs du parti de l'État français vous entretenaient trois heures durant des prophéties de Sainte-Odile, confirmées mot par mot durant toute l'année Quarante, et qui garantissaient le triomphe de nos armes pour le printemps à venir.

* * * * *

Avec l'approche de l'hiver, qui allait offrir un répit à l'Angleterre, le gaullisme déferlait. On allait jusqu'à professer que l'occupation complète de la Grande-Bretagne par les troupes allemandes n'aurait aucune importance, puisque l'invincible flotte de Sa Majesté George VI aurait bientôt fait d'investir l'île et d'y étouffer le vainqueur d'un jour.

Les collaborateurs de *Candide* proclamaient que Londres était le Verdun de cette guerre. Ce brillant journal repoussait un reportage sur Rouen de notre cher ami le bon normand Dorsay, parce qu'il y disait, comme la vérité le veut, que toutes les églises de la vieille cité étaient intactes, épargnées méthodiquement par les artilleurs allemands. Pierre Gaxotte, notre Gaxotte de Munich[6], passé à une anglomanie souterraine et acharnée, dirigeait avec une perfide virtuosité ces opérations.

Le sieur Jean Prouvost, plus officieux que jamais, redevenait le grand marchand de bobards de France, lançait un nouveau mastodonte, *Sept jours*, confectionné à coups de dépêches judéo-américaines, de tirades héroïques sur la R. A. F. Le général Bâter, le plus incapable ramollot et le Frère … le plus avéré de toute l'armée, demeurait le grand chef des troupes coloniales. Le vieillard Jeanneney, le macabre vétéran du bellicisme, le croque-mort de la jeunesse française, promenait tranquillement sa barbiche maçonnique, sous la vigilante et respectueuse protection de deux argousins de M. Peyrouton. On avait vu Herriot, on attendait Albert Sarraut. Le youtre Pierre Masse, grand agent d'Israël pour tout le barreau français, venait d'obtenir une audience du Maréchal, et en avait reçu, disait-on, le plus bienveillant accueil.

Il fallait choisir. Après la grande secousse, les hommes reprenaient leurs nouvelles places.

Dans le monde de la politique et des journaux, sauf quelques isolés vraiment courageux, résolus à combattre dans le secteur gouvernemental, et quelques autres pourvus par hasard d'une fonction où il leur semblait encore possible de travailler, tout ce qui possédait quelque conviction "fasciste" et antijuive regagnait Paris.

J'annonçai mon départ. On me blâma amicalement… On s'effraya de mon audace. Aller à Paris, quelle expédition risquée ! On me regardait avec un

---

[6] Gaxotte, le gaulliste de 1940, écrivait le 30 septembre 1938 : "Supposons que dans deux ans, trois ans, cinq ans, huit ans, nous soyons victorieux. La paix ne sera pas une paix française. Ce sera une paix de coalition. Une paix anglaise, une paix américaine… Nous resterions décimés, exsangues, devant les murs fumants de nos maisons, avec trente-cinq millions d'habitants, réduits à l'état de colonie anglo-saxonne. De toute façon, victorieux ou vaincus, nous aurons tué notre pays."

mélange d'envie et d'effroi, comme un rond-de-cuir sexagénaire et asthmatique dévisageant un jeune aventurier.

On m'accablait brusquement de promesses et d'offres. On me proposait à brûle-pourpoint la direction du poste radiophonique de Dakar. Je songeais à l'énergie dont on disait rempli le gouverneur Boisson, au beau travail que l'on pourrait faire là-bas, au premier rang du combat antigaulliste. Malgré la nostalgie de plus en plus aiguë des quais de Seine, j'acceptai. Vingt-quatre heures plus tard, l'amiral Platon, ministre des colonies, apprenait et m'apprenait que le poste était confié depuis plusieurs jours à je ne sais plus quel faisan. J'avais été encore bien ingénu en me figurant que les bandes anglophiles toléreraient mon départ là-bas.

C'était pour moi la dernière expérience.

Depuis quelques jours, sous ses averses glacées, Vichy faisait un gros accès de fièvre. Gillouin, le cancrelat huguenot, écrivain public attitré de l'État, venait de produire un grisâtre mandement que le Maréchal Pétain était allé lire à la radio. Mais on annonçait que Gaston Bergery, l'une des vedettes du parti des "collaborateurs", assiégeait le cabinet du Maréchal, qu'il avait déjà franchi les plus inquiétants barrages et qu'il allait, faire accepter un texte fameux au chef de l'État. Et il y avait encore de bons bougres pour s'extasier sur le "style Pétain", quand le vieux soldat était tiré le lundi par sa manche droite vers les microphones, et le jeudi par sa manche gauche.

Il se pourrait cette fois qu'il y eût du neuf. Maurras surgissait dans Vichy, la barbe pleine de courroux, et s'engouffrait à l'hôtel du Parc pour admonester, défier, interdire. Maurras fulminant, ce n'était pas un mauvais signe.

Le Maréchal lisait en effet le nouveau message, ressemblant au précédent comme *Mein Kampf* à l'*Imitation de Jésus-Christ*, le véritable manifeste d'un national-socialisme français.

Mais je ne voulais plus reculer mon départ d'un jour. Ou bien le gouvernement français crèverait à Vichy, ou bien il trouverait la volonté de vivre, et il rejoindrait alors dans la capitale ceux qui avaient déjà opté pour l'espérance.

Le quinze octobre, je bouclais mes valises, aussi heureux et léger qu'au jour de ma dix-neuvième année où pour la première fois, en gare de Lyon-Perrache, je grimpais dans le rapide de Paris.

Lucien Rebatet

PETITE MÉDITATION
SUR QUELQUES GRANDS THÈMES

Dix-huit mois ont passé. J'ai eu la joie de retrouver peu à peu mes vrais amis, fidèles à eux-mêmes. Ceux d'entre nous qui devaient se renier l'avaient déjà fait au 1e janvier de l'an Quarante. Quand nous débarquions de Vichy ou des camps de prisonniers, les uns après les autres, le Paris de l'occupation, humilié, appauvri, sans voitures, nous consternait. Mais nous vîmes notre vieille capitale, dont l'instinct est plus fort que toutes les sottises, reprendre lentement les couleurs de la vie et retrouver même ses sourires.

Nous avons eu froid et faim. Nous avons beaucoup travaillé. Nous nous sommes fait des existences plus austères et studieuses dans ces grandes nuits sans mouvements où parfois d'un seul coup cent canons se déchaînent. Plus tard sans doute nous comprendrons combien fut précieux pour nous ce temps de retraite. Nous avons aujourd'hui bien d'autres pensées.

Nous sommes en train de vivre l'un des plus grands chapitres de l'histoire humaine. Nous ne savions pas que ce pût être si long, si lourd, souvent si ridicule. La tempête qui bat notre terre est sombre et sublime. Comme tous les immenses cataclysmes, elle révèle de merveilleux héros. Mais dans tout cataclysme, on voit aussi apparaître le bourgeois au petit ventre, en bannière flottante, et qui cherche ses pantoufles parmi les ruines et les cadavres tordus.

J'offre, entre mille qui les valent, ce diptyque de la France : Chez mon épicière, deux petites femmes conversent.

- Avez-vous vu au Châtelet l'opérette *Valses de Vienne ?* Il paraît que c'est très joli.
- Non, mais c'est une idée. Il faut que je prenne des places.
- Oui, mais vous savez, c'est la musique préférée d'Hitler, les valses viennoises.
- Oh ! comme vous faites bien de me le dire. Jamais je n'irai voir ça.

Voilà pour le bas de l'échelle. Et voici pour le sommet. L'hiver dernier, les Allemands de Paris condamnaient à mort, après des attentats sur leurs troupes, une charretée de gredins communistes et juifs, ennemis de notre race et de notre pays, dont l'État français aurait dû depuis longtemps faire lui-même bonne justice. Les conseillers intimes du Maréchal Pétain le persuadèrent, pour sauver ces canailles, d'aller de sa personne s'offrir comme otage aux avant-postes allemands de Moulins. Deux ou trois ministres un peu moins aberrants que les autres le retinrent à grand' peine par les pans de son veston.

Nous avons vu les surintendants de nos subsistances qui prétendaient sereinement nourrir Paris pendant des semaines avec du cresson, des melons verts ou des navets gelés.

En France, en Grande-Bretagne, les bellicistes les plus enragés étaient Pierre Cot, ministre de l'Air, le Juif Hore Belisha, ministre de la Guerre. Leurs pays sont entrés en campagne, le premier sans un bombardier moderne, le second avec une infanterie à peine égale en nombre à celle de la Belgique. Deux ans plus tard, le belliciste entre tous les bellicistes effervescents d'Amérique est le colonel Knox, ministre de la Marine. Il n'a eu de cesse que le Japon n'eût déclenché son attaque. Aussitôt, à la barbe de M. Knox et de ses superbes cuirassés, les japonais ont déferlé des Aléoutiennes à la Nouvelle-Guinée, ont fait flotter en maîtres leur pavillon sur la moitié du Pacifique,

Au mois de mai 1941, une bombe a détruit à Londres la Chambre des Communes. Les députés ont trouvé le lendemain un autre habitacle : "Le libre jeu des institutions parlementaires reste assuré, se sont écriés les journaux anglais. Et c'est le plus beau gage de victoire".

En avril 1941, quarante-huit heures avant la capitulation serbe, Thierry Maulnier, devenu l'oracle militaire de la France vichyssoise, voyait dans l'*Action Française* les armées de l'Axe en posture désespérée, prises en tenaille entre les invulnérables forces yougoslaves et grecques.

À Londres, il y a un gouvernement de la "Belgique libre", qui doit régner pour le moins sur trois cents citoyens, dont deux cents Juifs. Au sein du gouvernement de la Belgique libre, il y a des crises ministérielles, dont on fait des manchettes dans le *Times* et les *Evening News*. Il y a d'âpres débats, des dosages, des pointages, des professions de foi, des brouilles et des baisers Lamourette, pour l'attribution du portefeuille de l'Instruction Publique dans le ministère de la Belgique libre.

C'est toujours, c'est plus que jamais le camp des pitres ! Depuis trente mois qu'elles ont déclenché leur guerre d'écrasement, les démocraties ont perdu la Pologne, le Danemark, la Norvège, la Hollande, la Belgique, la France, la Yougoslavie, la Grèce, la Crète, la Lituanie, la Lettonie, l'Estonie, l'Ukraine, la Crimée, la Russie Blanche, Hong-Kong, la Nouvelle-Guinée, Sumatra, Java, la Birmanie, sans parler des provinces chinoises. Elles ont conquis la Syrie sur un pays défait et aux trois quarts consentant, l'Afrique Équatoriale et le Congo belge, vendues par un quarteron de traîtres, l'Abyssinie après un an de guerre contre une poignée d'hommes, l'Iran et l'Irak à deux cents contre un, Tahiti, Nouméa, Saint-Pierre et Miquelon que défendaient peut-être deux chaloupes et douze gendarmes.

D'un côté, deux cent cinquante millions d'habitants, dont vingt millions de soldats, vivant sur les terres les plus riches et les plus civilisées du Vieux Monde. De l'autre, trente-trois millions d'êtres, dont une moitié sauvages, sur des territoires aux trois quarts désertiques gardés par cinquante ou soixante mille soldats.

Les bons peuples libéraux d'Occident n'en attendent pas moins avec une confiance souriante le prochain triomphe des démocraties.

Laissons un instant ces doux idiots.

Considérons les vingt-cinq dernières années de notre terre. Les Français se sont battus auprès des Anglais, des Italiens, des Russes, des Japonais et des Américains, contre l'Allemagne. Les Italiens se battent maintenant auprès des Allemands contre les Anglais et les Russes, après s'être battus contre les Français, dans le même temps que des Italiens en uniforme français se battaient contre l'Allemagne. Les Anglais se battaient en 1939 aux côtés des Français contre l'Allemagne. Depuis 1940, ils se battent contre les Français. Des Français se battent contre des Français aux côtés de l'Angleterre. D'autres Français se battent aux côtés des Allemands contre la Russie alliée de l'Angleterre. Les Polonais se sont battus contre les Russes aux côtés de l'Allemagne, puis avec des généraux français vainqueurs de l'Allemagne contre les Russes, puis les Russes alliés de l'Allemagne se sont battus contre les Polonais que les Allemands battaient aussi, et les Allemands maintenant se battent contre les Russes. Des Hindous se sont battus contre les Allemands sous le drapeau de l'Angleterre alliée du Japon. Les Hindous se battent aujourd'hui contre le Japon ennemi de l'Angleterre, tandis que d'autres Hindous se battent contre l'Angleterre aux côtés du Japon.

Ainsi va le monde où nous vivons. Sur un milliard huit cent millions d'hommes qui peuplent ce globe, quatre-vingt millions à peine demeurent en paix. Encore les Espagnols sortent-ils décimés d'une guerre terrible. On se bat à Honolulu, à Mourmansk, à Mandalay, à Portsmouth, aux Caraïbes, à Saint-Nazaire, en Papouasie à Tchoung-King.

Pourtant, "j'y suis, j'y suis toujours". Je vis. Je suis libre et en repos parmi mes livres. On se bat partout. Mais partout triomphent les forces dont j'ai su depuis longtemps apercevoir la puissance. Toutes les cartes sont abattues désormais. Maints peuples ont passé d'un front à l'autre. Leurs avatars purent être singuliers. Ils ne le sont plus. Cette guerre a pris sa forme logique. L'apocalypse est lumineuse. Mais les crétins et les faux mages ne savent pas la lire, et ma patrie est crétinisée.

Ce ne sont point les fumées des batailles qui lui cachent la réalité, mais les ténèbres de l'esprit. Dans cette nuit stupide où la France se débat, elle a tout mis à l'envers. Des bandits et des déments ont renversé les dernières camoufles de notre pays, et dans ces ténèbres de poix, le couard joue les héros, le fou les sages, le cafard les saints, tandis que les voleurs pillent avec furie.

Quel réveil au grand jour qui se lèvera d'un coup ! Mais je suis un de ceux qui portent une lampe. Rallumons-là, puisqu'il en est temps encore. Elle est crue. Ce qu'elle nous montre est hideux, sinistre. C'est la vérité. Réfléchissons-y. Elle en vaut la peine.

Puis, sans détours, je dois dire que j'ai encore quelques comptes à régler, le fond de mon sac à vider. Je ne veux pas attendre à demain. Nous aurons tant d'autres choses à faire, sans doute !

Les souvenirs des jours de honte sont cruels aussi à remâcher. Cependant, je ne suis pas désespéré. Mais après avoir dépeint tant d'ignominies, passées et présentes, pour échapper au désespoir, il faut regarder devant soi.

LA RELIGION CHRÉTIENNE

Elle mérite bien de tenir dans nos pensées la première place.

Nous sommes peut-être d'outre-tombe. Mais nous sommes sûrement des vivants. Nous avons ainsi droit de regard sur toutes choses de notre vie. La religion chrétienne en est une.

Nous avons la foi, ou nous ne l'avons plus, ou nous ne l'avons jamais eue. Il ne s'agit pas de cela ici. Restons sur terre, dans nos gros souliers, qui ne sont pas des souliers de séminaristes. Bouchons nos oreilles, oh ! surtout, bouchons-les, aux primats, aux impératifs mystiques. On arguera contre nous, on dogmatisera, on anathématisera. Laissons faire. Ces vapeurs d'encensoirs et d'autodafés cachent des facéties comiques, amères ou tragiques, conscientes ou inconscientes. N'allons pas là-bas. Nos yeux brouillés ne distingueraient plus rien. Nous serions perdus pour notre tâche.

La destruction ou la survivance des régimes parlementaires n'ont rien à voir avec la psychostasie.

Nous avons assez connu de quidams grimpant sur un tremplin métaphysique, pour nous révéler de là que le sang de vingt Abyssins ou de trois Juifs était odieux au Seigneur, qu'il appelait sur les meurtriers le courroux de sa droite, tandis que celui de cent mille Français faisait monter jusqu'à Lui les odeurs du plus délectable holocauste.

Nous avons assez vu d'escrocs au surnaturel multiplier leurs tours, un catéchisme d'une main, un bulletin de vote dans l'autre, élire des députés au nom des Saintes Espèces, acoquiner Jésus-Christ avec des comitards. Assez vu d'archevêques sanctifier les guerres des marchands de conserves et des trusts Pétroliers.

N'oublions pas non plus que, dans ces sortes d'affaires, les apôtres naïfs sont infiniment plus dangereux que les simulateurs conscients.

La religion a pour but le salut des âmes. Plût aux cieux qu'elle n'en eût jamais poursuivi d'autres ! Elle ne s'en est point contentée, ce qui nous surprend peu. Cela est de tous les siècles, et les Églises sont aussi humaines. Mais ce qu'elles touchent et tranchent nous regarde. Elles redeviennent notre gibier.

Il est facile de remettre en brillant feuilleton la *Volonté de puissance*, de battre les grosses caisses du blasphème autour des évangiles, de vomir son dégoût de mâle sur la pitié galiléenne, afin de faire dévorer ses livres par les dévots, comme on les fait dévorer par les femmes en les insultant. Essayons d'être plus sérieux.

Ne remontons pas aux origines et aux apôtres. La religion chrétienne vit et agit parmi nous. Elle agit et vit mal. Tout est là.

Elle est vraiment devenue, catholique ou protestante, le dernier réceptacle des droits de l'homme et du citoyen. L'essence même du dogme, les distinctions du bien et du mal, les principes de charité et de justice se sont profondément identifiés avec les articles de la foi égalitaire. Nietzsche l'a bien dit : "La Révolution Française est la fille et la continuatrice du christianisme".

Je ne pense pas qu'il soit utile d'en pousser loin la démonstration, après les deux seuls pontificats qui aient compté depuis soixante ans dans l'Église catholique, celui de Léon XIII et celui de Ratti, après le démocratisme biblique des Anglo-Saxons, la carrière des sociaux-chrétiens allemands.

À mesure que la juiverie follement émancipée a repris corps, elle a trouvé son appui naturel dans la démocratie, pour la dominer bientôt. L'Église catholique ne pouvait plus manquer de subir la contamination. Celle-ci a d'abord été larvée, arrêtée par l'anticléricalisme dreyfusard. Dans les dix dernières années, le mal est devenu suraigu, en étroit rapport avec la judaïsation physique de l'Occident.

N'allons pas donner tête baissée dans un débat sur le rapport à l'esprit juif de tout l'Évangile. Ce que nous pouvons en penser, croyants ou incroyants, n'entre pas dans la question. Il nous suffit de savoir que le christianisme médiéval, celui des croisades, des communes, des cathédrales, seule époque de la foi vraiment triomphante, était foncièrement aryen, dans ses œuvres aussi bien que sa pensée, et ne perdit du reste jamais une occasion de le rappeler aux épidermes d'Israël. Ce qui relève, pour notre temps, de l'observation immédiate, c'est que les nouveaux exégètes ont déniché dans l'Évangile des véhicules idéaux pour le virus juif. Il s'est développé dans ce terrain avec une rapidité et une nocivité qui n'ont pas à nous surprendre. Le bacille juif est prompt. Il s'attaquait à un corps singulièrement dégénéré : la tuberculose sur un vérolé.

Parlons du catholicisme, puisque nous sommes Français. L'infiltration judéo-démocratique y a tout gagné. Sauf l'admirable cardinal Baudrillart, par malheur trépassé, il n'est pas une seule de ses illustrations chez nous qui n'ait fourni ses gages aux "immortels principes" et aux Hébreux. Je cite par exemple, Verdier, Liénart, Gerlier, Beaupin (qui est monseigneur), Chaptal (monseigneur et demi juif), l'illustre R. P. Gillet, le R. P. Desbuquois, homme de coulisses, mais l'un des principaux agents de Ratti pour la France. A la veille de la guerre, tous les grands organes du clergé étaient passés à l'ennemi : la puissante "Bonne Presse" de la *Croix* avec le démagogue Mercklen et sa bande, le judéo-bolcheviste *Sept* des Dominicains, les *Etudes* des Jésuites, les *Dossiers de l'Action Populaire,* celle-ci grande idée de Ratti, exprimant les vœux de la catholicité pour le succès économique des Soviets, les grandes maisons de livres, avec leurs collections mystiques et sociales dirigées par des Juifs convertis.

On se rappelle que Benda, épouvantable comprimé de toutes les névroses et de toutes les haines d'Israël, était avec les Gay et les Bidault un des piliers de l'*Aube*. Le monde catholique se trouvait dans un tel état de ramollissement qu'il faisait une place de choix à un maître-chanteur besogneux du nom de Ferenzy, dont la *Juste Parole*, bassement alimentaire, paraissait sous le patronage d'une dizaine de prêtres et de trois membres pieux de l'Institut. On y pouvait lire cette lettre d'une juive à un député antisémite :

"Mais, au fait, ce Jésus dont vous n'avez pas compris l'enseignement, qu'était-il ? Un Juif, un vrai Juif, le Juif indicible. Et c'est peut-être votre punition à vous, les antisémites, de devoir adresser vos prières à ce Juif. Mais prenez garde : tout ne finit pas ici-bas. Vous aurez des comptes à rendre un jour. Nous sommes le "peuple spirituel" de Dieu et celui qui nous touche, touche à la prunelle de ses yeux".

Propos d'une impudence inouïe, étonnant document, sur l'orgueil démoniaque d'Israël. Dans les siècles de foi, ils eussent conduit séance tenante la youdine au bûcher. Aujourd'hui, les chrétiens agenouillés y entendent la voix de l'Esprit-Saint.

À l'avant-garde du judéo-christianisme se tenaient les Pères (appeler ça des pères !) Bonsirven (jésuite vraisemblablement juif), Dieux, Ducatillon, Devaux, Faure, Mangold, le sieur Maritain, la fameuse bande d'*Esprit*, Mounier, Jacques Madaule.

Il ne faut pas se figurer qu'il s'agissait là seulement de cénacles ésotériques. Ces littérateurs, ces journalistes n'ont peut-être pas connu de très gros tirages. Mais ils ont représenté le brassage des idées, la hardiesse sociale, morale, politique. Ils ont été lus, médités par les étudiants, les jeunes écrivains en mal de métaphysique. Ils ont pénétré dans chaque séminaire. Dans tous les cas où le jeune clergé éprouvait quelque besoin de vie intellectuelle, c'est eux d'abord qui lui en ont fourni l'aliment. Mon brave ami, le curé-caporal Rousset, dans son petit presbytère de village ou sa chambrée de biffin, lorsqu'il voulait s'élever l'âme et connaître la vérité sur le monde, ne lisait que *Temps présent*. Je l'ai bien vu.

Les évêques envoyaient des représentants à tous les congrès antiracistes du provocateur juif Lecache. Les agents de liaison entre la catholicité et les Loges maçonniques se multipliaient.

Notre protestantisme n'était pas mieux partagé, avec ses pasteurs, dont le chef, Boegner, lors des timides faux-semblants antijuifs de Vichy s'est précipité les deux mains tendues au secours d'Israël, avec une outrecuidance dont il finira bien par porter le châtiment.

Et je ne parle pas du hideux clergé belge ; des flibustiers à soutanes italiens ; de l'église anglicane tout entière, la plus odieuse personnification de la ploutocratie, de l'impérialisme féroce et obtus, du bellicisme insulaire, de la morale prêchée par la bombe et l'obus ; de l'Amérique yankee avec ses cardinaux bolchevisants, sa tartufferie tyrannique et puérile, ses Barnums du Christ, ses foires aux religions lancées comme des marques de dentifrice, l'Amérique, tératologique caricature de nos péchés.

Le vieux gredin Ratti, auteur de la première encyclique judéophile de l'ère chrétienne, est mort un peu trop tôt pour voir se réaliser son rêve : la jeunesse mâle du monde s'entremassacrant par la volonté de Judas. C'est grand dommage. Cette sinistre momie manquera à l'écroulement final de la crapule.

Mais quelques mois plus tard le vieux païen Maurras, le youtre Mandel, le franc-maçon Roosevelt, se croisaient de concert pour la défense de la civilisation chrétienne. Ceci n'est pas une métaphore. Les uns et les autres l'ont proclamé. Ils ne tarderaient pas à être rejoints sur leur route par le camarade Staline, chef des Sans-Dieu.

Un pareil assemblage démontre incomparablement à quel point il ne restait plus rien derrière ces grands mots. Ou plutôt on n'y voyait que trop de choses. Mais quoi ? les Lloyds de Londres, les monopoles du fret britannique, les pétroles de Bakou, le Guaranty Trust, le contrôle des cotons, des laines, des lames de rasoirs, de l'ananas en boites, et par-dessus tout la fureur écumante des Juifs.

De toutes les blagologies dont on nous a accablés depuis le début de cette guerre, la plus indécente a certainement été celle du fameux rempart de la chrétienté. La plus stupide aussi. Ce n'est point que nous n'ayons vu souvent la Croix servir de noble sceau aux plus infâmes camelotes, étendre ses bras sur les crimes les plus sanglants. Mais nos croisés s'attaquaient, ou du moins le prétendaient, aux seuls défenseurs qui restassent pour cette civilisation chrétienne. La suite de l'événement en a fourni toutes les preuves. Si elles n'apparaissaient pas d'abord dans une pleine clarté, un Aryen d'Occident, conscient des périls de sa race, n'en ressentait pas moins dès les premiers jours de septembre 1939 une répugnance à préméditer l'écrasement du seul véritable anti-juif, Hitler.

Devant les deux immenses périls, le juif et le bolchevisme conjugués, qui ont menacé nos terres, qui auraient réellement sonné la nuit de l'esprit, la civilisation chrétienne s'est révélée absolument impuissante dans la personne de ses défenseurs naturels, les croyants et les militants des religions de Jésus. Bien pis même : ils ont été les complices de l'ennemi. Ils le restent aujourd'hui plus que jamais.

Il était fort beau de vouloir sauver le monde par la re-conversion, l'observance de la paix et de la charité évangéliques. Mais le temps pressait, et la re-conversion était diantrement en retard sur la barbarie rouge, sur la judaïsation qui menaçaient tout pour le lendemain matin. Du reste, on n'a jamais autant entendu parler de la re-conversion que par les politiciens à scapulaires, pour accabler les Espagnols franquistes, qui se permettaient d'user du canon contre les "dinamiteros" et les incendiaires d'églises.

Tournons toujours le dos aux cogitations des théologastres. Ce n'est pas que nous serions incapables de leur répondre dans leur patois. Mais le temps n'est guère à ces fantaisies. Nous sommes dans le temps des *faits*. Il y a un fait. Le bolchevisme judéo-asiatique, tel qu'il n'a cessé d'être pratiqué et répandu, avec son esclavage militaire, son anéantissement de toute vie spirituelle, son abrutissement physique des individus, est le plus épouvantable retour à la barbarie que le monde ait connu depuis la chute de Rome. C'est la sécrétion de toutes les haines d'Israël. C'est le cadeau d'Israël à ce monde imprudent et oublieux qui avait eu tant de raisons pour tenir ses Juifs sous clef pendant des siècles, qui a eu le malheur d'ouvrir la porte à ces chiens enragés. C'est le beau travail de ces oligarchies égoïstes et imbéciles, de ces nouvelles féodalités de l'or, des métaux, des bateaux, du pain, de tout, qui n'ont jamais permis que le siècle des usines trouvât son équilibre raisonnable, qui ont laissé White Chapel aux flancs de la City, qui ont appelé sur elles les révoltes logiques, mais hélas ! monstrueusement dénaturées par les juifs. C'était, dans le cas du moindre mal, le règne de la plus absurde canaille, une inexprimable anarchie à bref délai, d'une manière comme d'une autre l'abolition de la croix et de toutes les œuvres, lois, pensées, morales, qui ont grandi derrière elle au long de l'ère chrétienne,

En face de ce fait-là, il y a eu maints autres faits. Les monsignores italiens, pas plus que les louches cagots du Centrum allemand, n'ont été fichus d'opposer la moindre barrière au fléau dans leur pays. La plèbe déchaînée brûlait les fabriques au pays du pape, lequel emballait en hâte ses ostensoirs, quand Mussolini parut et n'eut qu'à dire "Basta !". Le Duce était le lendemain la bête noire des monsignores, et si leurs croc-en-jambe sont demeurés furtifs, c'est qu'il avait leur arrière-train à portée de semelle. La cuisine du cafard Brüning, avec ses compères sociaux-démocrates, avait abouti dans l'Allemagne de 1932 à une horde de six millions d'électeurs communistes, dont un million pour le moins organisés et endoctrinés, à une prolifération de Juifs agitateurs, proxénètes, homosexuels, escrocs, destructeurs de tout ce qu'ils pouvaient atteindre, à la grève endémique, aux fusillades chroniques : époque qui nous a été dépeinte par la conscience chrétienne comme l'idéal de la liberté.

En Espagne, le clergé, dans son ensemble, pactisait avec une immonde République pour sauvegarder ses privilèges exorbitants.

En France, outre tous les coquins que j'ai nommés, les rabbins des Tiers-Ordres, les politiciens de sacristie et de confessionnal, nous avons eu les béjaunes qui s'appliquaient à christianiser le bolchevisme : limer les dents du requin, mettre le tréponème en bonbons.

Il n'est pas jusqu'aux pays orthodoxes, bien que la religion y soit demeurée plus naïve et saine, où l'on n'ait vu le patriarche de Roumanie, Miron Cristea, noble vieillard à barbe de Père Eternel, entrer dans le "gang" juif de Carol, le bourreau de Codreanu, dernier des purs apôtres, des héros de la foi mystique.

Je m'en tiens à l'Église catholique. Elle était la mieux armée, centralisée, unifiée, au moins en principe, avec des cadres puissants et séculaires. Elle a été infidèle à son rôle, tant auprès des corps que des âmes.

Elle peut bien exciper de sa sollicitude pour les prolétaires. Il faudrait être tout à fait benoît pour s'y laisser prendre. On peut sans doute puiser quelques idées valables chez les plus désintéressés des sociologues catholiques, qui datent du reste pour la plupart d'un bon demi-siècle. Il existe, je suppose, dans des banlieues déshéritées, dans certains charbonnages du Nord, des vicaires à bérets, vrais travailleurs de la charité eucharistique, qui doivent être d'émouvantes exceptions. Mais quand l'Église brandit la liste de ses lois sociales, on constate simplement qu'aucun de ses projets n'a été voté. Pour les œuvres positives, associations, conférences de ceci et de cela, ce sont de médiocres plagiats de la démagogie officielle, des instruments publicitaires pour lui rafler sa clientèle. Dans un cas comme dans l'autre, les besoins du peuple sont le dernier des soucis. On ne connaît qu'un remède à la condition du travailleur, et c'est l'aumône, dont ces sectes mendigotes ne peuvent guère concevoir ce qu'elle a de déshonorant. Les traitants de sueur humaine peuvent ainsi acquérir au moindre prix l'"absolvo te", voire les indulgences plénières. De la caisse, des bénéfices, des remplois de capitaux, jamais - je parle des doctrines estampillées - on ne prononce un seul mot.

Ces traits peuvent paraître gros. Ils ont servi à une lourde propagande. Ce n'est cependant pas une raison pour les oublier. Car ils sont véridiques.

Je sais ce que je dis. J'ai côtoyé dans ma première jeunesse des cercles d'études sociales qui jouissaient d'un grand renom. Les étudiants, sous la conduite de Pères très réputés, s'y livraient gravement à une reconstitution des mœurs parlementaires, avec élections, commissions, motions, amendements, comités, discours, où de jeunes cuistres admirablement doués pour ces gentillesses s'entre félicitaient, à vingt ans, avec quelles voix de cochets, de leurs "lumineux exposés", se bombardaient présidents et vice-présidents. Le tout était fait au suprême degré pour dégoûter des garçons d'esprit religieux, mais de quelque délicatesse. L'Église comptait sans doute par ce moyen rompre la nouvelle génération aux débats du régime, reforger son parti. Le prolétaire, dans ces entreprises, n'apparaissait que comme thème d'académiques et édifiantes controverses.

Regardons le monde catholique, tel que l'ont façonné ses prêtres. Nous voyons la bourgeoisie la plus sèche et la plus étroite. Tous ceux qui ont eu à gagner leur pain quotidien au bas de l'échelle - j'ai été de ceux-là pour ma part - peuvent en servir de témoins : sauf de bien rares hasards, il n'est pas de patron plus dur et plus ladre que le patron qui va à la messe. Il faut voir cela à Lyon, la ville très catholique, et dans les chiourmes des Assurances, où tous les conseils d'administration pensent bien. Les physionomies les plus racornies, les plus rogues du capitalisme français, ses formes de servage les plus archaïques se rencontrent immanquablement chez les pratiquants.

Des catholiques, laïcs ou clercs, ont senti ce qu'avait d'odieux ce pelotage du coffre-fort qui demeure la plus solide tradition de l'Église. Mais leur dégoût ne les a conduits qu'à exciter le fiel des pauvres diables, à regonfler des utopies crevées. Le Sillon est demeuré la cellule-mère de tout ce socialisme chrétien qui pue le juif à cent pas. Le catholicisme n'a rien voulu connaître d'autre que Leroy-Beaulieu ou Karl Marx. Pas un conseil sain et viril n'est sorti de sa bouche, dans un temps où le désarroi des hommes a été si cruel. Il n'a su maintenir que le "connubium castum" dans la bourgeoisie pratiquante, la seule qui ne renâcle pas à la reproduction. Le mariage antihydraulique ne peut d'ailleurs être qu'en faveur dans cette crasseuse espèce. Lorsqu'on voit ses blafardes progénitures, on se demande ce qu'y gagne le corps de la nation.

Une telle faillite tient à des causes graves, qu'il faudrait suivre dans le tréfonds des âmes et des institutions.

La plus vaste est sans doute une dégénérescence intellectuelle, morale et philosophique de l'élite chrétienne, dont il suffit de voir autour de nous les effets. Du côté des laïcs, quelle vision que les nouvelles "dernières colonnes de l'Église" : cette fielleuse hyène de Mauriac, cet aberrant et lugubre pochard de Bernanos, ce phacochère de Louis Gillet, paillasson cochonné d'encre où tous les youtres de *Pourri-Soir* se sont essuyé les pieds ; ou bien Henry Bordeaux, chapiteau en sucre d'orge et réglisse, où pendillent les bons dieux de chez Bouasse-Lebel ; ou encore parmi les trépassés d'hier, un vénéneux champignon de grimoire, tel que le petit père Georges Goyau. Quelques talents à côté, mais tous tellement spécieux, tellement équivoques, dont chaque ligne zigzague parmi des tares sexuelles, impuissants obsédés, masturbés choisissant les bénitiers pour tinettes, pédérastes cherchant Dieu au trou du cul des garçons. Un seul écrivain véritable et sain dans l'obédience catholique, Paul Claudel, mais politiquement un imbécile pyramidal.

On chercherait bien vainement les grands théologiens, les grands tribuns de Dieu, capables de rendre au dogme sa pointe, de mordre sur une incroyance quelque peu réfléchie, de replacer dans le courant de la vie les plus hauts problèmes d'éthique et de métaphysique. Il n'existe pour ainsi dire plus de Docteurs sachant défendre leur pensée contre un usage politique. Les derniers font figure de spécialistes relégués dans un emploi anodin et désuet, comme des sacristains de la doctrine dont ils passent les vieilles propositions à l'encaustique.

Tenons-nous en à ce qu'un catholique de culture simplement honorable peut observer. Écoutez le carême de Notre-Dame cet hiver. Quoi ! à cette chaire illustre, dans une année aussi capitale pour elle que pour nous, l'Église n'a pu déléguer que ce dénommé Panici, ce risible cabot de province, dont la morne emphase paraîtrait outrée dans une parodie, qui noie quelques lieux communs d'apologétique dans des cicéroneries pour fête de collège ! Pour parler dans Paris quand la croix gammée y flotte, l'Église a peut-être choisi ce cuistre à cause de sa rassurante nullité. Mais en plein temps des faits et des actes, ces finesses-là équivalent à une abdication. Ayons du reste le courage, réellement louable, de vivre une heure avec ce grisâtre phraseur. Nous ne tardons pas à découvrir le fiel dans la tisane, la sournoise jésuiterie dans le paquet inodore, papier et fil de fer, des fausses roses mystiques. Le Brichanteau en surplis pérore sur l'ordre selon l'Évangile, il le proclame seul victorieux et durable. Il démontre la vanité de l'ordre humain par la déconfiture du marxisme et du capitalisme. De la politique autoritaire, pas un mot. On l'enterre avec les autres carcasses, on la rejette dans les ténèbres extérieures. On ne peut pas, de Paris, l'excommunier. On la condamne par omission, au mois de mars 1942, quand les hordes rouges, à chaque heure, déferlent contre les armées d'Occident. Ah ! si l'on pouvait sans péril abandonner, un mois, un couloir aux Soviets, du Donetz à la Seine ! Staline campant quinze jours à l'archevêché de Paris !

Voici la plus récente glose d'un estimable ecclésiastique sur Saint Jean de la Croix, un grand sujet. Mais le commentateur n'a eu de repos que le chien Maritain ne lui eût fienté une préface. Le sceau de Salomon a remplacé sur les livres catholiques le "nihil obstat".

Ouvrons le dernier ouvrage du R. P. Sertillanges, sur Bergson et le catholicisme. Il n'a pas dix mois. Le R. P. Sertillanges n'est sans doute qu'un vulgarisateur. Il n'en a pas moins fait figure de philosophe considérable dans l'enseignement catholique. Il a poussé sa soutane jusqu'à l'Institut. Au premier paragraphe de son livre, il écrit, en 1941 :

"La mort d'Henri Bergson a été une perte pour l'univers. C'en est une également - j'espère n'étonner personne en le disant - pour le catholicisme."

Voilà au moins qui n'est pas mâché. Les larmes dont la catholicité intellectuelle tout entière, du démocrate Jacques Chevalier au maurrassien Massis, ont trempé le cercueil de Bergson, confirment surabondamment ce propos. La philosophie catholique la plus orthodoxe trouve son fidèle miroir chez ce petit juif, dont il n'est pas question de discuter le talent ni l'apport à la psychologie moderne, mais qui fut dans son subtil domaine un destructeur au même titre qu'un Marx, un Arnold Schoenberg dans les leurs ; qui à force de démonter les rouages de l'intelligence humaine l'a laissée derrière lui en pièces inutilisables, tel un horloger délicat, mais qui ne remettrait jamais rien en place, un Juif manipulant "les ferments redoutables de la décomposition de l'esprit", comme l'écrivait le Maurras des bonnes années.

C'est la dégénérescence, l'appauvrissement continu de la pensée catholique qui l'ont mise avec cette facilité à la merci du microbe juif. C'est en lui seul qu'elle a retrouvé un principe actif pour son apologétique et son éthique. Elle a subi avec délices la répugnante étreinte des juifs, elle en porte la contamination, comme une blanche engrossée par un de ces sous-nègres. L'impur rejeton de ce coït aurait de quoi surprendre Bossuet ou Saint Thomas d'Aquin.

Regardez du reste les œuvres d'art que l'Église, la grande patronne d'Angelico, de Tintoret, de Raphaël, inspire et commande aujourd'hui. Regardez les salsifis, les crottes qu'elle dépose dans ses plus grandioses sanctuaires, au point que l'on serait fondé à dire que toute église belle devrait être désormais interdite aux curés.

Comme pour l'armée, comme pour le peuple, il faut établir pour l'Église la juste échelle des responsables. Le vicaire rouge, le séminariste qu'on a laissé barboter dans la sociologie judaïque de la Sorbonne, sont des lampistes, déplorablement corrompus, d'un emploi désormais bien difficile, mais des lampistes. Des prêtres m'ont plus d'une fois écrit des pages remplies de sagesse, dans une langue sans détours, où l'on découvre des esprits nourris, robustes, connaissant les hommes et, dans l'état présent des choses, d'une magnifique intrépidité. Ils sont toujours curés, en pénitence dans d'infimes paroisses, de même que les officiers au caractère bien trempé et aux idées neuves ne deviennent jamais généraux.

Les grands coupables de l'Église rôdent dans les couloirs du Vatican. Les cardinaux, les évêques, les coadjuteurs, les vicaires généraux, les supérieurs d'ordres, les prélats, les camériers, les nonces, sont neuf fois sur dix des drôles, des crapules politiciennes dont les physionomies suffiraient à révéler la bassesse et la fourbe.

Comme chez leurs compères des parlements, des synagogues et des Loges, leur politique a été un tissu, non seulement de calomnies et de mensonges, mais d'idioties. Avec ses finasseries, ses trahisons, ses torves cheminements, l'Église n'a cessé depuis tantôt cent ans, d'être grossièrement dupée : "En politique, il n'y a pas pires c... que les curés", dit lapidairement mon ami Georges Blond, catholique pratiquant.

L'Église, fille du Très Haut, a singulièrement dû le dégoûter, pour qu'il l'ait laissé patauger dans de telles sottises sans lui dispenser la plus modeste lumière. Pie IX aura été le dernier des papes virils, bataillant d'ailleurs fort terrestrement pour un pouvoir temporel devenu caduc, et d'une remarquable ingratitude à l'endroit de la France, qui seule se compromettait et se faisait casser les os en son nom. Le "Syllabus" de cet agité, catalogue complet de la tyrannie cléricale, n'était qu'un suprême effort pour s'accrocher à un passé aboli quand il eût fallu voir loin dans l'avenir. Il se fit arroger froidement l'infaillibilité pour remplacer la perte de ses États.

Léon XIII élu, l'Église se met à pactiser avec la République, et ordonne au clergé français le Ralliement. Elle se voit bientôt payée de ses courbettes et platitudes par le roide coup de pied au derrière des lois combistes. Pie X tente une réaction purement religieuse, mais il meurt bientôt. Benoît XV éprouve le besoin de se déclarer en pleine guerre pour les Empires centraux, voués selon toute vraisemblance et toute logique à la défaite. Ratti, en pleine déliquescence démocratique, épouse passionnément la cause des démocraties, vole à la rescousse des Juifs au plus fort de leur lutte contre la chrétienté. Le clergé suit comme un seul homme. Un Baudrillart aura été le dernier représentant de la race des Darboy, des Dupanloup, des Pie, évêque de Poitiers, qui savaient encore claquer avec vigueur la porte d'une Académie, défendre contre le gouvernement ou contre Rome leur foi et leurs opinions. Le haut clergé français forme, depuis trente années, l'une des plus remarquables collections de laquais et de chiens couchants, rampant devant le pouvoir, que puisse offrir l'histoire de la lâcheté humaine.

Devant la déchéance de ce personnel, il ne reste plus aux âmes vraiment nobles et dévouées d'autre idéal que l'exode dans les missions lointaines. L'Église, incapable de tenter quoi que ce soit contre la putréfaction morale et sociale des Blancs, essaye de se donner le change à elle-même en allant baptiser des sauvages et battre les "records de communion" (J'ai lu cela un jour) chez les Pygmées ou les Papous. Les missions ont du moins trempé de beaux types d'hommes. Ils ont exercé aux pays de la lèpre et des fièvres des vertus tangibles. Ils ont souvent servi magnifiquement le pavillon français. C'est parmi ces coureurs de brousse, ces apôtres aux paroisses grandes comme trois pays d'Europe, que l'Église pourrait peut-être retrouver de nouveaux chefs. Mais Ratti, le contre-raciste, préférait donner des gages aux athées des Droits de l'Homme et au Sanhédrin en promouvant des évêques nègres et jaunes. Le voeu le plus ardent de ce rabbin d'honneur eût été certainement de cardinaliser cinq ou six Juifs.

Les larbins mitrés de l'épiscopat français ont pourléché et goupillonné en pure perte, de Briand à Mandel, une série de pâles gredins qui furent pour la France les pires ennemis qu'elle ait connus. Ces personnages à qui l'Église réservait toutes ses adulations, dont elle emboîtait pieusement le pas, étaient pourtant à bout de course, ministres désignés de la crevaison républicaine. On ne saurait se déshonorer plus inutilement que l'Église ne l'a fait chez nous. La démocratie a cocufié en troupes innombrables ses amants. Parmi tous ces cornards, ceux qui se prévalent des chapeaux à glands portent assurément les plus monumentaux branchages. À force de génuflexions, ils avaient à peine obtenu un contrat de silence dédaigneux sur leurs confréries. La démocratie, descendue un peu moins bas qu'eux malgré tout dans la fétidité, leur vouait son complet mépris. Vers la fin, sentant la débâcle, elle leur consentait quelques sourires. Ils ne comprenaient pas l'horreur de cette espèce d'alliance.

Le pape Pie X, qui avait encore un cœur, ne survécut pas, en 1914, aux premiers jours de la tuerie. Le pape Pacelli se porte toujours bien, dans la troisième année d'un massacre encore plus atroce, et où le sort de la chrétienté est autrement engagé.

Cet agent diplomatique, qui ne répugnait aucunement à honorer par une tournée officielle la France de Blum et à la couvrir de ses bénédictions, n'a pas encore ébauché un signe de croix sur les plus irrécusables champions que la chrétienté ait vus se dresser pour sa défense depuis des siècles. Il entend toujours tenir la balance égale entre les soldats de l'Occident et les esclaves asiatiques.

Encore n'est-ce qu'une feinte. On sait trop bien de quel côté penche cette balance. Si les papalins du Vatican savent encore garder leurs masques, le clergé de par ici s'en préoccupe fort peu. Dans son énorme majorité il est derrière les démocraties, c'est-à-dire derrière Staline...

Ajoutons, pour que tout soit clair, que les énormes capitaux de l'Église, ceux des congrégations entre autres, sont presque entièrement déposés aujourd'hui dans des banques juives d'Amérique.

Jamais les Églises chrétiennes n'ont été plus obtuses, n'ont étalé davantage les symptômes d'une plus piteuse désagrégation. Elles avaient travaillé durant vingt ans, dans le pacifisme le plus creux, à châtrer les hommes. Elles s'étonnent qu'après leur antimilitarisme et leurs objections de conscience, les citoyens démocrates fassent de piètres guerriers ! Elles avaient renié la force, en oubliant avec quelle cruauté elles l'exerçaient quand elles la possédaient encore. Cependant, elles se sont attelées les premières aux canons, elles ont brandi les mèches sitôt que leurs chers Juifs l'ont ordonné.

S'il est depuis longtemps deux chefs de guerre qui aient eu le droit d'invoquer Dieu, et avec qui Dieu doit se trouver s'il a quelque souci de notre monde, ce sont bien Franco et Hitler. Franco a vu une catholicité déboussolée unir ses plus ardentes prières pour ses affreux ennemis. La catholicité de France et de maints autres lieux prie aujourd'hui avec une ferveur redoublée pour l'écrasement de Hitler par les bolcheviks.

Ce sont des plaisanteries qui finissent par se payer cher. L'Église catholique est furieusement jalouse de ses prérogatives. Elle suit en cela une loi de nature. Mais elle voudrait conserver intacte une autorité dont elle a fait le plus exécrable usage, pour un usage apparemment encore plus funeste. Il n'est aucun homme politique pourvu de son bon sens qui puisse aujourd'hui laisser le champ libre à de telles ambitions. Nous venons de voir depuis dix-huit mois le clergé français multiplier sous nos yeux les gages, les insolences. Il se conduit partout en profiteur de la défaite, réclamant les places, accumulant ses exigences avec une effronterie qui déconcerte jusqu'aux généraux fabriciens. Il sape les pauvres tentatives de concorde, s'acharne à démolir les malheureux jalons d'une paix future, il a mis ses haines à cuire dans la marmite d'Israël. Espère-t-il qu'il en sera humblement remercié ?

Un crétin rengorgé comme Henri Massis s'étonnait que Hitler eût réprouvé toute mesure anticléricale, pour raccourcir ensuite sévèrement la bride aux évêques, abbés, moines et pasteurs de son pays. Il n'était cependant point nécessaire d'être académisable pour comprendre que Hitler se heurta, sitôt chef de l'Allemagne, à une perfide opposition. Il déclarait, peu de temps après avoir pris le pouvoir : "Nous tenons les forces spirituelles du christianisme pour des éléments indispensables au relèvement moral du peuple allemand." Mais à la place de l'allié dont il escomptait et appelait fort sagement le concours, il ne trouvait qu'un adversaire aussi fuyant qu'intraitable.

Les Églises du XXe siècle, incapables de maintenir l'ordre parmi les hommes, ne tolèrent pas que d'autres se substituent à leur impéritie. Sous le charabia moral et mystique dont elles accablent les régimes autoritaires, elles déguisent fort mal leur haine pour ces concurrents. Puisque la France est surtout catholique, toute révolution nationale des Français trouvera obligatoirement le catholicisme contre elle. Tout programme politique qui n'en tiendrait pas compte et ne prévoirait pas la riposte serait d'une parfaite vanité. Il est une question surtout où n'importe quel pouvoir fort se heurtera à l'hostilité de l'Église : c'est celle de la jeunesse, le chapitre justement où rien ne peut être cédé. L'Église y défendra pied à pied ses possessions. Elle reportera sur la jeunesse toutes ses espérances, elle la préparera pour ses desseins futurs. Dans l'état de judaïsation et d'anarchie où on la voit, il est impossible de lui consentir une telle faveur. Le régime qui en aurait la faiblesse reverrait autour de lui dans dix ans une bourgeoisie encore plus abrutie, émasculée et mesquine. Les privilèges que l'Église possède chez nous sur ce point sont assurément beaucoup trop considérables. Les avantages qu'elle vient de reprendre doivent lui être enlevés sans discussion. Qu'elle fasse avec les enfants de bons latinistes, puisqu'elle s'y entend, cela doit être encore possible. Mais c'est à la nation - et à la nation seule - qu'il appartient d'en faire des Français, des hommes et des Aryens.

Aucun chef d'État ne saurait se contenter non plus d'enregistrer une nouvelle palinodie des prêtres. L'Église catholique s'est couverte d'un discrédit trop grand pour ne pas avoir à fournir des gages de moralité.

Il restera à savoir si elle en est toujours capable. Tout se passe en vérité comme si nous assistions à la gigantesque dégénérescence des religions du Christ. Les signes en sont nombreux et anciens. De la Renaissance à nos jours, le christianisme n'a cessé de se diviser comme toutes les puissances déclinantes, de voir s'opposer ses églises rivales. Dans la mue que fait le monde depuis un siècle, il a perdu sur tous les tableaux. Il n'a retrouvé son unanimité que pour répondre à l'appel des Juifs. Il a opté contre la civilisation blanche avec autant d'aveuglement que d'hypocrisie. Ce ne sont plus là des erreurs politiques, mais des crimes et du gâtisme.

Il est fort possible qu'il ne s'en relève pas. Des prêtres agitent chez nous leurs sonnettes autour d'un prétendu renouveau français du catholicisme, sorti de nos malheurs. Ç'est encore une frime, du même tonneau que la "volonté démocratique des masses", dont une foule de blumistes, pas le moins du monde repentis, se proclament les détenteurs. En fait d'un reverdissement de la foi, nous découvrons autour de nous une confusion barbare des réalités les plus terrestres et de la métaphysique, une notion fétichiste de la Providence, dont deux ou trois prêtres isolés et mal notés par leurs évêques se sont efforcé de faire théologiquement et très vainement le procès.

Non, tout cela sent l'abâtardissement, la décrépitude. Est-ce irrémédiable ? Tous les hommes de ce siècle seront vraisemblablement morts avant que l'on puisse l'affirmer.

Quoi ! ce grandiose capital spirituel et matériel du christianisme serait désormais à bout, inutilisable ? Quelle perte ! Quels décombres à déblayer ! Quels trous à remplir ! Et comment, par quoi ?

On imagine mal l'homme politique qui donnerait le signal d'une pareille tâche. Je ne pense pas que cet homme ait, pour les années présentes, à regarder aussi loin.

On a palabré chez nous à l'infini sur une "religion de remplacement" que l'Allemagne nationale-socialiste méditerait en rebrassant Nietzsche, Wagner et le racisme. On en a fait des tableaux grossièrement barbouillés par des propagandistes du ghetto, qui ont leur plus parfaite expression dans ces propos d'une brave paysanne de mon Dauphiné, décrivant un classique concert de musique militaire allemande : "Oui, ils se sont mis en rond dans le pré d'en face, et ils ont joué de leur musique, comme à l'église. Paraît que c'était pour adorer Hitler."

Ces forgeries, dont les prêtres ont été les colporteurs ne doivent pas nous faire oublier que le Germain est probablement, de tous les hommes, celui qui a la tête la plus bourrée de philosophie et le cœur le plus porté à l'épanchement mystique, que l'idée de Dieu est beaucoup moins arrêtée pour lui, beaucoup plus diffuse dans l'univers que pour le Latin. S'il est un pays au monde qui puisse, dans la paix future, rêver et accomplir une seconde Réforme, après avoir engendré la première, c'est assurément l'Allemagne. Au point où en sont les choses, on peut se demander si cette Réforme, dans l'ordre spirituel, ne sauverait pas et ne restaurerait pas beaucoup plus qu'elle ne détruirait.

Je m'en tiens, jusqu'à plus ample informé, à ce que j'ai pu observer et à ce que je sais. L'Allemagne est désormais la plus grande puissance catholique de l'univers, et ce fait d'ordre arithmétique confère à ses chefs une singulière autorité, peut peser fortement dans leurs pensées et leurs décisions. La foi catholique apparaît assurément plus vivante dans toute l'Allemagne du Sud que dans la France, qu'un aimable truisme, passé à l'état d'antiphrase depuis un bon siècle, voudrait représenter comme la fille aînée de l'Église. Je souhaiterais que l'on comparât les chiffres des communions pascales chez les hommes, en Bavière, en Rhénanie, en Autriche et dans tous les pays d'oc français.

J'ai rencontré des Allemands très anticléricaux ce dont je les ai du reste félicités, et de tempérament fort peu chrétien. J'en ai rencontré d'autres, catholiques aussi convaincus qu'excellents hitlériens. Il ne faisait aucun doute que, sommés par quelque bulle de choisir entre le pape et le Führer, ils n'auraient pas balancé un instant, sans en demeurer moins croyants pour cela. Ils eussent été schismatiques, mais l'histoire des églises d'Occident abonde en schismes qui ne se sont point terminés par l'adoration du feu au creux des forêts. Il est curieux que cette attitude des catholiques allemands ait semblé particulièrement incompréhensible et d'un germanisme dévergondé à maints catholiques d'*Action Française*, qui avaient eu à trancher pour leur propre compte un débat identique, et s'étaient déclarés pour un antipapisme ultra-agressif.

C'est en France que j'ai vu depuis dix-huit mois des gens qui font de l'eucharistie un gris-gris, qui ravalent la religion des Blancs à une sorcellerie de Négritos.

Pour les fameux textes nationaux-socialistes, où prêtres et quakers voient rougeoyer les flammes infernales, apparaître les idoles d'une nouvelle sauvagerie, je n'y trouve rien que les vrais nationaux français n'aient eux-mêmes célébré, c'est-à-dire la fidélité au chef, le sacrifice aux intérêts de la communauté, l'effort vers l'équité sociale, avant tout l'amour, la conscience du sol natal, du sang blanc, qui nous ont faits, Français, Allemands, Italiens, Espagnols, ce que nous sommes, cet amour et cette conscience sans lesquels nous devenons méconnaissables, infidèles à nous-mêmes : tout ce que les Églises ont été incapables de défendre, mais par contre, maintes fois, de saper sournoisement. J'y trouve encore une saine et légitime distinction entre les affaires de ce monde et celles de l'autre, le refus de tolérer plus longtemps que les hommes d'Église viennent agiter les spectres infernaux et invoquer les volontés de Dieu pour les bénéfices de leurs boutiques. Si les nationaux-socialistes allemands ont réussi là où nous avons échoué, c'est, entre autres, parce qu'ils ont exprimé ces pensées sans ménagements et qu'ils ont su leur donner force d'actes.

Quant au reste, pour ma modeste part, j'incline beaucoup à partager les raisonnables sentiments du Führer quand il écrivait : "Les idées et les institutions religieuses de son peuple doivent toujours rester inviolables pour le chef politique ; sinon, qu'il cesse d'être un homme politique et qu'il devienne un réformateur, s'il en a l'étoffe."

Il n'est pas de conducteur de peuples, en Occident, qui puisse rejeter du premier mouvement l'immense force, frein et moteur, que fut le christianisme, qui ne songe à canaliser cette force...

Mais si les Églises persistent à trahir la société, il est fatal que les États se substituent de plus en plus largement à elles, et qu'ils prêtent leur assistance à un réformateur.

Les Églises posséderaient encore en elles-mêmes le secret de leur salut et d'un rayonnement nouveau, le moyen de remplir leur plus belle mission parmi les hommes. Elles pourraient redevenir les parvis du monde surnaturel, restaurer leur métaphysique et leur mystique lézardées. Elles collaboreraient ainsi magnifiquement à cette réfection gigantesque du monde que nous sommes tenus aujourd'hui d'accomplir.

Elles apparaissent bien mal préparées à ce rôle. Il leur faudrait assurément des chefs d'une autre envergure qu'un pape Pacelli, fouine oblique qui temporise et prend le vent, réchauffe des camomilles de nonnes, quand il lui faudrait sur l'heure fulminer l'encyclique "Errore judaïco".

Mais on dirait vraiment que seuls les hérétiques et les mécréants ont de tels soucis, que seuls ils font des vœux pour cette restauration d'une autorité romaine.

Il apparaît de plus en plus difficile que le christianisme puisse se maintenir sans se réformer.

Si j'étais le pape, à Dieu ne plaise, les six lettres L.U.T.H.E.R. hanteraient souvent mon sommeil.

Mais il se pourrait bien cette fois que Luther ne surgit point d'entre les clercs.

LE GHETTO

Je serai bref sur ce chapitre. J'ai consacré à l'essentiel de la question juive la valeur de trois bouquins, dans un temps où cette propagande avait encore son utilité sur notre continent. Le moment est prochain maintenant où les Juifs d'Europe ne relèveront plus que de la police. Je n'ai pas encore perdu toute espérance de voir des Français participer à cette opération. Ils doivent définir sans retard leurs volontés.

Depuis les années 1933-34, où le vieil antisémitisme français s'est réveillé devant l'invasion orientale, nos charges contre Israël se sont décuplées.

Les Juifs ont contribué plus que quiconque à déchaîner cette guerre. Ils ont travaillé bien davantage encore à la prolonger et à l'étendre. Ce sont les Juifs qui ont attelé l'invraisemblable et ignoble "troïka" Churchill-Roosevelt-Staline, dont le triomphe eût été l'effondrement de l'Occident.

Nous comprenons toujours mieux que, sans les Juifs, nous eussions fait entre nous, avec les moindres dégâts, cette révolution du socialisme autoritaire devenue nécessaire à notre siècle, et dont les vieux doctrinaires français, tel que Proudhon, s'honorent d'avoir été les précurseurs. La barbarie marxiste a été la contrefaçon juive, folle et mortelle, de ce socialisme aryen qui s'en est dégagé douloureusement, dans des flots de sang blanc.

Je n'ai jamais cru à un empire juif, parce qu'un empire est une construction dont l'épilepsie juive est incapable. Mais nous pouvons faire le compte, morts, ruines, de ce que ce rêve effrayant nous a coûté.

Chacun expliquera le Juif à sa convenance : expiation du péché d'entre tous les péchés contre Dieu, souillure ineffaçable du sang, métissage qui le mit au ban de tous les autres peuples, et qu'a conservé un racisme à rebours. On en glosera longtemps. Peu importe. D'une façon comme d'une autre, la juiverie offre l'exemple unique dans l'histoire de l'humanité, d'une race pour laquelle le châtiment collectif soit le seul juste. Ses crimes sont devant nous. La première tentative universelle, depuis l'antiquité, pour faire accéder le Juif au rang d'homme libre a porté ses beaux fruits. Nous avons compris. Après cent cinquante années d'émancipation judaïque, ces bêtes malfaisantes, impures, portant sur elles les germes de tous les fléaux, doivent réintégrer les prisons où la sagesse séculaire les tenait enfermées.

Quand on songe aux nobles races d'Amérique et d'Océanie qui ont succombé presque entières sous les fusils et les drogues des Blancs et surtout des féroces Anglo-Saxons, il est permis de considérer que ce monde est bien mal fait qui a laissé proliférer le Juif malgré tant et tant d'indispensables persécutions. Mais cette race puise sans doute dans son impureté même le secret de sa résistance. N'y pensons plus ! Le seul moyen pratique auquel un aryen raisonnable de 1942 puisse s'arrêter est le ghetto à l'échelle du monde moderne. J'entends naturellement le ghetto physique, soit ghettos par nations, soit ghettos internationaux, réserves, "aires", colonies juives - la place ne manquera pas dans les immenses espaces des empires russe et anglais. Les États européens devront discuter ensemble et unifier leur législation sur les juifs, prendre en commun toutes les mesures concernant les colonies juives, car celui qui réserverait aux Juifs la moindre faveur les verrait aussitôt se répandre épouvantablement sur ses terres. Dans ces colonies, qu'elles soient sibériennes ou africaines, les Juifs auront licence de mener leur vie hébraïque et de gagner leur nécessaire en travaillant pour la communauté humaine. Ils ne pourront circuler hors de ces colonies sans un signe apparent sur leur vêture et un passeport mentionnant leur qualité de juif. Certaines régions, certains pays devront leur être interdits de toute manière.

La France doit se pourvoir de lois raciales à l'instar de celles que l'Allemagne a su prendre, en renouvelant une des plus vieilles traditions de la chrétienté, lois interdisant le mariage entre Juifs et chrétiens et frappant de peines rigoureuses les rapports sexuels entre les deux races.

Il est logique et conforme aux codes d'Occident que l'aryenne mariée à un Juif suive le sort de celui-ci, et soit entièrement répudiée par notre société, elle et sa progéniture. Le cas des mariages entre juives et chrétiens est à traiter avec plus de souplesse. De toute manière, l'époux chrétien d'une juive ne pourra accéder à aucune fonction d'État, l'enfant demi-juif issu de son union sera soumis à un statut spécial.

Tout Juif est naturellement libre de se faire baptiser, comme de devenir bouddhiste, musulman, antonien. Mais le baptême, antérieur ou postérieur à la loi, ne pourra lui conférer aucun privilège. Il est à présumer que l'on verra baisser à vue d'œil le nombre des conversions miraculeuses.

Les prêtres coupables d'avoir délivré des certificats de baptême de complaisance pour aider au camouflage des Juifs, seront condamnés à des peines pouvant aller jusqu'aux travaux forcés, qu'ils accompliront en assistant moralement les bagnards, s'ils en sont capables.

La liquidation des biens et offices juifs doit être opérée dans le but exclusif d'une réparation à la communauté aryenne de chaque pays, pour les ravages que les Hébreux lui ont fait subir. Les complicités qu'Israël a trouvées depuis l'armistice jusqu'en haut de l'État ont par malheur beaucoup réduit l'immense fortune qui eût pu être récupérée ainsi par nous. Les débris, quels qu'ils soient et de quelque façon que ce soit, devront profiter au peuple français. Il ne saurait y avoir de programme nationaliste d'après-guerre qui omette de se prononcer sur ce point. Dans la grande faillite Juive, la France est la créancière privilégiée.

Les exceptions consenties pour services militaires et civils rendus par les juifs à la France, exceptions qui ont été l'unique souci des gribouilleurs de décrets vichyssois sont à envisager en tout dernier lieu. Elles ne sauraient porter que sur un nombre infime d'individus. Les services allégués doivent être éclatants. Militaires, ils consisteront en blessure grave, citation homologuée par une commission spéciale, présence de six mois au moins dans une unité combattante, mort au champ d'honneur d'un père ou d'un fils. Ceci, bien entendu, pour la seule guerre 1914-1918, la guerre de 1939-1940 ayant été la guerre juive, où les Juifs ont trépassé ou ont perdu un membre, quand un équitable hasard l'a voulu, pour le seul compte et la seule gloire d'Israël. Mettons que mille Juifs soient dignes d'exception. En aucun cas les faveurs qu'ils auront reçues ne pourront leur permettre de transgresser les lois du sang et de prendre femme hors de leur tribu. Aucun poste d'État ne leur sera non plus accessible.

Il n'existe pas, à ma connaissance, d'exception d'ordre civil, sauf peut-être dans certains domaines médicaux ou scientifiques, les Juifs écrivains, professeurs, juristes, étant au contraire la plus dangereuse des espèces d'Israël, et à exclure en premier lieu.

L'esprit juif est dans la vie intellectuelle de la France un chiendent vénéneux, qui doit être extirpé jusqu'aux plus infimes radicelles, sur lequel on ne passera jamais assez profondément la charrue. Cette déjudaïsation n'a même pas été esquissée depuis l'armistice, tant dans la France parisienne que dans la France vichyssoise. Nous percevons à chaque instant le fumet, le stigmate juifs dans ce que nous lisons, entendons, voyons. Le compte est effrayant des artistes, des écrivains français, souvent parmi les meilleurs, que leurs femelles, leurs maîtresses juives, leurs amis juifs ont dévoyés, qui sont peut-être, irrémédiablement perdus pour la France. Des sections spéciales pourront être créées, dans les bibliothèques et les musées, pour l'étude historique de certains ouvrages d'Israël. Mais la mise en circulation publique, sous quelque forme que ce soit, concerts, théâtres, cinéma, livres, radio, expositions, d'une œuvre juive ou demi-juive doit être prohibée sans réserves ni nuances, de Meyerbeer à Reynaldo Hahn, de Henri Heine à Bergson.

Des autodafés seront ordonnés du maximum d'exemplaires des littératures, peintures, partitions juives et judaïques ayant le plus travaillé à la décadence de notre peuple, sociologie, religion, critique, politique, Levry-Brühl, Durkheim, Maritain, Benda, Bernstein, Soutine, Darius Milhaud.

Les Juifs, essentiellement imitateurs, ont été sans conteste de remarquables interprètes dans tous les arts, sauf le chant. Je ne verrais aucun inconvénient, pour ma part, à ce qu'un grand virtuose musical du ghetto fût autorisé à venir jouer parmi les Aryens pour leur divertissement, comme les esclaves exotiques dans la vieille Rome. Mais si ce devait être le prétexte d'un empiètement, si minime fût-il, de cette abominable espèce sur nous, je fracasserais moi-même le premier les disques de Chopin et de Mozart par les merveilleux Horowitz et Menuhin. Quoi ! au temps de Liszt, de Thalberg, de Paganini, qui valait beaucoup mieux que le nôtre, les Aryens n'avaient pas besoin du secours des Juifs pour exécuter incomparablement leurs œuvres. Dans le domaine de la virtuosité musicale on verra reparaître parmi nous d'innombrables talents que le monopole hébraïque étouffait.

J'ai une prédilection pour Camille Pissarro, le seul grand peintre qu'Israël, cette race incroyablement antiplastique, ait produit. Je serais prêt à décréter l'incinération de toutes ses toiles, si c'était nécessaire, pour que l'on fût guéri de ce cauchemar, de cette repoussante moisissure poussée sur les rameaux splendides de l'art français qui se nomma la peinture juive, débarrassé des montagnes d'inepties que cette peinture engendra. Voyez d'ailleurs que si l'on supprimait, dans la même époque, Van Gogh, Renoir, Cézanne, Manet, le vide serait irréparable. Pissarro tout entier n'ajoute au contraire pas grand' chose que Claude Monet, Jongkind, Sisley, Millet, Boudin, Seurat, Gauguin ne contiennent déjà. Et Pissarro, parmi les Juifs, est resté inégalé.

Tous les grands siècles, tous les grands mouvements des arts et des pensées de notre ère se sont déroulés, de Giotto jusqu'à Renoir, du grégorien jusqu'à Wagner, de la *Chanson de Roland* jusqu'à Balzac, sans que les juifs y soient apparus, sauf un ou deux accidents, tel celui de Spinosa. Le Moyen Age, la Renaissance, le classicisme, le romantisme, les cathédrales, les fresques florentines, Van Eyck, Breughel, Tintoret, Titien, Greco, Poussin, Vélasquez, Rubens, Rembrandt, Watteau, Corot, Shakespeare, Cervantès, Racine, Goethe, cent mille autres, se sont parfaitement passé de leur concours. L'agréable Mendelssohn est un point infime dans l'océan de la musique allemande. Mais Meyerbeer et Halévy sont d'énormes sagouins.

On avait voulu savoir si les ghettos ne renfermaient point des génies inconnus et dont l'exemple rajeunirait notre vieux monde. On a ouvert les portes. On a été bientôt renseigné. On a vu se ruer des bandes de porcs et de singes qui ont salopé, dégradé tout ce qu'ils approchaient.

Nous pouvons proscrire sans remords l'esprit juif et ses œuvres, anéantir celles-ci. Ce que nous y perdrons ne comptera guère. Mais les vertus que nous y gagnerons seront sans prix.

L'ARMÉE FRANÇAISE

Dans une cinquantaine d'années, les manuels d'histoire à l'usage des rhétoriciens comporteront quelques paragraphes qui seront à certains mots près de cette encre :

"En 1918, l'armée française sortait victorieuse de la plus grande et de la plus dure des guerres, victoire péniblement acquise, et point par nous seuls, mais dont l'univers s'accordait à reconnaître que nous avions été les premiers artisans, et qui parait d'un prestige incomparable nos drapeaux. Couverte de cette gloire, l'armée française rentra dans ses quartiers. Elle y assista l'arme au pied, pendant vingt ans, à la liquidation sans aucune contrepartie de tous les gages que son héroïsme avait acquis. Elle vit sans broncher le pays s'enjuiver, se défaire morceau par morceau, le pouvoir tomber aux mains des hommes les plus débiles et les plus déshonorés. Elle ne fut même pas capable de défendre ses prérogatives et se laissa ôter un par un jusqu'à ses outils de combat. C'est l'exemple le plus étonnant de capitulation morale que puisse nous proposer l'histoire militaire".

Les professeurs dicteront à leurs élèves des canevas de ce genre :

"Établir un parallèle entre les rôles de l'armée allemande et de l'armée française dans leurs pays respectifs, durant la période de l'entre-deux guerres."

* * * * *

On tirerait un voile, en attendant que vînt l'heure des historiens sereins, sur les plaies lamentables de l'armée française, si elle avait su se faire justice, ou tout au moins se faire oublier depuis deux ans comme la décence l'exigeait. Il n'en a malheureusement rien été, bien au contraire. Le militarisme à vide qui s'étale dans la moitié de la France, et les périls intempestifs qu'il nous crée, obligent à de dures précisions.

Léon Daudet, dans ses charmants *Souvenirs,* constate avec bonhomie qu'il aurait suffi, à chaque crise de la République, d'un général, voire d'un colonel résolu à un acte d'énergie pour que le régime passât de vie à trépas. C'est au moins vraisemblable, si l'on songe à l'équipée de ce malheureux imbécile de Boulanger qui n'avait pas cinq cents mètres à faire, de la Madeleine à l'Élysée, pour devenir le maître de la France, et qui n'osa pas les faire. Il est sûr, en tout cas, que l'armée française avait épuisé avec ce factieux en mie de pain, tremblant devant une légalité en déroute, aussi vide d'idées qu'un cahier de rapport, ses dernières réserves d'intelligence et de courage civique.

De l'affaire du Panama au Front Populaire de Blum, en passant par l'affaire Dreyfus, les Fiches, le Cartel des Gauches, le Six-Février, les meilleurs des nationalistes français ont cherché en vain un appui que l'armée, dans l'ordre naturel des choses, devait leur offrir. Ils n'ont jamais reçu de ce côté-là la plus petite espérance. Quand je parle de l'armée, je pense à celle de terre aussi bien que celle de mer, à cette marine où l'on ne comptait plus finalement que des "fascistes", mais des fascistes qui n'auraient jamais prêté un fusilier ou une chaloupe contre un régime haï. Au temps d'Henry, de Mercier, d'André, les nationalistes se firent, pour les beaux yeux de l'armée, casser la tête, jeter en prison. Il fallut un civil, Syveton, pour gifler enfin André, général mouchard et sectaire qui ne s'en était jamais pris qu'à des officiers. L'armée contemplait, talons joints, du haut de ses remparts, les exploits des pékins champions de son honneur. Tout ce que l'on put attendre d'elle, ce furent des falsifications puériles, des suicides absurdes, qui ne manquèrent jamais de tourner au grand dam de la cause française.

Les nationaux d'espèce bourgeoise possédaient un arsenal de lieux communs pour excuser l'inertie de notre singulière armée. La vérité brute est que cette armée réunissait dans ses mains, jusqu'au 18 juin 1940, tous les instruments pour débarrasser en cinq sec la France de ses destructeurs et de ses bourreaux, et qu'elle les laissa peureusement et bêtement sous clef.

Lorsqu'on s'en indignait auprès des militaires ou des bonzes à la Maurras, ils répondaient avec un indulgent sourire que nous n'étions pas des Mexicains, des Péruviens, que le "pronunciamento" n'était plus au XXe siècle qu'une péripétie d'opérette. Mais tandis que les quatre cent mille baïonnettes de la France se relayaient aux guérites du bobinard républicain, la Reichswehr, n'ayant pas cessé un seul jour d'être antijuive et antidémocrate, faisait diligemment la courte échelle à Hitler, assurait le triomphe de ce grand homme en qui elle avait reconnu le libérateur de sa patrie, et savait se mettre à ses ordres, ce qui est encore plus beau. En Espagne, l'admirable général Franco, avec son état-major, tirait résolument l'épée contre la tyrannie rouge et portait le "pronunciamento" du film sud-américain dans la tragédie épique. Il n'est pas jusqu'à un minuscule pays comme le Portugal où les généraux révoltés, en 1926, n'aient construit le marchepied sans lequel Salazar n'eût jamais pris le pouvoir.

Les meilleurs nationaux voulaient encore croire contre toute vraisemblance que l'armée demeurait la dernière institution française sur qui la démocratie n'ait pu mordre. De vieux mulets, qui n'arrivent pas à se dételer de leurs pataches démolies, essayent toujours de nous braire cette antienne, de nous proposer "l'armature militaire" comme le seul cadre qui ait résisté, l'unique support digne de nos espérances, et les sabres vichyssois comme "la nécessité bienfaisante". Je suis un admirateur du sabre, j'aurais salué son règne avec joie. Mais les sabres de nos militaires sont des ferblanteries qui ne peuvent même plus servir de tournebroches. Pour Dieu ! qu'on rengaine ces accessoires clownesques. Les farces ont assez duré. Nous sommes maintenant édifiés, bien tard, mais pour un moment ! L'armée française est partie pour cette guerre en traînant le plus beau cas de gangrène démocratique que l'on ait peut-être diagnostiqué sur cette planète. Dans la valetaille du régime, les généraux et les prêtres ont pu se disputer la palme de la servilité.

* * * * *

Il est faux que l'armée française ait été vaincue avec honneur. L'imbécile et dangereuse gloriole dont ses galonnés veulent se prévaloir nous contraignent à le dire.

Quand on se nomme l'armée française, quand on a derrière soit Austerlitz et Douaumont, on n'est pas vaincue avec honneur en quarante jours de déroule informe, qui vous ont mené de Namur à Bordeaux, tandis que l'ennemi ramassait en se jouant deux millions de prisonniers. De même, lorsqu'on se nomme la Grande-Bretagne, on ne conserve pas l'honneur en perdant Singapour après six jours de combat.

Des hommes ont sauvé l'honneur pour eux, pour leurs fanions. Ce furent, chez les Anglais la brigade écossaise de Belgique, des Tommies isolés de la jungle malaise dont nous ne saurons jamais le nom. Ce furent chez nous par exemple les héros du 16e bataillon de chasseurs à pied, infanterie martyre de la 3e division cuirassée, ceux des groupes de reconnaissance, presque tous admirables, parce que dans la cavalerie, blaguée et du reste professionnellement piteuse, quelques vertus militaires étaient demeurées intactes, les marins de Dunkerque, les aspirants de Saumur au pont de Gennes, la 7e division Nord-Africaine, les artilleurs de 75 qui plantaient leurs canons face à la ruée des chars. Je veux nommer au moins l'un d'eux, le chasseur Laniboire, en reconnaissance avec son capitaine et le chauffeur de celui-ci dans une voiture de tourisme qui tomba sur un avant-poste allemand. Le chauffeur et Laniboire, blessés mortellement à la première rafale de mitrailleuses, s'effondrèrent sur les sièges avant. Mais Laniboire, traversé de part en part, murmura en expirant à son officier qui du fond de la voiture se penchait sur lui : "Ne vous en faites pas mon capitaine. Empoignez le volant, filez. Je tiens mon pied sur le champignon". Et il mourut ainsi, sauvant la vie de son chef.

D'autres, beaucoup d'autres sans doute, auraient sauvé au moins la face. Ils ne l'ont pas pu parce que l'armée ne l'a pas permis. L'honneur même de la nation française n'est presque plus en jeu, dépassé par les éléments. Celui du corps militaire de la République était engagé. Il n'en est pas revenu. C'est ce corps-là qu'un vrai patriote doit mettre impitoyablement en accusation, pour sauvegarder ce qui reste du prestige français.

On peut à peine dire que l'armée française ait été battue. Elle a été fessée, reconduite par l'oreille jusqu'à la Garonne. On peut s'évertuer à forger pour ces six semaines de fuite en troupeau des noms de bataille. Ils ne désignent rien. Il n'y a eu nulle part bataille, c'est-à-dire action concertée, lutte disputée, indécise. La bataille de 1940 a duré le temps qu'il fallait pour redescendre à pied des confins de la Hollande à ceux de la Gascogne, le temps qu'a mis l'adversaire pour pousser notre cohue devant soi.

J'aime qu'un modeste mitrailleur, qu'un chef de section ou de compagnie se flattent aujourd'hui encore de ce qu'ils ont fait, qu'ils disent : "Nous, nous les avons tenus, deux jours, trois, quatre jours". Nous n'avons pas tant d'occasions d'être fiers. Mais il faut que ces braves voient plus loin que leur créneau, leur fortin, leur batterie, qu'ils se rappellent combien de temps leur résistance a duré, qu'ils se représentent le panorama entier de la débâcle, pour bien apprécier ceux qui nous ont menés là.

J'ai recueilli de la bouche d'hommes que je connais bien, de nombreux témoignages, sur trente, quarante unités, grandes et petites, des unités de combat, qui ont eu l'épreuve du feu, le 1e, le 224e, le 237e d'infanterie, la 5e division tout entière, la 27e, le 445e pionniers, le 7e bataillon de mitrailleurs, le 13e dragons portés, les chasseurs pyrénéens, le 8e tirailleurs sénégalais, le 194e d'artillerie, bien d'autres encore qu'il serait fastidieux d'énumérer. J'ai eu des récits sur ce qui se passa à Dinant, à Sedan, à Montcornet, à Longwy, à

Dunkerque, sur la Somme, l'Oise, l'Aisne, la Marne, la Loire, à Neuf-Brisach, à Giromagny, à Besançon, et sur ces escarmouches de la dernière heure, devant Chambéry, Romans, Voreppe, Andance, que les communiqués de Weygand gonflaient en faits d'armes, comme si l'on eût voulu prétendre que les Allemands s'arrêtaient où nous l'avions décidé, et que l'on eût déjà préparé la mystification permanente des militaires vichyssois.

De tous ces régiments et ces lieux épars, les souvenirs rapportés sont les mêmes : blockhaus inachevés dans des secteurs où les pionniers ont passé huit-mois à couper du bois de chauffage, n'ont jamais donné un coup de pioche, positions-clés fortifiées et armées à outrance, mais inoffensives comme si elles eussent tiré des balles en bois parce que leurs plans de feu étaient établis de travers, unités lancées dans le combat avec deux chargeurs de cartouches par homme, artilleurs des lignes servant des canons octogénaires, fantassins armés de fusils Gras, bataillons de chars pourvus en essence mais sans obus, autres chars regorgeant de munitions mais sans essence, puis, après le 5 juin, des compagnies envoyées au-devant des blindés avec un fusil pour trois hommes, les gendarmes mués en chefs d'état-major et chargés d'aiguiller les divisions.

On ne saurait tolérer la fable d'une défaite technique où la valeur des chefs, trahis par leur outil, demeurerait hors de question.

Les nationaux français ne peuvent plus accepter cette thèse puérile qui voudrait que l'armée eût été la noble et innocente victime du méchant régime acharné à lui nuire, la dépouillant, la saignant, pour la commettre à la fin, pauvre, nue, faible, et pure à la défense de notre sol. L'armée était-elle donc semblable à un bébé, pour se laisser chiper comme des soldats de plomb ou un pistolet à bouchon son Deuxième Bureau, son artillerie lourde, ses officiers, ses conscrits, ses avions, ses chars, et pleurnicher ensuite qu'on n'était pas gentil avec elle ? Ses ennemis, certes, qui lui mentaient, lui refusaient les hommes et les écus, furent au plus haut degré les ennemis de la France. Mais l'armée possédait mieux que personne le pouvoir de leur imposer respect, d'ordonner, d'exiger. Elle ne le fit pas. Il est inutile d'entrer dans les détails et les circonstances. Il n'y a pas de détails et de circonstances quand le salut de la patrie est en jeu. Rien ne fut plus lamentablement comique que ces tournois de presse et d'hémicycles, où d'honnêtes civils, ne sachant pas distinguer un lance-grenades d'une seringue, rompaient parapluies et stylos contre les ministères désarmeurs, saboteurs de cadres, de forteresses et d'usines, tandis que l'armée, indifférente à ce vacarme, vaquait en toute sérénité d'âme à ses corvées de patates.

Quand un lion souffre qu'on lui rogne les dents et les ongles sans même froncer le nez, ce n'est plus un lion, mais une descente de lit, promise aux injures du pot de chambre. Ce qui est arrivé.

S'il est vrai que la démocratie, par son imprévoyance, ses utopies politiques, son horreur des uniformes, ses grèves, sa gabegie administrative et financière, servit bien mal l'armée, celle-ci fut à peine moins coupable de n'avoir pas su exiger. Puis, tous les calculs faits, on constate qu'elle eut des crédits imposants. Elle ne sut en faire qu'un médiocre usage. Aux lacunes, aux désordres, aux retards de la République, elle ajouta, les lacunes, les désordres et les retards de son cru, pires encore. Elle s'éternisait dans des études de prototypes et de modèles. Elle souffrait moins encore d'une absence de matériel que d'un matériel existant, mais mal approprié et hétéroclite. Ce matériel était soumis à l'incurie des commissions et des contrôleurs ignorant les conditions les plus élémentaires de la grande industrie. Il était abandonné aux hésitations et aux caprices d'états-majors sans doctrine, collectionnant des panoplies d'un peu de tout, à toutes fins utiles, n'osant pas pousser à fond la fabrication de leurs meilleurs engins, gaspillant leur temps et leur argent à entretenir ou retaper des vieilleries qui faisaient de nos arsenaux encombrés de gigantesques marchés aux puces.

Au mois de septembre 1939, l'armée française possédait certains échantillons d'une enviable qualité, tels ses quelques douzaines de chars lourds, ses quelques milliers de fusils à baïonnette rentrante, mais elle ne pouvait même plus, comme en 1914, fournir de lebels toute son infanterie. Dans un tel état, son premier devoir patriotique était de se refuser à entreprendre une guerre qu'elle ne pouvait en aucune façon mener à bien. Il ne se trouva pas un seul homme à trois, cinq ou sept étoiles, pontifiant dans son ministère ou siégeant dans son conseil suprême, qui soufflât mot de cette impuissance.

Ceux qui parlèrent n'eurent à la bouche que des gasconnades, que les autres confirmaient en se taisant. Tous ont commis alors, par mesquinerie ou par ignorance, le même crime contre la Patrie.

On l'a vu, selon les militaires, la guerre ayant été déclarée sans qu'on y fût prêt, on devait la préparer tout en la faisant, en se reposant sur la mansuétude des Allemands pour que cette guerre demeurât bénigne le plus longtemps possible. Des esprits bornés et troublés cherchaient ainsi à s'ouvrir une pitoyable échappatoire. Mais ce plan d'infortune ne reçut même pas un commencement d'exécution. L'armée paralysait avec sa mobilisation massive et fantaisiste la production française, sans savoir à quoi employer ses soldats. Un million et demi d'hommes fainéantaient dans des cloaques, en attendant d'encombrer de leur masse amorphe les routes de la défaite. Mais la plupart des usines fabriquaient encore moins de fusils, d'obus, de cartouches qu'avant-guerre.

J'ai raconté, trop longuement, mes infimes expériences du G.U.P. des Alpins. C'est peu de choses. Mais c'est un coin d'un spectacle qui fut partout semblable, d'une piteuse monotonie. La campagne de 1939-1940 aura été le

G.U.P. à l'échelle de la France, Hurluret généralissime, La Chiasse major général et Flick surintendant. Il n'est pas un petit coin de cette cafouillade où l'esprit puisse se reposer sur une idée saine.

Le matériel était insuffisant, précaire. Pourtant, celui qu'on possédait ne fut même pas utilisé. Les Allemands découvrirent des quantités d'avions en caisse, voire prêts à voler, des parcs de chars neufs. (700 chars n'ayant jamais servi à Nevoy, près de Gien) ou des chars à qui ne manquaient plus que les tourelles, lesquelles existaient ailleurs. Dans le fouillis, le chassé-croisé, les jeux de cache-cache d'une désorganisation permanente, ramifiée en mille bureaux, jamais la culasse ne pouvait rejoindre le tube, l'obus le canon, le chargeur son fusil, la roue son véhicule. De nombreuses pièces étaient éparses aux mains d'imbéciles bien en peine de les assembler, ou qui ne s'y décidaient que pour construire des monstres.

Le dernier colporteur de village voiturait sa marchandise avec une bonne camionnette depuis vingt ans. Mais en France, au beau milieu du XXe siècle, l'armée était aussi embarrassée de ses bagages qu'un explorateur à travers la brousse africaine.

On s'était résigné à une guerre platement défensive pour concrétiser une politique d'offensive. Mais la moitié de notre frontière restait béante, et rien de sérieux ne fut tenté pour la mettre en état de défense. Dans ces positions aux trois quarts fictives, on ne s'était pas moins organisé comme pour un siège indéfini de l'Allemagne. On refaisait la guerre de tranchées de 1914, à cette simple différence près que les tranchées n'existaient que fort peu. Mais on avait accumulé derrière, sur une seule ligne, les trois quarts des munitions et des approvisionnements.

Au 10 mai 1940, la plus élémentaire sagesse était d'attendre sur cette ligne, si imparfaite fût-elle, l'assaut de l'ennemi. On lança à l'aventure le meilleur de l'armée. La majeure partie de l'infanterie ainsi expédiée à travers les plaines belges était motorisée. Mais sans même l'avoir portée jusqu'au combat, ses automobiles la lâchèrent en route, et elle ne devait plus jamais les revoir. L'infanterie française, destinée par ses généraux à recommencer la guerre de 1915, était abandonnée au milieu de la guerre de 1940 dans les conditions de la guerre de 1792.

Deux jours plus tard, les chefs ignoraient toujours où et en quel nombre se trouvait l'ennemi devant eux, et ils ne savaient déjà plus quelles troupes leur appartenaient encore et les lieux où elles se battaient.

On n'avait fait diligence que pour expédier l'armée au-devant de sa perte. Quand seule une retraite hâtive pouvait encore la sauver, les ordres qu'on lui expédia ne servirent qu'à la clouer sur place.

Fixés eux-mêmes au sol, tous les dépôts de matériel, de munitions et d'hommes étaient inutilisables au septième jour d'une guerre menée à la pleine vitesse des moteurs.

Au bout de cette semaine, la guerre était perdue. La France n'a même pas été battue en quarante ou quarante-cinq jours, mais en une seule semaine. L'état-major allégua pour sa défense qu'il ne l'ignorait point et qu'il l'avait dit. C'est un dérisoire plaidoyer. Weygand savait et il en rendit compte par la voie hiérarchique. Reynaud et Mandel ne voulurent point l'entendre. L'unique devoir de Weygand était de faire arrêter sur l'heure ces stupides bandits par un peloton de motocyclistes. Il s'en garda bien. Cette pensée ne dut même pas le toucher. Il était "couvert" réglementairement. Cela, suffisait à sa conscience de Français. Ce personnage étriqué ne comprenait pas qu'il y a des heures où le devoir n'est pas inscrit dans les règlements. Le 3 juin 1940, à la veille d'une bataille perdue d'avance, qu'il allait livrer à un fantassin contre quatre, à un char contre dix, à un avion contre cent, ce général académicien assurait Paul Reynaud de "sa haute considération et de ses sentiments déférents et dévoués", comme la note "très secrète" n° 582 du Cabinet de la Défense Nationale en fait foi.

On a encore voulu, pour ces jours-là, lui décerner la couronne de héros : Weygand héros des dernières cartouches. C'est une plaisanterie. Quel héroïsme y a-t-il à envoyer se faire tuer idiotement de pauvres bougres, du fond d'un château bien camouflé, ou d'une limousine qui vous emporte très loin du danger ? La seule forme de courage que pouvait déployer Weygand, c'était de mettre hors d'état de nuire à la France, par la plus simple des opérations policières, la petite bande des gredins légaux. Réservons les épithètes héroïques pour les malheureuses escouades qui attendirent à leur poste, avec des baïonnettes et leur dernière balle, l'assaut des blindés allemands. Weygand, dans ses automobiles, n'a emporté avec lui que sa pleutrerie.

Ayant accepté par bassesse d'âme ce suprême combat pour ses pauvres troupiers, Weygand ne sut même pas lui conserver une forme honorable. Pour y parvenir il n'avait pas le choix. L'unique ressource qui lui restât était celle des îlots, où se rassembleraient le plus solidement possible les débris de ses armées. Il l'écarta. Il égrena ses pauvres divisions au long d'une ligne démesurée et filiforme, un front qu'une armée dix fois supérieure en nombre aurait à peine pu tenir avec quelques chances. Pour que les principes fussent saufs, chaque grain, bel exemple de jésuitisme militaire, était décoré toutefois du nom de point d'appui. Nos derniers chars qui, massés, auraient encore pu asséner quelques coups sérieux à l'adversaire, étaient disséminés de dix kilomètres en dix kilomètres : un engin solitaire, aussi efficace qu'une brouette, à la tête d'un pont, à l'entrée d'un hameau.

Une demi-journée après le début de l'attaque, le tout avait cessé d'exister.

Il restait encore, pour illustrer les épisodes d'une suprême résistance, les régiments de la ligne Maginot, comptant parmi nos plus solides unités. Enfermés dans leur béton qu'ils connaissaient à merveille, bien pourvus en vivres, en projectiles, en armes, ils auraient pu soutenir longuement l'assaut de l'ennemi. Mais on les fit presque tous sortir de leurs citadelles, on les lâcha en rase campagne, traînant vaille que vaille un matériel connu pour ne jamais quitter les créneaux. Ils attendirent ainsi, tournant en rond de forêt en forêt, que le cercle allemand fût définitivement bouclé autour d'eux, et capitulèrent sans avoir bien souvent lâché un coup de fusil.

Sur les Alpes, après quelques heures de tir, dans des secteurs essentiels, nos batteries ne possédaient plus un obus. Seules, quelques sections d'éclaireurs, quelques compagnies de chasseurs étaient décemment armées, en mesure de se défendre. La guerre eût duré cinq ou six jours encore, les Italiens descendaient jusqu'à Grenoble sans coup férir.

* * * * *

On a feint de chercher les coupables de cette aventure. Pendant que les juges entassaient leurs vains grimoires, les gens des chars accusaient les fantassins qui n'avaient pas tenu, les fantassins les gens des chars qui ne les avaient pas appuyés, les officiers la troupe, la troupe les officiers, les états-majors les combattants qui s'égaillaient au hasard, les combattants les états-majors qui ne commandaient rien.

Aucune de ces querelles ne va au fait. La cause majeure de notre désastre est dans l'identification de notre armée avec notre régime[7]. La République détestait l'armée, en qui elle voyait l'ennemi de l'intérieur, infiniment plus dangereux à ses yeux que l'étranger. Elle s'appliqua à l'affaiblir, à la discréditer, tout en la domestiquant. Elle n'y réussit que trop bien. L'armée se laissa faire docilement. À chacun de ses succès, la République se hâta de la rejeter dans sa condition de galeuse indésirable et mal payée. Après 1870,

---

[7] Personne n'en a fourni une plus éclatante et pertinente démonstration que le colonel Alerme dans ses *Causes militaires de notre défaite*, concentré de vérités sur lequel tout Français qui s'accorde à lui-même quelque intelligence devrait avoir fait une longue méditation.

notre armée était parvenue à une assez belle résurrection. La République la démolit alors par l'affaire Dreyfus, en dépêchant à son ministère ses plus tortueux politiciens. En 1919, l'armée, grâce à ses poilus, ruisselait de gloire. Le régime lui tourna le dos, l'accabla d'avanies, lui marchanda le plus modeste panache.

L'armée ne réagit pas, se fit plus inerte à mesure que le poison la gagnait. Le silence fameux de la Grande Muette, après avoir été celui de la discipline, ne fut bientôt plus que le symptôme d'un énorme abrutissement.

Le régime voulait une armée qui ne se permît aucun jugement, aucune pensée politiques. Il fut obéi à souhait. Mais à s'entretenir dans une pareille passivité, on devient bientôt inapte à penser, à trancher quoi que ce soit, et d'abord les propres affaires de son métier. Le régime décadent eut une armée à son image. Il ne pouvait en être autrement, sinon le régime eût vécu. Quand la ressemblance fut en tout point parfaite, la démocratie fourbue s'avisa soudain que l'armée lui était indispensable, et, moribonde, elle chargea cette autre moribonde d'accomplir ses desseins. Dès lors, juin 1940 était inscrit dans notre histoire.

Mais cette vue générale ne nous dispense point de descendre aux responsabilités particulières. La fatalité sociale n'existe pas. Elle est constituée par une accumulation de fautes individuelles. C'est pour l'armée surtout qu'il est nécessaire d'établir et de graduer le réquisitoire, en partant des plus petits pour monter aux plus hauts.

Le soldat n'a pas toujours été innocent. Plus d'une fois, il a rompu le combat à la première heure, quand il aurait pu le continuer jusqu'au soir. Assurément, on ne pouvait plus attendre du citoyen judaïsé, crétinisé, amolli de 1940, ne comprenant pas un mot au sens de cette bataille, fort surpris bien souvent qu'il y eût dans cette guerre une bataille et de cette violence, on ne pouvait attendre de lui la sublime ténacité du citoyen de Verdun. Mais à Verdun, le poilu français était pratiquement à égalité de forces, tout au moins de méthodes avec l'adversaire. Ce n'était plus le cas en 1940. On ne peut juger du courage d'un homme qui a les mains liées devant un cheval emballé, qui voit son pistolet vide quand on attaque sa maison, même s'il détale à toutes jambes. Si le joueur d'échecs devient idiot dira-t-on que les pions ont perdu la partie ?

Je n'ai pas été tendre, au cours de ce livre, pour maints officiers de cette guerre. Ce n'est pas ma faute s'ils se sont trouvés tels que je l'ai dit. Il serait grotesque de se figurer que je cherche à recommencer les campagnes des "têtes cerclées" et des "gueules de vache". Un sur deux de mes meilleurs amis a été officier dans cette guerre. J'ai moi-même cherché à l'être. Je n'étais deuxième classe que par hasard, parce qu'il m'a manqué cinq kilos à vingt ans.

Les officiers, pour la plupart, ont été impuissants malgré eux. Les officiers de réserve étaient choisis dans la classe la plus avachie. Ils en ont reflété la sottise, la muflerie, les instincts épiciers, ils avaient son ramollissement corporel, sa gourmandise (trop de tripes, dit à bon droit un de mes amis, capitaine de métier). C'est le procès de la bourgeoisie. Mais il ne s'agit pas seulement de cela.

Le galon, quand on l'a recherché ou accepté, crée des devoirs fort bien connus : se soucier de ses hommes, leur donner l'exemple, être à leur tête. Quand l'officier a laissé se pourrir physiquement et moralement ses hommes, en se gobergeant lui-même, en suivant passivement la pente de la routine, sans savoir prononcer le mot utile, se pencher sur la gamelle, vivre au moins l'existence de sa troupe s'il ne pouvait mieux ; quand l'officier a été à la tête de ses hommes... trois cents kilomètres plus bas qu'eux vers le sud, quand à la fin tout le monde s'est retrouvé pêle-mêle sur la Gironde et la Dordogne, l'officier n'a pas été dans cette débâcle un bel innocent.

Je suis tout prêt à croire qu'il n'y a pas eu plus d'un officier sur dix pour se renier ainsi. Mais cela fait encore un total consternant. Il n'y a point à parler d'une "rumeur infâme". Nous sommes devant une réalité qui sera couchée dans notre histoire. Il n'est guère de soldat, sauf dans quelques unités d'élite, qui n'en ait été au moins une fois le témoin.

Mais il faut remonter surtout au cerveau et aux puissances de l'armée française : les états-majors, les grands bureaux, les officiers supérieurs. Nous avons vu défiler quelque temps devant la Cour de Riom un certain nombre d'étoilés poivre et sel, coupants, avantageux ou gâteux. Tout Français de bon sens s'étonnait de ne point voir derrière eux deux gardes mobiles. Mais ces messieurs étaient cités respectueusement comme témoins. Invention admirable ! Dans le même esprit, il fallait citer Zay, Vincent-Auriol, Jules Moch comme témoins à charge contre le ministère Blum. Chacun de ces généraux-témoins se déclara ravi de ce qu'il avait fait. Le général des Ardennes avait très bien fortifié les Ardennes. Le général des Alpes avait très bien fortifié les Alpes. Nous avons contemplé une exposition de chefs-d'œuvre militaires. La guerre a été perdue par une entité.

Il n'y a pas d'entités dans l'art de la guerre - ou plutôt l'entité est faite de ces hommes-là. Si l'armée française avait eu de vrais chefs et de vraies têtes, les officiers de réserve n'auraient pas pris du grade pour les permis de chemin de fer, ils n'auraient pas coulé leurs périodes au bordel ou à table, ils auraient reçu des missions, étudié, trotté, trimé. Si l'armée n'avait pas été conduite par de vieux chevaux de brancards aveugles et sourds, elle n'aurait pas été stupéfiée par les bombardements en piqué, que depuis la guerre d'Espagne cent journalistes avaient décrits ; elle aurait possédé en temps opportun sa direction des armes blindées, elle aurait su en huit mois, après la leçon de la Pologne, grouper ses chars de combat en grandes unités. Elle aurait trié, encadré - elle en avait plus que le temps - soixante divisions d'élite, au lieu d'éparpiller ses meilleurs éléments dans une masse aussi médiocre qu'énorme. Les réservistes n'auraient pas été "moines, manquant d'entrain"[8], si les généraux et leurs subalternes avaient su les reprendre en mains, les extraire de leur crotte, de leur pernod, de leur cafard, les employer à quelque travail qui eût un sens.

Ma parole ! ces messieurs du métier voudraient nous faire avaler que la guerre a été perdue par les civils, qu'ils ne furent fichus ni d'équiper, ni d'instruire, ni de grouper, ni de commander. La démocratie, c'est entendu, leur avait fourni un matériel humain fort peu reluisant, mais qui tenait encore debout. Après huit mois passés dans leurs pattes, ce matériel était pratiquement hors d'usage.

Il faut voir comment ces gaillards ont accommodé les rares histoires parues chez nous de leurs derniers exploits. Que l'on achète un bouquin du sieur Henry Bidou, haut-parleur fidèle de toutes les thèses d'état-major. On peut imaginer à quel point un pareil écrivain est bénin et voilé. On doit croire cependant qu'il en avait encore beaucoup trop dit. Les censeurs à galons se sont mis sur sa *Bataille de France*. On n'y voit presque pas trente lignes qui ne soient trouées d'un blanc. Tout ce que les citoyens de ce pays sont autorisés à connaître sur les causes et les faits de leur plus grand désastre, c'est cette écumoire à travers laquelle le printemps 1940 apparaît comme une série de fatalités inexplicables, aussi étrangères aux volontés d'ici-bas que la configuration des astres.

Mais il nous suffit d'un soupçon de mémoire, d'un doigt de jugement pour savoir à quoi nous en tenir. Il y a eu des volontés derrière chacune des idioties, petites ou grandes de cette guerre, depuis l'envoi des charretiers dans le train automobile jusqu'à notre immortelle promenade en Belgique. Il y a eu pour tout cela des ordres, signés, contresignés, tamponnés, enregistrés. Ce ne sont pas les institutrices libres-penseuses, les huissiers de la Chambre et le tambour Dumanet qui les ont expédiés. Le tas de ces ordres-là forme une pyramide. Cette pyramide porte un nom : la déroute.

La démocratie, le régime... Sans doute. Mais l'armée lui appartenait, collait à lui. La symbiose était si étroite que l'on ne peut plus rien séparer, et que le tout, franchement, est bon à mettre dans la même hotte, pour la refonte. Le régime voulait des militaires falots et serviles. Il les eut, à souhait, par pleines

---

[8] Général Mittelhauser, le 19 mars 1942.

promotions. L'armée était si parfaitement calquée sur lui, si obéissante à ses désirs que, chez elle comme chez lui, l'homme le plus plat se voyait à coup sûr porté au premier rang. Elle se composa ainsi sa brillante élite, constellations de politicards pour une moitié, mannequins faits de son autour d'une tringle en fer pour le reste. Il ne reste plus qu'à aligner les caractères zoologiques de ces espèces : encéphales atrophiés, foies blancs, sclérose, et leurs conséquences intellectuelles et morales, incapacité de secréter une idée neuve, pauvreté des réflexes, lenteur, paresse, routine, peur des responsabilités, peur des décisions, peur des supérieurs, des inférieurs, peur, peur, peur...

Il me vient une pensée accessoire et que je note. Elle me paraît confirmer assez bien ce qui a été dit plus haut. Si l'armée française n'avait pas été à l'image du régime, elle n'eût pas méconnu la force, les méthodes, les nouveautés de l'Allemagne hitlérienne, comme elle le fit docilement d'après lui. Car je ne vois point d'autre explication à l'insouciance de nos généraux devant l'emploi de l'arme cuirassée et de l'aviation par l'armée du Reich, à leur refus de lui opposer sa riposte ou son équivalent. J'ai suffisamment fréquenté notre service de renseignements pour deviner ce que pouvait être son ensemble, et le fameux outil d'espionnage que nous avions là. Mais notre état-major n'en ressentait point les lacunes. Il s'estimait suffisamment renseigné sur l'ennemi traditionnel. Son mépris des "Panzer" rejoignait la partie de poker du Quai d'Orsay, participait d'une conviction spécifiquement démocratique sur le bluff des dictateurs, leur chute obligatoire, le néant de leurs œuvres. Si l'armée française avait un peu mieux connu son adversaire, si elle l'avait estimé à sa juste valeur, il lui serait sans doute aujourd'hui moins difficile de l'estimer tout court.

* * * * *

S'il s'était trouvé un *homme* en 1939 parmi les grands conseils de l'armée française, un patriote *complet*, de tête et non point seulement de poil, cet homme, au bord de la guerre, devant l'assassinat du pays, eût cassé quelque chose, son épée, une gueule, une vitre, eût poussé un cri que l'on pût entendre, fait un geste que l'on pût voir. Cet homme n'existait pas.

S'il s'était révélé dans nos pauvres combats et notre piteuse épreuve, cet homme parlerait aujourd'hui, et en accusateur. Il accuserait d'abord pour défendre notre drapeau. On croit l'avoir relevé en le faisant promener à bout de bras par des freluquets. Mais si les gants des porteurs sont blancs, le drapeau est sale. Il est souillé de taches désolantes. Il faudrait savoir qui l'a salopé ainsi.

Pour n'avoir pas eu l'honnêteté de régler devant nous ses comptes, pour sauver la mise à ses capons et ses ignares, l'armée française laisse peser sur elle tout entière une déshonorante suspicion. Et avec elle, c'est la France qui demeure dans le bain brenneux.

Voilà le comble des combles. Gugusse reçoit au cul une bottée mirifique. Il déguerpit au galop en se tenant le derrière. Mais c'est pour revenir en piste, décoré jusqu'aux couilles, marquant glorieusement le pas, traînant au bout d'une ficelle un canon pour soldats de bois. Et il faudrait qu'on prît ça pour une image de la fierté française.

Nous avons eu des héros. Nous aurions voulu les voir. Il nous est impossible de les reconnaître dans la cohue de médaillés, de cités, de promus, qui s'est répandue en un clin d'œil. Nous attendions une justice distributive. Nous avons assisté à la comédie d'une secte qui fut timide pendant de longues années, terrée et tremblante après une victoire qui l'autorisait à réclamer sa part d'honneur, et qui se révèle brusquement, à l'heure où le silence seul lui siérait, comme la plus effrontée et la mieux scellée de toutes les maçonneries que la vieille République chauffa dans son giron. On doit convenir que pour l'escamotage, du moins, les bougres avaient un fameux entraînement, et que leur manœuvre a été impeccable. Le dernier coup de fusil n'était pas encore tiré que ça s'entre-congratulait, que ça se distribuait l'un à l'autre le quitus.

Ces cocos-là vous feraient regretter jusqu'aux gredins de la vieille boutique parlementaire. Je ne plaisante pas, ils sont encore au-dessous d'eux. Nous ne sommes pas prêts d'oublier le carnaval de Riom. Les généraux sont venus là à vingt, honorés, pieusement ouïs, avec l'accord complet des juges et des ministres, pour démolir Daladier, le civil, donc le bouc. Et c'est cette loque, cette gourde, ce Daladier prisonnier, qui les a collés, cinglés, remis à leur place d'ânes, c'est Daladier, ma foi, qui a tiré son épingle du jeu.

Exemple : les généraux déclarent que nos cadres étaient insuffisants, en accusent Daladier.

DALADIER. - Combien devait-il y avoir d'officiers d'active ?

LE GÉNÉRAL. - 29.800.

DALADIER. - Combien étaient-ils en 1938 ?

LE GÉNÉRAL. - Je ne sais pas (!)

DALADIER. - 37.000 soit 7.400 de plus qu'il n'était prévu à la loi.

Les généraux étaient tous épatants. Mais dès qu'il faut une date, un chiffre, ils ignorent. Ils étaient du Conseil Supérieur de la Guerre, Ils ne savaient pas ce qu'on y disait. Ils n'y allaient jamais. Il n'y avait jamais de Conseil. Ils n'ouvraient jamais un journal ; aussi ont-ils été fort surpris que leurs hommes n'eussent point de godillots ni de couvertures, quand pendant trente mois les godillots et les couvertures étaient allés aux rouges d'Espagne par centaines de milliers. Ils ont été tout pantois de voir arriver sur la ligne Maginot des poilus avec des chapeaux mous et des chapeaux melons en guise de casques, sidérés que les cartouches manquassent même pour les tirs d'exercice. Ils ne savaient donc même pas, à quelques dizaines de milliers de pièces près, avec leurs montagnes de dossiers, de fiches, de rapports en vingt-quatre exemplaires, avec leurs légions de bureaucrates, de quel matériel ils étaient comptables. Mais cela n'a pas d'importance. Ils ont trouvé le vaincu, le criminel : c'est le trouffion.

En vérité, ces messieurs ont toutes les hideurs, toutes les tares du démocrate, et par-dessus, la croûte endurcie du militaire. Et les crapules du Parlement, du moins, n'insultaient pas l'électeur.

* * * * *

Au 25 juin 1940, honnêtes diables, nous nous vîmes tous enfin délivrés de cette bande. Pensez-vous ! c'était son ère qui commençait.

Si l'armée se contentait d'être ridicule et de nous ridiculiser, avec ses revues de compensation pour généraux fessés, et le redressement de la France par la restauration de la sabretache, ce serait déjà suffisamment odieux. Mais les abrutis en képis dorés, à l'idiotie doublée de basane, se sont choisis eux-mêmes comme les conducteurs les plus qualifiés de la nation. Seul, un vieux soldat offrait une figure intacte, qui lui permît le geste sauveur du 17 juin. Mais parce qu'il était soldat, les naufragés à galons du beau printemps Quarante se sont faits de son bâton une perche de salut, ils ont réclamé comme le dû le plus naturel leur part au pouvoir, et ils l'ont obtenue aussitôt.

Il est triste de penser qu'il eût mieux valu pour nous que l'adversaire à l'armistice exigeât pour un temps la dislocation complète de l'armée, en ne tolérant plus que des gendarmes et des pompiers. A la tête de ces derniers, la plupart de nos généraux eussent trouvé enfin leur vraie vocation. Ils n'eussent pas été plus burlesques. Ils eussent été beaucoup moins malfaisants.

On a eu l'inqualifiable complaisance d'abandonner à ces faillis des services, des organismes vitaux qu'ils ont instantanément enlisés, démolis, frappés de mort. On les a laissés se partager avec les prêtres la jeunesse, et voilà pour des années les adolescents braqués contre tous les efforts de rééducation, de regroupement national, qui se sont manifestés à eux sous la forme d'une adjudanterie vétuste, tracassière et vaine.

Ce n'est encore rien. Le bonhomme Louis Blanc, dont je n'ai jamais lu une ligne, tenait au mois de janvier 1871 ce propos rapporté par le charmant et clairvoyant Goncourt :

"L'armée a perdu la France, elle ne veut pas qu'elle soit sauvée par les pékins".

On eût aimé trouver soi-même cette formule pour le 1er janvier 1942.

Que l'on songe à ce vieux batracien de Weygand, le "chef prestigieux", comme on dit - prestigieux des trente-six mille chandelles qui brillent autour de sa face talochée et de ses fonds de culotte constellés de semelles - enjuivé jusqu'à la garde de sa rapière tordue, anglolâtre trop couard pour là dissidence franche, mais entretenant, en vrai jésuite à épaulettes, la dissidence larvée partout où il passa, prêt à bazarder notre Afrique du Nord à Roosevelt, et, limogé seulement sur les instances de l'Allemagne, meilleure gardienne que nous, car nous en sommes là, des intérêts d'abord français, qui sont aussi ceux de l'Europe.

Depuis tantôt deux ans, l'armée tient une place capitale dans cette mortelle gribouillerie, dite "politique de la dignité", faite de moue enfantine, de sordides intérêts bancaires et de gâtisme halluciné, qui a coûté déjà si cher à notre pays. Elle tient un rôle essentiel dans le complot permanent ourdi contre la politique de l'intelligence, de la paix européenne, du salut.

"Le 25 juin ? Me concerne pas. - Montoire ? Connais pas. Allemand ? Ennemi réglementaire. Staline ? Pas prévu. Collaboration ? Truc d'espions, veulent barbotter nos plans. Doublerez les sentinelles. Doctrine ? Haut les cœurs ! Politique ? On les aura. Direction ? Mayence. Hardi ! à la fourchette. Mot d'ordre ? Du Guesclin-De Gaulle. Allez, rompez."

Ce sont les états-majors intacts, aux mille képis, les serins du S. R. qui ont tablé sur six mois de résistance serbe, un an de résistance grecque, trois ans de résistance javanaise, et, quand les Allemands et les japonais se seraient rejoints sur l'Oural et l'Himalaya, quand le Mikado siégerait à Washington et Hitler à Londres, s'écrieraient joyeusement : "Ils sont foutus, on ne tient pas des fronts pareils", et s'élanceraient, rêve tant caressé, pour aller déborder l'aile gauche du nazisme entre Bourges et Nevers, avec deux obus par canon.

* * * * *

L'esprit des militaires français, dans les catégories réellement responsables, m'évoque ces extraordinaires grollons de leurs magasins, ramassés probablement sur des morts de Gravelotte, avec quoi ils prétendaient faire marcher la biffe jusqu'à la Vistule, imperméables, oh ! parfaitement, recroquevillés, racornis, durs comme du bois, dont on eût encore plus avantageusement cuit une soupe que chaussé des êtres humains. À quels usages, mon Dieu ! employer ça ?

Ce qui peut fermenter dans ces cerveaux-croquenots passe tout entendement. Songez que dans l'état où nous nous trouvons, d'ordre supérieur, des états-majors parcouraient cet hiver l'Auvergne, afin de recenser les greniers les plus propices à servir de cachettes pour mousquetons.

Quant au cœur des militaires, mettons, je le veux bien, que les subalternes, si des avis favorables leur avaient été prodigués, eussent bouclé leurs cantines pour quelques coins du globe, Syrie, Afrique, Russie, où le prestige de la France se jouait véritablement. Toujours est-il que dans l'armée active, ces volontaires-là ne se sont point rencontrés. Les grands chefs les eussent désavoués. Ces messieurs ont pris toutes leurs précautions pour qu'aucun geste "indigne" ne se commit, pour qu'il n'y eût pas un seul flingot distrait de la tâche essentielle : guetter la défaillance du Fritz, et lui sauter sur le dos. Nous possédons toujours une armée. Elle fait en tout cas assez parler d'elle pour que nous n'en puissions douter ! Cette armée comprend encore les meilleurs coloniaux du monde. Les occasions, depuis deux ans, ne lui ont pas manqué de se manifester, contre les agresseurs les plus qualifiés. Mais nous posséderions à sa place des Suisses de la garde pontificale que nous serions sans doute mieux servis. S'il y avait des militaires et non point des savates stupides à la tête de l'armée française, la Syrie n'eût pas été perdue en vingt jours d'un vague baroud qui ressemble aux pistolets de M. Laure, dont il sera question plus loin. (Cette affaire de Syrie, présentée comme "réconfortante", comme "une nouvelle page de gloire inscrite à notre épopée militaire", fut en réalité une rechute se produisant après douze mois d'une fausse amélioration, le signe que le mal était toujours là, mais qu'on le niait, qu'on affectait des airs gaillards, bref qu'il s'aggravait).

Si nous avions des chefs militaires, Paris pourrait être protégé par des artilleurs et des aviateurs français. Au lendemain de Boulogne-Billancourt, à la place de piteuses jérémiades, Vichy aurait pu envoyer à notre capitale des batteries et des escadrilles. Nous aurions pu surtout riposter aux coups anglais, saisir nos gages en place des territoires trop lointains pour être défendus, nous emparer de la Sierra Leone, de la Côte de l'Or, de la Nigeria. Cela, ce serait vraiment la politique du prestige français, du drapeau français relevé. Mais la respectabilité des généraux rossés de la Meuse, de l'Oise, de la Dordogne ne le permet pas. Ils ont mis l'armée moralement et matériellement hors d'état d'accomplir ces expéditions vengeresses et profitables. Je ne puis y songer sans que la colère ne m'enfonce les ongles dans la paume des mains. C'est moi, le noircisseur de papier, le deuxième classe qui suis le militaire. C'est moi, que ces messieurs souhaiteraient sans doute faire fusiller comme traître, qui suis le patriote.

L'armée, depuis vingt mois, n'a su fournir des volontaires que pour l'anti-France du judéo-gaullisme. Un sentiment patriotique, même horriblement dévoyé, force notre respect. N'oublions pas que les gaullistes *combattants*, s'ils comptent de basses canailles et des mercenaires, comptent aussi des braves qui n'écoutent que leur sang. On me permettra de préférer ces fous aux ramollis des garnisons auvergnates.

Maints gradés, trop pusillanimes pour rejoindre de Gaulle, se conduisent, pensent et sentent depuis 1940 comme des grosses caisses. Il leur sera toujours loisible d'alléguer qu'ils croyaient obéir à leur patriotisme. Mais un tel patriotisme, lui aussi, passe à l'état de consigne réglementaire. Il existe encore, soit : mais ce n'est plus qu'une stérile pétrification.

Il ne faut pas non plus qu'on nous en fasse trop accroire avec cette armée, qui n'abdique pas, qui redresse la tête et qui veut s'imposer pour défendre la citadelle de nos plus pures traditions. Derrière ces prosopopées, que de mesquins calculs, de filons, de sinécures bien conservées derrière la guérite de l'Honneur ! Quelle dégoûtante ressemblance avec la ruée aux fromages, telle qu'elle se pratiquait dans la démocratie, chaque fois que le vent parlementaire tournait !

On doit apprendre, si on ne le sait déjà, que des centaines de médecins civils se morfondent depuis deux ans à faire du service chez nos prisonniers d'Allemagne, et qu'ils seraient libérés en une heure, si les médecins militaires, dont c'est l'unique fonction, venaient les remplacer. Mais ces *soldats* se dérobent à cet impérieux devoir. Dans une armée où de telles indignités sont possibles, la santé morale est vraiment au plus bas.

* * * * *

Les nationalistes français ont vécu depuis soixante-dix ans sur des images militaires singulièrement naïves. En réalité, l'art militaire est sans doute chez nous, depuis cette période, celui qui est le plus décadent. D'autres le démontreront avec infiniment plus d'autorité qu'un fantassin-pionnier-tringlot de deuxième classe. Il m'est permis cependant de rappeler 1870, "la guerre des lions conduits par des ânes", comme ma grand-mère me l'apprenait quand j'avais dix ans. Si le poilu de 1914-18 est un héros impérissable, il y a fort à parier que devant la véritable histoire, ses généraux, sauf deux ou trois, le seront beaucoup moins, sanglants, butés, aussi pauvres en idées qu'en caractère, car le caractère, à leur échelon, se manifestait d'abord devant la République, et les dieux savent combien rares furent ceux d'entre eux qui osèrent lui résister. Je pense que la morale de cette longue boucherie n'a jamais mieux été tirée que par mon ami le colonel Alerme, lorsqu'il écrit : "La victoire de 1918 n'avait été, pour le Commandement, qu'une assez pauvre victoire d'effectifs."

Après 1940, on peut tirer l'échelle. Nous avons fait nos preuves pour un joli bout de temps. Si nous pouvons briller à nouveau, ce sera dans d'autres sphères.

Nous ignorons tous ce qu'il adviendra de l'armée française, après l'intermède que nous vivons pour l'instant.

Je reste, pour ma part, un incurable militariste, ce qui scandalise et fait rire bien de mes amis. Je garde la conviction que pour autant que la France demeurera la France, les vertus militaires ne pourront y devenir un vain mot. Je suis fait ainsi, je n'y peux rien, et je ne suis pas le seul. Il pourra paraître des décrets et des circulaires, on n'ôtera pas de nos cœurs les cors des chasse-pattes, les ancres des marsouins, le croissant des tirailleurs, et les histoires du 61e de campagne, qui serait encore sans les Juifs "l'artilleur de Metz", du 8e, du 23e, du 26e de biffe, et du Cent-Cinquante, du Quinze-Deux, du Quinze-Trois. L'esprit de corps était admirable. Les chefs, du reste, n'en parlaient plus guère, quand ils ne le brimaient pas.

Pour regarder plus haut que ces sentiments ingénus, si nous échappons encore à notre nouveau suicide, l'Empire aura toujours besoin de ses broussards. Si modeste qu'il fût, le noyau militaire français devrait retrouver quelque consistance, fournir au moins des exemples de virilité.

J'ai décrit plus d'une fois au cours de ce livre cette gesticulation qui était pour tant d'officiers l'accomplissement du devoir. Le général Laure, afin de faire sonner très haut ses mérites, a dicté à M. Bidou, qui l'a transcrit dans sa *Bataille de France,* l'exploit suivant, qui le comble de fierté :

Après avoir chèvre-chouté suffisamment pour ne pas tirer un seul coup de canon qui fût utile, manœuvré avec assez de bonheur pour faire encercler intégralement son armée, la 8e, le général Laure se trouva le 22 juin parfaitement coincé à son tour, aux environs de Gérardmer, dans la mairie de La Bresse.

"Une section allemande arrive à toute vitesse, sans perdre de monde, car les défenseurs de La Bresse ont épuisé leurs munitions. Le général Laure s'assied à sa table de travail, ses officiers autour de lui, *et tous le revolver à la main, pour qu'il soit dit qu'ils ont combattu jusqu'à la fin''*.

Cinq minutes plus tard, un allemand pénétrait dans la salle, et ces messieurs posaient leurs revolvers sur le bureau.

L'histoire ne dit pas toutefois s'ils étaient chargés. Une certaine expérience nous permet d'en douter, les officiers supérieurs connaissant mieux que quiconque les dangers qu'offre la manipulation des armes à feu. D'autre part, la recherche de huit ou dix chargeurs de 6 millimètres 35, vers la fin juin et dans l'armée du général Laure, devait être une entreprise absolument sans espoir.

Le général Laure, pour prix de cette mâle résistance a été augmenté en grade et en décorations, choisi comme chef suprême de la Légion des Combattants, c'est-à-dire du grand Parti de l'État Français.

Je prétends qu'une institution qui compte dans son passé Turenne, Lasalle ou Marceau, et qui ose arguer de telles pantomimes pour prouver à la face du monde qu'elle a sauvé l'honneur, je prétends que cette institution est devenue un fléau public. Je dis qu'un pays où l'on n'a pas encore fait de ce trait dix mille échos, où le général Laure peut encore parader en public sans recevoir aussitôt à la tête un tombereau des patates que les intendants de son grade ont laissé pourrir, ce pays, dis-je, est un pays qui se liquéfie, et ladite institution y a travaillé grand train.

On ne parvient pas à mesurer l'abaissement d'un corps qui ne saurait avoir d'autre loi et d'autre fin que l'action, et qui satisfait pleinement sa conscience avec des singeries comme le revolver de Laure, ou les gants beurre frais des sous-lieutenants vichyssois.

L'action et l'attitude n'ont jamais été confondues, par des Aryens adultes, avec une aussi primitive candeur.

L'armée reflète comme un miroir monstrueusement grossissant le cabotinage de toute la démocratie française. Elle a réalisé sur ses automates une perfection de la vacuité mentale dont seule la cloche pneumatique fournit la comparaison.

Tout métier comporte ses tics et ses poncifs. Dans l'armée, il ne reste plus que cela.

On voudrait pourtant arriver à ce qu'elle laissât à peu près complets, dans l'avenir, les hommes normalement constitués qui pourront venir à elle. J'allais ébaucher quelques lignes sur une réforme intellectuelle de son enseignement, car c'est là l'essentiel. Saint-Cyr et Polytechnique sont des fabriques à robots, suffisants sur tous les chapitres où ils sont nuls, inconsistants chaque fois où leur autorité devrait trancher. Mais ce n'est ni en un an, ni même en plusieurs, ni en quelques décrets que l'on y portera remède, et nous avons pour l'instant des soucis plus graves et plus urgents. Il importe avant tout de neutraliser les militaires au plus vite, et de ne rien laisser de quelque importance politique ou sociale dans leurs mains. C'est demain, en Afrique, en Syrie, à Madagascar, que l'armée pourra montrer si elle est capable de reconquérir notre empire sur l'ennemi anglais et l'honneur pour elle-même.

Mon ami Robert Brasillach l'a dit magnifiquement : "En Europe, la paix ; en Afrique, la grandeur". Que les militaires qui n'ont pas encore atteint les grades de l'artériosclérose s'efforcent d'enfoncer cette parole d'or sous leurs képis. Nous ne leur en demandons pas davantage.

LE MONDE ET NOUS

Je ne saurais sincèrement dire que, pour ma part, j'éprouve de l'anglophobie.

La guerre a été provoquée par deux agents étroitement associés, dont les responsabilités sont égales et confondues : les Juifs et la Grande-Bretagne.

Les Anglais avaient acheté chez nous des féaux pour nous entraîner dans leur camp. Ils ne pouvaient déclencher cette guerre sans nous. Tel était leur jeu. Nous sommes en droit de le juger. Nous serions mal fondés à y introduire des passions nationales. Nous sommes d'abord francophiles, parce que nous nous attachons avant tout au sort de la France. Il est donc normal que nous réservions aussi nos haines pour la francophobie, c'est-à-dire pour les Français qui ont trahi leur pays. J'entends par là, non point seulement les vulgaires vendus, à la façon d'un Kerillis ou d'un Bois, mais tous les sous-français, des royalistes aux blumistes, qui ne pouvaient plus concevoir une destinée pour la France qu'à la remorque des Anglo-Juifs. Ceux-là étaient du reste plus dangereux, parce qu'infiniment plus nombreux et écoutés que les stipendiés purs et simples. La trahison par affaissement du sens national est un crime aussi bien que la trahison monnayée. Pour les hommes d'affaires, ayant lié leur existence au Stock-Exchange, ils cumulaient agréablement l'une et l'autre turpitudes.

Les Anglais ont déclaré la guerre à l'heure choisie par eux. Il y a toute apparence que ce choix fut celui du peuple entier, sans aucune comparaison, en tout cas, avec la morne résignation française : la différence entre le seigneur qui, du haut de son palanquin s'en va chasser le tigre quand il se sent le ventre dispos, et le paria à pied qui s'échinera dans la jungle et rabattra la bête.

Les mobiles de la guerre anglaise étaient foncièrement bancaires et commerciaux. Ce qui ne les empêchait point d'être nationaux, impériaux, toute notion de grandeur britannique étant inséparable de l'omnipotence financière. Ainsi constitué, l'orgueil patriotique des insulaires était d'une solidité à toute épreuve. La certitude que maints étrangers seraient d'abord ses champions dans les plus périlleux tournois facilitait d'ailleurs son serein épanouissement.

L'ensemble du système est typiquement anglais, je suis porté à croire qu'il avait l'approbation des plus malheureux mineurs de Cardiff tout aussi bien que des baronnets milliardaires. Ce fut pendant longtemps la plus grande force anglaise que cette unanimité sans nuances d'un peuple autour des intérêts les plus sordides de ce pays. N'importe quelle exaction, n'importe quel crime y étaient applaudis, mis sans discussion au rang des exploits nationaux, si les marchands de l'île y trouvaient leur profit. C'est un humus très ferme que ce réalisme et cet immoralisme, qui ont eu leur équivalent dans maintes nations au temps de leur plus grande puissance. L'Angleterre y fondit curieusement son puritanisme, dans un mélange qui stupéfie un esprit latin ou germanique, qui lui apparaît comme le comble de l'hypocrisie.

Mais pour l'Anglais, sitôt qu'il s'agit de l'Angleterre, un départ moral entre la sincérité et l'hypocrisie devient impossible. Il pense, il sent réellement, que tout ce qui peut déranger l'Angleterre est immoral, qu'un peuple qui se permet d'imiter l'Angleterre pour acquérir sans sa permission quelque bénéfice commet un sacrilège. Ce bloc, assez monstrueux pour nous résiste admirablement à l'analyse anglaise. Cette analyse, d'ailleurs, serait impie. Ce peuple, dont les écrivains ont scruté mieux que personne maintes régions du cœur humain, ne coud pas sans peine les idées entre elles. Cette inaptitude aide beaucoup au calme parfait de la conscience anglaise. C'est une des bizarreries de cette nation, et ce fut, dans son histoire, une de ses meilleures armes.

On peut apprécier sans indulgence la vassalisation, la férocité, le mercantilisme à froid que suppose une telle vue du monde. Il est tard pour s'en indigner. Nos facultés d'indignation ont devant elles trop d'objets positifs et immédiats pour que nous allions les gaspiller vainement. Tout fut dit en temps utile sur l'insupportable Angleterre par Henri Béraud, dans son article historique *"Faut-il réduire l'Angleterre en esclavage ?". De* quel poids cette magnifique prophétie pesa-t-elle dans les disputes, dans les campagnes d'alors ? Peuh ! Béraud n'avait que du talent, du style, de l'éloquence et de l'imagination. Qu'est-ce que cela, je vous prie, pour un économiste ou un ambassadeur ? Les plus ardents nationaux, eux-mêmes, n'admirèrent qu'en catimini cette fantaisie. C'est encore une autre forme d'escamotage, chaque fois où les semaines d'août 1939 reviennent sur le tapis, que de tout rejeter sur cette méchante Angleterre. On dirait vraiment que la France était une vierge innocente, dont le pucelage fut écartelé à quatre chevaux de horse-guards, une mineure en tresses que ses vilains tuteurs de Londres ont ruinée, un chaperon rouge qu'ils ont expédié tout seul à la rencontre du grand méchant loup.

Certes, notre asservissement à l'Angleterre fut incomparable. Mais pour faire exécuter ses ukases, pour nous plier à ses exigences et ses vetos, depuis l'élection d'une nouvelle Chambre jusqu'à la pêche au hareng, il fallait bien qu'elle eût chez nous ses grooms, ses intendants, ses commissionnaires, ses espions, ses maquereaux, ses serfs de tout acabit. C'est cette valetaille que nous devons d'abord mépriser, puis chasser et punir.

* * * * *

Nous pouvons donc laisser aux amateurs de polémique dans le vide les diatribes vengeresses, qui ne réduiront pas d'une bombe les exploits de la Royal Air Force sur les villes et les villages français. Mais il serait regrettable, chaque fois qu'on en a l'occasion, de ne pas dire son mot sur la merveilleuse stupidité des Anglais. C'est un monument dont on n'a pas fini de faire le tour. On peut même affirmer qu'il y faudra plusieurs années.

C'est ici qu'intervient le virus filtrant du judaïsme. À quel point a-t-il été déterminant dans le gâtisme d'Outre-Manche ? Les documents nous manquent encore pour le préciser. Mais nous avons devant les yeux les résultats du métissage entre le venimeux messianisme d'Israël et l'imperturbable mercantilisme anglais. Le phénomène est beau.

L'Angleterre de ces vingt dernières années alignera la plus belle galerie de bustes imbéciles qui soient jamais offerts à l'admiration des historiens. A-militaire, incapable de se mesurer seule avec un ennemi, répugnant en grande bourgeoise aux contraintes de la caserne obligatoire, elle prétendit, avec son soi-disant pacifisme, démobiliser à son image le monde surarmé de 1919. Elle interdisait en même temps à des peuples pléthoriques, le Japon par exemple, l'essor pacifique que réclamait leur extraordinaire vitalité. Elle eût voulu exiger à la fois qu'ils étouffassent dans leurs cloisons trop étroites et qu'ils ne se forgeassent aucun moyen d'en sortir. Elle reprit sa fameuse politique de balance continentale, mais elle ne savait plus en lire les poids. Elle avantagea l'Allemagne en brimant et bridant la France docile, jusqu'à l'apparition de l'hitlérisme si facile à prévoir. Elle cadenassa alors le Reich dans sa chaudière, sans s'apercevoir qu'ainsi comprimée sa force explosive allait décupler. Elle l'entrevit fort tard. Mais cela ne l'empêchait point de juger toujours si méprisable l'Italie, son soldat du Brenner, qu'elle la rejetait par ses affronts dans le camp allemand. La France, son soldat du Rhin, lui paraissait encore trop gaillarde, et elle travaillait activement à lui déléguer le ministère Blum.

Elle déclara donc sa guerre, à son heure, après avoir eu tout loisir de réflexion. Quel prodige ! L'Angleterre avait consacré, très tard, beaucoup de livres sterling à son réarmement. Il fallait que ce capital rapportât dans le plus bref délai. La rentabilité de ses cuirassés et de ses bombardiers l'emportait dans ses calculs sur sa propre faiblesse, sur l'incurie et l'avachissement de sa partenaire, sur une situation stratégique d'un lamentable aspect.

La perruque, le carrosse et les piqueurs du lord-maire de Londres comptaient certainement parmi les forces du Royaume-Uni. Mais sa politique avait l'âge de la perruque. Et il s'agissait moins des principes éternels de la politique, l'Angleterre s'entendant mal aux idées générales, que de recettes politiques périmées. Elle estimait que son système défiait le temps. Comme tous les organismes vieillis et qui s'ankylosent, elle ne pouvait plus concevoir rien de neuf. Il convenait que le monde entier se pliât à ses manies et ses insolences de vieille richarde, que chaque nation s'interdisît toute initiative qui pût offusquer la lady, sacrifiât son propre talent, abdiquât son indépendance, rognât sur ses ressources, pour que les lords arrondissent toujours leurs fortunes, sans se départir une heure de leur golf et de la chasse aux grouses, pour que les jeunes esthètes d'Oxford jouassent aux incendiaires bolcheviks en changeant sept fois de costume par jour, et eussent tout loisir d'approfondir la poétique surréaliste de la masturbation solitaire ou à deux.

C'était assurément une condition enviable, mais devenue fort parasitaire, reposant beaucoup trop sur le consentement d'un milliard d'esclaves et trop peu sur les vertus, le travail et l'intelligence des "Goddons". Les bases sacrées de l'empire anglais, étalon-or, monopoles, contrôles, étaient des artifices de moins en moins gagés par une force réelle.

L'Angleterre en restait à Pitt et se chauffait à ses feux de bûches sans daigner comprendre que le siècle des machines évoluait au galop, qu'autour d'elle maintes nations appauvries découvraient dans leur vie austère l'invention créatrice et y trempaient leur volonté. Elle se méprenait à la fois sur la valeur de ses alliés et sur celle de ses adversaires.

Elle se refusait à concéder la moindre parcelle de ses aises et prérogatives. C'eût été une politique d'un égocentrisme grandiose si elle eût pu la continuer sous des canons invincibles, des nuages d'avions, avec l'appui des plus illustres capitaines de terre et de mer. Mais jusqu'aux pires orages du conflit, après avoir subi les plus cuisants revers, elle a entendu épargner son orgueilleux sang et rejeter les servitudes, le coût de la mobilisation totale, bonne pour ses roturiers de vassaux. Après les Polonais, les Français, les Norvégiens, les Belges, les Grecs, les Serbes, elle a fait, comme Carthage, l'autre grande boutiquière, donner ses Libyens, ses Numides c'est-à-dire ses Canadiens, ses Anzacs, ses Gourkas, ses Malais, toutes les variétés de ses nègres. Mais elle n'a pas eu son Annibal et peut toujours l'attendre.

Elle gardait encore, malgré sa médiocrité de l'autre guerre, une espèce de réputation navale. Celle-ci est au fond de l'eau, avec les carcasses de tant de cuirassés, de croiseurs, de torpilleurs, démolis presque tous dans des circonstances plutôt fâcheuses pour la tradition de Nelson. L'expédition de Norvège, Dunkerque où les marins français durent prendre bravement tout sur leur dos, le franchissement du Channel par les croiseurs allemands, les campagnes du Pacifique et de l'Océan Indien, sont autant d'exploits à rebours pour l'Union Jack.

Les généraux anglais ne se font une notoriété que par le nombre de revers qui leur pendent aux basques comme autant de désobligeantes casseroles. Le soldat anglais de métier, le troupier à la Kipling, lorsqu'on daigne le mettre en ligne, est sans doute plein de courage. Mais le commandement est d'une imposante nullité. Cette nation est encore plus rebelle aux règles de la guerre qu'à la musique, ce qui n'est pas peu dire. On ne connaît rien qui soit plus bêtement hasardeux, mais sans audace véritable, plus décousu que ses rares entreprises : des campagnes de publicité, improvisées maladroitement sur les injonctions de civils ignares, sans aucun but stratégique, sans aucune utilité pour le résultat final. Ce serait à croire que dans l'anglolâtrie de la France, nos généraux s'étaient mis à l'école de ces messieurs d'Angleterre, d'où leurs éblouissants succès. Les offensives de Libye, lorsqu'on en saura par le menu l'historique, formeront le plus succulent raccourci de cette guerre entre les Anglais et les Allemands ; d'un côté des joueurs de cricket, des amateurs écervelés, gauches, mous, sans persévérance, de l'autre, vrai type de légende avec son cache-poussière, ses jumelles, ses tartines qu'il mange sur le pouce parmi ses troupiers, patrouillant dans son auto-chenille jusqu'aux avant-gardes, se battant à un contre quatre, rusant, leste, infatigable, trouvant une parade à tout, le guerrier, l'étonnant Rommel, le premier peut-être des généraux allemands.

Il faut que cette nation ait les artères étrangement racornies pour ne pas avoir senti depuis plus de deux ans la nécessité pour elle de traiter, alors que tant d'occasions lui en étaient offertes. Mais c'est l'antique et sourde châtelaine qui refuse de vendre la ferme pour réparer le manoir dont le toit va lui tomber sur la tête. Son empire dégringole par pans immenses, elle est incapable de défendre le reste, ses esclaves ont été battus un par un, le continent devant elle est à ses ennemis. Mais elle ne lâchera pas un gramme d'or, pas une once de caoutchouc, pas une goutte de pétrole, pas un caillou de ses déserts pour conjurer le désastre. Le Japonais était aux portes des Indes en rumeur qu'elle n'avait encore pu se résigner à y jeter du lest. Au milieu même de sa déchéance, imperturbable, elle continue à escroquer ses amis anciens ou présents, à voler la France, à s'assurer quelque priorité sur elle, quelque comptoir, pour le doux temps où le commerce refleurira. C'est un Harpagon ramassant machinalement des sous et calculant une nouvelle usure durant qu'il agonise.

Churchill, vieux bouledogue imbibé de whisky, recommence inlassablement ses Dardanelles, sans corriger même un détail de ses plus grossières erreurs. Au contraire, à chaque nouvelle loufoquerie, elles s'aggravent. Dix, vingt, trente expériences n'ont rien appris à ce peuple surprenant. Les mêmes bourdes, trois ou quatre, pas plus, servent indéfiniment au réconfort de son âme : le blocus, arme décisive, l'ennemi s'épuisant dans ses conquêtes, l'Angleterre perdant toutes les batailles, mais gagnant la dernière.

Il y a en France des messieurs importants, et ce qui est encore plus singulier une foule de jeunes gens à parapluies et chapeaux "Piccadilly" pour admirer en termes lyriques cette ténacité de John Bull. Ils feraient mieux d'y voir une obnubilation sénile de l'entendement. Cette ténacité britannique ne se traduit par aucun acte. Les Anglais sont barricadés dans un orgueil passif. Ils peuvent bien, fermés ainsi à tout, se refuser à la pensée d'une défaite anglaise. Mais cette défaite n'en est pas moins acquise déjà, quelle que soit l'issue de la guerre. L'Extrême-Orient tout entier est arraché à la Couronne, l'Australie, digne pendant de la Métropole égoïste, avec ses six millions de lascars installés sur un continent capable de nourrir cent millions d'êtres, refusant d'en partager la moindre bribe, aussi impuissants à l'exploiter qu'à le défendre, la Nouvelle-Zélande, l'Inde ne valent guère mieux. L'Amérique se jette sur les dépouilles que les Nippons ne peuvent atteindre. La vieille Albion se trouve dès maintenant réduite à l'état d'île maigre, brumeuse et charbonneuse.

Les États-Unis font la blague de l'Angleterre. Ce sont des gamins obtus qui singent l'aïeule tombée en enfance. J'ai trop aimé les films des Américains, leurs chansons, leurs livres, leurs garçons et leurs filles, je sais trop bien tout ce que leur exubérante jeunesse apportera de neuf au monde pour ne pas souffrir souvent d'être coupés d'eux. Mais c'est là-bas aujourd'hui l'énorme charge de la démocratie, avec la niaiserie de l'âge ingrat, nos tares à l'échelle des gratte-ciels, dix fois plus de Juifs, cent fois plus de faisans, l'impéritie et l'imprévoyance aussi démesurées que les plaines du Far-West, la guerre à coups de confettis et de grosses caisses portées par des girls avec des plumets de colonels nègres. Un général yankee vaut-il un "gefreiter" allemand ? La question mériterait d'être débattue, et le "gefreiter" aurait des partisans sérieux. La fameuse marine américaine n'a brillé que pour des parades puériles sur l'écran. Tandis que les Allemands, après deux années de foudroyantes conquêtes, serrent leurs rangs pour l'assaut gigantesque qui demain sera déclenché, les Américains combinent de grandes manœuvres dans le Colorado. Les Allemands bouclent leurs ceinturons pour la semaine qui va venir. Les Américains seront équipés pour 1945. Je crois qu'ils feront bien d'arrêter la guerre avant. Ils seront fin prêts pour gagner et reconquérir le monde quand il ne leur restera plus d'autre champ de bataille que le Pont de Brooklyn et la Cinquième Avenue.

Ce sont toujours, cependant, les Allemands qui passent pour lents et lourds...

Les Américains, du moins, en devenant belligérants, se sont mis dans une bonne posture pour ramasser les dépouilles des Britanniques. Mais leurs provocations et celles des Anglais contre les Japonais, ces défis multipliés à un adversaire qui va vous étendre de sa première pichenette, passent toutes les bornes connues de la bêtise humaine, bien que notre siècle les eût fort reculées jusqu'ici. L'équipée de septembre 1939 en deviendrait presque intelligente.

On ne songe pas assez que l'Angleterre a perdu la face et ce qui lui restait de raison, au point de mettre ses troupes dans toute une partie de son empire, sous le commandement d'un brigand chinois, le camarade Tchang-Kaï-Chek.

C'est ici que je commence à sentir une haine assez vive colorer ce que je pense de Londres et de Washington. Français, je n'ai pas à m'emporter contre les chefs anglais pour le coup de septembre 1939. Nous étions libres de ne pas les suivre. Mais Blanc, Européen surtout, je déteste les chefs anglais et américains. Nuls et sordides, ils n'ont pas été capables de tenir en Orient leur place de civilisés, ils l'ont abandonnée au Japonais. Ils n'ont pas reculé devant une alliance inexpiable avec le bolchevisme. Toujours ignares et bornés, ils se figurent que leurs pays pourraient échapper à la contagion rouge. Mais ils savent que la victoire des armées staliniennes ferait régner la canaille et la juiverie marxistes sur toute l'Europe continentale. Ils l'ont admis sereinement, parce qu'il ne saurait y avoir de revanche pour leurs chers juifs qu'à ce prix. Ils ont même paraphé de leur plume notre cession au tyran.

* * * * *

Le monde entier, de la Tasmanie au Pôle Nord, nous donne le spectacle d'un gigantesque déménagement. Je n'en suis pas autrement affligé, parce que tout était sens dessus dessous dans ce monde, et qu'un homme raisonnable n'arrivait plus à s'y souffrir.

Je souhaite très fort que ce déménagement puisse être poursuivi jusqu'au bout, de fond en comble, c'est-à-dire que les deux plus grands empires, l'anglais et le russe, soient entièrement disloqués et changent de main, puisqu'ils ont été indignes de leur puissance et qu'ils en ont fait un danger pour la planète. Il le faut pour que nous puissions revoir un univers non point parfait, mais un peu plus logique que celui qui s'en va devant nous par lambeaux.

Il devrait être à la portée de tous les Français d'enchaîner les quelques idées très simples que voici :

"L'Allemagne a prouvé qu'elle est l'épine dorsale de l'Europe, seule saine et résistante au milieu d'un continent malade. L'incapacité des Anglo Saxons est démontrée. Ils réunissent toutes les tares de la démocratie et de la ploutocratie. Les Britanniques ont déjà perdu la guerre pour leur compte, L'Allemagne ne pourrait être vaincue que par la Russie rouge, le seul adversaire qu'elle ait réellement rencontré devant elle, parce que c'est une autre autocratie, mais exotique et sauvage. Ce serait la Russie qui dicterait sur nos terres sa paix, aidée chez nous par le communisme, le seul parti organisé. Pour la France, cette horrible paix marquerait la fin de notre existence nationale. Nos chances de survie tiennent toutes à la victoire de l'Allemagne, de plus en plus certaine. La France n'a donc qu'à traiter avec cet adversaire, à l'aider pour cette victoire qui est aussi la victoire de tout chrétien civilisé, à négocier une aide qui peut être aussi précieuse qu'elle le voudra contre des avantages qui la feront passer rapidement de nation vaincue, affalée, tronçonnée, privée d'un million et demi de ses mâles, à l'état de nation renaissante, en marche pour un nouveau destin.

"La France n'a même pas à renier pour cela son ancienne alliée. Cette alliée, dès le lendemain d'une défaite précipitée par sa défection, l'a considérée comme la pire ennemie, piétinée, insultée, bombardée, spoliée, attaquée par les armes de toutes parts.

"Mais l'Angleterre ne traitera-t-elle pas avec l'Allemagne avant le résultat définitif ? Ce ne serait point à souhaiter. Les bénéfices que le monde peut retirer de cette guerre se réduiraient d'autant. Une telle hypothèse est de moins en moins probable. L'Angleterre n'a pas su saisir le moment où elle pouvait encore parier en son propre nom, quand elle était seule devant l'Allemagne. Selon toute apparence, c'est l'Amérique qui finira par traiter avec l'Europe, après que les bolcheviks en aient été chassés. En tout cas, quelque arrangement, si peu vraisemblable fût-il, qui pût intervenir entre les belligérants fatigués, il importe essentiellement pour la France qu'elle ait auparavant tiré son épingle de cette partie, où elle se fourvoya si follement. Dans toute paix qui se discuterait demain et trouverait la France dans son état présent, celle-ci ferait cruellement les frais de bien des marchandages. Il est capital pour elle de régler son destin incontinent."

La voie de ce destin ne peut être que dans une entente aussi large et profonde que possible avec l'Allemagne, l'apaisement de la longue querelle entre les deux pays, leur travail côte à côte dans le même sens, et pour des intérêts qui les dépassent l'une et l'autre.

Je ne vois pas en quoi ce dessein appartiendrait à la fantasmagorie. Il s'agit à mon sens d'une alliance classique, où nous devons apporter tout ce qui nous reste de positif, collaborer par tous les moyens en notre pouvoir à la guerre que fait l'Allemagne et qui est pour toute l'Europe une guerre juste, une alliance destinée, par-delà cette guerre, à établir la paix sur notre continent. J'ai éprouvé peut-être mes plus grandes joies de patriote, en tout cas un inoubliable soulagement, lorsque j'ai compris après l'armistice qu'une pareille voie nous était ouverte.

Je souhaite la victoire de l'Allemagne parce que la guerre qu'elle fait est ma guerre, notre guerre. Je pense que depuis le début de la campagne de Russie, il faut avoir l'âme basse ou contrefaite pour ne point suivre d'une pensée fraternelle dans leurs exploits et leurs épreuves les soldats de la Wehrmacht, leurs alliés et compagnons d'armes de dix nations, les héros finlandais, les magnifiques troupiers roumains si longtemps méconnus chez nous. J'ai connu, je n'ai point à le cacher, des heures d'angoisse, quand j'ai vu ces soldats enfoncés au cœur de la Russie, aux prises avec le monstre rouge et les glaces d'un hiver inhumain. Il est peut-être singulier d'attendre la victoire de ces "feldgrau" dont la présence sur les Champs-Élysées me pèse. Mais il est bien plus étrange, il est tristement paradoxal que ces hommes aient dû venir chez nous en ennemis, quand ce qu'ils défendent est commun à nos deux nations. Non, la force des Aryens allemands brisée, ce ne serait plus pour l'Occident qu'une suite d'effrayants cauchemars. J'ai désiré passionnément depuis deux ans que la France réparât sa fatale erreur, reconnût dans quel camp sont ses vrais ennemis, se déclarât d'elle-même, franchement, contre eux. Français, je ne redoute la victoire de l'Allemagne que pour autant que mon pays ne sait pas la prévoir, en comprendre l'utilité, y coopérer librement.

Je ne suis pas pour cela germanisant ou germanophile, à la façon où peuvent l'entendre nos anglicisants et nos anglomanes, en jugeant d'après eux-mêmes. Je m'ennuie vite en Allemagne. L'esprit germanique prend souvent des tours qui me sont étrangers, et j'en ai écrit à diverses reprises sans ménagement. Je lis beaucoup plus volontiers la littérature anglaise que l'allemande, qui comparativement est restée assez pauvre. Des quantités de Français sont dans mon cas. Je connais les défauts des Allemands, qui tiennent surtout à un esprit de système, procédant par compartimentages très rigide, et qui ne leur permet pas aisément de passer d'une case à l'autre. Beaucoup d'Allemands apparaissent un peu à des Français comme les provinciaux de l'Europe, tels des Lyonnais à des Parisiens. Je vivrais avec délices un an à Rome.

J'appréhenderais de passer trois mois même à Vienne, qui est une ville charmante. Il existe une certaine uniformité allemande qui m'attriste rapidement.

Alors que les Français, lorsqu'ils s'engouent d'un pays étranger, prônent à tout venant ses méthodes, je nourris d'instinctives préventions devant ce qui porte une estampille spécifiquement germanique. Pour autant que l'on peut dégager dans le caractère d'un peuple ses traits permanents et généraux, ceux que l'on voit chez les Allemands me trouvent plutôt sur la défensive. Je n'admire pas l'Allemagne d'être l'Allemagne, mais d'avoir permis Hitler. Je la loue d'avoir su, mieux qu'aucune autre nation, se donner l'ordre politique dans lequel j'ai reconnu tous mes désirs. Je crois que Hitler a conçu pour notre continent un magnifique avenir, et je voudrais passionnément qu'il se réalisât.

Mais la question qui nous préoccupe n'est point là. Il s'agit de savoir s'il existe vraiment une impossibilité de nature à une entente de l'Allemagne et de la France. Je n'en crois rien.

Ces deux pays ne sont pas plus différents l'un de l'autre que la plupart des nations européennes ne le sont entre elles. L'Allemagne est en tout cas bien moins distante de nous que ne l'était l'Angleterre. Elle ne bénéficia pas du snobisme anglais, apporté chez nous par les gens du monde et des affaires, qui découvraient avec enthousiasme dans la vie anglaise des règles d'étiquette, des modèles d'élégance rogue, des loisirs convenant à merveille à leur suffisance et leur vacuité ; bref des mœurs qui formaient elles aussi un aspect de la civilisation, mais restaient à l'état de vernis assez superficiel, comme tout ce qui nous est venu depuis un siècle et demi des classes frivoles qui possédaient l'argent, le nom, les manières, et ne purent jamais acquérir les qualités d'une élite.

Mais les échanges entre la France et l'Allemagne durant ces cent cinquante années ont été plus profonds et plus vastes. L'admirable littérature de langue anglaise a tenu chez nous une grande place. Mais elle ne fut pas plus considérable que celle de la poésie allemande pendant notre romantisme, que le rôle joué par la philosophie allemande sur tant de nos esprits. On ne saurait comparer son influence, le nombre de ses lecteurs à l'immense et continuelle popularité de la musique allemande dans notre pays, depuis les plus purs classiques jusqu'à Richard Strauss. Après l'Allemagne, il n'est pas de nation qui, plus que la France, entoure d'un culte toujours aussi vif et intelligent Bach, Mozart, Beethoven et Wagner. Or, la philosophie et la musique sont les expressions les plus complètes et les plus complexes de l'âme allemande. Qui donc pourrait dire que cette âme nous échappe, hormis le sourd Maurras, qui n'a jamais ouï une note des *Maîtres Chanteurs* et de *Tristan* ?

Nous avons pénétré en Allemagne profondément avec nos romanciers, Balzac au premier rang, nos historiens, nos critiques, notre théâtre, nos livres les plus hardis - dans aucun pays étranger Gide ou Giraudoux n'ont été plus lus - nos merveilleux peintres impressionnistes et même avec notre musique, Berlioz ou notre triomphante *Carmen*, notre œuvre la plus typiquement française et la plus réussie, qui est encore plus jouée peut-être outre-Rhin que chez nous.

On ne saurait dire que ces deux peuples ont vécu dos à dos ce qui aurait été d'ailleurs invraisemblable.

L'idée d'attribuer un rang inférieur en Occident au pays qui a donné Luther, Dürer, Cranach, Holbein, la plus grande école musicale du monde, Leibniz, Goethe et le sublime Nietzsche, le philosophe par excellence pour tant de Français de la meilleure race, l'écrivain allemand le plus clair pour nous, celui dont la langue, le style sont les plus proches des nôtres et chez qui cependant on découvre presque toutes les racines de l'Allemagne nouvelle, cette idée est digne d'un adjudant de dragons xénophobe, d'un vieux poète ranci de sous-préfecture. On objecte que ceci est l'Allemagne d'hier, que l'Allemagne d'aujourd'hui est figée par le militarisme, par l'hitlérisme, que la Prusse lui impose son talon de fer. Je répondrai que cela regarde l'Allemagne, que c'est à elle de résister à une pénétration slave qui sera peut-être pour son esprit, voire son sang, le grand danger de demain ; que l'Allemagne du Sud et de l'Ouest, la vieille Allemagne romaine, sœur jumelle en civilisation de la France et de l'Italie, ne me semble point en si mauvaise posture dans le Reich unifié pour tenir son rôle de directrice spirituelle ; que le Führer vient de ses montagnes, que Vienne et Munich ne me paraissent pas avoir abdiqué quoi que ce soit de leur vie propre ; qu'enfin il m'est arrivé souvent, en rencontrant les Allemands les plus familiarisés avec notre esprit, les plus proches de lui par l'agilité, affectionnant ce qu'il y a de plus purement français chez nous, Stendhal, Corot ou Maillol, d'apprendre qu'ils étaient Prussiens de père en fils. Du reste, par-dessus ces propositions de rhéteurs, il est une réalité : sans l'Allemagne de fer, l'Allemagne militaire qui a su reforger ses vertus à temps, nous pouvions dire adieu à toutes nos "valeurs" à notre douillette, charmante, subtile et géniale civilisation d'Occident. Il me semble que l'on peut, pour un service de cette taille, pardonner au Führer, qui est bon mélomane, de ne pas être un grand connaisseur en peinture...

J'admire vraiment ces champions de l'esprit, ces poètes, ces arbitres de la beauté la plus raffinée, ces dilettantes qui commencent par poser, pour condition première d'un nouvel épanouissement des arts, quelques aimables années de massacres et d'incendies entre voisins. Il est, certes, grand dommage qu'on ne les eût point écoutés, qu'ils n'eussent pas pris une part un peu plus active à la reconfection du monde. Ils nous auraient fabriqué une délicieuse Allemagne hessoise, badoise, palatine, toute prête à voir refleurir le temps du rococo et des bals de cour. Un an plus tard, les Tartares, les moujiks, les Juifs et les communistes du crû eussent fracassé cette ravissante porcelaine, et la vieille faïence française du même coup. Nous serions crevés, mais dans les règles de la grande politique, ce qui seul importait sans doute.

Revenons à des propos plus sérieux. Tandis que les airs immortels de Wagner et de Bizet se riaient des frontières, des douanes et des lignes fortifiées, la France et l'Allemagne s'observaient par-dessus un mur d'épais préjugés. Pour être juste, on doit dire que ce mur avait été bâti surtout en territoire français.

Reconsidérons la fameuse maison blanche dont Maurras a tellement parlé, détruite quatre fois par la fureur teutonique. Nous voyons qu'après une campagne d'un bellicisme acharné, conduite par les Girondins, et tandis que ces autres fous, les émigrés, s'efforçaient de nouer sur le Rhin une coalition antifrançaise, la France a déclaré la guerre "nécessaire" en 1792 à la Maison d'Autriche, déclenchant par ricochet les hostilités avec la Prusse, alliée de Vienne. L'Assemblée voulait cette guerre avec fureur pour ranimer sa Révolution. Les souverains germaniques avaient bouché leurs oreilles pendant des mois à ses provocations. Ils marchèrent contre nous avec des armées beaucoup plus anti-révolutionnaires qu'anti-françaises. Ils réalisaient les voeux de nombreux Français combattant dans leurs rangs. Si les Allemands occupèrent Paris en 1814 et 1815, nous avions fait durant vingt-trois ans de leur pays notre champ de bataille contre l'Europe entière. En 1870, si Bismarck souhaitait un conflit, le parti de Napoléon III le désirait plus ardemment encore, en acceptait les risques "d'un cœur léger". La France déclara la guerre à la Prusse sans y être le moins du monde contrainte. Si les hommes des Tuileries avaient voulu la paix, ils n'auraient pas fait rebondir, après qu'il eût été pratiquement réglé, le prétexte de la candidature de Léopold de Hohenzollern au trône de Madrid. Notre pays eût pu sortir de cette guerre six semaines plus tard, en gardant l'Alsace-Lorraine, moins Strasbourg, sans la démence des premiers Républicains de la Troisième, dignes pères des nôtres, qui repoussèrent au mois de septembre la paix honorable que leur offrait Bismarck (ce dernier trait, bien que cité avec les références par Drumont, n'a pas souvent paru sous la plume de ses amis et admirateurs nationalistes). En 1940, nous avons déclaré la guerre à l'Allemagne hitlérienne, qui était prête à nous battre, mais qui avait multiplié les avances pour aboutir avec nous à une solution pacifique.

À chaque fois, nous voyons reparaître la même espèce d'énergumènes, Brissot, Vergniaud, Hérault de Séchelles, Emile Ollivier, Gambetta, Crémieux, Reynaud, Kerillis, Mandel, Maurras aujourd'hui. Car il y a, en 1942, un aujourd'hui pour cette fameuse lignée qu'atteint d'âge en âge le même délire de la persécution, mais où personne toutefois n'est mort ni ne mourra sur un champ de bataille.

Les décombres

Reste la guerre de 1914, premier temps de la gigantesque révolution du XXe siècle, embrasement international, conflit touffu de puissances financières, de trônes chancelants, où toutes les responsabilités furent enchevêtrées et partagées, les Russes et les Serbes ayant d'ailleurs allumé l'étincelle, la France n'ayant pas fait un geste pour la paix, s'étant précipitée d'enthousiasme dans la plus vaine et confuse tuerie de tous les temps.

Nous voyons encore que, de 1815 à 1870, la France et l'Allemagne ont vécu en assez honnête intelligence, que l'horreur de l'Allemand en soi n'émouvait à aucun degré nos arrières grands-pères, voire nos grands-pères, et que l'arbre de cette fameuse haine atavique est en somme de plantation assez récente.

Cette bouture, dont l'opportunité ne cessa d'être contestée, a surtout gagné en vigueur de 1871 à 1914. Je ne vais pas revenir sur le détail de ces vieilles controverses, dont les Barrès et les Jaurès sont pleins, sans que cela ajoute un iota à leur réputation, puisqu'en définitive ils n'ont abouti ni l'un ni l'autre. La revanche fut quarante-trois ans durant une industrie matérielle et morale. Tous les partis nationalistes français, tour à tour, se harnachaient de cette panoplie, en revêtaient leurs abbés, leurs officiers, leurs poètes pompiers, leurs châtelains, leurs bourgeois, leurs banquiers et leurs métallurgistes. Nous reconnaissons là une brillante phalange. Pendant ces quarante-trois années, déjà fidèle à son destin, elle ne sut arrêter ni l'enjuivement de la France ni la marée de la démagogie, elle ne sut imposer ni son prétendant-monarque ni son prétendant-dictateur, ni même ses prétendants à l'Élysée. Elle perdit tous ses procès, braqua contre elle toute la plèbe, fit berner ses militaires, chasser ses curés, et n'arriva même pas à faire préparer sa guerre convenablement. Elle ne pouvait réussir parce qu'elle n'avait d'autre fin que la guerre, d'autre pensée, d'autre invention que pour la guerre, et que les hommes, quels qu'ils soient, ont d'autres espoirs, d'autres instincts que d'aller chroniquement engraisser de leurs cadavres des champs de betteraves ou de houblons.

Pendant ce temps, la République, cahotée de scandale en scandale, sentant toujours la crotte des bas-lieux où elle était née, donnait malgré tout à la France plusieurs décades qui figurent à nos yeux un âge d'or, la fécondité et la joie de vivre, elle lui laissait se tailler par delà les mers un empire qui compensait haut la main les environs de Forbach et de Reichshoffen. Aussi vile et puante qu'elle fût, la République demeura, du moins pour un temps, plus humaine. Comme il se devait, la phalange des pourfendeurs d'Alboches reconnut tous les charmes et toutes les vertus à la République quand celle-ci l'eût rejointe dans son chemin de sang.

Je le répète, il existe sur ces années une immense littérature, comparable en énormité au seul ennui qu'exhalent ses chapitres les plus renommés. J'en ai tracé ce croquis pour la nouvelle génération, qui ne me paraît point très érudite sur ces phénomènes antédiluviens, ou ne les a vus qu'au travers des plus douteux commentateurs. Je l'ai fait pour lui indiquer qu'il ne faut pas chercher de modèle trop rigide dans l'un ou l'autre de deux systèmes qui ont connu la même faillite, et encore moins chez les survivants de ces systèmes-là.

Après 1919, pour quelque temps, les destinées si souvent divergentes de l'Allemagne et de la France coïncidèrent. L'entente des deux pays devenus également démocratiques, passa à l'ordre du jour. Mais c'eût été l'entente de deux pourritures, l'extension d'un chancre mortel. Les combinaisons briandistes et genevoises, dont on voit certains partisans se prévaloir encore aujourd'hui, étaient viciées, frappées de stérilité par l'entremise judaïque, figuraient un Guignol où l'Angleterre tenait tous les fils.

Les nationaux français poursuivaient à la cantonade leur chimérique destruction de l'unité allemande, comme des patauds, le mouchoir sur les yeux, au milieu d'un colin-maillard où tout le monde eût triché. L'unité allemande s'était faite et consolidée bon gré, mal gré. La France, y ayant travaillé des deux mains avant Soixante-Dix, se trouvait bien empêchée de la démolir toute seule. Sa victoire de 1918, péniblement acquise, ne changeait rien à l'affaire, obscurcissait encore les esprits en les meublant d'ambitions mal fondées. Les victoires des coalitions sont rarement fructueuses, surtout quand les coalisés pèsent chacun un poids presque égal. Depuis de longues années, la France démocratisée n'était plus la conductrice de l'Europe. Il était fou de croire qu'elle aurait pu le redevenir au 11 novembre 1918, car elle n'en avait déjà plus les moyens le 1e août 1914. Si elle les avait eus, elle aurait terminé la guerre seule, trois ou six mois plus tard.

L'unification de l'Allemagne, demeurée en retard sur les États modernes, était une fatalité historique, simplement précipitée par les fautes françaises. Pour réparer de telles fautes, pour s'opposer à de tels mouvements, il eût fallu en 1918 une telle puissance à notre pays et à sa tête un tel génie, que leur envergure n'est plus imaginable. Il eût fallu pousser la guerre jusqu'à Berlin, puis se retourner séance tenante contre l'Angleterre, le tout avec un peuple de quarante millions d'êtres, dont les plus solides et les plus braves étaient morts, dont l'industrie était à demi démolie, qui dépendait par toutes ses fibres vitales des complices à écarter, Albion et l'Amérique. On peut prolonger cette fantasmagorie aussi loin qu'on le voudra. On peut encore se figurer la France imposant au monde la destruction de ses machines-outils, de ses métiers, de ses moteurs, le retour à la quenouille et à la chandelle de suif…

La solution était évidemment ailleurs ! Une France saine et bien conduite eût, gardé ses armes, non point pour étouffer l'Allemagne sous leur poids, mais pour faire l'Europe pacifique, souple, cohérente, respirant de tous ses pores, travaillant à plein bras, pour gager cette paix, tenir en respect l'Angleterre, écraser le bolchevisme naissant. De cette entreprise, les jeunes nationaux de 1920 à 1930, pas plus que les jeunes sociaux-démocrates de France, n'avaient le moindre soupçon, trottant les uns et les autres dans le sillage traditionnel de maîtres ennemis, mais également étriqués. De ces maîtres, les uns étaient hypnotisés par la ligne du Rhin, remontaient leur mécanique revancharde - car on poursuivait toujours une revanche, et cette fois, de notre coyonnade - avec le concours des militaires qui n'avaient même pas été capables de s'en servir à bon escient. Les autres menaient paître leurs poncifs dans les nuages. Les démocrates désarmaient la France pour faire de l'Europe une forêt de Bondy sans gendarmes, une foire où seule l'Angleterre trouvait son profit. Les nationaux réclamaient des armes pour pressurer l'Allemagne jusqu'à ce qu'elle crachât ses entrailles, au lieu de les employer à renverser chez eux un régime qui n'était plus qu'un cadavre debout. On ne savait même tirer partie de l'Alsace, seul bénéfice qui nous fût revenu. Ces pauvres et chers grognards d'Alsaciens, que je puis me flatter d'avoir assez bien compris, qui avaient été les plus fidèles des citoyens dans une France cohérente, scandalisaient un chacun dans notre pays désagrégé, paraissant dangereusement antirépublicains aux démocrates, épouvantablement tudesquifiés aux nationaux.

La solution eût existé, magnifique, quand la révolution hitlérienne d'Allemagne fut achevée, si la France avait été encore capable de faire sa révolution nationale à son tour, si elle avait su comprendre que sous la même latitude, porte à porte, les mêmes nécessités s'imposaient à elle qu'à l'Allemagne : éviction des Juifs, équilibre du capitalisme et du travail, affranchissement du joug anglais, destruction du marxisme. Dans l'identité de deux politiques intérieures aussi urgentes pour une nation que pour l'autre, l'Allemagne et la France eussent vite trouvé le secret de leur concorde.

Appuyées l'une sur l'autre, aidées de l'Italie, puis de l'Espagne, à qui la guerre civile eût coûté moitié moins de sang, ces deux colonnes de l'ordre nouveau étaient inébranlables. La France et l'Allemagne couplées réalisaient en quelque temps l'unification idéologique de l'Europe, précédant l'unification des intérêts. Leur force eût été telle qu'elles y fussent parvenues probablement sans tirer un seul coup de canon.

Nous étions quelques-uns qui l'avions entrevu. Mais nous n'osions en parler qu'à voix basse. Nous étions trop faibles et il était trop tard. Plus courageux, nous eussions perdu la vie sans résultat.

Nous pouvons bien rejouer comme je suis en train de le faire, les cartes du passé, et beaucoup en hausseront les épaules. Cette distraction amère n'est cependant point tellement inutile. Elle nous aide à préciser les responsabilités et les erreurs de la France. Le politique, comme le peintre, peut se corriger en revoyant avec du recul son tableau, à la condition que le tableau existe encore, ou que son auteur ne soit pas devenu cacochyme.

* * * * *

Ce recul nous est infiniment précieux. Car, bien qu'il soit terriblement tard, nous pouvons encore faire aujourd'hui ce que nous avons manqué hier. L'Europe a plus que jamais besoin de nous. Elle nous attend.

Les Allemands l'ont répété à tous les Français qu'ils rencontrent, c'est la conclusion naturelle de tout ce qui se déroule, l'Allemagne nous l'a fait dire officiellement à maintes reprises : elle compte sur nous pour établir sa paix. Elle se verra à la tête d'une tâche gigantesque, et si elle échouait, tous ses sacrifices seraient perdus, nous retomberions tous dans le pire chaos. Il n'est pas tant de grandes nations en Europe pour devenir les associées de l'Allemagne. Nous demeurons riches, laborieux, possesseurs d'un empire dont nous avons l'expérience. Avec notre vieille unité, nos terres bien dessinées, si admirablement placées à la pointe du vieux monde, il suffirait, pour réparer notre défaite, d'apporter un consentement vraiment loyal.

À ce mot d'association, on voit déjà de braves gens se récrier. "Gallia fara da se", ou alors ils ne veulent rien savoir. C'est très beau. Mais pour cette politique, nous serons priés de repasser, à une date malheureusement indéterminée.

D'autres redoutent que cette association ne nous enchaîne et ne nous limite. On leur a suffisamment répété que cette association serait indépendante et fructueuse dans la mesure où nous le voudrions nous-mêmes. Il faudrait aussi ne pas trop oublier de quel servage nous sortons. Le contrôle anglais nous paralysait de tous côtés, avec une insurpassable rigueur. Souvenons-nous de nos colonies en friches, de notre industrie, notre navigation constamment étouffées, de l'Angleterre empochant nos dividendes, distribuant ses ordres, surveillant nos plantations, brûlant nos brevets, assassinant nos explorateurs. La France n'était pas plus "seule", au sens maurrassien et glorieux du mot, en 1922, qu'elle ne peut l'être en 1942.

L'Allemagne n'est pas une petite sainte qui coupera les tartines aux nations comme Charlotte aux enfants. Mais elle a le sens du grand, si complètement atrophié chez nous, le goût de la hardiesse. C'est pourquoi elle a si souvent recherché, jusqu'aux derniers jours avant la guerre - cela est une certitude absolue - l'entente avec la France, pourquoi elle l'a souhaitée après notre déconfiture militaire. Dans une Europe où elle tiendrait le rôle que l'Angleterre entendait s'arroger, ses intérêts et les nôtres se rejoindraient beaucoup plus souvent. Des quantités de nos concitoyens se peignaient une France aux richesses inépuisables, pouvant se passer du monde entier, imposant ses prix, sans rivale dans tous ses travaux, et dont chacun se disputait l'honneur d'être client. Or, il en allait de ces chapitres comme de tout le reste. Notre suprématie était un leurre, un thème pour comices. Nous nous étions mis dans la dépendance de l'univers. Notre balance commerciale de plus en plus chancelante valait notre budget public. On ne pouvait pas prétendre s'installer agréablement dans un système où l'État, dénaturait les blés de nos paysans pour ménager les trafics de Louis-Louis Dreyfus, où le fin du fin consistait à arracher les oliviers et les ceps de vignes, où les admirables fruits du verger français cédaient partout la place aux pommes, aux poires insipides des Américains. Chacune de nos licences d'importation ou d'exportation était un tripotage de Juifs et de politiciens. Notre flotte commerciale était dérisoire. En Italie, dans les Balkans, en Amérique, en Afrique, partout notre marché essuyait défaites sur défaites.

Ces défaites pourraient être effacées, comme la grande, dans un nouvel ordre infiniment moins artificiel, moins égoïste que les monopoles judéo-britanniques, et nécessairement plus équitable, plus favorable au travail parce que plus naturel, où la France redeviendrait une grande nation maritime et coloniale.

Il n'est pour la France d'espoir et d'avenir concevables que dans la paix à longue échéance. On voudrait ne plus avoir à remâcher un tel lieu commun. La folie de certains citoyens nous y contraint. L'*Action Française,* dont je souhaiterais fort que ce fût la dernière bouffonnerie, distribuait à ses adeptes il y a quelques semaines encore la consigne suivante : "Faire l'Europe, oui. Mais l'Europe ne pourra être faite que lorsque le drapeau français flottera sur Coblentz et Mayence." Que telle soit la pensée de Maurras, cela n'a aucune importance, c'est une clownerie pittoresque qui s'ajoute au cirque de la France contemporaine. Mais un Maurras et une ribambelle de ses semblables possèdent encore une action sur d'honnêtes gens, dont la générosité, le patriotisme sont ainsi dévoyés, perdus pour un travail positif. Leur unique idéal est celui d'une France césarienne, dictant sa loi à un continent soumis par ses invincibles armes. Cette vision honore leurs sentiments. Pour qu'elle redescendît des cieux, s'incarnât dans une politique plausible, il conviendrait que la France eût d'abord triplé sa population, décuplé plusieurs fois son industrie, assuré son indépendance économique par une série de conquêtes accessoires, suscité des révoltes chez trois ou quatre de ses voisins sans en subir la moindre contagion.

Laissons là ces fantaisies. Venant d'où nous venons, nous n'avons point à les pleurer. Il faut que nous sortions enfin de l'ère des massacres. C'est une nécessité vitale pour le monde, et pour nous au premier chef. Nous n'aspirons à aucune conquête. L'intégrité de notre territoire est notre seul souci. Affaiblis effroyablement dans nos cerveaux et notre sang, il nous faudra un long temps pour nous reprendre, suffire par nous-mêmes à nos propres tâches. Léguons le *pax gallica* à d'autres siècles. L'Allemagne elle-même, avec sa débordante puissance, songe moins à la paix germanique qu'à la paix européenne. Nous saluons celle-ci comme notre plus bel espoir.

Je n'ignore point qu'Allemands et Français s'observent les uns les autres, non sans défiance. Il ne peut qu'en être ainsi, après de si longues disputes auxquelles l'ère démocratique a fait participer ces deux peuples tout entiers. Les renversements d'alliances étaient autrement aisés sous l'ancien régime, avec des armées réduites, une opinion que l'on se gardait bien de mêler à ces grands desseins. Mais il faut aujourd'hui que les peuples participent à la paix aussi largement qu'ils ont participé aux dernières guerres.

Je sais que ce n'est point aisé. Il faudrait que je fusse une linotte, après quinze ans d'*Action Française*, pour ne point m'interroger moi-même, souvent avec inquiétude, sur les volontés, les sentiments de l'Allemagne à notre endroit. Je suis, comme tant de Français, sceptique de nature. J'ai beaucoup cultivé ce penchant. Je redoute par-dessus tout d'être dupe d'autrui ou de moi. Or, depuis deux ans, me voilà devenu l'apôtre d'une réconciliation, d'une pacification dont il arrive que par la seule pensée on embrasse avec peine l'ampleur.

J'en vois aussi bien que personne, on peut en être sûr, toutes les difficultés. Je me demande parfois si, nous qui avons démoli tant de faux dogmes, nous ne sommes pas devenus à notre tour le jouet du vieux mirage sur la renaissance du monde.

Mais nous devons chasser ces doutes. Je suis convaincu que rien de grand ne peut être entrepris, rien de difficile être atteint si l'on ne combat soi-même son propre scepticisme. Celui qui refuse son intelligence à l'espoir d'un renouveau manque au fond de hardiesse et de virilité. Il s'interdit par là tout jugement sur la politique que peuvent faire les autres. Il ne lui reste plus qu'à retourner à ses songes intérieurs.

Un peu de crédulité est nécessaire pour que nous réalisions la moitié de ce que nous rêvons. Il ne s'agit point cependant de se livrer à des escalades ineptes, d'imiter ces chevaliers de la foi béate dont j'ai souvent parlé. Il n'est point question de balivernes idéales, de décider le grand partage, d'éteindre la race des banquiers, des patrons, des malins, d'effacer les frontières, mais d'atteindre à une condition meilleure. Les hommes d'argent en ricanent. Mais c'est Hitler qui fera la paix. À chacun de ses discours, on voit s'élargir et s'affirmer l'espoir de cette paix durable, c'est-à-dire juste, enfin à l'échelle du monde. Parmi les grands hommes de guerre, bien peu y sont parvenus. Un vainqueur tel que Hitler ne pourrait plus rêver d'autre gloire. Elle passerait toutes les autres, et ce vaste génie le sait.

C'est aujourd'hui ou jamais que le monde, épuisé par ses spasmes et ses saignées, doit être capable de rentrer dans une ère d'ordre. Ce n'est point une utopie, mais l'instinct le plus naturel, que d'aspirer à l'ordre après vingt-huit années où l'on a vécu deux guerres universelles, tant de révolutions et de folies. Il appartient à nous, les hommes faits de 1942, d'établir cet ordre assez solidement pour qu'il s'impose toujours lorsque les enfants nés cette nuit régenteront à notre place ce monde et auront oublié notre épouvantable expérience.

Je crois en la France. Je ne crois pas en une France belliqueuse. Elle me fait horreur. Ce sont ses espérances qui me paraissent chimériques. Mais je suis persuadé qu'une paix européenne ne peut se construire sans mon pays, qu'il peut y regagner cette place que les armes depuis si longtemps lui refusent. Je ne voudrais surtout pas que l'on considérât une telle politique comme le pis-aller auquel se résigne une nation vaincue. Je voudrais que la France eût sa voix au chapitre, en qualité de grande nation occidentale, au passé immense, de grande nation colonisatrice, de terre admirablement féconde, de peuple dont les vertus sont en friche, mais réelles. Mon pays peut jouer un rôle magnifique, pour lequel je ne lui vois point de remplaçant auprès de l'Allemagne, à la condition de demeurer une nation souveraine, d'être libre, d'affirmer et de prouver sa volonté pacifique.

Une autre condition, et qui ne dépend point de nous, c'est que l'Empire anglais soit écrasé. Il est certain que, pour nous Français, dans les mois qui viennent, la chute de cet Empire est notre chance. L'énorme trou que fera en s'effondrant un pareil monument nous obligera presque de force à retrouver notre place. C'est la stupidité majeure, le crime contre la patrie des gaullistes que de ne le point sentir. La paix européenne sera d'autant plus sûre et stable que la défaite de l'Angleterre sera plus complète. Même si elle ne l'était point, du reste, et je dirai encore à plus forte raison, nous devrons nous décider à une alliance franco-allemande qui formera enfin sur notre continent un contre-poids sans rival, qui sera le résultat le plus heureux de la guerre absurde.

Le vieux Bismarck, que j'admire depuis longtemps, écrivait déjà en 1887 : "Nous n'avons réellement nul besoin d'attaquer la France, mais si, attaqués par elle, la victoire nous appartenait, M. de Giers fait erreur en supposant que nous n'avons pas autant d'intérêt que la Russie à maintenir la France dans son état de grande puissance. Dussions-nous être attaqués par la France et la battre, nous ne croirions pourtant pas qu'il fût possible d'anéantir une nation européenne de quarante millions d'âmes, possédant les dons qu'ont les Français et auxquels vient s'allier chez eux la conscience de leur valeur... Mais si elle conservait sa force, ou la retrouvait après un court répit, et que son voisinage continuât à nous inquiéter, nous conseillerions - au cas où une prochaine guerre nous laisserait victorieux - de ménager cette nation comme nous avons ménagé l'Autriche en 1866."[9]

Bismarck était un politique, dominant ses humeurs, tel que nous n'en avons plus chez nous depuis Talleyrand. Hitler en est un autre, d'une envergure bien plus considérable. Hitler sait - ce qu'entrevoyait déjà Bismarck - que la paix solitaire, orgueilleuse et égoïste n'est plus à l'échelle de notre monde.

La paix allemande peut avoir aussi ses faiblesses, et bien des Allemands ne l'ignorent pas.

Mais cette idée ne doit point nous servir à comploter une équipée militaire que nous sommes incapables, pour un temps indéterminé, de réussir par nos propres forces. Cette idée au contraire doit nous aider à comprendre que nous sommes loin de traiter, comme certains se le figurent, avec le talon sur la nuque.

Les rapports affectifs entre peuples ne comptent guère. Ils sont le plus souvent ce que les propagandes les font. Rien de plus artificiel que ces mouvements de haine ou d'amitié dont on a souvent déduit politique et philosophie. Que peuvent bien détester chez les Allemands, dont ils ignorent tout et ne veulent rien apprendre, les Français de 1942, sinon les idées enfantines qu'ils s'en font ? Les peuples, dans leur ensemble, communiquent bien peu les uns les autres.

Cependant, les préjugés sentimentaux et intellectuels ont séparé l'Allemagne et la France bien plus que les affaires d'intérêt. Ce sont donc ces préjugés qu'il importe avant tout de combattre. L'esprit nationaliste chez nous, fasciné depuis soixante-dix ans par l'Allemagne, en a oublié tous les maux que nous devons à l'Angleterre. Ainsi s'aperçoit-on que bien des problèmes que l'on jugeait insolubles ne tenaient qu'à des questions d'optique.

L'antigermanisme a été chez nous non point un fruit de l'esprit national mais le système politique choisi par une troupe de théoriciens, de militaires, d'hommes d'affaires, de ministres, et auquel on a très abusivement ramené tout le reste. Un véritable révolutionnaire pouvait bien concevoir les plus justes thèses sociales : il n'en était pas moins rejeté impitoyablement parmi les

---

[9] Cette lettre de Bismarck fut reproduite, peu avant cette guerre, par un général français, dans un recueil de textes destinés à dépeindre l'insatiabilité allemande, l'impossibilité de composer avec elle. C'est un assez plaisant exemple d'ingénuité et d'aveuglement militaires.

marxistes et les jauréssiens les plus fameux s'il souhaitait aussi s'accorder avec l'Allemagne. Personne pendant trois quarts de siècle, n'a eu le droit de se dire patriote en cherchant les intérêts de notre pays dans une entente franco-allemande. Et tandis que les plus courageux et les plus honnêtes des Français se disputaient ainsi stérilement, le problème capital, le seul problème, celui du régime, demeurait entier, l'affreuse démocratie s'incrustait toujours davantage. Ce système antigermaniste nous a fait gâcher une victoire et perdre deux guerres. Cela suffit me semble-t-il, pour qu'on le condamne sans remords.

Que la clairvoyance allemande, la volonté française de liquider une interminable querelle puissent enfin s'allier, et ce sera un des grands événements dans l'histoire de cette planète. De telles perspectives, une telle rentrée pour nous parmi les grandes nations méritent mieux qu'un consentement fatigué, qu'une raisonnable tiédeur. Elles sont faites pour inspirer aux Français, capables enfin de songer à leur pays, l'enthousiasme qu'on leur enviait jadis.

UNE PARODIE D'ÉTAT

Il nous faut redescendre de ces sommets et considérer notre pays. Il a bien piètre figure pour le rôle que nous voudrions lui destiner. Ceux qui n'ont point désespéré du salut de la France doivent aller la chercher aujourd'hui beaucoup plus bas encore qu'en juin 1940. Elle doit d'abord ce surcroît de disgrâce aux hommes qui durant vingt mois ont accaparé son gouvernement. Ils porteront sans doute devant l'Histoire le nom de Vichyssois. J'ai décrit plus haut leurs débuts. Avec l'entrée dans la guerre de la Russie, de l'Amérique, du japon, leur dérision n'a cessé de s'enfler à la taille du drame universel.

* * * * *

Le 5 juin 1940, lorsque je torturais dans une cour de ferme ma conscience d'honnête Français, en entendant gronder le canon de l'offensive, je ne soupçonnais pas la moitié du drame qui se jouait là. Si l'armée française avait tenu trois mois sur ses lignes, comme Weygand l'en conjurait, le bolchevisme et la juiverie américaine entraient dans la danse. Ils eussent attendu pour se précipiter que les deux adversaires fussent exsangues. La gigantesque masse russe, tombant dans le dos de l'Allemagne, l'eût broyée. La ploutocratie avait sa victoire sur le national-socialisme. Mais le bolchevisme la tenait aussi. Et c'était celle-là seule qui comptait. Tandis que les vieux féodaux de l'argent auraient tendu leurs nuques au couperet affilé par leurs propres mains, selon une tradition qui est réellement bien française, Maurras, Mauriac et M. Pacelli auraient toujours pu entretenir Staline de la civilisation chrétienne...

Un soir de cet hiver, par deux pieds de neige, à Montmartre, je parlais de ces choses sous la lampe de Céline, et ce visionnaire admirable élargissait encore le tableau. Les divisions des nègres américains et les divisions kalmouks se répandaient sur l'Europe. Entre leurs hordes, le pullulement des Juifs. C'étaient des millions de métis bientôt, le rêve des Juifs, tout l'Occident semblable aux Juifs, la race blanche frappée de mort. Oui, une race entière peut tenir ainsi à quelques fils du destin, quand elle a multiplié diaboliquement les péchés contre elle-même. L'Allemand n'a pas seulement sauvé la civilisation d'Europe. Il a peut-être sauvé aussi l'homme blanc.

Telle est la guerre que les Vichyssois ne sont pas arrivés à renier, qu'ils ont entérinée à chacun de leurs actes.

Durant près de deux années si précieuses, où il y avait tant à faire, toute notre activité politique s'est dépensée dans un exaspérant colloque entre quelques poignées de Français à l'esprit intact et ces sinistres imbéciles.

On s'est épuisé à leur redire que les Juifs et les Anglais avaient allumé la torche, embrasé l'Europe parce qu'ils aimaient beaucoup mieux voir la Russie, la sixième partie du monde, avec ses cent soixante millions d'habitants, ses richesses incalculables, livrée à des bourreaux sauvages, perdue pour l'univers, constituant pour cet univers une menace mortelle, que l'Allemagne et avec elle l'Europe y rapportant la civilisation, restituant à notre continent les greniers de l'Ukraine et les charbons du Donetz. On les a conjurés de répudier enfin ce camp, de châtier les monstres qui y avaient entraîné notre pays, de faire savoir au monde que la France qui déclara la guerre à la santé et à l'ordre n'appartenait plus qu'au passé.

Pouah ! Ces messieurs n'ont pas daigné ouïr de telles fables, ces contes grossiers dont les traîtres parisiens se font les colporteurs. Sans doute on a, autour d'eux, furtivement, parlé quelque peu des Anglais bellicistes, surtout depuis que l'Angleterre bat de l'aile. On était contraint d'accorder cette satisfaction minime à ces butors d'Allemands. On en a chargé d'ailleurs quelques individus qui sentaient le fagot, tout juste bons pour cette vilaine besogne, et à qui on ne manquerait pas de la faire payer un jour. Mais chacun savait bien de quel côté penchait le cœur de Vichy. De la France, en tout cas, pas un mot, ah ! surtout pas un mot. La France n'a jamais eu de bellicistes. C'était une blanche colombe. Elle a suivi la voie que lui traçaient l'honneur et le droit, fidèle à ses engagements. La France a fait cette guerre parce que la barbarie hitlérienne la lui avait imposée. Personne ne l'a oublié. C'est le Président Daladier lui-même qui l'a dit.

- Mais cet Edouard Daladier...

- Sans doute, sans doute, on a été obligé de l'enfermer quelque peu et de lui préparer un petit procès. Il fallait cela pour calmer l'opinion. Les gens sont si bêtes. Du reste, tout à fait en confidence, ce Daladier, ce n'est pas grand' chose de bon. Il avait déclaré cette guerre, et, le lendemain, il avait une mine d'enterrement. On l'aurait laissé faire, il aurait été capable de lâcher le morceau en mars Quarante, d'arrêter les frais sans même que nous eussions eu trois mille bonshommes démolis, sans même qu'un pouce de territoire eût été envahi. De quoi aurions-nous eu l'air, s'il vous plait ! Ah ! si Reynaud, de Gaulle et Mandel avait pris le manche un peu plus tôt.
- Les généraux ne savaient donc pas que nous n'étions plus en état de faire la guerre ? Ou alors, le sachant, ils se permettaient de nous cacher ça. Quels prodigieux incapables, ou bien quels horribles menteurs.
- Silence sur ce pieux secret ! Les généraux se sont tus parce qu'ils étaient de grands patriotes. Ils ne pouvaient parler parce qu'ils auraient atteint le moral du pays. Nous devions faire cette guerre quoi qu'il en coûtât, avec des lance-pierres, avec des carabines Eurêka, avec le Saint-Ciboire. Du reste, la fin de tout cela le prouvera. On verra bien de quel côté était la main de Dieu. Les japonais viennent encore de prendre à nos chers alliés la Nouvelle-Guinée, le dernier morceau de Birmanie ? Ils se promènent dans l'Océan Indien ? Peuh ! la belle affaire ! Toujours des coups irréguliers. Les bateaux, les avions anglais et américains n'y étaient pas. On verra cela, le jour où les Américains auront construit leur flotte. Quoi ? Les japonais seront loin. Mais justement, tant mieux ! Plus ils s'éloigneront de leurs bases, plus vite ils seront fichus. Nos amis de Londres ne l'ignorent pas, eux. Et à Londres on est renseigné. À côté de la City, il y a des hommes qui connaissent les affaires. Car la guerre est une affaire. Les matières premières...
- Oui, quatre-vingt pour cent du caoutchouc aux Japs.
- Quel enfantillage ! Se figure-t-on qu'ils vont pouvoir exploiter ça sans capitaux, sans holdings ? Est-ce qu'il y a une seule Bourse au monde pour négocier les titres de caoutchouc japonais ? D'ailleurs, toute cette histoire japonaise ne tient pas debout. Java prise en dix jours ! Mais il n'y a qu'à regarder la carte ! Est-ce là, voyons ! une conquête sérieuse ?

*****

Telles ont été, à la lettre, sans rien forcer, les raisons des Vichyssois. La guerre qu'ils ont commencée en septembre 1939 est la guerre de ces gens-là, et ils ont le ferme espoir de la gagner, derrière le dollar-or et les sociétés pétrolifères.

Ils entendent qu'à tout prix notre abjecte équipée de 39-40 fasse figure de guerre selon toutes les traditions et tous les rites convenables, avec discours roboratifs, historiographes d'Académies, cérémonies du Souvenir, Anciens Combattants, revues, congratulations, décorations, promotions.

À chacune des batailles que les Allemands ont la manie de gagner en dehors de toutes les règles admises, les Vichyssois se sont retrempés dans les puissances de la foi, dans la certitude que Dieu, qui a toujours été avec les coffres-forts, ne laisserait pas sans revanche un pays dont le gouvernement allait maintenant à la messe. Il fallait croire dans les destinées de la patrie, attendre le miracle qui disperserait les "feldgrau" comme des feuilles mortes, "sans chercher à comprendre", selon cette sublime formule qu'ont les militaires et qu'on aurait dû broder sur les drapeaux de l'État.

Il n'a pas été de foutaise qui ne ranimât les ardeurs de ces croyants. Deux douzaines de parachutistes anglais ont-ils atterri du côté de Dunkerque, pour être capturés une demi-heure plus tard, ils y ont vu un tournant décisif de la guerre, les couloirs de l'Hôtel du Parc sont entrés en effervescence. Pour un peu, on eût envoyé un ultimatum à Hitler. Tandis que la prise de Singapour était un fait-divers dénué d'intérêt.

Quant à la campagne de Russie, les Vichyssois ont eu bientôt sur ce point leur ingénieuse thèse :

-    Qu'on ne nous parle surtout pas de civilisation. Nazis ou bolcheviks, Russes ou Allemands, Staline ou Hitler, tout cela est la même séquelle. Il y a sur le sujet cent textes définitifs de Maurras, de Massis, d'André Chaumeix. On peut s'avouer malgré tout que ces Soviets ne sont pas aguichants. Ne le cachons pas, ils auraient été diablement utiles pour créer à l'Est un front honnête, tandis que nous aurions attendu les bombardiers américains. Mais ils se sont souvent mêlés de ce qui ne les regardait pas. Leurs opinions sur le patronat ne sont vraiment pas aimables. Les Allemands, bien entendu, ce ne sont pas des choses à dire dans les journaux, se tiennent très sagement dans la zone occupée, ils payent ce qu'ils leur faut, et on fait même avec eux d'assez gentilles affaires, en attendant de les jeter au Rhin. Il n'est pas prouvé que les Soviets seraient aussi accommodants. Et si les Allemands flanchaient, les Soviets seraient vite là, et les prolétaires communistes prépareraient leur entrée. Mais il s'agit bien de cela ! Les Allemands seront écrasés. Mais au bout du compte, les Russes ne vaudront guère mieux qu'eux, et sans doute aussi les chers malheureux Anglais. La France relevant fièrement la tête, derrière ses militaires au prestige immaculé, et magistralement appuyée par l'Amérique, arrêtera Staline d'un bras, tandis que de l'autre elle achèvera le Teuton."

L'Allemand, sacripant numéro un, serait donc trucidé par le Russe, sacripant numéro deux. Mais en expirant, il aurait encore la vigueur de lui porter un fatal coup de rapière. Ainsi aux plus beaux temps de Mélingue, débarrassait-on la scène des traîtres, pour assurer le triomphe de la vertu captive.

C'est sur de pareilles turlupinades que des personnages qui prétendaient composer un gouvernement ont engagé pendant vingt mois le sort de leur pays.

Vichy aura été la coalition de tous les pouvoirs occultes, la collection des susceptibilités blessées, des vanités morfondues, des intérêts inquiets, des sinécures à sauver, des mystiques vagabondes, des morales paralytiques, des hargnes, des lubies, des ignorances, des croyances percées, des formules rouillées, tout ce qui a été battu et dupé, tout ce qui a failli, trahi, volé, profité, menti.

C'étaient, ce sont toujours dans tant de recoins et d'offices, comme l'a bien vu mon ami Brasillach, de révoltants idiots qui sont parvenus à créer au cœur de la France, sur l'Allier et sur le Rhône, une émigration avec ses mirages, ses rancunes, ses chamailleries de ratée et de revenants, son hypocondrie fielleuse et ses fantômes de partis. Ce sont les débris de dix cliques, vingt confréries, le clergé, le radicalisme, l'armée, le Comité des Forges, Polytechnique, l'inspection des Finances, les bandes de Mandel, de Daladier, de Sarraut, d'Herriot, de Flandin, de Peyrouton, qui se battent autour des lambeaux de leurs prérogatives, se tendent l'une à l'autre des pièges, s'interdisent toute décision, détruisent aussitôt ce que l'une d'elles aurait pu, par un extraordinaire hasard, tenter d'heureux. Ce sont à la fois le sabre, le goupillon, le chandelier à sept branches, le tablier en peau de cochon, la faucille, le marteau et le veau d'or, tous les emblèmes d'un monde révolu, jetés pêle-mêle sur le dernier radeau du grand naufrage.

Tout cela colle à la démocratie comme le poulpe à l'Épave. C'est le ciment qui donne à cet agglomérat de détritus sa cohésion. C'est le cordon ombilical qui relie ce triste monstre ridé et difforme à sa vieille putain de mère, et qu'on se garde bien de trancher.

Parmi ces émigrés, il en fut qui avaient combattu la démocratie violemment. Ils ont fait leur choix maintenant. Car c'est maintenant que les deux camps sont définitivement tranchés. La neutralité ne peut être qu'une figure de rhétorique. Qui n'a pas pris résolument toutes ses positions pour une victoire des pays fascistes, est pour celle des démocraties, attend le salut de la France par un triomphe des Juifs et des démocrates américains, puisque les Russes ne sont pas à craindre pour ces messieurs. Ou alors, il faut la perversion mentale, l'humeur détraquée d'un Maurras ou d'un certain nombre de ses disciples gouvernementaux pour prétendre qu'une France antidémocratique surgirait après l'effondrement des dictateurs, dans l'apothéose d'Israël et de toutes les Républiques, les Soviets, bien entendu, étant plus que jamais hors de question. Mais ne restons pas davantage à nous interroger sur ces aliénés. Nous en perdrions nous-mêmes la boussole. Qu'ils se l'avouent ou qu'ils ne se l'avouent pas, cela ne change rien à la réalité. Maurras, champion d'une armée pourrie par la démocratie, louant un gouvernement qui a identifié la France avec le régime de sa défaite, mettant à l'index ses collaborateurs fascistes, Maurras est un Jacobin honteux[10].

À la dégénérescence de la démocratie encanaillée, nous avons vu succéder à Vichy la dégénérescence de la démocratie bourgeoise. L'une vaut l'autre, leurs frontières sont fort vagues. Ces hommes des deux cliques se croisent chaque jour devant l'hôtel du Parc. La bourgeoisie a tout simplement amené de nouveaux tyranneaux, de nouveaux profiteurs, dans le même désordre et la même impuissance qu'auparavant. Autant de phénomènes typiques de la démocratie.

Ces bourgeois, fidèles à leur nature, sécrètent la guerre comme l'escargot sa bave. Pas d'autre remède, pas d'autre pensée, pas d'autre horizon pour eux. Le monde entier est en feu. Dans cet universel hourvari, le cas de la France, l'une des premières retirées de la lutte, redevient justement épisodique, sa guerre de cinq semaines une espèce de sorte d'escarmouche ; la France a tout le temps et tous les moyens de clore cet épisode sans désavantages pour elle. Mais les bourgeois vichyssois restent hypnotisés par ce point : l'antagonisme franco-allemand. Chinois, Malais, Hindous, Canadiens, Russes. Turcs, Australiens, Brésiliens, Japonais, la terre entière tourne autour de ce nombril : "Silence

---

[10] Il convient de renvoyer ceux qui en douteraient encore à cet article de Charles Maurras, paru dans l'Action Française du 19 mars 1941 :
"Debout sur son rocher d'airain, M. Roosevelt vient de jeter les dés qui sont du même métal : ils roulent en rendant un terrible son de par le monde.
"De, l'observatoire d'où il nous faut suivre la politique générale, il est impossible de ne pas relever les lignes où le Président de l'Union américaine s'exprime sur le sens et sur la portée de la loi "prêt et bail".

"En fin de compte, c'est, dit-il, le peuple américain qui a voté. Cette loi n'est pas l'œuvre d'un seul, mais de cent trente millions d'hommes. Elle nous engage tous. Cette décision marque la fin de toutes les tentatives d'apaisement, la fin de tous les compromis. Nous devons agir rapidement. Nous sommes persuadés que lorsque notre production aura atteint son plein rendement, les démocraties pourront montrer que les dictateurs ne peuvent pas vaincre."
"... M. Roosevelt ne se trompait pas, ni il ne trompait, quand il écrivait, en janvier dernier au Maréchal Pétain, que son cœur battait pour la France. Dans le banquet de Clermont, offert samedi à Son Excellence l'amiral Leahy et à Mme Leahy, les vibrantes paroles prononcées par l'ambassadeur des États-Unis ont pleinement confirmé cette déclaration de la plus noble des amitiés, qui maintient de très chères espérances''.

Apologie inouïe du franc-maçon et juif d'honneur Roosevelt, caresses au bellicisme le plus démentiel, à la chimère d'un écrasement de l'Allemagne par les Anglo-Saxons, "chère espérance" de pouvoir rejoindre le délicieux camp de la guerre juive : tous les aveux y sont.

dans les rangs. L'Allemand est l'ennemi réglementaire." On ne saurait arrêter avant la victoire les formes du futur État, la fameuse Constitution : constitution d'on ne sait pas trop quoi, quelque chose comme une République sans le nom, se situant entre l'Ordre Moral de 1873 et Méline, entre le zist et le zest de tout, avec de la mesure bien française, l'absolution de tous les pécheurs, la réintégration de tous les Juifs, et des tambours de service pour battre aux champs pendant l'Élévation. "Non, une République de plus en plus républicaine", proteste l'autre clan.

En attendant que revienne cet heureux temps et que l'on soit enfin libres de développer ces débats au grand jour, il a fallu que Vichy vécût.

Il a essayé d'y pourvoir avec un torve jésuitisme à la petite semaine, une mixture de papelardise et de restrictions mentales dont ses innombrables confesseurs lui ont aisément fourni la recette. Il s'est appliqué ainsi à tromper à la fois l'Allemagne et le peuple français,

La ruse avec l'étranger peut devenir un devoir patriotique. Ce n'est en rien notre avantage avec l'Allemagne d'aujourd'hui. Elle a conçu un colossal projet de pacification européenne, qu'elle a toutes les chances de réaliser demain. Lui être hostile ne peut que desservir cruellement notre pays, réduire demain la place à laquelle il pouvait prétendre.

D'autre part, les malices vichyssoises ont été cousues de ficelles qui feraient honte au dernier vaudevilliste de cinéma. À chaque simulacre de négociation a succédé aussitôt une contre-offensive des super-cocardiers, qui ont rapidement imposé leurs vues et leurs hommes et annulé les quelques points acquis. Tandis que l'on affectait la grimace d'une collaboration dont on prenait bien garde qu'elle n'eût pas le moindre effet, en poursuivait des entretiens actifs, au grand jour, avec les ennemis déclarés de l'Axe. On jouait la neutralité, mais on autorisait l'anglolâtrie la moins déguisée dans la presse et dans tous les services officiels. Pour chaque fonction importante, l'esprit de revanche a fait prime. Tandis que l'on accordait du bout des lèvres un satisfecit de civilisés aux soldats allemands du front russe, des centaines d'officiers travaillaient pour l'espionnage anglais, lui signalaient les mouvements de troupes, cherchaient à faire torpiller les bateaux allemands, le tout avec l'habileté et la discrétion qui les caractérisent. Tout a été mis en œuvre pour entretenir l'opinion dans une humeur chagrine, hostile à tout règlement pacifique de notre condition, favorable à toutes les billevesées de "la France suprême arbitre" et à l'américanomanie, dernière mode depuis que l'Angleterre a pris mauvaise mine ; pour tout dissimuler à cette opinion des espoirs qui pourraient s'ouvrir à la France si elle savait virer de bord, des véritables intentions de l'ancien adversaire, de son vrai régime et des gigantesques chances qu'ont ses armes.

C'est ainsi que Vichy s'est flatté de tenir jusqu'au jour où ses gracieux alliés d'outre-mer triompheront et daigneront rétablir dans leurs privilèges les meilleurs d'entre les siens. C'est ce que l'on a nommé d'un vocable digne du phénomène "l'attentisme". Depuis juin 1940, une politique, si l'on ose dire, d'expectative, ne pouvait attendre que la victoire anglo-saxonne. Ou plus exactement, quatre-vingt-dix-neuf et demi pour cent de ses espoirs et des machinations qu'ils entraînent ont été fondés sur l'attente de cette victoire, tandis qu'on attribuait un demi pour cent de probabilités à la crainte d'une victoire allemande. Élégant calcul. Mais pour être juste, il demandait tout simplement à être renversé.

Vichy, pour répondre à notre impatience, a allégué la mauvaise foi des Allemands, l'impossibilité de traiter avec ces menteurs. De telles raisons pourraient être assez troublantes pour des nationalistes français qui furent habitués par leurs chefs, durant des années, à frapper de suspicion tout ce qui venait d'Allemagne. Mais quelque répugnance qu'un Français ait à le faire, il lui faut bien s'avouer que pendant des mois la franchise a été du côté de Hitler, la fourbe, la malveillance du côté de Vichy. J'étais dans la fameuse nuit du 13 décembre 1940 à l'ambassade d'Allemagne, puis sous le dôme des Invalides, avec cent autres journalistes et hommes politiques de Paris, mêlés aux représentants du Reich. La consternation ou le dépit bouleversaient les visages de ces Allemands. Ils attendaient Pétain, Laval, le gouvernement français réinstallé dans sa capitale avec toutes ses prérogatives légitimes. Ils avaient organisé pour ce retour la restitution des cendres de l'Aiglon, la cérémonie sentimentale, historique et militaire, la plus propre, pensaient-Ils, à émouvoir des Français comme elle eût ému des Allemands. La veille, à Vichy, on réglait le menu du dîner que Pétain offrirait à l'ambassadeur d'Allemagne. A la dernière heure, la conspiration des ministres bellicistes, de l'*Action Française*, de la cagoule "anglaise" et des Juifs avait tout renversé. Les diplomates allemands étaient indécemment trompés, et demeuraient, avec leur solennité et leur cercueil napoléonien sur les bras.

On est obligé de dire que dans ces circonstances et dans celles qui ont suivi, les hommes du Reich ont montré sagesse et longanimité. C'est la preuve, sans doute, que la fameuse résistance larvée de Vichy ne leur a causé que d'assez médiocres dommages - ce que l'on croit sans peine - mais aussi qu'ils tiennent à leur idée, qu'elle fait partie d'un de ces vastes plans dont on sait avec quelle ténacité l'Allemagne en poursuit l'accomplissement.

Ce sont des ruses pour vieille punaise de sacristie acharnée contre le nouveau curé de sa paroisse, que de geindre sur les déboires d'une négociation quand on en sape les préliminaires quand on met tout en œuvre pour qu'elle ne puisse aboutir. L'interminable épilogue de notre défaite s'achèverait demain par un coup de théâtre désastreux pour la France, nous devrions malheureusement nous dire que c'est d'abord notre faute. On ne peut davantage faire fonds sur les prétendues félonies qui interdirent avant guerre toute entente avec l'Allemagne hitlérienne, quand on voit que les mêmes menteurs ou leurs maîtres conduisaient notre politique avec Berlin. Les rapports de la France et de l'Allemagne forment une longue suite d'épisodes sanglants parce qu'une bande, toujours la même, s'immisce entre les deux pays. Quand on voit de près les imbéciles ou les gredins qui composent cette bande, on peut trépigner de colère. Vichy a dû encore se munir d'une façade devant le peuple français. Ses origines l'obligeaient à chercher l'appui des nationaux, c'est-à-dire des Français les plus irrités par la défaite, ayant les plus énergiques revendications à faire valoir, et les mieux disposés à soutenir le gouvernement qui les entendrait. Les Vichyssois leur accordèrent donc quelques satisfactions morales. C'est l'unique sens qu'il faille attribuer à toute cette série de châteaux de cartes et de cerceaux de papier, décorés du nom de statuts ou de décrets, et qui ont entretenu quelque temps l'illusion.

Comme l'on s'adressait à de braves gens de droite, on a gagné leurs faveurs par quelques textes antijuifs et antimaçonniques. Mais ces hochets n'ont pas été moins fallacieux que les promesses démagogiques par quoi les Herriot et les Blum avaient tenu les ouvriers en haleine. Le décret impatiemment attendu était promulgué. On respirait d'aise. Il occupait la presse, juste le temps de faire célébrer la vigoureuse résolution du plus majestueux gouvernement qu'ait eu la France depuis le Roi-Soleil. Des semaines, des mois s'écoulaient. On apprenait que le décret n'avait encore touché personne, des fonctionnaires narquois vous expliquaient qu'ils attendaient toujours les circulaires fixant les modalités d'exécution. Quand une suffisante couche de poussière s'était accumulée sur le "Journal Officiel" portant ledit décret, un contre-décret intervenait, qui rétablissait la situation, selon la bonne norme démocratique, et qui, lui, était suivi d'effets foudroyants. Si le contre-décret ne suffisait pas, on en prenait un autre, une douzaine s'il était besoin pour que la justice chrétienne fût vraiment satisfaite. Tel a été, par exemple, le scénario immuable pour tous les corps de métier, tous les emplois dont il s'agissait d'évincer les Juifs.

Ces "menteurs barbouilleurs de lois" ont été pris à leur propre tartufferie ; quand un gouvernement truque lui-même ses lois, il démolit son pouvoir. Il n'y a plus depuis deux ans de légalité française, mais un fouillis de textes inapplicables et qui sont tournés à chaque minute avec la complicité même de leurs auteurs.

Le Maréchal Pétain a lu plusieurs discours, surtout dans les dix premiers mois de Vichy, qui contiennent à peu près tout ce que les bons Français souhaitent pour leur pays. Avec un peu d'expérience, on a bientôt pu prévoir que chacun de ces très beaux textes annonçait une iniquité ou une sottise imminentes, le discours sur la collaboration européenne inaugurant l'offensive vichyssoise de l'hiver 1940, les assurances prodiguées aux travailleurs étant bientôt suivies d'un renforcement des trusts.

*****

Les administrations, les institutions de l'État, si piteuses déjà, ont été transformées en d'hallucinantes pétaudières.

Les commissions de contrôles, les comités et sous-comités d'études, les "familles professionnelles", les pré-corporations, les inspections régionales et départementales, les commissariats généraux à tous les produits possibles et inexistants, se sont enchevêtrés, se sont superposés aux organismes établis et que l'on n'a pas eu le courage d'épurer s'ils étaient utilisables, de renforcer s'ils étaient bons, de supprimer s'ils ne valaient rien. Ils doublent, triplent, décuplent le poids d'une armature légale ou pseudo-légale qui était déjà de plomb et écrasait la nation.

On y "étudie", on y coordonne - mot inquiétant entre tous, annonçant les plus magistrales incohérences, comme les Centres d'organisation automobile annonçant le C.OR.A2 - c'est-à-dire que l'on palabre en rond et que l'on se chamaille au sujet du paragraphe par lequel il serait opportun d'ouvrir la discussion. Et cela faute d'une volonté centrale, capable d'envoyer des ordres, d'un Parti bien ramifié qui fût les nerfs et les muscles de cette tête à travers tout le pays. Dans l'absence de cette volonté, de ce Parti, solution horriblement entachée d'hitlérisme, incompatible avec la dignité française, on a morcelé à l'infini le pouvoir déjà si misérable de l'État.

La réforme des provinces consiste, après deux ans, à dire, dans la radio, Dauphiné pour Drôme et Languedoc pour Ardèche, tous ces départements n'en subsistant pas moins, avec des frontières même renforcées.

Ce sont des barbons sexagénaires que l'on a chargés de définir ce que veut et ce que sera la Jeunesse Française, tirée à hue et à dia entre cinq ou six sectes.

Quand un organisme a fourni toutes les preuves de sa malfaisance, on le fait "éclater", selon la terminologie nouvelle, c'est-à-dire qu'on le scinde en vingt ou trente cellules et qu'on multiplie l'erreur initiale en la répandant à travers tout le pays. Quand l'inutilité et la nullité d'un budgétivore sont devenues patentes, on se garde de le supprimer, mais on lui adjoint plusieurs autres budgétivores, non moins voraces et superflus.

Chaque livre écrit depuis deux ans devrait témoigner pour l'avenir qu'il a existé au cœur du XXe siècle un gouvernement qui a réduit les grandes villes de son pays à la disette, parce qu'il les administrait à la façon de ces compagnies d'infanterie où le capitaine fait sous lui, où les cuistots revendent leurs vivres aux bordels et aux épiciers.

Il serait curieux de tenir la statistique des polices actuelles, dont le nombre atteindra bientôt la dizaine, chacune espionnant l'autre ou une nouvelle catégorie de citoyens au profit d'un clan, mais se contrefichant de faire obéir l'État.

À part les "socii" que la Légion est chargée d'essaimer à travers le territoire dit libre, selon les préceptes de Saint Ignace de Loyola, cette énorme phalange ne rend pas le plus modeste service. Ah ! j'oubliais. Elle est chargée de dédouaner les Juifs, qui s'y sont précipités en masse, tous anciens combattants, jusqu'à des juifs subkarpathiques de soixante ans, qui ne savent pas dix mots de français et arborent le même insigne que les anciens poilus de la Marne et du Mort-Homme.

Il faut voir les gueules des chefs, sous-chefs, délégués, responsables de cette Légion, tout ce que l'on a pu ramasser de cul-de-plomb, de bedeaux, de godiches, de vieux puceaux.

La youtrerie, avec le concours de ses banques officielles, de dix ministères, de vingt préfets, a procédé au pillage réglé de ce qui restait de la fortune française, par l'exode des capitaux, la rafle des diamants, des objets d'art. Elle a accumulé dans les trafics du marché noir les plus énormes bénéfices qu'elle eût réalisés jusqu'ici en France. On avait mis sous séquestre, fort timidement, quelques biens juifs appartenant à des fuyards, à des richards d'une insolence par trop notoire. L'État, confus d'avoir été poussé à une pareille illégalité, protégeait jalousement ces trésors. Mais les juifs, s'enhardissant, se sont élevés contre ces mesures attentatoires à la conscience humaine. Et on les a autorisés à puiser dans les séquestres juifs "pour leurs œuvres dont les besoins sont actuellement exceptionnels". Ainsi les bribes elles-mêmes que nous aurions pu garder, pour compenser faiblement tant d'exactions, sont retournées à Israël.

Tas de salauds ! Non point les Juifs qui se défendent par leurs armes, mais leurs pourvoyeurs chrétiens.

* * * * *

Il était honorable que notre peuple répugnât au premier abord à une entente avec l'Allemagne, même si les raisons que l'on devinait sous cette répugnance se révélaient assez médiocres à l'examen. Mais un gouvernement devant de tels problèmes, n'a pas le droit de se comporter comme un intestin ou un vagin.

Il existe encore des quantités de nigauds convaincus que, si nous avons perdu la guerre, c'est le châtiment du Ciel et de la morale parce que nous n'avons pas aidé la Tchéco-Slovaquie en 1938. Ce serait d'un jovial pittoresque, si maints personnages qui détenaient il y a quelques mois encore le pouvoir et conspirent pour le reprendre, quand ils n'en ont pas conservé de beaux morceaux, ne pensaient comme ces benêts.

On saura quelque jour, et le plus tôt sera le mieux, comment ces personnages, qui se prétendent inspirés par le plus pur patriotisme, ont volontairement laissé la France coupée en deux, ingouvernable, un million et demi de prisonniers dans les camps. La crevaison pour le pays, plutôt que de recevoir des Allemands une faveur. Cela s'est dit à Vichy, et dans les plus hautes sphères de l'État, lorsque les relations postales entre les deux zones furent améliorées. On gémissait que les Allemands en accordaient trop, on était fort mécontent qu'ils pussent ne plus apparaître comme d'intraitables tortionnaires. Ce qui n'a aucunement empêché qu'on leur ait fourni tout ce qu'ils ont réclamé, mais tellement à contre-cœur qu'on n'en a récolté aucun bénéfice, bénéfice que d'ailleurs on ne voulait à aucun prix. C'est, à part l'intermède pseudo-guerrier de neuf mois, la politique accoutumée de la France avec l'Allemagne depuis 1919. On a eu cependant le temps de méditer sur ses aimables résultats.

Antinomie bien digne de ces fameux logiciens : nous ne voulons pas nous avouer vaincus pour ce que notre défaite a de radical, militairement et diplomatiquement, mais nous ne voulons à aucun prix toucher aux conséquences les plus remédiables de notre défaite.

Ces gens-là ont le goût de la défaite dans le sang, en dignes successeurs des gogos qui ont misé sur les sociaux-démocrates allemands, les Chinois, les Espagnols rouges, les Tchèques, les Polonais.

Ils ont surtout à la nuque la marque du licol anglais. Ils furent courbés dans une servitude si longue et si étroite qu'ils ne peuvent retrouver l'usage de la liberté. Ne sentant plus la bride de Londres, ils ont été désorientés, ils sont restés bovinement sur place, ou bien ils ont porté, avec anxiété leurs regard vers le maître lointain d'outre-Manche.

Un gouvernement viril et tourné vers l'avenir, quand la Légion antibolchevique de France fut créée, eût conduit sa propagande de façon à former plusieurs divisions encadrées par des militaires de métier. Sur le front de l'Est, elles eussent un peu mieux attesté la survie de nos vertus guerrières qu'en trompettant devant l'Hôtel du Parc ou le long de la Canebière. Bien au contraire, on créa tous les obstacles possibles aux volontaires, les chefs de la Légion interdirent formellement à ses membres de s'engager, tout a été mis en œuvre pour que notre apport fût minime. Le gouvernement avait l'occasion du plus heureux geste politique qu'un vaincu pût espérer. Il s'y refusa avec la plus méchante humeur. Maurras, Boutang, vingt autres furent autorisés à faire publiquement campagne contre la Légion, à ironiser sur la croisade antibolchevique, "caricature de Sainte-Alliance". On a toléré à grand' peine la Légion comme une entreprise rigoureusement ésotérique.

Au lendemain de l'entrée des troupes allemandes en territoire russe, les chancelleries européennes firent demander à Vichy quel était son sentiment sur cet acte. Vichy répondit "que le gouvernement du Maréchal était paternel" et qu'il ne pouvait donc prendre position sur un fait de guerre.

L'officieux Maurras exprimait plus crûment la pensée de l'État. ''On'' allait purger à notre place l'univers du bolchevisme ("les Juifs comme les Russes trouvent à qui parler dans le monde"). Parfait. Bon courage à ''on''. Mais la France avait ses affaires et ne s'occupait pas de ça.

Voyez-vous que la France et l'Allemagne puissent s'associer un tout petit peu pour démolir Staline ! Quel scandale ! On absoudrait plutôt Staline de tous ses mignons péchés.

À Vichy, on s'est frotté les mains durant tout l'hiver dernier, le Deuxième Bureau a excité les plus gauloises espérances en prédisant dix fois la Bérézina de Hitler pour la fin de la semaine. La reprise de vingt isbas par les Rouges versait du baume sur vingt mille cœurs. On préparait les lampions quand la XVIe armée allemande fut dans un pas difficile. Thierry Maulnier, oracle ayant une fesse sur le *Figaro* judaïsant, une autre sur l'*Action Française*, a guetté la prise de Varsovie six mois durant.

Avec cette politique de gâteux, l'armée française cire au cul de bouteille les chambrées de Clermont-Ferrand, tandis que se déroule la plus grandiose épopée de notre ère.

* * * * *

J'ai professé très haut en tous lieux le plus violent et haineux mépris à l'endroit de ces gens-là, qui n'ont cessé d'être des crétins que pour devenir des crapules, qui ont promené parmi les immondices leur Saint-Sacrement, palabré sur l'autorité restaurée et ne sont même pas parvenus à faire respecter une ordonnance de simple police à la porte de leurs ministères.

On n'a jamais rien vu de plus indigne que leur comédie de justice. Cet hiver, deux matelots saoulés par la propagande des agents gaullistes que l'on se gardait bien d'arrêter, essayèrent de diriger leur raffiot sur Gibraltar. On les exécuta séance tenante. Mais personne n'a parlé de fusiller tel grand armateur hyper-gaulliste bien connu à Marseille, d'inquiéter même une seconde ce personnage qui depuis deux ans se laisse miraculeusement capturer en Méditerranée par les Anglais ses bateaux dûment assurés au Lloyds. L'affreux guignol judiciaire emprisonne par fournées les pauvresses qui ont vendu en fraude une poignée d'oignons, les petites vieilles affamées qui se sont fait prendre avec dix faux tickets de pain dans leur sac. Mais il n'a pas dans ses cachots un seul millionnaire du marché noir.

La déférence de tous, les magistrats au premier rang, pour les canailles qui ont eu le pouvoir, est la plus ignoble forme de la lâcheté, la plus abominable dénégation de la justice. La fable de Jean Valjean est véritablement devenue en France une réalité de chaque jour.

Je relisais ces jours-ci les consignes de je ne sais plus quel officiel de là-bas à la jeunesse : "Que votre Révolution soit d'abord intérieure". Belle tartufferie pour empêcher que s'esquissât une révolution quelconque, pour tout laisser en place d'une société et d'un personnel vermoulus jusqu'à ce que la victoire du Droit couronne nos drapeaux.

Quelles punaises de tabernacles !

A des Juifs venus gémir dans de très hauts lieux vichyssois sur un faux-semblant de décret ou sur le dernier rescrit, fort réel celui-là, des autorités allemandes, on répondait il n'y a point si longtemps, avec un soupir apitoyé et un sourire de confiance : "faites comme nous, tenez et attendez".

"Tenir comme à Verdun", osent dire certains de ces salopiauds. Mais à Verdun, on tenait et on tombait sous les obus, à Vichy, on n'a jamais pensé qu'à tenir calé dans son fauteuil, en attendant que le dernier Fritz soit mort pour la défense d'une cause universelle.

Vichy a réduit presse, radios, discours, livres à une hagiographie gouvernementale d'une impudeur sans exemple - c'était vraiment la peine de se moquer de la publicité des dictatures ! - Vichy a tout saboté ou manqué, son statut de la Jeunesse, son statut de la Famille, sa Charte du Travail - abracadabrante machinerie ne pouvant servir qu'à exploiter plus férocement encore le salarié - sa réforme administrative, son Parti enfin. Mais Vichy a réussi une opération, la seule vraisemblablement qui lui tenait à cœur : faire de la France méridionale les goguenots de l'Europe. Tous les excréments rejetés par les organismes sains y ont trouvé leur refuge, maçons, espions, escrocs, vendus, déchets parlementaires, fuyards de cinq ou six déroutes, juifs et encore des juifs, choyés par tous les autres.

C'est un bel usage de la souveraineté que nous a laissé le vainqueur, un beau spectacle étalé devant l'ancien adversaire qui croyait encore à la "France réelle", qui lui tendait la main. Mais il faudrait être d'entendement bien court pour s'imaginer que l'Europe nettoyée souffrira sur sa fenêtre océane ce pot d'ordures.

Le Vichy de Dumoulin de la Barthète est arrivé à dépasser encore en vilenie et en stupidité le Front Populaire de Léon Blum lui-même. Car ce Vichy a hérité de toutes les tares existantes pour les aggraver encore. Alors que Laval avait liquidé le Parlement, il en a refabriqué un simulacre, qui n'a même plus les basses commodités de l'ancien, qui ne peut servir à rien, mais sauvegarde le principe, prolonge les plus détestables mœurs des Assemblées avec ses commissions et ses parlotes dans le vent. Vichy a décuplé la bureaucratie, déchaîné la fiscalité qui ouvre de nouvelles veines au pays quand il lui faudrait d'énormes transfusions de sang frais. Ses mots creux, Spiritualité, Travail, Famille, ont été encore plus vides que ceux d'hier, et passés à un badigeon odieux d'hypocrisie. Vichy a consommé en deux ans plus de ministres que la République en cinq années. La gueuse parlementaire maintenait encore par ses bureaux une espèce de continuité du pouvoir, une apparence d'ordre, se faisait vaguement respecter. Vichy a multiplié les gendarmes pour aboutir à l'anarchie pure. Blum était moins effronté pour transformer ses faillites en victoires, ses bourdes en coups de génie. L'étatisme de Vichy s'est révélé encore plus écrasant que celui des marxistes, il s'est acoquiné avec un hyper-patronat, une dictature de l'argent, et cette effroyable union détermine une injustice sociale propre à ramener bientôt l'époque bénie où des fillettes de quinze ans travaillaient quatorze heures par jour pour vingt-cinq sous.

Notre pays, abandonné au marxisme et à la maçonnerie, avait presque entièrement oublié depuis des années ce phénomène de la déliquescence bourgeoise que l'on a nommé, d'un mot qui pourrait être beau, la réaction. La France vichyssoise lui en a donné le spectacle le plus archaïque et le plus bêtifiant, avec romanciers régionalistes, félibres, tutu-pampans, bonshommes crayonnés par les petits enfants pour Grand-Papa gâteau, boy-scouts, curés-clairons et primauté du spirituel. Quand elle n'a pas eu par hasard quelques nouveaux cadavres à enterrer - un morceau de son honneur, une colonie ou le dernier charnier de la Royal Air Force - les fêtes de sa renaissance ont été des couronnements de rosières, la Commune libre de Montmartre où les généraux font les gardes champêtres, la nursery, le jour où l'on y roule en petite voiture les aïeux pour qu'ils viennent faire guidi-guidi aux bébés.

Pendant que la jeune Europe enfantait dans de glorieuses douleurs un ordre mâle et sain, la France vichyssoise s'est montrée semblable à une vieille douairière, dans des affûtiaux de l'autre siècle qui sentent le pipi de chat, offusquée par les cris et les ébats de la vie, et qui achève son existence loin de Paris, au fond d'une espèce de pension de famille calamiteuse, en alignant autour d'elle des bibelots puérils, poussiéreux, ébréchés, surannés, semblable à une vieille bigote qui se fait voler par des escrocs en soutane,

Nous sommes en France un petit nombre de patriotes. Aucune angoisse, aucune avanie ne nous ont été épargnées, et chaque fois nos élans les plus purs et les plus courageux nous ont été imputés à crime. Nous avons enduré pour notre patrie des tourments infinis : le Front Populaire, l'affaire tchèque, l'été Trente-Neuf, le printemps Quarante. Après le geste sauveur de l'armistice, nous aurions pu nous croire enfin quittes et délivrés. Il a fallu que Vichy nous réservât encore d'autres affres et d'autres colères. Nous avons vu ses hommes, pour complaire à leur vanité, leurs préjugés ou leurs intérêts les plus sordides, imposer allègrement à leurs compatriotes des surcroîts de peines dont eux, les nantis, ne portent pas la plus petite part. Nous les avons vu jouer avec une folle légèreté les dernières mises de la France à la roulette, sur un double zéro qui ne pouvait en aucun cas sortir. Nous avons tremblé chaque jour de voir ces tragiques étourneaux déchaîner un nouvel orage sur notre pauvre sol.

Ils ont enfin dû céder leurs places essentielles. Mais jamais gouvernants faillis n'ont laissé derrière eux une succession plus désastreuse et inextricable. Ils n'ont pas été châtiés, ce qui est encore une faute sans nom. Beaucoup n'ont été écartés que de quelques pas. Ils ne se tiennent donc point pour battus. Ils ont des alliés redoutables. Aucun d'entre eux ne se fût permis la moindre offense contre les gouvernements du suicide et de l'assassinat. Mais ils n'ont d'autre pensée qu'un coup d'État contre le parti de la paix et de l'intelligence, qui serait cette, fois un coup de mort pour la patrie.

On étouffe de rage et de chagrin en songeant au temps, aux chances, que ces misérables nous ont fait perdre et que nous ne retrouverons plus. La France, dès l'été Quarante, devait prendre parti contre ses vrais ennemis, les assassins et les voleurs anglais, les renégats gaullistes, les pillards juifs. Elle devait prêter ses bases et ses bateaux aux combattants de l'ordre, défendre ou reprendre ses colonies, être présente sur le front d'Afrique, sur le front de l'Est, sur le front de l'intérieur où les marxistes et les Hébreux mènent leurs féroces campagnes, elle devait être partout dans la bataille du fascisme. Elle devait faire bloc avec l'Europe contre l'Amérique traître à la race blanche. Elle pouvait ainsi, en quelques mois, signer sa paix avec l'Allemagne, abréger la guerre au lieu de travailler à l'éterniser. Elle pouvait terminer cette guerre à côté des vainqueurs. De vieux maniaques, des badernes croulantes, des financiers judaïsés ne l'ont pas permis. Entre tous les criminels qui ont ruiné la France, ceux-là sont les plus coupables. Les Mandel, les Daladier, les Reynaud n'ont perdu qu'une guerre. Les Vichyssois l'ont perdue avec eux, mais ils ont tout mis en œuvre pour en perdre une autre et pour enterrer cette fois le nom de la France à jamais.

POUR LE GOUVERNEMENT DE LA FRANCE

Le peuple français est à l'image des hommes qui ont prétendu depuis tant d'années le gouverner.

Il donnait encore quelques signes de bon sens quand il écoutait chaque jour, pendant la guerre, la radio ennemie qui lui dépeignait très fidèlement le camp des pitres. Depuis, il n'y a plus une seule fissure dans l'énorme bloc de sa bêtise. Les Parisiens du Xe siècle ne formaient pas un troupeau d'une plus barbare crédulité que ceux de 1942.

Nous avons été bombardés le 3 mars de cette année, et sévèrement, par l'aviation anglaise. Les deux tiers du peuple parisien croient, dur comme fer, que les appareils britanniques visaient loyalement les ateliers de chars des usines Renault, tandis que des avions allemands mêlés à leurs escadrilles écrasaient les maisons d'habitation pour fournir un beau thème à la propagande anti-anglaise. Cette fable pour nourrissons est depuis dix-huit mois lettre d'évangile dans toutes les villes des côtes bombardées chaque jour par les Anglais.

Les phénomènes d'hallucination sont quotidiens. J'ai vu un soir, il y a quelque temps, sur un trottoir de l'avenue de Neuilly, six ou sept jeunes dames, d'une honnête petite bourgeoisie, de celles qui ont leur brevet et font des secrétaires d'avocats ou de gens de lettres, qui contemplaient une pleine lune rose, à demi coupée par un nuage : "Ah ! mon Dieu ! qu'est-ce que c'est ? - C'est sûrement un signal des Anglais."

L'an dernier, lorsque l'Allemagne dut corriger les Serbes lancés dans la guerre par quelques canailles couvertes de livres sterling et qui se sont esbignées après avoir fait envahir leur pays, j'ai entendu de mes oreilles des messieurs de cinquante ans, à rosettes, archi-respectables, valant à vue d'œil quatre cent mille francs par an, de ceux qui lisaient *Le Temps* avant la guerre, s'écrier : "C'est la fin. Avant six semaines, nous aurons repris les armes."

Une famille d'honnêtes bourgeois catholiques attendait un train l'été dernier sur le quai d'une gare, près de moi. Les enfants parlaient de la guerre, et le fils, un gaillard de seize à dix-sept ans, proclamait : "Les Russes vont fabriquer cinquante mille avions, et ces sales Boches seront tous foutus." Monsieur son père ne lui flanquait pas son pied aux fesses. Il opinait gravement du menton.

Depuis ces deux dernières années, les écrivains, les journalistes français qui possèdent toujours leurs facultés ont dû s'atteler à la plus ingrate des besognes. Ils semblent plaider constamment pour l'Allemagne, et tous ceux qui ont quelque pudeur sentent combien cela est désobligeant pour eux, aussi longtemps que des oriflammes à croix gammée flotteront sur la Concorde. Mais ce n'est point leur faute si toutes les pensées, tous les propos des Français tournent autour des Allemands, et si ces pensées, ces propos sont d'une idiotie telle que l'on ne peut laisser ses compatriotes barboter dans cette sanie sans leur tendre, au moins par acquit de conscience, des perches.

Il est naturel, il est bon qu'une armée occupante soit supportée impatiemment par l'occupé. L'installation chez l'étranger fusil sur l'épaule, avec canons, chars et bagages, sera toujours un moyen douteux de rapprochement entre les peuples. Je le sais d'autant mieux que j'ai été moi-même "occupant" de l'Allemagne. Mais autour de l'occupation allemande se cristallisent presque tous les symptômes d'une maladie de l'esprit français.

J'en reviens encore à ma surprise toujours neuve devant cette incapacité quasi-unanime aux opérations mentales les plus rudimentaires.

Il existe des bibliothèques immenses, en toutes langues, sur le servage communiste, sur sa destruction méthodique du christianisme, des millions de témoignages oraux et oculaires, ceux tout frais des Roumains, des Polonais, des Baltes, des Finlandais qui viennent de passer sous son joug. La bourgeoisie a vécu pendant vingt ans dans la terreur de ces images. Mais voilà que tout est effacé de sa mémoire, comme de la craie sur une ardoise, parce que quelques clergymen anglais se portent garants du repentir soviétique, et que cette hypothèse caresse les dadas de chacun.

Il se trouve des dizaines de millions de Français qui ne sont pas capables de réunir dans leur caboche ces idées si simples : "Les Anglais nous emmènent en barque depuis deux ans et demi avec le même boniment qui est chaque fois contredit. Les Allemands devaient être pilés en Pologne, en Belgique, en France, en Yougoslavie, en Ukraine, en Crimée. Ils tiennent solidement tous ces pays où on devait les enterrer jusqu'au dernier. Même histoire pour les Japonais qui ne prendraient jamais Hong-Kong, Singapour, Java, la Birmanie, et qui s'en sont emparés en deux temps et trois mouvements. Je suis donc fondé à prêter de moins en moins de crédit aux nouvelles anglo-saxonnes, et de plus en plus aux nouvelles allemandes." Non, les Allemands et les Japonais mentent, tandis qu'on est toujours aussi avide de savoir ce que disent les Anglais, qu'il n'y a que leurs révélations pour faire prime, que les journaux qui ne les impriment pas sont des bourreurs de crâne.

La nullité militaire des Américains, leur absence de tous cadres, de tous instructeurs, de toutes traditions, sont des phénomènes absolument négligeables. On verra ce qu'on verra lorsqu'ils seront prêts. Et personne ne parvient à réfléchir suffisamment pour pouvoir se dire : "Jusqu'à ce que les Américains aient égalé des armées séculaires comme celles de l'Allemagne et du Japon, l'Axe aura eu le temps de promener ses chars tout autour de la terre."

Les banquiers français attendent le salut de Staline. Et les prolétaires Français, qui ont les armées du socialisme chez nous n'ont d'espoir que dans la ploutocratie anglaise.

* * * * *

Dans la nuit du bombardement de la banlieue parisienne, le 3 mars dernier, toute la bourgeoisie, grosse, moyenne et petite de Neuilly était à ses fenêtres, à ses balcons. Elle savourait comme un spectacle de choix l'embrasement du ciel par les fusées britanniques qui préparaient le chemin des bombes. Elle applaudissait à chaque éclatement, elle riait aux anges devant cet horizon d'extermination sous lequel mouraient des centaines de Français.

Le lendemain à cinq cents pas de chez moi, des femmes poussant leurs marmots dans leur voiture, contemplaient l'hôpital de Neuilly, le trou d'une bombe tombée sur le pavillon de la Maternité. Elles rigolaient. À Boulogne-Billancourt, sans doute, ceux qui avaient laissé leur famille sous les décombres pleuraient. Mais dans la maison d'en face, on se délectait : "Qu'est-ce qu'ils sont costauds ! C'est du beau boulot." On pouvait bien leur dire : "Ce n'est pas cela qui rendra Singapour aux Anglais. C'est tout simplement une agression peu glorieuse sur un coin mai défendu, une de ces entreprises absolument accessoires que montent les Anglais pour donner et se donner à eux-mêmes l'illusion qu'ils existent encore." Les bombardés dévisageaient hargneusement cet agent de Goebbels.

On voudrait découvrir chez ces malheureux un patriotisme instinctif, une xénophobie spontanée ennoblissant leur bêtise, la pensée que si l'on écope, l'Allemagne écope aussi, et "qu'il faut bien ça pour terminer la guerre", comme me le disait un petit mécanicien devant des gravats fumants qui recouvraient dix morts. Mais il ne subsiste pas la plus petite idée de la France chez ces communistes, qui sont souvent moins vils, plus excusables en tout cas que les autres, et du moins dans la froide et sommaire logique du marxisme international. Le sentiment physique de la France n'existe pas davantage chez presque tous les autres. On a cru bon, après ce bombardement, de parler de solidarité, de l'unanimité française dans l'indignation. Ce sont de gracieux truismes. Les bourgeois de la porte de Saint-Cloud s'exclamaient d'enthousiasme du haut de leurs immeubles, en pensant que ces chers Anglais se réveillaient, et qu'en gens bien élevés ils laissaient tomber leurs torpilles sur la canaille faubourienne. L'homme du haut de la rue se contrefichait que celui du bas eût été écrabouillé.

Les Anglais ont à Londres des bataillons de conseillers juifs qui sont de fins psychologues et qui ont une pratique sérieuse du peuple français. Ces Juifs ont admirablement senti que le meilleur moyen pour les Anglais de relever en France leur prestige entamé, était d'aller tuer un peu des Parisiens. Cela a magistralement réussi. L'Angleterre, qui passait derrière l'Amérique, est redevenue la grande vedette de l'espérance. Après le 3 mars, on a lu sur des centaines de murs parisiens : "Vas-y, R. A. F." Cette volupté du peuple français sous les bombes anglaises confine au masochisme. Comme tel, c'est encore un tragique symptôme de dévirilisation.

On tient fort à garder sa propre peau, mais on souhaite violemment que le voisin fasse avec la sienne les frais de la prochaine grande victoire anglaise.

Pendant que les maroufles et les bedeaux bêlent leurs cantiques sur la renaissance des vertus théologales et cardinales, chaque jour une nouvelle ordure s'ajoute au fumier français. Je ne parle même pas des milliards qui se gagnent dans la spéculation sur la faim. Mais il n'est point seulement question des maffias qui surgiront toujours autour des produits rationnés ou interdits. Tandis que les accapareurs officiels tuent un tuberculeux ou un vieillard à chaque demi-million qu'ils empochent, dans les faubourgs parisiens, les ouvrières gardent leur sucre pour leur café et donnent la saccharine à leurs gosses. Elles bazardent les bons de chaussures de leurs petits qui vont dans la boue en pantoufles percées. Tandis que la bourgeoisie catholique, ruée sur le Secours National, se taille des rentes avec les aumônes d'un pays, chaque jour, des postiers et des chemineaux pillent les colis des prisonniers. À Boulogne-Billancourt, bombardé par les Anglais, des centaines de familles sont sans toit, ont perdu jusqu'à leur dernier sou. On leur avait alloué des cartes d'alimentation supplémentaires. Des employés les ont vendues en sous-main.

La police presque entière est dans le plus ignoble état de corruption.

Tout nous proclame que ce peuple est judaïsé jusqu'aux moelles. Son insanité, sa malpropreté, n'ont pas d'autre cause. Le judaïsme lui avait été inoculé à doses massives par la presse, la radio, l'écran, les discours, les professeurs, les romanciers, les prêtres. Or, le judaïsme est la plus pernicieuse des toxines. Au

20 juin 1940, le peuple français s'est vu subitement privé de son stupéfiant, de son anesthésique, de son aphrodisiaque. Il était désorienté, prostré. Il y avait de l'espoir pour lui, s'il se fût présenté un médecin vigoureux. Mais on ne lui permit pas d'approcher. Quinze jours plus tard, la France avait retrouvé sa drogue, avec les voix de Londres.

Ce peuple va au mensonge juif comme le chien à l'étron.

Dans l'apothéose présente de l'escroquerie et de la carambouille, le Français singe le Juif. Rien n'est juif aussi comme cette façon de se faire défendre par autrui, de remettre son sort et son bon droit aux mains des Américains, des Anglais, des Russes, tandis que l'on vaque soi-même loin du péril à ses crapuleuses petites affaires. Parmi ces quarante millions de Français affamés de vengeance, on n'a pas trouvé depuis deux ans les cent mille volontaires que doit réunir l'armée de l'armistice. À l'heure où j'écris ces lignes, on est toujours très loin du compte. Certes, le peuple français obéit à des instincts fort compréhensibles. Il sort d'une expérience militaire propre à vous dégoûter pour un moment de l'uniforme. Il sait ce que vaut son armée, Mais antimilitariste pour lui-même, le voilà militariste pour les autres. Ce sont les mœurs mêmes d'Israël. Les Français refusent catégoriquement de redevenir soldats. Fort bien. Voilà le signe clair qu'ils se rangent à une solution pacifique. Ils ne peuvent mieux prouver leur renoncement à toute ambition belliqueuse. Eh bien ! non ! La France n'a jamais rêvé davantage plaies et bosses, jamais parlé davantage de brandir les armes, mais derrière tout le monde, comme les Juifs.

Des juifs, dans la radio gaulliste, célèbrent d'une voix frémissante la lutte farouche du peuple français, et le peuple français, à l'écoute, le derrière dans son fauteuil, sa porte bien prudemment close, se reconnaît, se rengorge et s'enflamme.

Quand les soldats français, en mai et juin Quarante, sur la Meuse et ailleurs, ont senti que tout craquait, qu'ils n'avaient rien pour résister à l'ouragan, ils ont plié bagages. Ils ont obéi à un obscur instinct de conservation, qui n'était peut-être qu'individuel, mais qui servait le pays. Puisque tout était militairement fichu, il valait mieux que la France, déjà si affreusement saignée ne subit pas encore une hémorragie dont elle ne se relèverait plus. Ce n'était pas stupide. Il n'y a pas non plus à en tirer une extrême gloriole ! Si la France peut se féliciter dans son for intérieur de s'être tirée de la bagarre à temps, il est en tout cas un droit qu'elle a perdu dans l'aventure et vraisemblablement pour quelques décades : celui de juger les vertus militaires d'autrui. Mais les ex-troupiers de Quarante tendent aujourd'hui leurs biceps, et les fesses bien calées, du haut de leur galerie, commentent en connaisseurs ironiques les horions qui s'échangent à travers le monde. Vous rencontrez plus que jamais d'innombrables gaillards qui ont laissé leurs cartouches à Sedan, leur fusil à Orléans, leur casque à Parthenay, le reste à Périgueux, et qui, au seul nom de l'Italie, sifflotent d'un air jovial : "Hé ! hé ! Caporetto." Il est nécessaire de noter ce trait rigoureusement historique, dont chaque jour nous apporte vingt exemples nouveaux : les Parisiens rentrés chez eux après l'escapade que l'on sait en direction des Pyrénées, ont décidé que les Allemands avaient *peur d'eux*. Trente jeunes "feldgrau" défilent en chantant dans la rue Saint-Honoré : "Écoutez-les encore, ce qu'ils ont peur ! Écoutez-les qui chantent pour se donner du courage." Place du Palais-Royal, une sentinelle garde réglementairement une vingtaine de camions "Non mais ! Vous les avez vus ? Voilà qu'ils mettent des sentinelles ? Tout de même, faut-il qu'ils aient peur." Des gaillards ont fait la Pologne, la Meuse, les Thermopyles, la Crète, ils ont passé six mois devant Smolensk ou Karkow. Ah ! ouais ! Devant le balai d'une concierge, ils ont peur.

Il ne s'est peut-être pas trouvé un Français sur mille pour ressentir un frisson d'admiration quand les armées allemandes foncèrent sur le bolchevisme. Mais tandis que les divisions blindées s'élançaient sur Leningrad, que les fantassins européens combattaient à un contre trois les plus gigantesques hordes barbares qui eussent jamais été levées, les Juifs recrutaient autant de Français qu'ils le voulaient pour casser des bouts d'allumettes en forme de V (Victoire), afin de saper le moral de l'ennemi.

- Dieu ! que votre perpétuelle apologie des Allemands, est donc irritante !

Je ne fais aucune apologie. Les généraux allemands écrivent des communiqués qui se suffisent à eux seuls. Je ne m'occupe pas des Allemands. Je regarde les Français en train de s'occuper des Allemands, des Anglais et des autres. Je pense que c'est un spectacle tragique lorsqu'on est Français.

Je ne m'intéresse qu'au peuple français, parce qu'il représente, hélas ! la patrie.

Depuis de longues années, il est toujours unanime pour ce qui fait sa perte, toujours rétif et divisé pour ce qui serait son salut.

Tout ce qui, représente chez lui l'âme collective est idiotifié, pourri.

Ce peuple est un enfant abandonné, qui ne sait même plus son nom, qui fouille dans son caca et s'en badigeonne.

Seuls les juifs et les démagogues se sont penchés sur lui.

Les décombres

* * * * *

Un homme politique qui accuse le peuple de ses échecs est aujourd'hui aussi lâche que le général qui accuse le soldat de sa défaite.

Personne ne peut savoir ce qu'il ferait du peuple français en lui parlant un langage concret, ferme, mais où le cœur aurait sa part, en le prenant par la main, en le sortant de son ordure et en le conduisant sur le bon chemin, parce que personne ne s'y est attaché sérieusement.

On ne dit jamais plus de bêtises que lorsqu'on oppose et compare les peuples d'Occident, chacun d'eux pris en soi. Livrés politiquement à leurs instincts, ces peuples se rejoignent assez vite, à peu près au même niveau de bassesse. Il n'est guère qu'un seul de ces peuples pour avoir conservé des instincts nobles ; c'est l'Espagnol, celui sur qui a le moins mordu l'abrutissement moderne. Le peuple allemand, qui, tout bien étudié, est celui dont le composé social se rapproche le plus du nôtre, n'était point dans un état bien ragoûtant, avec son enjuivement, ses sociaux chrétiens, son prolétariat rouge, sa placide bourgeoisie, à qui Hitler dit plus d'une fois son fait. Mais il avait un siècle de démocratie en moins sur les reins et à son sommet des castes demeurées solides, quelques grands industriels, les cadres militaires surtout.

Regardons les peuples vivant à peu près sous la même latitude, à l'ouest de notre continent : la France, l'Italie du Nord et du Centre, l'Allemagne, la Suisse, les Pays-Bas. Nous y voyons des éléments presque identiques : une paysannerie solide, laborieuse, économe, bon outil de guerre, d'horizon très limité, une bourgeoisie assez terne, des ouvriers émotifs et dépensiers. Les caractères ethniques sont beaucoup plus nuancés. Les caractères politiques ne varient guère.

On m'a bien diverti avec l'humeur frondeuse, ingouvernable des Parisiens. Les habitants des grandes villes d'Occident, Paris, Berlin, Vienne, Milan, Bruxelles, et, j'imagine de Londres et Hambourg que je ne connais pas, et encore des métropoles d'Amérique, sont des citadins merveilleusement mécanisés, dressés à l'obéissance par l'usine, le bureau, le métro, le tramway, le train de banlieue, les restaurants à prix fixe. Le Six Février, phénomène spontané de la rue qui est probablement unique en Europe depuis le début de ce siècle des machines, les manifestants, à sept heures et demie, rompaient leurs rangs pour aller dîner. La journée cessa avec le dernier métro.

À cause du Six Février, on accordera aux Parisiens l'avantage d'avoir conservé des nerfs plus tendus. Mais ils ont largement donné la mesure de leur docilité. Leur goût d'indépendance est assez illusoire. S'ils se défilent si souvent, c'est que depuis fort longtemps l'autorité au-dessus d'eux est relâchée. Sitôt que dans l'ordre privé cette autorité existe, ils s'y plient le plus aisément du monde. J'ai passé deux années de ma vie parmi les prolétaires parisiens. J'ai vu avec quelle régularité ils pointent leurs noms aux machines, avec quelle résignation ils se laissent courber dans des chiourmes rigides et malsaines, dès que leur salaire en dépend.

Ce que l'on a obtenu d'eux depuis deux années est invraisemblable. L'épicier, le crémier, le boucher, les bureaucrates de toutes espèces sont autant d'arrogants petits tyrans devant lesquels on s'aligne, on attend avec une patience sans limites.

Ce serait naturellement une plaisanterie que d'attacher politiquement la moindre importance à l'opinion de ces pauvres gens, de faire appel à leur logique et leur mémoire qui n'existent pas. Il n'est de politique possible que contre leur sottise, qui n'est même pas la voix de leur sang. On leur refera une opinion française quand on le voudra, avec du pain, du travail et une roide justice. Tous attendent obscurément des ordres, une main virile qui s'empare d'eux.

Ce peuple, comme la plupart des peuples, est abîmé et pitoyable parce qu'il est sans guides. Il sera à ceux qui décideront de le conduire. Il vaudra ce qu'ils vaudront. Il leur apportera la qualité essentielle que puisse désirer un politique : il est laborieux, pour autant qu'on ne flatte point chez lui les penchants universels de la paresse humaine, et il est ingénieux dans son travail.

* * * * *

La France est en danger de mort, bien plus aujourd'hui encore qu'il y a deux ans sur la Meuse. Sur la Meuse, elle pouvait ne perdre qu'une bataille. Elle peut perdre aujourd'hui sa souveraineté nationale.

Tout ce qu'elle a vécu depuis juin Quarante est malheureusement, comme le disait le Maurras des grandes vérités, dans la nature des choses. Un pays qui était descendu jusqu'à une telle défaite, ne pouvait retrouver en lui-même que par un miracle la force de se ressaisir du jour au lendemain. On a feint de croire à ce miracle. Il ne s'est pas produit. On a vu reparaître à notre barre les personnages fatidiques, qui ne pouvaient manquer de surgir, puisque personne n'était préparé ou résolu à les devancer, puisque la révolution s'achevait avant même d'avoir commencé, faute de révolutionnaires. Des hommes appartenant à l'ancien désordre ne pouvaient que le continuer.

La France, à l'armistice, est tombée dans un trou profond. Elle ne s'y est pas cassé les reins, ce qui est assez remarquable. Mais il lui est à peu près impossible d'en sortir seule. On lui a tendu une échelle, et cette échelle est la paix européenne. Encore lui faut-il, pour l'empoigner et la gravir, un rude effort, et pour cela l'aiguillon d'une vraie révolution, événement plus mythique que jamais.

Devant l'immense chantier ouvert par la destruction du vieux capitalisme, nous allons bien être obligés cependant d'édifier quelque chose. Je voudrais que la France y apportât sa contribution qui serait décisive. Je n'en vois capable qu'une France fasciste. Toute autre France sera un pays déchu.

Parmi les méfaits de Vichy, l'un des plus graves a été de vider de toute leur substance les meilleures formules. Celle de la Révolution Nationale, qui était magnifique, a sans doute vécu. Vichy, me semble-t-il, lui a attaché un trop grand ridicule pour qu'elle puisse servir encore. On a essayé tous les assemblages possibles des majuscules de "Parti", de "France", de "Socialisme", de "Révolution". C'est encore l'esprit de clocher et de boutique et pour finir la confusion. Le monarchisme, l'ultra-montanisme, le radicalisme, le socialisme ont, au siècle dernier, fait partie de la terminologie internationale. Ils ont été italiens, allemands, autrichiens, brésiliens, portugais parce qu'il s'agissait bien, avec les nuances de chaque pays, d'un phénomène identique.

Que l'on soit national-socialiste français ou fasciste français, peu importe, mais que l'on soit l'un ou l'autre, et rien d'autre. Des deux mots qui désignent le même objet, je préfère le mot "fascisme", parce qu'il est latin, et d'un sens plus complet, et que le me suis reconnu pour un fasciste, dès que j'ai compris ce que cela signifiait.

On n'attend pas de moi, je pense, une définition et une description en règle de la doctrine fasciste. Ce serait commencer, au bout de tant de pages, un autre livre. Je me propose du reste de l'écrire, et avant peu, s'il est nécessaire, sous la forme la plus accessible.

Après Georges Sorel, le Maurras le plus durable et le plus général, après Mussolini, Hitler, Salazar, l'essentiel des principes fascistes est suffisamment connu.

Je me contenterai donc de rappeler ici que le national-socialisme, ou le fascisme, est l'avènement du véritable socialisme, c'est-à-dire du socialisme aryen, le socialisme des constructeurs, opposé au socialisme anarchique et utopique des Juifs. Lui seul peut faire l'équilibre entre le besoin d'équité, l'ajustement raisonnable de la société au monde moderne, et le besoin de l'autorité hiérarchisée.

Tel qu'un Français le conçoit, ce n'est pas une idéologie, mais une méthode, la meilleure connue et la plus moderne pour régler le conflit ouvert depuis plus de cent années entre le travail et l'argent.

Dans ce procès, le fascisme soutient contre l'argent les droits du travail qui sont justes, et que les prérogatives usurpées de l'argent ne permettent plus de satisfaire.

Le fascisme, au rebours du marxisme, est positif. Il s'appuie sur ce qui est. La première de ces réalités est la nation, sol et peuple, dont il doit réunir et coordonner toutes les forces, dans l'intérêt supérieur de la communauté nationale, qui coïncide exactement avec l'intérêt du plus grand nombre de citoyens. C'est dans une nation régie par un pouvoir vigoureux et stable, travaillant au maximum de ses forces et de ses ressources, et où les fruits de ce travail se répartissent aussi justement que le permet l'imperfection terrestre, c'est dans cette nation que les citoyens jouissent de la plus grande prospérité et de la plus grande sécurité, seul but de toute bonne politique.

Réaliste, le fascisme reconnaît, protège et encourage la famille, la propriété, l'émulation qui sont à la base de l'existence humaine. Il ne tend pas à niveler la société, ce qui serait l'avilir. Il rétablit au contraire la hiérarchie des mérites, disloquée par la démagogie.

Il est unificateur, et il ne peut avoir d'autre expression et d'autre armature que le parti unique, absorbant et régularisant la vie politique du pays. Il restaure le pouvoir autoritaire, le seul naturel, le substitue au pouvoir incertain et malsain issu des élections perpétuellement faussées, il consulte le pays grâce à des organes délégués par des réalités non politiques, dont les principales sont les métiers.

Pour bâtir cet édifice, le fascisme doit réduire à l'impuissance de nombreux ennemis, qui sont aussi ceux de la nation.

Il doit donc être avec rigueur antioligarchique, antijuif, antiparlementaire, antimaçonnique, anticlérical.

* * * * *

L'espérance, pour moi, est fasciste. Il se peut que nous allions encore vers de nouveaux compromis plus ou moins bizarres. Je doute qu'ils soient fort durables, qu'ils fassent un long chemin sur leurs béquilles. Nous pourrions encore, en prenant un parti résolu, nous ranger parmi les vainqueurs de l'Angleterre. Nous avons de toute façon à tirer nos institutions et notre peuple d'une effarante déliquescence. Il ne faudrait pas espérer que l'on y atteindra avec une politique à la petite semaine, qui n'ose même pas imposer sa loi à la lie des youpins.

Je n'arrive pas à concevoir une Europe vraiment pacifiée et prospère sans le libre concours de la France. Je ne puis imaginer une France capable de conserver sa souveraineté entière, de tenir dans cette Europe le rôle éclatant qui pourrait être le sien, sans avoir fait sa révolution fasciste.

Certes, nous en restons si loin qu'une pareille pensée peut paraître d'une excentricité presque bouffonne. Mais les révolutionnaires semblent toujours excentriques, aussi longtemps qu'ils n'ont pas triomphé. Seuls les vieillards et les larves peuvent se figurer qu'ils ressusciteront le passé démocratique, dont ils gardent au milieu d'eux le cadavre putride. Un destin plein de mansuétude a ouvert maintes fois à la France le chemin de cette révolution, où elle n'a pas su s'engager. Aussi longtemps que des cœurs s'enflammeront chez nous pour cette espérance, qui pourrait affirmer que ce destin s'est lassé ?

Une telle révolution servira d'autant mieux la patrie que nous la ferons davantage nous-mêmes et qu'elle sera plus profonde et brutale. Elle est impossible sans violences et sans destructions radicales. On ne transige pas avec des adversaires tels que les Juifs, les prêtres, les comitards, les affairistes : on les écrase, on les plie à sa volonté. On n'accommode pas, on ne restaure pas une démocratie vieille d'un siècle et plus. La masure est inhabitable. Employez le ciment, les désinfectants que vous voudrez, les lézardes, les moisissures, la vermine y reparaîtront bientôt. On doit jeter par terre les pans de murs vermoulus. On n'agit point autrement lorsqu'on veut dresser un ensemble architectural qui soit à la fois rationnel et beau. Il n'est pas de révolution qui puisse laisser dans leur état présent ces réduits du vieux régime, l'Académie, Polytechnique, le Conseil d'État. Le Code doit être refondu comme la magistrature. Les cadres supérieurs de l'armée doivent être liquidés en masse, il faut promouvoir à leur place les colonels, les commandants, voire les capitaines qui ont encore un sang généreux et quelque imagination.

Des dizaines de journaux doivent être interdits, les empoisonneurs publics qui les rédigeaient chassés pour toujours d'une corporation dont ils ont été la honte. Plus la révolution sera chez nous socialiste et mieux elle s'imposera, parce qu'il est peu de pays où les oligarchies soient plus nombreuses et plus étouffantes. Il est superflu, au contraire, de s'attaquer aux fonctionnaires subalternes, qui doivent dans l'ensemble redevenir utilisables, après l'épuration rigoureuse de leurs cadres.

Mais qu'on ne l'oublie pas : les révolutions ne se baptisent point à l'eau bénite. Elles se baptisent dans le sang. Il est peu vraisemblable qu'une révolution nationale doive être chez nous désormais fort sanglante. Mais la mort est le seul châtiment que comprennent les peuples. La mort seule fait l'oubli sur l'ennemi.

Balzac dit quelque part que les femmes ne redoutent plus les menaces de mort depuis que les hommes n'ont plus l'épée au côté. Le gouvernement français, lui aussi, depuis trop longtemps, a posé son épée. Il faut qu'il la reprenne. Celui qui fusillerait demain cinq cents boutefeux, généraux, affameurs et gaullistes de haut poil, déterminerait, on peut le lui garantir, le plus satisfaisant des chocs psychologiques. Cette opération si utile fut manquée au lendemain de l'armistice. Mais les iniquités accumulées par Vichy appellent plus encore que celles de Quarante l'échafaud et le gibet.

Des hommes en place, fort intelligents, ont dépensé inlassablement leurs talents pour les biais, les manœuvres sinueuses, les intrigues ramifiées, les noyades de poisson dont la France est en train de mourir. Le gouvernement de l'autorité, s'exerçant par ses moyens naturels, est infiniment plus facile. Coupez à propos quelques têtes de gredins, prononcez des destitutions qui soient effectives, sans ces retraites, ces ridicules compensations que l'on octroie aux pires canailles, aux plus ridicules nullités et vous verrez se résoudre aussitôt les problèmes réputés insolubles des bureaux, de la police, de l'enseignement, de l'esprit public, de la discipline, de la confiance.

Notre révolution fasciste est encore et par-dessus tout une nécessité parce qu'il ne saurait y avoir sans elle de vrai pacifisme en France. Seule, une France fasciste peut rejoindre le camp de la paix et de l'avenir, rompre avec le passé bourgeois et sanguinaire. Pour imposer silence aux vieilles cliques sans idées, incapables d'imaginer et de faire la paix avec nos voisins, il faut une poigne solide. Nous demeurons dans la situation paradoxale d'août 1939. Ce sont les mous, les hésitants, les "modérés" qui poussent à de nouvelles tueries guerrières, par débilité intellectuelle ou sentimentale. Ce sont les forts, les violents, puisant leur énergie dans leur intelligence, qui veulent la paix, parce que la paix seule peut être vraiment révolutionnaire, tandis que la guerre revancharde ne pourrait être que hideusement conservatrice.

Si l'unanimité de tous ces hommes avait pu se faire, notre révolution fasciste serait sans doute accomplie. Nous n'en sommes point là. Il s'en faut même de beaucoup.

Nous avons eu depuis dix-huit mois le spectacle du Paris politique, où se trouve à peu près tout ce qui reste de têtes raisonnables dans notre pays. Ce spectacle a été bien décevant.

Sitôt, rentré, chacun est allé se réinstaller dans ses meubles d'avant-guerre, et a barricadé sa porte jalousement. Si l'on met à part une clique de marxistes avérés, faisant sonner haut et fier leur blumerie, et qui serait mieux à sa place dans un camp de concentration qu'à la tête d'un journal, chacun a dit de son coin, durant ces vingt mois, des choses fort nourries et judicieuses. Mais chacun des voisins feint de ne pas les avoir entendues, et jette au contraire les hauts cris dès que l'autre le contredit sur un détail.

Nous avons vu se reconstituer rapidement la vieille gauche et la vieille droite. Sur ces positions piétinées de jadis, on a repris la guérilla.

J'ai noté les affreux ridicules de Vichy. Mais on ne peut pas dire que Paris ait reçu beaucoup d'honneur des blumistes qui crient à l'intolérance dès qu'on agite le sort des Juifs, et des nationaux qui ont entrepris de dénoncer les vétérinaires "notoirement maçons" dans des rubriques dignes d'une feuille de chou cantonale en période d'élections.

À gauche, il semble bien que l'on soit surtout préoccupé de pourvoir des vieux freins républicains toute autorité éventuelle. Je ne conteste pas que freins, limites, contrôles ne soient indispensables à tout régime, fasciste ou non. Mais que diable ! On s'assure de la portée et de la force d'un pistolet avant d'étudier son cran de sûreté. On devrait pourtant savoir que le fascisme n'est pas une réforme, mais une révolution, qu'il comporte des risques, comme toute révolution, mais que si l'on songe d'abord à l'arrêter au lieu d'employer toutes ses forces à le mettre en marche, cette révolution ne démarrera jamais.

La gauche a fait la critique la plus pertinente et la plus complète de Vichy. Elle a un peu trop agité des épouvantails monarchiques qui sont assez amusants pour qui connaît bien l'*Action Française*. Elle n'en a pas moins défini mieux que personne l'archaïsme de l'hôtel du Parc, humé dans ses parages le relent de sa vieille ennemie, la réaction en képis et en soutanes. Elle a conservé son adresse de manœuvre. Elle sait mieux pressentir l'Europe de demain. Mais elle voudrait transporter dans cette Europe autant de débris qu'il se pourra de sa République, dont elle a, presque tout entière, sucé le lait aux mamelles de la laïcité.

Les nationaux, eux, sont restés maladroits. Ils étouffaient à Vichy, ou ils en avaient été vomis. Ils ont perdu cependant un temps précieux à lui forger dans Paris le crédit le plus immérité. Ils ont ainsi processionné derrière une fiction de bon gouvernement qui ne valait même pas la fiction Doumergue, à peine la fiction du Daladier munichois. Ils ont accrédité l'étonnante fable d'un excellent "gouvernement du Maréchal" dont les effets ne se pouvaient faire sentir parce qu'il était trahi, le pauvre, par la maffia des agents-voyers radicaux, des postiers bolchevisants et des pions gaullistes. C'est un singulier idéal qu'un gouvernement désarmé à ce point devant ses derniers subalternes !

Des bataillons d'honnêtes citoyens se sont évertués à faire "respecter les consignes de la Révolution Nationale", quand ladite Révolution s'empressait de jeter elle-même ces consignes au panier, et voyait du plus mauvais œil les fâcheux qui allaient les y reprendre. Dans le meilleur style "Camelot du Roi" - je ne médis point de ces chers garçons, qui ont compté sans doute dans leurs rangs les meilleurs fascistes français, mais des objectifs qu'on assigna à leur vaillance -, on est allé dénicher dans les mairies les bustes de Marianne, on a rédigé des bulletins de victoire chaque fois que l'un d'eux rejoignait le grenier. Et l'on a finalement appris que la Révolution Nationale estampillait elle-même avec le sceau de Marianne les grimoires du procès que Riom a intenté à la République.

Les querelles de clans, pendant ce temps, se sont avivées. On a vu des hommes qui, les premiers en France, ont su décrire la révolution européenne, en appeler de l'autorité du Sénat, "toujours constitutionnellement détenteur de la volonté populaire", tandis que de bons nationaux qui n'ont pas mis le nez dans une église depuis leur baptême, volaient au secours des congrégations où la judéophilie verdoie comme le rameau de Jessé.

Enfin, les nationaux eux-mêmes se sont fragmentés, selon la coutume, en groupuscules de francs-tireurs qui se tirent surtout dans les jambes les uns des autres, dont l'activité principale se déploie dans quatre ou huit feuilles de journal où l'on larde d'échos sournois le concurrent.

* * * * *

On est tenu de se demander si ce ne sont point là d'autres signes encore d'une irrésistible désagrégation de toutes les cellules françaises.

Si j'en étais persuadé, je terminerais ce livre par une grande croix funèbre.

Chacun puise dans notre passé des raisons d'espérer selon son cœur. On me permettra d'invoquer des héros moins altiers sans doute que Du Guesclin et Jeanne d'Arc - qu'il faudrait bien reprendre aux généraux et aux prêtres - mais plus proches de nous. Je me refuse à l'idée qu'un pays où Renoir et Degas peignaient encore il n'y a pas trente ans soit un pays condamné. L'autre jour, je voyais côte à côte le père Aristide Maillol, avec sa barbe blanche de vieux pâtre latin, et le père Charles Despiau, avec sa tête plissée, malicieuse et charmante de vieil artisan. Je pensais que j'avais sous les yeux les deux plus grands sculpteurs, sans doute, de notre époque, et qu'une race qui a pu s'exprimer dans un équilibre aussi merveilleux des formes ne peut pas se défaire demain dans le chaos. Si haïssable, clabaudante et décervelée, qu'ait été chez nous la gent littéraire, nous ne pouvons oublier que trois ou quatre des plus grands écrivains vivant à travers le monde sont Français. Cela compense bien plusieurs douzaines de méprisables généraux.

Je traçais un peu plus haut une esquisse, hélas ! fidèle du peuple français. Si consternante soit-elle, je sais qu'il reste pourtant, confondue parmi cette masse puérile et ignoblement abêtie, l'élite suffisante pour une révolution fasciste.

Sont-ils trois cent mille, cinq cent mille, ces inconnus que j'évoque avec toute la force d'affection dont je suis capable ? Je l'ignore mais ils existent, assez nombreux pour ce que de vrais chefs pourraient attendre d'eux. J'entends chaque mois mes chers amis du T bis, goguenards et sagaces, le cordonnier, l'avocat, les employés, mon petit Gallier, le cuisinier des Gobelins, fasciste irréductible, et depuis toujours lui aussi, qui me dit si justement : "Il y a des gaillards qui vous débitent de telles bourdes que pour les chapitrer, il faudrait leur en servir du même tonneau. On ne peut pas. On en a honte pour soi", ou bien : "Les paysans français bien conduits, rien n'est plus magnifique. Livrés à eux-mêmes, comme aujourd'hui, c'est un poids mort effrayant". Mon ami Albert Blain, paysan dauphinois des Terres Froides, ancien du G. U. P. et bouquiniste au coin du pont des Arts, qui ne sait pas très bien l'orthographe mais a lu tout ce qu'on peut lire, m'écrit des lettres exquises sur le printemps des bords de Seine, dont la grâce a pour jamais façonné son cœur. C'est lui, encore un fasciste de la plus solide étoffe, qui mène inlassablement sa propagande devant ses boites, qui a fait à Céline des centaines de lecteurs. Mon vieil ami Roger Commault, gavroche de Clichy, serveur de wagons restaurants, bibliophile empilant des trésors dans deux chambrettes de faubourg, et premier wagnérien de France, n'a pas non plus beaucoup d'orthographe, mais une fermeté politique, une vue de l'Europe apaisée dont bien des diplomates vichyssois feraient leur profit.

Je pense encore à ceux qui nous écrivent, à mes amis ou à moi-même, les plus jeunes surtout, les potaches, les étudiants, qui débouchent avec une ardeur et une indignation toutes neuves au milieu des infamies de ce temps, qui nous crient leur hâte à se rendre utiles, qui ont mis en nous, journalistes, hommes politiques, leur confiance entière et nous suivraient où nous voudrions.

Quand le suis au comble de l'écœurement et de l'exaspération, je rassemble autour de moi tous ces visages ingénus et francs, ceux qui me sont familiers, ceux qui demeureront toujours imaginaires. La France active est là, et nulle part ailleurs. Ce sont encore des niaiseries militaires, périmées et fleurant le futur casse-pipe, que de vouloir réunir les anciens combattants. Ceux de l'autre guerre avaient déjà perdu la partie en 1920, leu fraternité d'armes n'a été qu'un jouet pour les politiciens.

Il n'y a rien de commun entre les soldats de Douaumont et ceux de notre grande fuite. On ne regroupe pas des hommes autour d'un souvenir honteux. La captivité en Allemagne ne crée malheureusement pas davantage des titres politiques. C'est parmi les prisonniers que l'on compte sans doute le moins de capons. Mais comment les distinguer de ceux, innombrables, qui ont été cueillis le plus vulgairement du monde ? Le seul rassemblement positif doit se faire autour d'une idée neuve et forte. C'est le rassemblement de la véritable élite, de ceux qui ont par miracle gardé l'esprit sain et qui peuvent mettre un peu de bravoure à son service, ce qu'il y a chez nous de moins racorni, jeunes gens, ouvriers des villes qui possèdent encore des nerfs et de la flamme, une poignée de bourgeois et d'intellectuels, bref la troupe classique de toutes les révolutions, le noyau tout désigné du parti unique de la France. Ils représentent la volonté qui entraînera le troupeau et au premier rang sans doute les prolétaires rouges, ceux qui dans leur naïveté et leur colère sont les plus proches de nous.

Ils brûlent de devenir des militants. N'oublions pas que si leur nombre est petit, leur vaillance, leurs convictions se sont décuplées. C'est le carré de ceux qui ont résisté à tout.

*****

La troupe existe donc. Elle a aussi ses guides. Du moins quelques douzaines d'hommes se flattent en France de tenir ce rôle et en font état. J'en connais plusieurs, qui portent les couleurs du nationalisme, les seuls dont je veuille parler ici. Mais les autres, d'où qu'ils viennent, peuvent faire les mêmes réflexions.

Je vis depuis des années parmi des nationalistes qui ont multiplié les preuves de leur intelligence. Nous avons le droit de revendiquer très haut notre place à la tête des révolutionnaires. Nous avons, les premiers, redécouvert l'antisémitisme pour aller aussitôt jusqu'au bout de ses conséquences. Nous avons été les premiers partisans de l'ordre neuf, et la canaille, qui pour une fois ne s'est point trompé, nous a suffisamment salués du nom de fascistes assassins. Nous avons vu s'écrouler sur nous de gigantesques montagnes d'insanités, nous avons dû traverser sans répit, les uns après les autres, des mascarets de sottises. Nous sommes toujours sur nos pieds, la tête claire, dans la bonne voie. Nos compas étaient bien réglés.

Nous avons fait les preuves de notre courage avant-guerre, et bien plus encore aujourd'hui. Nous avions tout loisir de rechercher et d'obtenir de paisibles sinécures, de reprendre nos métiers en tournant le dos aux affaires politiques, en arguant la tristesse et la confusion des temps. Par amour de la France et de la vérité, nous nous sommes dressés contre l'opinion funeste mais quasi unanime du pays. Les plus ignobles injures, les plus sauvages menaces se sont abattues sur nous. Nous sommes les traîtres à exécuter, inscrits sur les listes noires de dix bandes. Notre combat n'est pas fictif. Il a ses morts. Tandis que les militaires, les gaullistes, les journalistes enjuivés étalent leurs grotesques fanfaronnades, nous attestons que des Français sont encore capables de bravoure civique.

Plus je vois la nécessité pour mon pays d'une révolution fasciste et plus je suis persuadé qu'elle ne peut s'accomplir sans nous, sans que nous prenions le pouvoir ou que nous y participions largement. Nous devons être le levier du fascisme. Tout nous y destine, et c'est un rôle admirable.

Mais nous avons à confesser nos fautes. Les meilleurs d'entre nous ont péché par dilettantisme. J'ai été, nous avons été, des intellectuels fins connaisseurs en politique, comme nous le sommes en peinture, en poésie, en cinéma. La politique, apprise par trop d'entre nous à l'école maurrassienne, a été le déversoir de nos dons littéraires, philosophiques, qui eussent trouvé ailleurs un plus durable emploi. Il est très beau de fignoler la cité future. Mais lorsqu'on en voit si bien le plan, pourquoi tant tarder à en dresser les murs ? La spéculation politique est superflue dans des années où le monde se reconstruit à toute vitesse. On a tout annoncé, tout dessiné, mais pendant ce temps, ce sont d'autres hommes que nous qui refont l'histoire, ils la feront moins bien peut-être parce qu'ils ne nous valent pas, mais elle est, et c'est cela qui compte. La politique n'est pas un idéal de la pensée. C'est avant tout la nécessité de nettoyer et de remettre de l'ordre chez soi. Cet art est assez sommaire. Celui qui cherche la perfection n'a qu'à lui tourner le dos, à s'enfermer dans sa chambre et à écrire des poèmes.

- Mais les libertés de l'esprit dont nous sommes politiquement les défenseurs ?

Ne voit-on pas que la France, que l'Occident ont abusé de ces libertés jusqu'à éreinter cet esprit, à le réduire en miettes ? Non, ne craignons rien. Pas d'amphigouris. Une cure de discipline est nécessaire. Il nous faut quelques bonnes grosses idées, solides et enfoncées comme des pieux. Le reste appartient à la littérature, où, pour ma part, je prise volontiers l'ésotérisme et la subtilité.

Les nationalistes français ont hérité de leurs maîtres et de leurs aînés un goût singulier de la gratuité. Il semble que leur éternelle vocation soit de prodiguer des conseils aux sourds ou aux coquins qui peuvent le moins les entendre. Nous devrions pourtant être las d'exiger que l'on fasse rendre gorge à des voleurs dont le ventre va toujours s'arrondissant, d'imaginer des supplices chinois pour nos ennemis, de dresser les listes de criminels et de traîtres à abattre et qui portent sur leurs épaules un chef plus arrogant que jamais, d'adresser nos suppliques à des passe-boules, à des bonzes en carton. Pour moi, j'en suis saturé. Je voudrais toucher un peu d'or au fond du bassinet, voir un peu moins d'encre et un peu de sang sur le couteau de la guillotine.

Le goupillon des absoutes ne suffit pas à venger nos morts.

Les nationalistes sont d'une race curieusement suiveuse. Nous avons continuellement besoin devant nous d'un gouvernement pour lui faire supporter des espérances qu'il est par nature incapable de satisfaire, où notre mauvaise humeur quand nous avons constaté, bien tard, que lui aussi ne valait rien.

On trouve trop souvent, parmi les nationalistes, un personnage regrettablement français de grincheux, qui trouve que tout va mal du fond de son fauteuil, dans une attitude prud'hommesque.

On peut en entendre aussi, ce qui est un comble, s'exclamer : "Mais enfin ! que font les Allemands ?" Il faudrait que les Allemands, après nous avoir laissé la liberté politique, nous torchassent, mouchassent, pendissent nos trafiquants, bref se missent sur le dos tous nos soucis, besognes, querelles, nettoyages, comme s'ils étaient eux-mêmes parfaitement oisifs. En vérité, de tels Français sont encore plus défrancisés que les joyeux bombardés de Billancourt.

Rien de cela n'est sérieux, et c'est souvent coupable. Il est permis d'être critique littéraire sans faire de livres, parce que cette critique se meut dans les idées. Mats la politique n'est point seulement une activité de l'esprit. Le critique politique est tenu de faire triompher son système, puisqu'il le juge meilleur, puisqu'il parle d'administrer, de commander, de négocier, de produire, toutes choses des plus concrètes. C'est bien ainsi que l'entendent ses admirateurs, ses partisans. Il conviendrait que le politique de plume eût un peu le souci de se modeler sur l'image que se font de lui ces braves gens. Sinon, il s'ajoute à l'armée innombrable des marchands d'orviétans. Il dupe et paralyse ceux qui l'écoutent et attendent son signal comme il a été dupé lui-même naguère par les vieillards de son bord, les faux chefs qui n'ont jamais senti se lever le vent favorable à l'action.

Les hommes de gouvernement ne manquent point en France. Je pourrais en citer plusieurs parmi ceux dont je connais vraiment les mérites, qui seraient de remarquables ministres, dont la jeunesse, l'audace et la probité triompheraient bientôt dans les grandes charges du pays.

Il s'est détaché de nos rangs un certain nombre d'arrivistes qui ont immédiatement composé avec l'ennemi, qui sont pour la plupart perdus sans retour. Mais les meilleurs des nationaux n'ont pas su être ambitieux. C'est une étrange contradiction. Rien ne marche selon leur gré, ils possèdent, à les entendre, toutes les bonnes recettes, pour la politique intérieure, l'extérieure, les colonies, la juiverie, la police, le sport, la finance. Mais quand on leur demande : "Qui voyez-vous donc pour rétablir l'ordre ?", ils restent cois, nomment une ganache ou un trembleur. Ils ne savent pas dire "Nous", comme l'ont dit, depuis cent cinquante ans que la monarchie est abolie, tous les hommes qui ont les uns après les autres occupé le pouvoir, qui étaient le plus souvent de tristes sires, mais qui du moins faisaient leur métier.

Les nationalistes se plaignent d'être trop peu nombreux. Il est vrai, sans doute. Mais la politique s'est toujours faite avec des alliances. Mussolini sut s'allier aux socialistes, Hitler s'est appuyé sur les partis les plus divers avant de les absorber tous. Le Paris politique d'aujourd'hui s'accorde sur quelques réalités dont chacun reconnaît suffisamment l'importance vitale pour qu'elles servent de première base. Ne pourrait-on pas dire qu'il en va de cette entente comme de celle de l'Allemagne et de la France, dont on vous déclare qu'elle est extravagante, impossible, alors que personne n'a voulu en faire sérieusement l'essai ? Je ne me dissimule pas les torts, les mesquineries des "républicains". Mais les "fascistes", lorsqu'on avance devant eux des noms, redoutent d'être joués encore par tel ou tel. C'est avoir en soi-même, en ses idées et sa valeur, une bien médiocre confiance, s'avouer d'emblée qu'on n'entraînera, qu'on ne convaincra personne. Les nationalistes ont conservé la vieille manie bourgeoise de l'exclusive, une mine renchérie, une comique pudeur. Certes, on veut bien servir la France, mais on veut avant tout ne point la servir avec l'aide de celui-ci ou de celui-là. La France est remplie de sauveurs qui ne travaillent qu'à leur propre compte. Dans de telles conditions, on ne crée pas davantage un État qu'une usine. On dira, pour s'innocenter, qu'il a manqué un homme. Mais cent gaillards solides remplis de dons, en essayant de réunir leurs forces, s'ils ne remplaceraient pas l'Homme, accompliraient peut-être bien la moitié de sa besogne et lui prépareraient le chemin. Un Directoire, un Comité de salut public, ne valent point une dictature, mais ils sont préférables à la folie, au néant.

On entend depuis deux ans chez nous un certain nombre de citoyens qui parlent et proposent comme s'ils devaient, en tenant le pouvoir, être beaucoup plus utiles à la France que ceux qui l'ont accaparé. Rien n'est en effet plus vraisemblable. Si ces hommes en sont vraiment convaincus, qu'ils se hissent au pouvoir. Dans l'extrême danger où l'on a mis la France, leur patriotisme doit leur en dicter les moyens. Car ils ne peuvent ignorer que, derrière eux, il n'y a plus rien, que l'anarchie ou la servitude et qu'il est tard. S'ils reculent, tergiversent, ces hommes ne sont pas des patriotes et ne valent pas plus cher que les autres. Ce sont encore des Français de nom. Ce sont de moins en moins des Français de cœur et de volonté.

Nous ne recevrons certainement pas en cadeau du Jour de l'An, avec la manière de s'en servir, le nouveau régime que nous souhaitons pour la France. Ou bien, ce sera l'étranger qui nous l'apportera. Je suppose que l'on perçoit la différence.

Nous ne sommes pourtant plus que devant des décombres. Il s'agirait de savoir qui se décidera à prendre la pelle, à conduire les charrettes et les tombereaux, à remettre d'autres pierres les unes sur les autres. Il me semble que l'on pourrait, sans être fou, espérer que la France, au milieu des épopées et des révolutions gigantesques de ses voisines, demeure capable de cet ouvrage assez modeste, que pour lui il existe encore des Français. Il n'en faudrait point tant pour les premiers chantiers.

J'aspire à être un de ces hommes. Seul, que puis-je ? Je ne fais figure que d'énergumène. Cependant, je me sens Français de la tête aux pieds. Ce serait une étrange aventure que je fusse le dernier de mon espèce !

FIN

Moras-en-Valloire - Vichy - Neuilly-sur-Seine.

Juillet 1940 - Mai 1942

Déjà parus

Les Pamphlets de Louis-Ferdinand Céline

Omnia Veritas Ltd présente :

« ... que les temps sont venus, que le Diable nous appréhende, que le Destin s'accomplit. »

Un indispensable devoir de mémoire

Écrits Controversés de Louis-Ferdinand Céline

Omnia Veritas Ltd présente :

« Jamais la littérature ne fut si facile à concevoir qu'à présent, mais aussi plus difficile à supporter. »

Aucun régime politique ne résisterait à deux mois de vérité...

Bagatelles pour un massacre de Louis-Ferdinand Céline

Omnia Veritas Ltd présente :

« Mais t'es antisémite ma vache! C'est vilain! C'est un préjugé! »

« J'ai rien de spécial contre les Juifs en tant que juifs... »

Omnia Veritas Ltd présente :

L'ÉCOLE DES CADAVRES
de
Louis-Ferdinand Céline

Le Juif peut voir venir!... Il tient toute la caisse, toute l'industrie…

Et cinquante millions de cadavres aryens en perspective...

Omnia Veritas Ltd présente :

LES BEAUX DRAPS
de
Louis-Ferdinand Céline

« *La France plus que jamais, livrés aux maçons et aux juifs* »

Et les Français sont bien contents, parfaitement d'accord, enthousiastes

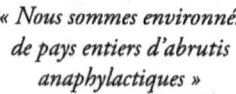

Omnia Veritas Ltd présente :

AUTRES PAMPHLETS
de
Louis-Ferdinand Céline

« *Nous sommes environnés de pays entiers d'abrutis anaphylactiques* »

« *Les hommes sont des mystiques de la mort dont il faut se méfier.* »

www.omnia-veritas.com

www.ingramcontent.com/pod-product-compliance
Lightning Source LLC
Chambersburg PA
CBHW060311230426
43663CB00009B/1669